潘文国语言论集 上

潘文国 ———— 著

华东师范大学出版社

图书在版编目（CIP）数据

潘文国语言论集/潘文国著.—上海：华东师范大学出版社，2019
ISBN 978-7-5675-8911-7

Ⅰ.①潘… Ⅱ.①潘… Ⅲ.①语言学—文集 Ⅳ.①H0-53

中国版本图书馆CIP数据核字(2019)第041144号

潘文国语言论集

著　者　潘文国
项目编辑　龚海燕　顾晨溪
审读编辑　徐思思
责任校对　顾晨溪
装帧设计　卢晓红

出版发行　华东师范大学出版社
社　　址　上海市中山北路3663号　邮编200062
网　　址　www.ecnupress.com.cn
电　　话　021-60821666　行政传真021-62572105
客服电话　021-62865537　门市(邮购)电话021-62869887
地　　址　上海市中山北路3663号华东师范大学校内先锋路口
网　　店　http://hdsdcbs.tmall.com/

印刷者　上海书刊印刷有限公司
开　本　787×1092　16开
印　张　39.25
字　数　638千字
版　次　2019年6月第1版
印　次　2019年6月第1次
书　号　ISBN 978-7-5675-8911-7/H·1039
定　价　88.00元

出版人　王焰

（如发现本版图书有印订质量问题，请寄回本社客服中心调换或电话021-62865537联系）

目录

编辑说明

哲学语言学

语言哲学与哲学语言学	3
哲学语言学——振兴中国语言学的必由之路	14
语言的定义	27
什么是语言学？	56
中西的语言与文化研究	65
语音学、音系学、音韵学	91
文字与文字学研究	112
论语法	142
语义学初探	172
语言学是人学	185
从哲学研究的语言转向到语言研究的哲学转向	191
语言转向对文学研究的启示	200
本体论：语言学方法论背后的关注	212

建设中国语言学

论中国语言学的"落后"	219
"两张皮"现象：由来及对策	234

中国语言学的发展方向——从发展中国戏曲谈起 244
关于外国语言学研究的几点思考 252
外国语言学与中国语言学 260
中国语言学的未来在哪里？ 270
中文危机拷问语言学理论 282
寻找自己家里的"竹夫人"——论中西语言学接轨的另一条路径兼谈文章学 294
欧游归来漫谈语言学问题 306

字本位

"本位"研究的方法论意义 317
字本位理论及其在教学中的应用 334
字本位理论的哲学思考 343
字本位——中文研究与教学的新理论 357
汉语独特性理论的研究与汉语教学 365
我们为什么主张字本位？ 372
字与语素及其他 378

语言与文化

论中学与西学——语言研究的若干关系之一 393
关于中国文化传承与传播的思考 398
"道可道，非常道"新解——关于治学方法论的思考 420
孔子是"教""育"家吗？——重读《论语》的启示 443
命名艺术纵横谈 459
《中华汉英大词典》浅见 474

学人研究

史存直和他的语言学研究(外 3 篇)   489
陈望道对语言研究方法的重大贡献   501
刘重德先生对于汉英对比研究的贡献   508
徐通锵的历史地位(外 1 篇)   514
反思：振兴中国语言学的必由之路——从江枫先生的语言文字观谈起   521
当代中国的"士大夫之学"——序《学步集：杨自俭文存》   528
中国学者从事外国语言学研究的正道   535
高名凯先生在中国现代语言史上的地位——从词类问题大讨论谈起   542
吕必松著《汉语语法新解》序   549
索绪尔研究的哲学语言学视角——纪念索绪尔逝世 100 周年   555

附 录

漫谈语言与语言研究——潘文国教授访谈录   571
潘文国先生访谈录   584
潘文国部分论著目录   597

编辑说明

本书是30多年来我关于语言学研究方面的论文的一个结集，共分6辑。

第一辑是"哲学语言学"，这是本书的重头，因为13篇文章中有4篇以前没有发表过。这些文章其实是一个系列，是我给博士生上"语言哲学"课程的讲义，讲了好几年，有的整理成文拿去发表了，多数没有。这次是第一次相对完整的呈现。

第二辑是"建设中国语言学"，主要是对发展中国语言学一些问题的回顾与思考，其中应该包括《汉语研究：跨世纪的思考》一文，但因收在《汉语论集》了，所以这里不再重复。

第三辑是"字本位"，把这个内容放在《语言论集》而不是《汉语论集》里，体现了我一个想法：字本位不仅是一个汉语语法理论，更是一个普通语言学理论。而我致力于建设的"字本位"与其他学者有所不同，实际上也是一个语言研究体系。

第四辑是"语言与文化"，这方面我的文章不少，但这里没有收关于理论探讨的，主要收了一些语言文化结合研究的实例，包括对老子、孔子某些论述的重新解释等，恐怕对于文化史、思想史也有点意义。最后一篇是应陆谷孙学长所邀，审读他主编的《中华汉英大词典》初稿的意见，以前没有发表过。

第五辑是"学人研究"，我的研究生涯中有幸涉及几位前辈名家或大家，其起因或是为了庆祝或纪念，或是遵嘱写序。因为写序必得"知人论世"，有时会对有关学者作一个整体评价，或侧重某一个领域的贡献。这些年写过的书序不少，但限于篇幅，只能先收这些。

第六辑是"附录"，其实是对我的两个长篇采访，一个是国内的一家出版社，一个是国外的一家杂志社，主要可以使读者了解我的学术生涯和研究历程，以及某些观点提出的背景。在上海外语教育出版社出版《潘文国学术研究文集》(2017)时，我附了一篇学术自传性的"我的古今中外之路"，作为"代前言"。这里的两篇就作为这套书的"代后记"吧。如果篇幅允许，拟再附一个"潘文国论著目录"，这是到2018年7月为止已发表成果的最新统计。

感谢华东师范大学出版社和王焰社长、龚海燕副社长愿意为我出一套学术论文选集。这套书包括两本——《潘文国汉语论集》和《潘文国语言论集》，两者可说是姐妹篇,其大致分工是,一本以汉语研究为主,一本以语言学理论研究为主。其实两者很难截然分开,因为讲理论必然涉及具体语言,那首先肯定是汉语;而讲汉语稍深一些时也必然会涉及理论。在上外社出的那本文集,尽管主要收"汉英对比"和"翻译研究"两个领域的文章,但有些跟这里的两本也会有交叉。因此最好的办法还是相互参看。

这三本文集加在一起,我这几十年学术研究的主要论文可说已大体在此。余下的还有为数不少关于教学方面的,包括古汉语教学、英语教学、对外汉语教学等,以及一些教辅文章。此外还有语言研究领域以外的文章如文学方面的,林林总总加起来也有 100 好几篇,就等以后再说了。

作　者

2018 年 7 月

哲学语言学

语言哲学与哲学语言学

近些年来,语言哲学的话题越来越引起学界关注,不仅哲学界谈论得热火朝天,语言学界也显示出了越来越浓厚的兴趣。"语言学转向"、"20 世纪是语言学的世纪",似乎已成哲学界和语言学界的共识。一些与语言学有关的专业(如语言学及应用语言学、外国语言学及应用语言学等)更是将之作为博士、硕士生的必修课程,乃至重要的研究方向之一。在这情况下,我们觉得有必要对"语言哲学"这个术语本身进行一番哲学的探讨,以明确哲学家和语言学家在研究"语言哲学"时的不同任务和目标。

一、语言哲学与哲学语言学

"语言哲学"越来越热,但"语言哲学"究竟指什么?陈嘉映说:"从前不分哲学、科学或思想,对语言的系统的思考全可归入'语言哲学'名下。不过,这个名称有其特指,宽泛的用法指 20 世纪以语言为主要课题的哲学研究,狭窄的用法则指分析哲学系统中的语言哲学。"(陈嘉映 2003:2)这里提出了"语言哲学"的三种含义:

20 世纪以前:对语言的系统思考;
20 世纪以来:(广义)以语言为课题的哲学研究;
　　　　　　(狭义)分析哲学系统中的一个内容。

而"语言哲学"这个短语本身也颇有歧义,是指语言中体现的哲学(指内容)?从语言角度研究哲学(指方法)?语言本身的哲学(指语言的根本规律)?还是对语言的哲学思考(指过程)?可能各家各派乃至具体从事研究的人们理解也并不一致。

美国语言哲学家万德勒(Zeno Vendler)在他的《哲学中的语言学》(*Linguistics in Philosophy*)一书中提出了三个(实际上是四个,如加上该书标题则是五个)概念甚至是"学科",并对它们进行了界定:

Philosophy of Linguistics("语言学哲学"):"这门学科对意义、同义词、同义语

(paraphrase)、句法、翻译等语言学共相(linguistic universals)进行哲学思考,并且对语言学理论的逻辑地位和验证方式进行研究。"(Vendler,1970/2002:8-9)

Philosophy of Language("语言哲学"):"包括关于语言的本质、语言与现实的关系等内容的或多或少具有哲学性质的专著。"(同上)

Linguistic Philosophy(陈嘉映译为"语言概念哲学"):"这门学科包括基于自然语言或人工语言的结构和功能的任何一种概念的研究。"(同上)

Linguistics for Philosophy(陈嘉映译作"哲学语言学",同上:16-17)

Linguistics in Philosophy("哲学中的语言学",该书书名)

最后两个概念的含义万德勒没有给出解释,事实上,把 Linguistics for Philosophy 译作"哲学语言学"并不妥当,从字面意义看,应该是"为哲学的语言学",即可为哲学研究所用的语言学理论和知识。"哲学中的语言学"同样不很妥当,因为万德勒自己说,他的书明确地属于 Linguistic Philosophy 的领域(同上:9),也就是说,他讨论的是哲学,而不是语言学。因而,书名的本意应该是"语言学在哲学研究中的意义或作用",中心词还应落到"哲学"上。

以什么作为中心词,其研究的出发点、方法和结果是大不一样的。如果中心词落在"哲学"上,语言或语言学就只是其研究的出发点和前提。在这样的研究中,语言学往往被当成是个现成的东西。人们可以从不同的语言学派别(如结构主义语言学、转换生成语言学)出发去研究,而很少有人对这些语言学理论本身进行质疑。哲学家们所争论的往往是语言学能不能用于哲学,或者哪一种语言学理论可用于哲学,而不会对语言学自身的问题感兴趣。把中心词落在"语言学"上,则情况恰恰相反,哲学成了研究的出发点或前提,研究者更感兴趣的是语言学而不是哲学,希望解决的是语言学上的问题而不是相反。在这样的研究中,哲学往往是被作为一种现成东西而接受、而利用的。中心词的不同,实际会造成两类研究:以哲学为中心词的"语言哲学"或"语言学哲学",以及以语言学为中心词的"哲学语言学"。前者指"从语言学角度研究哲学",后者指"从哲学角度研究语言学"。译成英语,分别是 Philosophy of Language 或 Linguistic Philosophy,以及 Philosophical Linguistics,显然,后者并不包括在万德勒所论及的五个词语中。

但实际上,学术界对这两个术语并没有很好地加以区别过。"哲学语言学"这个术语有人用过,但其语言学意义从没有很好地论证过。英国语言学家克里斯托尔(David Crystal)在其名著《剑桥语言百科全书》里，把哲学语言学(Philosophical Linguistics)看作15个跨学科的语言学分支之一，说："哲学语言学研究语言在解释哲学概念中的作用，以及哲学在语言理论、语言研究方法和语言观察中的地位。"(Crystal 1997：418)，而其涉及的内容主要是语言与思维，以及语义学问题，与一般"语言哲学"关心的内容没有什么区别。因此李延福编写的《国外语言学通观》"哲学语言学"词条下在几乎直译了克氏的定义之后干脆加上了一句："在哲学范围内，这一术语常被称作'语言哲学'(Linguistic Philosophy / Philosophy of Language)。"(李延福 1996：770)我们觉得这是不妥的，因为这混淆了哲学家从语言角度研究哲学与语言学家从哲学角度研究语言学两者的不同。对于哲学可能伤害并不大，但对语言学研究却会起误导作用，认为哲学语言学研究的也无非是语言哲学家感兴趣的那些内容，而对语言哲学家较少涉及的内容便认为在哲学语言学的范围之外。这实际上是取消了哲学语言学。

我们认为，为了强调与哲学家们不同的、语言学家的语言哲学研究，有必要明确建立"哲学语言学"这一新的学科，将之作为语言学而不是哲学的一个重要分支。

其次，对"哲学语言学"一词我们还要细加探讨，因为这一词语同样有歧义："哲学"一词既可指哲学家所建立的明确的思想体系，又可指哲学性的思考本身，因而"哲学语言学"一词既可指"从某派哲学角度研究的语言学"实即"哲学家的语言学"，又可以指"对语言的一般哲学思考"或"哲学性的语言学"。前者以某种哲学理论为前提，对语言和语言学问题进行研究和解释，例如阐释学派的语言学、认知学派的语言学、实证主义的语言学、唯理主义的语言学、解构主义的语言学等。乔姆斯基的语言观以笛卡尔的唯理主义哲学为指导，就是一种哲学语言学。而后者指的是从哲学角度对语言和语言学的方方面面进行思考，未必只循着某一现成的哲学理论对语言和语言学问题进行解释。例如洪堡特的语言学就是一种典型的哲学性的语言学。我们未必说得出洪堡特遵循的是哪一家的哲学理论，但他确实对语言和语言学问题进行了非常深刻的思考，对后人以极大的启示。而对语言的哲学思考的结果很可能形成一种新的哲学。例如索绪尔对语言和语言研究问题进行了全面的思索，最后除了形成独特的语言学理论之外，还形成了"结构主义"哲学，其影响远远超出了语言学之外。

将以上所述加以归纳，我们可得出如下一个分类表：

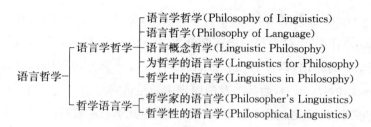

　　这样看来,目前使用的"语言哲学"这个术语,包含了相当不同的意义,其中至少可分为"语言学哲学"和"哲学语言学"两大类。前者是哲学家研究的领域,后者才是语言学家研究的领域。当然两者之间有共同点、有交叉,彼此之间有相互影响,不仅两者的研究对象同是语言,而且哲学家研究的成果可为语言学家所利用,语言学家研究的成果也可为哲学家所利用。尽管如此,两者的基本分野还是应当划清的,这有利于两者各自研究的深入。对于语言学家来说,对自身学科更有直接意义的是哲学语言学的研究,而且,如果我们不想专重于某家某派哲学,而更想关注对语言的一般哲学思考,则应在上述各种解释中取最后一种理解,即把"语言哲学"理解为对语言的哲学思考。

　　如果把语言学家研究的语言哲学定名为"哲学语言学"或"哲学性的语言学",则其同人们一般谈的"语言哲学"或"语言学哲学"就会有较大较明显的区别。第一,这一研究的最终落脚点是语言学而不是哲学;第二,即使在关于语言的问题上,哲学语言学关心的不光是一般语言哲学家所关心的那些语义和语用问题,还包括他们不甚关心的语音、文字、语法等语言学其他"平面"上的问题。其目的是对所有这些语言和语言学上的问题进行一番哲学性质的探索和思考。

　　为了说明这两种区别,我们先来举一些"语言哲学"或"语言学哲学"的例子。

　　英国学者哈理森(Bernard Harrison)编写的《语言哲学导论》(*An Introduction to the Philosophy of Language*, 1979)是迄今为止为人称道的一本比较简明的语言哲学导论著作,其内容共分四大部分:1) 命名(Names);2) 意义与真理(Meaning and Truth);3) 交际与意图(Communication and Intention);4) 语言与世界(Language and the World)。

　　美国学者卢德娄(Peter Ludlow)编辑的《语言哲学读本》(*Readings in the Philosophy of Language*, 1997)是较新、较全面的一本语言哲学论著选读本,其内容分成六辑:1) 语言与意义(Language and Meaning);2) 逻辑形式与语法形式(Logical Form and Grammatical Form);3) 有定摹状词与无定摹状词(Definite and

Indefinite Descriptions);4)命名(Names);5)指示(Demonstratives);6)对意向和态度的报导(Attitude Reports)。

中国学者陈嘉映的新著《语言哲学》是国内第一部通论性的语言哲学教材,本书除头尾之外,共有十四章专题性内容,分别是:1)意义理论;2)真理理论;3)索绪尔;4)弗雷格;5)罗素;6)维特根斯坦早期思想及其转变;7)维也纳学派;8)维特根斯坦后期思想;9)日常语言学派;10)蒯因及戴维森;11)乔姆斯基;12)专名、可能世界、语词内容;13)隐喻与隐含;14)语言与现实。

从这些章节内容来看,哲学家们关心的确实只是哲学问题,语言只是他们研究的切入点。语言哲学家卡茨(Jerrold J. Katz,1971:174)曾把20世纪前半叶的语言哲学家归为两大派,一派以早期维特根斯坦与维也纳学派为代表,是逻辑实证主义;一派以后期维特根斯坦及莫尔等人为代表,是日常语言学派,但两派都致力于从语言切入,来研究逻辑和哲学的一般问题。从上述几本书来看,尽管这些书的出版已是20世纪下半叶乃至21世纪初,但其关心哲学问题、对语言问题本身甚少探索这一基调则没有什么大的变化。钱冠连(2000)在研究了上一世纪西方的语言哲学之后,在其《哲学轨道上的语言研究》一文中更直截了当地指出:"我们不妨将上述过程(语言分析何以成了哲学家的主题)简化为语言研究的哲学轨道三含义:(1)西方哲学研究两次转变方向,本体论搞不通了转向认识论,认识论搞不下去了转向语言论。(2)通过研究语言来撬开'存在',撬开思想与世界。人的思维是一种内在的交谈,哲学研究就是通过语词意义的分析将'内在交谈'外化出来;用利科的话来说,就是'把对语言的理解当成解决基本哲学问题的必要准备'。也就是说,对词语意义的研究,是为了从词语的意义中反推出人的理性和哲思。(3)西哲认为,研究语言可以澄清一些由于滥用语言而造成的哲学问题。一旦澄清了语言,哲学问题自然而解。"

而语言学家关心语言哲学,与其说是关心哲学,不如说是更关心语言及语言学自身的问题。语言学经过了两千多年的发展,在东西方形成了各自不同的传统,但总的来说,在20世纪以前,语言学家们对理论的关注并不多,从索绪尔开始,20世纪以来的语言学家们对理论表现出了前所未有的强烈兴趣,语言学流派出现了一个又一个,而语言及语言学上未解决和待解决的问题却不但不见其减少,反而呈越来越多之势。随着中国在新世纪的重新崛起,重新发掘、整理、总结中国乃至东方的语言研究传统,将之理论化和哲学化,以与长期以来视为当然、视为具有人类普遍价值的西方语言理论、语言哲学平等对话,已越来越成为新世纪中国和许多非西方语言学家的自觉诉求。这也正是当代语言哲学研究在中国,特别是中国语言学界兴起的广阔时代背景。而由于研究的旨趣的不同,我们不能完全指望语言哲学家们来帮助我们解决这一系列问题,只有依靠有哲学兴趣的语言学家们拿起哲学武器,来对这些问题进行认真思索。而汉语语言学家的语言哲学兴趣,将不会仅仅停留在意义理论、符号理论、人工语言和自然语言、逻辑形式与语法形式、话语理论等一些方面,更不会仅仅满足于介绍、引进西方语言哲学、特别是分析哲学的各种名词概念、理论流派,甚至也不会专注于对当代重要的哲学语言观如解释学语言观、解构主义语言观和认知主义语言观的介绍和引证,而将立足于人类语言、特别是汉语的事实,对从语言的本质,到语音、文字、语法、语义、语用等所有与语言有关的方方面面进行探讨。其研究思路主要是语言学的,因此,举例来说,一般语言哲学家所最感兴趣的意义问题,按照语言学著作的一般顺序,就不会放在第一章而会放到最后一章。

语言学哲学与哲学语言学的区别,从我们对一些学者的称谓上也可看出来:语言哲学家只是哲学家,而哲学语言学家可能被称作哲学家,但更多地被称为语言学家。如上面提到的弗雷格、罗素、维特根斯坦,乃至塞尔、蒯恩、奥斯汀等人,我们都称之为哲学家,不大会称其语言学家;而对洪堡特,我们似乎又可称为哲学家,又可称为语言学家,也许后者还更多些。对乔姆斯基也是如此。对索绪尔,一般都首先把他看作语言学家,但从陈嘉映一书的章节来看,现在人们也开始把他看作语言哲学家。

二、哲学语言学与普通语言学

如果说,哲学语言学与语言哲学的旨趣差别较大,而其著作的章节安排更类似于语言学,那么,它同一般语言学(普通语言学或理论语言学)的关系何在呢?这就同学科的分类理论有关。

通常谈学科的分类,都是从学科间横向区分的,如先分为自然科学、社会科学、人文学科三大类,然后在三大类下分别分出数学、物理学……,政治学、社会学……,文学、历史学……等。很少有人尝试进行纵向的区分。这样,在我们读到毛泽东在《整顿党的作风》一文中如下一段话的时候,就会感到有些费解:"什么是知识？自从有阶级的社会存在以来，世界上的知识只有两门，一门叫作生产斗争知识，一门叫作阶级斗争知识，自然科学、社会科学，就是这两门知识的结晶，哲学则是关于自然知识和社会知识的概括和总结。"哲学不是人文学科大类下的一个学科吗？怎么又跑到两个学科大类之上成了一个"超学科"了？这里其实就涉及对上文所说对"哲学"一词的两种理解，一是形形色色的哲学家所建立的各种思想体系，一是人类的思考本身。对各种思想体系及相关问题的研究属于人文学科下的"哲学"，而思考本身则不仅属于"哲学"学科，也属于所有学科，正是在这一层面的理解上，"哲学"高踞于各学科之上，成为自然科学、社会科学，以及毛泽东没有提到的人文学科这三大部门所有学科、所有知识的"概括和总结"。

承认每一学科背后都有一个"思考"的层面，就促使我们对学科进行纵向的分类。我们认为，所有的学科都首先可以分为两个层面：理论层面和应用层面。在一个学科内部，搞理论和搞实践的当然有分工的不同，但至少在心目中，双方都应该有对方的存在；只管理论不管应用，与只管应用不管理论，都是片面的。但光分为两个层面看来还不够，细究起来，这两个层面，还可以各分为两层。应用层面可以分为应用理论层面和应用实践层面（因而认为应用没有理论也是不对的），而理论层面又可分为学科理论层面和学科哲学（即思考）层面。学科理论是关于这一学科的基本理论，而学科哲学则是对这一学科的本原问题的哲学思考。应该说，到了学科哲学层面，各门学科之间有许多东西是可以相通的，所谓"哲学是自然知识和社会知识的概括和总结"，就是从这个层面上说的。而在学科理论层面，一般情况下各门学科之间是不可能相通的。例如文学理论不可能直接用于数学，物理学理论更不可能直接用于文学，等等。以前人们曾提出过"文化通约性"的问题，其实不是各个具体的文化领域之间有通约性，而是文化背后的哲学思想有相通之处，在一定历史阶段表现出共同的兴趣或倾向，例如欧洲历史上的各种文艺思潮，背后都有哲学思想的影子。反过来，哲学对各门学科的指导作用，也是体现在这个层面，也就是对学科本身的各种问题进行哲学的思考。否则，如果误把哲学家的各种著作、教材当作哲学本身，硬要将之与所从事的专业联系在一起，认为这就是"某某哲学"，那就大谬而不然了。

根据我们上面的解释，每门学科都可以分成四个层面：学科哲学——学科理论——应用理论——应用实践。这四个层面不是彼此孤立的，其间有相承的关系：应用理论是应用实践的基础，对实践有着指导作用；学科理论是应用理论的基

础,对应用理论的形成有着指导作用;而学科哲学是学科理论发展的原动力,是学科理论保持生气勃勃的关键。例如:

文学:文学哲学(或美学)——文学理论——写作理论——写作实践;

翻译学:翻译哲学——翻译理论——翻译技巧——翻译实践;

科学技术:自然哲学——具体学科理论——操作工艺——操作实践。同样:

语言学:语言哲学(实为哲学语言学)——理论语言学——应用语言学——语言实践。

哲学语言学与普通语言学(理论语言学)同处于语言学科的理论层面,但两者还有层次的不同。其差异表现在:(1)哲学语言学更强调的是思索的过程;而普通语言学,是这种思索的结果以及借此而建立的各种语言学理论体系。理想的普通语言学家都应该是哲学语言学家,否则他就只会传递别人的观点而没有自己的声音。洪堡特是普通语言学的创始人,也是哲学语言学的创始人。索绪尔、乔姆斯基,都有他们的语言哲学。(2)由于哲学层面已进入了人类知识的"概括和总结",因而必须更广泛、更自觉地综合运用和结合其他学科中的人类思维的结晶,把对语言现象的思考更自觉地放到人类对自然、社会、人类自身思考的大背景中去进行,而不应就语言而论语言。

由于一个强调过程,一个体现结果,因此哲学语言学和普通语言学的著作的面貌也不相同。一般来说,普通语言学著作往往体现为一家之说,只是提出某一方面(如语音或语法)问题的一种观点,而很少论证这观点得来的过程,更不指望对这观点引起争论。而哲学语言学著作要求能反映探索的过程,要有对同一现象的各种观点的争论,作者可以有所选择,或提出自己的观点和结论,但也可以只是摆问题,摆困难,不作结论,其目的是引起别人同他一起来思考。对哲学语言学研究来说,有时提出问题比解决问题更重要。

从这一理解出发,我们觉得为研究生特别是博士生开设的语言哲学或哲学语言学课程,应该是一门理论探索课,而不是知识课,不应以知识的传承为主要目的。广义地说,研究生、博士生的课程都应该有这种性质,但在这门课程中体现得更明显。因为所谓知识,指的就是书本上或前人实践中积累起来的种种现成结论,这些东西当然有用,但是对于研究性学习来说,这些都不是重要的东西,重要的是要了解人们得出这些结论的过程,亦即理论探索的过程,同时学会自己从发现问题开始进行思考。

三、语言的哲学思考

那么,什么叫"语言的哲学思考"呢?我们知道,哲学(Philo + sophy)的本义是"爱智慧",实质是"爱思",因为智慧是思索的结果和表现,不爱动脑的人不会有什么智慧。但作为哲学的"爱思"又有更明确的指称对象,它不是一般的思考,不是天马行空式的胡思乱想,不是"眉头一皱,计上心来"的随机应变,按照我们的理解,它至少有四个特点。

第一,它指的是对事物的本原问题的思考。

对所从事研究的对象从本原上、从最初始的问题上进行思考,这才是哲学的思考。这可以说是哲学思考的本体论。如文学的哲学思考要从探究什么是文学开始;语言学的哲学思考要从探究什么是语言、什么是语言学着手;对语音、文字、语法、语义等问题也是如此。所谓事物的本原问题、初始问题,就不是一般枝节问题或者局部问题,甚至也不是一般理论问题。即使对较重大的理论问题,我们关心的也不是"是什么"的问题,而是"为什么"的问题。也就是说,当我们遇见一种理论时,我们更关心的还不是它的内容是什么(当然这也需要关心),而是为什么会有这个理论?这个理论是怎么得出来的?或者说,这个理论的"立论之本"是什么?只有这样,我们才能真正理解这个理论的价值,它的得失,也才能决定我们对待它的态度,是取?是弃?还是择善而从?如果缺少对"立论之本"的思考,就很可能被一种理论表面上的振振有词而被其牵着鼻子走。

第二,它指的是一种怀疑精神。

如果说"哲学思考"的第一要义是探索本原,则其第二要义便是敢于怀疑,特别是敢于、善于从无疑处生疑。这可以说是哲学思考的价值论。马克思在回答他小女儿燕妮提出什么是他的座右铭的问题时,说:"怀疑一切。"这件事在"文化大革命"初期曾经非常有名,到处传播,在一定程度上对后来社会上出现的怀疑一切、打倒一切的反动思潮起了推波助澜的作用。也许是心有余悸吧,以后就不大再有人提起了。其实这句话本身并没有错,岂但没有错,而且确实体现了马克思主义哲学的生命力和战斗力;要是马克思没有这样一种精神,没有这样一种气概,横空出世的马克思主义能在形形色色的封建阶级、资产阶级思潮的重重包围中诞生吗?问题出在"文革"初那些引用它的人。"怀疑一切"本来是指进行理论思考时的一种质疑精神,而"文革"初的那些人把它世俗化、庸俗化了,见到什么人、什么事不合自己或自己那一派的胃口就祭出这一法宝,胡乱怀疑,甚至进而付诸行动,多方罗织,必欲将怀疑对象置之死地而后快。今天我们应当把马克思的话放回它本来的环境中去,在进行理论思索、哲学思考的时候,提倡"怀疑一切"的精神。所谓"怀疑一切",就是我们在进行理论思考时,不抱任何先入之见;我们尊重前人、古人、洋人的产生过巨大影响的种种理论、主义,但是这种尊重是历史主义的尊重,不是盲从。我们是把这些理论和主张放到其所产生的环境中去,承认它所取得的成果和巨大的影响;但是我们不相信有什么包打天下、放置四海而皆准的真理,不相信一种在特定历史条件下、针对特殊对象而提出的理论或主张能够不经过修改和调整,而适用于任何历史条件下的任何对象。没有这样一种怀疑精神,见到洋人就纳首称臣,碰到"权威"就两腿发软,甚至见到进了教科书的、成了众人目为"常识"的东西就不敢越雷池一步,那我们在学术上就永远不会有创新可言!

第三,它更强调的是思索的过程。

对于爱思考的人来说,重要的往往不是结果,而是过程。当然,思考得出一个结果是令人愉快的,但思考得出这个结论的过程可能更值得回味。这可以说是哲学思考的方法论。

我们一贯主张,哲学语言学不管是作为一门课程,还是作为一种学问,它的最高境界或者说最高目标,不在于知识的传授,而在于思索本身;它不应该是一门知识课,而应该是一门启发人思考的课;是"渔"而不是"鱼":授人以鱼,不如授之以渔。哲学语言学要求对语言和语言学研究的方方面面提出种种问题,自己思考,也启人思考。它更看重的是过程而不是结论,提出问题比解决问题更重要。发现问题、提出问题、讨论问题,便是这一研究的最重要的内容。在这一思考的过程中,最重要的方法论还是辩证唯物主义。所谓"辩证",就是力求全面地看问题,既从正面看,也从反面看;既从有利的方面看,也从不利的方面看;既从积极的方面看,也从消极的方面看;既从己方的立场看,又从对方的立场看。所谓"唯物",就是实事求是,既尊重事实,又尊重历史;既不有意贬损,也不有意拔高。而在辩证地思考语言问题时,最需要认真对待的还是个别与一般的问题、共性与个性的问题。语言有个别与一般的问题,语言理论也有个别与一般的问题。这个问题说起来容易做起来难。只有时时将这个问题放在脑子里,对具体问题的思考才会真正有价值。

第四,永远不抱穷尽真理的态度。

上面我们反复强调,哲学语言学重在思考过程而不在结论,其原因就在此。这可以说是哲学思考的认识论。

当然,在思考过程中可能也必然会得出一些结论,有对前人某种意见的肯定,也有对前人一些成见甚至"常识"的批评,还可能有自己通过观察、比较得出的一些前人没有提到过的新看法。但那些都不是最重要的。因为从哲学的眼光看,任何结论的真理性都只是相对的,都只能代表人类在对自然、对社会,以及对人类自身进行探索过程中的一个阶段性的成果。发现前人的谬误既不值得夸耀,一己之得更不值得沾沾自喜,因为人类的认识本来就是这样一步一步向前发展的。人类认识世界、社会和自身是无止境的,因而哲学的探索也永远不会有止境。对每一个研究者来,重要的不是他已经发现了什么,而是他还能发现什么,这是科学研究永远的动力。

参考文献

陈嘉映,2003,《语言哲学》,北京:北京大学出版社。

李延福(主编),1996,《国外语言学通观》(上、下),济南:山东教育出版社。

钱冠连,2000,哲学轨道上的语言研究,《解放军外国语学院学报》2000 年第 1 期。

Crystal, David, 1997, *The Cambridge Encyclopaedia of Language*, second edition, Cambridge: Cambridge University Press.

Harrison, Bernard, 1979, *An Introduction to the Philosophy of Language*, London: The Macmillan Press.

Katz, Jerrold J., 1971, *Linguistic Philosophy: The Underlying Reality of Language and Its Philosophical Import*, London: George Allen & Unwin Ltd.

Ludlow Peter (ed.), 1997, *Readings in the Philosophy of Language*, Cambridge, Massachusetts: MIT Press.

Vendler, Zeno, 1970, *Linguistics in Philosophy*, Cornell University Press. 中译本为(万德勒)《哲学中的语言学》,陈嘉映译,北京:华夏出版社,2002 年。

(原载《华东师范大学学报》2004 年第 3 期)

哲学语言学
——振兴中国语言学的必由之路

2004年我发表过一篇文章《语言哲学与哲学语言学》[1],主要谈了三个问题:

1) 区别语言哲学与哲学语言学。最根本的区别在于,前者是从语言的角度研究哲学,关心的是哲学的问题,要解决的是西方哲学的本体问题,是哲学家关心的课题,语言只具有方法论的意义;而后者是从哲学的角度研究语言学,要解决的是语言学的问题,是语言学家应该关心的课题,语言在这一学科中具有本体论的意义。语言哲学与哲学语言学是两个不同的学科,笼而统之称为语言哲学容易使语言学忽视自己研究的根本目标(David Crystal 在《剑桥语言百科全书》把哲学语言学作为语言学十五个分支之一,但其内容与语言哲学无异,实际上等于取消了哲学语言学)。

2) 从哲学角度研究语言学也有两种,一种是"哲学家的语言学",是从某家某派哲学的角度研究语言学,实际上沦为某家哲学的附庸;另一种是"哲学性的语言学",不从特定的哲学流派出发,而是对语言的方方面面进行哲学性的思考。所谓"哲学性",就是从本体论、认识论、方法论、价值论等方面对涉及语言的一系列根本问题进行追根溯源式的思考。

3) 由于哲学性思考是所有学科的任务,而不仅仅是属于语言学的,从这个理解出发,提出了对学科进行纵向分类的思路。也就是说,学科除了可进行横向分类(先分为自然科学、社会科学、人文学科三大门类,再在下面细分)外,还可从理论到实践分成纵向的四个层级:学科哲学、学科理论、应用理论、应用实践。其间有相承的关系:应用理论是应用实践的基础,对实践有着指导作用;学科理论是应用理论的基础,对应用理论的形成有着指导作用;而学科哲学是学科理论发展的原动力,是学科理论保持生气勃勃的关键。各门学科都有学科哲学层级,在这一层级上,所有学科之间都有着通约性,其研究原则、研究方法、研究成果等都可以彼此借鉴。对于语言研究来说,哲学语言学就是这一最高层级的研究。

---

[1] 载《华东师范大学学报》2004年第3期。

本文就是在上述认识和主张的基础上的进一步思考,重点讨论研究哲学语言学对当代中国语言研究的意义,以及中国语言学家所面临的历史使命。如果说上一篇文章主要讨论"什么"的问题,这一次的重点可以说是在"为什么"上。

一、哲学语言学是语言研究的根本任务

首先我们要提到一个人的名字,这个人在十来年前对中国语言学家来说还是相当陌生的,即使提到的时候也只像是一个符号,但在今天却已几乎家喻户晓,许多比较深刻的语言理论探讨都会出现他的名字;甚至有人提出,他才是真正意义上的"语言学之父",现代语言学应该从他而不是晚于他近一百年的索绪尔讲起。这个人就是19世纪初的德国学者洪堡特。我说他的名字像一个符号,是指在中国的普通语言学或西方语言学史教科书上,他的名字总是与"普通语言学创始人"联系在一起。但为什么说他是普通语言学的创始人,他又是怎样创立"普通语言学"的,他创立的"普通语言学"是怎么样的一个体系,是否就是我们现在课堂上学的那种"普通语言学",诸如此类的问题教科书上却是语焉不详,仿佛只是忽地闪了一下,然后就"神龙见首不见尾","普通语言学"也就一下子跳到20世纪的索绪尔了。

而更引起我们兴趣的是,除了"普通语言学创始人"之外,洪堡特日渐还多了一个头衔——"哲学语言学家",而他的学说也被称为"哲学语言学"。这样两个头衔汇集在一个人身上意味着什么?"普通语言学"和"哲学语言学"到底是什么关系?带着这些问题,我们认真阅读了洪堡特的著作,首先是他作于1810-1811年的《普通语言学论纲》,因为这是他从事语言研究的一个总体思路。读后我们惊讶地发现,洪堡特所主张的"普通语言学"与我们今天几乎已成老生常谈的"普通语言学"恐怕不是一回事。我们今天看到的"普通语言学",或"语言学概论"教材,新老也许有些区别,但格局差不多:老的往往在开始时讲了一下"语言的性质"、"语言与思维"之后,就转入了不厌其详的"语音、词汇、语法、文字"的分析,最后是"语言的分类";新的呢?中间那些内容变成了"音系学、语汇学、语法学、语义学"等,更新的还会加上"语用学"。不管是老的还是新的,教材会告诉你关于语言和那些分支学科的完整的知识。而在洪堡特的《普通语言学论纲》里却完全没有那些内容。当然我们可以说在洪堡特那时候这些"学"都还没建立。但仔细研究却发现

问题不在此,而在于两者的旨趣根本就不同。洪堡特的《普通语言学论纲》(*Thesen zur Grundlegung einer Allgemeinen Sprachwissenschaft*),据译者姚小平先生说,是从洪氏一部未刊的著作《总体语言研究导论》(*Einleitung in das gesamte Sprachstudium*)中辑选出来的[1]。可见,在洪堡特看来,"普通语言学"就是"总体语言研究",其任务是:

> 我所说的"总体语言研究",是指所有起着主导作用的基本原则和历史叙述,它们是有序的、成系统的,有助于语言研究的进行,并可以修正、扩展和丰富语言研究。(洪堡特 2001:4)

可见他的普通语言学要研究的是"起主导作用的基本原则和历史叙述",研究的目的是为了"有助于语言研究的进行,并可以修正、扩展和丰富语言研究"。也就是说,他的"普通语言学"是为了指导语言研究,而不是代替语言研究,更不是和盘托出语音、语法、语义等等的现成结论,因为这种种结论除了作为"知识",供人死记硬背之外,未必能帮助"语言研究的进行",更谈不上"修正、扩展和丰富语言研究"。洪堡特提出的"普通语言学"的任务,更类似于今天所说的哲学语言学的任务。这样看来,对于洪堡特来说,普通语言学就是哲学语言学,两者是合而为一的。因此他才能理所当然地成为这两种语言学的创始人或主要代表。

然而问题来了,既然洪堡特想创建的是哲学语言学而不是我们今天所看到的那些教科书中的普通语言学,那今天的"普通语言学"是从哪里来的?或者说,是谁创立的呢?答案还是洪堡特,但造成现在这样的局面,却不是他的责任。

此话怎讲?原来问题可能出在翻译上。我们从法国学者贝罗贝论《马氏文通》来源的一条注里面看出了问题的端倪[2]。不错,普通语言学这个名称最早是洪

1　参见姚小平《序》,《洪堡特语言哲学文集》,长沙:湖南教育出版社,2001,p. III.
2　'Grammaire générale' means 'Universal grammar' (UG). The term 'général' has been fixed in France, especially since Nicolas de Beauzée. 1767. *Grammaire Générale ou exposition raisonnée des éléments nécessaires du langage pour servir de fondements à l'étude de toutes les langues*. Paris: Barbou. Very few French linguists at that time would have used the term 'Grammaire universelle', an exception being Antoine Court de Gébelin. 1816. *Histoire naturelle de la parole ou grammaire universelle*. Paris: Plancher, Eymery & Delaunay. In England, on the contrary, the word 'général' was rare, the common term being 'Universal grammar' (*grammatica universalis*). In Germany, the word used was 'allgemein', meaning both 'universal' and 'général', something like the Chinese term *putong* 普通 'common'. (Peyraube 2001: 352 N29)

堡特提出的，他用的术语是德文的 Allgemeine Sprachwissenschaft。但德文中的 Allgemeine 一词有两个意义，一个是"总体"的意思，一个是"普遍"的意思。洪堡特的"普通语言学"又称"总体语言研究"，显然用的是"总体"的意思。但"普通语言学"一词译成法语成了 Linguistique générale，而在法语里 générale 却只有一个意思，即"普遍的"，著名的法国 17 世纪 Port-Royal 修道院的《普遍唯理语法》其原文就是 Grammaire Générale et Raisonnée (1660)。因而如果按照法文的意思去理解，"普通语言学"就成了"普遍语言学"，相当于 Universal linguistics。英语的 General linguistics 是从法语来的，但英语的 General 意思与法语又不完全相同，除了"普遍"的意思外，还有"普通、一般"的意思。汉语译成"普通语言学"，"普通"一词里有"普遍"、"一般"二义，但却很难有"总体"的意义。结果除了德语之外，各种语言的"普通语言学"都更倾向"普遍"这一意义，从而把普通语言学理解成了"普遍语言学"。而"普通语言学"的研究，就成了构建一种普遍适用的人类语言理论的努力。我们现在所见的各种各样普通语言学教科书，几乎都是按"普遍语言学"的路子在编，因而总企图教给人们"关于人类语言的最普遍的知识"。由于各家各派对"人类语言的普遍知识"理解不一，就出现了各种各样的"普通语言学"流派。由于"普通语言学"都在各说各的，于是对语言的深入探索就成了另一门学科的任务，这就是哲学语言学。

以上的叙述解释了下面这些事实：

（1）为什么在洪堡特那里，哲学语言学和普通语言学是二而一，但今天却要分作两门学科。

（2）为什么哲学语言学是"一"而普通语言学是"多"，因为按洪堡特的原意，"总体语言研究"重的是过程，是对语言研究的指导意义；真正的"人类普遍的语言学"应该只有一家，不应该有那么多家的。而现在的普通语言学却以结论代替过程，因而有多少结论就有多少"语言学"；出现那么多的"普通语言学"流派实在是对"普通语言学"的"普遍"性的嘲弄。

（3）为什么在我们的纵向学科体系里，"理论语言学"和"哲学语言学"会处在两个不同的层级。因为客观存在的事实迫使我们要重新把研究过程和研究结论区分开来。种种语言学理论应该说是人们对语言进行哲学思考得出的一些结论，它们的存在有其合理性，也适应了一定的需要，但无论如何，结论不能取代思考本身。对于普遍性的追求，不能保证其结论一定具有普遍性。

（4）为什么我们要重新强调哲学语言学，因为这是对思考精神的回归，是对现今已被用滥了的"普通语言学"的超越，回到洪堡特主张的真正的普通语言学，或人类语言的"总体研究"。

二、以哲学语言学的精神考察古往今来的语言学研究

如果我们理解了理论语言学研究的真正价值在于对语言的哲学思考，在于哲学语言学，我们就会占据一个非常高的制高点。在某种程度上，我们甚至可以"俯视"以往出现过的种种语言学理论。因为这个时候我们所关注的，已不仅仅在于这些理论本身，而在于这些理论背后体现的语言学思想、特别是语言观和语言研究方法论。这也是理论语言学家和理论语言学史家的真正任务。

用"俯视"这个词，有人会觉得这是不是过于狂妄，其实不是。这是走理论创新的必由之路，也是研究境界的一种升华。王国维《人间词话》中曾说到过"古今之成大事业、大学问者，必经过三种之境界"："昨夜西风凋碧树，独上高楼，望尽天涯路。"此第一境也。"衣带渐宽终不悔，为伊消得人憔悴。"此第二境也。"众里寻他千百度，蓦然回首，那人却在，灯火阑珊处。"此第三境也。[1] 这三个境界反映的是对事业、对学问的执着追求和豁然开朗的过程。如果要描写理论研究从起步到超越的升华，也就是从"仰视"到"平视"，再到"俯视"这三种境界，我们还可以用另外三句诗，都在杜甫的一首《望岳》诗里：

岱宗夫如何？齐鲁青未了。
造化钟神秀，阴阳割昏晓。
荡胸生层云，决眦入归鸟。
会当凌绝顶，一览众山小。

---

[1] 这三句分别出于宋代三位词人的名句。晏殊【蝶恋花】"槛菊愁烟兰泣露。罗幕轻寒，燕子双飞去。明月不谙别离苦，斜光到晓穿朱户。 昨夜西风凋碧树。独上高楼，望尽天涯路。欲寄彩笺兼尺素，山长水阔知何处。"柳永【凤栖梧】"伫倚危楼风细细。望极春愁，黯黯生天际。草色烟光残照里，无言谁会凭栏意。 拟把疏狂图一醉。对酒当歌，强乐还无味。衣带渐宽终不悔，为伊消得人憔悴。"辛弃疾【青玉案】（元夕）"东风夜放花千树。更吹落、星如雨。宝马雕车香满路。凤箫声动，玉壶光转，一夜鱼龙舞。 蛾儿雪柳黄金缕。笑语盈盈暗香去。众里寻它千百度。蓦然回首，那人却在，灯火阑珊处。"

前两联是"仰视",感叹于现有理论的博大精深("青未了"),"造化钟神秀"更是对现有理论的顶礼膜拜,视若神明,"阴阳割昏晓"则是自感在这些理论的笼罩之下。"荡胸生层云,决眦入归鸟"是"平视",眼界和胸怀大大开阔,大山已不在话下,也开始容得进各种新的事物、新的思想。到了"会当凌绝顶,一览众山小",那就是"俯视"。到了这个阶段,我们就能举重若轻、居高临下地来平等看待已有的各种理论,心平气和地观察和分析各家的优劣,进而提出新的、更能综合各家之长的理论和观点。对于创新型的研究来说,学习只是手段,而超越却是根本目标。没有这样一种追求;各项"事业"和"学问"就不会有所前进。以前我们喜欢说"站在巨人的肩膀上","站在肩膀上"就必然包含着"俯视"的含义,此时你不能再抬着头去看巨人,哪怕是顶天立地的巨人。

从俯视的角度来考察古往今来的语言学研究,我们觉得就有理由对以前的一些学科史研究表示不满。

20世纪以来出现了一种非常独特的"学术"文体,即学科史,这在20世纪以前是很少见的。几乎各门学科都是如此,文学、哲学、语言学,乃至语法学,都是如此。学科史的本质是什么?应该是学科思想发展史。但以往的学科史多数都做不到这一点,结果就成了作家作品的编年史,按年代排列有关学科历史上著名作家的名字、他们的代表作或者作品选读,然后加几句不痛不痒的评述性的文字。这样的学科史对普及学科知识当然可以起到一定的作用,但从学术的角度看,其含金量是不高的。这种情况直到八九十年代以后才有所改变,因而国内外都开始出现了一些学科思想史的著作。如 Roy Harris、John Joseph 等主编的 *Landmarks in Linguistic Thought* I、II。这实际上就是哲学语言学思想的觉醒。

同样,我们也有理由对大量的"普通语言学"或"语言学概论"之类的著作表示不满。同学科史类著作泛滥一样,"概论"类著作泛滥也是20世纪学术界的一大景观。应该说,概论类著作的出现适应了20世纪教育大普及、学术大普及和知识走向民间的需要,本身并没有错。但使我们忧虑的是其背后隐藏的思想,即把结论代替过程,把生气勃勃的探索过程变为生硬僵化的教条。本来,任何学术问题经过研究得到某些暂时的结论是必然的,也是学术进步的表现,但可怕的是,许多"概论、通论"之类的编写者往往都略去了这些结论得出的过程,(也许是这类书的性质使然?)也回避了在这些问题上尚存的不同意见和争论。"净化"的结果是使许多本来具有争论性的问题或仅仅是一家之说以"定论"的面貌出现,久而久之更成为这一学科的"常识"。如果编写者恰好是位权威或该书由于各种原因发行量较大,这种情况就更可能发生。结果本来为普及这门学科的著作反而束缚了学习者的思想,成了学科发展的桎梏。这一现象可说还没引起人们包括教育者和相关责任部门的足够重视。

我们还可以居高临下地审视以往的语言学发展史,对历史上各种学说的功过做出恰如其分的评价。许多主张,在当时也许曾轰动一时,但时过境迁,有时觉得不过尔尔。例如19世纪以来西方语言学关于"科学"的争论。最早把自己标榜为"科学"的是比较语言学,1808年施勒格尔发表《论印度人的语言和智慧》一文,其理论基础是"比较",认为只有运用了比较方法的才是"科学",并进而把之前的语言研究贬为"语文学"(这一观念至今深入人心,认为"科学"的语言学始于19世纪;"语文学"则代表着陈旧、落后、"前科学")。接着起来的是历史语言学(今人常把"历史比较语言学"看成一件事,其实在当时是针锋相对的两大派),他们批判前期的比较语言学是"生物学自然主义"。而"科学"的标准是"历史"。保罗于1880年发表的《语言史原理》(*Prinzipien der Sprachgeschichte*)一文中强调,"历史的方法是唯一科学的方法,其他方法之所以能成为'科学',也因为使用了不完整的历史方法"。到了20世纪,连索绪尔、叶尔姆斯列夫、布龙菲尔德、乔姆斯基这些大师也走上了轻易否定前人的旧辙,索绪尔本人出身历史比较语言学,但在自己观点转变以后,却反过来把历史比较语言学称为"前科学",说:"他们从来没有找到过真正的语言科学,因为他们从来没有注意为他们研究的研究对象下过精确的定义。"而哥本哈根学派的代表人物叶尔姆斯列夫则在《语言学基础》(Hjelmslev, *Omkring Sprogteoriens Grundlaeggelse* [On the Foundations of Linguistic Theory], 1943; translated into English in 1953, *Prolegomena to a Theory of Language*)一书中提出在他以前的语言学都不是"真正的科学",因为它们研究的是关于语言的物质的、生理的、心理的、逻辑的、社会的、历史的各个方面,唯独没有研究语言本身。而要把语言学变成真正的科学,就必须研究语言本身,必须把语言看作独立配套的自足体系。布龙菲尔德则在其名著《语言论》(1933)里批评历史语言学说:"为了描写一种语言,人们根本不需要什么历史知识;实际上,凡是让历史知识影响他的描写工作的人,一定会歪曲他的资料。"至于乔姆斯基"革命"之全盘否定美国描写主义语言学更是众所皆知的了:"自然科学关心的主要是对现象的解释,那些与解释无关的精确描写对我们毫无用处。"[1] 站在哲学的高度,我们有时会觉得这些说法都有些可笑。我们能够理解他们想树立自己的新观点的迫切性,但又觉得从历史的发展来看,他们不能正确对待前人,因而也就不能正确对待自己,过分地看重了自己研究的结果,而没有从哲学语言学的高度,认识到前人的研究固然有他们的局限,但在当时却也是站在时代的前列;同样,自己的研究可能有胜过前人之处,但那是因为自己站在前人的肩膀上,从前人的成就和不足中吸取了营养;但从历史的长河看,自己的成就也不过是沧海一粟,只具有相对的真理性,历史还要发展,学术还要前进,后人必然会超越自己。"后之视今,犹今之视昔"。我们真正应该重视的,是长江后浪推前浪般的研究过程,而不是历史发展某一阶段的结论。因而,我们今天视为普通语言学"原理"、"常识"的那些结论,比起哲学语言学的思索过程来,可说是无足轻重。

我们还可以心平气和地审视国内外的种种语言学理论。当前语言学理论的发展,比以往任何历史时期都要繁荣,新理论、新体系、新观点、新视角层出不穷,简直到了应接不暇的程度。但如果有了哲学语言学的立场,我们就能站在高处看待这"芸芸众生",不会在眼花缭乱的理论中惊惶失措,迷失自己。我们会掌握一杆标尺,即,真正值得我们尊重的是具有哲学精神的语言学家,真正值得我们重视的是具有哲学观支撑的语言学理论。凡真正一流的语言学家都应该同时是哲学语言学家,例如索绪尔、乔姆斯基、莱考夫等;凡真有价值的语言理论都有明确的语言观和方法论的背景。那些哗众取宠、标新立异、为批评而批评、为立论而立论的"理论"根本不值得重视,也许它们很快就会成为"明日黄花"。

三、以哲学语言学的精神回顾中国语言学的借鉴和引进

站在哲学语言学的高度,我们还可以重新评估一百年来中国语言学所走过的引进和借鉴之路。在中国现代化的进程中,引进和借鉴是必不可少的,语言学也是如此。拒绝引进是错误的,但盲目崇外又是大可不必的。其间的界线在哪里?

经过反复思索和对历史上经验教训的总结,我们认为,应该建立"引进"分层次的观点。引进是需要的,但什么时候、什么层次,以及引进什么却是需要研究和

---

[1] From *The Current Scene in Linguistics: Present Directions*, 1966. in J. P. B. Allen and Paul Van Buren (ed.) Chomsky: selected readings (1971: 3).

把握的。我们可以以经济建设为例。

20世纪60年代有过一个口号，叫"造船不如买船，买船不如租船"，"文化大革命"时遭到了批判，说是反对自力更生，是洋奴哲学、爬行主义。平心而论，从建立自己的船舶工业体系的角度出发，光租船、买船是不行的；但对于两手空空，一无技术、二无资金，而又需要发展远洋运输业的中国来说，买船租船却未必不是一条出路，可以以此来学习技术、积累资金。但如果永远靠买船租船，则永远不会有独立自主的中国造船工业。

由此我们想到，经济技术的引进其实有三个层次。

第一是产品层次。例如现成的轮船、现成的机器。在我们一无所有的时候，可以买来先应付急用。

第二是图纸层次。例如轮船、机器的图纸，某项发明的核心技术，某一技术的关键数据等，许多是今日受到所谓"知识产权"保护的东西。在我们的产业和经济发展到一定程度的时候，可以进行有偿技术转让，引进这些东西。至此我们可以自己仿造跟人家一样的东西。

第三是思路层次。即某项发明、某项技术背后的思路。如果说机器及图纸还可以花钱购买的话，这些东西却是在设计人员或技术人员的头脑里，是花钱也买不来的，然而却是所有技术和发明的关键的关键、核心的核心。思路没法直接"引进"，但它却体现在产品及技术里，只有靠自己的思索才能得到。而只有有了自己的思路，才能有自主创新的技术和产品。

因而这三个层次，第一个层次可作疗饥解渴之用，第二个层次也许可使你与被引进者并驾齐驱，只有第三个层次才使你有可能赶上并超过被引进者。

中国语言学的借鉴和引进也有这三个层次：

第一个层次是现成的语法体系的引进，这是马建忠、黎锦熙阶段的事；

第二个层次是语言学理论的引进，这是从20世纪40年代"三大家"到现在还有人在不断鼓吹的事情；

第三个层次即哲学语言学的层次，即引进西方语言学理论的立论之本，从中思索建立中国语言学的思路。

第一个层次的引进使我们从无到有，开始了"现代的"中国语言学；

第二个层次的引进使我们的语言研究不断繁荣，人家有什么我们也就有什么；

只有第三个层次才有可能使我们超越西方语言学,建立中国本体的语言学。

中国现在的问题是多数人的观念还停留在第二个层次,许多人不但在致力于,而且在鼓吹要"不断引进",以为这是发展中国语言学之路。但这条路肯定不会成功。因为第一,如上所说,西方现在任何一家所谓的普通语言学,其实都不是普遍语言学,只有相对的真理性,可能适合汉语,也可能不适合汉语;适合汉语的,也只是某方面适合,而别的方面未必适合。第二,从逻辑上来说,第二层次的引进永远达不到赶上,更不要说超过西方语言学的水平。因而中国现在特别需要加强哲学语言学的研究。

四、哲学语言学——振兴中国语言学的必由之路

中国正处在历史上最好的时期,中华民族的伟大复兴即将在 21 世纪成为现实。中国语言学的发展也面临着历史上最好的机遇,这就是,汉语受到了世界各国前所未有的重视,汉语国际推广的步伐正在加快,在客观上和主观上都要求加强对汉语的理论和应用的研究。我们不能设想,到了 21 世纪中叶中华民族实现了腾飞的时候,各项事业都赶上或走到了世界的前列,唯有语言学仍然沿用西方的理论、西方的体系。真到了那一天,中国的语言学工作者将无地自容。

中国语言学要赶上并超越世界先进水平,只有从哲学语言学着手,从对语言,特别是对汉语的根本思考着手。这个问题可以从两个方面考虑。

第一、人类普通语言学的新突破有赖于汉语的真正介入。

在设计"总体语言研究"的时候,洪堡特指出:

> 唯有不断地立足经验,并且不断地返回经验,才能最终实现上述目标。但如果我们不能全面地搜集和筛选所有现存的语言材料,并予以系统的归整和比较,经验便难免会导致偏见和误识。(洪堡特,2001:6)

这就是说,普通语言学的发展有待于新材料的发现和新视角的切入。在普通语言学发展史上,每一次重大进展都是由于新材料的发现或者新思路的加入。

普通语言学以多语言接触为前提,古希腊和古代中国一样,基本上属于单语社会(有方言),其时一些哲人对语言的思考一般不属于普通语言学的范围。普通

语言研究应从希腊语跟外语特别是拉丁语的接触开始,其标志就是公元前一世纪特拉克斯语法的诞生,这是一部为教罗马人编的希腊语语法,因而特别注重词的分类和词的形态变化。

中世纪以拉丁文为欧洲共同语,文艺复兴以后各世俗语言(意大利语、法语、英语等)产生,要在众多语言中维护拉丁语及法语的霸主地位,这就是《普遍唯理语法》产生的历史背景。

历史比较语言学的产生众所周知是由于"梵文"的发现,以及后来达尔文学说的影响。

洪堡特语言学的背景是对全世界多种语言的了解和研究。他大概是所知的语言学家中懂得语言最多的人,除了欧洲古典语言之外,他还熟悉梵语、匈牙利语、巴斯克语、塔塔尔语、一些闪语、好些印第安语、汉语、日语、卡维语、缅甸语等等(徐志民,1990:55)。

美国描写主义语言学的兴起是由于人类学的发展及调查美洲印第安人语言的需要。

索绪尔、乔姆斯基、莱考夫等的语言学都与20世纪哲学及心理学的发展有关。

目前普通语言学的发展正面临着另一个机遇,即汉语的真正加入。虽然洪堡特的时候汉语就已引起了西方语言学的注意并被列为语言类型学中"孤立语"的典范,但由于中国当时的地位及影响,西方语言学家并不真正了解汉语,而汉语语言学家也几乎没有参与普通语言学的研究。这个情况今天可能改变。

第二、中国语言学者要主动承担起历史赋予我们的重大使命。

哲学语言学的提出,赋予了中国语言学家前所未有的历史使命。这个使命可说是三重性的。即面对传统、面对未来、面对世界。

(1) 面对传统,我们承担着发掘、继承、弘扬中国传统语言学的使命。

20世纪以来的中国语言学取得了一定的成就。但是我们必须看到,这些成就的取得在相当程度上是以放弃传统、无视传统、贬低传统为代价的。因而,古今汉语、古今汉语语言学的研究始终处于断裂的状态。对于一个有悠久历史、有优秀文化遗产的国家和民族来说,这是不正常的。哲学语言学告诉我们,语言研究并没有固定的模式,起源于古希腊的西方语言研究更不是唯一的模式,凡是对语言本质、语言现象的任何认真探索都值得尊重。人们都承认,世界语言研究的三大传统:印度传统、希腊传统、中国传统。迄今唯有中国传统没有得到过普通语言学真正的重视。这有历史的原因,但是 20 世纪以来中国自己的大多数语言学家以批判、放弃传统为代价,千方百计将汉语研究纳入西方理论的框架,不能不说是一个重要甚至是主要的原因。人须先有自尊,然后才会赢得别人的尊重。汉语语言学究竟能不能在世界语言学研究中占有一席之地,这首先要由汉语语言学家来回答。因而,尊重传统、研究传统、继承传统、发扬传统,让传统融入现代、融入世界,是振兴中国语言学不容回避也无须回避的第一个重大使命。

(2) 面对未来,我们承担着继往开来,建设中国语言学的使命。

有人以为,以小学为代表的中国传统语言学只能够解释古汉语,"五四"以后现代汉语取代了文言文,传统理论就用不上了,必须要用新的、"现代的"语言学理论。这个说法里有很多似是而非的东西。首先,如果传统语言学能够解释古代汉语,为什么到现代汉语就突然用不上了呢?古代汉语、现代汉语是不是同一种语言?其差别是不是大到必须用不同的理论来研究、来解释?其次,所谓"现代的"语言学理论其实来自印度和希腊语言传统,为什么这两种传统就不但能够说明西方古代的语言,也能说明西方现代的语言,甚至还能说明现代的汉语乃至古代的汉语?然而一百年来的事实又无情地告诉我们,套用"印欧语的眼光"来观察、研究汉语的实践基本上是不成功的,吕叔湘、朱德熙、张志公等前辈学者早就做出了结论。从哲学语言学的眼光来看,我们不相信唯一的模式,不管是中国传统模式还是印欧语传统模式;但是我们同样尊重任何认真的研究,包括在中国传统模式下的研究和借鉴西方理论模式的研究。因此处在 21 世纪的中国语言学者其实背负着两个传统:古代以训诂学为中心的传统和现代以语法学为中心的新传统。我们要既尊重两千年的老传统,又尊重一百年的新传统;既尊重使用了两千年、经过千锤百炼的文言文,又尊重吸收了民间白话文和各国特别是英语很多新鲜成分的现代汉语,立足于今天,建设一个对汉语具有普遍解释意义的新的语言学。这也是我们任重而道远的历史使命。

(3) 面对世界,我们承担着与世界语言学者一起,共同建设比现在的普通语言学更具有"普遍性"的普通语言学,为人类语言学研究做出较大贡献的历史使命。

进入 21 世纪,世界已经成了一个地球村。国与国之间、人民与人民之间的交往比以往任何时候都要频繁。随着经济的全球化、一体化,不同语言、不同文化之间的接触和碰撞也不可避免。从哲学角度看,个别与一般、共性与个性的矛盾也比以往任何时候都要突出,挑战着人类的智慧。中国语言学者一方面要在继承古今两个传统的前提下,建设具有中国特色的汉语语言学;另一方面又要将这一具有中国特色的汉语语言学融入世界语言研究的大潮里去,为各国语言学家所理解、所接受,这也是一个十分艰巨的任务。这个任务当然也是世界语言学家共同的任务,从洪堡特以来,西方有眼光的语言学家特别是哲学语言学家也确实是在这么做的,但历史的经验告诉我们,这首先也是落在中国语言学家身上。正如我前面所说的,当前中国语言学的发展正面临着历史上最好的机遇,而真正"普遍"的普通语言学的发展也因为汉语和汉语研究的强势加入,正面临着历史上又一个伟大的机遇,两者风云际会,携手共进,将迎来世界语言学又一个美好的春天!

参考文献

洪堡特,2001,普通语言学论纲,姚小平译,《洪堡特语言哲学文集》,长沙:湖南教育出版社,2001年,第4-10页。

徐志民,1990,《欧美语言学简史》,上海:学林出版社。

Peyraube Alain, 2001, "Some Reflections on The Sources of the *Mashi Wentong*". Michael Lackner, Iwo Amelung and Joachim Kurtz (eds.). *New Terms for New Ideas. Western Knowledge and Lexical Change in Late Imperial China*. Leiden et al. 2001, pp. 341-356.

(原载《华东师范大学学报》2006年第6期,第111-117页)

语言的定义

语言是什么？这是语言研究的首要问题。所有与语言研究有关的其他问题，诸如语言研究的理论、语言研究的目标、语言研究的范围、语言研究的途径、语言研究的方法、语言研究的重点、语言研究的结果，乃至语言政策的制订，等等，可说都是在对语言是什么这个根本问题认识的基础上进行的。不同的语言观会导致不同的语言理论，产生不同的语言研究方法，追求不同的语言研究目标和结果。综观人类语言研究史，特别是近百年的语言研究史，差不多每一种语言理论背后都有不同的语言观在起作用。结构主义语言学，转换生成语言学，乃至传统语言学，无不如此。语言观决定语言研究方法，一定的方法是为一定的语言观服务的。如美国描写主义的发现程序、分布理论、音位分析等方法，与他们把语言看作一个封闭体系的语言观有关，乔姆斯基学派惯用的转换法、解释法等，也与他们把语言看作人的本能的语言观有关。方法之间的相互借鉴当然是可能的，但方法的移用很难摆脱这一方法原来所适用的语言理论的影响。我国的语言研究，20世纪以来引进了西方许多的语言理论与方法，但很少有人对这些理论、方法背后的语言观认真探索过，20世纪50年代初接受了列宁的一句"语言是最重要的人类交际工具"以后，以为就可以以不变应万变，自如地解决语言研究的种种问题了。其实不然。一百年来汉语研究的功过、成绩与问题，表面上看来是理论、方法和体系之争，其实背后都有语言观这个根本性的问题。时至今日，我们可以说，语言观问题还是汉语研究中一个尚未解决的问题。多少年以来，在语言观问题上很少引起过争论，这本身就是很不正常的。这才造成前几年有人稍一提出点不同看法，语言学界的反应就是惊诧莫名，或者视为异端邪说、洪水猛兽。面临新的世纪，汉语研究要取得新的突破，我们认为唯一的途径是从根本的问题上着手，从语言观着手，认真探讨一下语言观，包括一般的语言观和特殊的汉语观的问题，在这个基础上决定我们进一步研究的策略。

其实只要我们把眼光稍微离开一下20世纪50年代以后的中国语言学界，看得稍微远一点、广一点，就可以发现，语言观的研究，从来不是一个风平浪静的场所。不但远古时候人们对语言的看法未必与今天的人们相同，就是在今天，世界各地的不同学者,出于不同的目的和理解,对语言也有着完全不同,甚至针锋相对的见解。我们所熟悉的教科书上的那几句话,其实远不是什么定论,过去和现在都一直在受着挑战。为了充分吸取国外的经验,从比较中摸索道路,从而推动汉语在这方面的研究,我们搜集了从19世纪初叶至今,一百六十多年里的一些权威大师、语言学家,和权威工具书在这个问题上的有代表性的观点六十多条。这六十多条材料可以分为三组:(1)到(20)主要选自中文资料,(21)到(54)主要选自英文资料,(55)到(68)则主要选自近年来,特别是20世纪90年代以来国外的一些权威工具书。其中有少部分重出,如中文版《简明不列颠百科全书》与英文全文版 *Encyclopaedia Britannica* 上的定义并不相同,我们只好俱收;赵元任在同一年用英文写的书与中文作的报告里的讲法也小有出入,同时收入有利于比较;戴维·克里斯托尔的两本语言学工具书上的基本定义虽相同,但基本定义之外分别还有些有意思的意见,加上两本书在语言学界同样有名,因此我们也一并采用了:

1. 列宁:"语言是最重要的人类交际工具。"(列宁,1916:822)
2. 张世禄:"语言是用声音来表达思想的。语言有两方面,思想是它的内容,声音是它的外形;人类所以需要语言,因为有了思想,不能不把它表达出来。这是根据人类的表现性(instinct of expression)的。"(张世禄,1930:10)
3. 吕叔湘:"语言是什么?就是我们嘴里说的话……说话的效用受两种限制,空间和时间。这两种限制都可以拿文字来突破……可是一般地说起来,文字只是语言的代用品,只是语言的记录。"(吕叔湘,1941:1)"语言是什么?语言就是人们说的话(用文字把话写下来,当然还是语言)。"(吕叔湘,1956:1)
4. 王力:"什么是语言?语言是表达思想或情感的工具。……人类最普通的语言是用口说的,可以称为口语,也就是狭义的语言。口语虽然便利,但是不能传远或传久,于是开化的或半开化的民族又创造文字来代替口语。文字也是语言的一种,可称为书写的语言,或文语。"(王力,1943:21)
5. 倪海曙:"我们平常口头上所说的语言或言语,都是口头上的说话;但是语言学上的所谓语言,至少包含有三种东西:(1)态势语;(2)声音语;(3)文字语。"(倪海曙,1948:5)
6. 斯大林:"语言是工具、手段,人们利用它来互相交际,交流思想,达到相互了解。"(斯大林,1953:20)

7. 高名凯、石安石："从语言本身的结构来说,语言是由词汇和语法构成的系统……这个系统中的每个成分即每个语言成分都是由声音和意义两个方面构成的。""就语言的基本职能来说,语言首先是交际工具……而且是思维工具。"(高名凯、石安石,1963:16-17;28-34)

8. 赵元任："语言是人跟人互通信息,用发音器官发出来的、成系统的行为方式。"(赵元任,1968:2)

9. 北京大学《语言学纲要》教材："语言是人类最重要的交际工具。……语言是思维工具,也是认识成果的贮存所。"(叶蜚声、徐通锵,1981:15-16)

10. 王希杰："语言是一种社会现象……语言区别于其他社会现象的专门的特点是:(1)它是作为人们交际的工具、作为人们交流思想的工具来为社会服务的;(2)它是作为人们的思维工具来为社会服务的。……就语言自身而言,它是由语音和语义结合而成、由词汇和语法所构成的符号系统。语言这个符号系统区别于其他符号系统——如:红绿灯、旗语、代数符号等——的特点是:(1)社会性,(2)复杂性,(3)生成性。"(王希杰,1983:116-117)

11. 陈原："语言是一种社会现象。语言是人类最重要的交际工具。语言是人的思想的直接现实。"(陈原,1984:3)

12. 高等师范《语言学概要》教材："交际功能是语言基本的社会功能,其他如思维工具的功能,表情达意的功能,都是交际工具的派生物。"(刘伶等,1984:18)

13. 《简明语言学词典》："语言是人类特有的交际工具、思维工具,也是人类特有的一种信息工具。语言结构本身是个音义结合的符号系统。"(王今铮等,1984:428)

14. 胡明扬："语言是一种作为社会交际工具的符号系统。"(胡明扬,1985:5)

15. 张静："语言是音义结合的全民交际工具。在这个定义里揭示了语言的三种性质:社会性、全民性、体系性。"(张静,1985:1)

16. 《简明不列颠百科全书》："每一个生理和智力正常的人自幼就作为说话者和听话者掌握了一套使用有声交际系统的能力,用以传递信息、表达情感和影响他人的活动,并使自己在与他人的关系中采取相应的态度。"(简明不列颠,1986:238)

17. 台湾编《语言学辞典》："语言是人类最重要的交际工具,由语音、词汇、语法构成的体系。"(陈新雄等,1989:291)

18. 申小龙:"说到底,语言不仅仅是一个交际工具或符号系统,语言本质上是一个民族的意义体系和价值系统,是一个民族的世界观。"(申小龙,1990:76)

19.《语言学百科词典》:"语言:作为人类交际工具的音义结合的符号系统。"(戚雨村等,1993:444)

20. 徐通锵:"从语言的性质来说,它是现实的一种编码体系;从功能来说,它是人类最重要的交际工具,而所谓'交际',其实质就是交流对现实的认知。"(徐通锵,1997:21)

21. 洪堡特:"从真正的本质上来看,语言是一件持久的事物,在每一个瞬间都稍纵即逝,即使通过文字保存下来的,也只是不完整的、木乃伊式的东西,只在描述当前话语时才重新需要。语言本身绝非产品(Ergon),而是一个活动过程(Energeia)。……把语言表述为'精神作品',这个术语完全正确,非常充分,因为这里所说的精神只是指、而且只能理解为一个活动过程。"(Humboldt,1836:49)

22. 缪勒:"动物与人类之间的最大障碍是语言。人会说话,而至今没有什么动物说过话。""语言中所有正式的东西都是理性组合的结果,所有基本的东西都是精神本能的成果。"(Müller,1861:14;40)

23. 施莱赫尔:"语言是天然的有机体,它们完全不受人类意志的支配,它们根据一定的规律自发地产生和发展,它们会变老,也会死亡。它们会受到我们称之为'生命'的一系列现象的制约。因而,语言科学是一门关于自然的科学,它的研究方法也同研究其他自然科学基本上一样。"(Schleicher,1863:20-21)

24. 辉特尼:"语言是获得的能力,文化的组成部分,为人类普遍具有,也只有人类才有。语言与人类其他表达手段的区别:语言需要产生的直接动因是交际,这是语言史上自觉的、并起决定作用的因素。"(Whitney,1875:291)

25. 赛厄斯:"语言既表达思想,又创造思想,因而一部语言史同时也就是一部人类思想史。""语言是有意义的声音,思想的体现和外在表现,尽管是不完备的。"(Sayce,1880:卷一,57;132)

26. 斯威特:"语言通过把语音组成词来表达概念,把词组成句子来表达思想。……各种语言的语音或语音系统不同,组词造句表达的意义也不同。"(Sweet,1892:6)

27. 鲍阿斯:"如果说人种学是研究人们精神生活现象的科学,那么,作为精神生活一个最重要表现的人类语言就自然而然地属于人种学的研究范围,除非能说

出特别的理由不这样做。"(Boas,1911,from Hymes,1964:17)

28. 铎查:"语言是思维的工具;语言是社会产品;语言是语音的集合;语言是用文字记录的。"(Dauzat,1912:9)

29. 索绪尔:"语言是一种自足的结构系统,同时又是一种分类的原则。"(Saussure,1916:25)

30. 萨丕尔:"语言是人类特有的、非本能的一种方式,借助于自身创造的一种符号体系,用来交流意见、感情和愿望,这种符号首先是听觉上的,是通过所谓'发音器官'发出来的。"(Sapir,1921:8)

31. 马林诺斯基:"语言的最原始功能是作为**行为方式**,而不是思想的**对应记号**。"(Malinowsky,1923:296)

32. 房德里耶斯:"语言是工具,同时又是思维的辅助形式,它使人类既能了解自己,又可彼此交流,从而形成了社会。"(Vendryes,1925:1)

33. 伏罗希诺夫:"语言是说话人用口语进行社会交际的一个持续的、能产的过程。"(Vološinov,1929:98)

34. 刘易斯:"语言是一种活动形式,可能是人类最重要的一种行为模式。"(Lewis,1936:5)

35. 弗斯:"我们总觉得语言就是表达感情或交流思想的工具,这个轻率的定义对于活生生的事实来说真是太简单化了。言语行为涉及整个社会组织,还必须把日常生活中周而复始的情形考虑进去。"(Firth,1937:153)

36. 沃尔夫:"每种语言都是与它种语言各不相同的型式系统,其形式与范畴都由其文化所规定,人们不仅利用语言进行交际,还利用它来分析外部世界,对各类关系、现象或关注或漠视,从而理清思路,并由此建立起他自身的意识大厦。"(Whorf,1941:252)

37. 布龙菲尔德:"语言社团内部的人们通过语言进行合作,语言弥补了不同的人们在神经系统上的差距,对语言社团中某一个人的刺激,可能会引起另一个的反应行为。语言把个别的人凝聚成社会的有机整体。"(Bloomfield,1942:267)

38. 布洛克-特雷杰:"语言是社会集团内部用来协调一致的一个任意的有声符号系统。"(Bloch & Trager,1942:5)

39. 叶斯柏森:"在研究前人说法的过程中使我们明白了如下几点,这是要了解什么是语言所绝对不应该忘记的:个人的某种瞬间行为——这些行为与同一个人以前的行为间的一致,个人的习惯——某个个人的习惯与其他人的习惯的一致。最后的这种一致是通过通常说的模仿来实现的,这是使某种个人行为或个人习惯成为一群人的行为或习惯、成为大大小小的社团的共同行为或习惯,亦即使之社会化的基本条件。因而,一头是行为——习惯——模仿,一头是个人——较小的圈子——较大的圈子,语言的生命就全在那儿了。"(Jespersen,1946:23-24)

40. 克洛克洪:"每一种语言都不仅仅是交流信息和观点的手段,都不仅仅是表达感情、泄发情绪,或者指令别人做事的工具。每种语言其实都是一种观察世界以及解释经验的特殊方式,在每种不同的语言里所包含的其实是一整套对世界和对人生的无意识的解释。"(Kluckhohn,1949,in Anderson & Stageberg,1962:53)

41. 考比:"我们可以在语言基本的**供息**功能的基础上,再区别出另外两种功能,分别叫作**表情**功能和**指示**功能。"(Copi,1953,in Anderson & Stageberg,1962:34)

42. 乔姆斯基:"语言是一组有限或无限的句子的集合,其中每一个句子的长度都有限,并且由一组有限的成分构成。"(Chomsky,1957:13)

43. 戈第诺夫:"事实上,我们可以用给文化下定义的完全相同的术语来给语言下定义。语言就是人们为了彼此充分交流而必须知道的一切,并且采用彼此所能接受的方式。"(Goodenough,1957,in Hymes,1964:37)

44. 波特:"有效的语言总是交互的,它首先是一种交际工具,由一套任意性的语音系统或模式组成,用来传递、并与他人分享自己的思想、感情和愿望。"(Potter,1960:12)

45. 卡雷尔:"语言是任意性的声音和声音系列所组成的结构系统,用来在某一人类社团内部进行人际交流,它还可以相当完备地记录事物、事件和人类生活环境的其他种种。"(Carrell,1961:10)

46. 叶尔姆斯列夫:"语言是人类形成思想、感情、情绪、志向、愿望和行为的工具,是影响他人和受他人影响的工具,是人类社会最终和最深层的基础,同时也是人类个人最终和不可缺少的维持者,使他在孤独的时刻、在因生存和搏斗而心力交瘁的时刻,能独自沉浸在诗歌或思考中得到解脱。"(Hjelmslev,1961:3)

47. 马丁内:"语言是一种交际手段,不同语言社团的人依此把自身的经验分析成音义结合的'语子'(按:monemes,马丁内自创的术语,类似于一般说的'语素')。而语子的语音形式可以进一步分析成有区别性和连续性的发音单位音位。特定语言的音位数是固定的,各种语言中音位的性质和彼此的关系并不相同。"(Martinet,1962:26)

48. 罗宾斯:"语言通过两条途径接触世界。说话利用人体的某些器官、空气的物理性质和耳朵的生理特性;书写则利用平面上的可视记号及眼睛的生理特性。(Robins,1964:13)

49. 韩礼德等:"语言是人类在社会中的一种活动方式,具有可以类型化的特点。"(Halliday et al.,1964:4)

50. 本弗尼斯特:"语言是一个系统,其中任何东西的本身毫不重要,其重要性在于作为某种类型的成分,它们的'意义'或功能是结构赋予的。交际可以无限制地进行的原因也在于此:因为语言是有系统地组织起来并按照编码规则运作的,说话人就能以一些为数很少的基本成分,先组成个别的符号,再组成成组的符号,最后是无限的话语,而听话人能辨别他所说的一切,因为在他身上也存在着同样的系统。"(Benveniste,1966:21)

51. 赵元任:"语言是习惯性的声音行为形成的一个约定俗成的体系,社团成员用来彼此进行交际。"(Chao,1968:1)

52. 鲍林杰与赛尔斯的《语言面面观》:"人类语言是由听说两方构成的交际系统,它与使用者的经历有关,采用任意性的声音单位组成的约定俗成的符号,按固定的规则组装起来。"(Bolinger & Sears,1981:1-2)

53. 品克:"语言不是文化的产物,我们并不像学会看钟表或了解联邦政府如何运作那样学会语言。相反,语言是人类大脑的生理构成中的一个清晰的部分。语言是一种复杂的专门化的技术,是在儿童期间自发地、无意识地、不需化力气也不需特别指导地形成的。使用语言时也并不意识到它背后的逻辑。对所有人来说。语言能力是一样的,与一般的加工信息、举止得当的能力不同。"(Pinker,1994:18)

54. 弗罗姆金等的《语言学导论》:"如果只把语言看作交际系统,那么语言就不是人类所特有的,尽管人类语言有一些别的动物没有的特点。人类语言的最基本特点在其创造性:说话者能把一些基本的语言单位组成无限的组织良好、合乎语法的句子,其中绝大部分是新颖的、以前从来没有听过或说过的。"(Fromkin et al.,1999:23)

55.《语言与语言学词典》:"语言是人类交际最重要的工具。语言是语言学研究的主要对象,语言学家在什么是语言的问题上观点各不相同(文国按:以下举萨丕尔、索绪尔、乔姆斯基为例)……除了语言学家的贡献之外,其他学科也有所建树,如人类学家认为语言是文化行为的形式;社会学家认为语言是社会集团的成员之间的互相作用;文学家认为语言是艺术媒介;哲学家认为语言是解释人类经验的工具;语言教师则认为语言是一套技能。"(Hartmann and Stork,1972:123-124)

56.《哥伦比亚百科全书》:"语言:声音符号的交际系统,是人类具有的普遍特点。"(NE,1975:1527)

57. 法国《拉鲁斯百科大辞典》"语言活动(Langage):1. 人类具有的普遍能力,先用声音符号系统,后来又用文字系统,来表达思想,进行交际;2. 用声音符号实现交际功能的结构体系。""语言(Langue):各个社团内部用来表达思想和进行交际的声音符号系统及后来的文字系统。"(EL,1984:6119;6124)

58.《牛津英语大词典》:"语言:一个国家、一个民族或'种族'使用的全部词及词的组合方式。"(OED,1989,Vol. VIII:634)

59. 麦克米伦教育图书公司编《科里埃百科全书》:"语言:人类用来交流思想感情的声音和书写符号系统。"(CE,1991:299)

60.《牛津英语手册》:"语言:(1)一种交际系统,它使用成体系的语音或其转化的其他媒介,如书写、印刷或身体符号;目前多数语言学家认为语言能力是人之所以为人的根本特征。(2)这种系统的特例,如阿拉伯语、法语、英语、夸久特儿语、梵文、斯瓦希利语等。(3)多少带点系统性的交际手段,例如动物的叫喊或动作、代码、姿势、机器语言,或一些比喻性的,如"梦的语言"、"爱的语言"等。(4)某一社会团体的用语,如科学语言、技术语言、新闻语言、俚俗语言等。(5)社会上可疑的一种用语,往往带有修饰成分,如"不良语言/下流语言/激烈语言"等,但也有单独用的,如"注意你的语言!"(McArthur,1992:571)

61.《语言与语言学百科词典》:"语言:人类社会用来交际或自我表现的、约定俗成的声音、手势或文字系统。"(Crystal,1992:212)

62.《韦伯斯特美国英语大词典》:"语言:相当数量的人群经过长期使用而确立、可以彼此理解的词汇、词的发音,及词的组织方式的总和。"(WD,1993:1270)

63.《语言与语言学大百科》:"语言。语言有两个不同而又互相联系的意义,其联系表现在都与人类行为的一种特定表达有关,其意义上的不同则正好与语法上的一个区别相应,即'语言'是一个集体名词呢?还是一个可数名词。1. 作为集体名词的'语言':实际上用在好几种场合。可表示特定情况下人的某种行为,如一个人在说话,或写作,或作某种手势,我们就说他在'用语言交际',现在常把这种能力看作人类和人类社会存在的区别性标记。……'语言'也可用来指人类大脑中的生物学上的能力,正是这种能力可使上述种种行为得以实现。……语言也可指所有的说话和文字的体系。……'语言'的一些不常用的用法可延伸到指人类交际除了说话、文字、手势之外的系统,如'体态语'、'姿势语';计算机专家、逻辑学家、数学家为了有限的目的设计了一些新的系统,他们也称之为'语言'。在某些场合,人们还提及'动物语言',这也已司空见惯。2. 可数名词的'语言':主要指一群人所共用的说话、文字或手势系统。"(Asher, 1994: 1893 - 1894)

64. 德国《路德里奇语言与语言学词典》:"语言:表达或交换思想、概念、知识与信息的工具,也是凝固与传递经验与知识的工具。"(Bussmann, 1996: 253)

65. 《美国百科全书》:"语言:正常人类所具有而为其他物种所不备的能力,能通过口头或书面方式,来表述精神现象或事件。其根本点是在语音与思想、概念、头脑中的形象之间建立联想关系,并能用重复方式发出和理解这些语音。语言的主要功能是进行人际交际。"(EA, 1996: 727)

66. 《大英百科全书》:"语言:人类作为社会集团的成员及其文化的参与者,所用来交际的约定俗成的说话和书写系统。"(EB, 1997: 147)

67. 《剑桥语言百科全书》:"语言:1. 人类社会用来交际或自我表现的、约定俗成的声音、手势或文字系统。2. 一种特别设计的信号系统,以为计算机进行编程与进行人机对话。3. 动物用来交际的手段。4. 语音学(常包括音系学)以外的语言符号。"(Crystal, 1997: 430)

68. 《简明牛津语言学词典》:"语言:1. 普通意义上的语言,如英语、日语。与之相对的也是作普通用法的'方言';2. 人类用口语或书面语进行交际的现象,也是普通用法。因而语言学的对象既包括人类一般特性的语言(意义1),也包括个别语言(意义2)。意义2的'语言'常引申到包括其他形式的交际,尤其是'动物语言',指的是其他动物的交际行为。……形式化语言经过引申,不仅可用于所谓的自然语言(意义2)及意义1中的一般语言,还可用于逻辑学或计算机科学中使用的人造语言。"(Matthews, 1997: 198)

看了以上这些材料,恐怕谁都会大吃一惊:想不到这么一个貌似简单的问题,竟会有这么多不同的回答。不禁使人想起十多年前讨论"文化"问题时人们爱说的一句话:"有多少个文化学家,就有多少个关于'文化'的不同定义。"看来可以把这句话移用到语言上:"有多少个语言学家,就有多少个关于'语言'的不同定义"——当然人云亦云的除外。

更值得注意的,是这些关于语言的定义的分歧之多、之大。下面试举数例:

语言的功能:有人只提交际功能,有人只提表情达意功能,有人认为还要加上思维功能,有人认为还要加上指示功能(即指令他人做某事);有人认为一个"交际功能"就可以涵盖所有其他功能,有人认为交际功能不能涵盖一切,语言还有一个重要功能是贮存知识,延续经验。洪堡特则鲜明地指出:

> 语言的产生是人类内心的需要,而不只是为了维持外部的与人交流,语言存在于人的本性,是人类发展的精神力量,达到世界观不可缺少的东西。(Humboldt,1836:27)

语言的范围:有人只承认口语,有人认为语言包括口语和书面语,有人更认为口语书面语之外,还应包括聋哑人的手势语。戴维·克里斯托尔的《剑桥语言百科全书》里更提出了语言的三对媒介,在传统的"听"、"说"(口语),"读"、"写"(书面语)之外,还加上了"做"、"看"(手势语)(Crystal,1997)。从本文所列举的几种百科全书的定义来看,范围趋广似乎是 90 年代的新趋势。

从另一个角度看,有人认为语言的内涵只相当于法语的 langage,有人认为还应包括法语的 langue(方光焘先生解释这两者的区别是:"在普通叫作'语言'的一词里,有两种含义:一种是指作为人类的一般的可能有的言语活动,另一种是在特定的条件下的被实现了出来的语言。法兰西人把前者叫作 langage[语言活动],把后者叫作 langue[语言]。"见方光焘,1958:46)。戴维·克里斯托尔的《语言与语言学百科词典》则在这些之外,把法语的 parole(言语)与乔姆斯基的 performance 和 competence 都统统包含在内(Crystal,1992:212)。

至于语言的外延,则从口语、书面语、手势语之外,有人还主张应包括体态语、姿势语、计算机语言、逻辑语言、数学语言,乃至动物语言等等。

至于语言本身的成分,则有两合说与三合说。前者认为语言只包括词汇和语法,后者认为语言包括语音、词汇和语法。此外还有乔姆斯基著名而费解的定义："语言是一组句子的集合。"(Chomsky,1957)

语言的系统性:19世纪的语言学家,几乎没有人提到语言的系统性(洪堡特说："语言中没有什么彼此无关的东西,它的每一要素都仅仅表现为一个整体的组成部分。"体现了一种系统论思想,但没有直接提出,见洪堡特,1820:10)。索绪尔之后,人们谈到语言,几乎言必称"系统"。但也有例外,如叶斯柏森(1946)、马丁内(1962);近年来更有人对之表现出了不满,如申小龙(1990)、平克(1997)与弗罗姆金(1999)等。

语言的属性:有萨丕尔与平克的尖锐对立,前者认为语言是一种非本能,而后者认为语言是一种本能。

语言的动态与静态:以索绪尔为代表的结构主义主张的是一种静态研究,这与在他前后的语言学家表现出了明显的对立。在他之前,洪堡特强调语言不是完成的作品,而是活动;缪勒等"自然学派"强调语言的演进过程。在他之后的乔姆斯基语言学,则以"生成"为标榜。在国内,本文所引各家中,只有王希杰(1983)明确提出了语言的生成性。

面对着人们对语言下的如此众多的定义,语言学家大致采取四种态度。

第一种是尽量综合,力求全面。这可以以胡明扬先生为代表,他说:

> 同一事物,同一现象,可以从不同的角度来研究分析,因此也会有不同的定义。认为同一事物、同一现象只能从一个角度来研究分析,只能下一个定义的想法是不符合科学发展史的实际的。……从语言作为一种社会现象的角度来研究语言,那语言就是一种交际工具。从语言作为一种结构系统的角度来研究语言,那语言就是一种符号系统。……在一段时间内,我们只提语言是一种社会交际工具,不提语言是一种符号系统,那是片面的。国外一些语言学家只提语言是一种符号系统,不提语言是一种社会交际工具,那同样是片面的。比较全面的提法应该是:语言是一种作为社会交际工具的符号系统。(胡明扬,1985:5)

第二种是看到各种定义之间的分歧,但认为都有道理,只是适合不同的研究目的。这可以以韩礼德为代表。他说:

看来各种对于语言的解释都很难适用所有的目标。理论是行动的手段,有许多不同的行动都会涉及到语言。同时,人们也不希望理论专门得只能适合一件事情。语言学可以适用的目标有这么一些：(1) 了解语言的性质与功能;(2) 了解各种语言的共同点与不同点;(3) 了解语言的演变;(4) 了解儿童如何学会语言,语言如何促进人类发展;(5) 了解语篇的质量,为什么语篇能传达出它的信息,为什么人们又是这样衡量它的;(6) 了解语言如何因使用者及使用目标的不同而不同;(7) 了解文学与诗篇,以及口头创作的性质;(8) 了解语言与文化、语言与情景的关系;(9) 了解语言在社团和个人中所起作用的方方面面：多语现象、社会化、意识形态、宣传等等;(10) 帮助人们学习母语;(11) 帮助人们学习外语;(12) 培训口译和笔译人才;(13) 为各种语言编写字典、语法等参考书;(14) 了解语言与大脑的关系;(15) 帮助诊断和治疗因大脑损伤(如肿瘤和意外事件)或功能失调(如孤独症、唐氏综合症)而引起的种种语言病症;(16) 了解聋哑人的语言;(17) 设计助听器;(18) 设计计算机软件,以读写文本或从事机器翻译;(19) 设计能理解和产生言语的系统,在口语和书面语间进行转换;(20) 通过对照声音或用语习惯协助司法判断;(21) 设计更经济有效的方式来传送口语和书面文本;等等。(Halliday, 1985：XXIX - XXX)

哈特曼和斯托克的《语言与语言学词典》(此书有中译本,是 80 年代极少被译介到中国的语言学工具书之一,曾产生很大影响)则把不同的定义说成是不同学科的贡献,与此相似。

第三种是看到语言涉及的方面太多,下定义不易,就采取列举的办法,不厌其烦地列举语言的种种"特点"。这可以以迪宁以及鲍林杰等为代表。先是迪宁在他的《普通语言学导论》里一口气提出了语言的十一条特点：(1) 有声;(2) 线性;(3) 体系性;(4) 系统中套系统;(5) 有义;(6) 任意性;(7) 约定俗成;(8) 对立面并存的系统;(9) 创造性;(10) 唯一性;(11) (各种语言的)相似性(Denneen, 1967：6 - 11)。后来鲍林杰与赛尔斯也不甘示弱,在他们影响甚广的《语言面面观》里列出了语言的十个特点：(1) 只有人有语言;(2) 语言与思想与行为相联系;(3) 语言的媒介是声音;(4) 语言有层次性;(5) 语言通过变化来适应社会变化;

(6)语言常伴随着手势;(7)语言既有任意性又有非任意性;(8)语言有纵向也有横向;(9)各种语言的结构大体相似;(10)语言有听说两个方面(Bolinger & Sears, 1981:1-14)。弗罗姆金等人在《语言学导论》里不厌其烦地列出语言的十二条"共性",也属于这种做法(见 Fromkin et al., 1999:16-17)。

第四种是干脆不予理睬,另起炉灶。这可以以马丁内为代表。他说:

> 我们要想知道语言到底是什么,不该把我们在学习各种大相径庭的语言中所遇到的特点都列举出来,然后提出一个包罗万象的定义。相反,我们应该努力找出我们所知道的各种语言、各种我们愿意称之为"语言"的交际工具所真正共有的东西,这样我们就不会把"语言"称作符号系统了,因为它不具备这种最小的共性。(Martinet, 1962:20)

对于这四种态度,我们都不敢苟同。

列举的方法,是一种避难就易、回避矛盾的偷巧方法。表面上公正平允、巨细无遗(其实也不易做到,只要把上面所举的迪、鲍两家相比,就可以发现两家各有缺漏),谁也不得罪,谁也难推翻,实质上于解决问题丝毫无补。语言观要回答语言是什么的问题,如果语言什么都是,那等于什么都不是。一种事物可以有许多属性、有许多特征,但必有一两条是本质的属性、本质的特征,正如我们以前说过的,"抓住了本质,一两条也许就够了;抓不住本质,讲十多条也还是多余的"。(潘文国,1997:104)

韩礼德的情况与此类似,但在方法论上却犯了个倒因为果的错误。是语言观决定语言研究的目标,而不是相反。语言研究当然可以有许多不同的目标,但不同的目标只是从各个不同的角度来说明语言,反映语言。从根本上说,语言研究的目标无从说明语言的性质,而语言的性质也不会因为研究目标的改变而改变。哈特曼等的《语言与语言学词典》把语言的各种定义分归到各个学科的名下,但同样,语言的性质不会因学科的不同而不同。此外,语言学家常爱把语言研究比作盲人摸象,认为各人摸到的部位不同,但都反映了语言的一个方面,合起来就是语言的全貌。这个比喻也是似是而非的。摸到象耳朵的说大象像蒲扇,摸到象鼻子的说大象像条蛇,摸到象的脚的说大象像柱子,摸到象尾巴的说大象像条绳子,摸到象身体的说大象像堵墙……但能说大象的性质就是"蒲扇+蛇+柱子+绳子+

墙"吗？同样,要了解语言的性质,把研究目标举得再全也没有用。要研究语言的性质必须另辟途径。

马丁内倒是另辟了一条途径,他找了一条在各种语言的特点中找"最大公约数"的方法,认为各种语言都有的"特点",肯定就是语言的普遍特点、本质特点。但我们可以断定,他这种方法不会成功。为什么呢？这也是研究方法本身决定的。什么是语言的特点？吕叔湘先生说：

> 一种事物的特点,要跟别的事物比较才显现出来。比如人类的特点——直立行走,制造工具,使用语言等等,都是跟别的动物比较才认出来的。语言也是这样。要认识汉语的特点,就要跟非汉语比较；要认识现代汉语的特点,就要跟古代汉语比较；要认识普通话的特点,就要跟方言比较。（吕叔湘,1977：137）

一种语言的特点,是跟另一种语言比较才知道的,例如把英语跟拉丁语比,才知道英语重分析,拉丁语重综合；把日语跟英语比,才知道英语是 SVO 语言,而日语是 SOV 语言,等等。特点是个相对的概念,只存在在语言的彼此比较中。取消了比较,就不存在语言的什么特点。不仅对个别语言是如此,就是把几个语言合起来也是如此。譬如汉语的没有形态与印欧语的有形态,是两者相比较得出来的,就汉语自身而言,无所谓有形态没形态；而如果将汉语与印欧语放在一起,要反映出这些语言的共同特点,有、无形态就用不上了。我们总不能说这些语言的特点是有的有形态、有的没有形态吧？要了解他们的共同特点,就要把它们作为一个整体,再跟另外的语言比。推而广之,要了解人类语言作为一个整体的性质,只有同语言外的事物比。在各种语言的特点中找最大公约数是不会成功的。而实际上,马丁内找的最大公约数尽管已小得可怜了,但还是没有能够将汉语包括进去。

胡明扬先生的综合方法要有一个前提,即所综合的各种意见必须是沿着同一个方向,互为补充的。例如胡先生所举的两条,基本上可以满足这个要求,这种综合才是可以的(说"基本上",是因为严格按照索绪尔的定义,这两者也是不相容的："交际"属于"言语",而"系统"属于"语言")。但现在我们知道,给语言下的定义远远不止这两条,而且诸多的语言定义里,有许多是彼此冲突、势不两立的,如

"本能说"和"非本能说",我们总不能综合说成"语言既是本能又是非本能"吧？还有的仿佛只是量的积累、是在同一个方向上的,其实却隐含了彼此绝对不能相容的观点。例如有人认为语言只能指口头语,文字语不能算(至多只能算代用品);有人认为语言应该包括口头语和书面语。如果采用前说,则没有"综合"后说的意见;如果采用后说,则前说绝对不会赞成。事实上,许多语言学家提出新定义的过程,本身就是对前人说法的批评过程。例如叶斯柏森的定义,就是在批评索绪尔及其学生巴利等的过程中提出来的(尽管他自己的定义读来有些费解);平克更是在对前人的说法几乎全盘否定之后,才提出他的"语言就是人的本能"的新定义。他们的意见与所批评的对象之间,根本不存在综合的可能。因此,如同对于"列举说",我们要提出"本质说";对于"治标(目标)说",我们要提出"治本说";对于"语内说",我们要倡导"语外说"等等一样,对于"综合说",我们也要旗帜鲜明地提出一个"取舍说",即对于前人提出的这许多说法,我们绝不做简单的加法或和稀泥,而是要经过自己的思索,有所取舍;而取舍的标准,则看何者更有利于说明语言的本质属性。

因此,对于"什么是语言"的问题,我们既要尊重前人的意见,又要不为前人的意见所囿,要从更高的高度、更宽的视野,对前人所下过的这么多语言定义来重新梳理审查,加以取舍。而根据上面对马丁内的批评,我们的起点将不是在语言内,而是在语言外,要把语言放入整个人类生存的大环境,把语言学(研究语言的科学)放入人类从事的所有研究学科中去考察。

人类迄今从事的所有科学研究都可以归纳进三个大门类：自然科学,关于自然或带有自然性质的科学；社会科学,关于社会或带有社会性质的科学；人文科学,关于人类自身的科学。这个分类是有其合理性的,因为它们分别是针对不同的对象,不但从"共时"的角度去看是如此,从"历时"的角度去看也是如此,这三个门类研究的其实是前后相承的三个"世界"：天地之始,宇宙初辟,一直到第一种动物诞生之前,这个只有矿物和植物的相对静止的世界,就是自然世界；动物的出现带来了由自由活动的个体组成的群体,有了群体就必然有关系需要协调,有信息需要交流,这时就出现了第二世界——社会世界；动物进化到人,出现了人类世界,其与第二世界的区别在于人类有语言和思想。所有的学科都可以归纳进三大门类里,当然学科间可能会有交叉,有的还可能兼属于三个门类,但不管怎样,它首先有个基本的归属,而这个基本归属必然是所研究对象的本质之所在。给语言定性的关键就在于,对于语言这么一个复杂的现象,究竟应该从哪类学科的角度来给它作基本的定性,是关注于语言的自然属性呢,社会属性呢,还是人类本身的属性? 这是必须解决的首要关键问题;也是在语言定义上各种分歧产生的根源。

综观前举的六十多家说法,有一点是可以明确的:尽管在别的方面各家互有出入,但在一个问题上各家几乎没有例外,即所有的语言学家,所有的工具书编纂家和其他学者,都特别强调语言是人所特有的,是人区别于其他动物的最根本特征。因此如果说语言的本质属性必然与人本身有关,我想这一点不会有人反对。

由此可以得出一条初步结论:**语言的基本属性只能从人文科学的角度去着手研究。凡从自然科学角度或社会科学角度着手得出的结论,即使反映了一定的事实,也必然不是语言的本质属性。**

从这个初步认识出发,再来观察前面的几十家定义,问题就比较清楚了:除了把语言看作"词汇"、"语法"等等之和这类纯从内部组成着眼、因而显然不妥的定义之外,其他的定义约可归纳为四类。第一类是强调语言的自然属性的,其代表是"自足系统"说,代表人物是索绪尔;第二类是强调语言的社会属性的,其代表是交际工具说,代表人物是斯大林;第三和第四类都是从人自身出发的,但第三类强调人类自身的自然属性,强调用自然科学的方法去研究语言,与第四类强调人类的历史文化属性,强调用人文科学的方法去研究语言不同。前者的代表是"本能说",代表人物是乔姆斯基;后者的代表是"世界观说",代表人物是洪堡特。人们都说乔姆斯基是洪堡特的重新发现者,但两人的语言观其实完全针锋相对。乔姆斯基强调语言研究中的自然科学方法,他说:

> 这个世界有许许多多方面,有机械方面、化学方面、光学方面、电学方面等等,其中还有精神方面。我们的观点是,所有这些方面应该用同一种方法去研究。不管我们考虑的是行星的运动、力的场、高分子的结构公式,还是语言能力的计算性特征,都一样。我们可以称之为"精神研究的自然主义方法",意思是我们希望用自然科学的理性探索特征来研究世界上所有精神方面的东西。至于这种研究的结果是否配称为"科学",要取决于其取得的是什么结果。人们可以问在这种关系到人类和理智的问题上,自然主义究竟能走多远,但我想至少这种方法的合理性是不成问题的。(Chomsky, 1996: 31-32)

而洪堡特却强调语言中的民族精神,说:

> 语言的所有最为纤细的根基生长在民族精神力量之中;民族精神力量对语言的影响越恰当,语言的发展就越合乎规律,越丰富多彩。由于语言就其内在联系而言只不过是民族语言意识的产物,所以,我们如果不以民族精神力量为出发点,就根本无法彻底解答那些跟富有内在生命力的语言构造的有关问题,以及语言的最重大差别由何产生的问题。(Humboldt,1836:21)

"自足系统说"和"交际工具说"不能反映语言的本质属性,这已经可以看得越来越清楚。在一定程度上,它们要为本世纪以来语言研究的某些失误负责。

单纯地说语言是个"系统",话并不错,却是句"伟大的废话",因为世上万事万物,大至宇宙天体,小至细胞微生物,乃至原子中子质子,无一不在系统之中,无一不本身又构成一"系统"。系统性并非是只有语言才有的特性,更不是语言的本质属性。以索绪尔为代表的结构主义语言理论的要害在于"自足的"(tout on soi)一说,或者是他的学生巴利和薛施蔼在整理他的遗著时加上的那句"名言":"语言学的唯一的、真正的对象是就语言和为语言而研究的语言。"(Saussure,1922:317)正是这一指导思想,把本世纪的语言研究带入了困境,它使语言研究脱离了使用它的母体——人,和使用它的环境——社会,成为实验室供解剖用的标本,最终成为一种"圈内人语",圈内的人互相标榜或者攻击,煞有介事,圈外的人越来越冷淡,甚至不屑一顾。20世纪70年代以后出现的种种"带连字符的语言学"正是对这一倾向的有力反拨。

"交际工具说"最早是18世纪法国启蒙主义思想家卢梭提出来的,他在《语言起源论》一书的《交流思想的各种手段》一章中指出:

> 当一个人发现对方也是同自己一样的有知觉的人的时候,就会产生一种交流思想感情的愿望或需求,并寻找这种交流的手段。这种手段只有从人们互相作用的唯一工具即感官上去引发,结果就产生了用感官信号来表达思想的做法。(Rousseau,1772:138)

后来列宁加上了"最重要的"这个修饰语,再经过斯大林的阐发,更成了社会主义诸国对语言性质的经典定义。其实这个定义破绽也很多。首先,"交际"并不是人类所特有的,凡是"社会性"的动物(Social animals)都有这种需求,实际上也各有其进行交际的手段,如蜜蜂用舞蹈、猿猴用叫声,还有的动物能发出超声波等。因而,这个定义没有能反映人类的本质特点。这个定义,即使加上"符号体系",仍然为"语言"范围的不断扩大大开了方便之门:计算机语言、数学语言、逻辑语言、音乐语言、舞蹈语言、动物语言等,尽管凭人们的直觉,这些与我们心目中真正的"语言"不同,但在"交际工具+符号系统"的定义下,却没有办法将它们拒之门外,这真可说是作法自毙,是下定义者所始想不到的。其次,"最重要的"是个主观性、描写性的修饰语,不是科学定义的用语,实际上带有任意性。就好比在一个有几十个姑娘的村子里,你告诉村外来的人说:"小芳是村里最漂亮的姑娘。"那很可能十个人会找出十个"小芳"来。当然语言的问题不至于这么严重,因为"人类的交际工具"毕竟只有语言、文字、旗语、手势、信号、密码等等有限的几种,讲"最重要的",一般不会引起误解(有些时候,有的地方,有人会以为文字更重要),但随即而来的问题便是,那些算不上是"最重要的"的交际工具,算不算语言?这可说是又一次"作茧自缚",挑起了又一场无休无止的论争,并且产生了更为"精密"的定义:

> 身势等伴随动作是非语言的交际工具;旗语之类是建立在语言、文字基础之上的辅助性交际工具;文字是建立在语言基础之上的一种最重要的辅助交际工具;语言是人类最重要的交际工具。(叶蜚声、徐通锵,1981:15-16)

读起来累不累?有人以为这是研究深入的结果,其实是原先的定义不当带来的弊病。至于"工具"这一字眼的不妥还是其次的事情了。

在剩下的两种都是基于人类自身的定义中,哪种更能反映语言的本质属性呢?这正是当前语言学界两大潮流分野的语言观背景。其实,这种分野从19世纪就开始了,以洪堡特为代表的哲学语言学或普通语言学,以及葆朴等人的历史比较语言学,其实就代表了两种倾向。进入本世纪以后,一方是以索绪尔为代表的结构主义,发展到以布龙菲尔德为代表的美国描写主义及后来乔姆斯基的转换生成语言学,越来越走向形式主义;另一方则是以所谓的"新洪堡特主义者"魏斯格伯尔(Leo Weisgerber)、人类学语言学家萨丕尔、沃尔夫,功能语言学家弗斯、韩礼德等为代表,加上近年来的社会语言学、认知语言学(一部分)及在中国异军突起的文化语言学。双方在从语言观到语言研究方法论等一系列问题上存在着深刻的分歧,正如韩礼德所说的,两派之间虽然"有交流,也借用对方的见解,但基本的思想体系完全不同,有时根本无法进行对话"(Halliday et al., 1985:XXVIII)。在世界,在中国,形式语言学一直是本世纪以来的主流,但另一派的观点越来越引起人们的重视。

　　本文的目的主要是提供资料,集中展示的中外语言学家这六十多种关于语言的定义,是语言研究的丰富宝藏,相信可以引发关于语言问题的许多思考和讨论。作为引玉之砖,本人也想在学习了诸家之说之后,在本文结束的时候提出自己关于语言的定义,以供批评。

　　不必讳言,在四类关于语言的定义中,我们赞成的是第四种。我们的出发点来自上文所说关于三个学科门类的划分。因为这三个门类的区分不仅是横向的,而且是纵向的。由于对象的不同,研究方法各有不同,大致来说,适合于后期对象的方法也可以用于早期,而适合于早期对象的方法用于后期就嫌不足,因为它不能解决早期对象没有的特点。粗略地说,自然科学的对象由于相对比较静止固定,其变化比较有规律,可以用比较精密的计算方法;社会科学的对象由于增加了个体间的关系这一难以精确测定的可变因素,就要用比较模糊的方法,甚至只能求出个趋势。不能完全用数学和物理学的方法来进行研究,理由很简单,因为乔姆斯基强调以自然科学的方法去研究语言,实质上是背离了语言研究属于人文科学这一本质属性的。戴维·克里斯托尔在《剑桥语言百科全书》的开头,满怀深情地说:

　　　　为什么语言研究这么引人入胜?恐怕是因为它所具有的捕捉人类思想、记录人类奋斗历程的独一无二的本领。环顾四周,几千种形形色色的语言和方言,表达着多种多样的世界观、五彩缤纷的文学作品和多姿多态的生活方式,令我们目瞪口呆;追忆过去,我们发现我们所了解的前人的思想,只是语言让我们了解的那一些;展望未来,我们同样发现,只有语言能帮助我们进行规划;放眼星空,我们把交际信号装入飞船,说

明我们是谁,希望有朝一日为人所知……(Crystal,1997:1)

他在这里没有企图下定义,但却在不经意中最明确地说明了语言的性质与功用。我们学习语言、研究语言,当然不是为了知道人类在呼吸、走路之外,还有另一项本能,而是为了了解语言对于人类究竟有什么意义。更何况,建筑在自然科学基础上的乔姆斯基语言学,他们的本能说,现在已经受到来自自然科学方面、来自大脑科学和脑生理学最新发展对之的挑战,这不啻是釜底抽薪(请参见Liebermen,1998:98ff.)。

我们对语言试下的新定义是:**语言是人类认知世界及进行表述的方式和过程。**

以与上种种定义相比,我们不强调系统,不强调交际,而强调认知与表述,因为这两者才是人类特有的功能。不强调工具,而强调方式,以体现语言的主体性而非客体性。此外,我们特别强调了"过程",希望这是对索绪尔以来的静止语言学的反拨,和对洪堡特动态语言学思想的回归。

如果仔细地对这一新定义加以研究,人们会发现,其实我们没有提出很多新东西,我们的主张,与其说是"新定义",不如说是对洪堡特的语言思想的凝练和重新概括;或者说是对一百六十多年来的各种见解进行比较之后,我们又重新选择了洪堡特。

这就又带来了一个新问题:难道语言研究经过了一个多世纪的发展,这么多学者、大师依靠现代技术、依靠现在拥有的这么多语料,而对语言的最根本认识还不如一百六十多年前的古人?也许这正是语言学应该属于人文科学的又一个证明,因为人文科学与自然科学的发展未必是同步的,或者甚至可以说,往往是不同步的。一百多年来,特别是20世纪以来,科学技术突飞猛进,一日千里尚且不足以为喻。今天的科技成就是一百多年前的人做梦也不会想到的,然而人文科学方面的成就就未必如此,今天的文学、今天的音乐、美术,乃至哲学、伦理学等等,就未必比一百多年前要高明多少,至少远远不能同自然科学方面的差距同日而语。如果说,自然科学的发展往是单向的线型,一种理论、一种技术,除非被后来者取代,否则就一直有效;另一方面,被取代和被淘汰的理论及技术,则肯定不如后来者高明,它们以后就只具有历史的价值。比如说,瓦特发明的蒸汽机车,我们今天只会到博物馆里去凭吊,却不会有人再愿意去坐。而人文艺术方面的成就就不一样了,我们今天照样可以如痴如醉地欣赏唐诗宋词,欣赏古希腊的雕塑、文艺复兴时代的绘画、戏剧,和 18、19 世纪的古典音乐;我们还可以频频引用两千年以前的东西方哲人的言论,为他们深刻敏睿的见解所倾倒。乔姆斯基公开宣称他是今日的笛卡尔主义者,对此有谁会表示不可理解呢?因而,一百多年前的洪堡特,如果事实证明他对语言的理解要比我们这么多后人来得深刻,这也没有什么好奇怪的。

认为在人文科学方面,后出的理论一定要比以前的高明,这是不恰当地类比于自然科学的结果。技术的发展很容易导致"科学万能论"、"科学决定论"。不久前我们曾读到过一本自然科学家写的关于政治与社会方面的书,在序言中作者写了一段令人大开眼界的话。他说:

> 有人问:我是一个物理学者,有什么资格谈论书中政治、经济、历史、文化的问题,是不是有越俎代庖之嫌,会不会有班门弄斧之弊?我被逼上梁山,只能回答,书中这些问题,只有学物理的才能回答。这些都是古往今来千年未决的悬案。既无定论,自不能怪人代庖。至于代庖者之非为"班门弄斧"而为"班门之斧"的学理根据则为"约化论"(Reductionism)。根据约化论,所有道理都可从物理学的那一套基本定律推移出来。其学理根据是物理定律的完整性、排它性,和无所弗届性。先是推出化学,这一点已被公认,要做的和可做的事也都做了。然后是从物理和化学推演出生物学。这一点已被绝大多数科学家所认可,要做的和可做的绝大多数也已做了。再后是从物理、化学、生物学推演出社会科学和人文科学。这一点还少有人认可,要做的和可做的也大都没有做。……我不过是拿起铁铲;把应做的事做完,铲除杂草,把这片园地整理出来,可以让大家在上面种花种菜而已。从此,社会科学和人文科学得到新生,并和自然科学打成一片。西方学术界讨论已久的学术统一问题(科学与人文科学的统一)也就水到渠成。(冯平观,1989:序)

作者是美国爱莫莱(Emory)大学的物理系教授。我们在国内搞文科研究的,对国外的学术界往往比较陌生,对自然科学界尤其如此。约化论在国外自然科学界流行已颇久,但我们多数人可能闻所未闻。从冯氏所说可知,在西方原来早就有了一个"学术统一论",其宗旨是要以自然科学来"统一"社会科学和人文科学。难怪乔姆斯基信心十足地说,他的自然主义方法在合理性上是不容置疑的。原来有这么一个大的学术背景。因而今天接受或者拒绝他的主张的人,恐怕都得把这个因素考虑在内。

在这样的宏论下面,我们不禁急切地翻到书中论及中国文化的部分(作者是华裔,20世纪40年代从浙江大学毕业后出国),看看他从物理学推导出来的"道理"是什么:

> 从语言学的立场说,中文是一种退化的文字,没有数、性、时、格的变化,笼统而不严格。从文学的立场说,中文(白话文)是一种原始的、粗糙的文字,其写作是取单线发展式。……中国的文学、音乐、艺术,在现代标准中,都很原始,可学的地方多了。(中文的文言文是一种死文字,和拉丁文、梵文一样,不可能有"活"的发展,其电报型的文体,有时很精警,但总不是文字的正途。)(冯平观,1989:151)

原来如此!

说到底,这种"学术统一",非自今日始,西方从亚里士多德起,就有以自然科学来"统一"人文学科的传统。像洪堡特那样强调语言研究与人类精神发展关系的学者在西方学术界实在是个异数,难怪他几乎被人忘却了一百多年。20世纪以来直到八九十年代,著名的语言学家和语言学著作中,除了布龙菲尔德以外,几乎没有人引用他的观点,包括他的思想的实际继承人、美国的人类学语言学家。他的重要著作直到1971年才有了第一个粗糙的英译本,到1988年才有一个完整的英译本。而中文译本更比这还要晚了十年。实际上,他的重新被"发现"并非偶然,而是体现了语言研究中相对于自然(科学)主义的人文(科学)主义精神的复苏,有着重要的哲学意义。

洪堡特语言观的最大价值,就在于它的哲学性。我们甚至可以把他的语言学,称作"哲学语言学"。从根本上来说,语言与哲学密不可分,是关于人类自身的两门最重要的学问,哲学是人类对世界(包括客观自然世界和主观精神世界)的理性思考,而语言就是思考唯一的凭借物,甚至就是思考本身。如果我们承认只有从人类自身出发去研究语言才能理解语言的本质属性的话,我们不得不认为,在众多的语言定义中,只有他抓住了语言的本质属性。

下面我们对我们基于洪堡特思想的语言新定义略作一些解释,并说明与别的观点的异同。

在我们的定义"语言是人类认知世界及进行表述的方式和过程"中,我们使用了"认知"一词,而不是一般用的"认识",是为了强调这一过程中的理性意义。"认识"一词的意义过于宽泛,除了可有"认知"(cognition)、"理解"(understanding)等意义外,还可以有"知道"(know)、"认出"(recognize)等一般性意义,后者在动物身上也能出现(如"认出"其主人,"认识"其同伴,"知道"什么是食物、哪里有危险等),只有前者为人类所特有。同时,"认出"等不必诉诸语言,而"认知"必须诉诸语言。

同样,我们使用"表述"一词而不用"表达",也是因为"表达"不一定诉诸语言(动物也有种种情绪的表达,人类也有非语言的种种表达如面部表情、眼神及在惊恐悲喜等情绪下发出的各种声音等),而表述必须诉诸语言。

(行为)方式和工具,有的语言学家(如赵元任)并没有注意加以区分,其实两者是不同的,而且可以认为有本质的不同。方式是主体的一种行为,是主观能力的一种表现。这个能力可以是先天的(如走路),也可能是习得的(如说话,写作更不用说了)。而"工具"从字面上容易理解为人之外的事物,更像一种现成的物品而不是一个创造过程。"工具"既然是外物,那就是可有可无的,而语言,按照洪堡特的观点,却与人的精神合而为一。一个人即使失去了言语能力和书写能力,但只要他能思考,他必然还在使用着语言。

"过程"是我们新提出的,它不同于有的学者提出的"生成性"或"创造性",因为后者只强调语言的"使用"(performance)方面,而我们希望还包括"习得"(acquisition)和"学习"(learning)方面。洪堡特说:

> 语言无论如何不应看作像什么死去的植物,**语言**和**生命**两个概念互不可分,在这个领域,**学习**往往就意味着**创新**。(Humboldt, 1836: 93)

可见这是他的理论中的一个重要的,而别的语言学家往往忽视的方面。

也许有人会提出,这个定义是否太简约了?那么多语言学家提到的那么多方面,为什么不设法概括进去呢?

对此我们想回答：能够概括的，已经都概括进去了；没有概括的，是我们觉得没有必要概括进去。

例如"交际"。几乎没有人否认语言具有交际功能，但第一，交际后于认知，如徐通锵先生指出的：

所谓"交际"，其实质是交流对现实的认知。（徐通锵，1997：21）

第二，"表述"可以包括"交际"，但"交际"却无法包括"表述"。把一个人独自思考硬说成自己跟自己"交际"，想法很聪明，但却是偷换概念。第三，"交际"不是语言的属性，"表述"非要用语言不可，而"交际"却未必。"满堂兮美人，忽独与予兮目成"，"身无彩凤双飞翼，心有灵犀一点通"，这里交际的完成根本不需要语言。

再如"符号"和"语音＋词汇＋语法"问题。语言由符号组成，语言中包括了语音、词汇、语法……，这也是事实。但对一件事物下定义要解决的是它的外延问题，即与其他事物划清界线；不是为了解决内涵或内部组成问题。例如对于人的定义，不论以前说的"人是会使用工具的动物"或是现在说的"人是会使用语言的动物"，都是从这个角度着眼的。完全没有必要在这句话之后再加上"通常由头、双手、双脚和躯干组成"之类的蛇足，尽管话本身并没有错。

为什么不强调"音义结合"，不强调"任意性"？"音义结合"其实已经包含在"认知和表述方式"里了，而"方式"的范围比"音义结合"要宽，它不但包括了"音义结合"，还包括了"形义结合"，如汉字，因为这是汉人"认知世界和表述"的方式。西方的文字是否包括在内？看你怎么理解。如果你认为它也是"认知和表述的方式"，那就是；如果认为只是对语音的记录和模仿，那就不是。聋哑人的手势语也可作同样分析。"任意性"是个有争议的问题，徐通锵先生近年来就针锋相对地提出了汉语的"理据性"问题（见徐通锵1997）。而且不管怎样，"任意性"不是人类语言的本质属性，只是符号的一般属性而已，比方说，蜜蜂传递信息的舞蹈动作，同样具有"任意性"和"约定俗成"的特点。

为什么不强调语言是一个系统？老实说，我们就是不想强调语言是个系统。诚然，语言确实是一个系统，但它是一个动态的、开放的、不完备的系统，任何企图把它看成完美的系统的尝试，必然会给语言研究带来灾难。20世纪以来语言研究存在的问题，几乎都源出于此。索绪尔的"自足说"的局限，已被事实所证明；乔姆斯基的"理想说"("理想的完美语言社团里的理想的说话人和听话人",见 Chomsky, 1965:3),放在实验室里可以,拿出来必然处处碰壁。过于强调系统说的第一个后果是使语言研究脱离了使用语言的人和语言存在的环境,这一点我们前面已经说过了。第二个后果是"柿子拣软的捏",只重视比较容易体现"体系性"的音系学和语法学,造成了这两者特别是后者的过度膨胀,而忽视表面上看来难以体现"系统性"的词汇和语义,结果形式主义之风泛滥。第三个后果是在研究过程中追求不恰当的完美,例如王力先生对上古汉语的拟音,为了追求系统的整齐,竟然没有一个所有语言中都有的[i]音,就是一个明显的例子。事实上,语言作为一种系统,其本质体现在上面引过的洪堡特的一句话:

> 语言中没有什么彼此无关的东西,它的每一要素都仅仅表现为一个整体的组成部分。(Humboldt, 1820:10)

汉语传统训诂学的研究在很多方面体现了这一思想,所谓"对文"、"互文"等都是在系统性关照下的词义、语音乃至语法的研究手段,而偏偏是它最不受"现代语言学"的青睐,被看作是前科学。因此我们认为,在强调语言的"系统性"之前,恐怕首先得对系统理论本身作出明确的界定和科学的研究。

参考文献

Anderson, Wallace L. & Norman C. Stageberg, 1962, *Introductory Readings on Language*, New York: Holt, Rinehart and Winston, Inc.
Asher, R. E., 1994, (editor-in-chief) *The Encyclopedia of Language and Linguistics*, Vol. 4, Oxford, New York, Seoul, Tokyo: Pergamon Press.
Benveniste, Emile, 1966, *Problems in General Linguistics*, translated by Mary Elizabeth Meek, Coral Gables: University of Miami Press, 1971.
Bloch, Bernard & George L. Trager, 1942, *Outline of Linguistic Analysis*, Baltimore, Md. By Linguistic Society of America at the Waverly Press, inc.
Bloomfield, Leonard, 1942, Philosophical Aspects of Language, in Charles F. Hockett (ed.) *A Leonard Bloomfield Anthology*, abridged edition, Chicago and London: The University of Chicago Press, 1970, 1987.
Boas, Franz, 1911, (ed.) *Handbook of American Indian Languages*, Washington D. C.: Smithsonian Institution.
Bolinger, Dwight & Donald A. Sears, 1981, *Aspects of Language*, Third edition, New

York: Harcourt Bruce Jovanovich Inc. (first edition: 1968)

Bussmann, Hadumod, 1996, *Routledge Dictionary of Language and Linguistics*, translated by Gregory Trauth and Kerstin Kazzazi, London and New York: Routeledge.

Carrell, John, 1961, *The Study of Language: A Survey of Linguistics and Related Disciplines in America*, Cambridge: Harvard University Press.

CE, 1991, *Collier's Encyclopaedia*, Vol. 14, William D. Halsey (Editorial director), New York: Macmillan Educational Company.

Chao, Yuen Ren, 1968, *Language and Symbolic System*, London: Cambridge University Press.

Chomsky, Noam, 1957, *Syntactic Structure*, The Hague: Mouton & Co. Publishers.

Chomsky, Noam, 1965, *Aspects of the Theory of Syntax*, Cambridge, Massachusetts: The MIT Press.

Chomsky, Noam, 1996, *Powers & Prospects: Reflections on Human Nature and the Social Order*, Boston, MA: South End Press.

Copi, Irving M., 1953, *Introduction to Logic*, The Macmillan Company.

Crystal, David, 1992, *An Encyclopedia Dictionary of Language and Linguistics*, Oxford (UK), Cambridge (USA): Blackwell.

Crystal, David, 1997, *The Cambridge Encyclopedia of Language*, second edition, Cambridge: Cambridge University Press.

Dinneen, Francis P., 1967, *An Introduction to General Linguistics*, New York: Holt, Rinehart and Winston, Inc.

Dauzat, Albert, 1912, *La Philosophie du Langage*, Paris: Earnest Flammarion.

EA, 1996, *The Encyclopedia Americana*: International Edition, (First edition: 1829) Vol. 16, Grolier Inc., USA.

EB, 1997, *Encyclopaedia Britannica*, 15th edition, 1997 printing, Vols III & VII, Encyclopaedia Britannica Inc.

EL, 1984, *Grand Dictionaire Encyclopedique Larousse*, Tome 6, Paris: Librairie Larousse.

Firth, R. J., 1937, *Tongues of Man*, London: Watts & Co.

Fromkin, Victoria et al, 1999, *An Introduction to Language*, Sidney: Harcourt Australia Pty Ltd. (first edition: 1984)

Goodenough, Ward H., 1957, Cultural Anthropology and Linguistics, in Paul L. Garvin (ed.) *Report of the Seventh Annual Round Table Meeting on Linguistics and Language Study*, Washington D. C.: Georgetown University.

Halliday, M. A. K., Angus McIntosh and Peter Strevens, 1964, *The Linguistic Sciences and Language Teaching*, London: Longmans.

Halliday, M. A. K., 1985, *An Introduction to Functional Grammar*, London: Edward Arnaold.

Hartmann, R. R. K. and F. C. Stork, 1972, *Dictionary of Language and Linguistics*, London: Applied Science publishers.

Hjelmslev, Louis, 1961, *Prolegomena to a Theory of Language*, translated by J. Whitefield, Madison: The University of Wisconsin Press.

Humboldt, Wilhelm Von, 1820, On the Comparative Study of Language and Its Relation to the Different Periods of Language Development, in T. Harden and D. Farrelly (eds.) *Wilhelm Von Humboldt: Essays on Language*, Frankfurt am Main, Berlin, Bern, New York, Paris: Peter Lang GmbH, 1997.

Humboldt, Wilhelm Von, 1836, *On Language: The Diversity of Human Language-structure and its Influence on the Mental Development of Mankind*, translated by Peter Heath, Cambridge: Cambridge University Press, 1988.

Hymes, Dell, 1964, *Language in Culture and Society*, jointly published by Harper & Row, New York, Evanston & London and John weatherhill, Inc., Tokyo.

Jespersen, Otto, 1946, *Mankind, Nation and the Individual: from a Linguistic Point of View*, George Allen & Unwin Ltd., London.

Kluckhohn, Clyde, 1949, *Mirror for Man*, McGraw-Hill Book Co., Inc.

Lewis, M. M., 1936, *Infant Speech: A Study of the Beginnings of Language*, London: Kegan Paul.

Lieberban, Philip, 1998, *Eve Spoke: Human Language and Human Evolution*, W. W. Norton & Company, Inc.

McArthur, Tom, 1992, (edi.) *The Oxford Companion to the English Language*, Oxford, New York: Oxford University Press.

Malinowsky, Bronislaw, 1923, "The Problem of Meaning in Primitive Language", supplement 1 in Ogden, C. K. and I. A. Richards: *The Meaning of Meaning: A Study of the Influence of Language upon Thought and of the Science of Symbolism*, 1960, London: Routledge & Kegan Paul, pp. 296–336.

Martinet, André, 1962, *A Functional View of Language*, Oxford: Oxford University Press.

Matthews, Peter H., 1997, *The Concise Oxford Dictionary of Linguistics*, Oxford, New York: Oxford University Press.

Müller, Friedrich Max, 1861, Lectures on the Science of Language, in Roy Harris (ed.) *The Origin of Language*, Bristol (England): Thoemmes Press, 1996, pp. 7–14.

NE, 1975, *The New Columbia Encyclopaedia*, Vol. 2, William H. Harris & Judith S. Levey edit, New York and London: Columbia University Press.

OED, 1989, *The Oxford English Dictionary*, 2nd edition, Vols. III & VIII, prepared by J. A. Simpson and E. S. C. Weiner, Oxford: Clarendres Press.

Pinker, Steven, 1994, *The Language Instinct*, New York: William Morrow and Company, Inc.

Potter, Simeon, 1960, *Language in the Modern World*, revised edition 1975, London:

Andre Deutsch Limited.

Robins, R. H. , 1964, *General Linguistics*, Longmans, London: Green and Co. Ltd.

Rousseau, Jean-Jacques, 1772, Essai sur l'origine des langues, translated into English by John H. Moran, in Peter H. Salus (ed.) *On Language* (1969).

Salus, Peter H. , (ed.) 1969, *On Language: Plato to von Humboldt*, New York: Holt, Rinehart and Winston, Inc.

Sapir, Edward, 1921, *Language*, New York: Harcourt Bruce & World Inc.

Saussure, Ferdinand de, 1922, *Cours de Lingustique Générale*, edited by Charles Bally and Albert Sechehaye, Paris: Payot & Cie.

Sayce, A. H. , 1880, *Introduction to the Science of Language*, London: C. Kegan Paul & Co.

Schleicher, A, 1863, *Die Darwinische Theorie und die Sprachwissenschaft*, translated as *Darwinism Tested by the Science of Language* (1869), London: Hotten.

Sweet, Henry, 1892, *A New English Grammar: Logical and Historical*, Part I, Oxford: Clarendon Press.

Vendryes, J. , 1925, *Language*, translated by Paul Radin, Kegan London: Paul, Trench, Trubner & Co. Ltd.

Vološinov, Valentin Nikolaevič, 1929, *Marxism and the Philosophy of Language*, translated into English by Ladislav Matejka and I. R. Titunik, New York and London: Seminar Press, 1973.

WD, 1993, *Webster's Third New International Dictionary*, Editor-in-chief: Philip Babcock Gove, Springfield, Massachusetts: Merriam-Webster Inc.

Whorf, Benjamin Lee, 1941, Language, Mind, and Reality, in Whorf's *Language, Thought, and Reality*, edited by John Carroll. Massachusetts: The MIT Press, 1956, 246–270.

Whitney, W. D. , 1875, Nature and Origin of Language, in Roy Harris (ed.) *The Origin of Language*, Bristol, England: Thoemmes Press, 1996, 291–313.

陈新雄等,1989,《语言学辞典》,台湾：三民书局。

陈　原,1984,《社会语言学》,香港：商务印书馆香港分馆。

方光焘,1958,一般语言学的对象与任务,载王希杰等编《方光焘语言学论文集》,南京：江苏教育出版社,1986年,第38–50页。

冯平观,1989,《学术的统一》,台湾：联经出版事业公司。

高名凯、石安石,1963,《语言学概论》,北京：中华书局。

胡附、文炼,1955,《现代汉语语法探索》,上海：东方书店。

胡明扬,1985,《语言和语言学》,武汉：湖北教育出版社。

简明不列颠,1986,《简明不列颠百科全书》,第九卷,中美联合编审委员会,北京、上海：中国大百科全书出版社。

列　宁,1916,论民族自决权,见《列宁文选》两卷本,第一卷,北京：人民出版社。

刘　伶等，1984，《语言学概要》，北京：北京师范大学出版社。
吕叔湘，1941，《中国文法要略》，北京：商务印书馆，1982年。
吕叔湘，1956，语言和语言学，载《吕叔湘语文论集》，北京：商务印书馆，1983年，第34－56页。
吕叔湘，1977，通过对比研究语法，载《吕叔湘语文论集》，北京：商务印书馆，1983年，第137－152页。
倪海曙，1948，《中国拼音文字概论》，上海：时代书报出版社。
潘文国，1997，《汉英语对比纲要》，北京：北京语言文化大学出版社。
戚雨村等，1993，《语言学百科词典》，上海：上海辞书出版社。
申小龙，1990，《中国文化语言学》，长春：吉林教育出版社。
斯大林，1953，《马克思主义与语言学问题》，北京：人民出版社。
王今铮等，1984，《简明语言学词典》，呼和浩特：内蒙古人民出版社。
王　力，1943，《中国现代语法》，本《王力文集》第二卷，济南：山东教育出版社，1985年。
王希杰，1983，语言是什么？，载王希杰编《语言学百题》，上海：上海教育出版社，1983年，第115－118页。
徐通锵，1997，《语言论——语义型语言的结构原理和研究方法》，长春：东北师范大学出版社。
姚小平，1995，《洪堡特——人文研究和语言研究》，北京：外语教学与研究出版社。
叶蜚声、徐通锵，1981，《语言学纲要》，北京：北京大学出版社。
张　静，1985，《语言简论》，郑州：河南人民出版社。
张世禄，1930，《语言学原理》，台北：台湾商务印书馆，1970年。
赵元任，1968，《语言问题》，台北：台湾商务印书馆。

（本文曾经拆分，分别载于戴昭铭、陆镜光主编《语言学问题集刊》，第一辑，长春：吉林人民出版社，2001年，第17－40页；《华东师范大学学报》2001年1期，第97－108页；以及（香港）《中国语文通讯》2002年2月，总第69期，第33－36页）

什么是语言学？

语言学，Linguistics，or，the science of language，关于语言的科学，或者，研究语言的科学。定义好像没有分歧，其实内涵大不相同。

一、语言学与语文学

1. 语言学，Linguistics；语文学，Philology。两者是一是二？孰高孰低？孰优孰劣？孰先进孰落后？孰科学孰不科学？

语文学目前在某些语言学家眼里已成了个贬义词，代表一种"前科学"，与"科学"的语言学相对待。

Philology 在西方的不同含义：

德国：Philologie，语文学，尤指古代语文的解读。类似中国古代的训诂学。

英国：Philology = comparative philology = comparative linguistics，主要指 19 世纪的历史比较语言学。

美国：传统与当代不同。传统（结构主义以来）两者有别，其别在于 Linguistics 是"科学"的、"独立"的一门学科；而 Philology 只是为文学研究扫除语言上的障碍（如释读古文字、版本考释等）。当代随着语言学研究范围的扩大及向文学与文化的渗透，两者有时变得同义。即：Linguistics = Philology。

从上所述可看出：对 Philology 的贬义表现在三个方面：① 相当于古老的"训诂学"；② 相当于过时的历史语言学；③ 是不独立的、没有学科性的，亦即依附于其他学科（如文学）的东西。对此我们要提出一些问题来思考。

为什么"传统"就意味着"不科学"？"科学"与否可以以时代来划分吗？当然，科学在发展，人类在前进，但是否到了每到自己取得一点进展就必须贬低前人的地步？（19 世纪的历史比较语言学把前人贬为语文学，而从这里看来，它自己现在也被贬为语文学，"语文学"成了代表"落后"、"过时"的帽子。）

为什么要这么强调所谓的"学科性"？"学科性"到底有什么标准？学科之间真有森严壁垒的界限吗？"学科性"确实是客观存在而不是人为的吗？设立学科

是为了研究的方便,但是如果学科的设立成了画地为牢,既自我束缚,又束缚他人,这样的设立究竟是有利还是有弊?

从20世纪科学研究的发展历史来看,前半个世纪大体是由合而分的阶段,继承了牛顿以来的西方自然科学发展的传统,各门学科越分越细,不仅数学、物理学、化学各自独立,各学科内部也越分越细,如物理学内部又有天体物理学、地球物理学、分子物理学等等。我们记得古代的学者,都是数顶桂冠集于一身。一个人可以既是哲学家,又是数学家、物理学家、天文学家,甚至诗人、画家。帽子最多的大约是文艺复兴时期的达·芬奇和19世纪俄国的罗蒙诺索夫,我们几乎想不到在什么领域他们不是"家"的。但20世纪这样的人不可能有了。到了20世纪的下半叶,学科发展走的又是由分而合的路子。局限于某一学科的研究越来越不被看重,各种"交叉学科"、"边缘学科"应运而生。例如"生物化学"就是生物学与化学的交叉,分子化学就是物理学与化学的交叉等。而语言学中的各种带连字符的语言学也是某种交叉研究的结果:social-linguistics、psycho-linguistics、anthro-linguistics、cultural linguistics、neuro-linguistics等等。这说明,"学科"的界限并不是壁垒分明的,更不是天然的。强调"学科性",无疑是作茧自缚。本身就没有"科学性"。

再有,"语言学"能够完全独立吗?"语文学"被斥为其他学科的"附庸",是为其他学科如文学研究服务的,但"语言学"能够做到完全不依附于其他学科吗?依附于文学的语文学受到了嘲笑,被讥为"不独立";那为什么依附于心理学、生物学,采用数学和物理学方法的"语言学"就该受到称赞,认为是"独立"的呢?而且,有什么语言学能够离开哲学的指导呢?岂不是都成了哲学的"附庸"了吗?

2. 中国学术界的语言学与语文学之争

受西方理论的影响,中国学术界也有语文学与语言学之争。

王力:中国在19世纪之前只有语文学,没有语言学。"大家知道,语文学(Philology)和语言学(Linguistics)是有分别的。前者是文字或书面语言的研究,特别着重在文献资料的考证和故训的寻求,这种研究比较零碎,缺乏系统性;后者的研究对象则是语言的本身,研究的结果可以得出科学的、系统的、全面的语言理论。中国在'五四'以前所作的语言研究,大致是属于语文学范围的。""语文学本来是和古典文献发生密切关系的学问,所以中国的'小学'一向被认为是经学的附庸。"(王力,1981)但他的书又叫作《中国语言学史》,据他说,"其中'语言学'一词,是采用了最广泛的意义"。

何九盈:中国传统的语言研究也是语言学。"关于中国古代有无语言学,这里有个标准问题。我们不应该拿现代语言学的标准去衡量古代语言学,更不应该拿西方语言学的标准来硬套。我们应该从事实本身出发。……我们的古人无论是对汉语语音的研究,还是对汉语词汇的研究,都有相当一部分内容是属于语言学性质的。""从汉代开始,语言学已经算是一门独立的学科了。《方言》、《说文》、《释名》这三大名著的产生,就是语言学独立成为一门学科的标志。"(何九盈,1985)

与此有关的,是"语文"一词的解释。"语言文学"?"语言文字"?"语言文化"? 这个定性对中小学"语文"教学很有关系。1956年语文课分为"汉语"、"文学"两课,可见是作为"语言文学"理解的;强调语文课的"工具性",是理解为"语言文字",因为文学不可能成为"工具";而以前强调语文教育的政治性,又是把它看作一种广义的文化课。最新的语文课程改革,对课程性质作了如此定性:"语文是最重要的交际工具,是人类文化的重要组成部分。"可见也是理解为"语言文化"。

"中文系"是"中国语言文学系"的简称,但不少民族院校有"语文系",却指的是"语言文化"。

上海的"语文学会"指的是"语言文字"(见陈望道,1947)。"语文学"的"语文"应指"语言文字"。目前全国各省纷纷成立"语言学会",唯上海遵照陈望道的意愿坚持不改。这是为了强调汉语研究中文字的重要性。

3. 中国的学科专业目录调整

1998年,中国的研究生专业目录作了新的调整,在文学门类里,中文一级学科下,新设了一个"汉语言文字学"二级学科,由原现代汉语、汉语史与汉语文字学三个学科合并而成,与另一个二级学科"语言学"(改称为"语言学及应用语言学")并列。有人觉得两者关系不易处理,其实即语文学与语言学之别。如果"语言学"译为 Linguistics,则"汉语言文字学"英译应为 Chinese Philology。

二、什么是科学?

除了语言的定义诸说纷纭之外,"科学"的定义也同样诸说纷纭。

在西方语言学史上,再没有比"科学"这个词被玩弄得更让人生厌的了,甚至可以说,这两百年来的西方主流语言学史就是一部不断地把自己标榜为"科学",

把别人打成"非科学"、"伪科学"的历史。

历史比较语言学的建立被称为是语言学成为一门"独立"的科学之始,其前提就是把前此的语言研究都打成"语文学"。其实现在所说的历史比较语言学内部还经历了两个阶段,其间的态度也是如此。

第一阶段是"比较语言学",始于1808年施勒格尔《论印度人的语言和智慧》一文。其理论基础是"比较",认为只有比较方法才是"科学"。1869年,施勒赫尔在此基础上加上了达尔文的进化论,从而使历史比较语言学得以确立。

第二阶段是以保罗(Hermann Paul)和布鲁格曼(Karl Brugmann)为代表的"新语法学派",他们批判前期的比较语言学是"生物学自然主义"。而"科学"的标准是"历史"。保罗于1880年发表的 *Prinzipien der Sprachgeschichte* (Principles of Language History)一文中强调,"历史的方法是唯一科学的方法,其他方法之所以能成为'科学',也因为使用了不完整的历史方法"。

到了20世纪初,出身于历史比较语言学的索绪尔批判历史比较语言学,称之为"前科学",说"他们从来没有找到过真正的语言科学,因为他们从来没有注意为他们的研究对象下过精确的定义"。甚至说,"对我来说,今天在语言学中使用的那些术语没有一个是有意义的"。他的方法就是经过一次次的两分(语言—言语;共时—历时;内部—外部),最后确定他的研究对象为语言的内部因素,并下定义说语言是一个自足的系统,而语言学研究的"唯一对象是就语言和为语言而研究的语言"。

索绪尔的学说被称为结构主义。结构主义后来分成三大流派:布拉格学派、哥本哈根学派和美国描写语言学。

哥本哈根学派的代表人物是叶尔姆斯列夫(Louis Hjelmslev),他认为以前的语言学都不是"真正的科学",它们研究的是语言的物质的、生理的、心理的、逻辑的、社会的、历史的各个方面,唯独没有研究语言本身。这样做必然忽略语言的本质。要把语言学变成真正的科学,而不是辅助性科学,就必须研究语言本身,必须把语言看作独立配套的自足体系(Hjelmslev, 1943)。

布拉格学派主要代表是马修斯(V. Mathesius)、雅可布逊(Roman Jacobson,乔氏曾从其学,乔氏好友 Halle 研究音位学,完全接受雅氏观点,乔、哈合作的 SPE (*Sound Pattern of English*)实际体现了布拉格学派的观点)和特鲁别茨可依(Nikolai Trubetzkoy)、马丁内(André Martinet)等。该派主要贡献在音位学与功能观,实际已在相当程度上离开了索绪尔的结构主义,因而其对前人的批语也较委婉。

美国描写主义是我们所最熟悉的,其所以得名是出于其对"描写"的重视与强调。布龙菲尔德批评前人说:"为了描写一种语言,人们根本不需要什么历史知识;实际上,凡是让历史知识影响他的描写工作的人,一定会歪曲他的资料。"(Bloomfield, 1933: 21)

乔姆斯基"革命"以反美国描写主义为特色,描写主义把田野工作当作看家本领,强调亲自调查、掌握大量第一手材料,归纳法是根本方法。乔姆斯基却对之不屑一顾,说"田野工作对语言研究根本就没有用"(Chomsky, 1957)。描写主义强调"分类",说语言学就是分类的科学,乔姆斯基却带着嘲笑的口气说到自然历史与自然科学的区别:"在自然历史的研究上,你爱怎么做都可以。你想收集岩石标本,你可以根据其形状或颜色去分类。各种分法都没有什么高下。因为你们不是在寻找原则,只是在自己取乐而已,别人也不会有什么意见。但在自然科学上,情况却完全不同,因为那种研究的目的是要发现人的智力结构和解释原则。"(Chomsky, 1977: 58)乔姆斯基认为除了自己的研究之外别的都不是科学,他对社会科学、人文科学采取的是一种几乎全盘否定的态度,难怪跟乔姆斯基走的那些人眼界也很高,总是居高临下,觉得人家搞的不是"科学"。韩礼德说两派之间没有共同语言,看来根源是在乔氏一方,你根本不承认人家在搞的是科学研究,那还有什么共同的东西可谈!

以上这些人都是以自己采用的方法为科学,自己所反对的为"不科学"。这种"科学"的标准是不足为训的。语言学既然是关于语言的科学,就必须先对"科学性"下定义,不是某一派人说了算,而是要有公正性、客观性,要为大家所接受。

最早提到"科学性"标准的是叶姆斯列夫,他认为语言学属于经验科学,要遵从经验科学的三个原则:即一贯性、穷尽性、简洁性。(The description shall be free of contradiction [self-consistent], exhaustive, and as simple as possible. The requirement of freedom of contradiction takes precedence over the requirement of exhaustive description. The requirement of exhaustive description takes precedence over the requirement of simplicity.) 后来 Robins 将之采入他的 *General Linguistics: An Introductory Survey*,只是把前两个标准的次序颠倒了一下。胡壮麟、刘润清等则采入《语言学教程》,并加上一条"客观性"成了四条标准

(Exhaustiveness, consistency, economy, objectivity, 见 pp. 23 - 24),而为中国学者所熟知。

中国学者中,"科学"的标准最早是"五四"的主将陈独秀提出的。"五四"请来"德、赛二先生",其对"赛先生"的定义自然值得注意。陈独秀(1920)说:"科学有广狭二义:狭义的是指自然科学而言,广义的是指社会科学而言。社会科学是拿研究自然科学的方法,用在一切社会人事的学问上,像社会学、伦理学、历史学、法律学、经济学等,凡用自然科学的方法来研究、说明的都算是科学;这乃是科学最大的效用。"这就是说,只有自然科学才是科学。上述的三"性"或四"性"都是对自然科学的要求。问题在于这三或四条标准并不是铁板钉钉,无可移动、无可增减的。Robins 改换了1、2的次序,说明是可以移动的;胡壮麟等加上了一条,可见是可以增减的。因此我们完全可以根据自己的研究,提出新的标准。

三、我们的"科学"标准

前几年,在研究汉语音韵学的过程中,我们(2002)曾提出了一个新的体系,在把我们的新体系与古代和外国的学者作比较的时候,我们曾经提出了五个检验的标准。拿这五个标准来与这里的四"性"作比较,也许是很有启发意义的。

1. 一贯性。与这里的 consistency 相一致。用在语言理论上,就是不能多标准,更不能互相矛盾。语言既是这,又是那,就可能什么都不是。语言学研究的内容可以非常广泛,语音、语义、语法,等等,但贯串其背后的应该有个对语言首尾一致的认识,没有这样的认识的理论,就不可能是个科学的理论。我们没有提简洁性,因为这可以包含在一贯性之内,既然要简洁,就不会什么都舍不得丢弃,就必然会有所取舍。

2. 周遍性。与这里的 exhaustiveness(穷尽性)相一致。我们同意 Robins 的意见,而不同意叶尔姆斯列夫的意见。在科学的研究中,一贯性应位于周遍性之前,是在一贯的基础上周遍,而不是周遍的基础上一贯。因此周遍性应有两个含义。一是研究对象的穷尽性,二是研究结果的解释要有普遍性。对于语言理论来说,任何一种语言理论都必须能解释尽可能多的语言,缺少了几种,特别是缺少对人类最主要的几种语言如汉语这样的语言理论肯定是缺乏解释力的。

3. 可验证性。上面两条已经包含了叶尔姆斯列夫的三条,下面三条是我们补充的。所谓可验证性即是实践性。我们不可能要求事事处处都联系实际，但对任何理论，要求其能提供一定方法予以验证，这不应该是过分的要求。至少，我们可以要求论证过程的可重复性，即任何人面对同样的材料，使用同样一种理论提供的方法，不需附加条件，应该能够得到同样的结果。例如伽里略关于重力加速度的实验。反科学的东西是无法验证的（如说人肚子里有个"法轮"）。语言学的情况比较复杂。研究物理学可以假设物体处在真空中，而且常可用实验方法做到。化学实验也许不能让所有物质的纯净度都达到100%，但可以尽量接近。但语言学要假设在脱离社会、脱离文化的环境下使用语言，这就很难做到。因此，对于这样的主张，我们只能同情，无法支持。物理学和化学可以以纯净物为起点，在实验室条件下研究出一定的结果之后，然后采取逐渐增加变量的方法来考察其相应的变化。语言学既无法定下其最初的"纯净"状态，其变量的增加又几乎难以预测。历史上曾经有人用婴儿做"实验"，来寻找人类"始语"，现在已成为笑柄。其实，即使假设的第一个词（据说是希伯来语的"面包"）成立，也无法做后续的试验，研究人类语言的发展、演变过程。这种研究就很难说是"科学"的。

4. 可预见性，或者开放性。一种科学和真正价值不仅在于对以往事实的说明，更在于其预见能力，即对可能发生的事实的解释能力，就像门捷列夫的元素周期表。结构主义认为科学就是分类，这只是对现有事实的解释，没有预见能力，不能举一反三，因此遭到乔姆斯基派的批评。乔姆斯基把他的理论叫作解释，就比结构主义要高明。问题是，这种解释，不是将现有的理论强加在新发现的事实上，让事实为理论服务，而是要用新的事实来验证理论，并对理论作出修正和补充。

5. 人文性。如果说，以上的科学标准适用于各种科学，则对人文自然科学来说，还要有人文性。所谓人文性，主要是历史性和文化性。历史性：即对于解释历史现象的理论，要强调历史性。人不能超越历史条件去完成只有后人才能完成的工作，任何理论，不能以后律前，以今律古，把自己的知识解释为古人所有的知识。文化性则必须考虑语言使用的文化、地理等条件。把语言设想为一个自足的完美的系统，最后只能将发明权归于上帝。

四、什么是语言学？

兜了一个圈子以后，我们回到"什么是语言学"的问题上来，发现问题仍然没有解决。第二节的论述告诉我们"科学"是个可变的标准,按照它,什么是"科学"几乎言人人殊,无从把握;第三节的论述给"科学"定下了严格的标准,又变得有点可望而不可即。这些标准可以用来检验别人提出的一种理论是否科学,但无法以此为标准去建立一种理论。"语言学"是关于语言的科学,按照第二节的标准,则古往今来关于语言的论述都可称之为语言学;按照第三节的标准,则迄今为止的语言研究似乎都不够资格称为语言学,因为我们很容易用五条中的某一条将之否定。这样看来,仅仅讨论"科学"的标准仍然无法解决"什么是语言学"的问题,我们还得另辟蹊径来研究。仔细考察上面的论述,我们发现二、三节讨论的其实都是"科学"的内涵,而我们知道,给事物下定义,要解决的是事物的外延问题。因而,什么是语言学的问题,归根到底变成了"什么不是语言学"的问题。具体来讲,变成了两个问题:1. 什么不是语言?2. 什么不是科学?第一个问题与我们上一章的讨论有关,根据我们给语言下的新定义,所谓的"语文学"是无法排除在外的;第二个问题看来简单,其实也不容易。因为"科学"的反面,人们容易想到的是"迷信"。但什么是"迷信",又是个不易解决的问题。按照简单的想法,讲语言是神造的,或者是上帝造的,总是"迷信"了,但不论是中国的"仓颉造字",还是西方的"上帝发明语言",仔细研究起来,其中都还有合理的成份,是无法简单化地加以否定的。此外,在"科学"与"迷信"之间,有没有可能存在着"中间地带",即既非"科学"又非"迷信"的东西,这也是不易下结论的。总之,只要是严肃、认真地试图对语言的有关问题加以探讨的理论,甚至只是一种猜测,我们都无法简单地加以否定,将之排除在"语言学"之外。因而,语言学研究,必须伴随语言学史的研究,或者说,对语言的研究历史的研究。换句话说,语言学的研究,必须是个共时、历时相结合的研究。不仅对语言的性质、语言的起源等问题的探讨是如此,对语言的各个"平面"的研究都应该贯穿这种精神。因而,从本质上说,"语言学"与"语言哲学"并没有很大的区别,"语言学"要告诉人家的,不是一些现成的结论,而是探索这些结论的过程,这就与"语言哲学",即对有关语言的种种问题的哲学思考一致了起来。现在出版的一些"普通语言学"著作往往是些共时的、平面化的著作,缺乏历史的厚度。结果往往掩盖了一些论断背后的深刻矛盾,变成了一家一派观点的宣传;同时使一些一再重复的观点,无形中变成了束缚人们思维的"常识",是不利于学科的深入发展的。据我看来,真正有价值的语言学著作,应该是那些提出的问题比解决的问题还要多的著作,西方的例子如洪堡特的《论人类语言结构的差异及其对人类精神发展的影响》,中国的例子如赵元任的《中国话的文法》和吕叔湘的《汉语语法分析问题》。

因此,要真正理解什么是语言学,还需要结合对语言学史的研究。

参考文献

陈独秀,1920,"新文化运动是什么"?《新青年》第七卷第五号。
陈望道,1947,"'中国语文学会'成立缘起",《文汇报》1947 年 2 月 14 日。
何九盈,1985,《中国古代语言学史》,郑州:河南人民出版社。
胡壮麟等,1988,《语言学教程》,北京:北京大学出版社。
潘文国,2002,"汉语音韵研究中难以回避的论争",《古汉语研究》2002 年第 4 期。
王 力,1981,《中国语言学史》,太原:山西人民出版社。
Bloomfield, Leonard, 1933. *Language*.《语言论》,袁家骅等译,北京:商务印书馆,1980 年。
Chomsky, Noam, 1957, *Syntactic Structure*, The Hague: Mouton & Co.
Chomsky, Noam, 1977, *Language and Responsibility: Based on Conversations with Mitsou Ronat*, Sussex: The Harvester Press.
Hjelmslev, Louis, 1943, *Omkring Sprogteoriens Grundlaeggelse* [On the Foundations of Linguistic Theory], 1943; translated into English in 1953, *Prolegomena to a Theory of Language*.
Robins, R. H. , 1964, *General Linguistics: An Introductory Survey*. London: Langmans, Green & Co.

(初稿写于 2004 年)

中西的语言与文化研究

我们对于世界语言学史的知识,大抵是从索绪尔(Ferdinand de Saussure, 1857-1913)开始的。索绪尔在《普通语言学教程》开头有专门一章"语言学史一瞥",对19世纪以降的语言研究划了这么一条发展线索:规范语法(从古希腊到法国的波特·罗瓦雅尔语法)——语文学(代表人物为沃尔夫 [Friedrich August Wolf, 1759-1824],他从1777年起倡导基于文物资料的语言研究)——比较语法(始于葆朴 [Frauz Bopp, 1791-1867] 发表于1816年的《梵语动词变位系统:与希腊语、拉丁语、波斯语与日耳曼语的比较》和格里木 [Jacob Grimm, 1785-1863] 出版于1819年的《德语语法》,以后的重要学者有缪勒 [Max Müller, 1823-1900]、古尔替乌斯 [G. Curtius, 1820-1885] 和施莱赫尔 [August Schleicher, 1821-1868] 三人)——历史语言学或新语法学派(始于美国人辉特尼 [Whitney, 1827-1894],之后是法国的布鲁格曼 [K. Brugmann, 1849-1919]、奥斯特霍夫 [H. Osthoff, 1847-1907] 和保罗 [Hermann Paul, 1846-1921] 等),再往下就到了他自己(Saussure 1916:1-5)。以后的语言学史著作,在索绪尔之前部分,大都沿用此说,只是在索绪尔之后加以延伸。其实,这一描述是片面的,至少是不完整的。随着20世纪下半叶洪堡特(Wilhelm von Humboldt, 1767-1835)的"重新"被"发现",使我们有可能以一种新眼光来重新审查19世纪以来的中外语言学史,特别是了解被索绪尔及其追随者们有意无意忽略掉的那一部分。

一、19世纪语言研究的两大传统

重新审视的结果,我们发现,19世纪以来的西方语言学,并非只有一条发展线索,而是有两条发展线索。换句话说,19世纪的西方语言学,留给后人的是两件宝贵财富,而不是只有一件。这两件财富,一件是葆朴等人开创的历史比较语言学,一件是洪堡特开创的普通语言学。前者使我们告别了传统的"语文学",从而开始了语言学的"科学研究",而后者则标志着"语言学"在理论上的突破;前者带来了语言研究上的"谱系分类法",而后者则导致了语言研究上的"类型分类法"。按理说，后者对现代语言学研究的意义更加重大，但由于索绪尔一书的影响，很多讲语言学史的著作或文章对前者的介绍不厌其详，对后者却一笔带过，甚至根本不提，最多说一句"普通语言学的创始人洪堡特"。人们有时很纳闷：既然普通语言学的创始人是洪堡特，怎么我们对他的了解这么少？而他的"普通语言学"与我们现在的"普通语言学"种种教材之间的关系好像也没有什么人告诉过我们。尤其在索绪尔被尊为"现代语言学之父"以后，很多搞语言学的人都不知有洪堡特其人，好像现代语言学只是从索绪尔才正式开始。这是有失公正的。缺少了洪堡特，19世纪的欧洲语言学就缺了一个角，就谈不上完整。事实上，19世纪以来，欧洲的语言研究始终有着两股思潮，以施莱赫尔等为代表的历史比较语言学和以洪堡特为代表的人文哲学语言学，它们的语言观、方法论、研究对象及结果各不相同，对20世纪带来的影响也不相同。

历史比较语言学更多地用自然科学的方法去对待语言学，例如"比较语法"这一名称的提出者施勒格尔（Friedrich von Schlegel，1772–1829）把比较语法比作比较解剖学，说：

> 比较语法将给我们以关于语言谱系的崭新的知识，正如比较解剖学曾给自然历史以光明一样。（Schlegel，1808：28，译文引自岑麒祥，1957：271）

施莱赫尔把语言学比作生物学，认为

> 语言是世界上天生的有机体之一，必须用自然科学的方法来处理，而且这一有机体不受说话人的意志或意识的支配。（参见Robins，1967：181）

而洪堡特更多地把语言学看作人文科学，他继承了18世纪德国哲学家赫尔德的观点，认为一个民族的语言和思想密不可分：

> 语言就其内在联系方面而言，只不过是民族语言意识的产物，所以，要是我们不以民族精神力量为出发点，就根本无法彻底解答那些跟最富

有内在生命力的语言构造有关的问题,以及最重大的语言差异缘何而生的问题。(Humboldt,1836:21。中译文见洪堡特,1997:17)

历史比较语言学采用"比较"的方法,着重探索异中之同,力图重建原始的"母语";洪堡特更多地采用了现在称之为"对比"的方法,着重探索同中之异,在此基础上建立一般的语言类型学说;

历史比较语言学更注意语言的自然科学属性,他们的"比较"主要是在语音和词的屈折变化等形式的基础上进行的;洪堡特更注意语言的人文科学属性,说:

通过对形式的描写,我们应当揭示一条特殊的道路,即一种语言成为思想表达的发展道路和拥有该语言的民族循之而进的道路。(同上:52;中译文:59)

历史比较语言学的成果是建立了印欧语的语言谱系,并为世界语言谱系的建立奠定了基础,树立了榜样,尽管到了19世纪末,历史比较语言学的一些根本原则便已受到了怀疑,例如波兰语言学家库尔特内(Baudouin de Courtenay, 1845 - 1929)首先提出在"母语"状态中就存在着方言分歧的理论,并且反对把"母语"的解体理解为不断分化的过程。到了20世纪,"母语"是许多有近亲关系的方言的总和这一概念,在许多语言学家特别是法国梅耶(Antoine Meillet, 1866 - 1936)的著作中得到了进一步的发展,而别的语言学家采用语言地理学的方法继续研究这一问题(参见岑麒祥,1981:4)。这一方法是否适合印欧语系以外的语言现在也越来越受到怀疑,例如高本汉(Bernhard Karlgren, 1889 - 1978)根据历史比较语言学原理构拟出汉语的中古和上古音系统,其基础是把《切韵》看作单一体系,把现代汉语除闽语外的全部方言都看作从《切韵》发展而来,他的理论在中国就遭到了综合体系说的强烈抵制,20世纪70年代后在美国也遭到了以张琨和桥本万太郎等为代表的"普林斯顿假说"的批评,而他们的"武器"也是方言说和语言地理说。

洪堡特研究的成果则是开创了普通语言学这一崭新的学术领域,尽管由于他生不逢时,生活在历史比较研究如日中天的19世纪上半叶,因而他的著作没有产生像20世纪索绪尔著作那样的影响,但人们发现,索绪尔的许多观点与洪堡特颇为一致,索绪尔在多大程度上受到洪堡特的影响,已成为人们一个感兴趣的题目(参见 Robins,1967:200)。

历史比较语言学建立了语言研究的"科学"规范,即着重研究语言的自然科学属性、语言的语音和语法。进入 20 世纪以后,虽然语言研究的兴趣从历时方面转向了共时方面,但这一传统却为多数语言学家所继承,并成为 20 世纪大部分时期语言研究的主导方面。洪堡特的语言研究却更多地开辟了语言研究的人文传统,导致了 20 世纪初以来的人类学语言学、语义学、功能语言学、对比语言学及六七十年代以后的社会语言学、心理语言学、认知语言学、文化语言学等等的诞生,其影响更渗透到哲学、美学、文艺学等,从而引发了哲学史上的第三次转向——"语言学转向",使语言学成了引人注目的"领先学科"(参见伍铁平,1994:56)。

进入 20 世纪,由于科学技术的突飞猛进,强调以自然科学方法去从事语言研究在相当长一段时间里成了语言学研究的主流,先是索绪尔开创了结构主义传统,成了"现代语言学"的鼻祖;美国描写主义语言学继起,在二十多年里独领风骚;然后乔姆斯基在语言学自然科学化的道路上变本加厉,从 50 年代迄今四十多年里执语坛之牛耳,尽管从 70 年代起就不断遭致批评,但至今仍有相当大的影响。

而另一方面,从人文社会科学角度出发的语言学研究也不绝如缕,到 20 世纪末更形成了较大的气候。

由于自然科学传统的语言学发展史已为人所熟知,本文着重介绍洪堡特以来特别是近百年来从人文社会科学角度出发对语言的研究,或者说语言与文化的研究。社会科学和人文科学本是两门科学,它们的语言观分别为"交际说"和"世界观说"(参见潘文国,2001),但由于人的活动离不开社会,客观上难以分开,加上同样受到"自然科学派"的排斥,因而成了同盟军。

二、西方的语言与文化研究

1. 洪堡特开创的新传统

有人把洪堡特之前西方的语言与文化研究传统追溯得很远,从古罗马的西塞罗(Msarcus Tallius Cicero,前 106 - 前 43)、意大利诗人但丁(Alighièri Dante,1265 - 1321)、彼特拉克(Francesco Petrarch,1304 - 1374)开始,一直到近代英国的洛克(John Locke, 1632 – 1704)、意大利的维柯(Giovanni Battista Vico, 1688 – 1744)、法国的卢梭(Jean Jacques Rousseau, 1712 – 1778)、孔狄亚克(E. B. de Condillac, 1715 – 1780)和德国的赫尔德(Johan Gottfried von Herder, 1744 – 1803)。但我们觉得比较重要的、可以称之为洪堡特先驱的是维柯和赫尔德两人。

维柯是意大利哲学家、美学家,他的代表作是《新科学》(1715)。他的主要观点是"人在无知中把自己当作权衡世间一切事物的标准",也就是说,人是通过自身去认识世间事物的,在许多语言中涉及无生命的事物的表达方式,常用人体及其部分,以及人的感觉和性欲的隐喻去形成,如山也可以有"头、脊、腰、脚、口"等。由于不同民族语言中的本土文字都是按其观念形成的自然顺序,因而不同民族的语言文字,其创造的历史人文景观很不相同。

赫尔德是德国哲学家、文艺理论家,他关于语言的重要著作是《论语言的起源》(1772)。他强调语言和思想密不可分,语言是思想的工具、内容和形式;民族语言与民族的思想、民族的文学以及民族的凝聚力都紧密相关(参见 Robins, 1967: 151 – 152)。萨丕尔认为洪堡特受了赫尔德很大影响,而他自己显然也读了赫尔德。可见从某种角度看,赫尔德是洪堡特和美国萨丕尔-沃尔夫假说的共同源头。

近代从人文角度研究语言的开创人洪堡特是语言学家、美学家、政治学家、外交家。他调查研究过许多语言,除了欧洲古典和现代语言之外,还有梵文、匈牙利语、巴斯克语、塔塔尔语、汉语、日语、卡维语、缅甸语、鞑靼语、埃及语(包括古埃及象形文字)、闪语、墨西哥和美国特拉瓦州的印第安语等,从而大大突破了当时欧洲语言学家狭隘的印欧语视野。同时,他也不像同时代大多数语言学家那样埋头寻找语音对应规律和探求词源,而是从哲学的思考入手,从更高的层次专注于人类各种语言的结构特征的比较,而他的比较并不限于有亲缘关系的语言。正是在这样广泛、深入的比较研究的基础上,他才可能建立了以 die Sprache(单数"语言",指人类共同的语言)而非 die Sprachen(复数"语言",指具体的各民族语言)为对象的普通语言学。同以具体语言为对象的历史比较语言学相比,他的起点无疑要高得多。也因为如此,洪堡特才有可能提出他关于语言、民族发展和人类形成的重要看法。

洪堡特的代表作,是为他的《论爪哇岛上的卡维语》一书写的一篇长达 350 页的序言《论人类语言结构的差异及其对人类精神发展的影响》(1836)。他的语言

观可称为语言世界观,概括起来,大致有以下内容:

① 语言反映世界的图像,他说:

词不是事物本身的模印,而是事物在心灵中造成的图像的反映。任何客观的知觉都不可避免地混杂有主观成分……而由于在同一个民族中,影响着语言的是同一类型的主观性,可见,每一语言都包含着一种独特的世界观。(Humboldt, 1836: 59 - 60。中译文, 1997: 70 - 71)

② 语言影响、制约着人认识世界的方式,他说:

语言属于我,因为我以我的方式生成语言;另一方面,由于语言的基础同时存在于历代人们的讲话行为和所讲的话之中,它可以一代一代不间断地传递下支,所以,语言本身又对我起着限制作用……面对语言的威力,个人的力量实在是微不足道的。(Humboldt, 1836: 63。中译文, 1997: 74)

③ 民族精神与民族语言密不可分(这是继承了赫尔德的观点),他说:

语言仿佛是民族精神的外在表现;民族的语言即民族的精神,民族的精神即民族的语言。二者的同一程度超过人们的任何想象。(Humboldt, 1836: 46。中译文, 1997: 50)

此外,他还特别强调语言的动态性,强调语言研究的对象是连贯的话语,说:

语言就其真实的本质本看,是某种连续的、每时每刻都在向前发展的事物……一切意欲深入至语言的生动本质的研究,都必须把连贯的言语理解为真实的和首要的对象,而把语言分解为词和规则,只不过是经科学剖析得到的僵化的劣作罢了。(Humboldt, 1836: 49。中译文, 1997: 54 - 55)

就这样,洪堡特为语言的人文研究开辟了一条广阔的新道路。

2. 欧洲的语言与文化研究

苏联学者柯杜霍夫把洪堡特对语言学的影响,比为黑格尔对哲学的影响,从某种角度看,这种比较并不过分。法国语言哲学家巴赫金(M. Bakhtine)在《马克思主义与语言哲学》(1971)一书中说:

> 在他之后,直至我们今天的整个语言学,都处在他的决定性影响之下。(转引自申小龙,1992:76 – 77)

哲学语言学、心理语言学、社会语言学,甚至索绪尔和乔姆斯基也都受到了他的影响。乔姆斯基把洪堡特和笛卡尔看作他自己的两个精神支柱,索绪尔虽未提到洪堡特,但人们都相信他俩间存在着一定的影响关系,这而且是目前许多人感兴趣的一个研究课题。洪堡特的人文主义语言观,到了 20 世纪以后,不论在欧洲还是在美洲,都不乏继承之人。

① 施坦达尔(H. Steinthal, 1823 – 1899)的民族心理语言学。施坦达尔是洪堡特唯一的学生。他继承了洪堡特"民族的语言就是民族的精神,民族的精神就是民族的语言"的思想,并加以发展,说:

> 语言并不属于个人,而是属于民族。……所以,语言就是一个民族的思想。(转引自姚小平,1995:187)

因而他主张语言学不但在研究个人言语时应依据个人心理,而且在研究民族语言时,还应研究民族心理,最终建立语言类型同民族思维和精神文化类型之际的联系。

② 波铁布尼亚(Александр A. Потебия, 1835 – 1891)的语言学反逻辑主义。波铁布尼亚是 19 世纪俄国最重要的语言学家,其代表者为《思想和语言》(1862 年出版),他不否认人类语言有共性,但特别强调语言的民族性,说:

> 语言的全人类性质是存在着的:从声音来看,都是可以分成段的;从内部来看,都是为思想服务的信号体系。语言的其他性质则是部族的,

而不是全人类的。没有一个一切语言都必须遵循的语法范畴和词汇范畴。(转引自申小龙,1992:89)

他十分强调语言是一个活动过程,在活动中更新。词语的真正生命力在言语中实现。

③ 舒哈特(H. Schuchardt,1842-1927)的"词与物"学派(以1907年创办《词与物》杂志而著称)。他认为研究语言的历史必须研究词的历史,而研究词的历史不能单纯以语言分析为依据而忽略与之有密切联系的文化的历史。他还主张在语言的研究中,语义的考察要优先于语音的考察,而为了考察语义同文化历史的联系,又必须研究活的方言。由于语言间的交互影响,不仅方言与方言间没有明确界限,语言与语言之间也没有明确的界限。舒哈特从而反对新语法学派"语音规则无例外"的主张,也反对语言的谱系分类法。

④ 意大利学者克罗齐(Benedetto Croce,1866-1952)与德国学者浮士勒(Darl Vossler,1872-1949)的美学语言学。克罗齐认为真正的语言科学——普通语言学其实就是美学:

> 艺术的科学与语言的科学,美学与语言学,当作真正的科学来看,并不是两事而是一事。世间并没有一门特别的语言学。……任何人研究普通语言学或哲学的语言学,也就是研究美学的问题;研究美学的问题,也就是研究普通语言学。(转引自申小龙,1992:91)

这是因为在他看来,语言同艺术一样都是一种直觉的创造,而且一样都是不可分割的表现有机体。他认为文法的规范是不可能的,语言的分类也是不可能的。他批评16-17世纪的普遍唯理语法,认为这是有意把语言非理性的方面理性化,把出于讲授目的作出的分类合理化。他的学生浮士勒继承了这一思想,认为言语分成句子、句子成分、词、音节和词素,只是为了研究的便利,就好像把一个人分成四肢一样。但有机体的统一不在于它的肢体和关节,而在于它的灵魂。他还主张,语言学要成为一门科学,只有让风格学去统帅;风格学是语言学中的高级学科,语音学、形态学、造句法等则都是低级学科。

⑤ 魏斯格贝尔(Leo Weisgerber,1899-1984)和特里尔(Jost Trier,1894-

1970)的新洪堡特主义。魏斯格贝尔的主要贡献是：a) 发展了洪堡特的语言世界观学说，明确地提出了"语言中间世界"理论，认为由于语言体现了民族的精神力量，把周围的世界变成了思想，把世界"语词化"了，所以语言是处于主体和客体之间、人与外部世界之间的一个特殊的世界：

> 人把外部世界投入网中，但人认识的只是语言创造的那部分。因此认识的性质取于语言。在语言中反映的与其说是客观现实，不如说是人对外部世界的主观态度，即一种"语言世界图"(Weltbibl der Sprache)。
> （转引自申小龙，1992：100）

人们现在熟悉的星空世界、动物世界、植物世界等，就是魏氏所举的例子。由此他得出结论，语言间的差别就是世界观的差别。这种差别有巨大的哲学、语言学、文化史甚至美学与法学的意义。b) 发展了洪堡特关于语言不是"成品"(Ergon)而是"活动"(Energeia)的观点，提出语言研究可分为静态研究和动态研究，而语言在本质上是一种产生和更新的能力，因此动态研究更加重要。c) 他把语言研究分成四个阶段：针对语音、形态的静态研究；针对内容的静态研究；针对功效的动态研究；针对作用的动态研究。认为前两者是"语法学方法"，后两者才是真正的"语言学方法"。d) 魏氏还和特里尔一起发起并推广了语义场理论，对后人的研究也产生过较大影响。e) 新洪堡特派在哲学上的代表是著名哲学家卡西尔(Ernst Cassirer, 1874－1945)。卡氏把洪堡特视作"语言批判哲学"的创始人，认为洪堡特提出的一些概念，如"语言世界观"、"内蕴语言形式"等，应当是现代语言科学的出发点。

⑥ 欧洲结构主义对文化与交际的研究。索绪尔之后，出现了三派结构主义语言学：欧洲的布拉格学派、哥本哈根学派和美国描写主义语言学。美国描写主义语言学以布龙菲尔德为代表，在三派中影响最大，属于国际范围内的"主流"，后来走上了排斥意义，进行纯形式研究的道路；而欧洲的两派在一定程度上仍然比较重视语言中的文化与社会因素。

布拉格学派的主要贡献有二，一是音位理论，二是功能语法。音位学与语音学的不同在于前者从物理和生理角度研究语音，而后者从社会交际角度研究语音，这已体现出了布拉格学派重视社会交际的特点。而功能语法的"功能"主要是指交际功能,因此他们的语言观与索绪尔和美国结构主义不同,从一开始就比较重视语义。50年代以后捷克斯洛伐克的"新布拉格学派"走得更远,他们认为语言不是一个绝对统一的、封闭的系统,而是一个开放的、不完全平衡的系统,由许多互相依存的次系统构成,这些次系统就叫作语言平面(Levels of language)。布拉格学派的马泰修斯(Vilém Mathesius, 1882-1945)在30年代就用信息论的观点,修改了"主语"和"谓语"的提法,提出"主位"(theme)和"述位"(rheme)两个术语,前者指已知信息,后者指未知信息。这一对术语相当于50年代后美国学者提出的"话题"(topic)和"评论"(comment),其实是语言研究走向了语用。

哥本哈根学派的代表是丹麦语言学家叶尔姆斯列夫(Louis Hjeimslev, 1899-1965)。他强调语言的遗传性、社会性,及与思维和文化的联系,说:

> 语言,即人的话语,是永不枯竭的、方面众多的巨大宝库。语言不可与人分割开来,它伴随着人的一切活动。语言是人们用来构造思想、感情、情绪、抱负、意志和行为的工具,是用来影响别人和受别人影响的工具,是人类社会的最根本、最深刻的基础。同时,语言又是每个人的最根本、不可缺少的维持者,是寂寞中的安慰……语言与性格、家庭、民族、人类、生活之联系如此紧密,我们甚至怀疑语言是这一切的反映,或者是这一切的集合,是这一切的种源。(转引自刘润清,1995:154)

叶尔姆斯列夫认为语言不过是赋予思想的一种形式,同一个思想,不同语言赋予它的形式完全不同,因而表达内容和表达方式都不相同的语言,可以在很抽象的意义上进行比较。这些观点都使他在一定程度上离开了索绪尔。

⑦ 欧洲的语言社会学思潮。把语言看作一种社会现象、看作交际手段的观点,最早可以追溯到法国的启蒙主义思想家卢梭、狄德罗等人,如卢梭认为,言语(speech)区别动物与人,而语言(language)区别民族;言语是人类第一种社会制度(social institution)。之后这成了法国语言学研究的一个传统和特色。19世纪下半叶,法国语言学家布吕尔强调语言中的一切都是面向人的,因而都是社会性的;法国社会学家涂尔干(E. Durkheim)则主张要区别社会现象同个人的生理、心理现象。瑞士语言学家索绪尔在这基础上开创了语言学社会心理学派,以之与语言学的个人心理学派即新语法学派相对立。所谓个人与社会的区分即言语与语言

的区分。但索绪尔不恰当地把语言的语言学又进一步分为内部语言学和外部语言学,实质是离开了语言的社会因素。

索绪尔之后,房德里耶斯(Joseph Vendryes,1875-1960)既反对语言研究的"纯净化",说:

> 用语言的生命来指恰恰是没有生命的语音、语法形式和词,这有点牛头不对马嘴。我们现在所指的生命是指人类进行活动的全部环境,处在无限发展中的现实。语言参与这样理解的生命,那是十分明显的。但是这样一来,我们面临的就不再是抽象原则的理论体系,而是世界上所说的不相同的语言了。(房德里耶斯,1920:262-263)

又不同意洪堡特等人强调民族精神的观点,说:

> 我们无法用某一民族的气质或心理素质来确定他们所说的语言。只有研究语言的社会作用才能对语言是什么有个最好的概念。(同上:268)

他还强调社会方言的差别,说:

> 综上所述,我们可以说,语言是强加于某一社会集体全体成员的理想的语言形式……有多少个集体就有多少种语言。另一方面,在同一城市例如巴黎的内部,也有一定数目的不同语言交叠在一起:客厅的语言和兵营的语言不同,资产阶级的语言和工人的语言也不一样;有法定的隐语,也有内部的黑话。这些语言有时有很大的区别,我们很可能熟悉其中一种,而对另一种却毫无所知。(同上:272)

由此可知,他实际上可看作后代社会语言学的先驱。房氏是我国语言学界前辈岑麟祥、王力、高名凯等的老师,对我国普通语言学学科建立的影响很大。1998年,钱冠连发表了一篇《语言学理论框架的跨国对比》,他发现高名凯的语言学体系与布龙菲尔德与萨丕尔都不相同,将语言的社会性与内部结构并举,认为可能是受了苏联契可巴瓦的影响。其实从渊源可知,他受的影响更可能是来自法国语言社会学派。

当代学者海然热(Claude Hagège)继承了法国的语言社会学传统,其代表作是《语言人》(1985)。他在书中激烈批评了乔姆斯基派的"天赋说"。其基本观点是:

> 从源头上看,人种只有一个(种属单生),没有单一的语言(语言多生)。即使承认人类的社会性最初有着生物学根源,那么反过来,从群体生活得到初步了解的时候起,社会因素跟大脑有关的因素显然就没有停止过相互作用。(海然热,1985:3;13)

美国生成语言学家认为语言结构的复杂化是由于"转换规则"造成的,而海然热认为是"社会关系的变化"导致的(同上:19)。

房德里耶斯批评的以民族气质来解释语言的学者中有一位就是大名鼎鼎的丹麦语言学家叶斯柏森。他在《英语的发展及结构》一书中就把英语的特点归结为"男性化"(masculine),以与其他一些欧洲语言的 feminine 或 childish 相对。这一观点对中国的林语堂有影响,他也据之提出汉语是"女性化"(feminine)语言。叶氏的语言研究方法对中国学者王力和吕叔湘也有很大影响。

⑧ 伦敦学派。伦敦学派的创始人是弗斯(John Robert Firth, 1890 - 1960),他的观点受到了英国语言学家斯威特特别是出生于波兰的英国人类学家马林诺斯基(Bronislaw Malinowski, 1894 - 1942)的影响;弗斯的传人是韩礼德(M. A. K. Halliday)。这三人在一起,可说形成了一个既不同于美国,也不同于欧洲的英国语言学传统。

马林诺斯基的基本观点有三:a) 语义学理论是解释语言观的基础:(i) 语义理论规定语法范畴和语法关系,形式标准不能作为语法分析的基础,也不能作为词汇分类的基础;(ii) 语义理论能证明文化环境对语义环境的影响,一种语言形式的出现、使用和变化,与一个种族的文化和社会有密切的联系。b) 强调"情景"(context)的重要性,认为话语的意义与情景有关(国内一度流行的"情景教学法"即来自英国)。c) 强调话语,说:

孤立的词实际上不过是臆造的语言事实，不过是高级语言分析过程的产物。有时候句子是一个自成一体的单位，但即使是句子也不能看作完整的语言素材。对于我们来说，真正的语言事实是在实际语言环境中的完整话语。（转引自刘润清，1995：282）

弗斯强调语言是"人类生活的一种方式，而不仅仅是一套约定俗成的符号和信号"。他不同意索绪尔对语言和言语的区分，更不同意语言学的对象只是语言；他也反对从逻辑学和心理学去研究语言，而主张从社会学角度去研究。他的语义理论特别强调"环境意义"，说"语义学实际上是研究适合于特定社会角色的语言风格"；在词义分析上他则强调搭配意义。

韩礼德的学说有几个特点：a) 十分重视语言的社会功能，不重视语言的心理基础，这与美国转换生成学派根本相反。b) 认为语言是"a form of doing"而不是"a form of knowing"，因后者属于心理学，而前者属于社会学。c) 重视对个别语言及个别变体的描写，认为其本身就是目的，而不是为了从中寻找什么"普遍语法"。d) 用连续体(cline)的概念来解释许多事实。例如对于 grammaticality，转换生成派认为要就合于语法，要就不合，这实际上是从"可接受性"着眼的，韩礼德认为应该从"惯常性"(usualness)和出现的可能性去看，这样就可在连续体上分出许多刻度，这样更能反映语言的使用情况。e) 强调语篇的研究，以数据统计来验证假设（转换派不重视验证）。f) 他的"系统功能语法"中所说的"系统"也与索绪尔不同，它实际是指语言行为中的一套供选择的可能性。（刘润清，1995：299-303）

3. 美国的语言与文化研究

在美国，从人文社会科学角度对语言的研究可以分为四个阶段：

① 人类学语言学。代表人物是鲍阿斯（Franz Boas, 1858-1942）、萨丕尔（Edward Sapir, 1884-1939）和沃尔夫（Benjamin Lee Whorf, 1897-1941）。鲍阿斯曾在欧洲求学，接受过洪堡特学生施坦达尔的指导，从那里吸收了洪堡特的语言世界观理论。他认为他研究的一项重要成就便是"根据施坦达尔的原则，即从语言使用者本身的观点而不是从局外人的观点出发，对它们进行描述"。萨氏是鲍氏的学生，沃氏自学成才，又是萨氏的私淑弟子，他们两人论著中的洪堡特影响更加明显，所谓"萨丕尔-沃尔夫假说"实际上把语言世界观理论推到了绝端，在语言学界、哲学界和文化学界都掀起了轩然大波。

② 社会语言学。美国的语言研究虽由鲍阿斯开创,但继起的两员大将萨丕尔和布龙菲尔德(Leonard Bloomfield, 1887-1949)实际上代表了两条不同的道路,一强调文化,一从事纯语言的描写。后者逐渐成为主流,后来又被乔姆斯基取代。由于乔氏理论的路子越走越窄,引起人们的不满,到60年代起开始引起反拨,重新重视对意义、文化和社会等因素的研究,产生了社会语言学,作为转换生成派的对立面。其标志是海姆斯(Dell Hymes)所编、于1964年出版的《文化与社会中的语言:语言学与人类学读本》(*Language in Culture and Society: a Reader in Linguistics and Anthropology*)一书。可见海姆斯的研究其实是结合了人类学与文化学的。他提出的理论后来被称作言谈民族学(Ethnography of speaking)。社会语言学的另两位重要代表是拉波夫(William Labov)和英国的特拉吉尔(Peter Trudgill)。与海姆斯不同,他们更注重变异分析和社会交际。拉波夫甚至反对用社会语言学这个词,认为这暗示着还有非社会的语言学。他们认为,社会语言学就是本体语言学,语言学就必须是社会的。

③ 认知语言学。认知语言学是当代西方最流行的词语。其实认知语言学有两派。乔姆斯基也把自己的语言学叫认知语言学,但我们一般说的认知语言学是指兰格克(Konald Langacker)于80年代创立的,其代表作《认知语法基础》(*Foundations of Cognitive Grammar*)第一、第二卷分别于1987年、1991年出版。乔、兰两家认知语法相同的是都主张以认知即心理作为语言研究的基础,但也有根本的不同,甚至对立。a)乔氏认为语言是个自足的认知系统,语言能力独立于人的其他认知能力;兰氏认为语言不是自足的系统,对语言的描写必须参照人的一般认知规律。b)乔氏认为句法是一个自足的系统,独立于词汇与语义;兰氏认为不是,句法分析不能脱离语义。c)乔氏认为描写语义的手段是形式逻辑,兰氏认为光是形式逻辑是不够的,还必须参照情景(situation)。兰氏甚至还直言不讳地说过,认知语法的理论基础就是沃尔夫的语言相对论。

④ 文化语言学。1996年,帕尔麦(Gary B. Palmer)出版了一本《文化语言学导论》(*Toward a Theory of Cultural Linguistics*)。作者自称他是第一个使用文化语言学这个词的(其实要比中国学者晚十年)一篇书评说,这本书必将成为有史以来最重要的语言学著作之一。从内容来看,这本书可说是美国用人文社会科学方法研究语言学的集大成。作者自称他的理论有三个来源:a)鲍阿斯的人类学语言学;b)六七十年代的民族语义学(Ethnosemantics),以Stephen Tylor等人为

代表,实际上是人类学的一个分支,又称认知人类学,主要研究不同民族的人怎样组织他们的文化;c) 海姆斯等的言谈民族学,亦即社会语言学,同时又以兰格克的认知语言学作为其理论基础,进行综合。从因特网上的评论来看,人们对这一学派的期望很高,希望这一研究以后能成为语言学研究的主流。

三、中国的语言与文化研究

1. 中国语言文化结合研究的传统

谈到中国的语言研究,一般都要以《马氏文通》的发表(1898 年)为界,分为前后两截。别此无他,是因为《马氏文通》改写了中国语言研究的历史,改变了中国语言研究的传统,它以拉丁语法为范本,为汉语构建了一个西式的语法学体系,树立了一个新的语言研究规范。自此之后,中国的语言研究始终很难摆脱印欧语的眼光,各种语言理论无不带上印欧语语言理论的烙印。因此我们在讨论中国的语言研究历史时,不得不以此为界分为两段,看看在西方理论进入之前我们的传统究竟如何,而西方理论进入后,又起了什么变化。谈语言结合文化的研究时也必须如此。

(1) 中西不同的语言研究传统

如果说西方语言研究的两大传统主要是在 19 世纪以后形成的,分别以洪堡特的哲学语言学和葆朴等人的比较语法为其源头,代表了人文主义和自然科学两种思潮,那么在世界范围内,中西的不同语言研究传统可说由来已久,甚至可说一开始就出现了明显的对立。这表现在以下几个方面:

① 如果说哲学史上的"语言转向"在西方出现在 19、20 世纪之交,则在中国,这一"转向"可说早就出现了。事实上,中西哲学的概念和面貌完全不同。如果说欧洲哲学在古代和近代关注的分别是本体论和认识论的话,则中国哲学从来没有出现过这样的时期。中国古代哲学家(也许应该称"思想家"?)关注的主要是两个方面,用现在的话来说,一个是道德论哲学或者说伦理学,另一个就是语言哲学。中国哲人对语言的兴趣比西方哲学家强得多。例如西方人文主义语言学先驱维柯提出的"人是权衡世界的标准"的思想,中国早在战国时期乃至更早就出现了。《易传》上说:"古者庖牺氏之王天下也,仰则观象于天,俯则观法于地,观鸟兽之文,与地之宜,近取诸身,远取诸物,于是始作八卦。"这段话后来被许慎采入《说文

解字·叙》,认为反映了文字产生时的实际情况。"近取诸身"就是一种从自身亦即人类出发的命名过程。此外,先秦哲学家无不表现出了对"名"、"实"问题的强烈兴趣,从道家、儒家、墨家、名家到法家、杂家均是如此。老子、孔子、墨子、荀子等有许多精彩的言论,现在已成了经典,经常被人引用。如老子的"道可道,非常道;名可名,非常名"、"始制有名"(名称是对事物的切分);庄子的"得鱼忘筌"、"言不尽意";孔子的"名不正则言不顺";孟子的"不以文害辞,不以辞害志"等。至于荀子的《正名篇》、墨子的《墨经》、公孙龙子的"白马非马论"那就更著名了。

② 如果说语言的研究有语法、语义、语用三个方面,那么印欧语的语言研究传统可说是一种语法中心传统,从古希腊起,西方世界的语法研究传统历千年而不绝,经拉丁文而至各民族语言,无不以语法为其语言研究核心,直至今日仍是如此。语义研究相当滞后,以英语而言,第一部词典(约翰逊的《英语词典》)出现在18世纪中(1755年),第一部同义词典(George Crabb 的 *English Synonyms Explained*)出现在19世纪初(1816年)。与之相反,中国的语言研究传统可说是一种语义和语用相结合的传统。中国最早的同义词典《尔雅》的出现不会晚于战国时期(公元前5到3世纪),第一部方言同义词词典《方言》出现在西汉末(公元1世纪),第一部以形编排的大字典《说文解字》在公元100年面世,第一部语源学词典《释名》也是东汉的著作(公元2世纪)。而文史哲不分的传统使语言的研究始终结合实用,而不曾走上为研究而研究的道路。西方的研究传统是以语法学为中心,旁涉语音学、修辞学、正字法;而中国的研究传统是以训诂学为中心,带动文字学、音韵学、辞章学。语法学是以形为主的,容易导致形式化和形式主义;训诂学是以义为主的,始终脱离不了语境和文化。困扰西方语言学家的始终是要不要渗入语义以及怎样掺入问题,而使中国当代语言学家伤脑筋的则是如何与西方"接轨",走向形式化的问题。

(2) 造成这一差别的根本原因

造成这一差别有许多原因,包括心理上的、文化上的、历史上的,等等,但最直接的原因恐怕是因为汉字的特殊性。汉字是一种直接表义的文字,无需经过西方语言那种以音表义、再以形记音的抽象思维过程,这一不同对两者的思维方式有深刻的影响。这本身也是语言对文化的形成有重要的作用的一个例证。

(3) 关于语文学的问题

由于中国的语言研究传统一向关注语义问题,而语义又常同经典文献的解读联系在一起,所谓"读九经自考文始,考文自知音始"(清代顾炎武语),这同西方历史上以研究书面语、解读古代文献为主的语文学有共同之处。于是人们也学着历史比较语言学家的口吻,把《马氏文通》之前的汉语研究一律称为"语文学",认为是一种"前科学",只是从《马氏文通》起,中国才有了语言学。这是我们不能同意的。

第一、如果研究书面语、以解读文献为主的研究叫语文学,那么《马氏文通》也没有跳出这个藩篱,甚至号称第一本白话文法的作者黎锦熙所研究的也只是书面的白话文,另两位语法大家王力、吕叔湘的名著都是以书面语为主(王主要研究《红楼梦》,吕著古今并重,有大量文言文的例子)。真正以研究口语为标榜的始于1946年廖庶谦的《口语文法》。如果只有研究口语的才叫语言学,那是否意味着中国"语言学"的诞生比《马氏文通》还要晚半个世纪? 要说《红楼梦》等代表的是"当时的口语",则《左传》、《史记》等何尝不是"当时的口语"?

第二、中西语言研究的传统是如此不同,我们恐怕不能以西方的标准来为中国的研究下定义。按照西方的标准,中国不但没有语言学,恐怕也没有哲学,没有文学,没有所有现代西方意义上的学科(当然也没有"语文学",还不如干脆用我们自己的"训诂学")。

2. 20世纪以来的语言文化结合研究

《马氏文通》诞生,标志着中国语言研究进入了"现代"期,同时纳入了世界学术的共同轨道。在语言学上,表现为形式化方向成为语言研究的主流,其中最显著的是音韵学与语法学。音韵学由于引进了西方的语音学以及历史比较语言学的理论与方法,其面貌与传统音韵相比,出现了根本的变化;语法学则是从无到有,而且一跃成为语言研究的核心:这一事实本身就是西方语言学影响的结果(其他领域如实验语音学,代表作为赵元任1922年的《中国字调的实验研究》和刘复1924年的《四声实验录》;方言学,代表作为赵元任1928年的《现代吴语的研究》)。在语法研究上,一百年来,汉语始终在"模仿"和"结合"的路上摸爬滚打,可说至今尚未找到适合汉语自己的道路。一百年来的汉语语法研究经过了三个阶段:第一阶段有三十多年,从世纪之交到30年代中叶,是引进西方语法体系的阶段,以《马氏文通》和黎锦熙的《新著国语文法》为代表(其他重要著作还有章士钊1907《中等国文典》、刘复1920《中国文法通论》、金兆梓1922《国文法之研究》、陈承泽1922《国文法草创》、杨树达1930《高等国文法》等);第二阶段也有三十多年,从王力发表于 1936 年的《中国文法学初探》到 60 年代中,是引进欧洲语言学理论的阶段,其中 50 年代以前主要是西欧的语言学,房德里耶斯和叶斯柏森的影响最大,代表作是中国语法学史上著名的三大家的著作:吕叔湘的《中国文法要略》(1941)、王力的《中国现代语法》(1942,1943)和《中国语法理论》(1943,1944)、高名凯的《汉语语法论》(1946)(其他还有王力 1946《中国语法纲要》、吕叔湘 1951《语法学习》、张志公连载于 1952 年 1 月到 1953 年 6 月《语文学习》上的《汉语语法常识》等,这几本书加上黎锦熙和下面提到的丁声树的书,是 50 年代制定"暂拟体系"的主要依据);方光焘和陈望道则引进了索绪尔的学说(最早运用结构主义思想的是陆志韦发表于 1937 年的《北京话单音词词汇序》)。50 年代后主要是苏联语言学(代表作为龙果夫 1952 年的《现代汉语语法讲话》和陆宗达、俞敏 1954 年的《现代汉语语法(上)》),意识形态的力量很强;美国结构主义则是偷偷地传了进来,其代表作是丁声树等的《现代汉语语法讲话》。第三阶段是 70 年代末以来这二十多年,其中前十来年基本是美国结构主义的一统天下,后十几年则是百花齐放的阶段,国外的各种理论在国内都有反映,其中乔姆斯基的影响无疑最大,近年来韩礼德的影响也不可小看,但主要是在英语界。

  以上是对应于国际上主流语言学的语言研究状况,可说是汉语的主流语言研究。由于汉语的特殊性,国内语言学家没有像西方许多学者那样走纯形式化道路,语义的情结始终挥之不去。但对文化和语义的关注比起传统研究来,无可否认地要弱了许多,尤其是 50 年代引进了苏联语言学与美国结构主义以后。因而引起了 80 年代中期后的文化语言学反拨。

  下面着重谈谈《马氏文通》以后国内语言结合文化的研究。汉语与文化关系的研究尽管是传统汉语研究的本色,以训诂学为中心的小学研究就与古代文化有着不解之缘。小学研究的目的是"通经致用",这就势必使语言研究与经典中包含的哲学、历史、文学等产生千丝万缕的联系。但是由于时代和历史的局限,这种语言与文化的联系往往停留在就文献论文献或一字一句的得失上。即使到了语言和考据均臻顶峰的清代乾嘉时期,语言研究对文化的贡献还是停留在文献本身,其成就主要体现在证伪、补佚、订讹上。真正从语言材料来自觉地研究文化开始于 20 世纪初,可说是受到了西方哲学、人类学、社会学、政治学等人文社会科学的影响,其对文化的关注比传统时期要直接和自觉。20 世纪的汉语与文化研究大体可分为三个阶段。

第一阶段包括前五十年,主要受到西方人类学的影响,在中国的表现特色是"以语证史",也有一些语言与文化的专题研究。1899年甲骨文的发现为汉语汉文化的研究注进了丰富的新鲜血液,孙诒让、梁启超和王国维最早运用甲骨文材料来研究历史,梁启超并且第一个提出了"语原",即语言文字反映社会文化的理论,说:

> 冥想先民生活之程度、进化之次第,考其思想变迁之迹象,而覆按诸其表此思想之语言文字,泯然其若有爪印可寻也……循此法以求之,则世人所目为干燥无味之字学,将为思想界发一异彩焉。(梁,1916)

梁、王之后,从文字或古文字上来考证古代社会颇成风尚,其考释范围包括古代的人形、货币、家宅演进、妇女、辨色本能与染色技术、家族制度、部族、官吏、刑法、道德观念等,涉及到文化的许多方面。程树德发表于1930年的《说文稽古篇》和潘懋鼎出版于1942年的《中国语原及其文化》,是这类研究的集中体现。由文字来研究文化还引起了学术界两次大讨论。一次是20年代关于"说文证史"问题的讨论,参加者有柳诒徵、顾颉刚、钱玄同、魏建功、容庚等人,其论文俱载顾氏所编《古史辨》第一册。另一次是30年代由陈独秀《实庵字说》引起的陈氏与郭沫若关于中国古代有无奴隶社会的争论。

由文字研究古代社会成就最高的首推郭沫若,他于1930年出版了《中国古代社会研究》和《甲骨文字研究》二书,以马克思主义为指导,以古文字为工具,以甲骨卜辞、青铜器铭文为史料,研究中国的历史和古代社会。如果说梁启超、王国维等最早将语言(主要是古文字)研究与文化相结合,则郭氏便是后来居上的佼佼者。

谈论语言与文化的最早一篇文章是樊中发表于1925年的《由言语上研究古代文化》。其后,有瑞典学者高本汉(B. Karlgren)的《语言学与古中国》(1931),还有魏建功关于语言与中国纯文学的研究(1934),罗常培关于语言与戏剧(1935)、语言与少数民族文化(1942)的研究,张东荪关于言语构造与中国哲学的研究(1936),高华年关于借词与中国文化传播的研究(1944),张清常关于语言与音乐、文学关系的研究(1944),高名凯关于汉语与思想表达、心理趋势的研究(1946、1948)等,而以郭绍虞与罗常培对今日诸家文化语言学的影响为最大。郭绍虞写了《中国诗歌中之双声叠韵》(1934)、《中国语词之弹性作用》(1938)等一系列文章（均收入《照隅室语言文字论集》，上海古籍出版社 1985 年版），又于 1979 年出版了《汉语语法修辞新探》一书，这些论著详细讨论了语言、文字、音节与文学，以及语法与修辞间的种种关系，特别强调汉语音节在构词造语中的枢纽作用。罗常培除前述的散篇论文外，于 1950 年出版了《语言与文化》一书，该书第一次真正从语言角度相当全面地论述与文化的关系，其中最具汉语特色的是对汉语借词的研究。

50 年代以后，语言与文化的研究一度归于沉寂，除了古文字界还有几篇以字证史的论著之外，其余领域几乎是一片空白。

第二阶段自 70 年代中后期到 80 年代中这十年光景，其主要特点是引进了西方的社会语言学，建立了可说是社会语言学的中国学派。其代表是陈原先生。陈原先生的《语言与社会生活》于 1979 年在香港出版，1980 年出了内地版。这是内地第一部社会语言学专著。两年后，陈原又出版了《社会语言学》一书，更为系统全面地论述了社会语言学诸问题。他所关心的是：

> 第一个领域是社会生活的变化将引起语言（诸因素）的变化，其中包括社会语境的变化对语言要素的影响；第二个领域是，从语言（诸因素）的变化探究社会（诸因素）的变化。（陈，1982：5）

因而他的研究比国外同类著作更多地触及到一些文化问题，同时也体现了中国的社会语言学派的特色，用陈原先生的话说，"一点是它突出了实践意义，另一点是它重视了文化背景"（陈，1991，《写在本书前面的几句话》）。其后的社会语言学著作（如陈松岑 1985 年出版的《社会语言学导论》）都有专章论述语言与文化问题。

第三个阶段开始于 80 年代中期，可说是文化语言学阶段。在发展的过程中，中国的文化语言学逐渐形成了三大流派。

第一个流派多少循着社会语言学的路子，有人称之为"社会交际文化语言学"（邵敬敏，1991），以陈建民为代表。从陈氏研究语言与文化的处女作、发表于 1979 年和《地名小议》中，即可看到这方面的影子。陈氏 70 年代专门研究口语，由于"在对汉语口语本身和口语表达进行调查研究的同时，常常接触到汉民族的心理素质、思维方式、社会风习和传统习惯"（陈建民，1989），因而走上了"从文化背景和社会背景出发研究语言"的道路。陈氏于 1984 年为中国社会科学院的研究生开设"文化语言学"课程,在国内是最早的。1987 年发表《文化语言学说略》,提出了他对文化语言学的构想,1989 年出版《语言文化社会新探》,集中代表了他的文化语言学观。该书主要涉及语言与社会、语言与心理,最后几章还写了作者对汉语句型与口语交际的研究所得,显示了他的文化语言学的特色。1999 年作者出版了《中国语言和中国社会》一书,可以看作是上书的续篇、"再探"。1986 年、1992 年刘焕辉先后出版了《言语交际学》和《交际语言学导论》,也可视作是这一派的重要成果。

第二个流派以语言为一翼,研究其与文化的各个领域的关系,主张从语言到文化,又从文化到语言这样双向交叉的研究,因而被称为"双向交叉文化语言学"(邵敬敏,1991)。以游汝杰为代表,游氏 1978 年考取复旦大学研究生,专攻方言。他的最早一篇论文《从语言地理学和历史语言学试论亚洲栽培稻的起源和传布》发表于 1980 年,这是他把方言(和民族语言)研究与文化相结合的最早尝试,同时也显示出了他的文化语言学的特色。1985 年游汝杰和周振鹤合作发表了《方言与中国文化》一文,这是提及文化语言学名称的第一篇文献。1986 年周振鹤和游汝杰合作的《方言与中国文化》出版,为文化语言学的研究提供了一个范例。1988 年,游氏又发表《宋姜白石旁谱所见四声调形》一文,作者自认为《方言与中国文化》是从语言研究文化的样品,而本文是从文化研究语言的样品。因此他呼吁要建立"文化语言学"和"语言文化学"两门"灿然可观的学问"(周一游,1986)。1990 年,邢福义主编的《文化语言学》出版,这是国内最早的文化语言学教材之一,其中比较彻底地贯彻了双向交叉的文化语言学观:

> 书的本体部分包括上下两编。上编是从语言看文化,讲"语言—文化的符号",讨论了从语言看文化的结构层次、从语言看文化的发生发展、从语言看文化的传播交流、语言对文化的影响等问题;下编是从文化看语言,讲"文化—语言的管轨",讨论了文化对语言系统和语言观念的影响、文化对语言发生发展的影响、文化对语言接触和融合的影响、文化对文字和准语言的影响等问题。(邢福义,1990)

第三个流派可以叫作本体论的文化语言学派,以申小龙为代表,重要的学者还有苏新春、宋永培、戴昭铭等,在外语界则有高一虹。在文化语言学所谓的三大流派中,申小龙是起步稍晚的一个,但其势头和影响却超过了另外两家。可以说,国内和海外的许多人是在读了申小龙的著作后才知道中国有所谓的"文化语言学"的。他是"文革"后第一代大学生,毕业后师从著名语言学家张世禄,专攻汉语史,相继获硕士、博士学位。申氏在学期间主攻语法学,因此一开始就深入到语言结构这一语言的本体中去。从来源上说,申小龙的文化语言学得益于几个方面:一是以张世禄为代表的某些海派学者对《马氏文通》以来汉语语法研究的严厉批判。二是郭绍虞从修辞出发研究语法的独特方法,特别是郭氏关于音节和词组在汉语结构中作用的深刻见解,显然对申小龙有着比罗著《语言与文化》直接得多的影响,因而使他的文化语言学有着与陈、游两家完全不同的重点与格局。三是西方人类语言学家如洪堡特、萨丕尔等人的某些学说。除了这些之外,申氏还得益于他本人深厚的传统文化素养,因而使他得以提出"文化通约性"这些与众不同的命题。申氏于1986年发表《语言研究的文化方法》,正式提出他的文化语言学主张之后,便一发而不可收,五六年内出版了十余部专著和一百多篇论文,形成了一股不大不小的"申小龙旋风",在学术界引起了强烈反响。申氏理论的核心是以所谓汉语的"人文性"与西方语言研究的"科学主义"相对立。申氏认为:

> 所谓人文性是指汉语与西方语言相比较,在分析和理解上更多地依赖人的主体意识和人文环境,而较少形式上的规定,这种人文性具体表现在汉语的弹性实体、流块建构和神摄方法上。从弹性实体来看,汉语语词单位的大小和性质往往无一定规,有常有变,可常可变,随上下文的声气、逻辑环境加以自由运用,增省显隐。从流块建构来看,汉语的句子于句读顿进之中显节律,于循序渐行之中显事理,将声气和语法脉胳有机协调地结合起来。从神摄方法来看,汉语语法注重以神统形,语句的表达功能涵盖结构模式,语词的语义内容涵盖句法功能。(申,1990a)

在文化语言学的三大派中,这一派是最像一个"派"的,因为它有一个专门学会——成立于1989年的中国语言与文化学会,还相继出了一批丛书,如90年代初吉林教育出版社的"文化语言学丛书"、90年代末广东教育出版社的"中国文化语言学丛书"等。

第三阶段的最大特点是文化语言学的建立。除此之外,没有打文化语言学旗号的,在语言与文化的结合研究上也取得了很大的进展。

首先是关于汉字文化的研究。郭沫若之后,董作宾、胡厚宣、陈梦家、于省吾等时有著述,在文字证史方面取得了引人注目的成就。进入第三阶段以后,一南一北,双峰并峙。南方的重镇在华东师大。1987年,李玲璞提出了汉字文化学的设想,并开始招收了三届汉字文化学方向的研究生。其中臧克和、刘志基等取得了引人瞩目的成果。

北方的重镇则在北大,其代表是何九盈。其突出成就体现在1995年出版的《中国汉字文化大观》一书。如果说从梁启超、王国维等开始的以字证史从事的主要还是从文字到文化这一单向性的研究的话,那么,《中国汉字文化大观》就是一种双向性的研究。该书编者何九盈等在为该书写的绪言《简论汉字文化学》中说:

> 这门学科的任务非常明确,一是阐明汉字作为一个符号系统、信息系统,它自身具有的文化意义,二是探讨汉字与中国文化的关系,也就是从汉字入手研究中国文化,从文化学的角度研究汉字。(何九盈等,1990)

其次值得注意的是民俗语言学的研究。这一领域的垦荒者是曲彦斌。他于1984年向辽宁省语言学会年会提交了一篇《民俗语言学发凡》的论文,首次提出了这一设想,次年第五期的《百科知识》上,刊登了他的《民俗语言学浅谈》一文,对民俗语言学的理论构想作了初步阐发。1989年,曲氏的理论专著《民俗语言学》出版,标志着这一学科的正式诞生。1991年,中国民俗语言学会成立。数年来,曲彦斌勤于耕耘,已发表和即将发表的专著、校注、译著、辞典二十余部,论文数十篇,为这一学科的创立和发展立下了功劳,已逐渐引起了国人和世人的瞩目。

将汉字文化与民俗学结合起来的则有李万春于1992年出版的新作《汉字与民俗》。此书采用字典形式,收集了一百七十余字,探讨其中反映的民俗现象。与重在考古的汉字文化研究不同的是,除了古代民俗之外,该书还大量引用了云南各少数民族的习俗作比较印证,反映了汉字文化研究的一个新角度。

语言和文化的研究还表现在改革开放后急速发展的外语教学和对外汉语教学领域。在外语界,许国璋最早把社会语言学引入国内(许国璋,1978),1980年,他发表了一篇《词汇的文化内涵与英语教学》,这是外语界研究语言与文化的较早文献。在语言与文化研究进入高潮以后,外语界也出版了一些论文集:胡文仲编的《跨文化交际与英语学习》(1988)、《文化与交际》(1994),邓炎昌、刘润清著《语言与文化——英汉语言文化对比》(1989),顾嘉祖、陆升主编《语言与文化》(1990)等。在世纪之交,胡文仲主编了一套"跨文化交际"丛书。1994 年成立的中国英汉语比较研究会把语言中的文化因素对比也作为学会研究的主题之一。王宗炎先生主编了一套《外国语言与外国文化》丛书。翻译界注意到文化问题比教学界更早一些。张培基于 50 年代末、60 年代初出版了一对姊妹作:《习语汉译英研究》与《英语声色词的翻译》,抓住了民族语言中最富特色的习语与声色词进行讨论,不可谓不具卓见。进入 80 年代以后,许渊冲等发表了多篇讨论古典诗词英译的文章,特别是提出了"意美、音美、形美"的标准,对民族文学形式的翻译移植进行了探讨。近几年来,翻译界更提出了文化翻译问题,刘宓庆于 1999 年出版了《文化翻译论纲》。2000 年,郭建中编辑了一本《文化与翻译》,收集了 1984 年以来的一些重要文章,并提出建立一门"比较文化语言学",作为翻译研究的基础。2001 年,包惠南出版了一本《文化语境与语言翻译》,探讨语言、文化、翻译三者之间的关系,从文化语境观察语言与翻译。

在对外汉语教学界,熊文华、朱文俊首先提出社会因素在语言教学中的意义(熊等 1980)。其后,随着对外汉语教学学科地位的确立,文化问题日益受到重视,张占一于 1984 年提出了知识文化与交际文化两种文化的问题。1989 年,赵贤洲更把交际文化归纳为十二个项目。1990 年,中国第一部对外汉语教学的理论专著、盛炎的《语言教学原理》出版,内中也专章讨论了语言与文化问题。张德鑫先后出版了《中外语言文化漫议》(1996)与《数里乾坤》(1999)两本书,是这一学界比较突出的成果。

文学是语言的艺术,文学与语言有着天然的联系,可以说,一切对文学作品的阐释都离不开语言。但是,综合运用语言学、人类学、社会学、民俗学等知识,从文化与语言相结合的角度来阐释文学作品似乎还是 20 世纪以来的事,其最早、最出色的范例是 40 年代闻一多对《诗经》和《楚辞》的重新解释。一部《神话与诗》可以说美不胜收,其中的《释鱼》篇可谓有凿开混沌、使人茅塞顿开之妙;《七十二》篇可谓开了近年来颇为流行的"数字文化"的先河;而《匡斋尺牍》中对苤苢的解释一向为所有治古典文学者所乐道。闻氏的研究奠定了中国独特的神话学研究方法的基础,他在语言与文化研究史上的功绩实在应该大书特书一笔。50 年代以后的中国神话学研究,可以说都是循着闻一多开创的语言与文化相结合的路子走的。1987年出版的赵沛霖的《兴的源起》是一本值得注意的书,该书从发生学的角度,对中国古典诗歌中的一种特殊语言——"兴"进行了颇为详尽的考察。1986年出版的吴积才的《异体诗浅说》,则从语言的角度探讨了古典诗歌的种种变化形式。词与曲是诗歌、音乐、语言三位一体的富有民族特色的文体,在这方面的研究近年来也有两本突出的成果:刘尧民的遗作《词与音乐》(1982)与施议对的《词与音乐关系研究》(1985)。

关于少数民族语言与文化的研究较早的著录有罗常培的《从语言上论云南民族的分类》(1942)等。1949年以后相当长一段时间内对少数民族语言的研究重点是放在为少数民族创制文字上,只有少数文章,如严学宭的《从语言现象结合人文情况探索民族史例》(1953)涉及到文化问题。同样,1980以后,文化问题也比较全面地进入了少数民族语言研究的领域,前引游汝杰的文章可说是其中最早的一篇。1981年,马学良提出了语言民族学的概念。近年来,张公瑾等人则以其大量的著述充实了这一领域的研究。

在汉语本体研究上,最值得重视的是启功先生的《汉语现象论丛》(1997)和徐通锵先生的《语言论》(1998),这是从汉语汉字特色来重新探索汉语研究方法的力作。

此外,在地名学、人名学、避讳学、亲属称谓等等许多方面,语言与文化的研究都有了长足的发展。

中国语言与文化研究除了与西方的社会语言学、人类语言学有相通之处外,还有一些方面是西方所没有的,体现了中国文化语言学的特色。主要有以下四个方面:(1)汉字文化研究;(2)译名研究;(3)命名艺术研究;(4)字本位的研究。限于篇幅,这里不再展开。

参考文献

岑麒祥,1957,"印欧系语言历史比较语言学的历史和发展情况",载岑麒祥《语言学学习与研究》,郑州:中州书画社,1983年,第269-299页。
岑麒祥,1981,《历史比较语言学讲话》,武汉:湖北人民出版社。
陈建民,1989,《语言文化社会新探》,上海:上海教育出版社。
陈 原,1982,《社会语言学》,上海:学林出版社。
房德里耶斯,1920,《语言》,岑麟祥、叶蜚声译,北京:商务印书馆,1992年。
海然热,1985,《语言人:论语言学对人文科学的贡献》,张祖建译,北京:生活·读书·新知三联书店,1999年。

何九盈等,1990,"简论汉字文化学",《北京大学学报》第6期。

洪堡特,1997,《论人类语言结构的差异及其对人类精神发展的影响》,姚小平译,北京:商务印书馆。

梁启超,1916,《国文语原解》,《大中华》2卷1期。

刘润清,1995,《西方语言学流派》,北京:外语教学与研究出版社。

潘文国,2001,《语言的定义》,《华东师范大学学报》,2001年第1期。

钱冠连,1998,"语言学理论框架的跨国对比",刘重德主编《英汉语比较与翻译》,青岛:青岛出版社。

邵敬敏,1991,"说中国文化语言学的三大流派",《汉语学习》第2期。

申小龙,1990a,"汉语人文性思想三题议",《北方论丛》第1期。

申小龙,1990b,《汉语人文精神论》,沈阳:辽宁教育出版社。

申小龙,1992,《语言的文化阐释》,上海:知识出版社。

伍铁平,1994,《语言学是一门领先的科学》,北京:北京语言学院出版社。

邢福义,1990,《文化语言学》,武汉:湖北教育出版社。

姚小平,1995,《洪堡特——人文研究和语言研究》,北京:外语教学与研究出版社。

周振鹤、游汝杰,1986,《方言与中国文化》,上海:上海人民出版社。

Humboldt, Wilhelm von, 1836, *On Language: The Diversity of Human Language-Structure and its Influence on the Mental Development of Mankind*. Translated into English by Peter Heath. Cambridge and New York: Cambridge University Press.

Jespersen, Otto, 1938, *Growth and Structure of the English Language*, ninth edition, Oxford: Basil Blackwell, 1978.

Langacker, Ronald W., 1987, *Foundations of Cognitive Grammar*. Vol. 1, *Theoretical Prerequisites*, Stanford: Stanford University Press.

Langacker, Ronald W., 1991, *Foundations of Cognitive Grammar*. Vol. 2, *Descriptive Applications*, Stanford: Stanford University Press.

Lin Yutang, 1938, *My Country and My People*, London: Reader's Union Ltd.

Matthews, P. H., 1997, *Oxford Concise Dictionary of Linguistics*, Oxford and New York: Oxford University Press.

Palmer, Gary B., 1996, *Toward a Theory of Cultural Linguisitcs*, Austin: University of Texas Press.

Robins, R. H., 1967, *A Short History of Linguistics*. London: Longman.

Saussure, Ferdinaud de., 1916, *Cours de linguistique générale*. Edited by Charles Bally and Albert Sechehaye with the collaboration of Albert Riedlinger. Editions Payot, Paris. Translated into English by Roy Harris as *Course in General Linguistics*. La Salle, Illinois: Open Court, 1983.

Schlegel, Friedrich von., 1808, *Uber die Sprache und Weisheit der Indier*. Heidelberg.

(原载《外国语言文学研究》2003年1期;2期)

语音学、音系学、音韵学

一、四种属性,三个学科

Phonetics,phonemics,和 phonology 这三个词的对应中文是"语音学"、"音位学"、"音系学"。汉语中还有一个"音韵学"(声韵学),一般也用 phonology 来译,有时译作 historical phonology,其实音韵学与 phonology 有同有不同。

在语言研究史上,对语音学研究做出最大贡献的是英国语言学家 Henry Sweet(1845 – 1912),有人称之为历史上最伟大的语音学家。英国人则把他看作是英国历史上最伟大的语言学家、英国语言学的先驱,还专门成立了一个"Henry Sweet 学会",作为英国语言学史的一个研究团体。我觉得他是当之无愧的,在我 1997 年出版的一本书上,我(1997:81)曾指出他对英语语法研究的六大贡献(1. 第一次建立了现代意义上的语法学;2. 是语法哲学的奠基人;3. 第一个提出要区分口语和书面语,强调语音学是语法学的基础;4. 开创了描写语法的新时代;5. 第一个把英语的词区分为实词和虚词,第一次提出要按功能划分词类;最早把词序看作语法手段;6. 第一个提出实用语法的目的是为了学外语而不是为了掌握本国语,本国语则应从普遍语法的角度去学习,比较与其他语言的异同)。其中第三条就与他在语音学上的贡献有关。这一条本身就是革命性的,因为正是语音学的发展使基于口语的语言研究成为可能(在此之前的历史比较语言学研究的都是书面材料),直接导致了现代语言学的建立。他是英语语言学、语法学、语音学、口语研究、外语教育学等一系列研究的奠基人,后来 J. R. Firth 继承了他的语言学,O. Jespersen, E. Kruisinger 和 Henrik Poutsma 继承了他的语法学,Daniel Jones 继承了他的语音学,Harold E. Palmer 继承了他的口语研究,Jespersen 和 Palmer 继承了他的外语教育学研究。他与法国 Paul Passy (1859 – 1940) 和 A. J. Ellis (1814 – 1890) 等一起创立了国际语音学会(1888),虽然主席是 Passy,但他是实际上的灵魂。在他主持下制定的国际音标,至今造福着千千万万的语言学习者。

在分析各家的语言定义时,我们(潘文国 2001)曾经把它们归纳为四种:1) 强调语言的自然属性;2) 强调语言的社会属性;3) 强调人类自身的自然属性;4) 强调语言和人类的历史文化属性。语音研究产生的三个学科再好不过地解释了这四种研究角度：语音学是从自然科学角度去对语音进行研究，包括语音本身的自然属性和人类的自然属性；音位学或音系学是从社会科学角度去研究语音；而音韵学（例如汉语音韵学）是从历史文化角度去研究语音。这三种研究，每一个都必须以前面的研究为基础，但又增添上了自己的内容。

二、语音学

我们都知道，语音学主要是从物理学和生理学角度出发对语音的研究。其实这两种角度代表了两个不同的侧重点。

物理学的角度完全是把语音当作自然科学，更确切地说，物理学的研究对象。从物理学的角度看，语音和一切声音一样，不过是物体在空气中振动而产生的一种波。作为振动波，它也同其他声波一样，具有振幅、振频等，因而具有四种要素，即音高、音强、音长和音质。

音高亦称音频，与一定时间里物体振动的频率有关，频率高的音就高，反之就低。计算频率的单位是赫兹（Hz），人类能听到的声音频率大致在20赫到20,000赫之间，超过了就是超声波了。不同的人发音的音高不同，一般来说，女声和童声比成年男声要高一些，男人说话大致在80-200赫之间，而女子可以高达400赫。同一个人发声时也有高低的不同，汉语中的声调，其调值的变化主要取决于音高变化（也有音强、音长的因素）。

音强亦称音势或音量，与物体振动的振幅有关，振幅大的音就强，或者说音量大、声音响，反之音就弱、音量小、声音轻。计算振幅的单位是分贝（dB），普通说话时声音的强度大致在60-70分贝，如果超过120分贝，就有点吃不消了。语音中的轻重音主要是由于音强大小的不同（也有音高、音长乃至音质的因素）。因此这个因素对英语（典型的音势对比语言）特别重要。

音长与物体振动的时间有关，振动时间长，音就长，否则就短。有的语言的元音有长短音的区别，典型的是古希腊语和拉丁语，它们是音长对比的语言。英语不是典型的音长对比语言，但有的音（如a、i、u）也有长短音的区别。汉语声调中，上声比别的声调要长一些，但这是自然形成的，不组成对比；真正有长短音对比的是某些方言如广州话，如"三"(saːm)与"心"(sam)不同，"街"(kaːi)与"鸡"(kai)不同等。

音质又称音色或音品,是由声音振动的形式决定的,与发声物体、发声方法与共鸣器的形状都有关系。对于人声来说,口腔就是个共鸣器,口的开合造成不同的形状就形成不同的音质;在发音方法等都不变的情况下增加鼻腔的共鸣也能造成不同的音质。

这四种要素中,一般来说,最重要的是音质,因为正是音质的不同造成了不同的声音,例如在其他三种性质相同的情况下,小提琴和钢琴的音质不同,听觉效果就很不一样。语言中各种音的不同,首先是音质的不同(如 a 和 i,k 和 p)。语音学在其发展过程中首先注意到的也是各种不同的音质,以后才开始注意到别的要素的重要性。根据这一点,我们把语音研究分为音质研究(segmental analysis,主要研究音质造成的不同元音与辅音)与超音质研究(suprasegmental analysis,研究音长、音高、音强造成的声调、重音、长短音等)。

而音质的不同主要是由于共鸣器的不同造成的(当然也有发声方法等因素),人类语音与其他声音包括动物的叫声不同是因为人类具有独特的发音器官,因而对音质的关注导致了从生理学角度对语音的研究。而这主要是从人类自身的自然科学属性出发的(发音器官的构造和功能是全人类相同的)。如果说,物理学的角度首先关注语音的声学特征以及与其他声音的共同点与不同点,则生理学角度首先强调语音与自然界其他声音的不同,只有人类通过人体发音器官发出的声音才叫语音(speech sound),不但自然界别的声音如风声雨声雷鸣海啸以及鸟鸣兽吼不能叫作语音,就是人类不是经过发音器官有意发出的各种声响如打呵欠、打喷嚏、因害怕或惊讶发出的声音等也不能叫语音。有些音,例如摹声词或感叹词,仿佛介于两者之音,其实其不同是很明显的,因为各语言的摹声词、感叹词都要适合各自语言的发音习惯,纳入各自语言的语音系统,不是对声音的精确记录,不同语言对同一声响的记录也不相同。例如:

	汉语	英语	法语	德语
公鸡叫声	喔喔喔	cock-a-doodle-do	coquerico	kikeriki
鸭叫声	呷呷	quack-quack	cancan	gackgack

再比如,表示惊异或赞叹的声音,汉语是"啊",英语是 Oh;表示痛苦声音汉语

是"哎呀",英语是 Ouch;表示伤感汉语是"唉",英语是 alas 等等。

生理学的角度强调,语音是气流通过人体的发音器官产生、人体的听觉器官接收的。由于言语交际的全过程可以分为"发音-传递-感知"三个阶段,现代语音学也针对这三个阶段分为三个主要分支学科,分别叫作:

发音语音学(Articulatory Phonetics)。也叫生理语音学。从说话者的角度出发,研究语音是怎么发出的,发音器官的构造的特点及作用。这是传统语音学的主要内容。与生理学关系比较密切。

声学语音学(Acoustic Phonetics)。研究语音传递阶段的声学特征。过去主要是声学家研究的内容,称为"语声学",近几十年和传统语音学相结合,用声学知识来解释各种语音现象。是目前发展非常迅速的一门学科,与物理学关系比较密切。

听觉语音学(Auditory Phonetics)。也叫感知语音学。从听话者的角度出发,研究语音感知阶段的生理和心理特征,语音是怎样作用于耳朵、听觉神经和大脑的。与生理学和心理学关系都很密切。这门学科的历史相对较短,目前在生理方面的研究比较成熟,但心理和脑科学方面的研究还处在探索阶段。

其中第二种主要跟物理学有关,而一、三两种都与生理学有关。一般来说,语言学家关注较多的还是传统语音学即发音语音学。

发音语音学认为,一切声音的产生都需要振动物、空气和共鸣器这三个条件,人体的发音器官正好具备了这些条件:肺是产生气流的,没有气流就不能发声,气流量的大小和持续时间长短决定音强和音长;声带是发声体,声带的紧或松决定声音的频率,即音高;口腔和鼻腔等是共鸣器,配合不同的发音方法,共同构成不同的音质。其中元音主要是通过调节口、舌等发音器官来造成不同音质的。发音器官中,有的不能活动,有的能够活动,能够活动的对构成不同的音质特别重要。唇、舌、下颚、软颚和小舌、会厌软骨,以及声带是可以活动的。其中会厌软骨及软颚和小舌是两个开关:会厌软骨下降,气管通道关闭,就不能发声了;软颚和小舌上升下降可以关闭和开启鼻腔通道。声带管带音不带音,发元音时声带都振动(vowel 的语源义就是 voice),因此元音都是带音的,辅音则有的带音,有的不带音,由发音时声带是否振动而定。唇、舌、下颚的活动与造成元音的不同音质关系密切:下颚的开合可造成开元音、半开元音、半闭元音、闭元音;舌位的高低可造成低元音、半低元音、半高元音、高元音(分别与前面四个相对应);舌位的前后可造成前元音、央元音、后元音三级；唇的圆展可分为圆唇元音和不圆唇元音。描写一个元音要将这三个方面结合起来，如说[i]是前、高、不圆唇元音，[o]是后、半高、圆唇元音等。语音学上一般通过元音图来表示。辅音则可按发音部位和发音方法来分类，前者从前到后分为十三类(1. 双唇[p]、2. 唇齿[f]、3. 舌尖齿间[英 th]、4. 舌尖前[汉 ts]、5. 舌尖中[t]、6. 舌尖后[汉 zh]、7. 舌叶[英 sh]、8. 舌面前[汉 q]、9. 舌面中[c]、10. 舌面后或舌根[k]、11. 小舌[R]、12. 喉壁[h+-]、13. 喉音[h]，其中 3、6、9、11、12 等较少见)；后者则可从三个方面进行：1. 从发音器官形成阻碍和克服阻碍的方式，分为闭塞音(包括塞音、鼻音两类)、紧缩音(包括擦音、边音、颤音、闪音四类)和塞擦音三大类；2. 从发音时声带的作用，可分为带音不带音两类；3. 按除阻时呼气的强度分为送气与不送气两类。具体描述一个辅音也要把这几方面结合起来说，如说[p]是不送气不带音的双唇塞音、[s]是不带音的舌尖前擦音等。语音学上一般列成辅音表来表示。以上在一般的语音学书上都有介绍，此处不详谈。

发音语音学主要研究两个内容，一是元音和辅音的发音原理，二是音节的合成，即元音辅音怎么合成音段(segment)即合成音节。其中元音辅音的研究搞得有声有色，但我们对元音和辅音的对立也不要看得过于呆板。韩礼德认为语言学上许多东西都是一个渐变体而不是绝端对立的两极，他的话是对的。元音和辅音实际上也只是一个渐变的过程而没有一条明确的界线，它的两头是典型的元音例如[a]和辅音中的闭塞音[p/t/k]，而两者之间有着许多中间状态的东西。上面提到过，元音(vowel)的词源意义是 voice，即通过声带振动发出的音，但在辅音中也有音需要靠声带的振动，如鼻音、边音、闪音及带音的塞音和擦音。甚至"声带振动"本身也是个相对的概念，例如说"悄悄话"(whisper)和用"气声"唱歌的时候声带就未必振动，但我们仍听得出带音不带音的区别(big 不会听成 pick)，这就不是纯粹的发音语音学所能解释的问题了。辅音(consonant)的词源意义是"共同发声"，意思是辅音不能单独发声，必须与元音共同发出，才能构成音节。但实际上，有些辅音是可以单独发出的，甚至可以单独构成音节，如[m]、[n]、[s]、ng 等，美国人爱说的[mhm]，两个音节，其中就没有一个元音。现在的说法是元音发出时没有受到发音器官的阻碍，辅音发出时受到这样那样的阻碍，但[l]、[s]基本上也没有受到阻碍，[m]、[n]在口腔虽受阻，但鼻腔是畅通的。另一方面，高元音[i]、[u]的舌位如果更高一些，磨擦加大，就变成所谓的半元音[y]、[w]，事实上在英语中只有当它们处于音节开头时才是如此,在音节其他部位并没有区别,如 nymph、cow。而在汉语中连音节开头都未必如此,从听觉上看,也许只存在在阳平调里面,但此时口腔形状等并未变化。这些都值得进一步研究。

音节是听觉上最容易分辨的音段,一般人不需要语音学知识就能分辨,如汉语"普通语言学"是五个音节、英语 university 也是五个音节。但是要从学理上说明什么是音节以及如何确定音节之间的界限,却一直是语音学上最难解决的问题之一。例如[u a i]可以分别说成"吴阿姨"、"五爱"、"挖蚁"、"外",其根据是什么? 英语的-tion,通常看作一个音节,但英诗格律中往往作为两个音节来计算,实际上前者是按实际读音,后者却是把 i、o 分属两个音节,这对说明英语重音落在倒数第三个音节的观点比较合适,也符合其来源(这类词都来自法语,在法语中是作为两个音节处理的),有时把-tion 记成[ʃn],连一个元音都没有,更对音节理论构成了挑战。英语的 Marx,是一个音节,中国人听来却是三个音节:"马克思",日本人听来更是四个音节:マルクス,这又说明,音节的结构和划分还有民族性。总之,纯粹的语音学研究面临的困难还不小。

由于语音学接近自然科学,因此可以利用实验手段来进行,科学仪器可以弥补人耳辨音能力的不足。早在 20 世纪初语音学家就开始使用一些生理、物理和医学方面的仪器来辅助口耳,审定语音。例如,用浪纹仪来测定语音的长短、高低和强弱。用 X 光照相测定发音部位,用喉镜(Laryngeal mirror)观察发音时声带的变化等等。这方面研究逐步发展成一门独立的学科,叫作"实验语音学"或"仪器语音学"(Experimental Phonetics or Instrumental Phonetics)。随着现代科学技术的发展,40 年代以后,出现了许多新的仪器,例如,语图仪可以把语音变成可见的图像,肌电仪可以测量发音时肌肉的细微变化,X 光电影摄像机可以拍摄发音部位的连续动作。磁带录音机的发明,更使语音研究达到了前所未有的方便。70 年代以后,电子计算机的普遍应用,使实验语音学更有了飞速的发展。下面举一些仪器的名称,很多连新型的英汉词典都还未收:Oscilloscope, or Oscillograph, 示波器,可观察声波的振幅和振频。Electroaerometer 电子量气计,测量发音时的气流变化。Pneumotachograph 气速计,其中有一种可以分别测定通过鼻腔和口腔的气流。Cinefluorography,荧光屏电影摄制法,专用于显示体内器官活动。Tomography or Laminagraphy X 光断层照相术,可摄制体内预先设置的某一层面的照片。X-ray microbeams X 微光束,用放置小铅粒的办法,摄下舌头的活动。Electromagnetic

Midsagittal Articuligraphy 电磁中部纵面发音仪,用于观察发音时各器官的纵向动作。Palatography 颚图仪,可观察舌头跟上颚接触的确切位置。Electropalatography 电子颚图仪,还可进一步记下并显示出接触的时间和过程。现在逐渐采用超声波来测定声波及其他发音部位、运动方式等,由于其完全性最好,前景被人看好。Stroboscope 频闪仪,可摄下声带的高速动作,再用正常速度显示出来。Glottogaraph 喉腔仪、Laryngograph 咽腔仪,可用来观察喉头内声带的活动情况。

目前,实验语音学家已不仅能够分析语音,还能够合成语音,但在语音识别和语音合成方面总的来讲还处在初级阶段。在语音识别方面,目前还只能识别特定的人声的某些特定的词句;语音合成在简单的报时、报电话号码、天气预报等方面做得较好,一般语言还只到词阶段,成句成段的还有不少问题。但实验语音学前景很好。这说明,用自然科学方法研究语音是必要的,也是卓有成效的。

另一方面,从生理学角度研究语音现在还带来了一个意想不到的成果。以前人们只是就事论事,只想到发音器官对发出各种语音的功用,进一步的研究发现,了解发音器官的构造和原理还有更重要的意义,即它可以帮助我们了解人类语言的起源。

我们已经知道,语音是人类所特有的,其物质基础即是人类才具备能发出各种语音的成熟的发音器官。许多动物也能发声,但他们都没有像人类那样的发音器官。反过来,研究人类的发音器官什么时候发展成熟,就能推论出人类语言是何时产生的。现在考古的发现把人类的起源越推越早,从中国猿人的 60 万年,到蓝田猿人的 80 万年,到元谋猿人的 170 万年。现在中外科学家从 DNA 的研究着手,越来越倾向于认为,人类的祖先是 200 万到 220 万年以前的东非猿人,全世界现有的全部人种都来自于东非猿人,其他早期猿人,例如北京猿人,同现代的中国人种之间没有共同之处,也就是,60 万年前的中国猿人同现在的中国人之间是一片空白。这个结论我们心理上能否接受是一个问题,从语言研究角度看,这还带来了一个新的问题,人类语言究竟是如何起源的? 从 19 世纪到现在的主流语言学,都相信语言的普世性。历史比较语言学认为所有的印欧系语言都有一个共同的来源,即原始印欧语;现在的汉藏语系工作者也在做着一个类似的工作,认为所有的汉藏系诸语言都来自于一个共同的祖先:原始汉藏语。如果把这种研究的逻辑和方法再彻底推导下去,原始印欧语、原始汉藏语等等还会有一个更古老的共同祖语,其最后能不能推导出一个原始人类语? 人类的同一起源说正好为这个假设提供了一个非常乐观的前景。另一方面,乔姆斯基学派认为人类语言能力是天赋的,如果不同人种来源不同也许会导致语言能力也有区别的结论,但现在既然发现现代人类只有一个来源,那不是更能证明现代人类的先天语言能力是完全一样的吗?因而,人类起源的新学说就逼得语言学家必须解决人类语言起源的问题:人类语言究竟是什么时候产生的?语言产生与人类产生是不是同步的?今天人类所拥有的语言是从东非猿人开始的一个不断分化的过程呢?还是东非猿人"走向世界"以后各自独立发生的?语言产生的条件是什么?以前我们的认识有点简单化,认为劳动创造了人,也创造了语言,语言的历史与人类一样长久,因而人类语言也有了一二百万年历史,那么历史比较语言学的最终结果就有可能构拟全人类语言的原始语。但是现在,对人类发音器官和发音原理的研究使我们完全可以走另一条路:既然人类发音器官是人类语言产生的物质基础,那么,研究人类发音器官是什么时候成熟的,就可以反过来推定人类语言产生的时期。这也许比想当然地认为有了人类就有了语言要科学得多,也可靠得多。当代的学者们正是这么做的,他们把研究的对象转向了依据考古成果,从古人类化石研究其发音器官的功能状态。70年代,美国科学家研究得出结论,四万多年前的欧洲尼安德特人(Homo neanderthalensis)不能发出清晰的、分节的语音,包括像[a]、[i]、[u]这样的元音,因而当然也不可能依靠分节语音来交际。其根据在于,尼安德特人的咽腔尚未成形。原来人类发音的共鸣腔共有五个:喉腔、咽腔、口腔、鼻腔和唇腔(成年人从喉腔到唇腔的长度约17厘米);而一般的动物都没有咽腔,喉头上面几乎直接就是口腔。没有咽腔,就限制了软颚和小舌的活动,也限制了舌头活动的空间。尼安德特人咽腔不成熟,就使他们只能依赖口腔的形状来改变声音,就无法发出现代人那样丰富的语音。没有语音,当然不会有语言。但尼人的物质与精神生活已相当复杂,因此可以推测他们使用的是某些非语言交际手段或者不分节的"类语言"交际手段。这样看来,口腔与咽腔的分离是人类发音器官成熟的标志。而这一分离跟人类祖先的完全直立姿势有关。80年代和90年代,英美科学家发现,一直到十万年以前,原始人才第一次完全直立步行,在那之前,人类祖先的神经生理状况与别的物种没有什么区别。由此,我们得到了一个惊人的结论:人类语言的历史并不像人们想象的那么漫长,在人类完全直立以前不可能有语言,因而最早的语言不会早过十万年以前,而从尼安德特人的情况来看,也许要晚到四万年前甚至更晚。在这六万年中,也许有某种不分节的胚胎语或者说类语言。成熟的有声分节语言的历史可能只有三万年。语言的出现与劳动有关,但并非能劳动即有语言;语言的成熟与思维有关,但并非能思维即会有语言。劳动的历史、思维的历史,可能都比有声分节语言的历史长久得多。叶蜚声先生曾经有个形象的比喻,如果把36亿年生物史算做一年,每分钟大约等于7,000年。在这个缩微时间内,12月31日猿人出现,12月31日晚上11点北京猿人开始用火,晚上11点45分古人才完全直立步行,这以后类语言出现,而成熟的有声分节语言的历史只有4分钟左右(文字的历史只有1分钟)。这个结论将会对人类语言史的研究产生重大的影响。至少我们可以说,人类的始祖是东非猿人说对于语言起源问题可以说没有任何直接的意义,东非猿人的"走向世界"实际上只类似于动物的季节性大迁移。人类语言是在迁移完成以后在各自的土地上相对独立、自主地发展起来的,不但从全球范围看各人种的语言发展未必平衡,未必一致,就是同一人种内部散居在各地的后来形成不同部族、不同民族的人的语言起源也未必完全同步。语言的发展更可能是各地自发产生的"语言"在交际过程中的的一个相互影响、相互吸收、不断融合,同时也不断分化的过程,而不仅仅是分化。

三、音位学

上面说过,语音学是从物理和生理角度对语音进行研究的,它的对象理论上来说是人所能发出的所有语音。因此,国际语音总表制定以后,经过了多次修订,就是希望能够包括人类所有能发出的语音。其中,有几个音是专为汉语制订的,如 j, q, x 的声母 tɕ tɕʰ ɕ、z, c, s 和 zh, ch, sh 的韵母 ɿ ʅ、"儿"音 ɚ 等。但语音学有个很大的局限,因为不论从元音的口腔形状或辅音的发音部位来看,哪条线都是个连续统,上面每一个点上都可以发出一个音,一条线上可发出的音是无限的,到每一个具体的语言都得做出调整。例如前元音有四个"标准音",对法语来说正好,但到了英语,就必须再加上(b)i(t)、(b)e(t)、(b)a(t)三个,而同样的[i],如果精确地描写,汉语的舌位又比英语要高。辅音也是如此,拿上颚等与舌头接触的部位来说,理论上也是无限的。从双唇音到喉音,英语分成八组(p, f, th, t, sh, j, k, h)而汉语普通话没有其中的 th, sh, h 三组,却增加了 z, zh 两组。我们前面从前至后分成了十三组音,已经是够多了,但还会有新的增加进去,例如澳洲土著语言里有一个 th 音,其发音部位介于英语的 th 和 t 之间,我怀疑可能是相当于汉语 z、c、s 的同部位塞音,要不,就得再分出一个发音部位。而不同语言利用同一字母代表的音未必相同,如 h,在英语里是喉音,在汉语普通话里却是舌根音;s 在英语里是舌尖中音,与 t 同一部位,在汉语中却是舌尖前音,与 t 不在同一部位。一条线是如此,如果从二维、三维角度类推,人类可发的音实际上是个天文数字。又比如在同一语言如英语里,某个似乎应是相同的音如 clear [1] 和 dark [1] 的舌位也不相同,严格来讲应该是两个不同的音,这与英语民族的语感又不相同。这就说明,光从自然科学角度来研究语音是不够的,还必须从人类交际即社会角度来研究语音,其结果便是音位学的产生。由于语音研究本来就为了实用,因而音位学的产生与语音学的成熟几乎是同步的。

上面说到,现代语音学的奠基人是斯威特,其实音位学的诞生也有斯威特的贡献。现在一般把音位学的发明权归于波籍俄国语言学家库尔特内(Baudouin de Courtenay, 1845 - 1929),他于 1895 年正式提出了"音位"(phoneme)的概念,但开始研究时比这早得多,约在 19 世纪 70 年代末 80 年代初。而斯威特早在 1877 年的 *A Handbook of Phonetics* 里就已提出了要区别宽式记音和严式记音的问题,后来人们都承认这一区别实际上就相当于音位与音位变体的区别,只是没有使用"音位"这个术语而已。可以认为他们两人几乎是在同时异地产生了音位学的思想。另一门独立研究得出音位思想的是美国的萨丕尔,他在 1925 年提出了 conditional variant 的概念,1934 年 Whorf 把它改称为 allophone,这就是我们今天在用的"音位变体"。美国语音学家 Beach 最早把语音和音位的区别推广到别的方面,1921 年他到伦敦大学讲北京话的声调,讲其在语流中会产生一些变体,于是在 Daniel Jones 的建议下,发明了"调位"(toneme)一词,以后还引申到 tonetics、tonemics、tonetician、allotone、tonology 等词。布拉格学派对音位学的发展也作出了很大贡献,其中最重要的是特鲁别茨可依,他提出了重要的音位对立理论。他的最主要著作《音系学原理》于 1939 年他去世后才出版。采用两条斜线来表示音位的是美国 *Language* 杂志主编 Bernard Bloch,但那是 40 年代的事了。可见音位学的发现几乎可说是个"群众的创造"。50 年代以后,雅可布逊和哈勒(Roman Jakobson & Morris Halle)提出了"区别性特征"理论,将音位学理论提高到一个新阶段。1968 年,乔姆斯基和哈勒又合作出版了《英语音型》(*The Sound Pattern of English*,简称 SPE)一书,标志着生成音系学的诞生,直到如今,仍是最有影响力的音系学理论著作。

音位学的基本贡献就是引进了交际因素。根据语音学的描写,人类可发出的音是无限的,但人们在实际交际过程中使用的音又是有限的,每一种语言都在人类可发出的无限的语音中选择一部分为自己所用。就是所选出的音也并不要求像语音学报描写的那么精确,事实上,不要说各个民族,就是每个个人,他在不同时间、不同场合发同一个音时,用语谱图记下来的结果也未必相同。音位理论的关键就是在语音研究中舍弃一切与交际无关的区别,例如日语か、き、く、け、こ的声母,由于发音时受到后面元音的影响,其发音部位严格来说并不相同,但因为与辨义没有影响,因此就不必纠缠其中的微细区别,可以看作一个音位。有的音,一般人似乎觉得距离颇远,如 l 和 n,但对有的语言或方言如南京话来说不构成辨义区别,也就可以看作一个音位。hu 和 f 在日语和赣方言中也是如此。不同语言对音位的归纳不同,如 p、p'、b。p 和 p' 在英语里是一个音位的两个变体(p' 出现在词首,p 出现在 s 后),而在汉语里是两个音位("奔"和"喷"不同);p 和 b 在英语里是两个音位(pen 和 ben 不同),而在汉语里却是一个音位(b 出现在轻声,如"尾巴");而这三个音在上海话里却属于三个音位(如"奔""喷""盆")。如果给音位下个定义,可以说音位就是在某种语言里起辨义作用的最小语音单位。研究音位的学问就叫作音位学(phonemics)。

从前面的简单叙述来看,对音位学的发展做出贡献的大多是从社会或文化角度去研究语言的学者。从中也可看出音位学与语音学的最重要区别:第一,语音学是全人类的,属于单数的"语言",而音位学是属于个别语言的,它只同个别的具体的语言发生关系。可以有普通语音学,但没有普通音位学。第二,语音学的基础是物理学和生理学,而音位学的基础是社会学,或者说语言的社会交际功能。不从社会交际着眼去研究,就不可能发现音位,也看不到音位的重要性。

除了社会性之外,音位还具有心理性。音位学家斯瓦迪许说,音位说到底只是人们对自身语言的一种感觉。人们总是从自己的母语出发,说哪个音和哪个音是相同的,哪个音和哪个音不同,即使听到别种语言的音,也总用自己的语音标准去理解:这个音相当于什么音,那个音相当于什么音。从这一个点看,音位学与注重物理描写的语音学确实有很大的区别,难怪早期有的语音学家和音位学家有一点"道不同不相为谋"的感觉。

音位是建立任何一个语言的语音系统的基础。事实上,自古至今,所有语言的语音系统都是在音位原则上建立的,只是以前人们没有意识到而已,有了音位学,就可以自觉地运用音位的原则去进行。例如汉语拼音方案的制订就是运用了音位学的原则。

音位学的原则简单地讲是两条,一是对立,二是互补。所谓对立,就是通过替代法,证明某些音在语言里有辨义作用。例如 pin, fin, sin, tin 等在英语中是不同的单词,其后面两个成分相同,只是第一个成分不同,这些第一个成分就是互相对立的,因而构成了不同的音位。同样,pin, pig, pit, pill 的前两个成分相同,只是最后一个成分不同,这些成分也就构成了对立,从而属于不同音位。pin, pen, pan, pun 则是首尾音相同,中间不同,构成了对立。所谓互补是从精简的角度出发,在同一个语音系统里,凡是永远不会在同一个位置出现的音,为了简便起见,可以将它们归纳为一个音位。例如在汉语拼音方案里,字母 a 有四个变体(A, a, ɑ, ɛ,),字母 e 有五个变体(E, e, e, ə, ɐ),它们的读音有的有相当距离,但因为各有其出现的环境,如[A]只出现在单用及后强二合元音中(a, ia, ua),[a]只出现在前元音 i 和前鼻音 n 前(ai, an),[ɑ]只出现在后元音 u 和后鼻音 ng 前(au, ang),[e]只出现在 i、ü 和 n 中间(ian, üan);[E]只出现在单用时(e),[e]只出现在后强二合元音中(ie, üe),[e]只出现在前元音 i 前(ei),[ə]只出现在前鼻音 n 前(en),[ɐ]只出现在后鼻音 ng 前(eng),因此就把它们归并为两个音位。但互补方法受到一定限制,其读音不能相差太大,如英语中,ng 永不在词首出现,h 永不在词尾出现,它们的位置可说互补,但读音相差太大,因此不能归并为一个音位。同样,汉语中的[ɿ]、[ʅ]和[i]是否应成为一个音位其实也有不同意见,因为前两个音和最后一个音在语感上差别很大,只是由于历史的原因,最后还是被归到了一个音位里。组成同一音位的各种具体的读音叫作音位变体(variants or allophones),有条件变体和自由变体两种,前者如普通话的各种 a,后者如南京话的 n 和 l。

总之,在音位学中,核心是语义。只要语义有别,再接近的音也得分为不同音位(如汉语的 zh、ch、sh 和 z、c、s);反之,语义无别,再远的音也可归并为一个音位(如南京话的 l 和 n)。

超音质研究(suprasegmental analysis)理论上当然也可以属于语音研究的对象,但由于超音质成分(字调、语调、重音、音长等)离开具体的语言就毫无意义可言,因此一般也放在音位学里研究,而且还相应地形成了"调位"、"强位"、"时位"等超音质音位的概念,分别表示某种语言里起区别作用的音高、音强、音长等因素。汉语的声调虽然可以精确地描述为 55、35、214 和 51,但其实也是一种调位,因为实际言语的连读变调中会产生一些调位变体,如普通话上声至少有三种调位变体(条件变体):214出现在单读或句尾(好;汉语);35出现在另一个上声前(你好);211出现在阴平、阳平和去声前(语音;好人;语义)。另外,四声在处于轻声的情况下也有不同的调值变化。超音质研究现在越来越受到重视,现在人们用得更多的名称是"韵律研究"(prosodic studies),这个名称是弗斯于1948年最早开始使用的,他也被认为这一研究的创始人。

四、区别性特征和音系学

语音学的基本单位是音素,音位学的基本单位是音位(其实音位不能算最小单位,音位变体可能要小半级)。但后来学者们发现,音位还不能算是语音的最小单位,音位内部还可进一步分析,例如p和p'的不同主要体现为"送气"和"不送气"两个语音特征,其余的特征,如双唇、闭塞、不带音等,都是相同的;几乎所有的音位都可以通过特征来进行比较,加以区别。因而区别性特征可以说是比音位更小的语音基本单位。更进一步,各种语言虽然都有各自的一套音位,但是用以区别的语音特征却是有限的。只是有的语言采用这些区别性特征,有的语言采用另一些区别性特征。如果把所有语言使用的区别性特征都归纳出来,也许更有利于描写世界的语言。在这种认识的基础上,逐渐形成了区别性特征的理论。

区别性特征的概念最早是布拉格学派的特鲁别茨可依提出来的,他并且提出了辅音的四个特征:紧张特征(tension feature)、强度特征(intensity feature)、送气特征(aspiration feature)和前送气特征(pre-aspiration feature)。1956年,雅可布逊和他的学生哈勒发表了《从语音学到音系学》一文,提出了十二对区别性特征,从而正式形成了"区别性特征"的理论。这篇文章成了这一领域研究的经典文献。

雅可布逊提出的十二对特征是:

(一)音响特征(Sonority features)

(1)元音性/非元音性(Vocalic/Non-vocalic)

(2)辅音性/非辅音性(Consonantal/Non-consonantal)

(3)鼻音性/口音性(Nasal/Oral)

(4)聚集性/分散性(Compact/Diffuse)

(5)突发性/延续性(Abrupt/Continuant)

(6) 刺耳性/圆润性(Strident/Mellow)

(7) 急煞性/非急煞性(Checked/Unchecked)

(8) 带音性/不带音性(Voice/Voiceless)

(二)紧张特征(Protensity features)

(9) 紧张性/松弛性(Tense/Lax)

(三)音调特征(Tonality features)

(10) 低沉性/尖峭性(Grave/Acute)

(11) 抑扬性/非抑扬性(Flat/Non-flat)

(12) 扬升性/非扬升性(Sharp/Non-sharp)

雅可布逊的理论有几个特点,第一,作为布拉格学派的重要一员,他仍然重视音位的概念,但实际上,在他的理论里,音位的重要性已经被区别性特征所取代,音位不过是一组特征的集合。在此基础上,人们逐渐把区别性特征看作语音表达的基础,音系学的基本单位。第二,他的一个重要贡献是"双分法",每一个特征只有两个值,或正或负,由于这正好适应了计算机二进位的特点,因而以后被人们广泛接受,成了区别性特征理论的一个基本特点。第三,他的区别性特征,主要是从声学频谱为基础来分析的,对于语音学和音位学只注重发音部位和发音方法,是一个进步。他的三大类特征分别与韵律学上的三个方面:音强、音量和音调(音高)相应,对韵律学研究的发展也起了推动作用。

雅可布逊认为他的十二条特征可以用来描写世界上所有语言的语音特点,但后来的人并未完全接受,而是从各个方面进行了修正,对他的十二条,人们也往往各自作出不同的解释。1968年,哈勒又和乔姆斯基合作,出版了《英语音型》一书。书中乔姆斯基接过了区别性特征的理论,并把它改称为"语音特征",声称是对久已被人忘却的语音学的改造,从而将它纳入了普遍语法的体系(语音学是全人类的,而音位学是个别语言的)。该书名称是《英语音型》,但乔氏说该书的第四部分与英语的结构却没有多大关系,主要是谈普遍语音学,是对普遍语法的贡献。在这一部分里,他提出了他的"语音特征"体系:

(一) Major class features　主类特征

1) Sonorant — Nonsonorant (Obstruent)　音响性

2) Vocalic — Nonvocalic　元音性

3) Consonantal — Nonconsonantal　辅音性

（二）Cavity features 声腔特征

4) Coronal — Noncoronal 舌面前音性

5) Anterior — Nonanterior 前部音性

6) Tongue-body features 舌位特征

① High — Nonhigh 高音

② Low — Nonlow 低音

③ Back — Nonback 后部音

7) Rounded — Nonrounded 圆唇性

8) Distributed — Nondistributed 散布音性

9) Covered — Noncovered 隐蔽音性

10) Glottal constrictions 喉部紧缩性

11) Secondary apertures 次要开口

① Nasal — Nonnasal 鼻音性

② Lateral — Nonlateral 边音性

（三）Manner of articulation features 发音方法特征

12) Continuant — Noncontinuant (Stop) 持续性

13) Release features：instantaneous release — delayed release 瞬时/延时除阻

14) Supplementary movements

① Suction 吸气塞音

　　Velaric suction 软颚吸塞音

　　Implosion 内爆音

② Pressure 压出塞音

　　Velaric pressure 软颚压塞音

　　Ejectives 外爆音

15) Tense — Nontense (Lax) 紧张性

（四）source features 始源特征

16) Heightened subglottal pressure 提高声门下压

17) Voiced — Nonvoiced (Voiceless) 带音性

18) Strident — Nonstrident 粗糙性

(五) Prosodic features　韵律特征

19) Stress　重音
20) Pitch　音高
　　High　高
　　Low　低
　　Elevated　提
　　Rising　升
　　Falling　降
　　Concave　凹
21) Length　音长

与雅可布逊相比，乔姆斯基的特征增加了一倍还多。雅可布逊曾经希望随着研究的深入，尽管我们发现的规律越来越多，但区别性特征的总数最好能够减少。看来乔姆斯基未能做到这一点。另一个不同是，雅可布逊的特征是从声学或听话人角度出发的，而乔姆斯基又回到了发音学即说话人的角度。从实际内容来看，他的特征是对原先语音学和雅可布逊所提出的一部分特征的重新概括。乔姆斯基的理论以"生成"为标榜，强调演绎法，而这些特征的总结实际上是在归纳法的基础上进行的，只要看其中包括了很少语言才有的喉壁音、吸气音，可见这是吸收了某些少见语言的研究成果，否则光从英语是推导不出来的。难怪有人批评说，乔姆斯基把结构主义批得一无是处，但他的这本书其实用的还是结构主义的方法。生成音系学的发展经过了三个阶段，第一阶段以这本书为代表，是经典生成语音学阶段，重点是讲音系规则；第二阶段以 Edwin Williams（1976）、John Goldsmith（1976）等人为代表，是自主音段音系学（Autosegmental phonology）阶段，研究重点从音系规则转移到音系表达；第三阶段以 Allen Prince & Paul Smolensky 的 *Optimality Theory*（1993）一书为代表，是最佳理论（Optimality theory）阶段，研究重点转到制约规则。本书虽然影响仍很大，但理论部分实际已被抛弃。

五、韵律学

随着研究的深入，音位学后来在向两个方向发展。其中的音质研究走向了区别性特征理论,其路子越走越窄,发展到后来乔姆斯基的语音特征理论,实际上只是把语音学的研究结果重新排列组合,从而更一般化、更抽象化,并将之纳入普遍语法的理论框架。其实用性已颇可疑。而音位学中本来就包含的超音质研究后来走向了韵律学,这在当前越来越发现了它的价值,特别是在汉语研究上,很可能为汉语句法的研究开辟出一条新路。

音质研究与超音质研究的区别在于前者主要研究元音、辅音,直到区别性特征仍是如此。元音辅音是各种人类语言都有的,只要有心,我们可以把各种语言中所使用的那些音全部收集起来,进行描写,并且从不同角度加以归纳。例如以前的语音学是从发音部位、发音方法角度进行归纳,而乔姆斯基是从语音特征的角度进行归纳。而超音质研究所研究的对象,音高、高强、音长等,虽然各种语言也都可能有,但各种语言的具体使用却各不相同,根本无法从"普通韵律学"的角度进行归纳描写。正如 David Crystal 所说,如果你要简单地说明什么是超音质研究,只要引一句名言就可以了:"It ain't what you say, but the way that you say it."韵律学的研究必然或者必须结合具体、个别的语言。我手头的两本书,Eric C. Fudge 编的 *Phonology*(1973)所收 8 篇超音质研究文章中有 5 篇是讲具体语言的;F. R. Palmer 所编 *Prosodic Analysis*(1970)所收 16 篇文章中有 14 篇是结合具体语言的。乔姆斯基的所列的语音特征,第五大类是韵律特征,本来我们期望他会说出什么道道来,却不料那本洋洋洒洒的大书中,独有这一段是有目无文,下面一片空白,只请读者去参看王士元的文章。而王士元的文章却是讨论汉语声调的,也是具体语言的研究。

韵律学(prosody 或 prosodic analysis)原先是文学中的用语,指诗行中的音步、节奏、押韵方式等,一般译作"诗律学",弗斯最早把它用于语音分析,用来指超音质研究。他写于 1948 年的 *Sounds and Prosodies* 是这一领域的开山之作。他认为音位学本身是有缺陷的,而韵律学正好补其之不足。他认为音质研究是一种 paradigmatic(聚合关系)的研究,而韵律研究是一种 syntagmatic(组合关系)的研究,它认为韵律研究主要关心三个方面:一是音的位置,是在音节/词的开头还是结尾;二是音的和谐,包括元音间的和谐、元辅音间的和谐,以及由此产生的语流音变(同化和异化);三是语音与语法的关系。弗斯对音节的研究尤其细致,他认为词的韵律特征包括:音节数、音节的开或闭、音节的轻重、音节的次序、辅音的次序、元音的次序、音节峰的位置、性质与轻重、音节的清晰度等。

当代韵律学研究肇始于 1977 年 Mark Liberman 和 Alan Prince 的论文 *On Stress and Linguistic Rhythm*，文中他们提出了著名的轻重相对原则，由此导致了对一系列"关系"的研究。二十多年来逐渐发展出了韵律音系学、韵律形态学（代表作为 John McCarthy 和 Alan Prince 写于 1993 年的 *Prosodic Morphology*）和韵律句法学（代表作为冯胜利《汉语韵律句法学》2000）。

韵律对汉语的研究具有特别重要的意义。从 30 年代到 90 年代，出现了三位在这领域作出重要贡献的学者。30 年代是郭绍虞，其代表作是发表于 1938 年的《中国语词的弹性作用》；60 年代是吕叔湘，其代表作是发表于 1963 年的《现代汉语单双音节问题初探》；90 年代是冯胜利，其代表作是《汉语的韵律、词法与句法》(1997)及上面提到的那本书。郭氏主要讨论词，涉及到语；吕氏主要讨论词和语，涉及到句；冯氏则从词法到句法。此外，赵元任的《中国话的文法》全书也贯穿了韵律学的精神。

六、汉语音韵学

我们在本讲开头曾指出，语音学是从自然科学角度出发对语音的研究，因此可以有各语言共同的语音学；音位学是从社会交际角度出发的语音研究，因此是属于各语言的，其中的韵律学民族特性更强；而汉语音韵学是从历史与文化角度出发的语音研究，因而其民族独特性更强。如果忽视汉语的历史文化因素，汉语音韵史上的许多现象就得不到正确的解释。这里我想以汉语音韵研究中最著名的争论——关于《切韵》音系的性质为例来说明这一点。

《切韵》是中国现存最古老的一部韵书，成书于公元 601 年，原书已佚，人们一般研究的是属于这一系统、发表于公元 1008 年的《广韵》。《广韵》是汉语音韵学研究的最重要材料，由它可以上推古音，下连今音。因此对《切韵》—《广韵》性质的认识对汉语音韵研究至关紧要。《切韵》四声分列，共分为 206 个韵部，如果平、上、去合并，则还有 95 个韵部。依照一般常识，一种语言不可能有这么复杂的读音（现代汉语普通话只有 18 个韵部），因此几百年来的研究者一般都认为这 206 部并不代表一时一地的读音，而是综合了古今南北的方音。这种观点叫作综合体系说。20 世纪初，瑞典汉学家高本汉发表了《中国音韵学研究》一书，他以西方的历史比较语言学和刚成熟不久的语音学为利器，以音标为工具，为《广韵》206 韵拟出了各不相同的读音,从而开创了"现代汉语音韵学"这一新的学科,与传统的汉语音韵研究分庭抗礼。高本汉的基本观点是:1.《切韵》是个一时一地的音系;2. 这个音系就是唐代8世纪的长安音;3. 现代中国所有方言除了福建话,都是从《切韵》演变出来的。这个观点被叫作单一体系说。几十年来,这两种观点争论不休,综合说的最主要理由是《切韵》的序中,作者自己提出了综合古今南北以及"从分不从合"的原则,而单一说的最坚强理由就是从语音学乃至音位学的理论出发,"综合"的办法是行不通的。一位音韵学家直截了当地说:

> 对于不同的音系我们可以条分缕析地比较其异同,找出它们的对应规律,然而不能把它们横加割裂剪裁,然后又拼凑起来,使之成为一个结构整齐严密的音系,既符合于甲方言,同时又符合于乙方言、丙方言和丁方言。举例来说,北京话、上海话、广州话都各有它们的语音系统,它们是不能拼凑在一起成为一个体系的。如果硬是有人凭主观意志,要把它们拼成个三位一体的话,那一定会把它们三个原有的语音系统破坏得一塌糊涂,既不符合北京话,也不符合上海话和广州话。(王显,1962:540)

依我们看,这种说法似乎振振有词,其实是因为没有考虑到中国文化和汉语汉字的特性。首先,好大喜博、贪多求全是中国人的一种文化心理,《切韵》作者自己承认要综合古今南北,我们没有理由不相信。其次,把几个体系综合进一种体系,而又不打乱原来各自的体系,在语音学、音位学里做不到,在汉语音韵学里却可以做到。这是由汉语汉字的特殊性决定的。西方文字是拼音文字,只有一种属性,即表示特定的读音;而汉字是形义文字,不是特别用来表音的,因而具有两种属性,既表示音值(对某个具体方言而言,有一定读音),例如"三"在普通话念[san];又表示音类(对一群方言而言,没有特定读音)。例如"三"在北京话、上海话、广东话里分别念[san],[sE],[sam],如果只给你一个"三"字,不说明哪个方言,就不知道该念什么。从音值的角度看(不管是语音学还是音位学),不同的语音系统确实无法综合而又保持各自的体系,而从音类的角度看,综合的办法却完全可行。我曾以那位学者提到的三种方言举过一个例子:

设想有以"寒、男、三、山、开、街"为代表的六组字,在北京话中,六组字可以分为三个韵部,即"寒、男、三、山"为一部,"开"、"街"各为一部;在上海话中,六组字也分为三个韵部,即"寒、男"为一部,"三、山、开"为一部,"街"单独为一部;在广州话中,六组字可以分为四个韵部,即"男、三"为一部,"开、街"为一部,"寒""山"各为一部。如果我们要把这三地的音系综合进一个系统,就可以分为"寒、男、三、山、开、街"六部,然后在韵目下加注,例如在"寒"下注云,京与男、三、山同,广别,今从广;在"男"下云,广与三同,沪别,今从沪;在"三"下云,沪与山、开同,京与山同,广别,今从广……根据这些资料,需要者可以很容易地整理出下面一个表格:

	寒	男	三	山	开	街
北京						
上海						
广州						

如果将这个表所反映的情况放到《切韵》时代,第一行就相当于《切韵》,二、三、四行就分别代表《切韵》所综合的各家韵书。我们可以看到,《切韵》并没有打乱各家韵书的韵部体系,这是它之所以能为各家接受的根本原因。唯一成问题的是,这样得出的六个"韵部",是无法为之拟出各自不同的读音来的,因此我们说,韵部分合的结果必然造成一个音类系统,而不是音值系统。而这可能性正是汉语汉字的特点和优点造成的。汉语音韵学研究必须结合汉语汉字的特点,无视这一点,一切拿建立在西方拼音文字基础上的语音学理论硬套,正是汉语音韵学研究中的"印欧语的眼光",是我们应当竭力避免的。

如果说语音学的基本单位是音素,音位学的基本单位是音位,音系学的基本单位是区别性特征,则汉语音韵学的基本单位是音类。无视这一点,就会对汉语音韵研究中的许多问题得出错误的结论。

参考文献

郭绍虞,1938,"中国语词之弹性作用",载《照隅室语言文字论集》,上海:上海古籍出版社,1985年,第73-111页。
冯胜利,1997,《汉语的韵律、词法和句法》,北京:北京大学出版社。
冯胜利,2000,《汉语韵律句法学》,上海:上海教育出版社。
吕叔湘,1963,"现代汉语单双音节问题初探",《中国语文》1963年第1期。
潘文国,1997,《汉英语对比纲要》,北京:北京语言文化大学出版社。

潘文国,2001,"语言的定义",《华东师范大学学报》2001 年第 1 期。
王　显,1962,"再谈《切韵》音系的性质",《中国语文》1962 年第 12 期。
Chomsky, Noam and Morris Halle, 1968, *The Sound Pattern of English*. Cambridge, Massachusetts: The MIT Press.
Fudge, Erik (ed.), 1973, *Phonology*. Penguin Books.
Goldsmith, John, 1976, *Autosegmental Phonology*. Doctoral dissertation. MIT.
Liberman, Mark & Alan Prince, 1977, On stress and linguistic rhythm. *Linguistic Inquiry*.
McCarthy, John & Alan Prince, 1993, *Prosodic Morphology: constraint interaction and satisfaction*. Technical Report #3, Rutgers University Center for Cognitive Science.
Palmer, F. R. (ed.), 1970, *Prosodic Analysis* (selected). London: Oxford University Press.
Prince, Allen & Paul Smolensky, 1993, *Optimality Theory*. Oxford: Blackwell.

（初稿写于 2003 年）

文字与文字学研究

一、从"语言转向"到"文字转向"？——文字学重新引起重视的哲学背景

近一二十年来，普通语言学研究的重大变化之一是文字地位的飙升。在以往的语言学著作里，文字几乎没有什么地位，一般都只是在最后一章点缀性地说一下。这个安排体现了文字在多数（如果不是全部）语言学家心目中的地位。现在情况起了变化。在《语言的定义》里，我们曾指出，语言"范围趋广似乎是九十年代的新趋势"（潘文国 2001：102）。最典型的是初版于 1987 年、再版于 1997 年的《剑桥语言百科全书》，书中把口语、书面语和手势语并列为三种语言表述的方式。作者克利斯托尔指出，对文字真正认真的研究在西方也就是这十来年的事。他说：

> 书语的研究令人捉摸不定：有些方面，例如字母的演变史，一代又一代的学者已经经过了非常详尽的研究；而另一些方面，例如阅读、书写背后的心理的研究，也就是这十来年的事。从科学的观点看，我们对书语的了解远不如我们对口语的了解，这主要是由于二十世纪以来语言学研究中过于注重口语的偏见，这一偏见直到最近才开始得到纠正。
> (Crystal, 1997: 179)

西方重新唤起对文字的兴趣与哲学的发展有关。从古希腊起，不论是柏拉图、亚里士多德，还是近代的卢梭、黑格尔，直到 20 世纪的索绪尔，都对文字表示了一定程度的轻视。柏拉图用画像来比喻文字，逼真的绘画，可以把所绘的人表现得栩栩如生，但如果你去问这画像，他却什么也不会告诉你。写成文字的一篇话也是如此，它可以将原来的话完全记下来，却无法回答你的质疑，不会与你对话。亚里士多德是著名的"符号之符号"说的创始人，他认为：

> 口说的词是心理经验的符号，书写的词是口说的词的符号。（转引自 Derrida, 1967: 30）

黑格尔也有类似的话:

> 字母文字表达声音,而声音本身即是符号,因此它实际由符号的符号(aus Zeichen der Zeichen)所组成。(转引自 Derrida,1967:24)

卢梭的话更加激烈,他认为文字是产生邪恶之源,因为文字造成人与人的隔离、暴政和不平等,书写忽视读者,藏匿作者,剥夺了属于人的财产(语言)。而真正的语言通过声音表达热情,语音不像文字那样在人中间产生距离感(徐友渔等,1996:207)。索绪尔忠实继承了欧洲的这一主流哲学传统,连用的词语都差不多。比如柏拉图把文字比作画像,索绪尔就把文字比作照片,说:

> 书写的词常跟它所表现的口说的词紧密地混在一起,结果篡夺了主要的作用;人们终于把声音符号的代表看得和这符号一样重要或比它更重要。这好像人们相信,要认识一个人,与其看他的相貌,不如看他的照片。(Saussure,1916:25)

又如同亚里士多德一样,他也把文字看作符号的符号,说:

> 语言和文字是两种不同的符号系统,后者存在的唯一理由是在于表现前者。语言学的对象不是书写的词和口说的词的结合,而是由后者单独构成的。(同上:24-25)

由于他的"现代语言学之父"的地位,这一说法对 20 世纪语言学的影响比他的希腊前辈们要大得多。又同卢梭一样,他也激烈抨击文字的罪过,说:

> 文字遮掩住了语言的面貌,文字不是一件衣服,而是一种假装。(同上:29)但是字母的暴虐还不仅止于此:它会欺骗大众,影响语言,使它发生变化。(同上:31)

索绪尔的理论统治了半个多世纪,直到 20 世纪下半叶才受到批评。批评得最激烈的是当代两位著名哲学家德里达(Jacques Derrida, 1930-)与利科(Paul Ricoeur, 1921-),两人都是法国人。

德里达于1967年出版了一本《文字学》,此书迅即成为影响世界的名著。1976年印度女学者斯必伐克将之译成英文,并写了一篇长达80页的序言。此书也使她一举成名。在《文字学》里,德里达从哲学的角度彻底批判了从柏拉图、亚里士多德到索绪尔的重音轻文传统,把它称为"语音中心主义"或"逻各斯中心主义",并进而认为这是西方全部形而上学的思维方式及结构的基础,他要以他的独特的"文字学"理论来颠覆这一传统结构。20世纪之初,西方哲学实现了"语言"的转向,而德里达似乎又在堂而皇之地宣布"文字"的转向,他说:

> 经过一场缓慢而人们未曾察觉的必然运动,延续了至少两千年之久而最终汇聚在语言名下的一切,现在正开始转向文字,或至少统括在文字名下。由于这种人们未察觉的必然性,文字概念正在开始超越语言的范围,它不再表示一般语言的一种特殊的、派生的、或辅助的形式(不管把语言理解为交际、关系、表达、指示,还是思维的组织),不再表示外表,表示主要能指的一种无关紧要的复制形式,所谓"能指的能指"。不论从哪方面看,文字现在都"涵盖"了语言。并不是因为文字现在已不再表示能指的能指,而是"能指的能指"已无法说明文字只是对语言的偶然的复制和次一等的地位。(Derrida, 1967:6)

"'文字学'与传统文字观的重要区别在于对文字功能的认识。传统哲学持模仿论的观点,文字可以忠实地记录思想,是对记忆的补偿工具,属于知识论和真理论体系。文字学的文字是诗,是艺术,它不怕遗忘,因为它只凭自由创造,不靠记忆的临摹,远离知识和真理(徐友渔等,1996:228)。""书写自然是为了交流思想,传统的交流是单纯和直线型的,表音文字适合于这种交流,它有固定的含义,从说话到文字到思想,一以贯通,在转移中含义不损失,甚至在翻译中亦然。这曾被视为表音文字文明高于象形文字文明的证据。现在德里达却说表音文字幼稚,因为'文字学'的'家属相似'暴露出传统交流的虚假,它是'白色的神话'。'交流'从来就不是畅通无阻的。中国古贤人云:书不尽意。可见语意传达之困难,就像观赏书画,无法把全部感受告诉给别人。"(同上:229)"表音文字发现自己被嫁接到非表音文字,特别是表意的汉字。它从汉字中吸收营养,就像一条寄生虫。"(同上)德里达的言下之意是表意文字语言在表达人的思想的模糊性上更胜表音文字一筹。他的"文字学"实际上成了他的解构主义的理论基础,在哲学界的冲击很大。

利科的观点集中体现在他于 1976 年出版的《解释理论》(*Interpretation Theory*)一书里。他认为:"书写绝不只是以书面形式固定口语,它提出一个特殊问题:人类思想直接被带入思想中,而不必以说话为中介,从而使书写取代说话的地位,把话语的命运交给文字,而不是声音(徐友渔等,1996:205)。""文字的出现使人与人面对面的对话关系(话语)转变为更复杂的读写关系,话语的语境被破除了,而读—写关系不再只是说—听关系的一种特殊情况。文本的意义不再与作者的意向一致,从这出发,可推出文本独有的重要意义:它超越了只是记录从前话语的肤浅认识(同上)。"利科批评柏拉图关于文字像图画的比喻,说:"如果文字是一幅画,那它的作用绝不限于临摹,书写有其特殊的二度空间和构造,并因此决定了它与肖像画的隔阂……书写是对实在的再创造而非简单模仿。(同上:207)"利科特别指出:

> 西方文化中拼音文字的胜利及所呈现的文字附属于言语倾向来源于文字对声音的依赖性,然而我们不要忘了文字还有诸多其他可能性:它们是由图画文字和象形文字、表意文字所表达的,它们呈现为对思想意义的直接描述,它们在不同的习惯中能被异样地阅读,这另一种文字也展示了书写的一种普遍特征,就像拼音或表音文字的作用一样。(转引自徐友渔等,1996:207-208)

我们注意到无论是德里达还是利科都特别关注到汉字,可见汉字在普通文字学上的意义,这是很多语言学家所不曾甚至不肯看到的,只知道西方拼音文字语言的语言学家是看不到,中国一些深受西方影响的语言学家是不肯看到。

中国以前出版的普通语言学著作大致沿袭西方的传统,也把文字放在不起眼的位置,这本身是一种对本民族语言特点的忽略和轻视。随着世界有影响的语言哲学家把眼光投向汉字,尤其是最近十多年来国内学术界特别是汉字学界,对汉字的性质,以及它在世界文字体系中的地位的重新认识和讨论,我们觉得应该重新还文字,特别是汉字在普通语言学中的适当地位。有关文字学的章节应该调整到我们现在这个位置,即紧挨着语音之后,而在词汇、语法等的前面。其理由是,相对于语音来说,文字诚然是第二性的,但在任何一种成熟的语言中,文字同样处在基础的位置,它与语音一起,共同成为研究语言学其他部门(词汇学、词法学、句法学、语义学、语用学等)的基础。无视文字在语言中的地位,实际上是对人类自己创造的文明的蔑视。

二、文字与文字学

1. 文字的定义

德里达给了文字以至高无上的地位,文字甚至可以包括语言而不是相反,这是以他对文字的特定定义出发的。因此在讨论文字问题之前必须先对我们所谈的文字进行界定。现在看来,有三种关于文字的定义:广义的、狭义的和正常意义的文字。

德里达关于文字的定义是个广义的范畴,他对语言和文字作了这样的划分:

> 一段时间以来……我们用"语言"来表示行为、举动、思想、反应、意识、无意识、经验、情感等等;现在我们倾向于用"文字"来表示它们,还可以表示得更多:文字不仅用来指象形或表意的具体刻划,还用来指造成这种可能性的一切;不仅用来能指的方面,还可以用在所指的方面。文字指所有能产生一般铭文的东西,不管是否真的书写下来,甚至可以突破语音顺序的束缚。电影、舞蹈、绘画、音乐、雕塑等都是文字,体育也是文字,控制政治和军事的技巧也是文字……生物学上活体细胞内部最基本的信息加工顺序也是文字。(Derrida, 1967: 9)

这段话不是很好懂,但是结合他在别的地方的论述,我们可以作这样的归纳:如果我们谈到语言时把语言区分为手势语、口头语、书面语的话,德里达要用"文字"一词来统称这三者甚至更大的范围,包括一般说的形体语言(电影、舞蹈、雕塑、体操等)。难怪他坚持认为文字包括语言、文字产生在语言之前。他的这个见解也许有着哲学上的意义,但一般人包括一般语言学家恐怕都难以把握。我们将不采用他的这一定义。

狭义的文字定义是索绪尔无意中表露，但却为一般语言学家长期沿用的。这就是指西方表音文字。索绪尔说，只有两种文字体系，表意的和表音的，而他的讨论将只限于表音体系，特别是只限于今天使用的以希腊字母为原始型的体系。他写他那本教程时的偶一"限于"结果成了金科玉律，实际上，自他以后，西方出版的绝大多数语言学著作中谈到的文字指的都是西方拼音文字。中国不少学者的普通语言学著作明明讨论的是汉字，但关于文字的论述却往往沿用西方的那些说法。

正常意义的文字定义介于广、狭之间，实际上就是指相对于手势语、口头语而言的书面语使用的符号。

区别这三种不同的文字定义是必要的。德里达的定义不是语言学上的定义，完全按照他的定义会引起一些混乱；我们现在讨论的是正常情况下的定义，但是要注意不要被不正常情况下的狭隘定义捆住手脚。事实上，我们现在之所以要加强文字问题的研究，就是因为要突破西方传统文字理论给普通语言学研究设下的障碍，为普通文字学，特别是非拼音文字如汉字的研究进入普通语言学领域扫清道路。

2. 文字学

文字学就是对于文字的科学研究。当代文字理论对文字的研究可以划分为三个部分：字体学、字系学和读写学。其中字体学和字系学（Graphetics and Graphology），分别相应于语音研究中的语音学和音系学（Phonetics and Phonology）。前者研究文字的物理特性，而后者研究文字的语言学属性。"读写学"（Study of the Process of Reading and Writing），是从生理学和心理学角度去研究阅读和书写的过程的。由于语言学界长期的重音轻文情结，这三种研究目前都还做得很不够。汉字由于历史的原因，在有些方面做得好一点，可说领先于世界，但也还有不少方面有待于深入，特别是如何把传统的研究与现代科学和现代语言学的研究成果相结合。这方面还有许多工作可做。

这三个领域下面还可以细分。

A. 字体学下面可以分出印刷术（Typography）、笔迹学（Chirography）、书法学（Calligraphy）、碑刻学（Epigraphy）、速记术（Shorthand，又叫作 Stenography、Tachygraphy 和 Brachygraphy，分别强调"狭"、"快"、"短"的含义）等。还有专门研究书写材料的，也许可以叫作"书材学"，亦即中国的"文房四宝"。以书材学为例。

古往今来，人们应用过的书写材料，"笔"的方面有竹片、木棍、芦管、羽管、木炭、毛笔、钢珠、钢笔、铅笔、圆珠笔、纤维笔、粉笔、蜡笔等，直至打字机、文字处理机和电脑的键盘；"墨"和"砚"的方面有血液、植物汁液、黑墨、各种彩色墨水、照相化学材料、光线、电荷等等；"纸"的方面有兽骨、龟甲、石板、黏土、石蜡、陶瓷、纸草、丝帛、羊皮、树叶、纸张、胶卷，以至电子屏幕等等。不同的书写材料，在早期是就地取材，譬如埃及用纸草，印度用贝叶，古代欧洲用羊皮纸，中国商周时用甲骨，但后来往往为了特殊需要，为了特定的功能。如中国商周时的铸鼎、汉魏时的碑刻，现代用缩微胶卷、刻写光盘等。但不同的书写材料对文字乃至语言的发展也有影响，如泥板木棍之于苏美尔钉头字、毛笔之于汉字等。这些都值得研究。

在以上这些领域，汉字在其中的许多方面无疑是领先的，例如造纸（汉代，公元前后）、雕版印刷（现存最早的印刷品为刻印于公元868年的《金刚经》）、活字印刷（北宋，11世纪），是中国对人类的伟大贡献；汉字书法更是辉煌于世界。但其他民族也同样作出了他们的贡献。例如最早发明活字印刷的毕昇用的是土模，而最早使用铜模的朝鲜民族（在15世纪），比西方德国人戈登堡（Johannes Gutenberg, 1390–1468）略早，而戈登堡于1456年开始使用的印刷术是当代印刷术的直接祖先。此外，尽管汉字的书体演变经历了甲骨金文、篆隶草真行等各个阶段，创造了灿烂的书法文化，但西方的书体演变和发明创造也同样值得重视。如大写体、小写体、手写体、哥德体、粗体、斜体，以及现在出现在电脑软盘里的种种美术体。如果说汉字书法主要体现在手工媒介（Hand-made）上，更接近于艺术，则西方字体的变化主要体现在机器媒介（Machine-made）上，包括印刷（Printing）、打印（Typewriting）和电子（Electronic）上，更多地利用了技术。显而易见，这是由两种文字的不同性质和特点决定的：汉字量大、笔划变化多、结构复杂，西方字母量少、笔划变化小、结构简单。其实许多看似技术性的东西，都同文字的特点有关。例如文字书写的方向问题。中国古代有个有趣的传说，说是黄帝时有一母所生兄弟三人，都是好学深思之人，长名梵，次名伽卢，幼名仓颉。黄帝就命他们发明文字，结果梵发明的字是"左行"，即从右往左书写的；伽卢发明的字是"右行"，即从左往右书写的；仓颉发明的字是"下行"，即从上往下书写的。最后黄帝采用了仓颉造的字。梵和伽卢不甘心他们的发明被埋没，便带着它们离开了中国，最后梵成了古代梵文体文字的祖先（印度文字最早是从右往左书写的），伽卢成了现代西方各种文字的祖先。这个传说最早出现在汉代，《马氏文通》后序也提到了这件事。说明中国古人很早便注意到了各国文字书向方向的问题。其实文字方向还不止这三个,还有从下往上的(如古希腊某种文字)、牛耕田式的(Boustrophedon or Ox-turning,即先从左到右、再从右到左、再从左到右这样循环往复的,古希腊、古埃及都有过这种书写法)。这个问题看似个技术问题,但一旦形成,对字体的结构规律就大有影响,尤其是每个字或字母的起势和收势,总是适应着这个需要。英文二十六个字母的手写体,几乎都是由左中位置起到右中位置结束,这样便于连笔书写,阿拉伯语正好相反,总是右起左收,便于向左书写。汉字的首笔一般总从中上或左上开始,末笔不管是到下中还是下右,其收势总是向左的,便于跟直行书写的下一字连接。由于汉字末笔从无向右上的笔势,因此近代从直行改为横行后,对书法家就带来了很大的困难。目前多数书法家是坚持"下行"书写,可见这一问题还没有找到解决的办法。

  书体的研究对汉字来说还有一个重要的意义。这就是文字史上所谓的"隶变",或汉字从小篆到隶书的变化。以往对这件事的意义总是只从字体演变史上去看,认为隶变是从古代汉字进化到现代汉字的分水岭。现在从语言学的角度去看,恐怕意义还不仅在此,隶变造成了汉字独体的可分析性,产生了笔划,文字也进一步抽象化、符号化,对汉字汉语的发展有重要意义(这一点下面还要谈)。而隶变与书写工具的改变也有关系(在此之前用的都是"硬笔",此后以毛笔为主)。

  B. 字系学下面可以分成字位学(Graphemics)、文字史(History of Writing)和字系类型学(Types of Writing Systems)等。这是文字学中最重要的内容。

  字位学是仿照音位学建立起来的,研究字位(Graphemes)及其变体(Allographs)或字素(graph)。同音位学一样,也可以研究"区别性特征"(Distinctive Features)。汉字和西方文字在字位学上的情况很不相同。对于西方拼音文字来说,字位就是指的 26 个字母、10 个阿拉伯数字、各种标点符号,及其他各种记号如 $、%、@、#、&、* 等,实即打字机或电脑键盘上所有的那些东西;字素就是字母等的各种变体如大小写等。区别性特征也是仿照音系学的,是对字母形体等的进一步细分,找出一系列对立,如直线对曲线、有点对无点、曲线的右向或左向等。法语中还有加不加重音符号等。西方人把汉字中的笔划也看作是区别性特征。但这样看,还是把问题有些简单化了。我们觉得汉语的字位学与西方拼音文字的字位学性质很不相同,这是由西方字母表音而汉字表义的本质特点决定的。西方字位学主要涉及的还只是形体,而汉字字位学更多的涉及到意义。西方的字位学与音位学有更多的可比之处,而汉语的字位学与词法学有更多的共同之处。

西方字位学的本位是字母,字位和字素都表现在字母本身;而汉语字位学的本位是汉字,字位和字素都是汉字的下层单位。比较汉语和英语,可以得出这样一个对应表:

(英语)词—形位(语素)—字母(字位)—区别性特征

(汉语)字—偏旁—形位—笔划(字位)

字 Sinogram　偏旁 bi-component　形位 sinographeme　字位 grapheme　字素 graph graphemics　字位学 morphology

同汉语形位相当的是英语的语素,因此汉语的形位学应当放到字法学(相当于英语的词法学)去研究。同英语字位处于同一层次的是笔划,横、竖、撇、点、折是基本的形位,它们都有很多变体,叫作字素,如捺就是点的变体。区别性特征同笔划不在一个层次,而且汉字的笔划也无法用二项对立式的区别性特征来分析。目前我们看不出设立这一层次对汉语有什么意义。

文字史研究文字的起源及其产生发展的历史,字系类型学研究古今有过的各种文字类型。这是我们要研究的重点。后面的内容主要与这两个方面有关。这里暂且从略。

C. 读写学本来应该像语音学一样,描写写字器官和阅读器官,但看来眼和手之于文字比不上口之于说话,更不是专门用来写字和阅读的,因此这方面实际没有很多有特殊价值的研究,研究者目前的注意力主要放在心理方面,包括阅读心理与书写心理,特别是结合脑生理学研究,在近一二十年取得了很大的进展。这一问题我们也将花一点篇幅进行讨论。

三、文字的起源及性质

1. 文字的起源

一般认为,文字起源于图画,这叫"单一起源"说。经过深入的研究,现在我们更倾向于认为文字有两个主要起源,还不排除别的起源。这叫"多种起源"说。中国古代的文献可以为多种起源说找到证据。

我们知道,中国最早的文字学专书是东汉许慎作于公元 100 年的《说文解字》。在《说文解字·叙》里,许慎提到了"六书"——汉字的六种造字方法,成为此后一千多年研究汉字的最基本纲领。然而人们发现同是东汉的文献,在六书的次序上有三种不同的排法:

班固《汉书·艺文志》:象形、象事、象意、象声、转注、假借;

许慎《说文解字·叙》:指事、象形、形声、会意、转注、假借;

郑众《周礼·地官·保氏·注》:象形、会意、转注、处事、假借、谐声。

一般的古汉语研究者采用许慎的名称、班固的次序,实际上是承认象形为最早的造字方法;但对许慎为什么要列指事为首的思考又一直萦绕在人们头脑中。因为这种排列次序意味着承认指事是最早的造字方式。我们认为这两者都有道理,象形、指事是两种最早的造字方式——指事也许还更早些。它们同是文字的起源。

描写古代文字产生过程的古文献只见于中国,在《周易·系传》和《说文解字·叙》里面都有着类似的记载。《说文解字·叙》上说:

> 古者庖牺氏之王天下也,仰则观象于天,俯则观法于地,视鸟兽之文与地之宜,近取诸身,远取诸物,于是始作《易》八卦,以垂宪象。及神农氏结绳为治而统其事,庶业其繁,饰伪萌生。黄帝之史仓颉,见鸟兽蹄迒之迹,知分理之可相别异也,初造书契。

从这段话来看,汉字产生经历了这么几个阶段:

伏羲:制八卦;

神农:结绳而治;

黄帝时仓颉:初造书契。

黄帝时代距今约五千年,伏羲更早,不会少于六千年。从出土实物来看,甲骨文距今三千多年,已是一种很成熟的文字,如果半坡、大汶口陶器上的一些符号(主要是数字,也有一些象形和会意字)可以认为是汉字的早期形态的话,其时代约六千年,两者是可以吻合的。结绳而治是以绳的形状、大小、结与结的距离、位置和色彩来记事,这一办法在玛雅文化中也有发现,我国一些少数民族,如独龙族、景颇族、傈僳族、瑶族、珞巴族、怒族至今有着结绳记事的习惯(见刘志诚,1995:17)。八卦,有人认为是图画,有人认为是记事符号。如果是图画,未免少了点,如"水、火"两字来源于坎、离两卦,而阴阳爻本身就是男女阴之象(有意思的是,在纳西东巴文字中,阳神的字形就是-,阴神的字形就是——);如果是记号,那就已经是一种非常成熟、高度抽象的记号和记号组合。关于图画,一般认为是大舜的妹妹发明的,古书的记载是"画嫘,舜妹也。画始于嫘,故曰画嫘"(《书史会要》),则其时代比黄帝要晚得多。但另一本书《易通卦验》上说:"伏羲氏《易》无书,以画事。此画之始也。"(同上:22)则画图与记事符号是同时的。以图画记事的实例,在玛雅文字和我国境内的纳西族东巴文字上都可见到。

相比较而言,仓颉受到鸟兽蹄迹不同的启发造的文字确实是比较成熟的文字。许慎把象形和指事叫作"文",把会意和形声叫作"字","文"在前,"字"是更成熟阶段的文字。

验诸其他古老的文字,大体也都经过了图画记事和符号记事的阶段,因此认为这两种东西是文字起源的说法是可信的。

其实还有一种起源说是认为文字起源于手势语。例如表示看的手势是用手搭在额头上,无独有偶,玛雅文和甲骨文的"看"字都是类似的字形。又如"说"的手势语是把手放在口下手指向上的动作,玛雅文和甲骨文的"曰"字也是类似的字形。至于数字一、二、三与手指的关系就更明显了,因此有人认为文字起源于手势。总而言之,讨论文字的起源涉及到 David Crystal 所说的人类交际的三种手段(说—听,写—读,做—看),如果这三种都被看成是语言,真会带来关于语言起源的新理论呢!(苏联马尔主张手势语最早,以后直接分化成有声语言和文字语言;墨山宁诺夫认为手势语产生在旧石器时代早期,文字产生在旧石器时代中期,而有声语言产生在新石器时代,中国张振民认为汉字全部可由手势语推出。均见王元鹿,1996:97。而德里达从他广义的文字定义出发,认为文字先于语言,也是考虑到手势语。)

2. 文字的性质

索绪尔说世界上的文字只有两大类:表音文字和表意文字;前文讨论文字发展规律时又提到音节文字、音素文字等。这些都涉及到文字的性质。十多年前,对汉字的性质曾经开过一场激烈的辩论,有说汉字是表意文字的,有说是表意表形兼表音的,有说是语素文字的,有说是意音文字兼符号的,不一而足。一个汉字已搞得这么复杂了,要分析古今各种文字就更困难了。因此我们认为,要讨论文字的性质要有一些更广泛、更周到的标准。在这方面,中国当代文字学家周有光先生的"三相"论不失为一种有价值的理论。

周先生认为,可以从三个方面去分析方案的性质,叫作三"相"。

一是符形相。即符号形式,可分为:(1) 图符(pictogram,图形符号),(2) 字符(character,笔划组合),(3) 字母(alphabet)。图符难于分解为符号单位,数不清数目,但有的可望文生义。字符有明显的符号单位,还可以结合成复合的字符,数目可以数得清,要逐个记忆所代表的意义,不能望文生义(如隶变后的"日"与甲骨文中的字形大不相同)。字母数目少而有定数,长于表音,短于表意。

二是语段相。符号所代表的语言段落,有长有短。长语段有语篇、章节、语句。短语段有:(1) 语词(意义单位),(2) 音节,(3) 音素(位)。

三是表达相。符号所要表达的有:(1) 表形(象形,大都能望文生义),(2) 表意(代表的意义要逐个学习),(3) 表音(要通过读音知道意义,全部表音的如芬兰文,基本表音的如英文)。三相可以列成下表:

符 形 相	语 段 相	表 达 相	简 称
图符	章句	表形	表形文字
图符或字符	章句或语词	表形兼表意	形意文字
字符	语词	表意	表意文字
字符或字母	语词或音节	表意兼表音	意音文字
音节字母	音节	表音	音节文字
辅音字母	音节或音素	表音	辅音文字
音素字母	音素	表音	音素文字

他认为实际存在的文字大都是"跨位"的。原始文字大都是形意文字,古典文字(包括汉字)大都是意音文字,而音节和辅音文字都可能兼表音素(前者如日语中的拨音ん,后者如阿拉伯语),单纯表形或表意的文字很难见到,单纯表音的也只有新制文字。

他认为描写一种文字的性质要将三相综合起来考虑,例如中国古代的小篆是"图符/语词加少量音节/表意为主兼表音"=意音文字;现代中国楷书是"字符/语词加较多音节/表意兼表音"=意音文字;日文是"字符和音节字母/语词加音节/

表意兼表音"=意音文字;韩文是"字符和音节字母(音素字母组合)/语词加音节(为主)/表意兼表音"=意音文字;朝鲜文是"音节字母(音素字母组合)/音节/表音"=音节表音文字。(以上参见周有光,1997:14-15)

这里值得注意的有三点。一、周先生没有把语素列入语段相,因而也就不存在语素文字一说。我们觉得是有道理的。因为语素是析出而不确定的单位,在汉语中有没有语素这个东西本身还有不同意见。二、周先生区别字符与图符,认为字符的特点是可以分析为符号单位。三、周先生把汉字不论古今都看作是意音文字,而不是纯粹的表意文字。我们认为这二、三两条是汉字长存而不像其他古老文字那样死亡的重要原因之一。根据我们的研究,汉字的造字发展经历了三个阶段:(1)表意为主的阶段,在"六书"中是象形、指事、会意三种造字方法;(2)表音为主的阶段,在六书中是假借造字方法;(3)意音结合的阶段,在六书中是转注和形声造字方法(简单地说,形声以形为主,赋以读音;转注以音为主,赋以形类)。正是第三阶段的发展使汉字具有旺盛的生命力(汉字中形声包括转注字占95%以上)。而汉字的形体发展中最重要的阶段是所谓"隶变",从圆转的小篆变为方正的隶书,隶变产生了笔划,这使汉字的字形有了可分析性,从古代的"永"字八法到当代的"札"字五法,五笔字形输入法就体现了这一科学理据。《说文解字》是隶变后的产物,虽然它分析的是小篆字形,但其方法论原则肯定是受了隶变的启发。字形的可分析性使汉字的研究和教学有了坚实的基础,也便于建立科学的汉字体系,这是其他的古典文字所不具备的。

从这一点分析出发,还使我们想到,汉字的生命力就在于第三阶段的造字。汉字为什么没有走上其他民族语言所共同走上的表音化道路?自源性是最重要的原因。但自源也不能排除走上表音文字的可能。事实上,汉字发展的第二阶段就是汉字企图走上表音的尝试。因为象形、指事、会意所造成的字毕竟是有限的,它适应不了社会生活的发展,大量的新事物、新词语、新概念来不及或不可能用这三种方法造出字来(如介词、连词、代词、语气词等"虚词"更不可能用这些方法创造),表音是唯一的出路。于是,"本无其字,依声托事"的假借字大量产生。这就是所谓"假借以济三书之穷"。据考证,殷商时期是假借字最繁荣的时期,姚孝遂(1980)认为甲骨刻辞中假借字的比例至少在70%以上。但是,由于汉语音节简单,同音词繁多,大量使用假借字必然会使语言的使用发生混乱。假借字的性质类似于音节式字母(日语的字母叫"假名"其实就是假借字的意思),再往前发展无非两种可能性,一种是进一步向表音方向发展,成为音素式字母,但这一方法仍无法解决汉语的音义矛盾(1977年"二简"方案的失败证明了此路不通);另一种可能是仍然回到表义,但这时的表义已是高一层次的表义,不是原先的简单重复,而是利用了表音阶段尝试的成果,把表义和表音结合起来,同时也使文字和语言更好地结合了起来。转注和形声,特别是转注(我们采用的是当代学者孙雍长的定义,即为假借字加注意符。参见孙雍长,1991)方法的发明,成了汉字最能产的造字方法。这是所谓"形声以济假借之穷"。据我们观察,在汉字中占极大部分的是形声字,而形声字中,极大多数又是按转注法造出来的。许多文字学家认为,六书理论不仅适合于汉语,也适合于大多数古文字。其实,这对于六书中的其他五书(包括形声,即表意字加声符)来说也许是如此(尽管其他文字中形声字相当少),但对转注来说却不是如此。转注造成的字在中国文字学上叫作古今字,包括累增字和区别文。前者如"暮"之于"莫",后者如"避"、"僻"、"譬"、"劈"等之于"辟"。这是汉字所特有的现象,也是使汉字适应语言发展的特有手段。别的古老文字都没有这种造字手段,加上字形缺少分析性,因此不得不在历史的发展过程中被淘汰了。

四、文字研究的两大偏见

非拼音文字,特别是汉字在语言研究中得不到应有的重视,是由于建立在西方传统哲学和西方语言学理论基础上的对文字尤其是汉字的两大偏见。通过研究文字的起源和性质,从而给文字重新定位,我们觉得还有必要对这两大偏见及其导致的结果有足够的认识。

1. "文字是符号的符号"吗?

上面已经指出,这一观点最早是亚里士多德提出来的,经过卢梭、黑格尔,特别是索绪尔,似乎得到了确认,甚至成为普通语言学的"常识"。如果对此有所质疑,便叫作不懂得语言学常识。当代哲学家伽得默尔、利科,特别是德里达对语音优于文字的观点进行了猛烈的抨击。然而绝大多数语言学家对之似乎采取置之不理的态度,也许他们在想德里达在说外行话,不值得理睬。据笔者所见,语言学家中,只有克里斯托尔对此予以了足够的重视。那么,我们究竟应该怎样来看这个问题呢?

对此,我们觉得应该把以汉字为代表的表意文字与以拉丁字母为代表的表音文字区别开来。实际上,索绪尔在这个问题上本来是说得很清楚的,他说:

> 只有两种文字体系:(1)表意体系。一个词只用一个符号表示,而这个符号却与赖以构成的声音无关。这个符号和整个词发生关系,因此也就间接地和它所表达的观念发生关系。这种体系的经典例子就是汉字。(2)通常说的"表音"体系。它的目的是要把词中一连串连读的声音模写出来。表音文字有时是音节的,有时是字母的,即以言语中不能再缩减的要素为基础的。(Saussure, 1916:26)

这两种体系在语言中的地位是不一样的:

> 如上所说,书写的词在我们的心目中有代替口说的词的倾向,对这两种文字的体系来说,情况都是这样,但是在头一种体系里,这倾向更为强烈。对汉人来说,表意字和口说的词都是观念的符号;在他们看来,文字就是第二语言。在谈话中,如果有两个口说的词发音相同,他们有时就求助于书写的词来说明他们的思想……汉语各方言表示同一概念的词都可以用相同的书写符号。(同上:27)

但索绪尔强调,"我们的研究将只限于表音体系,特别是只限于今天使用的以希腊字母为原始型的体系"(同上)。这一限制对他来说是无可非议的,因为任何学者都会把研究首先局限在自己最熟悉的材料范围里,何况当时中国的国际地位及在世界上的影响也没有理由让西方学者十分认真地对待汉语汉字的问题。但是这一"限于"到了后来的普通语言学研究者手中就变成"不限于"了,似乎所有语言的文字研究都应遵循这一模式,甚至连中国自己的语言学者都心甘情愿地把汉字研究纳入西方拼音文字研究的理论框架。从而形成了一种偏见,认为凡文字,都是符号的符号。说到底,这责任是不应该由索绪尔来负的,也不完全应该由西方其他学者来负,因为他们不懂汉字,我们没有理由去苛求。造成这个偏见的责任应该由中国自己某些语言学家来负。

德里达和利科对西方文字学说的批评,如果我们加以仔细观察的话,可以发现,他们拿来攻击"语音中心主义"的武器,其实还是以汉字为代表的表意文字,正是汉字给他们提供了展开无限想象的空间。其实在他们之前,17世纪德国哲学家、数学家莱布尼兹早就注意到了汉字的特殊意义,他甚至要设计一种以汉字为蓝本的普遍文字。

因此,要纠正"文字是符号的符号"的偏见,关键在于区分并理解这两种不同的文字体系;而所谓偏见,主要是针对汉字的。对于拼音文字而言,我们至今认为,"符号的符号"说大体上并没有错。现在我们需要研究的,是什么原因造成了这两种不同的文字体系。我们认为,主要有有两个原因。

第一,人类认知世界和进行表述的方式不同。

我们对语言下的定义是"人类认知世界和进行表述的方式和过程"。在文字问题上,两大体系的不同其实就是认知和表述方式的不同。人类认识世界,形成概念,再通过语言表述出来,可以有不同的途径。表音文字和表意文字正体现了两条不同的途径。一条走的是曲线,是从概念经过语音的中介再到文字,也就是说,与概念直接联系的是词的读音,然后再用文字把读音记下来;另一条走的是直线,从概念直接到文字,或者说,是用文字直接表示概念,语音只是在这过程中的附加物,当然是必不可少的附加物,否则就不成其为文字。在前一条途径里,文字对语音负责,语音才直接跟概念发生关系,在这种文字体系里,语音是第一性的,文字只能是"符号的符号",由于历史的发展,在很多拼音文字语言(特别是比较古老的语言如英语和法语)里,文字已不能正确地反映读音了,很多情况下人们是通过记住整个字形(如 laugh, taught,我们不会一个字母一个字母去拼它的读音),但这依然没有能改变文字只是语音从属物的特性。德里达攻击"语音中心主义"不遗余力,甚至对语言和文字哪个先产生都表示怀疑,但他也没法提出一个"文字中心主义"来取代"语音中心主义",而且还反复强调这一点。这就使他的批判显得乏力。而在后一条途径里,文字直接表示概念,语音是同时的附加物,这就使文字取得了至少跟语音相同,如果不是更重要的地位。文字就绝不只是"符号的符号",相反,它是如同索绪尔所说,它就是汉人的第二语言,它在汉族人民的社会文化生活中同样起着语言的作用,而千百年来汉人对汉字的研究也就应理所当然地看作语言学的研究。

这一"两条途径说",我们一直以为是近年来人们的新发现,不料一查,却发现早在三百年之前,德国哲学家莱布尼兹已作了类似的论述,他说:

> 言语是通过发出的声音提供思想的符号,书写是通过写在纸上的永久的文字提供思想符号。后者不必与语音相联系,这从汉字中可以看得很清楚。(转引自 Derrida,1967:79)

可见只要不带偏见,正视汉字的存在,这一事实确实具有真理性。

第二,文字发生学上的差异。

表意文字和表音文字的区分是从文字记载语言的方式上进行的分类,其实,对文字还可以有另外一种分类,这就是发生学的分类。从发生学上看,世界上的文字可以分为两大类,一类是自源文字,一类是他源文字。自源文字是自创型的,是某个族群的人们在历史发展过程中独立自主地形成的文字。他源文字又称借用文字,是借用他民族的文字体系加以调整改造,从而为我所用。汉字是典型的自源文字。同样属于自源文字的还有古代美索不达米亚(Mesopotamia,即两河流域[Rivers Tigris and Euphrates])苏美尔人(Sumerians)的钉头字(Mismari,这是阿拉伯人发现时取的名字,500年后英国人重新发现,改称楔形文字[Cuneiform],其实钉头字更形象)(约公元前 3500 年,现存约 1,500 字)、埃及圣书文字(Egyptian Hieroglyphic [Sacred carving,因主要用于寺庙陵寝])和中美洲玛雅文字,以及我国境内的纳西东巴文字等。其他古代和现代的文字几乎都是他源文字,如古代的腓尼基文字、希腊文字,及现代的拉丁字母、印度字母、斯拉夫字母、阿拉伯字母等。日语不光其中的汉字是借用汉字的,就是其假名也是借自汉字然后加以改造,如平假名的あいうえおかきくけこ、片假名的アイウエオカキクケコ十个字母,就分别是汉字"安以宇衣於加幾久計己"和"阿伊宇江於加幾久介己"的草体或楷体变形。朝鲜在历史上曾有过全用汉字、吏读(实词用汉字汉义、虚词用汉字记朝鲜读音)的阶段,1446 年发明谚文,谚文是朝鲜人自创的,但不能算自源文字,一是起源太晚,二是在创制过程中受到了汉语汉字的影响,其初声(声母)、中声(介音或主要元音)、终声(收尾辅音)的划分明显受了汉语音韵学的影响,而拼合成的音节叠成方块,明显是受了汉字形式的影响。

把文字的这两种分类综合起来考虑,我们会发现表意文字与自源文字、表音文字与他源文字,实际上是重合的。凡自源文字都是表意的(不论是形意文字、意音文字、表词文字),凡他源文字都是表音的。这一发现有重要的意义。第一,它使我们懂得了为什么在拼音文字的语言里,文字只能是符号的符号,因为这种文字都是他源的,并不是本民族认知世界的表述方式,而是借用了其他民族认知世界所表述的符号。对于最初使用这种符号的民族来说,这一符号可能是第一性的,直接反映了其对世界的认知,但对借用民族来说,口头语言表述了他对世界的认知,而借用这些符号只是用来记录本民族语言的音,因而不得不是第二性的,是符号的符号。第二,它也使我们得以纠正另外一个偏见,即语言符号与意义之间的任意性。语言符号包括语言和文字。在使用他源文字的语言里,文字同意义没有什么直接联系,语音同意义的联系也很有限(只有一些摹声词之类),因而这"任意性"的规律是可以基本成立的;但在使用自源文字的语言里,由于自源文字都是表意文字,文字与意义之间的联系就不是任意,而是有着必然的理据性。因此,任意性可以适用于拼音文字语言,却不适合于汉语。第三,这也使我们进一步明确汉语在普通语言学研究中的意义。在上述两种分类里,汉语既是表意体系文字在当今的唯一代表,又是自源文字在当今的唯一代表,一种普通语言学理论如果不考虑汉语的因素,可以肯定,它不会是全面的、完整的。亚里士多德提出了文字是"符号的符号"说,在他当时并没有错,因为他所见到的只是已经是他源文字的希腊文字,我们不能要求他去研究汉字或者已经消亡了的埃及和两河流域古文字。但从他以来直到20世纪形成的这一重音轻文传统确实是片面的。

2. "世界文字的发展方向是从象形文字到表意文字再到表音文字,而表音文字中又以音素文字为最高阶段"吗?

说实在的,这样的话到了20世纪末,确实已听不大到了。这句话中的拼音文字优越感实在太强烈,如果再坚持这样说,难免会冒天下之大不韪,遭到群起而攻之。但我们仍不得不提出这个问题,原因是:第一,现在人们一般不再提这样的文字发展观多半是出于政治或意识形态的考虑,以为说这种话会有殖民主义、帝国主义的嫌疑,在当前全世界"后殖民主义、后帝国主义"的语境中,会成为过街老鼠,人人喊打。但在科学研究的层面上,是不是人人都承认表意文字不比表音文字落后,那还是有怀疑的。第二,在这一"理论"的指导下,我们国家经历了前后将近一百年的波澜壮阔的文字改革运动,汉字被不止一次地判处死刑,或者被认为是中国现代化的绊脚石。现在虽然汉语"必须走世界各国共同的拼音化道路"不再有人提了,但汉字落后论、拼音优越论还时不时会以各种方式冒出来。为了使我们的后人不再犯同样的错误,我们也有必要对我们的经验教训进行总结,同时从理论上解释为什么汉语不能走拼音化道路。

因此讨论这个问题，我们的中心论点是，文字同语言相适应，汉字同汉语相适应。

我们认为，世界上的文字有表形文字，有表意文字，有表音文字，表音文字中还有音节文字和音素文字（其实是音位文字）。各个民族采用哪种文字体系，除了不可抗拒的因素（如强迫殖民化，例如越南之采用拉丁字母、蒙古之采用斯拉夫字母，以及一些亚非拉国家之采用拉丁字母）之外，一般是同其语言相适应的。各种在外人看来不可思议的文字体系，对该民族来说是十分自然的事。一个明显的例子是日本之采用汉字夹杂假名的文字体系。如果说在明治维新之前，日本作为一个臣属于中国的东方小国，这还可以理解的话；到了20世纪末的今天，日本在经济、军事、科学技术等许多方面已远远跑到中国前面，加上许多日本人从心底里看不起中国人，采用汉字不论从政治上、经济上、文化上，对日本都没有什么好处，日本国内也确实不断有人呼吁要废除汉字，但汉字就是废除不掉。不但二战后美国占领军司令派人为日本设计的罗马字方案行不通，就是纯用假名也行不通；不但纯用假名行不通，连减少常用汉字的数量也行不通。曾有一度（1946年）日本把当用汉字的数量减到了1,850个，但1981年又增加到了1,945个，现在的数量还在增加，据说已到了2,000多个。其原因就在于这套在外人看来不伦不类的文字体系，对日语是适应的。日语的音节结构特别简单，五十音图的十行あかさたなはまやらわ，一共只用了四十七个符号，加上浊音和半浊音的五行がざだばぱ，及促音、拨音、拗音、长音，音节总数也才112个，比汉语还要简单得多，音节少自然适合采用音节字母，因此汉字、假名就胜过了罗马字拼音；而音节简单的另一个后果是同音词多，于是只好采用不同的形体来区别，例如こ[ko]这个音节，就有409个同音字。女子人名よし[yoshi]，写成汉字可以有"好、佳、淑、良、祥、芳、嘉、善、喜、宜、吉"等。这就是汉字废而不除的原因。朝鲜语是另外一个例子，它的音节数量众多，据说有一万多个，这就不适合采用音节文字，而宜于采用音位文字；而它的音节拼读法又类似汉语，比较浓缩，加上历史上汉字字形的影响，因而整个音节采用了方块字形式。目前南北朝鲜的文字体系不完全相同，南朝鲜还是采用汉字夹谚文，这造成了它们丰富的词汇；北朝鲜独立后由于政治原因彻底弃用了汉字，对其深层文化的发展造成了一定的影响（与之类似，汉字简化在一定程度上也影响了全民文化程度的提高）。

其次，对于"世界文字的发展方向是从表形文字到表意文字再到表音文字，而表音文字中又以音素文字为最高阶段"这样的说法,我们也应该给以实事求是的评价。说一定有这样的规律,而且所有民族、所有语言都没有例外,这是武断的;但说文字发展一定毫无规律可循,从表形到表意到表音全是胡说八道,那也未必公正。这一条"规律"毕竟是人们从观察几千年来世界上多数文字演变的事实上总结出来的,还是有一定的真理性。具体来说,对于目前采用他源的表音体系的文字来说,也许确是如此。文字学家周有光先生曾经把世界文字的发展分为三个阶段:第一阶段从公元前出现刻符和岩画,到公元前 3500 年两河流域钉头文字成熟,这 4,500 年是人类的原始文字时期,其特点是一般兼用表形和表意两种方法,称为"形意文字"。第二阶段从公元前 3500 年两河流域钉头文字成熟,到公元前 11 世纪地中海东岸"比拨罗"(Byblos,在今黎巴嫩)文字,这 2,400 年是人类的古典文字时期,主要是三大古典文字:产生于公元前 3500 年的苏美尔钉头文字、稍后的古埃及圣书文字和公元前 1300 年中国商代的甲骨文。其特点是都是"语词·音节文字"(logosyllabary)或"词符文字"(logogram),其表达法是表意兼表音,称为"意音文字"。第三阶段从公元前 11 世纪以后,是字母文字阶段,其中又经过了公元前 11 世纪开始的"音节·辅音字母"时期、公元前 9 世纪开始的"音素字母"时期、公元前 7 世纪开始的"拉丁字母"时期和公元 15 世纪开始的拉丁字母国际流通时期(周有光,1997:4-9)。应该说,这一基本趋势是客观存在的。问题是在这一大的规律下还有另一条不可忽视的规律,正如周有光先生指出的:

> 三大古典文字都是传播到别的民族中间去之后,才从表意变为表音,产生音节文字。(同上:7)

可见自源和他源在文字发展中具有重要意义。汉字公元 9 世纪传到日本,产生音节字母;公元 1446 年在汉字影响下产生朝鲜谚文音素字母,但在汉语母土,它却始终是自源文字,迄今性质没有变化。同样,日本假名和朝鲜谚文产生后,没有再传播到别的国家,它们的性质也不能纳入前面所说的文字发展的大规律。此外从文字同语言相适应的情况来看,日语这种音节文字也没有必要发展成音素文字。

下面我们着重讲讲汉字同汉语相适应的地方,这也是间接回答为什么汉字不能走"各国共同的拼音化方向",为什么不存在一个文字发展的"必然规律"。我们

认为,汉字同汉语相适应,体现在

(1) 汉字同汉语的语音特点相适应

汉语的语音特点有三：单音节；音节构造简单；音节拼合的内紧外松。从听觉上来看,汉语语音的基本可感知单位是音节而不是音位；每个音节由声、韵、调三个部分组成,结构简单；汉语没有像英语那样的辅音连缀,各音节的长度大体相同；用一个公式(C)(m)V(e)就可以描写全部汉语音节。其中 C(consonant)指声母,括号指可有可无,m(medium)是介音,汉语中一共才三个介音 i、u、ü,V(vowel)是主要元音,e(ending)是韵尾,现代汉语只有两个元音韵尾 i、u 和两个鼻音韵尾 n 和 ng。所谓内紧外松是指音节在拼合过程中音节内非常紧凑,形成一个语音团块,不像拼音文字语言如英语那样可以听出明显的拼合过程,如 I 和"爱"、Y 和"外"、N 和"恩"；而音节之间界限清晰,元音开头的音节与前一个音节之间不允许有英语和法语那样的连读,而像德语那样似乎有一个喉塞音,如"延安"不能读成"叶南"、"里昂"不能读成"良"。这就使汉语音节的孤立性或者说独立性特别强。这种语言适合使用以音节为基础的文字而不适合以音素或音位为基础的文字(日语有同样情况)。

(2) 汉字同汉语的词汇特点相适应

汉字的最大特点之一是一音一形一义,除了汉语之外,世界上几乎没有任何一种别的语言有这样的特点。有人说汉字是表词文字,有人说汉字是语素文字,前者更多地考虑古汉语的情况,后者更多地考虑现代汉语的情况,但不管是哪种说法,都是看到了汉语中的音节和语义的单位是相同的,而且都用汉字这一形式表现了出来。别的语言如英语的分析,从音素到音节,从音节到语素,再到单词。其中音节是无义的,语素是有义的,要解释意义是何时又是怎样进入语言的,对他们来讲始终是一个挠头的问题,而在汉语中就没有这样的情况。汉语的构词法是以单音词为起点,不管是采取何种方式,始终是单字的相加,双音节、三音节,乃至四音节与二字词、三字词、四字格是相应的。

(3) 汉字同汉语的语法特点相适应

在语言类型学上,汉语是典型的孤立语。所谓孤立语,是同屈折语、黏着语相对待的。屈折语有复杂的形态变化,名词的性、数、格,动词的变位等,都要通过语音(常常是某个或某几个音位)的变化来实现,这就使以音位为单位的拼音文字体系对之特别适合。黏着语(例如日语)是通过不变的词根加上可变化的词尾或格助词等来表示语法变化的,日语采用汉字加假名正适合了这一需要。而汉语由于没有这种种形态变化,语法手段主要依靠词序和虚词,没有这种零零碎碎的挂件儿,因而只用汉字就可圆满地完成语句的组织。

(4) 汉字同汉语的文体特点相适应

在漫长的历史上,汉族人民创造了许多独特的文体和独特的文学表现手法,前者如四、五、七言诗、楚辞汉赋、宋词元曲、对联灯谜,后者如双声叠韵、对仗排比、顶真续麻、拆字飞白等,形成中华民族丰富而宝贵的文化遗产。这一些很多都是利用了汉字的独特形式和特点构成的。譬如对联,世界上没有哪一种语言能有如此言简意赅、整齐悦目,充满了意美、形美、音美(或者说诗歌美、建筑美、音乐美)的文体。再如风景名胜的题额,两三字最多四字,能达到画龙点睛的效果,是中国园林艺术中一道独特的风景。

(5) 汉字同汉语的国情特点相适应

如果说,上面几条还只是说明汉字的特点的话,那这一条就是汉语的优点了。中国地大人多、历史悠久、方言复杂,而汉字的最大特点,也是它与表音文字的最大区别,就在于它的音义两重性,它不像表音文字那样把自己牢牢绑在语音上,语音一变就得跟着变;而是紧紧地联系着意义,读音只是附加的、有时甚至是可脱离的。这就使它具备了一种超方言、超历史的本领,不同时代、不同地域的人,尽管说着互相听不懂的话,但只要面对汉字,他们之间的距离马上缩小为零。汉字在维系中华民族的团结统一方面起到了难以想象的巨大作用,直到今天,它还是凝聚全国人心、团结海外侨胞的一根有力纽带。文字的发明使人类超越了语言在空间和时间上的局限,使人类走向了文明,这在汉字身上体现得最为典型。我甚至有一个大胆的想法:一种成熟的语言,其口语与书语、语音同文字,应该保持一定的距离,言文一致,文字完全记录语音,不见得是一种进步的表现。文字是在语言基础上产生的,书面语是在口头语基础上产生的,但一经产生,它们就有了自身的发展规律,不完全受语音和口头语的控制。汉语之外,英语、法语等都是如此。

由于汉字同汉语完全适应,它已经为我们服务了几千年,它还必将继续为我们服务直到永远。汉字的又一特点是它的强大的适应性,在历史发展过程中各种条件都在变,对汉字带来过各种各样的冲击,较近较大的一次就是"五四"前后白话文兴起带来的强烈要求改革汉字的浪潮,但这个浪潮经过了一百年,尽管有许多伟人乃至政府的参与,却没能把它冲垮。最近的冲击是电脑时代的来临,又有人说古老的汉字适应不了这最新科技的发展,但曾几何时,汉字的输入速度甚至已超过了拼音文字。面临电脑世纪的挑战,其实汉语和世界上其他语言都已站到了同一条起跑线上,我们相信,汉字必定也会顺利地度过这一关,与其他语言携手共进。

五、"读写学"研究的进展

读写学是近一二十年才兴起的,其中有的问题特别引起了我们的兴趣。

1. 第一个问题是:阅读是用眼睛还是用耳朵?

有两种意见。一种意见从儿童学拼读的角度出发,认为阅读必须经过听觉阶段,阅读是一个个线性过程,先听出一个一个字母,然后才能理解比较大的单位。这可以叫作"耳读论"(Ear Theory)。另一种意见则认为阅读靠的是眼睛,阅读过程建立在意义和文字的直接联系上,不需要经过什么语音的桥梁;单词是整体被认知的,而无需经过线性的字母拼读过程。这可以叫作"眼读论"(Eye Theory)。

"耳读论"的根据主要有以下六条:

① 把音位与字位相联系是出于自然,也是初学识字者难以避免的;

② 字母识别速度很快,大约每个字母只需 10-20 微秒,这已足以解释每分种 250 个词的正常阅读速度;

③ 词频研究显示在一篇文章中多数词的出现频度很低,有的很久才出现一次,有的根本就是生词,读者对此无法预期,因此常需通过语音解码,分解成音位或音节;

④ 人们阅读较难的材料时常常嘴唇会动,也许可证明语音有助于理解;

⑤ "眼读论"无法解释各种字形的变体(例如把 difficult 写成 DiFfiCuLt 之类),但"耳读论"者照样读得很快;

⑥ "眼读"是件很复杂的事,每个词需要在大脑皮层里形成一个单独的图象,而且可不断提取。这实际上是做不到的。

顺便说说,第六条的做不到对汉字来说是轻而易举。

"眼读论"的根据主要有以下六条:

① "耳读论"无法区别同音词,如 two 和 too;碰到 tear 这样的词不了解意义无法知道其读音;

② 某种失读症患者无法读出孤立的字母或无意义的字母组合,却可以读出真实的词,可见从文字到概念确实存在着一条非语音的通道;

③ "耳读论"无法解释何以有的人阅读速度如此之快,甚至可达到每分种 500 个词以上;"眼读论"就不存在这样的问题;

④ 实验证明人们识别整个单词比识别单个字母要快;

⑤ 写法相似读音不同,或不同字母组合读音相同的情况比比皆是,"耳读论"者难以解释;

⑥ 实验证明阅读熟词比无意义词快,印刷错误在校对时不易被发现,读得快的人大声读出时所犯错误一般同语法或语义有关而不大会有语音上的错误。

"耳读论"因其基础是最小的字母单位,又被称作"自下而上论"或"腓尼基理论"("bottom-up" or "Phoenician" theory);而"眼读论"因其常举汉字作为整词识别的证据,又被称为"自上而下论"或"汉语理论"("top-down" or "Chinese" theory)。这两种理论相持不下,特别是有的证据两者都能用,例如天生聋子能够学会阅读似乎证明了"眼读论",而其学习过程的极其困难又似乎对"耳读论"有利;又如汉语和日本汉字的存在有时可证明阅读不需经过语音阶段,但表词体系的文字看来又非常难学,很少人能掌握 4,000 字以上(对西方人来说)。因此现在的倾向是将两种观点调和起来,例如有人认为在阅读的起始阶段(儿童学字)是"耳读论"在起作用,而在成人阅读中是"眼读论"在起作用;又有人认为熟词在阅读中是整体吸收的,而生词是经过分析的,等等。(以上参见 Crystal, 1997: 212 - 213)

对这一争论我们不想作结论。使我们对之感兴趣的原因有二:第一,这一争论似乎证明了阅读汉字和阅读西方拼音文字是两个不同的生理—心理过程,也许还进一步证明读文字和听说话本身就是两个不同的生理—心理过程,是否最后能证明文字不光对汉人来说是第二语言(索绪尔语),对其他民族的人来说也是第二语言?这个问题在普通语言学上将会有很大的意义。第二,汉字是证明"眼读论"的有力证据,但西方学者对之又把握不定,这是因为对学习汉字的困难级度和使用汉字的熟练级度现在还没什么研究。国外的研究固然不多,国内的研究似乎更少。我想这两个问题是普通语言学向汉语学者提出的重要课题,值得花大力气去进行研究。

2. 认知文字,特别是汉字的理论

这个问题与大脑科学的发展很有关系。关于这方面的研究最早可溯源到 19

世纪。法国医生布罗卡(Paul Broca, 1824 – 1880)和德国医学家韦尼克(Carl Wernicke, 1848 – 1904)分别于1865年和1874年发现了位于人类左脑主管语言的两个区域,后来这两个区域分别以他们的名字命名,叫作布罗卡氏区和韦尼克氏区。1981年美国科学家斯贝利(Roger Sperry)因证明人脑两半球在功能上具有高度的专门化而获得诺贝尔医学奖。他通过对"裂脑人"的研究,证实两半球各有独立的意识界、感受界、情绪界和记忆界:大脑左半球善于抽象思维和逻辑分析,又是语言中枢;大脑右半球有较强的形象思维和空间、时间的识别能力,善于对视觉获得的材料如整体性图形、色彩等的信息进行处理。

这一发现迅速被与语言文字的识读联系了起来,由于大脑两半球功能的差异,它对于不同性质文字信息和处理就不相同。英美学者曾经提出过儿童"失读症"(指能听会讲,但在识字上有困难)的问题,而日本学者在1968年就发现由于使用汉字和假名,日本孩子不存在这样的病症。1974年更进一步发现一个病例,一位大脑左侧受伤的日本工程师,不能说话还能写字,但他只能写出日语中的汉字,假名中除了"の"别的都不会写了。1982年发现一个病例,一个在中国居住会熟练运用汉语汉字的欧洲人,大脑受伤后母语几乎全忘了,却能阅读和书写汉字。这一些使人们得出结论,所谓的"失读症"只是"纯拼音文字失读症",因而有的西方学者实验让儿童用英语认读汉字(以上参见孙维张,1994:254 – 255)。著名美籍中国语言学家王士元就做过这样的实验:用英语来教他的小女儿学汉字,即看的是汉字,但读的是英语(如看着"书"念 book)。这是利用了汉字超方言,甚至超语言的特性,也是受日本人用"训读"读汉字的启发。有一度人们曾热烈讨论的让汉字成为新世纪的国际文字也是从这一角度着眼的。它并非要让汉语成为国际语言,而是借鉴日本借用汉字的经验,利用汉字,但仍采用各国自己的读音,形态则大量简化。例如书面上统一用"我读书",但普通话念"wo du shu",上海话念"ngo dok s",英语念"I read book",法语念"je lire livre",日语念"わたし よみほん",等等。但国际文字与国际通用语一样,并不只是个语言学的学术问题,在中国的经济发展、国际威望达到一定程度以前,这些都不过是纸上谈兵。

1988年,中国科学家郭可教根据神经心理学的研究成果,提出了"双重编码"和"复脑文字"的理论。他说:

> 对失语患者的神经心理学研究表明,汉字失语与拼音文字失语相比

较,有一些不同之处,主要的是:

  读音与解义分离。汉字读音障碍一般不影响对词义的理解。而拼音文字则是。
  读音与书写分离。汉字读音有障碍时,一般不影响书写,而拼音文字则是。
  书写运动觉对读音没有促进作用。手指书写时的运动觉对汉字失读患者的读音不起诱导或促进作用。拼音文字失读患者则有这种作用。
  言语动觉对书写没有强化作用。汉字书写困难时,发音无助于书写,而拼音文字书写(抄写)困难时,却可借助于发音进行听写和自发写。
  上述现象表明,人脑处理汉字登记处时是双重编码,即兼用语音编码(音码)和形态编码(形码)两种方式。汉字阅读时须要在头脑中经过语音处理这个中介环节,才能了解词义,这就是"语音编码"。看到字形后,不经语音处理则直接了解词义,这就是"形态编码"。汉字书写时亦是如此。而人脑在处理拼音文字时,主要是语音编码。(郭可教,1988a:110-111)

1992年,他更从"双重编码"进而主张"多重编码",说:

  总起来说,拼音文字认知中语音编码方式起主要作用,而汉字认知中则是利用多重编码方式,是语音编码、字形编码和语义编码兼用的。(安子介-郭可教,1992:77)

同时,他还从对失语症患者、裂脑人和正常人的神经心理研究出发,提出汉语是"复脑文字"的观点:

  总之,根据以上研究结果并与国外相同病例的研究结果进行比较后,可以认为,中国汉字和大脑两半球的关系与拼音文字有很大不同。中国汉字不是偏向大脑左半球的"单脑文字",而是与两个大脑半球均有关系,即左脑和右脑并用的"复脑文字"。(同上:73)

他进而提出,"汉字是开发大脑的工具,探索大脑的工具",而这正是近几十年国外的研究者提出的:

> 说汉字是开发大脑的工具,是因为汉语是"复脑文字",是左右脑并用的。就像两个人同时在做工作,比一个人工作效率高,对智力开发有好处。据说左脑的功能是系列性、分析性的,右脑的功能是同时性、综合性的。拼音文字是系列性、分析性的,所以在左脑处理。使用拼音文字的人口头语言在左脑,文字也在左脑,而社会上绝大部分信息都是靠语言文字传播的,所以西方人左脑负担过重,因而提出要开发右脑。而中国的汉字是左、右脑并用的,在发展左、右脑的作用方面起着平衡作用,有利于全面发挥左、右脑的作用。说汉字是探索大脑的工具,是因为人脑的认知规律,过去都是用拼音文字进行研究而得出的。这是否符合全人类的认知规律呢?汉字既然有自己的特点,所以国外提出,要研究汉字的特点之后,才能得出全人类共同的认知规律。所以世界上很重视汉字研究,这是世界性的科学问题。(郭可教,1988b:359-360)

3. 对读—写关系的研究

读与写原先被认为是一对互补的技巧:能写就应该会读,能读就应该会写(对西方文字来说,至少会拼)。因而,200 年以前,西方的教师兢兢业业地教学生拼字,认为这样自然就会阅读;而现在的教师关注阅读,认为拼写不用花太多精力去教。近年来的研究才发现问题并不那么简单:读与写之间的并没有什么必然的联系,读得多的人未必写得好;阅读与拼写之间也没有什么必然联系,会读而拼写常发生困难的人约占 2%,神经心理学更证明有人能读但不能拼。

经过研究,人们发现阅读与拼写的心理过程并不一样,拼写更自觉、更有意识、对语言结构要求更敏感,还要有一种形象的记忆力,记往那些不规则的拼写法。而读往往可以有选择性,抓住一些线索,认出少许字母后便可猜出其余的。同时,研究还发现,字位与音位不对应,以英语来说,每一个读音平均可有 13.7 种拼写法(如 sheep 理论上还可以拼成 sheap 和 shepe),而每一个字母平均只有 3.5 个读音。拼一般比读难,但也有相反的情况,有的孩子拼写能力比读强。因而学者得出结论,阅读与拼写这两种技巧包含着两种不同的学习策略,阅读主要是建

立文字与意义的直接联系,而拼写必须包含有一个语音的因素。(以上参见Crystal,1997:215)

以上这一研究主要是针对西方拼音文字的,对汉语没有直接关系(自然,对中国人学习西方语言还是有用的)。但研究这一关系本身对汉语汉字的研究却有启示意义。举例来说,长期以来,我们把汉字"难认、难记、难写"这三"难"作为其一大罪状,谁也没有去细想三者间有没有不同,好像难认必然难记、难记必然难写;反过来,因为难写所以必然难记难认。汉字简化和汉语拼音化这两大决策都是建立在这一理解的基础上的。直至近十来年,才有人对之提出了质疑。一位学者说:

> 汉字里的确有不少笔划繁复的字,初学者不仅难认,写起来也确实不便。但是,汉字有它自己的体系。初学者学习了一定数量的汉字以后就能大体上从感性上感受到汉字的这一体系,再进一步学习、使用的确并不困难……有一些出乎意外的现象,也可以说是不符合理性推断结论的一些事实,说出来的确使人哭笑不得。这就是有一些相当繁复的字,写起来笔画是多了一些,但有人却深感是容易认识,便于区别。还有人认为有些繁复的字学的时候难,但忘记也难;学的时候慢,忘起来也慢。这不仅符合"容易得来的知识不稳固"这一学习哲理,也反映了汉字的一个重要特征。汉字为了更好地表义,在很大程度上用了繁化这一手段。也就是说,汉字体系让某些汉字笔画繁化正是为了区别意义、便于识别。有些人感到有些繁字容易认识、便于区别,不正好证明了汉字体系的这一特征的可取之处吗?……经过文字改革大量使用简体字之后,初学者学习起来的确方便了许多,尤其是写起来简单。但是,由于使用的简化字与汉字固有的体系不完全吻合,所以初学者学习了一定数量的汉字之后并不能从感性上大体掌握汉字的体系,再进一步学习,比较起来就不那么顺利,比如,他们分不清"边"、"历"、"穷"、"荔"为什么都从"力",为什么有的是声符,有的又不是?……结果还得把这些字作为孤立的个体一个一个地分割开来死记硬背。本来在初学时因为方便而节省下来的时间,这时候又不知不觉地退赔了出去。……由于这些简便的书写符号如"又",只是为了书写方便而被采用,并不合于汉字的结构关系,根本无

法使人理解"又"和鸟(凤)、登(邓)、雚(观、劝、权、欢)、莫(叹、汉)、车(轰)、奚(鸡)、堇(仅)、尌(树)(其实还有"双"、"对"、"圣"、"戏"、"泽")之间是什么关系,当然会感到"不理解"。由于"不理解",由于这些简写符号大量在运用,一大堆"又"和一大堆"×"(如风、岗、区、网、卤、赵),还有一大堆别的什么符号混在一起,于是就产生了书写上的"不便",错别字很自然地就产生了。……由此可以感到,只顾书写上的方便,不管汉字结构的体系关系,不考虑汉字是要被理解的,一味地为了简化而简化,显然存在着一定问题。(赵诚,1988:291-295)

随着文字的重新得到重视特别是汉字的得到关注,一些"禁区"正在被突破。继拼音化道路之后,汉字简化问题也在引起一部分学者的认真反思。这位学者的观点是有代表性的。他所主张的"难认≠难记≠难写",反过来"易写"不一定导致易学、易记的观点可说与国际上对读写关系探索的精神是一致的。

参考文献

安子介—郭可教,1992,《汉字科学的新发展》,香港:瑞福有限公司。
郭可教,1988a,"双重编码"和"复脑文字",中国社会科学院语言文字应用所编《汉字问题学术讨论会论文集》,北京:语文出版社,第110-113页。
郭可教,1988b,在讨论会上的发言,中国社会科学院语言文字应用所编《汉字问题学术讨论会论文集》,北京:语文出版社,第359-360页。
刘志诚,1995,《汉字与华夏文化》,成都:巴蜀书店。
潘文国,2001,"语言的定义",《华东师范大学学报》2001年1期,第97-108页。
孙维张(主编),1994,"语言散论",长春:吉林教育出版社。
孙雍长,1991,《转注论》,长沙:岳麓书社。
王元鹿,1996,《普通文字学概论》,贵阳:贵州人民出版社。
徐友渔等,1996,《语言与哲学:当代英美与德法哲学传统比较研究》,北京:生活·读书·新知三联书店。
姚孝遂,1980,"古汉字的形体结构及其发展阶段",《古文字研究》第四辑,北京:中华书局。
赵　诚,1988,"汉字探索",中国社会科学院语言文字应用所编《汉字问题学术讨论会论文集》,北京:语文出版社,第286-295页。
周有光,1997,《世界文字发展史》,上海:上海教育出版社。
Crystal, David, 1997, The Cambridge Encyclopedia of Language, Second edition, Cambridge: Cambridge University Press.
Derrida, Jacques, 1967, *De la Grammotologie*, translated into English by G. Spivak as *Of*

Grammotology, Baltomore and London: The John Hopkins University Press, 1976.

Saussure, F. de, 1916, *Cours de linguistique générale*, translated into English by R. Harris as *Course in General Linguistics*, La salle, Illinois: Open Court Publishing Co., 1986.

（初稿写于 2004 年）

论语法

语法是当代语言学研究中最繁荣、最引人入胜,同时也最富有争议的领域。说语法是现代语言学研究的核心和焦点,这一点也不为过。任何研究语言学的人要是对语法一无所知,那不管他乐意不乐意,迟早会被"边缘化"。语法的这一"定位"是不是合适,这是另一个问题,但目前语言学界的事实就是如此。除非你不想搞语言学,否则你就必须对语法问题有所表态。而现在一般理解的语法,又主要是在句法和词法层面,因而像语篇研究、话语研究等在句子以上层面的研究,也总是在所谓的"主流语言学"之外。

由于语法牵涉的问题太多太大,我们无法在一篇文中全部讨论到,只能讨论一些最基本的理论问题。理论不同,对很多具体问题的处理就不会相同。

一、语法和语法学

首先要谈一谈"语法"和"语法学"的问题,这两个术语有没有区别?在理论上,我们可以说,"语法"强调语法的规则,而"语法学"强调对这些规则的研究,但实际上,这两个术语在使用上区别并不大,前者用得还更频繁一些。在英语中,这两者在一般情况下都译成 Grammar,只有在某些情况下,例如要特别强调其研究的理论性的时候,才会用 Grammatical Studies。汉语中也是如此,一般也只用"语法"而不大用"语法学"。例如"传统语法"实际就是指传统语法学,"转换生成语法"就是指转换生成语法学。

但是这两者有个很重要的区别。我们知道,语法有所谓"客观语法"和"主观语法"之分。前者指各种语言中客观存在的语言组织的规律,是不以人们的意志为转移的,不管你意没意识到、总没总结出,或学没学习过,反正说话写文章就得遵守这些规律,否则本族人听了、看了就会别扭。而后者是语法学家从各个角度去观察、去探索,对客观语法作出的研究,或总结出的规律。"语法"和"语法学"这两个术语的最大不同点在于,"语法"既可用于客观语法,又可用于主观语法;而"语法学"只能用于主观语法。由于人类认识世界的能力是有限的,客观语法永远不可能完全被人们所认识，所有的主观语法只是从不同侧面去接近客观语法，做出自己的解释，因此永远不会有绝对正确的主观语法；语法研究要允许百家争鸣，是语法的这一本质决定的。另一方面，也不大会有一无是处的语法学说，除非其提倡者有意要瞎说，否则总会有一些可取之处。所谓的语法研究，就是从各种不同的主观语法出发，努力向客观语法靠拢的过程。由于客观语法体现在人们实际使用语言的过程中，是说母语的人的无意识的流露，因此主观语法是否正确，是否具有真理性，一定要受实践的检验。认为一种理论只要自圆其说，便可不受实际的检验，反过来要对实践指手划脚，那是不可思议的。

客观语法就像汪洋大海，主观语法就像用各种不同的容器到大海里去装水，所谓"管窥蠡测"，就是这个意思。但客观语法只有通过主观语法才能体现出来，没有语法学家的理论、观点、术语，我们面对客观语法的汪洋大海简直无所措手足。因此我们平常所讲的语法，一般指的都是主观语法。

与之有关的还有另一对概念：理论语法和教学语法，前者又叫专家语法、参考语法等等。许多人认为两者是一致的，只是深浅程度的不同或叙述繁简的不同，教学语法讲得浅一些、简单一些，专家语法讲得多一些、深一些，反正都是朝着同一个目标。这个理解是肤浅的。之所以会有这样的认识，是因为不懂得这两种语法是为了完全不同的目标。教学语法的目标是为了教学，是为了帮助学生，尤其是非本族语的学生，尽快地了解本族语的基本构造规律。而专家语法的目的是为了对本族语的组织规律进行本质的探讨，在这一过程中，很少考虑，甚至一时并不考虑教学的需要。在每门学科的研究中，理论有时要与实践保持一定的距离，在语法问题上，理论语法与教学语法也应该保持一定的距离，这样既有利于理论语法研究的深入，不致老为这一新理论怎么用于教学实践的问题而束缚住手脚；而教学者也可以不管理论研究领域有什么天翻地覆的争论，只要达到教学的目标就可以了。

因而，教学语法与理论语法相比，至少有四点不同。第一，规定性 v. s. 描写性。语法应该是规定性的（Prescriptive）还是描写性的（Descriptive），常常被认为是势不两立的原则，是先进与落后之分，科学与"前科学"之分，这是传统语法遭到批评、排斥的根本原因。其实这是没有想到这两者根本就不构成对立，因为两者是为了不同的目标。教学语法必须是规定性的，因为不如此就无法开展教学，要是对着一批稚蒙儿童，或者对这一语言的知识几乎为零的外国学生，你告诉他这也可以,那也没错,第三种说法也能接受,那学生的思想就会被搞乱,教学就根本无法进行。因而教学语法不但需要规定性,有时甚至需要强制性,明明可以有几种选择,但必须规定只有一种是正确的。我们所习惯的美国 TOFEL 考试有不少选择题的答案属于这种情况。这在语法学习的初级阶段是必要的。而专家语法的研究就必须采取描写性,要考虑到语言在母语使用者中的种种实际情况,不受教学语法以及种种现存语法体系的清规戒律的束缚,也不受种种语言理论的清规戒律的束缚,因为说到底,这些体系或理论所反映的都只是主观语法。而理论语法的目标说到底是为了探索客观语法。第二,稳定性 v. s. 多变性。凡在教学上应用的东西,一般都要求其有相对的稳定性,在一段时间内最好少变,至少不要有太大的变动。如果一种体系被证明在教学实践中有用,最好不要趋时赶势,一见有什么新理论开始时髦起来了,马上就希望在教学中体现出来。这样做的结果有时适得其反,反而搞乱了基层教师和学生的思想,对学习语言反而不利。与教学语法应该保持相对平静不同,专家语法的研究应该生气勃勃,创新求变。这是活跃学术空气的需要,也是专家语法研究目标本身的需要,既然专家语法研究的目标是为了探索客观语法的规律,而这一目标只能一步步靠近,那只有靠一代代的研究者持之以恒的努力,多角度、多方位、多层次地从各个方面去探索。在这一过程中,理论和体系的多变性可说是必然的,谁也不能保证谁的观点一定是正确的,但我们相信,只要是认真的探索,对于接近客观语法都是有益的。第三,实用性 v. s. 探索性。教学语法还有一个特点是它的实用性,一切为了有利于使学习者迅速了解并掌握所学语言的基本规律。说得白一些,教学语法就像敲门砖,门敲开了,砖也就可扔掉不要了。在第二语言教学中,语法至多只需要一两年的时间,在这之后,除非特别有兴趣的人,一般人都不会再顾及语法。因此教学语法必须非常实用,甚至必须追求"急功近利",以至为了目的可以"不择手段"。这样的语法用"科学性"等标准去要求是不切实际的(何况,专家语法本身也未必都具有"科学性")。以汉字的教学为例,为了有利于扫盲和对外国人进行汉字教学,不少教学者想出了很多"拆字"的办法,如毛泽东在安源用"工人合成天"来解释"天"字,安子介在《解开汉字之谜》[1]中大量使用不合"六书"理论的解字方法,从教学角度看都是可以接受的,尽管一些死守"六书"理论的人对之不以为然。教学语法也是如此,只

1　安子介:《解开汉字之谜》(上、下),(香港)瑞福有限公司,1991年。

要求其实用性,不要求其"科学性"。例如汉语教学语法,几乎人人都在指责"暂拟体系"的"不合汉语实际",但在目前,在没有更好的教学语法取代它的前提下,就没有必要匆匆忙忙地改变。语法教学者也没有必要因为理论界的日新月异而惊惶失措,唯恐落伍。为了便于教学,我甚至认为,现有的教学语法不妨更向英国传统语法靠拢一步,从而使以英语为母语或媒介语的学习者更减少一些困惑,也更有利于中国学生学习英语等外语。与之相反,专家语法就不能以实用为追逐目标,而要致力于客观语法规律的探索。

二、什么是语法?

语法研究,首先要解决的一个问题便是,什么是语法?或者说,语法研究的范围是什么?这是个看似简单实则非常复杂的问题,涉及到语言学史、语言哲学和种种语言学流派。

50年代,中国对语法的定义是来自苏联的:"语法(词法、句法)是词的变化规则和用词造句的规则的汇集。"[1]

但后来,中国的语法学家只采用了这句话的后一半,而扔掉了前一半。语法变成"组词成句的规律"。这个理由后来有一位学者说出来了,是因为"词的变化规则在汉语中基本上没有"[2]。于是,"语法就是语言的结构规律,通俗点说便是语言用词造句的规则"[3]。(同上)事实上,这个定义就是承认,在汉语中没有词法,只有所谓句法。这个观点最早是王力提出来的,实际上是以从黎锦熙到40年代语法三大家为代表的中国传统语法学者的最基本观点。这就产生了一系列问题:第一个问题是,有没有词法的语言吗?第二个问题是,难道语言不同,"语法"就应该下不同的定义吗?第三个问题是:要是各种语言都得下自己的"语法"的定义,难道汉语语法的定义就必须先从西方引进,然后再做减法吗?

大概看到了这个定义的不妥,后来的定义又开始把词法放进去了。如"文革"后影响很大的黄伯荣、廖序东主编的高校《现代汉语》说:"语法是词、短语、句子等语言单位的结构规律,是语言结构规律的一种。""语法学分词法学和句法学两个

---

[1] 斯大林:《马克思主义和语言学问题》,北京:人民出版社,1971年,第17页。
[2] 陈蒲清、刘衍等:《教学语法答疑》,长沙:湖南人民出版社,1984年,第1页。
[3] 同上。

部分。词法学的研究范围是词的结构、词形变化和词类。句法学的研究范围是短语、句子的结构规律和类型。"[1]看起来是完整了,但这个定义是针对所有语言的,不是针对汉语的。对汉语来说,仍然没有词法。因为该书其实并没有讲汉语的"词的结构、词形变化",只有"词类"。而"汉语在词的构造和句法构造上有一种一以贯之的结构规律。同时,汉语词类划分的主要标准是语法功能,特别是词与词的组合情况。而后者正是属于句法结构规律。"[2]兜了半天,还是否定了汉语的词法。另一本有影响的现代汉语教材也是持同样观点:"语法所反映的是语言单位(词素、词、词组、句子)之间的各种关系,它以语言结构为概括的对象。"[3]两本书同样提到了"短语"或"词组"作为一级单位,显示出这是结构主义传入中国以后的产物。但两本书还有一个共同点,即在语法定义中包括了词的组合规律,但在实际处理中却不约而同地只讲词的分类,而把词的构造放到词汇部分去了。这就带来了另一个问题,即词的构造究竟是语法问题还是词汇问题。

英语中也有同样的问题。因为随着现代英语从综合型向分析型方向发展,"词形变化"的内容越来越少,因而"词法"(Morphology)的内容也越来越变成以讲"词的构成"即构词法为主。生成词法学的创始人 Mark Aronoff 强调把构词法归入词汇学,说:"我们要作的一个基本假设是:构词规则是词汇规则,只在词汇学范围内起作用,它与其他语法因素有关,但完全独立于其他语法规则。"(A basic assumption we will be making is that WFRs are rules of the lexicon, and as such operate totally within the lexicon. They are totally separate from the other components of the grammar.)[4]也许这也是乔姆斯基的"语法"只讲句法的原因。

传统语法只讲词形变化和组词成句,其语言单位只限于词和句子两级。结构主义的单位增多了,如果还是只讲组词成句就显得不够了,因为除了"组词成句",还有"组短语成句"、"组词成短语"的问题,当然还有实际中放进词汇学里的"组词素成词"问题。要想一个办法把这些都包括在内。于是陈望道想出了一个语法的新定义:"文法是语文的组织规律。这一定义可能更为概括,它适用于任何一种语

---

1 黄伯荣、廖序东:《现代汉语》(下册),北京:高等教育出版社,1991年,第1页。
2 同上,第2页。
3 胡裕树:《现代汉语》(修订本),上海:上海教育出版社,1979年,第287页。
4 Aronoff, Mark, *Word Formation in Generative Grammar*, Cambridge, Mass.: MIT Press, 1976, p. 46.

文。"¹然而他在后面又留了一个尾巴:"文法上的组织讲到句子为止。组织中的分子一般是词,也包括构词成分——词素。从这个意义上说,文法所研究的就是如何组织词语成为句子的问题。"²实际上也回到了起点。同时,这句话还带出了另一个问题:如果语法研究的是语言的组织规律,凭什么只研究到句子为止?句子以上的语言组织有没有规律?对那种规律的研究应该不应该属于语法的范围?在另一个方向上,语素以下的"语言组织规律"(实质上即音位学研究的那些内容),根据什么原则也撇在"语法"之外?那不也是"语言的组织规律"吗?我们不要小看这些问题,它实际上往往会引起不同的语言观和语言研究观。我们知道,在所有对"Grammar"一词的定义里,乔姆斯基的定义最宽泛。他的"Grammar",实际上就相当于一般人说的"Linguistics",其中就既包含了句法,又包含了音系学,以后又包含了词法学的。

后一个问题比较容易解决。朱德熙是从意义着手解决这一问题的。他说:"语言是一种符号系统。任何符号都包含形式和意义两方面。音位是没有意义的语音形式,它不是符号,只是组成符号的材料。我们要进行语法分析,就不能只研究符号的组成材料,必须进一步研究符号本身。语法系统里的基本符号是语素。"³西方学者也采取同样方法,例如《牛津简明语言学词典》上说:"(Grammar) often restricted to relations among units that have meaning. Hence opp. phonology."(语法通常研究有意义的单位间的关系,因而与音系学不同。)⁴但这个问题虽说容易解决,也会带来一些问题,甚至是很重大的问题。固然,意义标准使语法学与音位学(或音系学)划清了界线,但却使词法学与词汇学(特别是其中的构词法)难以划清界线。另一方面,上引朱德熙的最后一句话是有问题的。"语法系统里的基本符号是语素"对于英语这样的西方语言也许是对的,语素再往下分析就得出了音位,不再有意义;但在汉语中情况却并非如此。一般认为汉语的语素相当于"字",但汉语的字往下还可分析,下位的"偏旁"和"最小部件"(我们叫"形位")也还都是有意义的,如"休"分析为"人"和"木";"莽"分析为"犬"和四个

---

1 陈望道:《文法简论》(第二版),上海:上海教育出版社,1997年,第1页。
2 陈望道:《文法简论》(第二版),上海:上海教育出版社,1997年,第2页。
3 朱德熙:《语法讲义》,北京:商务印书馆,1982年,第9页。
4 Matthews, P. H, *Oxford Concise Dictionary of Linguistics*, Oxford & New York: Oxford University Press, 1997, p. 150.

"中"等。凭什么把汉字的形体分析只归到文字学而不看作是语法学呢？正是在这一理解的基础上，我们提出，要根据汉语的特点，建立汉语语法研究的分支——形位学，研究字的下位划分。[1]

前一个问题意见分歧就大了。传统西方语法，直到乔姆斯基，都是以句子作为语法研究的上限。但这是没有什么道理的。传统语法是因为看到，到了句以上，形态规则无法进行控制。这样，在以形态为中心的西方语法研究里，当然就没有了它的地位（其实在更传统的梵文以及古希腊、古拉丁语里，语法研究更是以词法即词的形态变化为中心的，当前在美国炙手可热、似乎是语法研究全部的句法学，在那时的地位也十分可怜）。现代乔姆斯基等人不重视句以上研究，是因为其"不科学"。但问题的关键不在于其是科学还是"不科学"，而首先是，句以上的组织是不是语言组织？其中有没有规律？如果承认句子以上的组织也是语言组织，其中的组织也有规律，那就得承认句以上的组织规律研究也是语法研究，也应该属于语法学的范围。要是感到目前人们在这方面的研究"不科学"，那为什么不可能通过你的研究，使之"科学"起来呢？如果是说这些现象不值得做科学的研究或根本无法进行科学的研究，那么人们要怀疑的，首先不是这一研究本身的科学与否，而是你那所谓"科学"的定义是什么、其"科学价值"又体现在哪里。

这是一个很重要的理论问题，对于汉语来说尤其重要。因为这个问题的解决，有助于理解中国古代有无语法学的问题。长期以来流传着一种说法，即认为中国古代没有语法，或者至少没有语法学，因而过于夸大了《马氏文通》引进西方语法体系对汉语语法研究的意义。马建忠本人对此也是颇为得意，以为他的书"盖将探夫自有文字以来至今未宣之秘奥，启其缄縢，导后人以先路"[2]。如果按照前面的理解，语法研究的是语言的组织规律，而语言中带义成分的组织可以分成"词以下"、"从词到句"和"句以上"这三段的话。马建忠所引进的，只是"从词到句"的这一段，这并不是语法研究的全部。还有"词以下"、"句以上"这两段。这两方面中国古代是否也完全乏善可陈呢？中国古代的语文研究，说到底，做的只是两件事，一件是在"字"的基础上的小学研究，或文字音形义研究；另一件是在句读基础上的文章学研究。明乎此，我们就会知道，中国古代语法研究缺少的只是中间一段，而上下两头却是相当发达。再进一步，如果我们把只含中间那段语言组

1　潘文国：《字本位和汉语研究》，上海：华东师范大学出版社，2002年，第6章。
2　马建忠：《马氏文通》，1898年，《汉语语法丛书》本，北京：商务印书馆，1983年，第11页。

织规律的研究叫作"狭义的语法",而把兼含三段的语言组织规律的研究叫作"广义的语法"的话,那么中国古代缺少的只是狭义的语法,而丰富的却是广义的语法。在某种程度上,这正跟西方传统的语法研究形成了互补的关系。在这一理解的基础上,我们要进一步考虑的,不是如何赶快借鉴、赶快引进,赶快"填补空白",而是首先对一些相关问题作一番哲理的思索。例如:第一,为什么中国古代有发达的训诂学、文章学,却没有西方那种语法学?如果说是因为古代没有这种需要,那么为什么会没有这种需要?第二,再进一步还可以问:现代有这种需要了吗?在多大程度上有这种需要?第三,还可以换个角度去思考:西方古代为什么没有中国那样的训诂学?文章学也不如中国那样发达?也是因为没有这种需要吗?那么,他们现在会不会有这种需要?他们也需要从中国引进吗?中国古代的语文研究传统在多大程度上可为世界其他国家所借鉴?作者中国学者,我们在这方面又可以有什么作为?因为语言研究毕竟不光只是输入的问题,也有输出的问题。"中国语言学要对人类普通语言学做出贡献"不是光靠引进可以实现的,那怕是全方位、大批量、成系列地引进。面临着 21 世纪中华民族的复兴、中国国际地位的空前提高、汉语地位的提高及世界各国语言学者对汉语的关注,中国语言学家的研究更不能只以引进、介绍、"结合"为己任,而要努力使汉语语言学的研究在人类普通语言学的研究中占有自己应有的地位。再有,第四,我们还可考虑,篇章语言学、话语语言学等虽是西方语言学的新宠,而在中国却早已有了悠久的传统,只是很多人可能还没有意识到。其实在这方面的研究我们大有文章可做。首先是怎样将继承传统与引进西方理论相结合?具体来说,一是怎样从浩如烟海的古代文献中发掘出符合现代语言学要求的科学性的规律?二是怎样用现代的理论和术语去阐释中国古代的理论和见解?这两者一是古为今用,一是洋为中用。第三还可考察一下中国古代文章学和现代西方语篇学兴起的不同背景,看看有什么共同的因素在起作用,而又对两种学说的异同产生了什么影响?

三、普遍语法问题

谈语法,必然会涉及普遍语法问题,尤其是乔姆斯基理论风靡天下之后,"普遍语法"已深入人心,不管赞成与否,必须对此表明个态度。当然,表明态度并不是强制性的,你硬不想表态也可以。但普遍语法问题述及到一个基本的语言观问题,想回避也不可能。

其实,在上面关于语法的定义中,已经涉及到了语法的普遍性问题:语法的定义应该从个别、具体的语言出发去下,还是从人类整个语言出发去下?"语法是词的形态变化和组词成句规则的总和"这个定义过于具体,涉及非常具体的语言(其实就是印欧语的一些语言),而世界上还存在着没有形态变化的语言例如汉语,因此这个定义逐渐不为人们所用,"组词成句的规则"后来也被抛弃了,这倒不是汉语的功劳,而是结构主义的功劳,因为在结构主义的理论里,语言的单位不只是词和句子,还有语素、短语等等。因此语法的定义也要相应改为"语言的结构规则"、"结构规律"或"语言的组织规律"(陈望道称"语文的组织规律"似乎考虑得更全面,既有"语"即口语,又有"文"即书面语,其实也是为了使这个定义更具普遍性)。上面提到的黄伯荣、胡裕树等都强调"结构规律"或"结构关系",它与陈望道强调的"组织规律"其实也不同。强调"结构"的,往往强调语言中的大小单位及其关系(语法研究强调从大单位到小单位的静态分析,这正是美国结构主义的特征)。强调"组织规律"的,则既可能是"结构规律"的一个别称,如陈望道书中实际所讲的内容,但也可能指从小单位到大单位的合成,也即生成关系。"组织"一词因其动词性,还可以指生成的过程,以及在这过程中采取的各种手段。由于"组织"一词的意义比"结构"空灵,因而我们倾向于采用这个词语。实质上本身也暗含了一个想法:越空灵的东西,越容易具有普遍意义。

"规律"与"规则"的不同,一般人可能很少想到,但乔姆斯基想到了。他强调语言是"Rule-governed"而不是"Law-governed"[1],意思就是,语言是受"规则"制约,而不是受"规律"支配的。"规则"和"规律"有什么不同?简单地说,"规则"是可以具体地,甚至精细地加以描写的,而"规律"只能提出一个总的倾向或趋势。把语法看作一套"规则",就会采取自然科学的方法,进行量化,作出假设,提出公式,以及一套非此即彼的处理模式;把语法只看作"规律",就会采取人文社会科学的方法,态度比较灵活,话不会讲得非常绝对,允许有反常,有例外,也不主张非此即彼的尖锐对立,而强调各种规律的"渐变性"。一字之差,体现了两种语言观、两种方法论。然而两者在把语法看作具有普遍性的方面却没有根本差别。

承认不承认有普遍语法,本质上是承认不承认人类语言有共性。这个问题同

---

1 Chomsky, Noam, *Reflections on Language*, New York: Pantheon, 1975.

样是既简单又复杂。说简单,是因为没有人会否认人类语言有共性,即使是再彻底的个性论者也不会否认这一点。"语言世界观"的提出者、最强调语言民族性的德国语言学家洪堡特,就提出过,"整个世界只有一种语言"和"每个人都拥有一种语言",这两者是不矛盾的。他用单数的 die Sprache 来指人类共同的语言,用复数的 die Sprachen 来指个别的语言。受其影响,英语的 language 一词也有单复数两用,前者指人类语言,后者指个别语言,如英语、汉语等。说复杂,是因为这个问题的回答,不是用简单的"是"或"非"可以解决的。问题的关键不在于是否承认语言有共性,而在于在什么程度上承认语言的共性,以及如何用这观点来指导我们对语言的研究。在这上面就表现出了种种语言学派别的分歧。

我们不妨从马建忠开始。马建忠是最狭隘的语言共性论者,他的共性只包括语法,并不及其他。他说:"殊不知古先造字,点划音韵,千变万化,其赋以形而命以声者,原无不变之理,而所以形其形而声其声,以神其形声之用者,要有一成之律贯乎其中,历千古而无或少变。盖形与声之最易变者,就每字言之,而形声变而犹有不变者,就集字成句言之也。"又说:"各国皆有本国之葛郎玛,大旨相似,所异者音韵与字形耳。"[1] 这就是说,他认为不同的语言之间在语法上有共性,而在音韵文字上则没有。这与现代普通语言学要研究人类共同的语音学、文字学的观点相距颇远,因此我们说他是狭隘的共性论者。这种观点的历史比较悠久,法国 17 世纪的《普遍唯理语法》主张的也是这样一种普遍语法观。

甚至乔姆斯基也是从这种语法观开始他的学术生涯的。在 20 个世纪五六十年代,乔姆斯基提出了一个"深层结构—表层结构"的理论。他的"深层结构"其实指的就是"普遍语法",而"表层结构"则是各语言在音韵、文字上表现的不同形式。他甚至提出只要研究透一种语言例如英语,就能达到人类的普遍语法。乔姆斯基后来抛弃了这种主张,说明这样的一种普遍语法观连他自己也不相信了。80 年代以后,乔姆斯基又提出了一个"管约理论"(Government-Binding Theory),后来又发展为"原则—参数"理论(Principles and parameters 或 P - P 理论),与深层结构理论已有了本质的区别。其区别主要在于:1. 不再满足于把语法上的表面结构形式看作普遍语法,而开始探索造成表面语法形式背后的一些人类语言共同的原则;2. 不再强调从一种或几种语言即可求得普遍语法,而希望从更多的语言出发

---

[1] Chomsky, Noam, *Reflections on Language*, New York: Pantheon, 1975, p. 15.

去进行探索;3. 把"普遍语法"重新定义为,存在于人的大脑中的一个"语言机制"(Language Faculty)。Language Faculty 有时也译作"语言能力",语言的天赋能力,理论上还应包括语音、词汇等语言其他平面,把 Language Faculty 称作 Universal Grammar,译作"普遍语法",实在有些辞不达意,很容易引起误解。

这样看来,所谓"普遍语法",至少有三个层面。第一层,认为"普遍语法"是一套语法规则,如马建忠和早期乔姆斯基所相信的;第二层,认为"普遍语法"是一套语法规则背后的"原则",如当前乔姆斯基学派的学者在积极从事的;第三层,认为"普遍语法"是人类语言组织的一些共同规律,这是我们所相信的。

不同的"普遍语法"观会导致不同的语法研究方法论。认为"普遍语法"是一套共同的语法规则,既然一些语言,例如印欧语已经建立起了这样一些规则,那么一些还没有建立起自己语法规则的语言,例如 19 世纪末之前的汉语,只要套用这些规则,就可以建立起自己的语法了。这是马建忠的心态,也是 17 世纪以后许多模仿性语法(甚至包括英语传统学校语法)所由建立的根源。这一方法已被证明是错误的,英语由斯威特发其端而开始了一场语法革命,中国人自《马氏文通》诞生以后一直在对此进行反思和批判,乔姆斯基后期也已抛弃了它。认为"普遍语法"是规则背后的一套原则,并以"参数"的说法来解释各语言表层的不同,从理论上来说比前一种有了很大的进步。但我们仍然不愿意接受,这是为什么呢? 从根本上来说,我们同乔姆斯基派的分歧在于以下几点:

第一,乔姆斯基曾经说过,后布龙菲尔德语言学和弗思的伦敦学派是"观察充分"(observational adequacy),到萨丕尔与叶斯柏森为止的传统语法是"描写充分"(descriptive adequacy),而雅可布逊的语音学可能是"解释充分"(explanatory adequacy)[1]。他自己当然也是以"解释充分"为追求目标的。问题在于,这一"解释充分"是以"观察充分"和"描写充分"为前提的。经过千余年的发展,印欧语的几种主要语言已经做到了"观察充分"和"描写充分",我们只要看在乔姆斯基等人的著作里,关于"名词、动词、主语、宾语"等一些概念都是不言而喻的,从来不需要进行重新定义和论证,这是拜传统语法和结构主义语法之赐。因此他的所谓"解释充分"只是对已经"观察充分"和"描写充分"的印欧语语法的解释。对于一些还没有"观察充分"和"描写充分"的语言,如果要用他那一套规则来解释,便只有把

---

1 Chomsky, Noam, *Current Issues in Linguistic Theory*, The Hague: Mouton, 1964, p. 29.

自己的语言纳入印欧语语言的格局里去。因而,这样的"普遍语法",还是印欧语语言的"普遍语法",不是全人类语言的"普遍语法"。要真正做到对全人类语言的"解释充分",必须要有对全人类语言的"观察充分"和"描写充分"。而这个条件我们目前并不具备。以汉语为例,一百年以来的汉语语法研究,其"观察"和"描写"是否"充分"且不说,这种"观察"和"描写"完全是在印欧语语法的框架里进行的,基本不合汉语的实际,却是人所共知的事实。在这种情况下,拿乔姆斯基们提出的"原则"解释得再"充分",也还是在印欧语的框架之内,恐怕根本谈不上是什么人类语言的"普遍语法"。而几千年来中国学者对自己语言的"观察"和"描写",却因为不合印欧语语法的口味,根本得不到重视,更不要说去"解释"。事实上,许多人根本就不屑于去了解中国古人对汉语的"观察"和"描写",在这情况下,作为有责任的汉语学者,我们能心安理得地去接受这种"普遍语法"吗?

第二,"普遍语法",或者说人类语言的共性是存在的,这一点不会有什么异议。问题是用什么方法去研究。结构主义学者如布龙菲尔德,也承认普遍语法,但他主张用归纳的方法去研究。这是一种客观主义的态度,我们认为是可以接受的。而乔姆斯基一反前人传统,反对归纳法,反对田野工作,主张演绎法。这我们就不敢苟同了。对于英语来说,由于有上面说到的条件(已经经过"观察充分"和"描写充分"的阶段),我们还可以理解。但乔姆斯基们不是从这一角度立论,却从方法论角度,认为只要从母语的语感出发,就足以进行科学假设了。这既是对英语研究前辈的不尊重,也是对非英语研究的误导。因为许多非英语学者对"普遍语法"的研究,是在乔氏理论的框架内进行的,实际上都不自觉地把自己的研究纳入了英语研究的框架。在这种情况下,所谓的"母语语感"起不了多大作用,或者说,多少都必须经过英语语法的过滤。在这种背景下,我们强调个性的研究,强调各民族语言的特色,不是为了反对"普遍语法",而是为了更好地达到真正的"普遍语法"。

第三,如同我们一再强调的,语言的本质在于其人文性,语言学是一门人文科学。人文科学自有其自身的研究方法。自然科学方法可以在一定程度上、在一定范围内为人文社会科学研究所用,但不可能完全取代人文科学和社会科学自身的研究方法。具体到语言研究的"规则"和"规律"之争,我们认为,对于人文社会科学,我们只能研究其中的规律,不可能制订出一条条铁板钉钉的规则。乔姆斯基的"原则—参数"理论比起深层结构理论,是进了一大步,简约化计划(Minimalist

Program)在"科学性"上更有了提升。但平心而论,正如西方语言学家自己指出的,"过去几十年里全世界成千位语言学家在试着找出存在在各种语言语法模式背后的共同原则……但迄今没人能找出这种能说明一切语言的完整的心理语法"[1]。归根到底,对语言共性的研究,要有助于当前人们对语言的学习和使用。不要说精确描述的语法"原则"未必能找到、人类大脑中的那个"黑盒子"未必能破译,就是找出了若干规则,能够对"理想语言社团中理想的说话人和听话人使用的语言"进行解释了,也无法指导人们活生生的语言实践!

四、语法的基本单位

语法研究对单位问题特别重视,这是可以理解的。因为语法讲的是语言组织或语言结构,结构就要讲单位和层次,大单位怎么一步步分析成小单位,小单位怎么一步步组合成大单位;讲"组织"不像讲结构那么死板,但也有个单位和层次问题。别的语言"平面"也要讲单位,如音位学讲音节和音位,词汇学讲词和义位等,但相对来说比较简单,也没有像语法单位那样引起过轩然大波,甚至引起整个研究方法论的变革。

讲语法的单位,有两个问题需要讨论。一是有哪些语法单位?二是什么是语法研究的最基本单位或者说"本位"?

A. 对第一个问题的回答,古今不同,中西不同。如果我们把古今和中西列成一个矩阵,便可发现,有三个角是相似的,不同的只是一个角,即:中/古。

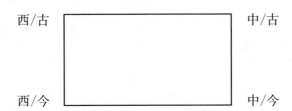

所谓"西/古"指的是西方直至 20 世纪 30 年代结构主义产生前的传统语法。

---

[1] Jackendoff, Ray, *Patterns in the Mind: Language and Human Nature*, New York: Basic Books, 1994, p. 26. From Lieberban, Philip, *Eve Spoke: Human Language and Human Evolution*, W. W. Norton & Company, Inc. 1998, p. 125.

在这一语法中,语法单位只有词和句子两个,因而语法被定义为"词的变化规则和组词成句的规律";当然词可以分析出词素,但那是属于词汇学的,不是语法学上的单位。

所谓"西/今"是指结构主义及其以后的语法。在这种语法中,语法单位有语素、词、短语、小句、句子五级。表面上看来新增了三个单位,其实新增的三个单位以前都有,只是在新的理论体系里凸显了而已。语素就是原来的词素,改称"语素",就成了堂而皇之的语言单位,由于它是按结构主义原则分析后产生的最小单位,其重要性十分显著。小句原来指复句里的从句或叫分句,只是复合句(Compound Sentence)或复杂句(Complex Sentence)的一部分,但由于传统的句子成分分析,主语、宾语什么的,主要在这里进行,因而逐渐独立出来了;后来干脆连单句也加进去,成为一个重要的单位。在韩礼德[1]的体系里,更占有主要的地位。相形之下,句子变成只指以前的复句,在新体系里就显得有点无足轻重了。短语以前只看作是一个过渡单位,在结构主义语法中,由于讲究层次,过渡性单位变成了实体性单位,地位大大提高。转换生成语法中,句子是基本单位。按照早期乔姆斯基的观点,"转换",就是从深层结构的句子转换成表层结构的句子,"生成"就是从句子生成新的合乎语法的句子。但是短语也有重要地位,因为其"树形图"的分析方法还是沿用了结构主义的层次分析法,"名词短语"、"动词短语"以及"介词短语"等都是句子分析过程中的直接成分。总的来看,"西/古"和"西/今"是一脉相承的,语法理论的变迁只是引起了基本单位地位的升降,没有改变基本单位本身的变化。

所谓"中/今"指的是《马氏文通》之后中国的语法研究,其中又可分为两段时期。1979年以前,一般只讲词和句子两级,偶而提到词组,但也只把它看作是一个过渡单位;1979年吕叔湘发表了《汉语语法分析问题》,提出了语法单位问题。其后,人们谈到语法单位,就都分成了"语素、词、短语、小句、句子"五级。这两个阶段其实分别与"西/古"和"西/今"相对应。20世纪的汉语语法研究,基本上是跟着西方走的,这一点无论是谁都难以否认。

所谓"中/古"指的是传统的汉语研究,其代表是南朝梁刘勰的《文心雕龙》。在《文心雕龙·章句》篇中,刘勰把汉语的组织单位分为四级:"字、句、章、篇"。根

1　Halliday, M. A. K. *An Introduction to Functional Grammar*, London: Edward Arnold, 1985.

据我们的考证,刘勰的"章句"等于唐代以后的"句读"[1],因此四级也可写成"字、读、句、篇"。如果要与现代的术语相比较,恐怕要写成"字(词、语素)、读(短语、小句)、句(小句、句子)、篇章"。因为"字"有时与"词"相应,如"天、人",有时却只被看作"语素",如"虎、阿";"读"有时像短语,如"贫而无谄,富而无骄,何如?"有时却像小句,如"是可忍也,孰不可忍?"(还可能是词,如"曹公,豺虎也。")句则既是小句(单句),又是句子(复句),甚至比复句还要大,例如吕叔湘举过的例:"子曰:君子食无求饱,居无求安,敏于事而慎于言,就有道而正焉,可谓好学也已。"四个单位中,有三个与现代人们使用的单位不相应,剩下一个是现代语法学一般不用的(西方现代有所谓"篇章语言学"[Text Linguistics],但那是独立于语法学或句法学[Syntax]之外的,与句法学家如乔姆斯基几乎没有共同语言)。这一巨大差异从普通语言学角度看,就会引发一些问题:

1. 西方的语法单位之分,是不是天然合理的?是不是具有"普遍"性?

西方从古到今,直到最新的语法理论,在语法单位问题上从来没有出现过什么问题,要有的话也只是某个单位地位的升降。这就会造成一种错觉,认为语言的单位必须而且只能如此划分,而语法研究也只能在此基础上进行。这是一种语言的"共性"。如果没有刘勰的体系拿来作参照,我们可能永远不会发现世界的语言中还会有这样的差异。西方的语言学者,包括乔姆斯基这样伟大的语言学者,由于他们所处的语言环境,是看不到或者不可能看到(西方现代的学者也看到一些汉语语法研究的论著,但那些论著多数是在西方语法体系框架内进行的,说得好听些是"结合",说得不好听些是"迎合",在那些论著里几乎看不到真正具有汉语特色的东西);中国大多数在西方语言学熏陶下从事研究的学者,是不愿意,或者懒得,甚至是害怕看到,毕竟在现成体制下从事研究要方便得多,也"保险"得多。实际上,在西方的语法体系里,既没有跟汉语的"字"相应的单位,也没有跟汉语的"读"相应的单位,也没有跟汉语的"句"相应的单位。反过来说,汉语中既没有跟西方的"词"相应的单位,也没有跟"短语"、"小句"、"句子"相应的单位。汉语中没有跟"词"相应的单位,这一点赵元任看到了,他说:"印欧系语言中 word(词)这一级单位就是这一类的概念,它在汉语里没有确切的对应物。"[2] 汉语中的"句"

---

1 潘文国:《汉英语对比纲要》,北京:北京语言文化大学出版社,1997年,第194页。
2 赵元任:《汉语词的概念及其结构和节奏》,1975年,王洪君译,载袁毓林主编《中国现代语言学的开拓和发展:赵元任语言学论文选》,北京:清华大学出版社,1992年,第233页。

跟现代"句子"不相应,这一点吕叔湘看到了,他说:"可是传统的'句'和现在的'句子'有一点很不同:'句'的长短差不多有一定的范围,可是'句子'呢?可以很短,也可以很长。"[1]可是除了少数学者如徐通锵[2]等以外,他们的这些精辟论述并没有引起汉语语法学界的重视。至于汉语的"读"与西方语言单位间的关系,连他们也没有谈到过。汉语的这一事实告诉我们,西方语法学中的各级单位之分,对于西方以及绝大多数语言来说,也许是正确的,但对世界上所有语言来说,这种划分并不是天然合理的,并不具有普遍性。

2. 在语法单位问题上,究竟有没有什么"普遍性"或"共性"的东西?

随之而来的问题便是,那么,在语言单位问题上,究竟有没有什么"普遍性"或"共性"?这要看我们从什么角度去看待共性问题。我们认为,共性是从个性中抽绎出来的,或者说,是从大量的个性中概括出来的。被概括的个别事物越多,"共性"的普遍意义就越大。譬如说,锅、盆、瓢、碗,我们把它概括为"容器",这是它们的"共性";但如果加进了筷子,"容器"说就不合适了,必须在更高的层面上概括为"餐具"。西方学者从西方众多语言的长期研究中,概括出现在我们所看到的语言层级单位,是有充分的事实作为依据的,也具有相当大的概括性。直到如今西方学者们从未对此提出过异议,说明它也是经得起时间检验的。但这一理论确实没有考虑到汉语的事实(即使这仅仅是古汉语的事实,也应该照顾到,因为既然是全人类的"普通语言学",就不应该有阳光照不到的角落。何况许多事实证明,这并不仅仅是古汉语的事)。面临这一新的事实根据,我们只有作出两种选择:要就是装作视而不见,我行我素,硬把从西方语言中归纳出来的东西说成是全人类语言的普遍规则,甚或削足适履,硬把汉语的语法纳入西方语法学的框架,在其体制内炮制出汉语语法的一条又一条规则;要就是接受新的事实,在新的基础上进行新的概括和提炼,得出新的"共性"。我们认为后者才是科学的、正确的态度。

从新的事实出发,我们可以得出什么新的关于语言单位的"共性"呢?我们认为至少可以有两条:一、所有语言的组织都可以划分出若干单位来进行研究;二、这些单位是分层级的。

有人可能会对这种概括不满足,觉得不够具体,认为要是能列出词、短语、句子这样的单位名称多好。殊不知概括的东西都是抽象的,概括性越大的东西其抽

---

1 吕叔湘:《语文常谈》,北京、香港:三联书店,1980年,第43页。
2 徐通锵:"'字'和汉语的句法结构",载《世界汉语教学》1994年第2期。

象性就越高。拿语言来说,复数的语言(具体语言,如汉语、英语)是容易把握的,而单数的语言(人类语言)就抽象得多,我们甚至很难进行描述。普通语言学要做的工作就是要描述这种抽象的"语言",其比具体语言要抽象可说是必然的结果。尤其是,当我们不想采用列举的办法,而同意采用乔姆斯基的"最简方案",用最概括的规律来加以归纳的话,我们就不得不面临一再的"抽象"。

3. "中/古"将篇章作为一级语言组织单位,有什么普通语言学的意义?

比较"中/古"和其他三个语言单位系统,我们还发现一个重大区别,即中国古代把篇章也看作语言组织的一个单位。这在西方语法传统中是很少看到的。这个现象有什么普通语言学的意义呢? 应该说,在西方语法传统中很少看到这一现象,指的是结构主义以来西方以形式主义为代表的语法研究,在早期较传统的语法著作如《纳氏文法》里,我们仍然能看到一些语法结合作文的例子[1],其中有些内容属于现在讲的篇章。这就带来了一个问题:篇章到底算不算一个语言组织单位? 应该不应该放在语法里研究? 在上面第二部分我们已对这个问题作了分析。事实是,如果以形态变化作为语法研究的基础或中心,只以形态能控制与否作为标准来衡量什么是语法,那么,在西方语言里,形态所无法控制的篇章就不能放在语法的范围里;但如果把语法理解为"语言的组织规律",既然篇章也是语言组织,也有其规律,就没有理由把它排斥在语法以外。以形态为基础的西方语法告诉我们的是一个语言单位的分级标准,没有形态的汉语告诉我们的是另一个语言单位的分级标准,如果希望一种语法理论真正具有普世意义,要能概括作为一个整体的人类语言,就必须将两者结合起来,共同进行抽象和提炼,总结出有规律性的东西来。从这个角度看,《文心雕龙》给了我们以重要启示:除了西方语法提供给我们的榜样外,世界上还可以有别的语法研究途径。而西方语法的格局在《文心雕龙》的映照之下,也显示出了它的狭隘性和局限性。正是在这一点上,汉语显示出了它对于普通语言学的特殊意义:不考虑汉语,普通语言学就是不完整的、不"普通"的。近二十年来,篇章语言学在西方异军突起,引来了越来越多的人的关注。但直至今日,篇章语言学仍游离在语法研究之外,没有在语言研究中找到它的确切位置。事实上,在语言的三个组成部分——语音、语义、语法——中,篇章语言学只能属于语法的研究,而且必须与传统只管句以下层面的句法研究结合起来。

1　Nesfield, J. C., *Manual of English Grammar and Composition*, London: Macmillan & Co., 1898.

只有这样,人类语言才有一个完整的"语法"研究,而不是残缺的、畸形的"句法"研究。

B. 第二个问题,什么是语法研究的最基本单位或者说"本位"?

"本位"这个词有两个意思,一个是指语法研究的切入点,语法研究中最重要的单位。西方在语法研究史上曾经有过几次"本位"的更换,有传统语法的"词类本位",语法革新派及乔姆斯基的"句本位",结构主义的"语素本位"和"短语本位",以及韩礼德的"小句本位"等。而20世纪的中国,通过引进,也相继经过了马建忠的"词类本位",黎锦熙的"句本位",朱德熙的"语素本位"和"短语本位",以及邢福义的"小句本位"等[1]。但我们认为,这类研究只具有方法论的价值,并不具有普通语言学的意义。具有普通语言学意义的,是"本位"一词的第二个含义,即作为语言研究的最基本单位。从普通语言学的角度看,这样一种单位至少要具备三个特点,即:1)是有关语言的天然单位,对于使用该语言的人来说具有心理现实性;2)是该语言各个平面研究的始发点,处于各个平面研究的交汇点;3)是研究该语言组织规律的枢纽,即具有承上启下的作用。英语和西方语言中的 word 具有这样的特点,它是英语中的天然单位,是研究英语语音、语法、词汇、语义,乃至修辞的出发点,又在英语语法中处于词法和句法的交汇点,是联系词法和句法的枢纽。在引进西方语言理论之后,我们曾经想当然地把汉语中的"词"也看作这样一个单位,但结果是左支右绌,时时碰壁。第一,汉语中的"词"是分析出来的单位,不是天然单位,在使用汉语的人中不具有心理现实性;第二,在语言各个层面中,如果在别的方面还可以有不同看法的话,至少,词不是汉语语音研究的出发点是没有异义的,汉语音韵以音节为出发点,而不以词为出发点;第三,如果以词作为汉语语法研究的本位,那么,由于"汉语合成词、词组和句子的结构方式相同",都采用句法方式,汉语语法中便只有句法而没有词法,成了半橛子语法。西方语言语法中都可分为句法、词法两部分的规律到汉语也就行不通。汉语语法从跟随西方、采取词本位开始,却最终失去了与西方语法的许多共同点。

面对这一情况,我们同样只有两种选择。要么坚持词本位,但汉语的词本位与西方语言的词本位几乎没有共同之处,于是只好强调这是汉语的"特点";要么重新在汉语中寻找与西方语言的"词"相当的语言结构本位。我们走的是后一条

---

[1] 参见潘文国:"本位研究的方法论意义",载《华东师范大学学报》2002年第6期。

路。经过努力,我们找到了"字"。"字"具有上述的三个条件:第一,它是汉语中的天然单位,对使用汉语的人来说具有心理现实性;第二,它是汉语语音、词汇、语法、语义、修辞等各个平面研究的交汇点;第三,它是汉语组织中承上启下的枢纽,向上由"字、读、句"而至语篇,向下则可通过汉语字形分析建立相当于西方词法学的汉语形位学,同时,还可使现代汉语研究与传统接上了轨,不至于像20世纪大部分时间的汉语研究那样,被斩成古今两截。因而,"字本位"理论的提出实在具有普通语言学的重要意义。它可以证实,至少在汉语和西方其他语言之间,存在着又一个共性:凡语言,都有一个作为其应用,同时也是研究的基本要素的单位。从某种角度看,这个"本位"就像是一个语言的"纲",纲举而目张,抓住这个纲,整个语言的面目和特色就在把握之中了。

五、语法的本质

下面我们来讨论一个更为核心的问题:语法的本质。语法的本质是什么?前面我们说了,语法研究的是语言(包括作为总体的人类语言和具体的、个别的语言)的组织规律。问题是,这个"组织规律"究竟指什么?或者说语法研究的核心内容是什么?这就涉及到语法的本质问题。曾经有过一些说法:语法的本质是执简驭繁,通过有限的规则来掌握无限的句子构造(以及其他构造)的规律;语法研究的是形式,可以脱离语义来进行(这是语法学与语义学的本质区别);语法研究的是方式,大单位如何分析成小单位或小单位如何合成大单位;语法研究的是抽象的关系,而不是具体的组织形式;等等。对这个问题的回答决定我们进行语法研究的方向和思路。

我们觉得这些说法都有一定的道理,但又觉得语法研究的本质不能用其中简单的一句话来回答。我们认为,语法研究不能离开语言研究的根本目的,语言用来交流思想、传递信息、表达情感……这些"思想、信息、情感……"都有具体的内容,或者说语义。语义是语法研究的基础,完全脱离语义的语法研究恐怕不仅理论上不可能,实际上也做不到。但语义首先体现在词汇中,体现在词汇表达的概念中。语法与词汇的区别在于它不是直接把概念一个个陈列出来,而是把概念组织成一段段话语或篇章,这样才能表达出人们所要表达的意思。因而,对语法来说,组织概念的"方式"比概念本身更加重要(后者是词汇学的任务)。然而"方式"

又不是凭空而来的,它是"关系"的反映。一个概念孤零零地拿出来,固然也可表示一定的意思,但这与语法无关,语法要进行"组织",至少要有两个或两个以上的概念。两个概念放在一起,其间就会发生"关系",整个语言片段的意义就不仅表现在原先的两个概念上,还表现在两个概念的"关系"里。语法要研究的,就是这种"关系"。以"关系"为基础,我们认为,语法研究有三个层次:首先,它研究"关系",因为这是语法区别于词汇或其他语言部门的根本点所在,是我们需要语法的根本理由所在。其次,它要研究"方式",即这些关系是通过如何的方式表达出来的。最后,它还要研究"规律"。因为语法研究并不以把一些表现"关系"的"方式"罗列出来了事,它还要对"方式"进行归纳总结,结合人们的思维方式,提出"规律"。在这过程中,既要研究某个特定语言的规律,也要研究人类语言的普遍规律。第一、第二两层,其实互为表里:一定的关系必须通过一定的手段来表达,而一定的手段必定为了表示一定的关系。研究特定语言的语法,研究了这两层也许就可以了,但作为理论的语法研究,还必须进行第三层即语法规律的研究。反过来,如果有了对人类语言普遍语法规律的了解,研究具体语言的组织方式也就可能更加得心应手。

以上说得可能比较抽象,下面我们说得更具体一些。

1. 语法"关系",通俗地说,就是语法意义的研究。在语法理论里一般表现为"语法范畴",传统语法关注的"性、数、格、时、体、态、级、语气"等就是一些基本的语法范畴,现在研究的语法范畴范围更广,如"数量、否定、强调、疑问、被动、有定、一致、比较、指称、致使"等等。这个数字现在还在扩大。语法范畴的研究,是从形式到意义的研究,或者是叶斯柏森说的从外到内的研究。在这一研究过程中,要特别注意"显性范畴"和"隐性范畴"的区别。这一对概念是沃尔夫提出来的,他认为显性范畴是有明显标记的范畴,这个标记可能是屈折、词缀、单词,也可能是句子型式,例如英语的名词复数就是一个显性范畴。而隐性范畴一般看不到,只在某种句型里显示出来,例如英语中的不及物动词,我们只是在看到它不能出现于被动句时,才会意识到它与及物动词是不相同的一类[1]。这一区分很有启示意义,在研究汉语这种缺少形态和其他显性形式的语言中特别有用。从沃尔夫的例子中可以看出,在这种研究中,"变换"是一种重要的手段。"变换"以前也称"转换",

---

1 Whorf, B. L. , 'Grammatical Categories', in Fred W. Householder (ed.) *Syntactic Theory 1: Structuralist*, Middlesex, England: Penguin Books Ltd. , 1937, pp. 103 – 114.

是吕叔湘于1941年最早开始使用的,后来为了与乔姆斯基的"转换"相区别,中国语法学家改称为"变换"。

2. 语法"方式",就是语法手段(Grammatical devices)的研究。这是一种从意义到形式的研究,或者是叶斯柏森说的从里到外的研究。语法手段的问题以前曾是普通语言学一个颇受关注的题目,但在当代似乎已经久违了。一些普通语言学的著作甚至很少讨论这个问题。以喜欢标榜普遍语法的生成语法学派为例,他们更关注的是一些具体句法规则,如X杠理论、论旨角色理论、管约理论、移位规则、轨迹规则等等,似乎这些东西才更具有普遍性。这是很使人奇怪的。因为在我们看来,越是高层次的东西、越是抽象的东西就越具有普遍性,越是低层次的东西、越是具体的东西其受到的约束就越多,成为普遍性的可能性也就越低。X杠理论、移位理论等等都是在句法范围之内,说得更具体些,只是在词序研究的范围之内,其前提是对于以英语为代表的词类划分、短语的结构类型等等都没有什么异议;而在将这些原则运用到别的语言中时,是先假设别的语言在这些方面也与英语并无二致。显然,这个要求对汉语来说是高了一点,因为上述的一系列问题在汉语中有过许多争论,多数直至今天也没有解决。在这样的情况下,要在汉语中从事这样的研究,只有两种可能,其一是不知道或者装作不知道汉语语法研究中以前曾存在过许多至今也无法解决的论争,只凭把英语句子译成汉语以后、根据与英语对应关系所建立起来的、想当然的汉语语法体系,在此基础上进行研究;其二是也许知道一点汉语语法论争的历史,但只拣对自己"解释"时比较有利的观点来讨论,表面上看来是避开争论,实际上是先验地把不利于自己的观点排除在外。这两种可能说到底只是一种,就是先把汉语语法纳入英语语法的框架,再在此基础上按照对英语句法的"解释"来依葫芦画瓢。这样得出来的语言规则的"普遍性",实在使人起疑。

还有一个重要的原因,这就是我们前面说的"规则"和"规律"之争。比较细小具体的问题容易制定出"规则",而比较宏观、比较大的问题却只能试图提出"规律"或者说"倾向"。"规则"可以数学化、公式化,"规律"却无法做到这一点。"语法手段"比起诸如"移位规则"来说是笼统得多的东西,无法在"普遍语法"的原则下进行精细的描写,自然也就不入"普遍语法"论者的法眼了。

然而我们却觉得"语法手段"的讨论更具有普遍性,更值得普通语言学者关注。

语法手段是在语法研究过程中不断被发现、被总结、被完善的,随着人们研究的语言越来越多,越来越深入,以前不注意的方面被注意到了,以前不显眼的东西越来越显山露水了,人们对人类语言普遍的语法手段的认识也就越来越全面、越来越深刻了。这个过程至今还没有结束。

　　迄今为止人们所发现的语法手段大致有这么几种:

　　1) 内部屈折。包括变更词中的音素、重音、声调等。如英语的[man]—[men]、['abstract]—[ab'stract],汉语的"调(tiáo)"—"调"(diào)、"买"—"卖"等。

　　2) 加黏着成份。如英语的构词前、后缀及构形后缀(-ed、-ing、-s 等),日语的助词(-か、-は、-に、-で等)。

　　3) 位置(通常称词序,但我们觉得叫作"位置"更具普遍意义)。

　　4) 虚词。

　　5) 停顿、音节和节律。

　　其中,前四项前人讨论得较多,最后一项是赵元任[1]提出来的,但他并没有充分展开论述,因而尚未被人们普遍接受。

　　最后,3. 语法"规律",就是语言类型学的研究,通过各种语言对语法手段的不同运用,归纳出世界语言结构的类型。

　　所谓语言类型学,就是语法类型学,因为语言类型区分的依据的不是别的标准,只是语法标准,而且只是语法手段的标准。迄今为止的语言类型学用过三个标准:第一种是根据所运用的主要语法手段,把语言分成屈折语、黏着语和孤立语。概念意义用词汇表达,语法意义通过词内部屈折表达的是屈折语;概念意义用词汇,语法意义用固定的语法助词来表达的是黏着语;概念意义和语法意义都通过词汇表达的是孤立语。这个标准是德国语言学家洪堡特提出来的。第二种其实更适用于形态语言的再分类,即形态成分是通过词的内部屈折表达的还是利用助词表达的,前者叫作分析语,后者叫作综合语。分析语如英语、法语等,综合语如俄语、德语等。此外,还有一种复式综合语,那是将整个句子都综合进一个词里的语言,如一些美洲印第安语。这个标准是萨丕尔提出来的。现在常有人把汉语也叫作分析语,结果似乎与英语成了一类,还有人以此为依据大谈汉语与英语之间的同大于异。那是有点文不对题的,因为英语和汉语首先是屈折语和孤立语

1　Chao, Yuen Ren. *A Grammar of Spoken Chinese*, Berkeley and Los Angeles, California: University of California, 1968, p. 151; p. 483.

的区别,根本是两种类型,汉语的"分析"和英语的"分析"根本不是一回事,离开"屈折"与"孤立"的基本分别,谈"分析"与"综合"是没有意义的[1]。第三种标准是词序标准,按简单直陈句内主语、动词和宾语的位置,将语言分为 SVO 语、SOV 语、VSO 语等。例如英语是 SVO 语言,日语是 SOV 语言等。这种分类法适用范围更小,只适合以词序为主要手段的语言;而且其前提是先要承认主、动、宾这一套是各种语言都有的"共性";但实际上,并不是所有语言都适合于用主、动、宾模式来分析的。这一标准是美国学者李纳和汤姆森提出的。他们同时也主张汉语是"主题—说明"语言,这就与把汉语是否纳入 SVO 语的讨论相矛盾。

语言类型学在美国曾是与普遍语法学相对抗的语言研究学派,其代表是格林伯格和科姆里等人。两者的差别在于:1) 前者旨在求异,而后者旨在求同;2) 前者主张研究大量语言,而后者只满足于研究有限的一两种语言;3) 前者只研究观察到的事实,后者不排斥随心所欲的编造[2]。但普遍语法学派发展到"原则—参数"理论以后,实际上也开始注意到了语言的多样性及语言间之"异",希望用"参数"这个概念来调节"普遍性"与"多样性"的矛盾。两者似乎又走近了。

必须指出的是,上面说的五种语法手段,并不是绝对只属于某种语言,而只是说,某种语言可能更多地使用某一种手段,因而语言类型学的归类只是一种粗线条的、方向性的概括,远不是一种精确的描写。同时我们发现,一种语言往往同时使用几种手段,以某一种或几种为主,而以另一种或另几种为辅。例如古代的几种印欧语言(梵文、古希腊语、古拉丁语)以内部屈折为主,但也有黏着;日语以黏着为主,辅之以位置;英语以屈折及黏着为主,辅之以词序和虚词;汉语以位置为主,辅之以音节和节律。随着研究的深入,更多的手段被发掘出来,语言类型学也可能有新的发展。上面提到的几种语法手段中,第一、二种是传统谈得较多的;第三、四种是英国学者斯威特花了很大的气力才使它为普通语言学所接受的。第五种提出还不久,是否为普通语言学所接受还要经过一段时期的考验,但我们越来越发现,汉语语言组织的过程离不开音节和节奏的调整,汉语的"双音化"运动恐怕不仅仅是词汇发展的规律,而更是汉语组织中各级单位运动的规律,汉语中单双音节的调节,与意义一起互动,在汉语组织中起了十分关键的作用。我们对音

---

1 Sapir, Edward., *Language: An Introduction to the Study of Speech*, New York: Harcourt, Brace & World, Inc., 1921, pp. 142–143.
2 Shibatani, Masayoshi & Theodora Bynon (ed.)., *Approaches to Language Typology*, Oxford & New York: Oxford University Press, 1995, p. 15.

节和节律之被承认为一种语法手段充满了信心。

我们把对语法意义、语法手段和语法规律的研究称之为三"层",隐含了一个意思,即这三类研究是分层次、有等级的。语法意义的研究是表层的或初级的研究,语法手段的研究是中层的或中级的研究,而语法规律的研究是深层的或高级的研究。如前面所说,语法意义的研究是从形式入手,或者说,从表面的语言现象入手,探索其背后的语法范畴或意义(我们不想强调"形式"这个术语,因为既然存在沃尔夫所说的"隐性"的语法范畴,就未必都表现为明确的"形式"),这是一种可以在各个个别的语言内独立地进行的研究,因而层次较低。语法手段的研究是从意义入手,研究其表现的形式或方法,这当然也可以在一个语言中进行,但由于语法范畴的设定常有赖于对语言共性的了解,因而更必须有普通语言学的知识作为基础。这也是为什么斯威特强调母语的研究必须在普通语言学的观照下,通过与其他语言的比较去进行的原因。而语法规律的探讨是在前面两种研究的基础上,结合人类的认知规律、各民族的文化与思维方式去进行,其背景是语言哲学,因而是最高层次的研究。

六、几个问题的讨论

以往国内出版的普通语言学著作,讲到语法部分,讲完语法定义、语法范畴之后就会开始讲词的分类、句子成分、句型句式等等,与《现代汉语》教材没有什么大的区别;新的引进西方语言理论,特别是乔姆斯基普遍语法理论的著作则会具体描述诸如论旨角色、移位规则等具体原则。我们认为普通语言学的著作不应该是这样的写法。普通语言学的语法部分应该是关于语法理论的探讨,而不应该是某一家学说、体系的具体介绍;以研究生为对象的普通语言学其目的更不是为了让学习者掌握几个现成结论,而是为了启迪他们的思路,有助于他们自己从事研究,因而更必须以介绍问题、揭露矛盾为主。因而下面我们想介绍汉语语法学史上几个有名的、直至现在都没有明确结论的争论,看看它们在普通语言学的研究上有什么意义。

20世纪的汉语语法研究史上充满了论争,其中较大的几次有:1) 30年代上海的"文法革新讨论";2) 50年代初的词类问题讨论;3) 50年代中的主语宾语问题讨论;4) 50年代后期的单句复句问题讨论;5) 70年代末的析句方法问题讨论。

其余规模较小的,可说不计其数。上述五次讨论中,50年代的几次尤其常为汉语语法学界所津津乐道。我们将从其中两次讨论的问题入手,来看看汉语语法研究的困难究竟在哪里,再看看现在是否已经找到了解决的办法。

1. 词类问题的讨论是从汉语的实词(主要是名词、动词、形容词)能不能分类引起的。高名凯主张汉语的实词不能按语法分类,遭到群起而攻之,但实际上当时既没有能把他说服,过了半个多世纪,到了现在再来看,问题还是没有能够解决。因为这场争论实际上涉及的是两个问题,一个是分类的目的,另一个是分类的标准。目的问题是首要的问题。给词语分类,当然有一定的目的。词汇学和语法学的目的不同,分类方法和结果也不会相同。语法学上的分类是为了解决语法研究问题,分类结果要能为语言的组织服务。西方语法一般分成词法和句法两部分,词法讲词的分类,句法讲句子成分及其功能。这两个部分是可以对勘的,亦即词法研究的结果可以用于句法,句子成分的设立可与词类一一对应。词分类可说就是直接为句法服务的。而在借鉴西方语法建立起来的汉语语法里,其最大的问题是词法和句法合不拢,词分类的结果与句子成分之间没有一一对应的关系。这个问题从《马氏文通》起就已存在了,30年代文法革新讨论中傅东华提出了"一线制",希望他的分类结果能够把词法和句法打通,结果也没有成功。直到现在为止,所有的现行汉语语法体系都没有解决这个问题,以至胡明扬先生在20世纪末还说:"近年来有人认为汉语实词没有词类之分则是从另一个角度来考虑的,因为根据现行的语法体系,汉语实词几乎都是无所不能的,在语法功能上没有什么实质性的区别,所以汉语实词没有词类之分。"[1] 因而这场讨论带来的悖论就是,词分类本来是为了语法研究服务的,如果分类的结果对语法研究没有什么用,这样的分类能叫作语法分类吗?这一结果除了证明"汉语也有词类之分"外,在理论上又有什么意义?第二个问题是词分类的标准。高名凯坚持认为词分类是形态学(即词法学)的分类,因而只应有一个标准,这就是形态,汉语中没有足以分别词类的形态,因而汉语的实词不能分类。反对高名凯的文章连篇累牍,比较有影响的观点有胡裕树的"广义形态"说和王力的三个标准说。此外还有"鉴别字"说。"广义形态"是主张把词与词之间的搭配也叫作形态,这一理论其实来源于美国结构主义的分布理论,在实际操作中常会引起循环论证。"鉴别字"说实际只是这一理论

---

[1] 胡明扬:《词类问题考察》,北京:北京语言学院出版社,1996年,第3页。

的一些特例，即利用一些特定的字如"不、了、很"等及数量词，依据跟它们的搭配来确定其他词的词性。王力提出划分词类有词义、形态、句法三个标准。1979年，吕叔湘将之发展为"两个半标准"说，主张功能、形态是两个标准，意义只能算半个标准。但多标准的结果是无法维持标准的统一性，使得汉语的词类之分成了为分类而分类，只是硬找出一些理由来为心目中的词类和具体词的归类做出解释，在理论上很难成立。

这场讨论涉及的是汉语的词要不要分类、能不能分类、怎么来分类这些涉及建立汉语语法体系的根本问题。现在看来这些问题至今仍没有得出什么结果。在对内对外的语法教学中，为了教学的方便，我们当然可以假设这些问题并不存在，先按人们习惯的体系用起来；但在科学研究中，我们却不能这么做。而现在很多人在做的语法研究，却无视这一现实，在引进新理论的幌子下，把不成熟的体系当作既成事实，在此基础上引申发挥。这就难免会"差之毫厘，失之千里"。

说到这里，我们不禁想起中国古人对汉语语词的分类。中国古代《尔雅》和《方言》的分类，从意义大类出发，是为了归并同义词，这是词汇学的分类，其结果不能直接应用于语言的组织是很明显的。但中国古人对汉语的语词还有另一种分类，这就是载在《诗韵合璧》[1]里的《诗腋》、《词林典腋》之类以及明代无名氏的《对类》上的分类。前者按"天文门"、"地理门"等来分类，表面上看是按意义，但其目的是为吟诗作文，学习者可以直接把上面载的内容用到自己的写作中去；后者把汉语的语词分为"虚"、"实"、"死"、"活"等，也是为了吟诗作对时处理语句结构的种种需要。如果我们同意汉语的语句组织有其自身规律，广义的语法学应该包括文章学的话，我们不能不承认这种分类确实是为汉语的文章组织服务的。联想起王力先生曾经提出过按骈句的结构来划分词类，恐怕这里面确实有不少东西可供我们发掘，只是由于西方语言学的影响，国内还从来没有人将它们往语法学上想过。

2. 主语、宾语问题的讨论涉及另一个更加重要的问题，句法问题。按照王力的观点，汉语中没有形态，词法学可以取消，则汉语语法的问题主要便是句法问题。同时，上面的词类问题恐怕主要出在理论上，具体拿个词出来，大概各人的答案相差不会太远；而主、宾语的问题就不同了。不了解汉语语法历史的人恐怕无

---

[1] 汤文璐：《诗韵合璧》，上海：上海古籍书店，1982年。

论如何也想象不到汉语语法的歧义竟会如此之大。这里我们举几类例子[1]：

① "出太阳了"。

分析：A：倒装句，"太阳"是主语；

B：主语省略句，"太阳"是宾语；

C：无主句，"太阳"是宾语。

② "台上坐着主席团"。

分析：A：倒装句，"主席团"是主语；

B：无主句，"主席团"是存现宾语；

C：正常的"主谓宾"句。

③ "软的欺，硬的怕"。

分析：A：倒装句，"软的、硬的"是宾语；

B：反宾为主句，"软的、硬的"是宾语变成的主语；

C：正常句，"软的、硬的"是被动主语。

④ "这件事我早就知道"。

分析：A：倒装句，"这件事"是宾语；

B：正装句，"这件事"是主语，"我早就知道"是主谓谓语。

⑤ "这个人我认识他"。

分析：A："这个人"是宾语"他"的"外位宾语"；

B：正装句，"这个人"是主语，"他"是重指主语的宾语。

⑥ "什么事情他都不干"。

分析：A："什么事情"是倒装的宾语；

B：正装句，"什么事情"是主语。

最典型的是"是"字句，如"我是学生"。其不同分析有：

A："主系表"或"主系补"说，"是"是系词，后面的成分是表语或补语，这是从英语传统语法学来的；

B："合成谓语"说，"是"是"判断词"；

C："主动宾"说，"是"是动词，后面不管名词性、动词性都是宾语；

---

1 参见张静：《汉语语法问题》，北京：中国社会科学出版社，1987年，第493-499页；胡裕树、范晓：《动词研究综述》，太原：山西高校联合出版社，1996年。

D:"双谓语"说,"是"是"前谓语",但不是谓语的中心;

E:"是"字后是名词性成分的,是"主动宾"句;是动词性成分的,是"主谓句",其中"是"是副词,作状语。

　　这些例子说明,汉语语法至今还有一些根本的问题没有解决,西方语言学家大约从来也想不到竟然会有这样的问题:同样一个东西,有人叫作"主语",有人竟叫作"宾语",还可能叫"状语"、"外位语"等等。这样,一系列问题接踵而至:究竟什么叫主语?什么叫宾语?汉语中有没有动词的及物与不及物之分?有没有句式的被动与主动之分?有没有正装和倒装之分?(主语、宾语讨论中最尖锐的对立在于一方从意义出发,施事者为主语,受事者为宾语;另一方从绝对的词序出发,在动词前的是主语,在动词后的是宾语。对于后者来说,既然一切成分都由词序决定,就不存在倒装的问题。)这些问题几乎涉及汉语句法研究的全部。这些问题不解决,进一步的讨论就失去了前提,也没有了着落。引进美国"普遍语法"的学者津津乐道于什么"被动规则"、"移位规则"之类,试问,如果汉语中连什么是被动、有没有倒装的问题都存在着分歧,这些规则谈得再热闹,又有什么普遍性的意义?

　　主语、宾语讨论给我们的启示是,汉语语法问题远不如我们以前设想的那么简单,以为只要引进一两种西方语法体系,或者三、五种西方语言理论,先搭建起一个体系,再在上面修修补补,一切问题就可迎刃而解了。汉语和西方语言在构造上存在着深刻的差异,不从本质上去认识这些差异,只靠搬弄西方语法的几个术语,是解决不了汉语语法的问题的。在主语、宾语上对立的双方,一方用的是意义标准,一方用的是形式标准。用形式标准的,用的是号称汉语最主要的语法手段——词序,但解决不了问题;用意义标准的,本来应该说是符合了汉语没有形态、语法分析必须依赖意义的"汉语特点"的,但同样解决不了主、宾语的定义问题。这样也不行,那样也不行,既然在形式、意义之外我们无法找到第三条标准来解决主、宾语问题,只好改换一种思路,认为主语、宾语的设立本来就未必是汉语语法所需要的。说到底,英语等西方语言的语法体系大厦,是建立在形态的基础之上的,形态是沟通词法、句法的桥梁。英语的形态虽然已大大简化,但其作为形态语言的灵魂——主谓一致关系,以及维持这种一致关系的名词(包括代词)和动词的一些屈折形式还在,这是构建英语语法大厦的基础。汉语没有这样一个基础,是没法建好这样一座大厦的根本原因。

从上面两场讨论的例子已经可以看出,汉语语法的根本困难是本质上的,套句现在时髦的话说,是"体制"上的。没有办法通过"体制"内的修修补补来得到改造。这就是为什么迄今为止关于汉语语法的讨论热热闹闹地进行了那么多次,但没有一个问题是得到解决的。每一次人们都感到"前进了一步",但没过多久,新的问题又产生了;同样,每一次一种国外新理论的引进都会引起一阵兴奋,使人似乎又看到了解决汉语语法问题的希望,但同样,到头来发现还是在原地徘徊。20世纪初,人们批评《马氏文通》,说它是模仿西洋语法,不合汉语的实际;到了世纪末,搞了一辈子语法的张志公回顾以往,得出的结论还是"现在所搞的汉语语法研究,基本上不合汉语实际"。朱德熙曾感慨地说,我们批评前人是印欧语的眼光,但后之视今,犹今之视昔,焉知后人会不会也批评我们的研究是印欧语的眼光呢?历史的经验值得记取,汉语语法的研究还是应该努力摸索自己的道路。这不是我们拒绝语法的"普遍"性,而是到目前为止的普通语言学中关于语法的理论,基本上没有概括进汉语这种非形态语言的特点。普通语言学不普通,这就是我们从回顾汉语语法几次论战中得到的结论。因此,不但汉语的语法研究有一大段路要走,普通语言学如果真正要成为全人类的普通语言学,也有一大段路要走。一味指责主张发掘汉语特色的人是"个性论者"、"民族主义者",是不公平的。

参考文献

安子介,1991,《解开汉字之谜》(上、下),香港:瑞福有限公司。
陈蒲清、刘衍等,1984,《教学语法答疑》,长沙:湖南人民出版社。
陈望道,1997,《文法简论》(第二版),上海:上海教育出版社。
胡明扬,1996,《词类问题考察》,北京:北京语言学院出版社。
胡裕树,1979,《现代汉语》(修订本),上海:上海教育出版社。
胡裕树、范晓,1996,《动词研究综述》,太原:山西高校联合出版社。
黄伯荣、廖序东,1991,《现代汉语》下册,北京:高等教育出版社。
吕叔湘,1980,《语文常谈》,北京、香港:三联书店。
马建忠,1898,《马氏文通》,《汉语语法丛书》本,北京:商务印书馆,1983年。
潘文国,1997,《汉英语对比纲要》,北京:北京语言文化大学出版社。
潘文国,2002a,"本位研究的方法论意义",《华东师范大学学报》2002年第6期。
潘文国,2002b,《字本位和汉语研究》,上海:华东师范大学出版社。
斯大林,1971,《马克思主义和语言学问题》,北京:人民出版社。
汤文璐,1982,《诗韵合璧》,上海:上海古籍书店。
徐通锵,1994,"'字'和汉语的句法结构",《世界汉语教学》1994年第2期。

张　静,1987,《汉语语法问题》,北京：中国社会科学出版社。

赵元任,1975,"汉语词的概念及其结构和节奏",王洪君译,载袁毓林主编《中国现代语言学的开拓和发展：赵元任语言学论文选》,北京：清华大学出版社,1992年。

朱德熙,1982,《语法讲义》,北京：商务印书馆。

Aronoff, Mark, 1976, *Word Formation in Generative Grammar*, Cambridge, Mass.： MIT Press.

Chao, Yuen Ren, 1968, *A Grammar of Spoken Chinese*, Berkeley and Los Angeles, California：University of California.

Chomasky, 1964, *Current Issues in Linguistic Theory*, The Hague：Mouton.

Chomasky, 1975, *Reflections on Language*, New York：Pantheon.

Halliday, M. A. K., 1985, *An Introduction to Functional Grammar*, London：Eward Arnold.

Jackendoff, Ray, 1994, *Patterns in the Mind: Language and Human Nature*, New York：Basic Books.

Lieberban, Philip, 1998, *Eve Spoke: Human Language and Human Evolution*, W. W. Norton & Company, Inc.

Matthews, P. H., 1997, *Oxford Concise Dictionary of Linguistics*, Oxford & New York：Oxford University Press.

Nesfield, J. C., 1898, *Manual of English Grammar and Composition*, London：Macmillan & Co.

Sapir, Edward, 1921, *Language: An Introduction to the Study of Speech*, New York：Harcourt, Brace & World, Inc.

Shibatani, Masayoshi & Theodora Bynon (ed.), 1995, *Approaches to Language Typology*, Oxford & New York：Oxford University Press.

Whorf, B. L., 1937, "Grammatical Categories", in Fred W. Householder (ed.) *Syntactic Theory 1: Structuralist*, *Middlesex*, England：Penguin Books Ltd. pp. 103 - 114.

(初稿写于2004年,部分内容在《中国外语》2005年第1期上发表)

语义学初探

谈了语音、文字和语法,接着当然应该谈谈语义,谈谈语义学和语用学。有人把语义学和语用学分开来,当然有其必要,也有它的方便之处。但语用学是在语义学基础上发展起来的,是"话语语义学"的进一步拓展,由附庸蔚为大国。作为基本介绍,把两者放在一起有它的方便之处。

语义学的大发展是在 20 世纪六七十年代以后,有人甚至说,20 世纪初是语言学转向,20 世纪 70 年代后则是语义学转向。是不是可以这么提当然还可以讨论,但语义学对语言学发展的重要性确是显而易见的。60 年代,美国学者卡茨(J. J. Katz)与福多(J. A. Fodor)将语义学正式引进了乔姆斯基的转换生成语言学,建立了解释语义学派(Katz & Fodor, 1963)。其后,美国发生了以乔姆斯基为代表的解释语义学派和以雷柯夫(George Lakoff)、麦考莱(James D. McCawley)等乔氏以前的学生为代表的生成语义学派的大论战,论战的焦点,在于前者认为语言研究应以句法生成为主,然后做出语义解释;而后者主张语义是语言研究的主体,应在语义生成的基础上然后做出句法的解释。论战的结果后人评价不一,有人说生成语义学派赢了,有人说乔姆斯基派地位依旧。但据我们看来,最大的变化是改变了美国语言学乃至世界语言学研究的格局。在此之前,不论是结构主义,还是转换生成语法,在语言学界可说都是一枝独秀,但其后在美国乃至全世界都出现了学派林立、百花齐放的局面,语言研究走向了多元化,各种带连字符的语言学派纷纷建立,如社会语言学、心理语言学、认知语言学,以及切夫语法、格语法、蒙塔古语法等等,在这些新学派的背后都有语义研究,特别是生成语义学的影子。就是乔姆斯基,其后期也不得不把语义研究纳入他的研究视野,尽管在研究方法上,他还是坚持形式主义的道路。90 年代以后,认知语言学愈益得到发展,大有取代生成语言学的趋势。中国在 70 年代末引进了结构主义语法,一时曾成为语法研究的主流,但随着国外各种语言学说的陆续引进,结构主义的影响越来越淡化,出现了语法、语义、语用"三个平面"的语法理论,和语义句法等各种新的研究思路。可以说,80 年代以后,对语义的关注成了语言研究一个不容忽视的国际性潮流。

下面我们要介绍并讨论语义学和语用学研究中一些基本的内容。同前面各部分一样,由于在短短一篇文章中不可能面面俱到,我们将集中在我们比较感兴趣的一些题目上,同时将适时补充和介绍中国传统语言学在这方面的贡献。

一、语义研究简史

在现代语言学中,语义学是一门相对年轻的学科,在中国语言学界尤其是如此。不过我们要注意,这个说法是把中国传统语言学研究排除在外的。由于历史的原因,国外学者对中国了解不多,因而在各种学科史的介绍中往往缺少中国的内容。外国学者的这种有意无意的忽视如果我们还可以理解的话,中国自己的学者只会拾别人的牙慧,也闭着眼睛视而不见自己祖宗作出的贡献,那就是难以令人原谅的。毛泽东在《反对党八股》中说,有的人说话做报告,"言必称希腊","对于自己的老祖宗,则对不住,忘记了",这说的是 20 世纪 40 年代,其实可以上下引申为一个世纪。当前中国经济发展、社会稳定,各项事业蒸蒸日上,正在大踏步地走向世界,而世界也不约而同地把眼光投向了中国。在这种形势下,要是我们的学术研究、学术史研究还对自己的祖宗采取虚无主义,一切唯洋是从的话,我们是愧对这个时代、愧对我们这个民族和我们的祖先的。

在国外学术界,一般把 1897 年法国学者 Michel Bréal《语义学探索》一书的出版看作语义学诞生的标志。但开始时的语义研究主要集中在哲学界,正是对语义的哲学研究导致了世纪之交的所谓"语言转向"。这一转向在今天仍有着重要意义。1923 年,奥格登(C. K. Ogden)和理查兹(I. A. Richards)合作的《意义之意义》(The Meaning of Meaning)一书出版,此书虽未用语义学名称,但一般均看作是语义研究的一部经典著作。20 世纪三四十年代,出现了一个"普通语义学"派,以美国学者科齐布斯基(Alfred Korzybsky)为代表,其兴趣已开始注意到语用方面。但由于 30 年代以后兴起的美国描写语言学排斥意义,因而在语言研究中一直得不到重视。50 年代后的重要语义学著作包括乌尔曼(S. Ullmann)的《语义学原理》(Principles of Semantics,1950/1957)和《语义学:意义科学导论》(Semantics: An Introduction to the Science of Meaning,1962)、奥斯古特等人(Osgood, C. E., G. J. Suci and P. H. Tannenbaum)等人的《意义的衡量》(The Measurement of Meaning,1957/1967)。语义研究真正引起语言学界的关注是由于六七十年代解释语义学和生成语义学的大辩论。其后出现了一批有影响的语义学著作,如在 70 年代的就有卡茨(J. J. Katz)的《语义理论》(*Semantic Theory*,1972)、利奇(Geoffrey Leech)的《语义学》(*Semantics*,1974/1981)、帕尔默(F. R. Palmer)的《语义学》(*Semantics*,1976/1982)、肯普森(R. M. Kempson)的《语义理论》(*Semantic Theory*,1977)、莱昂斯(John Lyons)的《语义学》(*Semantics*,1977)两卷本等。这些已成为当代语义学研究的重要文献。

在中国,虽然 1979 年商务印书馆就翻译出版了一本波兰学者沙夫(Adam Schaff)著的《语义学引论》,但在利奇的《语义学》一书于 1987 年翻译介绍进来以前,沉浸在结构主义中的大多数中国语言学家并没有对之足够重视。自那以来的十多年,国外的语言学理论、语言哲学理论、语义学著作不断被介绍进来,语义研究逐渐成了一门显学。特别是由于汉语语法学界三个平面理论和语义句法的提出,外语学界对功能学派和认知语言学派的重视,语义问题更逐渐成了人们关注的焦点。

然而如果我们回顾汉语研究的历史,我们会发现语义问题并不是一个新课题。传统的汉语研究是一个以训诂学为底座,以文字学和音韵学为两翼的三角,这就是一个以语义为本的研究。其中训诂学本身的内容不用说都是语义的研究,如"雅学"、"方言"学、"释名"学研究词义,"注疏"学、"章句"学和校雠学研究文本语义,"句读"学和"虚字"学研究功能语义等;音韵学也不是单纯的语音研究,而是音义结合的研究,所谓声近义通、以声求义;文字学也不是单纯字形的研究,而是形义结合的研究,所谓说文解字、以形求义。传统语言学讲语言三要素:语音、词汇、语法,相应形成语音学、词汇学、语法学三个研究部门,我们老是找不到汉语训诂学的归属,也不知道"训诂学"一词怎么译成外语。随着语义学研究的进展,普通语言学的分科也有了新的变化。现在一般分为音系学、形态学与句法学、语义学、语用学等。我们也才发现,没有必要拘守传统语音、词汇、语法的三分,对我们的训诂学也逐渐形成了比较明确的认识,"训诂学"可以译成"Textology",也就是"文本语言学"或"文本语义学"。用这个词即使不能统括传统训诂学研究的全部,也能统括大部的内容。

据此我们也可以认识到,汉语的语义研究,在历史上的绝大部分时间里,是领先于世界的。只是中国人不善于进行理论概括,现代的学者也没有提出新名词的勇气,因此一门传统相当有成就的学问,也要等从国外引进之后,才会重新引起人们的重视。因此语义学的研究可以说从一开始,我们就面临着两个任务:一个是如何将国外20世纪以来语义学理论的新进展全面地介绍进国内,作为我们研究汉语语义学的借鉴;另一个是如何全面、系统地整理中国传统在语义研究方面的成果和遗产,并结合现代语言学和语言哲学的发展,做出合理的阐释。在这基础上,共同推进国际语义学研究的发展,做出我们应有的贡献。

二、什么是语义学

语义学一般定义为"关于语义的科学"(a science of meaning)。问题是,什么是语义?是"语言"的意义?"语词"的意义?还是"语句"的意义?现在较为普遍接受的定义是,语义是语言学上的意义(Linguistic meaning)。由于在英语里,"意义"包括语义,在一般情况下都用 meaning 这个词,因此英语的语义学著作一般总要开宗明义先谈谈语义这个 meaning 与表示其他意义的 meaning 间的区别。奥格登与理查兹的名著《意义之意义》(*The Meaning of Meaning*)里列了16组,谈了meaning 或 mean 这个词的23种不同含义,例如:

John means to write.	("intends")
A green light means go.	("indicates")
Health means everything.	("has importance")
His look is full of meaning.	("special import")
What is the meaning of life?	("purpose")
What does "capitalist" mean to you?	("convey")
What does "cornea" mean?	("refer to in the world")

David Crystal 说,这些例子中,只有最后这个例子的用法,才最接近"语义"的意义(Crystal 1997)。其实这里是指"cornea"这个词的词义。词义只是语义的一部分,并不是全部。其他例子,至少是倒数第二个,据我们看来,用的也是语义。汉语里除"意义"外,还有"语义"这个专门词,就没有这个麻烦。

从前面提到的传统汉语研究的情况来看,语义是语言研究的核心,一切研究都是围绕语义展开的。在西方的语言研究中是否也如此呢?从语言的本质来说,也应该如此。因为语言的应用是为了传递信息,传递意义,不是为了交流形式。我们在学习外语过程中也会遇到这样的情况,发音不太准,语法出点小错,都不大会影响交际的进行,但只要在一两个关键词的词义上卡了壳,交际马上就会发生困难。但是由于语言自身的特点,却使印欧语研究的历史走上了另一条道路。古代印欧语,如梵文、古希腊语、古拉丁语等,都是形式非常繁复、形态要求严格的语言;现代印欧语如俄语、德语等还保存了复杂的形态和词的变化形式,即使连英语、法语这样已走向"分析型"的语言,仅仅依靠一致关系的要求和残存的一些形态,也能在一定程度上使语法脱离语义来进行。美国结构主义大师霍凯特举的骨骼和肌肉的例子(霍凯特,1958:325-329),最清楚不过地表明了这一点。因而形成了西方语言学史上语法以及语音研究,与词汇研究分家的传统,也就是形式和意义分家的传统。这一传统到 20 世纪经索绪尔、布龙菲尔德等的结构主义更得到了强化。乔姆斯基则把这一传统推到了极端。他的著名例子,"Colorless green ideas sleep furiously"与"Furiously sleep ideas green colorless"的对立(乔姆斯基,1957:29),就是为了证明语法研究可以脱离语义来进行。六七十年代美国语言学界的一场大辩论(详情可参看 Harris,1993),改变了美国语言学研究的地图,虽然乔姆斯基一派的学者宣称乔姆斯基是这场论战的胜利者,其实真正胜利的是美国语言学。因为正是论战的结果才产生了美国语言学百花齐放的局面,而乔姆斯基本人也终于从排斥语义到将语义纳入他的研究范围,当代"主流语言学"也才有了现在的格局,语义学成了其中的一个重要部分。在欧洲,利奇说:"在过去十五年中,越来越多的人摒弃了把语义学作为位于语言学边缘的一块杂乱无章、毫无组织的知识荒地的看法。在人们心目中,语义学在语言研究中的地位越来越重要,成了研究的焦点,多数人现在同意这种看法。"(利奇,1983:2)

　　语义研究是从词义开始的,但现代的研究已经远远超过了词义的范围。以前的语言研究只讲词汇学,不讲语义学,实际就是把词义看作了语义的全部。西方历史上哲学家、语言学家讨论的语义问题几乎都是词义问题。直到 20 世纪 50 年代以后,情况才有了较大改观。如果说,50 年代以前的语义学可以叫作传统语义学,50 年代以后的语义学叫作现代语义学的话,那么,最大的差别就在于范围的扩大,从词义扩大到了句义和话语义。而这一扩大是现代语言学,包括结构主义和转换生成语言学、现代语言哲学等等影响传统语义学的结果。

　　西方传统的语义研究,从古希腊开始直到 20 世纪 50 年代,一直局限于词义,这就是为什么语音、词汇、语法三分的格局能够维持这么长时间的原因。词义研究涉及的是以下十个方面的内容:① 词源;② 词的理据;③ 词义的变化和演变,即常说的扩大、缩小、转移等;④ 词义类聚,即多义词、同义词、反义词、同音异义词等;⑤ 词的中心义和色彩附加义;⑥ 词义和概念的关系;⑦ 词义、语音和客观事物的关系;⑧ 词语解释和教学;⑨ 词语翻译;⑩ 词典编纂(参见张志毅、张庆云,2001:2)。从结构主义的眼光看,这样的研究至少有三个局限:1) 缺乏层次性,不像语音、语法可以分出层次,设立各级单位;2) 缺少系统性,没有把词义看成一个系统,就"词"论"词",因而显得孤立、零散、不成体系;3) 从索绪尔"聚合关系"和"组合关系"两分的理论来看,词义研究只研究聚合关系,而没有研究组合关系。而现代语义学正是从这三个方面入手,从而取得了突破。

第一个突破是创立了义位、义素等单位,从而使语义能像语法(从词到语素)、语音(从音节到音位)那样进行深入的分析。义位(sememe)这一名称是瑞典语言学家诺伦在 1908 年最先使用的,但比较明确地提出始于结构主义大师布龙菲尔德,他认为一个最小的语言形式是 morpheme,其意义就是 sememe。奈达沿用了这个名称,并把义位解释为"一组语义上相关的义素"(参见张志毅、张庆云,2001:13)。义素(seme)是对义位的进一步分析,是描写语义的最小单位,这个词最早是法国语义学家波蒂埃(B. Pottier)提出来的,后来义素和义位两个术语有点相混,因此人们仿照音系学的分析改称为区别性语义特征(semantic feature)或语义成分(semantic component)。语义成分分析法(componential analysis)是人类学家古迪纳夫(F. L. Goodenough)于 1956 年提出来的,1963 年,语言哲学家卡茨(J. J. Katz)与福多(J. A. Fodor)正式将之引进语言学并改称为语义标记(semantic marker)(Katz & Fodor 1963)。在欧洲与苏俄则称为"义素分析法"(sememic analysis)。引进我国后一般也称之为义素分析法。

第二个突破是创立了语义场理论。最早提出语义场名称的是德国学者伊普生,但人们都把创始人的桂冠送给他的同胞特里埃(J. Trier),尽管特里埃在 1931 年和 1932 年提出的名称只是"概念场"和"语言场"。到了 50 年代,他的学生魏斯格伯尔(L. Weisgerber)出版了《论德语的世界》一书,用语义场理论分析了空间、时间、植物、动物、亲属、人体、颜色等,产生了很大影响。所谓语义场,就是按意义对词语进行分级。在西方最早的著作是英国 Peter Roget 出版于 1852 年的 Thesaurus,在那里他将英语词语分为 6 个大类、1,000 个小类。据 1994 年出版的该书第 5 版,今人已扩大为 15 个大类、1,073 个小类(Chapman, 1994)。我国近年出版的《同义词词林》与之类似。其实这种书中国要早得多,不必说二千年前的《尔雅》《方言》,就是近世文人们习用的《诗韵合璧》,其中收的《词林典腋》,就把词语分为 30 大类、近 700 个小类。

第三个突破则是将语义学全面引入句法学。仿照句法从语素到句子的结构层次,在语义中建立了从义素、义位、词义、义丛(相应于短语)、句义等层次,与句法层次一一相应。然后研究各个层次语义组合的规律。

70 年代以后,随着话语语言学等的兴起,语义研究更突破了句子的范围,走向话语和篇章。于是有人(如 Lyons, 1987:28)仿照语法学,把语义学分为微观语言语义学和宏观语言语义学。

三、语义的系统性

从系统的方面去看语义,我们可以有多种角度,从逻辑上进行分类只是其中之一。还可以从心理上、句法上,甚至音韵上进行。例如:

1. 逻辑的语义系统:

主要是建立了语义场理论。在实践中,就是上面说的,西方的 Thesaurus、德文和英文的 Duden 图解词典,和中国的《词林典腋》《同义词词林》及各种双语"分类词典"等在做的工作。

2. 心理的语义系统:

以前词汇学研究的内容可以从这一角度去重新认识,就是从心理学的角度建立词义间的联系。又可分为两个方向,纵向和横向。纵向研究词义的发展线索,主要是本义与转义两个层次。其中转义的方式和途径有多种方式、多种途径,是个非常丰富的研究领域。当今认知语言学重视的隐喻理论可以在其中得到应用并发挥很大的作用。所谓隐喻其实就是一种联想,基本上属于心理学研究的范围。

横向的则是建立种种类义系统,包括传统词汇学研究的同义词、反义词。其实,由于世上(不仅仅是汉语)很少存在绝对相同的同义词,我们更关注的是近义词的研究。这可以说是在依据逻辑分析词义以后产生的下位研究,不仅不可缺少,而且可能更加重要。

3. 句法的语义系统:

句法角度的语义研究可以从以下三个方面进行。

① 层次:以语义研究中的层次"义素—义位—词义—义丛—句义—句群义—

作品义"对应句法研究中的层次"区别性特征—语素—词—短语—句子—句群—篇章",分析其在对应(或不完全对应甚至完全不对应)过程中产生的种种问题。

② 搭配:这可以说是句法语义研究最重要的方面,也是语法研究切于实用的最有效途径。语词间的搭配是语言运用的生命力所在,其中有正常的,即合于逻辑、合乎事理、合乎情理的;也有反常的,即无法用逻辑来解释,只能用"习惯"和"民族性"来搪塞。但这些个"习惯"和"民族性"却大可深究,钻进去,说不定会有意外的发现呢。

③ 关系:这个关系主要是指语法关系,特别是句法语义关系,亦即语义搭配而又涉及形式的部分。在语法形式由复杂到简单的各种语言里都有着值得探索的内容。

4. **音韵的语义系统:**

以语音为轴,建立近义和类义体系。这是中国训诂学的巨大成就。西方的历史比较语言学、世界语言谱系的建立,靠的也是同一个词(如"父亲""树")在不同语言里的读音,探索这些语音间的异同以及可能的演变规律而建立起来的。与西方研究是通过语音联系不同语言、建立历史谱系不相同的是,中国训诂学通过语音联系的是同一语言内部的不同词语,更加明确词语的意义以便理解和应用,具有更强的实践性。传统训诂学利用音韵学的成果,可以建立词语体系,还发展出相应的理论。例如建立近义体系有戴震的转语理论:"凡同位为正转,位同为变转。凡同位则同声,同声则可以通乎其义;位同则声变而同,声变而同则其义亦可以比之而通。"(《戴东原集·转语二十章序》)"同位"即今天说的发音部位相同,"位同"即今日所说发音方法相同。后来清代学者简化为"一声之转",是训诂学中"因声求义"的重要理论依据。王念孙的《广雅疏证》是这方面的一部力作,如卷六论证"踌躇、犹豫、夷犹、容与、狐疑、嫌疑、踯躅"等皆"一声之转"。20世纪朱起凤作《辞通》,收词四万余条,是运用音韵知识解决古汉语连绵字问题的宏大著作。

而建立类义体系的则有王国维的"同类之异名"和"异类之同名"理论:"凡雅俗古今之名,同类之异名与夫异类之同名,其音与义恒相关。同类之异名,其关系尤显于奇名……异类之同名,其关系尤显于偶名。"(王国维《观堂集林·尔雅草木虫鱼鸟兽名释例》)奇名的例子如王念孙《释大》"冈,山脊也;亢,人颈也;二者皆有大义。故山脊谓之冈,亦谓之岭;人颈谓之领,亦谓之亢。彊谓之刚,大绳谓之纲,特牛谓之纲,大贝谓之鲂,大瓮谓之瓨,其义一也。冈、颈、劲,声之转,故彊谓之刚,亦谓之劲;领谓之颈,亦谓之亢。大索谓之絚。冈、絚、亘,声之转,故大绳谓之纲,亦谓之絚;道谓之垌,亦谓之䢓。"(《高邮王氏遗书》第三册,《释大》第八)偶名的例子如程瑶田《果臝转语记》:"双声叠韵之不可为典要,而唯变所适也:声随形命,字依声立。屡变其物而不易其名,屡易其文而弗离其声。物不相类也而名莫不得不类,形不相似而天下之人皆得以是声形之,亦遂靡或弗似也。"果臝(穗)、栝楼(实)、蜾蠃(细腰土蜂)、果羸(鸟名)、锅镬、瓠瓟(瓜)、蛞蝼(蝼蛄)、蝼蝈(蛙)、鞠䡈(舟名)、痀偻(丈人)、岣嵝(山名)、胸脯(笑貌)、枸篓(轱辘)、拘留……全文共收入"转语"300多条,均由"果臝"音转而得。王念孙跋此文曰:"盖双声叠韵,出于天籁,不学而能,由经典以及谣俗,如出一轨。而先生独能观其会通,穷其变化,使学者读而知绝代异语,列国方言,无非一声之转,则角类旁通,天下之能事毕矣。故《果臝转语》,实为训诂家未尝有之书,亦不可无之书也。"(《石臞先生遗文》卷四《程易畴〈果臝转语〉跋》)

以《果臝转语记》和《释大》为代表的成果可说是清代词汇学的最高成就。清代小学的顶峰之作,人们一般推为段玉裁的《说文解字注》,特别是王念孙的《广雅疏证》,其实这两部书还是个别字音字义的研究。王念孙的《释大》作于晚年,是一部未完成之作,从方法论来讲,它正好与《广雅疏证》互为补充:如果说《广雅疏证》是从义到音,从一个个字出发,研究音义的联系;《释大》则是从音出发,从更广泛的层面推断音义的联系。从义出发,意义无限;从音出发,声音有限。因而从音出发的研究更具有总体把握性,是王念孙在研究方法上的一个升华。《果臝转语记》在程瑶田生前未来得及出版,也是王念孙校订后才得以于1830年付梓,其时王念孙已87岁高龄。视这两部书凝聚了作为中国训诂学最杰出代表的王念孙的一生最后的心血,可能并不为过。它使人们看到,汉语的词汇不是一盘散沙,而是有着极强的理据性和系统性,可以以音韵为主轴,将它串联成一个个体系。这一原则不但可以用来解释连绵字,还可以用来解释单音字。从"同类异名、异类同名"的原理推论开去,人们发现古人造字,对于有关的概念,往往用声音上有关的字来表示,如"天地、阴阳、男女、人民、王后、干戈、父母、晨昏、乾坤、死生、始终、爱恶"等。我们有时可利用语音反映的关系,来推断有关字义。如"好"表"喜爱"义与"恶"相对,表"美貌"义与"丑"相对,但"好、丑"叠韵,可见貌美义产生得更早。再如"穷、通"叠韵,"贫、富"同为唇音,而"穷、富"语音上无关,可见,"穷、富"作为反义词是后起的;等等。可惜这方面的研究在20世纪"现代语言学"音义联系"任意性"的理论冲击下,得不到应有的重视,更不要说发展。

四、怎样研究语义学?

目前谈语义成为一种时尚,哲学家谈语义,逻辑学家谈语义,心理学家谈语义,人类学家谈语义,语言学家也谈语义;在语言学中,词汇学家谈词汇语义,句法学家谈句法语义,语用学家则谈语用语义。这一方面说明语义确实是各学科关注的焦点,另一方面也给语义学的简要介绍带来困难。在一篇文章中,要讲清语义学,真有"一部二十五史,不知从何讲起"之感。有没有什么办法把所有这些学者、各个领域的学者所讲的语义问题用一根线贯串起来呢?我想还是有的,这就是紧紧抓住"语义是语言学的意义"这一条,从我们关于语言的新定义入手,为语义研究建立一个新框架。

在我们对语言进行哲学探索的过程中,我们所做的最重要,也可以说是奠基的工作是比较了历史上对语言的各种定义,对语言下了一个新定义:"语言是人类认知世界和进行表述的方式和过程。"由于语义是语言问题的核心,因而语言所涉及的各个方面必然都与语义有关;反过来,我们可以通过对语言内涵的剖析,来寻找语义研究的位置。

首先我们可以把语言的定义中的"认知"与"表述"分成两句话来表达:"语言是人类认知世界的方式和过程","语言是人类进行表述的方式和过程"。然后每句话再分拆成三个较小的部分。第一句拆成:1) 人类对世界的认知;2) 人类认知世界的方式;和3) 人类认知世界的过程。第二句则拆成:1) 人类的表述;2) 人类进行表述的方式;和3) 人类进行表述的过程。在这样细化以后,对语义的研究也可从这六个方面来进行,从而建立一个新体系:

1. 人类对世界的认知

在这个题目下可以研究的问题有:语言和思维;词与物;所指与能指;符号学;任意性与理据性等。

2. 人类认知世界的方式

在这个题目下可以研究的问题有:概念化问题;直接与间接;逻辑推理;联想法(汉语的"兴")(同义与反义);比较法(隐喻);语言世界观(如颜色词等);普遍性与相对性;语义的模糊性等。

3. 人类认知世界的过程

在这个题目下可以研究的问题有：词义发展的过程(本义、引申义、转义、假借义)；委婉语等。

4. 人类的表述

在这个题目下可以研究的问题有：口头语、书面语与手势语；面部表情之类的"副语言"；翻译(语内翻译、语际翻译)等。

5. 人类进行表述的方式

在这个题目下可以研究的问题有：语法意义(在将小单位组成大单位过程中产生的关系意义)与语用语义；等值论；同义和歧义；基本陈述的类型等等。

6. 人类进行表述的过程

维特根斯坦说，"词的意义在于其在语言中的运用"，因此很多语用学的问题可以在这个题目下进行研究。

上面只是纲要性地谈到一些方面，其实具体做起来每一个都可能是挑战。例如语词与所指对象的关系问题，也就是，词与所指对象的关系是固有的，还是约定俗成的？这就是我们现在常常说起的，音义关系究竟是任意性的，还是有理据性的？这个争论起源很早，早在古希腊的时候就有已有了。柏拉图就是著名的"固有派"(Naturalist)，亚里士多德就是著名的"约定俗成派"(Conventionalist)。中国在先秦时候也有关于"名"、"实"的争论，大致有两派意见，一派认为"名"、"实"必须相符，这是大多数论者的意见，如《管子》说："物固有形，形固有名，此言名不得过实，实不得延名。"(《心术上》)《公孙龙子》说："名，实谓也。""其名正则唯乎其彼此焉。"(《名实论》)《庄子》说："名者实之宾。"(《逍遥游》)《韩非子》说："名实相持而成，形影相应而立。"(《功名》)。对应于古希腊，这一派也许可以叫作"固有派"。后一派的代表主要是《荀子》，他的话是现代语言学家引得最多的，即："名无固宜，约之以命，约定俗成谓之宜，异于约则谓之不宜。名无固实，约之以命实，约定俗成谓之实名。"(《正名篇》)"约定俗成"这个词就是出于此，他是当然的"约定俗成派"。但问题恐怕没有这么简单。我们知道，中国哲学与西方哲学的传统不同，西方哲学是一种超世哲学，以客观主义的态度，对事物进行冷静的分析，务求探索研究对象的真谛；而中国哲学是一种入世哲学，探讨任何问题都带有一种强烈的人文介入，时时联系社会与伦理，他们对某些问题的探讨，与其说是哲学问题，不如说是政治问题。如"名"、"实"问题就常与政治上的循名质实相联系。孔子说的

"必也正名乎"就是最好的典型。实际上,与其说先秦诸子讨论的是"名"、"实"问题,不如说是利用语言为政治服务。任意性与理据性的争论在西方似乎早已解决了,亚里士多德的"任意"说取得了胜利,索绪尔更以之作为语言学的一条基本原理。但不同意的声音仍时可听到,特别是在汉语学界。我们前面从文字的自源与他源上也对此表示了异议。总之,这个问题争论了两千年,但现在看来仍未最后解决。而语词与所指对象的关系,是直接反映呢,还是间接反映?这也是个争论不休的问题。一种是直接反映论,其代表是柏拉图。另一种是间接论,即认为语词反映的不是事物本身,而只是概念,这是 20 世纪哲学转向以后产生的观点。总之,这些问题都有深入探讨的余地。

参考文献

霍凯特,1958,《现代语言学教程》,中译本,索振羽、叶蜚声译,1986 年,北京:北京大学出版社。
莱昂斯,1987,"语义学的新天地",载 John Lyons (ed.) New Horizons in Linguistics II, Penguin Books, 1987,汪榕培、顾雅云编译,题为《八十年代国外语言学的新天地》,沈阳:辽宁教育出版社,1992 年。
利奇,1974/1983,《语义学》,中译本,李瑞华等译,1987 年,上海:上海外语教育出版社。
潘文国,2001,"语言的定义",《华东师范大学学报》2001 年 1 期。
乔姆斯基,1957,《句法结构》,中译本,邢公畹等译,1979 年,北京:中国社会科学出版社。
沙夫,1962,《语义学引论》,罗兰、周易译,1979 年,北京:商务印书馆。
张志毅、张庆云,2001,《词汇语义学》,北京:商务印书馆。
Austin, J. L., 1962, *How to do Things with Words*, Cambridge, Mass.: Harvard University Press.
Berlin, B. And P. Kay, 1969, *Basic Color Terms*, Berkley and Los Angeles: University of California Press.
Chafe, Wallace, 1970, *Meaning and the Structure of Language*, Chicago: Chicago University Press.
Chapman Robert L. (ed.), 1994, *The Concise Roget's International Thesaurus*, 5th edition, New York: HarperPaperbacks.
Crystal, David, 1997, *The Cambridge Encyclopedia of Language*. Cambridge: Cambridge University Press.
Fillmore, C. J., 1968, "The Case for Case", in Bach and Harms (eds.), *Universals in Language*, New York: Holt, Rinehart & Winston, 1968.
Goodenough, W. H., 1956, "Componential Analysis and the Study of Meaning", *Language*, 32, 195 – 216.
Harris, Randy Allen, 1993, *The Linguistics Wars*, New York: Oxford University Press.

Katz, Jerrold J., 1972, *Semantic Theory*, New York: Harp and Row.

Katz, Jerrold J. & Jerry A. Fodor, 1963, "The Structure of a Semantic Theory", in Jerry A. Fodor & Jerrold J. Katz (eds.) *The Structure of Language: Readings in the Philosophy of Language*, New Jersey: Prentice Hall.

Kempson, R. M., 1977, *Semantic Theory*, Cambridge: Cambridge University Press.

Korzybsky, A., 1933, *Science and Sainty*, Science Press.

Lakoff, G. And M. Johnson, 1980, *Metaphars We Live By*, Chicago: Chicago University Press.

Leech, Geoffrey, 1974/1983, *Semantics*, Penguin Books.

Lyons, John, 1977, *Semantics*, Vols. I & II, Cambridge: Cambridge Press.

McCawley, J. D., 1968, "The Role of Semantics in a Grammar", in Bach and Harms (eds.), *Universals in Language*, New York: Holt, Rinehart & Winston, 1968.

McCawley, J. D., 1981, *Everything That Linguists Have Always Wanted to Know About Logic ... But Were Ashamed to Ask*, Chicago: Chicago University Press.

Nida, E. A., 1975, *Componential Analysis of Meaning*, The Hague: Mouton.

Nilsen, D. L. F. and A. P. Nilsen, 1975, *Semantic Theory, A Linguistic Perspective*, Rowley, Mass.: Newbury House.

Ogden, C. K., and I. A. Richards, 1923, *The Meaning of Meaning*. London: Routledge & Kegan Paul.

Osgood, C. E., G. J. Suci and P. H. Tannenbaum, 1957/1967, *The Measurement of Meaning*, Urbana: University of Illinois Press.

Palmer, F. R., 1976, *Semantics: A New Outline*, Cambridge: Cambridge University Press.

Searle, John R., 1969, *Speech Acts: An Essay in the Philosophy of Language*, Cambridge: Cambridge University Press.

Trier, Jost, 1931, *Der Deutsche Wortschatz in Sinnbezirk des verstaqndes*, Heidelberg: Winter.

Ullmann S., 1950/1957, *Principles of Semantics*, Glasgow: Jackson; Oxford: Blackwell.

Ullmann S., 1962, *Semantics: An Introduction to the Science of Meaning*, Oxford: Blackwell.

（初稿写于 2005 年）

语言学是人学

"语言学是人文学科还是自然科学?"今天提出这个问题,会遇到两种截然不同的答案。

"语言学当然是人文学科,这有什么可怀疑的?"——这是一种答案。语言学界以外的人可能都会这样回答。在我们国家关于高等教育和科学研究的各种专业目录里,语言学都无可置疑地被安置在人文学科的位置。在研究生专业目录里,语言学更被置于"中国语言文学"或"外国语言文学"的一级学科下,是个二级学科;"文学"既然是"人学",处于其下位的语言学还能跳到别的地方去吗?

"语言学应该是自然科学,至少是人文社会科学中最接近自然科学的一门学科,应该用自然科学的方法去研究。"这是另一种答案,语言学界从事理论语言学研究的一部分人会这么回答,在实践中他们也确实这样在研究。在他们看来,把语言学列为人文或社会科学是一个历史的误会,是陈旧的语言观念造成的陈旧传统,不符合"现代科学"的精神。

两种不同的回答,实际上是在把语言学向两个极端拉,这就使夹在"中间地带"的大多数语言学家和语言学工作者,处于十分尴尬的地位。许多人弄不清楚,究竟是向那头靠好,是向现实的定位靠呢?还是向一些理论家所鼓吹的方向靠?而且"靠"又该怎么"靠"?

我想,认真解答这个问题,要考虑到两个方面,一是回顾历史,二是正视现实。

从历史上看,国际范围的语言学研究潮流确实有过从人文学科转向自然科学的趋势。在19世纪以前,语言学(后人贬之为"语文学")一无例外地处在人文学科领域内。19世纪开始,随着"科学"意义上的语言学的建立,出现了向自然科学转化的趋向:比较语言学将语言学类比于比较解剖学,历史语言学则是将达尔文的生物进化论施于语言学的结果,语言学中的谱系学连一些术语都是借自于植物学的。进入20世纪以后,随着以索绪尔为代表的"现代语言学"的诞生,特别是在美国结构主义语言学中,语言学受到物理学的极大影响,布龙菲尔德甚至被比作"语言学中的牛顿"(这不仅仅指其地位相当,还有研究方法的问题)。乔姆斯基革命的对象是结构主义语言学,但其所建立的转换生成语言学在语言学的自然科学化上走得更远。乔姆斯基一再宣布,语言学是心理学的一部分,进而是生物学的一部分,晚年更断然宣称语言学必须用自然科学的方法去研究,他(1996:31-32)说:

> 这个世界有许许多多方面,有机械方面、化学方面、光学方面、电学方面等等,其中还有精神方面。我们的观点是,所有这些方面应该用同一种方法去研究。不管我们考虑的是行星的运动、力的场、高分子的结构公式,还是语言能力的计算性特征,都一样。我们可以称之为"精神研究的自然主义方法",意思是我们希望用自然科学的理性探索特征来研究世界上所有精神方面的东西。

由此可见,在20世纪的大部分时间里,作为西方"主流语言学"的基本主张,语言学应该属于自然科学。受其影响,国内一些热衷于追随西方现代语言学的人也自觉地接受了这一观点,他们甚至认为中国语言研究现代化的过程也就是接受自然科学方法的结果。例如有篇文章在总结赵元任的语言研究成就时就是这么说的:

> 赵元任将科学运用于语言学研究的结果:用自然科学中的基本概念说明语言问题;用自然科学的先进成果记录和分析语音;把自然科学中的研究方法引入语言学;引入科学的描述事物的方式以及解决问题的程序等等。赵元任成功了,中国的传统语言学在他和同时代的一批优秀学者的共同努力下,终于逐步而又缓慢地走向了现代化。(屠聪艳,2004)

强调语言学是自然科学的后果便是否定或者无视语言研究乃至语言本身的历史、社会和文化因素;过于强调语言及语言研究的"客观性",无视或否定语言使用和语言研究中的人的主观能动性。由于这违背了语言的本质属性,因而其结果并不如原先所期望的,让语言学作为一门自然科学大放异彩,却使它成了高不成、低不就的一门尴尬学科,在自然和人文两头都落了空,就好像学步的邯郸人,新的步法没学会,旧的步法优势却丢失了,出现了台湾语言学家戴浩一(2000)说的情况:

如果我们从生理及心理的角度来研究语言，则语言学要朝着自然科学的方向前进。如果我们从历史文化的角度研究语言学，则语言学不能随意脱离人文历史。可惜，将近半世纪的 Chomskian Revolution 只是雷声大、雨点小。更可惜的是：今天大部分的语言学家在自然科学方面的基础极其薄弱，在人文历史的素养也捉襟见肘。20 世纪后期的语言学可以说是不成熟的科学也是劣质的人文学（immature science as well as bad humanities）。

好在 20 世纪后半叶，世界语言学终于从一味自然科学化中觉醒了过来，先有六七十年代的社会语言学和功能语言学，后有八九十年代的认知语言学和话语语言学，在中国更有文化语言学和宏观语言学，唱出了不同调的声音，而且其音量越来越大，不由人不关注。因而，从总结历史的角度看，认为语言学家都主张语言学是自然科学，这是不符合事实的。

从现实的角度看，自然科学的研究方法确实对语言学起过一些作用，对一些新的文理交叉学科的建立更立下了汗马功劳。一些与自然科学联系较密切的学科如实验语音学、计算语言学、病理语言学、心理语言学、神经语言学等在 20 世纪都取得了长足的进展。但在涉及到人文和社会文化方面，对语言自然属性的过分强调却带来了严重的后果，受损最重的是在语文教育领域。20 世纪以来，世界各国都出现了语文教育水平下降的情况，而以中国最为严重。其原因当然是多方面的，而语言观和语言研究方法的严重偏差是不可辞其咎的。

自然科学方面的见解霸占了理论语言学话语权的结果是出现了许多似是而非的"理论"，试举两条并分析如下：

（1）"语言一律平等，没有高下之分"

这一论断听起来振振有辞，但事实是这样的吗？学外语，干吗不让孩子去学爱斯基摩语而要去学英语呢？在国内，为什么要鼓励大家说普通话而不去说穷乡僻壤的某种方言呢？不是说语言是平等的吗？说语言没有高下之分，不识字的大老粗和饱读诗书的老知识分子没有什么高低之分，那更使人纳闷了：为什么还要送孩子去上学读书呢？他的语言和老师不是平等的吗？可见这种"平等"说事实上是站不住脚的。但要是不承认语言"平等"，在当代又有歧视弱小群体，甚至种族主义、殖民主义、阶级压迫之嫌。这一误会产生的根本原因，在于对语言的认识是有层次的,而科学主义者把它们全混淆了。简单地说,语言是个复杂的事物,既有自然属性,又有社会属性和人文属性。从自然属性看,或者说从物理学、生理学乃至语言发生学的角度看,语言确实没有高下之分,各语言间也是一律平等的。但从社会属性看,因为语言是用来交际的,其交际范围有广狭之分,人们不得不从中有所选择。这一选择甚至跟说某种语言的人口多少也没有关系,例如说汉语的人口是全世界最多的,但作为国际交往语言它的范围不但及不上英语,也比不上法语、西班牙语等;作为交际用语,这些语言的地位就不可能是平等的。中国国内各种方言和普通话相比也是如此。而从人文属性看,具有历史厚度和文化深度的语言或语言形式要高于缺乏这一厚度的语言或语言形式,各种语言的书面形式经过历史的积淀,特别是多少年来人们的锤炼加工,一般情况下总要高于其口语形式。这就是各民族的人们,包括主张语言没有高下之分的语言学家自己,都要送孩子去上学的原因,上学就是学习书面语;而在学习过程中还会有高下之分,有的作文会被教师判为好作文,有的则要判为不及格。如果语言完全没有高下之分,学校、老师、作家、语言大师,这些就都没有存在的必要了。自然主义语言学家的理论似乎"客观、公正",但实际并不客观、公正,甚至违背社会与人们的常理。

(2)"语言是工具,文字是工具的工具"

20世纪语言学理论的另一个重要观点是语言的"工具论"。本来,说语言是交际工具只是一种便利的比喻(据我们看来并不妥当),但有的语言学家就当了真,真把语言、特别是文字看作冷冰冰的工具,好像是人的"身外之物",可以说要就要、说改就改,甚至说换就换的东西。例如一位语言学家说:

> 留形的符号本是把留声的符号由嘴里写到纸上而已,所以文字原本是将语言记到纸上的东西。文字简直是符号的符号。符号的运用要怎样方便就怎样运用,所以符号的规定是非常活动,随时可以修改,修改的次数越多,简便的程度越深。(魏建功,1925:230)

还有一位学者说:

> 文字是语言的符号,听了语言的音能够了解说的是什么意思,则看了拼音的文字同样也能了解写的是什么意思。(钱玄同,1926:222)

因此，

> 三千多年以来用字都是主音而不主形的。用字既然主音而不主形，则造字时尽管用衍形法，实在毫不切于实用，若改用衍音法造字，不但是可能，而且只有便利适用，因为汉字的同音字如此其多，在实际上就等于一个音弄成许多符号，这实在太炫人耳目了，若干脆采用罗马字，一个音只用一个符号，岂不省事？（钱玄同，1926：219）

需要注意的是，这些说法正是 20 世纪在中国大陆波澜壮阔的拼音化运动以及汉字简化过程中大量使用同音替代字的理论根据。这些理论完全没有顾及语言和文字所承担的历史和文化价值，从而无论在理论和实践上都造成了相当的混乱，成了 20 世纪以来中国人难以抹去的心头之痛。而在语文教育上造成了不重视文字、不重视书面语，轻率随便，对错别字轻描淡写，以及写作能力的普遍下降的后果，甚至出现大学毕业生还写不通日常应用文等各种难以想象的情况。

此外，还有各种胡诌的"语言发展规律"。例如 20 世纪初盛传的"人类语言发展规律是从孤立型到黏着型再到屈折型"、"人类文字发展方向是从表形文字、表意文字到表音文字，而表音文字中又以音素文字为最高阶段"等。这些胡诌现在当然早已时过境迁，也许人们只把它当作笑话对待，但在当时对语言研究，特别是对汉语研究的伤害却不容小觑，直至今天也不能说其流毒已经完全肃清。

而在世界范围内，自然主义的语言理论对语言教育也造成了伤害，甚至连欧美各国的语文水平也呈下降趋势，在使用拼音文字的国家由于重音轻文、重口语轻书面语的结果，文盲的数量不减反增，演艺界和青少年文化水平的低落也是造成社会问题的一个因素。当然这些不能全怪语文教育，但不能不认为充满丰富人文精神的"语文"教育变成冷冰冰的语言教育，而语言教育在很多情况下又变成语言"知识"教育对之的潜在影响。

由此可见，语言学是人文科学还是自然科学，不是一个简单的定位问题，而是涉及到语言观、语言研究观、语言教育观、语言应用观的一个大问题。我们要为语言学属于人文科学正名，不是硬要在两者之间分出轩轾，而是包含了总结历史经验，直面现状和未来，让语言学回归它应有的位置的意思。本来，由于语言本身性质的复杂性，我们不会排除从各个角度去研究的可能性：语言学可以从自然科学角度去研究,也可以从社会科学角度和人文学科角度去研究,但在这三者之中,一定要有一个基本的定位、一个根本的认识,即确定语言的本质属性是什么。如果我们确定人文属性是语言的本质属性,则其他属性和其他的研究途径就只有服务于这一本质属性时才是有效和有意义的。离开了这一基本认识,颠倒了次序,以偏盖全,或者以次作正,就会造成难以弥补的损失。

多年以前,钱谷融先生提出"文学是人学",曾引起了轩然大波。几十年之后,历史证明钱先生是对的,而这一提法也极大地促进了20世纪80年代文学的繁荣。仿此,我们愿意喊出另外一个口号:"语言学是人学。"这一提法不仅仅是"语言学是人文学科"的缩写,更寄托了我们的希望,希望在对语言,特别是对我们祖国的语言进行研究时,要更多一点人文的关怀、更多一点民族和历史的感情,即使在我们用自然科学的方法对语言进行研究时(这应该也是正常的),也不要忘了我们所研究的,是人的语言。

参考文献

戴浩一,2000,"新世纪台湾语言学研究之展望",原载台湾《汉学研究》第18卷特刊,2000年,引自 http://ccs.ncl.edu.tw/Chinese_studies_18_s/18_s_21.pdf。

钱玄同,1926,"历史的汉字改革论",载李中昊编《文字历史观与革命论》,北京:北平文化书社,1931年。

屠聪艳,2004,赵元任:游走在两种文化之间,原载《中华读书报》,引自中华读书网 www.booktide.com(2004-06-01)。

魏建功,1925,从中国文字的趋势上论汉字(方块字)的应该废除,载李中昊编《文字历史观与革命论》,北京:北平文化书社,1931年。

Chomsky, Noam, 1996, *Powers & Prospects: Reflections on Human Nature and the Social Order*. Boston, MA: South End Press.

(原载《白城师范学院学报》2006年第1期,第1-4页)

从哲学研究的语言转向到语言研究的哲学转向

19、20世纪之交出现的"哲学研究语言转向",对20世纪的人文社会科学研究产生了极其深刻的影响,使其整体面貌发生了重大的改变。这一改变表现在两个方面。第一,从哲学这头看,语言成了20世纪哲学研究的中心和出发点,欧美乃至整个西方哲学,都可以叫作广义上的语言哲学,这一"转向"可说是非常全面和彻底的;第二,从哲学以外的人文社会学科研究看,这些学科无不受了哲学语言转向的影响,其受影响程度的大小甚至决定了其研究的"现代性"和深刻性的程度。换句话说,20世纪以来的哲学研究,都属于语言哲学,而哲学以外的人文社会学科的研究,都处在语言哲学的笼罩之下。这一结论适用于所有人文学科,当然也包括语言学。

一、"linguistic turn"应正名为"语言转向"

据我们的观察,各个学界对上述结论大多没有什么异议。如果有异议的话,那就是在语言学界,特别是在中国的语言学界。他们对20世纪以来的这一趋向有两个一厢情愿的解读。第一,在语言学与哲学的关系上,他们认为在世纪之交发生的转向不叫"语言转向"而叫"语言学转向",进一步认为,这一"转向"带来了语言学的春天,原先在人文社会科学研究中不受重视的语言学,迎来了它的黄金时代,哲学实现了语言学转向,意味着语言学成了研究哲学的前提,语言学家顿时身价百倍了。第二,在语言学与其他学科的关系上,语言学既然已经成了哲学研究的基础,当然更成了所有人文社会学科中的"领先学科",对其他学科的研究有着指导作用,语言学研究中的一些方法,理所当然地应当为其他学科所仿效。然而,事实是,在"语言学是领先学科"这一说法引进并受到广泛宣传之后,"语言学是领先学科"这一现实并未出现,语言学在中国的地位一如既往,如果不是更不受重视的话。问题出在哪里呢?就出在对"语言转向"理解的偏颇上。

本来,在英文里,"语言"转向也好,"语言学"转向也好,用的都是同一个词:linguistic。这个词既有"related to language"(语言的)之意,又有"related to linguistics"（语言学的）之意，因而"linguistic turn"这一短语是有歧义的，可以是"语言转向"，也可以是"语言学转向"，在英文里人们需要通过上下文去消解歧义，而汉语是采用不同的词来翻译，两种译法的含义大相径庭。前者意味着把哲学研究的关注重点转移到语言上，而后者则等于承认哲学研究要以语言学研究为前提。质之西方哲学发展的历史，我们知道只有第一种理解是正确的。因而，如果这个译法是由于对英文 linguistic 一词理解有偏差而无意作出的，那还可以原谅；而如果是明知英语的歧义而有意误译，那就只能说是偷换概念，刻意误导了。

有人会说，哲学研究的关注重点转到语言上，哲学研究要从语言研究开始，而"语言学"本来就是"研究语言的科学"，为什么不能说成"语言学转向"呢？这个问题问得很好，这等于在逼问："语言研究"和"语言学"是不是一回事！也许以往我们确实曾把它们看作是一回事，但现在我们发现，它们实际是两回事。"语言研究"，强调的是以语言为对象的科学研究过程，而"语言学"，则往往指这一研究得出的结果，某种理论或体系。因为结论和产生的体系不同，可以有各种各样的"语言学"，如结构主义语言学、转换生成语言学、认知语言学，等等，但一般我们不大会说"结构主义语言研究"、"转换生成语言研究"、"认知语言研究"，等等。当然个别情况下两种说法都有，例如"传统语言研究"和"传统语言学"。但其含义是不同的，前者指"传统"也就是前人对语言的研究，后者却指某种特定的语言学流派，通常是指 19 世纪的英国学校语法。既然"语言研究"不等于"语言学"，我们在使用时就要小心。强调"linguistic turn"只能译成"语言转向"，不能译成"语言学转向"就是一个办法。另一个办法是，把"语言学"这个术语一分为二，分别叫作"语言学$_1$"和"语言学$_2$"，前者指"语言研究"，后者指一般所说的"语言学"。

二、"语言学是领先学科"是个伪命题

明确"linguistic turn"是"语言转向"而不是"语言学转向"，对哲学研究和语言学研究都有重要的意义。对于哲学研究来说，我们就会知道，哲学研究并不需要以语言学研究为先决条件，更不需要在哲学研究中具体运用某家某派的语言学理论和体系。如果这样做反而会束缚自己的手脚。实际的情况是，如果把"语言学"理解为"语言学$_2$"，那就根本不存在"语言学是一切人文社会学科的领先学科"那样的事情。美国语言学家葛林伯格在 50 年代曾写过《语言学是领先科学》一文，一

时声名大噪。国内伍铁平教授引进此文并接连写了三篇论文。他们想要证明的是,"语言学₂"是领先于其他一切学科的领先学科,但我们细读全文,并未发现"语言学₂"能指导各门学科研究的具体事实。唯一的例外也许是列维—斯特劳斯的文化人类学,文中说他先是用结构主义语言学的理论和方法来研究,建立了结构主义人类学,乔姆斯基"革命"之后,又改用转换生成语言学来研究。对于此说我们颇为怀疑。列氏是20世纪最著名的文化人类学家,如果他的研究只是先后运用两种不同的语言学理论来对本学科进行解释的话,那就是浪得虚名。吕叔湘曾经批评中国的语言研究,说"外国的语言理论不断在那儿翻新,咱们也就跟着转",如果列维—斯特劳斯也像中国语言学家那样只会在西方语言学理论后面"跟着转",那他还能具有他所拥有的地位吗?

所幸西方的哲学家们,从发动"语言转向"的弗雷格、罗素、维特根斯坦开始,到后来英美和欧洲大陆的各家语言哲学流派,都没有以某家某派"语言学"为导向的。这也证明,我们把"linguistic turn"理解为"语言转向"是正确的。

接下来的问题是,以"语言"而不是"语言学"为导向的哲学研究是一种怎样的研究?它为什么会影响,又如何影响了20世纪哲学研究的全局?根据我们的观察,20世纪西方语言哲学家们的研究,尽管在许多问题上有分歧、有争论,但在以下三个关于语言的核心问题上,他们是一致的,是没有分歧的。这可以说是20世纪西方语言哲学的共识,也是西方语言哲学的核心与灵魂。

第一个是语言本体意识。这个"本体"不是指西方哲学的"本体"(logos或being),而是指研究的主要对象、研究的出发点。两千年来的西方哲学研究,其研究的"本体"始终没有变过,都是logos或being,三次"转向",所不同的只是切入的角度,本体论阶段是就本体研究本体,认识论阶段是从人类认知能力切入,而到了语言论阶段只是从语言切入。从语言切入,目的还是为了解决本体即being的问题,只是在语言哲学家看来,语言问题太重要了,不理解语言就无从理解本体,语言俨然成了本体。因而,研究语言的意义、意义的指向、语言与逻辑、语言与真理、语言与翻译、语言与命名等问题就成了20世纪语言哲学家的共同兴趣所在。

第二个是语言世界观意识。"语言世界观"这个命题是19世纪上半叶德国哲学语言学家威廉·洪堡特提出来的,但这个观点也许太超前了,在他身后大半个世纪里,没有得到多少人的认同,只是到了20世纪语言哲学兴起之后,才得到了普遍的公认。有的语言哲学家同洪堡特一样,使用了"语言世界观"这个词,如维特根斯坦;还有不少语言哲学家使用的是美国语言学家本杰明·李·沃尔夫的术语"语言相对论",实际上并没有根本的不同。"语言世界观"是"语言本体论"所导出的必然结果,或者说就是"语言本体论"的另一种说法。我们知道,"语言转向"的基本精神,是认为人不能简单地认识外部世界,只有通过语言这个媒介。或者说,外部世界是通过语言这个透镜折射到人的认识中的,我们所理解的世界,实际上是由语言构成的,是语言的世界。这不也就是"语言世界观"的含义么?沃尔夫的理论(我们一般称之为"沃尔夫假说"或"沃尔夫—萨丕尔假说")是对"语言世界观"的进一步发挥,他认为语言不但决定了我们对世界的认识,还决定了我们对世界的表述。他的理论更可具体分为"语言决定论"和"语言相对论"两个部分,有的人把这两者割裂开来,认为"语言相对论"比较可以接受,而"语言决定论"太绝对了,需要有所保留。这种主张从逻辑上看是很荒唐的,也说明他其实并没有理解沃尔夫的观点。在沃尔夫看来,"语言决定论"和"语言相对论"是一个整体,前者更是先决条件,没有决定论就无所谓相对论。所谓决定论就是指说某种语言的人在他不自觉的前提下,用他的语言所规定甚至强制他的方式去说话,这种强制性犹如地球引力对人的作用,是无法排除的。具体来说,各种语言的词汇决定了他说话的内容和含义,各种语言的语法则决定了他说话的方式。而由于各种语言所使用的词汇和语法各不相同,因而这种强制性只具有相对的意义。语言世界观理论在20世纪西方语言哲学家里得到了越来越充分的表述,在所谓的"大陆学派"里。这种表述更为强烈。西方哲学家之强调语言世界观与有些语言学家之反对或回避语言世界观,正好形成有趣的反差。

第三个是母语意识。母语意识是语言相对论的必然产物。既然我们的认知和表述方式取决于语言,而语言又具有相对性,对于每一个具体的人来说,他更只能通过母语去认识和表述世界。在说不同语言的人们之间,语言也许只是交际的工具;而对母语使用者来说,母语远远超出了这一功能,而是他的精神家园,是他"存在"的根本方式。母语是理解自身、理解本民族历史和文化的基础,也是跨语言交际、跨文化交际的基础。没有母语,我们就找不到自身。母语意识的觉醒在20世纪经历了一个发展过程,随着世纪末全球化时代的到来,得到了越来越强烈的表述,是哲学界、语言学界和文化界的共同诉求。

我们认为,以上三个方面就是20世纪初以来的语言转向的最核心内容,也是这一转向的根本价值所在。哲学是人类从事的一切学科的领头羊,哲学上的研究方向发生了变化,必然影响到所有学科领域的研究。所谓"语言学是领先学科"是个伪命题,真实的情况是,哲学是领先学科,而因为 20 世纪以来的哲学发生了语言转向,因而这种语言转向背景下的哲学研究必然会影响其他各学科的研究,产生各门学科研究的"语言哲学转向"或简称为"哲学转向"。各门学科会循着哲学语言转向的途径,来开展本学科的研究。由于哲学转向把关注焦点放到了语言上,其他学科也必然会跟上,重视语言问题在本学科的意义。结果就发生了"语言学是领先学科"的误会。

三、要自觉追求语言研究的"哲学转向"

说到这里,我们要提出另外一对概念,就是"哲学$_1$"和"哲学$_2$"。这两者的区别,犹如"语言学$_1$"和"语言学$_2$"的区别,即前者指的是哲学探索的过程,后者指的是哲学研究的种种结论、所建立的各种流派、理论和体系。哲学的语言转向是"语言学$_1$"的转向,同样,各门学科的"哲学转向"也应该而且必须是"哲学$_1$"的转向。也就是说,我们主张把语言哲学的精神灌注到其他学科的研究上,而不是把某位语言哲学家的理论体系或学说照抄照搬到其他学科的研究上。具体研究某个语言哲学家的观点及其成就是哲学工作者的任务,对于哲学界以外的研究者来说,我们的任务是把语言哲学的精神贯穿在自身从事的研究上,实现本学科研究的"哲学转向"。

实际上,20 世纪以来所发生的这一"转向"是双向的,哲学研究诚然发生了语言转向,而在哲学转向之后,其他学科也相继发生了"哲学转向"。只是以前有人一度用"语言学是领先学科"的说法来解释,现在我们更倾向用"哲学转向"或"语言哲学转向"来解释。之所以要否定"语言学是领先学科"这一提法,除了不符合事实之外,还因为这一提法掩盖了语言研究自身的"转向"使命,使某些语言学家因所处的"超然"地位而感到飘飘然,对语言研究自身发展是极其不利的。事实上,在出现"哲学转向"的各门学科中,冲在最前的是语言学,引起变革最大的也是语言学。20 世纪以来,伴随着哲学研究的语言转向,出现的是语言研究的哲学转向。当然这个转向是我们所说的"哲学$_1$"的转向,而不是"哲学$_2$"的转向。只是许多人还没有意识到而已。

众所周知,20 世纪是语言学繁荣的世纪,一个世纪来,甚至只是 20 世纪 60 年代以来所提出的语言学理论,其数量可能就已超过历史上全部语言理论的总和。对这一现象的产生,以往人们只是从语言学自身去找原因,并且为之沾沾自喜。现在我们发现,这一繁荣背后其实是语言哲学在起作用。哲学界把关注重点放到了语言上,就迫使语言学家运用哲学的眼光去考察语言自身。哲学把语言作为本体,语言学就更必须将语言当作本体的本体、核心的核心。哲学家从"语言"着手去研究哲学,也许并不关心"语言"本身是什么,但语言学家运用哲学的眼光去研究语言,首先关心的就是语言是什么,从而产生了各种不同的语言观。正是由于有了不同的语言观,才产生了种种不同的语言理论。语言研究的哲学转向带来的首先就是对语言观问题的前所未有的关注。

  20 世纪产生的第一个,也是被人们认为是现代语言学开端的理论是索绪尔的学说,这个学说的产生就是语言研究哲学转向的最好不过的标志。在一封给另一位语言学家梅耶的书信中,索绪尔(Saussure, 1894: 95)曾说过一句口气非常大的话,他说:"对我来说,今天在语言学中使用的那些术语没有一个是有意义的。"有时我们在纳闷,他凭什么敢于如此口出狂言? 现在我们知道,就因为他自以为找到了语言研究的本体。在同一封信中他指责他的前人,"他们从来没有找到过真正的语言科学,因为他们从来没有注意为他们研究的对象下过精确的定义"。而他自己的研究正是从研究"什么是语言"着手,他区别了语言和言语,从而给语言下了一个"精确的定义":"语言是一种自足的结构系统,同时又是一种分类的原则。"(Saussure, 1916: 25)在此基础上,他进一步区别了共时语言学与历时语言学、内部语言学与外部语言学,从而建立起了他的结构主义语言学体系。索绪尔的理论是语言研究哲学转向的第一个成果,也为后来的语言学研究树立了榜样:语言研究必须从"语言本体观",也就是语言观着手,在此基础上建立语言学的理论。20 世纪西方语言学理论蜂出,其背后都有哲学转向,也就是语言本体观的影子。可以说,凡是有影响的语言学理论,背后都有语言哲学的影响,都有自己独特的语言观。功能主义语言学的背后是把语言看作交际工具的语言观,乔姆斯基语言学背后是把语言看作人脑中一种先天的机制,把语法看作一套规则的语言观,等等。

  20 世纪语言研究的哲学转向一方面为语言学理论的蜂出创造了条件,另一方面也为我们研究这些语言学理论、评价它们的是非得失提供了一个最好的切入点。由于 20 世纪产生的这些理论往往体系庞杂、内容繁富,要领会一种理论已属不易,深陷其中者更觉难以自拔,在这情况下要对之全面地进行评估,特别是将之与其他诸种理论作比较更会有"老虎吞天,无从下口"之感。在明确了它们都是语言转向的产物之后我们就有了一条"捷径"——从语言本体,也就是语言观着手。比如说,对于乔姆斯基语言学,如果你纠缠于什么移位啊、生成啊、转换啊,或者更具体的什么对被动的解释、对致使现象的解释等,你就永远无法了解这一理论的价值或缺陷。但是如果你知道乔姆斯基的根本语言观是把语言看作人脑中先天的一种机制,所有这些理论和观点都是这一语言观的派生物,是其推导的结果,事情就变得简单多了。对当前方兴未艾的认知语言学也是如此。从语言观来说,认知语言学是对语言世界观学说的一种发展。语言世界观认为语言是处在外部客观世界和人类思维主观世界中间的第三世界,人只有通过语言才能认识世界。而认知语言观认为,在语言和外部客观世界的中间还有一个层次,这就是"认知",语言是由于认知的作用才能建立与客观世界的联系。要真正探讨认知语言学的功过得失,就可以从这个最根本的理解开始。

抱着哲学转向的观点去回顾20世纪的语言学发展,我们可以深切地感受到语言哲学对语言研究本身的影响。但同时我们也发现,并不是所有的语言学者,包括语言学理论的创造者,是自觉地意识到这一点的。一些自觉运用哲学手段来研究语言学并取得重要成就的人,我们甚至可以骄傲地称他们为哲学家,如索绪尔、乔姆斯基等。但还有不少人是身处其中而毫无知觉的,譬如中国绝大多数的语言学家。我们希望的是,在了解了世界语言学发展的大势之后,能有更多的人更自觉地从哲学层面来思考语言问题,更自觉地实现语言研究的哲学转向。

四、中国哲学界和语言学界的共同使命:开展汉语哲学研究

曾经有一位哲学界的朋友告诉我,当前世界上,所有哲学家都在研究语言哲学,只有中国除外。而我的观察也告诉我,当今世界上,所有重要的语言研究都注重建立在语言哲学基础上,也只有中国除外。我不敢说这两种观察是百分之百的事实,但至少说明了中国和世界在语言研究和哲学研究上的差距。

好在情况现在正在起变化,特别是在哲学界。近些年来,研究语言哲学的呼声越来越高,关于语言哲学的论著也时见出版。但我们也遗憾地发现,目前的语

言哲学研究还更多地停留在吕叔湘先生批评过的"老是谈隔壁人家的事情"的阶段,很少结合中国,特别是汉语的实际。语言学界从20世纪20年代以后,注重发掘汉语特点的呼声就不绝于耳,中间经过了一段时间的沉寂,近十来年又高涨了起来,但很少有人上升到哲学观、语言观的高度。主要由语言学界发起成立的中西语言哲学研究会的成立,使我们看到这两股力量有合力的可能和前景。

合力要有一个共同关心的着力点,这个着力点就是汉语哲学。从哲学的角度看,我们研究语言哲学,不仅要研究西方,主要是印欧语言背景下的语言哲学,更要研究汉语背景下的语言哲学。由于汉语和西方语言、中国文化传统与西方文化传统间的巨大差异,语言哲学也会呈现出很不相同的面貌。语言哲学研究如果不能中国化、汉语化,就很难真正在中国落地生根,从哪里来也许最终还得回到哪里去。从语言学的角度看,在西方已经进行了将近一个世纪的哲学对语言学的指导、引领作用在中国几乎还未真正发生过,以语言哲学的眼光来考察汉语还未引起过真正的重视,而这本来是个中国语言学者可以大有作为的地方。我们在上面着重指出哲学上的语言转向有三个核心内容,但对西方20世纪语言理论产生影响的主要还只有第一个,即语言本体论意识,另外两个,即语言世界观意识和母语意识在西方语言学理论中表现得并不抢眼。这是因为,西方语言学理论大多建立在西方主流语言印欧语的基础上,这些语言基本上属于沃尔夫所说的"均质印欧语",其间的差异从宏观上来看可以忽略不计,因而语言相对论等学说对它们没有很现实的意义(甚至有人因此而怀疑其真实性)。沃尔夫在语言相对论基础上提出的对比语言学设想在西方也几乎没有很好开展过。汉语就不同了。汉语与西方语言间的巨大差异、中国和西方迥异的历史和文化背景为这些问题的探索提供了一个无比广阔的历史舞台,这是中国学者极具优势,也是中国学者有可能对世界做出重大贡献的领域。

当前的中国正处于历史上最好的发展时期,中华民族的重新崛起正有望在不久的将来变为现实。中国的学术研究正面临着最好的机遇。我们要无愧于这个时代,无愧于这个民族,争取对世界做出更大的贡献!

参考文献

Saussure, Ferdinand de, 1894, "Letter to Antoine Meillet, 4 January 1894", *Cahiers Ferdinand de Saussure*, Vol. XXI, 1964, p. 95.

Saussure, Ferdinand de, 1916, *Cours de Lingustique Générale*, edited by Charles Bally and Albert Sechehaye, Paris: Payot & Cie, 1922.

(原载《外语学刊》2008 年 2 期,第 17 - 21 页)

语言转向对文学研究的启示

在语言学与文学的关系中,以往人们谈得较多的是彼此间互为基础的交互关系。例如用"文学是语言的艺术"来说明语言对文学的重要性,用"文学语言是典范的语言"来说明文学对语言的重要性等。但自20世纪初以来,随着西方理论界发生的"语言转向"或"语言学转向",语言学的地位一下子高了起来,成了所有人文社会学科的领先学科。语言学与文学的关系就变成单向的了。人们只谈如何从语言学出发来研究文学,而很少谈如何从文学出发来研究语言学。不光语言学家是如此,文学家也是如此。这是怎么一回事呢?"语言转向"又能对文学研究产生什么重要启示呢?本文想探讨一下这个问题。

一、是"语言转向"还是"语言学转向"?

首先我们需要探讨的是,20世纪初哲学上发生的这个转向(英文叫"linguistic turn")究竟是"语言转向"还是"语言学转向"? 一字之差,其实内涵是不同的。在英文中,"linguistic"这个词的意义其实是模糊的,既可以是"related to language"(语言的),也可以是"related to linguistics"(语言学的),因此阅读英文写的论著,你会发现作者的观点有时也是含混的,有时像是指"语言的",有时像是指"语言学的"。但是在使用中文的时候,这两个概念就非要澄清不可。"语言的转向"和"语言学的转向"所指完全不同。"语言转向"指的是从语言出发去研究所面对的对象,"语言学转向"指的是从语言学理论出发去研究面对的对象。换一句话说,因为"语言学是研究语言的学问",从语言出发是从语言本身出发,而从语言学出发是从研究语言的学问出发,即把研究语言的结果和方法,也就是各种语言学理论体系用到别的学科上。这两者的不同是显而易见的。从语言出发,不关语言学体系什么事,它只是从现实世界的语言、思维和现实的关系出发,研究其对哲学、文学,也包括语言学在内的各门学科的影响;从语言学理论出发,就离不开某家语言学理论体系的框框,在不同时期用不同的理论体系往其他学科上套,例如用语言学的各家理论把文学重新解释一通。

由于英文在这个问题上的含糊性，结果在中国也出现了有意无意的含糊。"linguistic turn"有译成"语言转向"的，有译成"语言学转向"的，搞语言学的尤其喜欢朝"语言学转向"上引，借以提高自己的身价。这个问题从来源上看其实是不成问题的。"语言转向"是一个哲学概念，是指19、20世纪之交弗雷格、罗素、维特根斯坦等人发起的一场哲学革命，他们认为以往在哲学上的种种纷争归根到底是由于对语言的不同理解开始的，因此要研究世界的真理问题必须要从语言的意义着手。其后，20世纪的西方哲学家如海德格尔、伽德默尔、奎恩、德里达、哈贝马斯等无不从语言出发，进行他们的哲学研究。这里根本没有什么"语言学转向"的影子，试问：弗雷格根据的是什么语言学？维特根斯坦根据的是哪家语言学理论？倒是有在哲学基础上形成的语言学流派，例如莫尔的符号学、奥斯汀和塞尔的言语行为理论等。因此，是"语言转向"而不是"语言学转向"，这是我们必须明白的第一个命题，文学研究者尤其必须清楚这一点。

明白是"语言转向"而不是"语言学转向"，我们就会知道，早在"现代语言学"各种理论流派形成之前，从"语言转向"引起的文学研究就已经有了，如20世纪上半叶俄国的形式主义文艺批评和美国的新批评，其背后都有语言转向的影子。把语言学理论运用到文学上的研究也有过，如一度盛行的结构主义方法。不过这时结构主义已不仅仅是一种语言学理论，而被看作一种哲学方法论了。用结构主义方法来研究文学就是把一个个文本看作一个个系统，把作品的构成成分看作"符号"，研究其"意义"和"关系"。例如国外有人用这一方法来分析杜甫的《秋兴八首》，其结果是把诗歌搞得支离破碎。据我看不能算成功。这提醒我们：从语言角度来研究文学不是指具体的语言学理论。把各种具体的语言学理论用到文学上，不是不可以，但必须非常谨慎，不要说了半天，只剩下语言学理论，把文学给说没了。

二、"语言转向"的基本精神

那么，"语言转向"的基本精神或基本内核是什么呢？为什么它能引起哲学界如此大的变动，而其影响所及，又能及于人文社会科学几乎所有领域呢？

这个问题要从西方哲学研究的根本目标谈起。从古希腊起，西方哲学研究的目标始终没有变过，这就是对"存在"或being的研究，由于切入点的不同，形成了三个历史阶段,在"语言转向"出现之后,又被称为三个"转向"。第一个"转向"出现在古希腊时期,以柏拉图、亚里士多德等为代表,研究的是"存在"本身,或者说,"存在"为什么存在?这被叫作"本体论转向"。第二个转向出现在17世纪,以笛卡尔为代表,研究重点从"存在"本身转向了认识主体"人":人是怎么认识"存在"的,或"存在"为什么能被人所认识?这个转向叫作"认识论"转向。第三个转向发生在19、20世纪之交,代表人物是我们前面提到的弗雷格、罗素等人。他们认为,人不是简单地认识"存在",而必须通过语言这个媒介;我们所认识的"存在",是通过语言体现出来的,没有语言,就没有世界;而对语言理解的偏误,就会导致我们认识上的偏误。这一转向把语言提到了哲学上至高无上的地位,因而被称作"语言转向",也有人称作"语言论转向"。由于英文单词的歧义性,因而有人不恰当地译成"语言学转向",造成了很多混乱。

理解了这一背景,我们可以来讨论"语言转向"的基本精神了。我认为,"语言转向"的基本精神,至少包含以下三点:

1. 语言本体论

如果我们把"本体"理解为研究的主要对象的话,我们可以发现,西方哲学史上的三次转向,其研究本体也发生了三次根本性的变化。在第一阶段,其研究本体就是"存在"自身;在第二阶段,其研究对象转到了人认识"存在"的过程,研究本体转向了人的思维或"理性",笛卡尔的名言"我思故我在"最好地体现了这个阶段对存在和思维的关系的认识,即"存在"不过是"思维"的存在。到了第三阶段,研究对象转到了语言上,人们发现,人的认识不是外界客观世界在人的头脑中镜子般的反映,而是经过了语言这个中介,换句话说,我们所认识的世界,其实是语言的世界;离开语言,我们没有办法认识世界,"存在"就体现在语言中。海德格尔的名言"语言是存在的家园",最好地体现了这个阶段人们对存在和语言关系的认识:没有语言,"存在"(being)就无法"存在"(exist)。由此,对语言的研究,就是对哲学本体的研究。语言在哲学中的至高无上地位得到了公认,20世纪的西方哲学家,在经过语言转向之后,几乎无一不是从语言切入进行研究的。这可以叫作语言本体论。由于哲学是关于世界观和方法论的学问,哲学上的这一重大转向,不能不引起各学科领域的重大转向。语言研究对文学研究的指导意义,首先体现在这一点上。这是无法回避,也不容回避的。其实,不光是文学等其他学科,就连语言学这个学科自身的研究,也受到这一转向的影响,各种语言学理论是否成立,首先也必须接受这一语言本体论的检验。在热衷于谈"语言学转向"的人看来,语言学似乎天生要高于别的学科,可用来指导别的学科而自身毋需受检验,就是在这个基本问题上犯了错误。

2. 语言世界观

从语言的本体论意识我们很容易导出语言世界观的认识。我们知道,语言世界观这个提法是德国哲学家、语言学家洪堡特在 19 世纪上半叶提出来的,时间还在所谓的"语言转向"之前。这正说明,哲学上的"语言转向"并不是突然来临、一蹴而就的,它也是前人智慧的结晶,其中包括了洪堡特乃至更早的莱布尼兹、赫尔德等人的贡献。从另一方面我们也可以说,洪堡特的语言世界观理论是哲学上"语言转向"的先声,是语言学家对哲学发展做出的贡献。总之,语言世界观经洪堡特提出,经过哲学上的"语言转向"得到了发扬光大,并经过其后语言学家兼哲学家魏格斯比尔、沃尔夫等人的发展,已成为当代哲学在语言问题上的共识,其区别只在程度而已。所谓语言世界观,它有两个方面的含义。第一个方面,它是语言本体论的具体化。语言本体论指的是语言问题成为哲学研究的主体,是研究"存在"的必要的和唯一的途径,"存在"是通过语言体现出来的,我们所认识的世界就是语言的世界(潘文国,1997/2002:27-34)。我们曾经把这句话的意思归纳为三个内容。第一,语言中的语词,起了勾勒和凝固世界的作用。大千世界是一个混沌的整体,本来没有什么条理可循,我们之所以认为它是有序的,是因为我们用语言对它进行了切割和分类,同时分别给出了名称。例如把大千世界分为无生物界、动物界、植物界和人类社会等,而动物和植物又都有门、纲、科、目、属、种等等的划分及具体动植物的各种名称。我们在观察中发现了区别,并用语言去固定它,这个事物就存在于我们的大脑中了。否则的话,即使我们注意到了事物的区别,但没有语言去区分它,那它还是等于不存在。例如花园里的各种花,对于叫不出名字的人来说,它就只作为一种"花"而存在(至多说成"大的花、小的花,红的花、黄的花",那也是分类和命名),只有对于熟悉种种花名的人来说,它才是个丰富的存在。(在一般人看来,只是一种花的兰花、菊花、牡丹花,专家们可以分出成千上百种,但都要借助于命名。)事实上,就语言的重要性而言,客观世界的某一事物,不是因为它是什么所以我们叫它什么,而是因为我们叫它什么所以它就是什么。第二,语词的语义,不管是范围大小、变化发展,还是褒贬爱憎,也都是人赋予的。我们所了解的世界,不仅是个物质丰富的世界,而且是个感情丰富的世界,万事万物往往都带有物质本身以外的意义,例如熊猫是"可爱的",老虎是"凶猛的",绵羊是"温顺的",狐狸是"狡猾的",等等。除了生物学的分类,我们还能把动植物进行品性上、功能上的种种分类,如益鸟、害虫、香花、毒草、家畜、野兽等等,这些都不是外部世界客观存在的,而是人们用语言区分的。第三,语言中的语法,具有世界观中的方法论意义。也就是说,一种语言的语法,规定了使用这种语言的人们观察、认识世界和进行表述的方法。这种语法,不是语法学家主观想象出来的,而是经过历史的选择沉淀下来的,谁也没有办法改变。例如法语中名词有阴性阳性之分,在使用法语的时候,你见到一个名词,就必须同时记住它的阴阳性,否则就根本没法开口说话。而且每出现一个新兴名词,也必须同时规定它是阴性或者阳性,否则就进不了使用领域。从法语的情况来看,阴阳性之分并没有客观存在的依据,它完全是语言强加给世界的。

语言世界观第二个方面的含义,就是语言相对论的弱式和强式问题,弱式的语言相对论也就叫"语言相对论",强式的语言相对论又叫"语言决定论"。这两个术语都是美国语言学家沃尔夫提出来的,半个多世纪来曾经引起了巨大的争论。人们总感到"语言决定思维"这个说法太过绝对,因此觉得对"语言决定论"持保留态度比较稳妥,而对"语言相对论",则越来越多的语言学家开始投了赞成票。其实从上面的分析我们可以知道,语言决定论首先是个哲学命题,既然我们所认识的世界是个语言的世界,那么,语言决定了我们认识世界的内容(词汇、语义)和方式(语法),那就是毫无疑义的。所谓"决定",主要是该语言的语法对其表述方式的强制性。试问,在说法语的时候,你不考虑一个名词的阴阳性,能开得了口吗?同样,英语语法要求主语和定式动词必须在人称和数上保持一致,你不保持能行吗?不敢承认语言决定论的人其实是把"思维"这个概念想偏了,以为是指"无产阶级世界观"、"资产阶级世界观"之类,这些意识形态方面的东西,不是语言表述方式方面的问题,当然不是语言所能决定的,但这与语言决定论说的是两回事。同时我们也要想到,不承认语言的决定性,语言相对论也就失去了依据,因为语言相对论正是建立在语言决定论基础上的。正是因为各种语言的语法、词汇,对使用该语言的人有强制作用,而世界上的语言各不相同,那么,语言的强制性就只具有相对的意义,对说某种语言的人具有强制性,对说其他语言的人却并不如此。例如,区分名词的阴阳性对说汉语和英语的人来就毫无必要。我们现在常说,语言是文化的载体,其本身又是文化的一部分,其哲学背景就是这种语言世界观的理论。

3. 母语意识

语言世界观导致了语言决定论,语言决定论引起了语言相对论,而语言相对论则是种种语言文化理论、文化语言学理论、跨文化交际理论等种种理论的背景。这当中,最具有语言研究意义的是母语意识的觉醒。既然语言不仅仅是工具(语言世界观学说与语言工具观学说是针锋相对的),不仅仅是载体,而是民族文化的一部分,是民族文化之根;加上语言对文化的决定作用又具有相对性,对于使用某种母语的人来说,只有在母语中才能找到自己存在的家园,才能找到自己的生存方式,也同时才能找到跨语言交际、跨文化交际的真正基点。可以说,随着语言世界观、语言相对论的普遍接受,母语意识正得到越来越多的重视。

三、"语言转向"对文学研究的启示

弄清了"语言转向"究竟指什么,我们下一步就有可能来讨论其对文学研究带来的启示。这里我们首先排除了将种种语言学理论直接用到文学研究上的尝试。因为我们认为,真正影响文学研究和其他人文社科研究的是"语言转向"而不是"语言学转向",各种各样的语言学理论本身也在面临着"语言转向"的检验,而决定其弃取。对于能够向文学施加影响的力量而言,它只是"流"而不是"源"。下面我们就"语言转向"的三个主要方面来看看它可能对文学研究起的启示作用。

1. 语言本体论的启示

20世纪哲学的语言转向中最重要的是语言的本体作用,语言在哲学研究乃至其他各门学科的研究中起着核心作用,其最主要的表现就是命名问题。人们已经认识到了,"不是因为它是什么,所以我们叫它什么,而是因为我们叫它什么,所以它就是什么",这使命名问题成了哲学研究的一个中心问题、首要问题。这对于文学研究是有重要启示意义的。我们可以从问"什么是文学?"这个问题开始。什么是文学?什么作品是文学作品?反过来,什么作品不是文学作品?我们凭什么称某些作品是文学而另一些作品不是文学?文学的"文学性"有什么标准?不要以为这些问题很容易回答,其实不然。我们可以举一些实例来看。比方说,春秋战国的诸子百家是不是文学作品?如果不是,为什么我们的"文学作品选"都会收录一些《论语》《孟子》特别是《庄子》的作品?如果是,为什么又说中国直到魏晋才开始"文学的自觉"的时代,言下之意在此之前的作品都不是严格意义上的文学作品。(那"严格意义"上的文学作品是什么?)又如,司马迁的《史记》是不是文学作品?同样,说它是,它也不符合"文学自觉"的标准;说它不是,鲁迅不是已经称赞它是"无韵之离骚"了吗?还有比《离骚》更符合文学标准的吗?如果承认中国的诸子、史书同时也都是文学作品,那中国还有非文学的哲学和历史著作吗?对照西方,好像没有人把柏拉图、亚里士多德、笛卡尔、康德或者马克思的作品当作文学作品来念的,《盎格鲁·撒克逊编年史》也没有人作为文学作品来念的。这又是为什么?另一方面,"文学"与"非文学"的界限在哪里?所谓文学作品当然是针对非文学作品而言的,如果哲学、史学著作都已成了文学,那还有什么是"非文学"?人们很容易想到,应用文,亦即那些实用性的文字,不能算文学。然而问题又来了,那些极端的实用性文字,如账册、报表自然不能算文学,那些不那么极端的呢?打开中国文学史,在"第一部"文学总集、梁太子萧统的《昭明文选》里,从文体来看,十有八九都是应用文,但它们都是"文学",为什么?"文学"的概念本来就是从西方引进的,它与中国传统的"文学"概念并不完全一样,就是引进以后各人理解也不一样,章太炎、胡适、傅斯年、刘半农等对"文学"都有他们自己的见解,各不相同。中西对"文学"概念的理解究竟有何异同?这些,都应该是文学研究最重要和最基本的问题,如果这个问题说不清楚,那么,说是在研究文学,其实是要打个大大的问号的。

这个问题只是举例,推而广之,可以问的问题多得很。比如"小说",现在搞文学,特别是搞外国文学的人,以研究小说为多,那么请问:"什么是小说?"你也许会说,"小说有几个要素,人物、情节、环境等,缺一不可",但这同样只是西方对"小说"的定义。如果你查一查中国小说的起源和发展,就会发现情况并非如此。"小说"最早出现于《庄子》,是相对于"大道"而言的,任何"小"的记载,或人、或物、或事,甚或一段心得体会,都可以叫作小说,那几大要素缺一缺二甚至三者俱缺都不要紧,例如宋元以后的很多"笔记小说"。戏剧、诗歌等也是如此。中国有西方式的戏剧吗?反过来,西方有中国式的戏曲吗?中国那些"曲艺"在文学上应该如何归类?或者说,它们根本就不是"文学"?这些都可以问一个"为什么"。我们甚至还可以问:"文学是语言的艺术",有不需要艺术的语言吗?或者,"艺术"是外加在语言上的吗?"语法"应该是最枯燥的,但英国古代一些语法书,书名就叫作"艺术",例如1700年莱恩(A. Lane)出版的书,叫《文字艺术解秘》(*A Key to the Art of Letters: or, English a Learned Language, Full of Art, Elegancy and Variety*）。总之，现代哲学，或者说哲学的语言转向带给我们最大的启示是"正名"理论（"正名"是两千年前的孔子提出来的，但现在有了更深刻的理解），这可以使我们从最基本的概念开始，把一个学科的最根本问题不断引向深入。

如果说，追究"什么是文学"以及诸如此类的基本概念是语言本体论对文学研究的第一个启示，那么，第二个启示就是文学研究方法上的，我们可以叫它"文本本体论"，既然对哲学以及对其他学科的研究都要还原到语言，那么，本来就是依语言而生的文学就更必须以作品的语言研究为唯一指归。我们之所以说俄国形式主义和美国的新批评都是语言转向的产物，就是因为他们主张对文学的研究要还原到对文本的研究。中国现在有一个"文本细读"派，例如刘心武对《红楼梦》的研究，就是专门在字里行间做文章的。不要认为研究文学要重视语言没有什么新意，以前的文学研究也相当重视语言，其实不然。与"语言本体"相对的文学研究方法可以叫作"主题先行"，认为文学作品总是要达到一个什么目的，或教训，或鼓励，或批评，或赞扬。我们十分熟悉的语文课上的"中心思想""段落大意"就是这种文学研究法的产物，我们都是受这种方法熏陶长大的。表现在文学创作上，就是总想通过作品表达什么，西方如在宗教思想影响下的"惩恶扬善"，典型的是班扬的《天路历程》和狄更斯的一些小说，中国如明末清初大量才子佳人小说的"愿天下有情人都成了眷属"。其实真正一流的文学作品都不会有明确的唯一的主题，例如《红楼梦》，例如李商隐的诗。在"主题先行"下文学的语言研究其实都是贴上了标签。我们在语文课上听完老师讲"中心思想、段落大意"以后还要听他讲的"艺术特点"，就是这样的货色，因为这样的语言分析是为主题分析服务的。因而，俄国形式主义对语言形式的重视和美国新批评主义对文本的重视在文学研究上具有革命性的意义。而结构主义文学批评由于受语言学的影响过深，又走过了头，把重视语言变成了重视结构，结果成了"结构先行"，同样违背了语言本体的精神。

这种语言本体的研究方法第一要求我们真正地做到文本细读，其次对于外国文学研究来讲，还必须做到做外语文本的细读。严格来讲，哪一国的文学只能通过该国的语言来进行，通过翻译只能得其皮毛，或者说，只能满足以前那种"主题先行"的研究方法。依此，我们国家把"外国文学"的学位点设在中文系是非常奇怪的，而诺贝尔文学奖的评选必须先将作品译成英文或瑞典文，那也是非常奇怪的。

2. 语言世界观的启示

语言世界观理论对文学研究最重要的启示之一大概是语言相对论。事实上，语言相对论对文学研究所可能产生的影响是全方位的。这里着重谈谈比较文学的研究。我们以往的比较文学研究，有影响研究、平行研究等等学派，还有人的研究则是从偶而的相似出发，计其一点，不及其余。如将茶花女比杜十娘，因为都是妓女；将李贺比济慈，因为都是诗人而且都短命，甚至同样都只活了27岁，诸如此类。这种种比较的背后其实有个理论基础，就是"心同此理，人同此想"，认为人们的思维规律、思维方法没有差别。在这基础上展开的比较研究，往往会往共性方面多想一点。语言相对论的一个作用是使我们认识到语言和文学的差异性，这对于拓广、拓深比较文学的研究是有好处的。举个例子来说，汉语一向被说成是诗性语言，或者说，是最适合作诗的语言；而英语等西方语言则比较适合于叙事和说理。对于这种说法，我们以前也许一下就会推在一边：这不是鼓吹语言优劣论吗？更进一步，还会祭上种族主义、民族主义的"大帽子"。但今天我们不妨冷静下来思考这个问题。人们的这个直感背后是否真有语言学上的道理？如果与别的语言比起来，汉语确实是一种诗性语言，那是为什么？如果这个说法不能成立，那又是为什么？同样，如果说西方语言更适合叙事说理，又有什么语言学上的证据或反证据。接着我们可以研究，是或不是诗性语言，是或不是长于叙事说理的语言，对于中国和西方的文学，它的形式和文体的形成发展有什么影响。中国和西方形成了截然不同的文学史传统，除了其他原因之外，有什么语言本身的原因？美国语言学家萨丕尔说过，所有文学形式的形成，都与那个民族的语言特征有关，语言的"动力特点"甚至可以预兆出这个民族可能发展出什么样的文学形式，这个说法能不能成立？能不能从各国文学的发展中找到证据？

当然，找出语言和文化的差异性及不可通约性并不是比较研究的目的。因此我们在找到并证明了差异性之后，下一步还要寻找弥补这个缺陷、沟通两种语言和文化的途径。其中最重要的便是翻译问题。翻译有语言上的翻译，有文化上的翻译，两者都要使不可能变成可能。文化上有壁垒（barrier）的问题，翻译上有可译性和不可译性之争。语言相对论告诉我们，不同的语言和文化之间，差异是绝对的，共同点是相对的。我们的研究就是希望在其中找到一个最佳平衡点，最大限度地达到跨文化交际的目标。

跨文化交际还有一个目标,那就是达到语言和文化的互补。如果我们同意汉语是诗性语言而英语是长于理性分析的语言,那么如何在发挥汉语之长的同时从英语中吸收理性表达的优点?其可能性和局限在哪里?其实,语言事实的发展已经做出了一定的回答:现代汉语比起古汉语来,其诗性特点有了很大减弱,但分析说理的能力有了很大增强;而英语在经过意象派的洗礼之后,诗性也有了很大增强。像以上这一些,都是从文学作品中透露出来而且将进一步引起文学作品在体裁和表达方法上的变化。

总之,在经济一体化、文化多元化的世界历史进程中,语言和文化的共生并进将是一个很大的课题,语言和文学工作者在其中都大有文章可做。

3. 母语意识的启示

语言本体意识和语言相对论的确立,使世界各国的母语意识现在比以往任何时候都要强烈。语言是存在的家园,母语更是每个民族、每个个人生存的家园。文学是语言的艺术,首先是母语的艺术。对于汉语如何造成汉语的文学艺术我们以前研究得还是很不够的。"五四"以来,在打倒孔家店的氛围中,中国传统的一切,文学、艺术,乃至文字、语言都在被摒弃之列,没有研究,也总是研究其如何落后,如何不适应现代化的要求;而要现代化,只有一切向西方看齐:语言要欧化、汉字要拼音化,至于文学、艺术更是唯西方马首是瞻,因此弄到前面说的,我们的文学、艺术其实都是以西方的标准为标准的。在比较文学中失去了自我一方,这个比较还怎么进行得下去?于是,所谓的比较文学就只能比情节、比故事、比叙事方式、比人物刻划,而最重要的,中文如何造成中文之文学、西文如何造成西文之文学,却没有多少人感兴趣。

要加强母语意识,首先要认识母语的特色,从而认识建立在这种语言基础上的母语文学的特色。而这必须通过中外对比才能得到。汉语的特色第一是以字为本,这种单音节、方块字、有声调、有意义的汉字只有汉语才有,这是造成汉语所有文体的基础;第二是两点论、辩证思维,汉语的组织从小到大都充满了二合精神,从音节、造字、构词、组语,乃至成句谋篇,无一不充满了这种精神,中国的文体,从诗经之四言诗,到汉赋,到六朝骈文,到律诗,到绝句,到明清的楹联,也都是这一精神的表现;第三是尚简,不喜欢长篇大论,而喜欢点到为止,那种动辄几千几万的长文实在是受了西方的影响;第四是形象生动,字字如画,有声有色,这是西方拼音文字很难做到的;第五是多意义空灵的形容词,讲得好听点是重在传神,讲得不好听点就是意义含混。比如具有中国特色的大量的连绵字,意义常在可解不可解之间,看起来很形象、很生动、很美,但实际上不知讲什么。例如"巉岩、嶙峋、琳琅、窈窕、宛转、脉脉、凛凛"等等,都只能意会。由此而形成的中国文学作品的描写也往往空灵不着边际,仿佛呼之欲出,但实际上各人心目中的模样都不一样。例如宋玉的《登徒子好色赋》描写美女,"增之一分则太长,减之一分则太短,施粉则太白,施朱则太赤",好像精确到了极点,其实完全无法落实,要留待读者自己去想象。中国的古典诗歌中充满了这种空灵之美,进而到中国的小说中也是如此。比较中国古典小说(如《红楼梦》《三国演义》《水浒传》)和外国小说(如托尔斯泰、狄更斯、屠格涅夫等的作品)的人物描写、景物描写、心理描写,我们会感到很大的不同,而这同语言特点以及由此而形成的表述传统是有很大关联的。

其次,加强母语意识,要注意发挥母语的优势。而这主要体现在文学翻译上。翻译是两种语言碰撞的结果。建立在语言世界观基础上的翻译观与以往的翻译观有很大的不同。以往的翻译观总相信在原文中存在着一个永恒、不变的东西,也是全人类心中共同的东西,翻译者的目的只是找到这个东西,用自己的语言把它转述出来。翻译是可能的,而且可以做到等值;语言则是外衣,是工具,是可以更换而保持意义不变的。而建立在语言相对论基础上的翻译观则认为由于不同语言文化之间的差异性,翻译从本质上讲是不可能的,所能做的翻译只是一种近似的改写,用目的语的语言尽可能地把原文想要表达的意思转达出来,要充分发挥译入语的优势,使目的语的读者得到与原文读者一样的享受。而要使目的语读者得到同样的享受,则文学作品的翻译也必须是文学,而且必须是译入语读者认可的文学。可以想见,在这样的翻译中,母语的优势越得到发挥,译作的文学性就越强。另一方面,翻译毕竟是带着镣铐的跳舞,原文的内容、形式都是大大小小的镣铐,译作还带有引进新表现形式(介绍新的"世界观")来丰富母语的任务。任何译者都必须在这些要求中追求最好的平衡。而如果他做得好,他的译作就可能本身就作为文学作品而被译入语吸纳。这就是说,在传统翻译观看来,翻译只是媒婆、是婢女、是中介、是掮客,交易完成,译者也就隐身了;而在新的翻译观看来,译者实际上在参与新的文学作品的创作,翻译文学应该成为译入语文学的一个新品种。从这点来看,把所谓的"外国文学"放到中文系去研究也没有什么不可以,但应该"正名"为"翻译文学",是作为本国文学的重要一支。

参考文献

Fishman, Joshua A., 1997, *In Praise of the Beloved Language*. Berlin and New York: Mouton de Gruyter.

Rivkin, Julie and Michael Ryan (eds.), 1998, *Literary Theory: An Introduction*. Oxford: Blackwell.

潘文国,1997/2002,《汉英语对比纲要》,北京:北京语言大学出版社。

(原载《中国外语》2008 年第 2 期,第 68-73 页)

本体论：语言学方法论背后的关注

近一二十年来，方法论研究成了个热门，语言学研究中尤其如此。究其由来，大概有三次"事件"，先后促成了这一状况。

第一次跟结构主义的流行有关。20世纪20年代以后，索绪尔创建的结构主义语言学风行，结构主义作为一种方法论也超越了语言学，渗透到许多人文社科领域，如文学、人类学等等。这使语言学者特别有成就感，一时还兴起了"语言学是领先学科"之说，人们奔走相告，引为快事。不过至少在中国，这句话从没变成现实，只不过让人空欢喜了一阵。

第二次是乔姆斯基语言学兴起之后，一种"语言学的最高目标是'解释'"的说法不胫而走，四处流传。"解释"作为一种方法论原则又大行其道。直到今天还被许多人奉为语言研究的金科玉律。

第三次是21世纪以来，随着计算机技术的成熟与发展，语料库方法甚嚣尘上，更与"科学"挂上了钩。一时研究生，特别是博士生们做研究，如果不采用"语料库方法"，似乎就有"落伍"之感。

由于这几次事件，方法论在语言学研究中特别受到青睐，甚至还出版了一些语言学方法论的专著。在硕、博士的培养中，这尤其是重要的内容。在许多地方，这是门必修的课程。到了学位论文出来，其中必然要有一节，讲"本研究所用的方法"，否则文章就显得不完整，在"科学性"上就要打个折扣。尽管绝大多数论文提到的"方法"都大同小异：无非是"宏观与微观相结合"、"归纳与演绎相结合"、"共时与历时相结合"、"定性与定量相结合"、"描写与解释相结合"……近些年更多地加上"语料库的方法"而已。几乎是千篇一律，人人如此。有的学生绞尽脑汁，想在"方法论"上"创新"，但想来想去，也跳不出上述这些范围；去请教导师，导师也想不出什么新花样来。而论文的质量呢？至少跟20世纪八九十年代不那么强调方法论时相比，并没有明显的提高；而充塞学位论文的大量平庸之作也并不因为强调了方法论而有所减少。更重要的是，几十年来中国语言学研究面临的两个根本问题，也并不因为强调了方法论的训练而得到了解决。

中国语言学研究所面临的是哪两个根本问题呢？第一个是"两张皮"现象，第二个是"跟着转"模式。两个问题都是吕叔湘先生提出来的,前者指的是中国语言学研究与外国语言学研究互不来往,各搞各的。后者指的是中国没有自己的语言理论,所有理论都是外来的,外国理论变了,中国也就跟着转。这两个问题都是吕先生在20世纪80年代初提出来的,但至今未见很大改观,"跟着转"的状况更是愈演愈烈,并不因为对方法论的重视而得到扭转,甚至连对方法论的重视和推崇本身也是"跟着转"的结果。

这说明什么呢?是方法论不重要吗?是科学研究不需要讲究方法论吗?还是那些方法论本身有问题呢?

我觉得都不是。我认为根本的问题是我们在强调方法论的时候,却忘掉了方法论本身的依附性,方法论的研究和采用是有前提的。我们不去关注那些前提问题,只希望凭着研究方法的改变能使研究结果产生重大突破,其实是堕入了某种技术至上主义。

方法论的前提是本体论。谈方法论而不谈本体论,可说毫无意义。就方法论与本体论的关系而言,以下三个方面的认识特别重要。

第一,方法论以本体论为出发点。

我看了一些关于语言研究方法论的文章和著作,发现很少有人谈语言本体问题。这只有两个可能,一、作者认为本体问题不重要;二、作者认为本体问题已经解决,是个不成问题的"问题"。这正是我跟许多语言研究者的根本分歧所在。我认为语言学的本体问题远没有解决,在此之前奢谈方法论没有什么实际意义。所谓本体,指的是研究对象本身。语言研究的本体就是"语言";中国语言学研究的本体就是"汉语"或"中文"。很难想象,研究语言学对"语言是什么"这个本体问题不感兴趣而光在"方法论"上翻新就能做出大的成绩来;也很难想象对"什么是汉语?什么是中文?"没有明确的认识而利用方法论上的手段就能大做文章的。方法论是由本体论决定的,而对本体的认识并不取决于方法论。对本体的认识不一,就会导致采用不同的方法或方法论。例如就语言研究而言,认为语言是一个"自足的系统",就会更多地采用物理学的方法;认为语言是一个"交际的工具",就会更多地采用社会学的方法。再比如,著名的"描写"和"解释",分别是结构主义语言学和生成语言学的方法论原则,也与其对语言本体的认识有关。结构主义认为语言是一个符号系统,语言不同,符号的单位、层级、系统也不同,因而语言的研究必须采取"描写"的方法,对一个一个语言进行田野调查和细致描写,而语言之间的共性只有在有了大量的描写成果之后放到一起加以比较才能看出来。生成语言学则认为语言是人类共有的一个先天的生理机制,之所以有不同的语言是因为在共同的语言"原则"下采用了不同的生成"参数",因而语言研究必须采用"解释"方法,先假设出一套"原则"和"参数",然后到各个具体语言里去加以印证。说到底,语言研究上的绝大多数分歧是由对语言本体的认识(我们叫作"语言观")的不同而引起的,与方法论上的关系并不很大。而对本体的认识是思辨的结果,与方法论并无必然联系。语言研究的真正突破必然是在本体研究上而不会在方法论上。过于关注方法论而放过本体论,实在是有点本末倒置的。

第二,方法论以本体论为归宿。

本体论与方法论的关系,本体论是起点,也是终点。方法论由本体论而生,也为本体论服务,是为了论证和肯定对本体的理解。西方哲学史上所谓三次转向(turns)本质上都是为本体研究服务的,三次转向都可以理解为方法论的转向,第一次转向(所谓"本体论转向")不用说,是直切本体;第二次转向("认识论转向")是从认识论切入,来探索本体问题;第三次转向("语言转向")是从语言切入来探索本体问题。有人把第三次转向(linguistic turn)译作"语言学转向"是错误的,是哲学的语言转向推动了语言学的发展而不是反之。语言转向只是方法论变了,从语言而不是从认知切入,其探讨的还是本体即 being 问题。一般来说,研究者采用的方法论不会危及他的本体论主张,方法论只能证明而不能产生对本体的认识。语言研究就是如此。比方说,不是归纳法产生了结构主义语言学,或者演绎法产生了生成语言学,而是主张结构主义的必然强调归纳法,主张生成语言学的必然强调演绎法,因为只有这些方法有利于证明它们的本体观。离开结构主义语言学和生成语言学的背景去讨论归纳和演绎孰优孰劣是毫无意义的。或者说,与其争论归纳、演绎孰优孰劣不如直接讨论结构主义语言学和生成语言学的语言观谁是谁非。当前语言研究的本体的问题远未解决。就语言本体而言,语言究竟是符号系统、交际工具、先天机制,还是生活方式?就汉语本体而言,如何看待汉语与其他语言之间的共性和个性?汉字在汉语研究中无足轻重还是不可或缺?这些都是悬而未决的问题。靠方法论的改变和选择是解决不了的。相反,在选择了本体论之后,倒可以选用不同的方法论来论证自己的主张。

第三,必须区别方法论和方法。

讨论方法论,还必须注意区别方法论和方法,把它看作两个不同的概念。方法论（methodology）是个哲学概念，相对于本体论而言，是为完成本体论规定的目标的指导性原则；方法（method 或 approach）则是个一般用语，是解决具体问题采用的具体做法。方法论具有学科性，是为特定学科的理论构建服务的；方法则没有这样的任务。方法和方法论是可以相互转换的，关键就是看它是否具有学科的本体论意义。例如"归纳"和"演绎"，本来都只是一般的方法，任何学科都可以用，并不具有方法论意义。但是"归纳"对于结构语言学、"演绎"对于生成语言学，就具有方法论的意义，因其与两个学派的语言本体观息息相关。对于汉语研究来说，"对比"的方法是具有方法论意义的，因为这是认识汉语本质所必须的，而"归纳、演绎"等就不具备这样的价值。现在的许多学位论文尽管罗列了许多"方法"或"方法论"，但多数对之并不能加以区别，因而也就区别不了本质和非本质、重点和非重点，眉毛胡子一把抓，看起来全面周到，其实说了等于没说。

总而言之，就目前的语言研究而言，我们缺少的不是理论，而是对理论本身的思考，从中开发出自己的原创理论来；我们缺少的也不是方法或方法论，而是对方法论背后本体论的关注，这样才能使语言研究上升到更高的层次。

（原载《中国社会科学报》2011 年 8 月 9 日第 15 版）

建设中国语言学

论中国语言学的"落后"

20世纪以来,特别是近几十年来,所谓"中国语言学落后于世界,必须迎头赶上"的说法,不绝于耳。在即将进入21世纪的今天,是到了对这一说法认真加以探讨的时候了。

什么是"中国语言学的落后"？如果是指别人有的而我们没有,因此,国外一有了什么新东西,我们就必须立即引进,否则就是"落后于世界潮流",那么,这样的"落后"状况,我们将永远无法改变。中国语言学已经做了一百年的引进工作,但即使再做一百年、一千年,引进得再多、再及时,也改变不了中国语言学的"落后"状况。理由很简单,因为如果脑子里存了个"外国的理论都是先进的"这个先入之见,而事实上中国人又不可能钻到外国人的脑袋里,比他们"先"想出他们现在还没想出的理论,加上时间、空间和语言隔阂等因素,外国理论到中国登场实际上总要慢一拍二拍,不可能"同步"的。而国外、特别是美国的语言学理论,这些年来不断翻新,今天一个花样,明天一个名堂,连四十多年来执美国语言学牛耳的乔姆斯基教授自己也承认:

> 由于经验材料和理论观点的不断更新,这一领域近来发展实在太快,今天还认为是满有道理的东西,到明天就又得变了。(Chomsky,1995:10)

"管制—约束"理论(Government-Binding Theory),"论元结构"(Argument Structure),"论旨角色"(Theta-Role)、"投射原理"(Projection Principle)、"X-杠结构"(X-Bar Structure),"空范畴原理"(Empty Category Principle),"原则—参数"理论(Theory of Principles and Parameters),等等,这些新奇术语国内这两年刚刚开始叫顺口,仿佛汉语研究已开始"赶上"国际水平了,这不,新花样又来了,这次的名称叫"The Minimalist Program"(我不知道国内怎么翻译,"简约理论"？"最小化计划"？)。自从乔姆斯基的书于1995年出版以后,这几年美国以"minimalist"为题的书出版势头正旺,例如乔姆斯基的一个主要支持者Howard Lasnik就在1999年

出版了一本著作叫 *Minimalist Analysis*。在乔姆斯基的那本书里，他提到了上面我们举到的那些新名词，还加上他以前用过的"扩展的标准化理论"、"深层结构"、"表层结构"，及我不知道汉语怎么翻译的"Operation Move α"、"Split-I Hypothesis"等等，说在新的书里，这些说法有的被取消了，有的作了实质性的修改(Chomsky, 1995：10)。Lasnik 则在书里两次提到，还没有一种理论跟 Minimalist Theory 相似，这一理论使他们看到了语言的本质，产生一种走上正道的感觉(Lasnik, 1999：10)。可见这一理论在乔姆斯基语言学中的份量，其重要性自不待言，是"引进"的好材料，但国内再积极，引进这一理论也得等到进入 21 世纪。总之，如果以"紧跟世界最新理论"为语言研究的唯一目标，那汉语研究可真是"赤着脚也别想赶上""世界先进水平"了。

如果是指中国没有自己的语言学理论，什么理论都得从国外引进，这倒是说对了。放眼世界，许多国家、许多语言学家都有自己的理论。大至索绪尔的"结构主义"、布龙菲尔德的"美国描写语言学"、乔姆斯基的"转换生成语言学"，小至叶斯柏森的"三品说"、菲尔墨的"格语法"、沃尔夫的"语言相对论"等等，都是一套一套的。连中国传统的学问，如音韵学，理论也在外国人(高本汉)那里。中国人的贡献呢？马建忠是"**仿照**西方葛朗码，写出了中国第一本语法书"；王力、吕叔湘、高名凯是"**运用**西方语言学理论，编写出了比较符合汉语特点的现代汉语语法"；朱德熙是"结构主义在中国的代表"，等等(以上对这些语言学家本身并无任何不敬)。有没有我们自己的东西，可称为"马建忠理论"、"王氏学说"、"吕氏定理"、"朱氏定律"的东西呢？对不起，大概除了赵元任的"五度标调法"之外，别的一样都没有！中国语言学"现代化"了一百年，实际上是在别人屁股后面跟了一百年。如果对这个形势认识不足，对一百年来的成就估计过高，沾沾自喜，中国语言学的落后状况在新的世纪也仍然无法得到改变！

因此，中国语言学的落后，是落后在没有自己的理论！本世纪以来所有的理论都是外来的，所有的方法都是引进的。更可怕的是，汉字改革、拼音化道路这些涉及民族文化根基的大动作，都是在西方的"先进"理论指引下进行的！

那么，中国语言学是什么时候开始落后的呢？说到中国语言学的落后，人们总责怪中国近代的积弱积贫、封建老大帝国的闭关锁国，远离近代世界发展的潮流。仿佛一开始引进西方理论，一开始跟西方"接轨"，我们的语言研究就"现代化"了，就跟上时代潮流了！事实上恐怕正好相反！中国语言学一直跟在洋人后面转是20世纪以来的事,正是从马建忠开始、直到现在还被许多人奉为"现代化"法宝的"引进主义",才是中国语言学落后的根源!

在19世纪以前,中国的语言学并不落后,中国的语言学理论在一定时期、一定程度上,甚至可说是相当领先的,只是带着西方有色眼镜的人不愿承认而已。

在古代,中国是世界三大语言理论发源地之一:希腊、印度和中国。以成书不晚于战国时期(前5-前3世纪)的《易经·系传》和公元1世纪《说文解字·叙》中的有关论述为代表的中国的语言理论有浓郁的汉语特色,与同时的印度、希腊语言理论相比,毫不逊色。庄子(前355?-前275)的语言哲学思想与19世纪欧洲的洪堡特有不少的相通之处,即使放到今天,也仍然具有丰富的启示意义。只是由于后来印度和希腊的传统合流,形成了"世界"语言学的主流,而汉语由于其语言文字的特殊性而被撇出了"世界"的范围之外(欧洲中心主义的传统一直持续到今天。可以拜访一下西方各国的图书馆,许多标题上称为"世界"的著作,其中有时是没有任何关于中国的内容的,要有的话也简略得可以。中国人看了会气不打一处来,但西方人看了却觉得很自然)。

西方"科学"的语言学是从19世纪欧洲历史比较语言学的建立而肇始的。发表于1808年的施勒格尔的《论印度人的语言和智慧》一文标志着这一学科的建立。其理论基础就是"比较"——只有运用了比较方法才能成为一门"科学"。早期的历史比较语言学重视的是词汇,后来是语法,到后期才开始重视语音。他们强调冷静地观察事实,加以比较,从而建立语言谱系,并进而在生物进化论的影响下,说明语言的进化和退化。如果我们熟悉中国语言学史的话,可以知道,西汉扬雄的《方言》,做的就是词汇的比较工作(其实更早的《尔雅》做的也是词汇比较,只是一般认为《尔雅》搜集的是同一语言内部的同义词,与《方言》在不同方言间比较不同)。有人认为扬雄比较的是方言,不是不同的语言。其实方言与语言之间并没有一条不可逾越的鸿沟,以中国幅员之大,交通之不便,当时某些方言间歧义之大恐怕并不亚于现代欧洲的某些语言,而且我们总不能够要求与耶稣生活在同一时代的扬雄来作现代的"汉藏语系"的比较吧(所谓"汉藏语系"内的那些语言,当时绝大多数还未产生)。至于语法,欧洲人当时重视的是词形变化,汉语不存在那样的词形变化,当然无法类比,但正如林语堂所说,研究字形构造变化的"说文"学与西方的形态学有相通之处(林语堂1969:270-271),汉语的文字学在1世纪时已发展到相当高的水平。根据有人的推测,"六书"中的"转注"就是为了解释不同方言中的同义词的理论。当然我们无意说,《方言》和《说文》就是比较语言学的研究,由于语言不同,时代不同,两者达到的成就也不同,但是中国语言学家很早就注意到这方面的比较研究,却是不容忽视的事实。到了18世纪,词汇的研究与音韵的研究结合了起来,戴震、王念孙等提出的"音转"学说,其实就是中国的"历史比较语言学"的基础理论。问题在于我们尚未从这一角度加以总结。

19世纪下半叶,欧洲产生了以保罗、布鲁格曼等为代表的新语法学派,对以施勒赫尔为代表的前期历史比较语言学大加攻讦。他们提出了新的理论,认为"科学"的标准是"历史",语言学之所以能成为"科学"就因为它是"历史的"。新语法学派有三条基本主张,作为语言学成为"科学"的条件。第一,重视近代语言,认为比较语言学过于重视梵文等古老语言,在过于精细地溯源的过程中忘了语言学研究的对象,即语言自身。第二,强调语音的重要性,产生了语音学。第三,强调对于历史的变化要有科学的理论解释,其结果是产生了"语音变化规则无例外"的说法(Brugmann,1878:204)。其实这三个方面,在中国的语言研究史上都曾出现过。重视语言的变化,现代跟过去不同,我们可以举出明代陈第的"盖时有古今,地有南北,字有变革,音有转移,亦势所必至"(陈第,1986:49)的理论。从元周德清的《中原音韵》到清初潘耒的《类音》等一批"北音学"著作,则是重视当代语言的代表。新语法学派强调语音的重要性,主要是因为他们看到,一些词汇间的对应关系,常常被书写方式掩盖了,因此必须突破文字的束缚,回到读音层面去进行比较研究。这很容易使我们想起中国清代语言学的最大成就——乾嘉学者突破文字的束缚,主张因声求义的理论。至于语音变化规则无例外的理论,我们也有熟悉的段玉裁的理论:"同谐声者必同部。"(段玉裁,1993:66)何等斩钉截铁!

我们举以上这些,不是为了证明,西方的这些理论,中国古代早已有过,或者像阿Q那样的,认为"我们先前——比你阔的多啦",而只是想说明,中国在19世纪以前并不乏语言研究的理论和创见。虽然不一定都有长篇大论的论著,但其理论的精辟并不亚于西方的语言学者。同时我们还想说明,19世纪末以前,西方的种种语言研究理论和学说多多少少能在中国古代的语言研究中找到一点影子。中国语言学的真正"落伍",是20世纪以来的事!从马建忠引进普世语法,把中国的语言研究融入"世界"(其实只是欧美)的潮流之后,中国的语言学就开始摆脱不了"落后"的宿命了,几乎一个世纪来,我们跟在外国人后面拼命地追,拼命地赶,但是越赶越赶不上。外国的理论不断地翻新,我们也跟着不断地变。外国的理论不断地否定前人,我们也就不断地自我否定。20世纪以来从索绪尔开始的种种理论,确实在中国是从来没有过的,不但现在没有,过去也没有(甚至将来也未必创造得出来)。因此你想要,就得跟人家学。这一形势就注定了这一"竞赛"的不公正性:一方是永远在前、永远在创新的;另一方是永远在后、永远没有自己特色的!这样,不要说跟到21世纪,就是跟到201世纪,也还是这个局面。

这样看来,中国语言学的仁人志士们所抱的雄心,所谓"赶超世界水平",从这一百年的实践来看,可说从一开始就已命中注定了是不可能会成功的,不管多少人"前赴后继",大约最终的结局就是倒在"追赶"的路上,遗恨终身!要解决所谓中国语言学的"落后"问题,必须从根本上去反思。

第一,我们要问,我们拼命在赶的东西,是否真的就一定是"先进"的?

我们承认,近代以来,中国在科学技术的发展上是大大地落伍了,赶超世界先进水平,在科技界和实业界,任务还相当繁重。我们有许多东西要引进,要学习。包括语言研究中某些"硬件"部分,如实验语音学的某些手段。我们在20世纪前期引进的音标等标音工具,事实证明也是成功的。但是在语言研究的根本问题上,在语言理论、语言研究方法,乃至语言观等这些决定语言研究大局的问题上,外国的东西并不先验地比中国先进。

首先,人文科学的发展与自然科学的发展不是同步的。自有人类以来的科学,可以分为三大门类:自然科学、社会科学、人文科学。这三大门类的划分是有道理的,因为它体现了历史发展的一种自然顺序,因其对象不同而决定其各有特点。自然科学以自然及带有自然性的事物为其研究对象,对应于地球最早的状态、一个只有矿物和植物的世界。自然科学的特点是对象相对静止固定,其活动和变化可以通过精确地计算来获得。数学和物理学是其基础。社会科学现在当然主要以人类社会为对象,但从理论上来说,它应以一切"社会"及带有"社会"性的事物为对象,而这正是动物世界的特点:自从地球上有了动物,就开始有了"社会"。与相对静止的自然世界相比,动物世界中出现了在群体中相对独立并能自由活动的个体,社会科学正以研究社会中的个体与个体、个体与群体间的关系为其主要任务,因而其特点就在于不能如自然科学那样精确地描述和计算,而只能预示其发展趋势。统计学和概率论是其研究的主要工具。人文科学以人类自身为研究对象,当然反映了地球上出现第三个世界——人类世界以后的状况。与动物相比,人类的特点是有语言、有思想;而正因为有思想,因此人类对外界事物绝不只是被动地反映,而往往具有主观的能动性。两者结合,就使人文科学的最大特点在于它的辩证性,语言学和历史学是其基础。三大门类的学科在具体研究上会有重叠、有交叉,在方法上也可相互借鉴,但其基本区别大体如此。

讲这一番道理,目的是想说明,人文科学有着与自然科学不同的特点。自然科学的发展大致是直线型的,从低级到高级,后来居上。新理论、新技术、新产品诞生后,旧理论、旧技术、旧产品就归于淘汰,少数留下来的也只有进博物馆的份,产生历史或收藏的价值(因而转成了人文研究的对象),而人文科学的发展却未必是这样直线的,两千年前的哲言可以至今闪耀着智慧的光辉,希腊和文艺复兴时期的艺术、中国唐代的诗歌可以彪炳千古,而今天的一些腐朽见解、一些迷信愚昧的东西,就是往前推一千年,也只能算是精神垃圾!语言学的本质是研究人的,属于人文科学,它就不存在后出的理论一定比前人高明的"规律"。连乔姆斯基这位至今还在坚持研究语言学必须要用自然科学方法(参见 Chomsky, 1996:31-32)的人,也承认自己的理论得益于 17 世纪的笛卡尔和 19 世纪的洪堡特两位前辈,还专门写了一本《笛卡尔主义语言学》,追溯这些人对他的影响(Chomsky, 1966)。这在自然科学的研究中大概是不可能的,我们难以想象,譬如在天文学里,在地心说被日心说取代以后(更不用说日心说自身又被更先进的宇宙理论所取代),还会有人用地心说来解释天体或宇宙间诸问题(也许只有自我标榜为"科学"的现代星象学)。因而。我们可以承认 20 世纪西方语言学出现了许多"新"理论,必须也应该进行研究,择其有价值的,为我所用,但我们不承认这些"新"理论就一定是"先进"的理论,值得我们顶礼膜拜,要不然倒霉的是我们自己。20 世纪初在西方人灌输给我们的"人类语言发展规律是从孤立型至黏着型再到屈折型"和"人类文字发展规律是从象形文字到表意文字到音节文字再到音素文字"两大"规律"支配下,汉语研究所走过的弯路还不够惨痛吗?

其次,认为后起的理论一定比前人的高明是西方语言学史给我们造成的假象,是西方人把自然科学发展思路套用到人文科学上的结果。由于自然科学的发展是一部先后淘汰的历史,西方新语言理论的诞生也总以否定前人为前提。这看来是西方人的一种思维定势。中国人从自己的思维习惯出发,总喜欢折衷、调和,把不同的观点"综合"进一个新体系里,而在西方却没有这样的事。一部西方"科学"的语言学史就是一部后人不断否认前人的历史。前面说过,"创立""科学"的语言学的是德国人施勒格尔,他认为他的比较方法使语言学得以建立在"科学"的基础上(Schlegel，1808：439)(相应地，在此之前的语言研究，以后就统被贬为"语文学"或"前科学")，德国人施勒赫尔在此基础上加上了达尔文的进化论(Schleicher，1869：64)，从而使历史比较语言学得以确立。但是，曾几何时，新语法学派的保罗便给他们扣上了一顶"生物学自然主义"的帽子，宣称只有历史的方法才是唯一的"科学"方法，其他方法即使能称为"科学"，也只是因为使用了"不完整的历史方法"而已(Paul，1890：xlvi-xlvii)。到了20世纪，索绪尔，这位生前唯一一篇署名发表的论文还是属于历史比较语言学的学者，却转了一个180度的大弯，对前此的语言学采取全盘否定态度，公然宣称：

  对我来说，今天在语言学中使用的那些术语没有一个是有意义的。(Saussure，1964：93)

他把自称为走上"科学"道路的历史比较语言学也看作"前科学"，说

  他们没有找到过真正的语言科学，因为他们从来没有注意过为他们的研究对象下精确的定义。(Saussure，1916：16)

  至于乔姆斯基"革命"对结构主义的全盘否定更是众所周知。美国描写语言学把田野工作看作语言研究的看家本领，而乔姆斯基就公然宣布田野工作对语言研究没有用(Chomsky，1957：15)！乔姆斯基之后，他的反叛者们也无一不以否定他的学说为己任。在这样一种以否定前人为原则的研究氛围里，一切都是那样绝对化，一切都像数学法则那样一是一、二是二。我们不进行比较，就很难断定这些新理论的真正价值，也很难断定遭到批评和扬弃的理论就一定没有价值，或一定比不上新的理论。

  第二，我们要进一步问一下自己，研究汉语语言学的目的是什么？

  这个问题看似很"初级"，但未必每个人都向自己发问过，也未必每个人都清楚地意识到研究语言有为实用和为理论本身的不同。按照中国人的习惯思维，总觉得为理论和为实用是可以统一起来的，"从实践中提炼理论，用理论指导实践"嘛！却不会想到有人就是要把理论和实践完全割裂开来。而这就是所谓的"现代语言学"与19世纪以前的语言研究的最大分野，或者说最本质的区别。前面说

过,在 19 世纪以前,中国的语言研究并不比西方"落后",西方有过的理论和方法中国古代多多少少也提到过,只是 20 世纪以来的那些语言学新理论,倒确确实实是中国从来没有过的。现在我们要来进一步探讨这个问题,即这个"没有"说明了什么。

我们觉得,这个"没有",有两种可能性,一种是 20 世纪以来,中国人在语言理论上确实落伍了;而第二种可能性是汉语的研究根本没有这个需要,或者说,这些理论根本就不适合汉语(现在看来,恐怕不光是汉语)。要不然,凭中国人的聪明才智,即使不能最早发明这些理论,至少应该有过一些端倪或者蛛丝马迹,再不济,也应该有过一点"朦胧"意识,不至像今天那样,每走一步都必须别人指路;要是有朝一日别人忽然中断了理论的输入,中国语言学似乎就不知道下一步该往何处去了。所谓"邯郸学步,失其故步"这个成语的后半句,以前总认为是说说而已,看来会在汉语的研究上得到印证!

中国语言研究的传统一向是以实用为主,上焉者结合经学、文学的研究,下焉者结合儿童的教育(而在"现代语言学"强调语言学独立的思潮灌输下,这种传统被贬为"经学附庸")。即使在"现代语言学"传入之后,中国的学者们,从黎锦熙到"暂拟体系",还是千方百计地想把新的理论与教学结合起来,好像还没有什么人主张搞空对空的"理论"研究。本来么,语言就是人类区别于动物的最主要的特点,人类的一切活动都离不开语言;反过来,语言也无法脱离人类的各种活动,"皮之不存,毛将焉附?"将语言从所有它赖以存在的环境中孤立出来,还有语言吗?难怪在中国(甚至西方)的传统上都找不到这样的理论。

但人们可能没有想到,这种脱离实际、进行空对空的纯理论研究,正是"现代语言学"要追求的目标,这是索绪尔的独家发明,而经过近一个世纪的发展,到乔姆斯基那里登峰造极。在索绪尔的《普通语言学教程》里,结尾处有这样一句话(后来的研究证明,这句话是他的学生巴利和薛施蔼在整理时加进去的私货,但读来与全书的基本倾向还是合拍的):

　　语言学的唯一的、真正的对象是就语言和为语言而研究的语言。
(Saussure, 1916: 317)

这句绕口令一样的话说白了,就是主张要为语言而研究语言。索绪尔的语言和言语的区分、内部语言学和外部语言学的区分、共时语言学和历时语言学的区分,归根到底就是为了把后者踢出语言研究的殿堂。到了乔姆斯基,连这样抽象出来的"语言"还觉得不过瘾,于是干脆主张要研究"理想的完美语言社团里的理想的说话人和听话人"(Chomsky,1965:3),同时明确告诉别人,他的理论不是为教学用的。一向以追求实用为目的的中国语言学者,大约不会想到他们孜孜以求的"现代"理论,本来就不是为指导实践用的。这些理论本身的价值到底如何是一回事,但对企图将这些理论"与汉语实际相结合",解决汉语研究中种种问题这一目标来说,这不是有点南辕北辙吗?

这种脱离实际的理论理所当然地遭到了人们的批评。早在索绪尔理论问世之初,丹麦著名语言学家叶斯柏森就对他的"语言"和"言语"的区分提出了批评。叶斯柏森指出,索绪尔区分语言和言语,并不只是简单的理论和实践的问题,而是两者各有其理论,各有其实践。他尖锐地指出,按照索绪尔的意见,"言语"的理论研究是心理学家的事,"言语"的实践是托儿所小朋友或外语教师的事;"语言"的理论研究是"语言科学"家的事,而"语言"的实践就是教或者学那种理论的人自己的事(Jespersen,1946:10)。几十年来的情况证实了叶斯柏森的预言,"语言学"实际上成了"语言学家"们自己圈子里的宠物,与大众的使用语言是不相干的。苏联语言学家伏罗希诺夫早在1929年出版的《马克思主义与语言哲学》一书中就对索绪尔的理论从哲学和方法论角度进行了全面批评,认为在语言研究中有两种主要倾向,一种可以叫个性的主观主义(individualist subjectivism),以洪堡特为代表;一种可以叫抽象的客观主义(abstract objectivism),以索绪尔为代表。如果打比方的话,前者把人们的言语活动看作一条滚滚不断的河流,而后者只把语言看作这条河上的一道静止的彩虹(Vološinov,1929:45-63)。(伏罗希诺夫在斯大林时期遭受迫害,不知所终,这本书在苏联也长期被禁。)在沉寂了几十年之后,对乔姆斯基、以后又直追索绪尔的批评最近几年又突然爆发,这次除了美国本土之外,主要的攻击来自大洋彼岸、美国同文同宗的兄弟英国,火力之猛、用语之激烈,连我们这些看惯国内大批判式文章的人也不禁为之惊讶,似乎感受到一种长期受压、抑悒之气一下子要迸发出来的气氛。对索绪尔的批评,轻的是说,在20世纪之前,本无所谓理论语言学和应用语言学之分,从结构主义开始才把语言描写本身作为语言研究的目的,而生成语法更只对哲学和科学性问题表现出特别的兴趣,把一切与实际有关的问题都撇到语言学之外(Tomić and Shuy,1987:xv);重的则是,索绪尔的"科学性",是以牺牲实用性为代价换来的(Crowley,1996:15-19)。

对乔姆斯基的批评更是连篇累牍,我们所见最激烈的两种观点,一种是把四十年来的乔姆斯基语言学称作"玩具语言学"(toy linguistics)(Lieberman,1998:125),意思是只能给人玩玩,实际上不能解决任何问题;另一种是嘲之为"皇帝的新衣"式的寓言(Sampson,1997:158-159)。所谓"皇帝的新衣"的寓言,应该包含着两层意思,一层是这套理论就像"皇帝的新衣",听起来美丽无比,实际上空无一物;另一层是这一骗局人人都有所感觉但都心有所忌,最后是被一个天真的小孩子叫破的。用意自明。

举出以上这些,我们主要还不是想对西方"现代"语言学作什么判断,而是想说明,西方语言学界自身也存在着激烈的冲突和争论(这是十分正常的),并不像《西游记》里西方佛祖的真经那样现成地放在那儿,只要"唐僧"们一去取回,中国语言学就登时肉身成佛了;更不像国内有些人天真地认为那样:

> 我们迄今引进的概念、方法,无一不在国外有过详尽的讨论,用于汉语,非常成功。(参见叶蜚声,1989:72)

而是在引进之前,必须先经过透彻的研究。引进的人有责任,也有义务先做到自己了了,然后才不会"以己昏昏,使人昭昭"。

说到底,在人文社会科学方面,没有绝对的先进与落后,在语言研究上,正常的情况应该是中国与世界其他各国平等地对话,互相学习,互相促进。但是由于中国语言学家自己也承认的"落后",西方人就更不把中国和汉语的研究放在眼里。举一个较近的例子。1996年,美国出版了一本《文化语言学导论》,作者在绪论中不无得意地说,"文化语言学"这一名称,是他第一个提出来的(Palmer,1996:4-5),而一篇吹捧它的书评说,"本书必将成为语言学诞生以来最重要的著作之一"(见该书封底)。稍微关心近一二十年中国学术界(更不用说语言学界)的人读了恐怕都会失笑,因为80年代后期文化语言学的兴起是中国语言学界一件引人注目的大事,自从陈建民、游汝杰1985年先后提出文化语言学的口号以后,到1992年,发表的文章、著作已有上千部(篇)(参见潘文国1993及该书所附部分论著索引),到1996年,数量当更可观,说"文化语言学"在中国已"有过详尽的讨论",大约不算过分吧,可是人家根本没把你放在眼里。要说是因为用汉语写的、外国人读不懂吧,笔者那几年参与主编、在英国出版的 *Macrolinguistics* 杂志也用英文发表过好几篇关于文化语言学的文章。看来这只能用漠不关心来解释。更引人注意的是该书的内容。作者自诩他的例证丰富,来自欧洲、亚洲、北美洲、中美洲、日本、中东(按:好像"日本、中东"不属于亚洲似的)、非洲和澳洲(Palmer,1996:9)。别的我们无法验证,看一看关于汉语的内容,原来所举的例子一是汉语怎么表达虚拟语气问题,二是中国有没有所谓名物化问题,还有一处莫名其妙地提到周敦颐,说中国人讲的阴阳生万物就是从"无生"到"有生"的转化!难道"文化语言学"在汉语中就研究这种东西?当然我们这里无意批评这本书,只想以此为证,消除一下国内人们对洋人治学态度的盲目崇敬,这么一本"必将成为语言学诞生以来最重要的著作之一"的书,却对汉语与汉语研究是如此无知,对于别的那种摆着普遍语法架势、凌驾于各种语言之上的高论,我们也就只能先保持警觉了。

最后我们还想指出关于中国语言学"落后"的一些心理问题:外国人的心理,中国人的心理,还有某些中国留学生的心理。我们推荐大家读两篇文章,一篇是舒巧的《世界在哪里?》,一篇是林申清的《敦煌学"回国"后的联想》。外国人的心理,一是几乎到了盲目的自信,经常自诩为"世界级"、"国际级",从不脸红,可见舒文;二是有些人极端轻视中国人,什么"敦煌在中国,敦煌学在日本"之类,可见林文。中国人的心理,则有盲目的自谦甚至于自卑,及盲目的崇外,亦可见两文。最值得注意的是某些中国留学生的心理,一位在日本的留学生神秘兮兮地告诉林文作者:"中国现在已经没有人能读懂《庄子》,只有日本人才能体会其中三昧。"林君在"一楞"之后经过思索,"茅塞顿开":"许多留学生,包括相当一部分有着'洋学位'的留学生,如果自己学问功力不够,那么最好的办法就是先贬低一下国内的学术水平,然后挟洋以自重,只要让人相信洋人的水平高于国人,那么以他留学的经历,自然也能高于国人半等。所谓'某某学在日本'之类的命题,在很大程度上其实就是由这些不争气的人的推波助澜。"(林申清,1999)

在语言研究上有没有这样的情况呢?同样也有。当然还没有人赤裸裸地说过什么"汉语在中国,汉语学在美国",但所谓"资料在中国,理论在美国",与之相比,也只是五十步与百步而已。不是经常听人谈起,某些留学生傲视国内同行,说什么"中国的语言理论不行。国内的研究只能提供资料,理论还得靠美国",而一些国内语言学者也居然安之若素么?这正是一种"挟洋以自重"的极好办法,因为这使他处在最佳的位置,可谓左右逢源:对国内,他知道国外理论的最新行情;对洋人,他能读懂外国人视若天书的汉语。这样,汉语研究的最佳人选,自然就非他莫属。对于这样的人,我们要告诉他:他说的也许是事实,但是,同样的事实可以从两个方面去看。一瓶水装到一半,可以说,"已经有半瓶了";也可以说,"还差半瓶呢"! 他的位置固然是两利,但是如果不能摆正位置,正确对待,从另一方面看,也可能是两弊:因为对内,他缺乏汉语和中国文化的深厚素养,缺乏从事第一手研究的扎实功力;对外,他所信奉的某些语言理论天生地注定他只能做配角。因为乔姆斯基普遍语法的本质就是用从英语研究中推导出来的"规则",施之于各种语言。英语不是他的母语,他做不了创造理论的工作,洋人也不相信他能做这一工作,因此他所能做的,最多不过是在洋理论下,把中文已有的资料重新排列组合而已!"挟洋以自重"的结果,只会加深中国语言学的"落后"!

因此,要解决所谓中国语言学的"落后",第一,中国人,中国的语言学者必须先挺起腰杆子,要有充分的自信,汉语的问题最终要靠我们自己来解决。只有自重才能得到别人的尊重,过于自谦自贬,见人先矮三分,别人只会更不把你放在眼里。第二,要正确对待洋理论,不要迷信,不要盲从,不要被貌似高深的其势汹汹所吓倒。不要一看到洋理论,首先想到的就是如何"引进",如何"结合汉语实际"。世上没有什么先验正确的理论,语言学理论也不例外。第一步要做的该是对洋理论本身进行研究,进行分析。我们希望在有志于"引进"的留学生和国内外学者能够多做做这方面的工作,不要光做"二传手",更不要照搬西方某种现成模式,然后充填几个汉语例子。第三,绝对不要相信什么"资料在中国,理论在美国"之类的说法,这种说法的本质就是把汉语研究看作美国"语言理论加工厂"的原料产地和成品推销市场。我们在重视国外理论的同时,更应该重视和扶植"中国的民族工业"——汉语自身语言理论的建设。要摆正传统和现代、中国和外国的位置,在立足今天、充分自信的基础上,妥善处理古与今、中与外的关系。要在继承、发扬中国传统语言哲学、语言理论的同时,以我为主,借鉴西方从传统到现在的全部语言研究(而不仅仅是当代流行语言学)的成果,彻底摆脱在语言学理论上仰仗别人鼻息的情况,从语言观、汉语观着手,建立自己的本体语言学理论和相应的汉语研究方法论。只有民族的才是世界的,只有到那个时候,我们才能从根本上改变所谓"中国语言学落后"的状况。

参考文献

Brugmann, Osthoff, 1878, "Morphologische Untersuchungen", in W. Lehmann (ed.) A

　　　　Reader in Nineteenth Century Historical Indo-European Linguistics, London: Indiana University Press, 1967.

Chomsky, Noam, 1957, *Syntactic Structure*, The Hague: Mouton & Co.

Chomsky, Noam 1965, *Aspects of the Theory of Syntax*, Cambridge Mass.: MIT Press.

Chomsky, Noam 1966, *Cartesian Linguistics*, New York: Harper & Row.

Chomsky, Noam, 1995, *Minimalist Program*, Cambridge, Massachusetts: The MIT Press.

Chomsky, Noam, 1996, *Powers & Prospects: Reflections on Human Nature and the Social Order*, Boston, MA: South End Press.

Crowley, Tony, 1996, *Language in History*, London: Routledge.

Jespersen, Otto, 1946, *Mankind, Nation and Individual: from a Linguistic Point of View*, London: George Allen & Urwin Ltd.

Lasnik, Howard, 1999, *Minimalist Analysis*, Malden, Massachusetts: Blackwell.

Lieberban, Philip, 1998, *Eve Spoke: Human Language and Human Evolution*, W. W. Norton & Company, Inc.

Palmer, Gary B., 1996, *Toward a Theory of Cultural Linguistics*, Austin: University of Texas Press.

Sampson, Geoffrey, 1997, *Educating Eve — The "Language Instinct" Debate*, London: Cassell.

Saussure, Ferdinand de, 1894, "Letter to Antoine Meillet, 4 January 1894", *Cahiers Ferdinand de Saussure*, Vol. XXI, 1964, p. 95.

Saussure, Ferdinand de, 1916, *Cours de Lingustique Générale*, edited by Charles Bally and Albert Sechehaye, Paris: Payot & Cie, 1922.

Schlegel, F. Von, 1808, "On the Language and Wisdom of the Indians", in *Aesthetic and Miscellaneous Works of Friedrich von Schlegel*, translated into English by E. J. Millington, London: Bohn, 1849.

Schlecher, A., 1863, *Die Darwinische Theorie und die Sprachwissenschaft*, translated as *Darwinism Tested by the Science of Language*, London: Hotten, 1969.

Tomić, Olga Mišeska and Roger W. Shuy, 1987, (ed.) *The Relation of Theoretical and Applied Linguistics*, New York: Plenum Press.

Vološinov, Valentin Nikolaević, 1929, *Marxism and the Philosophy of Language*, translated into English by Ladislav Matejka and I. R. Titunik, New York and London: Seminar Press, 1973.

陈　第,1986,"毛诗古音考自序",载汪寿明选注《历代汉语音韵学文选》,上海:上海古籍出版社。

段玉裁,1981,《说文解字注》,上海:上海古籍出版社。

林申清,1999,"敦煌学'回国'后的联想",《文汇报》1999年10月12日9版。

林语堂,1969,"英文学习法",载《林语堂选集:读书·语文》,台北:读书出版社。

潘文国,1993,"八十年代我国语言与文化的研究",载陈建民、谭志明主编《语言与文化多学科研究》,北京:北京语言学院出版社.
舒 巧,1999,"世界在哪里?",《文汇报》1999年6月4日10版.
叶蜚声,1989,"十年来汉语语法研究的回顾与前瞻",《外语教学与研究》,1989年第1期.

(原载上海市语文学会编《语文论丛》第七辑,上海:上海教育出版社,2001年,第3-10页)

附:1999年沪港两地语文学会联合举办学术研讨会,我因在海外未能参加。会前提交了个书面发言,这也是后来我写作本文的由头)

书 面 发 言

姚德怀、许宝华两位会长、各位专家、各位同仁:

沪、港两地语文学会联合举办研讨会,是本世纪最后一年中国语言学界一件盛事,我不能亲身前来参加,深为遗憾。谨祝大会顺利召开、圆满成功,祝两位会长和与会专家、学者身体健康!

这次会议的主题是总结回顾本世纪以来的汉语研究,这是一个我们必须认真做好的大题目。

回顾历史有两种做法,一是大讲成绩,二是总结教训。两者都有必要,前者可使人鼓舞信心,后者可使人看清方向。但从着眼于未来的角度看,两相比较,我觉得后者更加重要。经验和教训,可以从点点滴滴的方面讲,也可从大的方面着手,两相比较,我同样觉得后者更加重要,因为站得高才能看得远。因此我的论文选了整个20世纪人们一直在议论的一个大题目:关于"中国语言学落后于世界"的问题。观点俱见,我就不重复了,想在这里谈一个与之有关的想法。

我认为,不但语言是文化,语言学也是文化。凡文化就必然与历史与民族有关。20世纪的语言学研究到现在,至少从美国来讲,是越来越向所谓的"纯语言学"、"纯科学"发展,好像可以远离历史和文化,其实不然,它仍然逃脱不了历史和社会条件的制约。举例来说,以"普遍语法"为理论核心和最终目标的乔姆斯基语言学,就不可能产生在二次大战及在此之前的美国,而只能产生在二次大战后坐稳世界霸主宝座的美国,就好像当年的王港语法只能产生在拉丁语一统欧洲时的法国一样。乔姆斯基的个人天赋当然是个条件,但没有乔姆斯基,也会有个李姆斯基或者王姆斯基来完成美国语言学的这个历史使命。

同样,在引进问题上我们也受着历史条件的制约。20世纪以来,中国语言学的引进有三次高潮,第一次在世纪初,以马建忠为代表;第二次在三四十年代,以王、吕、高三家为代表;第三次就是最近这二十年(50年代有个苏联语言学的问题,是一种特殊的"引进")。比较起来,这一次的引进中"全盘西化"最彻底,前两次还都有选择、有批判,这一次几乎是无条件的引进,凡国外的(特别是美国的),都是好的,都是先进的、值得引进吸收的。前两次还是体系的引进,理论思想的引进,而这次往往是枝节的引进,个别观点的引进。这一切,也都必须从时代背景、历史背景,甚至在从事引进的具体个人的背景中去找解释。有一点是我们必须清醒地认识的,前两次的引进者,往往身具中西之长,而这一次的许多引进者,由于历史条件的制约,往往身具中西之短而不自知。

因此,我强烈地认为,语言学研究必须纳入整个大文化研究的范围之内。中国语言学的建设要纳入整个中华文化建设的范围之内。我们需要引进,需要借鉴世界各国的语言理论和语言研究方法,但绝不认为哪家理论就先验一定是先进的、正确的。我们需要的是对要引进的理论本身作透彻的研究,然后决定去取。以乔姆斯基理论为例,乔姆斯基统治美国语言学四十年,其实是个不断论争的过程,至今还在继续。而我们引进乔氏理论或观点这么多年,就几乎从未见过对乔氏理论的认真批评和研究(最为我们熟知的批评还是吕叔湘先生在二十年前提出的,这应使我们汗颜),甚至不知道乔氏语言学在国外遭到过这么多抵制和冲击。这种盲目的全盘"西化"、"美化"、"乔化"的语言学引进道路,只能使中国语言学永远摆脱不了"落后"于世界的局面!另一方面,我们也必须以新的眼光来重新审视中国传统的语言研究。世纪初的文化革命,在激进的口号下包含许多"左"的东西,我们现在没有提出那样激进的口号,但所做的有时却比那时还要"左"。这是应该引起我们警觉的。

再一次祝会议圆满成功。谢谢大家!

潘文国　于墨尔本
1999年12月8日

"两张皮"现象：由来及对策

一、当前语言学界的"两张皮"现象

吕叔湘先生和许国璋先生关于"两张皮"的论断，深刻地揭示了存在于我国外语界和汉语界的不正常状况，对这一状况，多少年来我们已经从"习焉不察"变成"安之若素"，甚至"视为当然"。这一状况严重影响了我国语言教学和研究质量的提高，也成为我国语言研究走向世界的瓶颈，已经到了不得不认真对待的时候了。

我们可以环顾一下周围，吕叔湘先生他们说的是不是事实？中文系的教师、研究生中有几个是外语真正过关的？参加过职称考试的教授和副教授们、参加过TOFEL和GRE考试的研究生们恐怕自己都心中有数，更不用说只有四级、六级成绩的莘莘学子了：对多数人来说，这些都是银样镴枪头，拿来当敲门砖、装门面的，不要说到需要的场合开不了口，真能硬着头皮从头至尾看完一本原文专业书的也没有几个人。在这样的情况下，我们从事研究，有几个人能直接运用国外理论的第一手材料？大多只能转手摘引、人云亦云。举一个例子，多年前我听到一位学者批评刘复，说他的《中国文法通论》只是英国斯威特《新英语语法》的"中文简译本"。我就问他，你看过斯威特的原著没有？他无言以对。事实上，这样的说法，既贬低了刘复，又对斯威特极不公正。斯威特的这本《新英语语法》，在语法研究史上有划时代意义，实际上开创了描写性语法的新时代。我在《比较汉英语语法研究史的启示》(1996)一文中曾经总结了他在六个方面的开创性贡献。而刘复在斯威特著作的启发下，继承的是斯威特的文法革新思想而不是他的语法体系，他写的《中国文法通论》本来是企图突破《马氏文通》的路子的，可惜他没有坚持下去。还有的汉语语法史研究者说斯威特的词分类划分标准是逻辑即概念，其实事实正好相反，他是最早主张按功能划分的。还有人说黎锦熙模仿《纳氏文法》提出了句本位，其实纳氏文法是典型的词本位，黎锦熙的句本位另有所本。这些都是吃了外语不好的亏。

今天的情况没有很多改善。现在人人都在谈乔姆斯基。我不知道有多少人认真读过乔姆斯基，甚至有多少人知道乔姆斯基写过多少书？我曾经作过一次认真的统计：从1951年写出他的硕士论文《现代希伯莱语的语素音位学》(1979年正式出版)起，到2000年止，半个世纪里，除了译成外语的和音像制品的，乔姆斯基共出版了89本书，其中国际政治方面55本，语言学方面34本。而译介到中国的只有《句法结构》(1957)和《句法结构面面观》(1965)等不多的几本。对这么一位影响如此深远的语言学家，我们只凭他早期的两本著作来理解他够不够？而且，乔姆斯基的特点之一就是多变，纵观他的30来本书，我认为所谓的"乔姆斯基革命"其实应该有3次，第一次(1957年)是革人家的命，后两次(80年代；90年代后期)都是革自己的命。现在的乔姆斯基，同几十年前，甚至几年前已经很不相同了。我们所熟知的他的早期理论(如深层结构、表层结构等)他早已放弃；我们所接触不多的一些新概念(如"管制—约束"理论〔Government-Binding Theory〕，"论元结构"〔Argument Structure〕，"论旨角色"〔Theta-Role〕、"投射原理"〔Projection Principle〕、"X－杠结构"〔X-Bar Structure〕，"空范畴原理"〔Empty Category Principle〕等)，刚有些叫顺口，乔姆斯基在那里宣布又要放弃了，因为他要采用"最简方案"(The Minimalist Program)，这些东西都是多余的了。可说，不懂外语，我们根本无法追踪国外语言学的新动向，只好要么就把过时货当时鲜，就像70年代末、80年代初那阵子大搞结构主义那样；要么就追随着杂志上一些对国外语言学一鳞半爪的介绍，捕风捉影，加上自己的推测想象。比方说，现在我们都很注意"解释"这个词，说语言学研究已从"规定性"到"描写性"，进入到"解释性"了。"解释"是乔姆斯基所用的术语，甚至可说是他的学说的灵魂。但什么是乔姆斯基的"解释"，我们可能根本未去深究过。对这个词语大约也只是想当然地运用。因而许多汉语学者在做的"解释"，跟乔氏理论的"解释"，其实并不是一件事儿。中国学者的"解释"一般总结合具体事实，以"描写"作为基础。邵敬敏先生(1996)说："'解释'的前提和基础是'描写'，没有客观的科学的描写，任何解释都是毫无意义的；但是，只有描写，没有进一步的解释，则我们的认识不可能深化，不可能上升到理论的高度。显然，这两者是相辅相成，缺一不可的。"这大概代表了国内学者对"解释"的理解，因此我们所努力的，是解释一些具体的语言现象，如为什么"在黑板上写字"可以变换成"把字写在黑板上"，而"在家里写字"却不可以等等。乔姆斯基派的"解释"却是一种抽象的理论思考，并不以描写为前提(要知道，他是根本不屑于描写主义语言学的那套"田野工作"的)，例如他们思考的问题之一，(英语的)主动句变成被动句以后，原来的宾语为什么要移动位置？为什么要移到而且只能移到原来的主语位置？一种解释是："动词应该给其宾语赋予宾格,被动式动词由于格的吸收而不能赋予其宾语宾格;但是格位准则要求每一个名词性成分必须有格,于是原来的宾格名词只能移位到主语位置而获得主格来通过格位准则的检验;同时,宾语移走以后留下了一个语迹,论旨关系准则强迫它接受了受事这种论旨角色,然后语迹再把受事这种论旨角色传给从这儿移走的名词性成分,从而使被动句的主语获得受事这种语义解释。"(参见袁毓林,2001)我们理解的"解释"建立在描写的基础上,只是结构主义的深化,在生成学派看来,不免有些就事论事,缺乏"普遍语法"的意义;而乔姆斯基派的"解释"却以演绎为手段,要解答人类语言的普遍性问题,最终还要追溯到人的大脑、生理、神经,最终是生物学上的先天的原因。这里我们不讨论两者的是与非,只是想说明,双方在理解上存在着巨大落差这一客观事实。而这一落差,有很重要一个因素便是不能直接读外语原著。

再有,自从吕叔湘先生提出"通过对比研究语法"(吕叔湘,1977)以来,汉语与外语的比较研究,或者说语言对比研究已经成了80年代以来语言研究的一个亮点。要同外语比较,就要真正地了解所用来比较的外语,这就不是外语初级教科书上那些呆板的语法规则所能解决的问题。80年代初的一些对比语法著作为什么流于肤浅？就是因为一些编著者并不真正懂外语,于是就只好成了吕叔湘说的,"有点像两个球队从两个门入场,走到一起,对面立定一拉手,然后分别在自己那一半场地玩起球来,有时你扔一个球过来,我扔一个球过去,表示一下友好,可是始终不认真进行比赛"(参见王菊泉,1982)。实际上在做的,只是把两个语言的教学语法,分别罗列一下便了事。当前的汉英对比研究界已经基本形成一个共识,即对比研究有三个层次：结构层次、表达法层次和语言心理层次。结构层次的对比是最初级的,只了解两种语言的皮毛也许还可对付,但难免流入吕叔湘说的"比附";表达法层次开始就要求有对两种语言的"语感",这就不是粗通外语或汉语的人所能胜任了。这就是为什么当今从事汉英对比的人虽多(据我统计,在各种杂志、论文集上发表过文章的有1,000多人),而真正高水平的作者并不多的原因。说到底,专门存在一个"汉外对比语言学界",就是说,有一些人专门在那里从事对比研究,而另一些人只顾自己从事汉语或外语的研究,这现象本身也不正常。赵元任先生说："所谓语言学理论,实际上就是语言的比较,就是世界各民族语言综合比较分析得出的科学结论。"(引自王力,1983)时至21世纪,仍然关在门里搞自己的"汉语研究",希望在理论上有任何突破,那是不可能的。很多人热衷于提出汉语的这个特点、那个特点,但特点是比较出来的,正如吕叔湘(1977)所说:"要认识汉语的特点,就要跟非汉语比较。"缺乏对所用来比较的语言的深切了解,所谓"汉语特点",不是人云亦云,就是隔靴搔痒,或者自说自话。还有许多人终其身只在汉语自身圈子里打转,尽管材料搜罗得十分繁细,但实际上其所做的工作,从更高的立足点去看,与18世纪的乾嘉学者也没有什么本质上的不同,只是把材料从古代汉语换成现代汉语,以及加上一点现代术语而已。20世纪以来现代语言学的一条基本认识是,母语研究必须在普通语言学的指导下、从与他种语言的比较中去进行,现在的很多汉语学者可说是犯了这一条根本大忌。

外语界的状况也好不到哪里去。外语界中年一代学者中像汪榕培那样对中国传统文化深有造诣、能从事《易经》、《诗经》、《老子》、《庄子》、《汉魏六朝诗》、《西厢记》等翻译的学者实是凤毛麟角,在年轻一代的研究生中就是能说出马建忠、王力、吕叔湘的名字和他们的主要著作的也寥寥无几。学习具体语种的只知道具体语种语言且不说,就是学习语言学理论的也只知道袭用英文例子。吕叔湘先生对此也有一说,道是:"我们不能老谈隔壁人家的事情,而不联系自己家里的事情。"(转引自陈平,1991)在相当长一段时间里,所谓研究普通语言学,就是如许国璋先生指出的,翻译、介绍国外的语言学理论和形形色色的流派,或者加上一些并未经过深思熟虑、只是与外语例子表面上看来有些相似的汉语例子而已。搞汉语研究的都有过这样的体验,看外语学者文章中所举的汉语例子,总觉得有点夹生,其严重的则如戴浩一(1987)所说,"把英语的结构架在被看成英译的汉语上面,难怪结果是汉语呈现出与英语基本相同的特点"。其实要运用外语理论,联系汉语实际,真是谈何容易。就拿上面举到的被动句为例。主张普遍语法的人会很轻易地把上面的解释搬到汉语,以为也可以解释汉语的被动句、解释汉语的"宾语移位"问题,只要把外语的例子换成汉语就行了,例如,把"John hit Bill — Bill was hit(by John)",换成"张三打了李四——李四被张三打了",于是,那些"格位准则"、"移位"、"语迹"、"论旨关系准则"、"论旨角色"这些术语就顺理顺当地引进了汉语。外语界似乎完成了"引进"的任务,汉语界也实现了"语法研究现代化"的愿望。其实真要运用国外理论,这里面的问题要复杂得多,有很多前提需要解决。譬如说,到底什么叫被动?什么叫被动句?英语的被动句是否相当于汉语的被字句?还有,如果我们换一个方向思考的话,汉语的被字句与把字句可以互相转换,英语有没有这样的情况？把字句的语法意义通常是"处置"，如果"被动"是个普遍范畴，处置为什么不能成为普遍范畴？难道就因为英语里没有相应的表达形式就不能考虑这一范畴的存在？再进一步，如果我们承认处置也是一种普遍的语法范畴，那么在"普遍语法"里，这两个范畴之间有没有像在汉语里面那样的关系？不解决这些问题，介绍、引进的任务就不能算完成。再举一个例子，不久以前我读到一位硕士研究生的学位论文，对比英语的"it"和汉语的"它"，他讲了很多"it"和"它"之间的相似点、不同点，一直讲到"it"还可译成汉语的"他、她"以至"你、我"。但我读了后，只有一种隔靴搔痒的感觉。因为英汉语第三人称代词的最大差别在于多数情况下汉语根本就不需要用代词，不考虑进这个因素，就算分析得再头头是道，也只能解释至多不超过一半的汉语句子。

而"两张皮"现象的共同后果是，中国的语言学研究不要说难以赶超世界水平，就是要与国际学术界真正平等对话也很难。汉语研究者出了国门还是一头扎进以汉语为母语的学者堆里，所谓的汉语"国际学术会议"，见到的往往是一些中国人面孔。而当今许多"国外汉语学者"，其实不少人只是十几年前出国的国内外语院系毕业生，其中许多人的汉语水平由于国内的外语教育体制而先天不足，但出国后，在国外的环境和条件下，后天也很难得到调养。结果谈起国外理论时运用外语例子得心应手，运用汉语例子水平也高不过国内汉语学者哪里去，"两张皮"的现象在他们身上也依然存在。而国内学习外语和外国语言理论的学者到了国外，表面上看来似乎有许多进行对话的共同基础，但这个共同基础是建立在外语之上的，要把这些理论用来解释汉语时同样感到捉襟见肘，因而所谓的"交流"，其实往往只是单向的，只是中国学者单方面地不断"学习"、"引进"而已。这种从游离的"两张皮"到黏合的"两张皮"用于装门面，例如向国内学者骄其对国外理论的熟悉，向国外学者骄其能引用外人视为"天书"的汉语例子，是有用的，但用于发展中国和汉语的语言理论，则距离颇远。我国语言学界呼吁了多年的"要为普通语言学研究做出贡献"，在这样"两张皮"的状态下，只能永远是句空话。

推动中国语言学的发展是外语界和汉语界的共同任务，"两张皮"现象使两支队伍不能会同作战，自我分散了本来就不强大的兵力。这对于中国语言学确实有百弊而无一利。吕先生为之深为忧虑，这体现了一位前辈对国家对民族的责任，也寄托了他对后辈的期望。当前的中国正处在经济持续高速增长、全国人民在党的领导下努力实现中华民族的伟大复兴的令人振奋的时刻，而我们人文学术界的现状与这一伟大时代、与中国的国际地位是不相称的。要真正使语言研究赶上时代的步伐,我们只有先从消除"两张皮"的现象开始;而要消除两张皮,先要对造成两张皮的原因作一个深刻的反省。

二、"两张皮"现象的由来

"两张皮"现象的出现有其深刻的历史原因,实际上反映了我们在语言政策和人才培养政策上的某种失误。前面说过,我们现在对"两张皮"现象已熟视无睹、见怪不怪了,恐怕这正是吕叔湘先生"深为忧虑"的根本原因。不怕有毛病治不好,怕就怕看不到毛病,或者根本不承认有毛病,把不正常情况视作正常。为了看清这个问题,我们不妨把20世纪前后两个50年作个比较。

20世纪的前半个世纪,基本上不存在"两张皮"的情况。那时的学者,大多学兼中外,治国学的,如王国维、胡适、陈寅恪等,多数也是外语的高手;治外语的,如伍光建父子、吴宓、杨宪益等,也在国学上有深厚的根基。文学家大多兼翻译家,如鲁迅、郭沫若、林语堂、茅盾、巴金、冰心等;而翻译家也往往兼从事创作与研究,如季羡林、朱光潜、卞之琳、曹靖华、杨绛等。钱锺书以治西文而成国学之泰斗;朱生豪以学中文而奏译莎之绝响,时隔多年,犹使人向往不已。专治汉语而出身外语者不乏其人,如王力、吕叔湘、高名凯、张志公等。这些学者和文坛巨匠出入中外、熔铸古今,徜徉于语言文史诸学科之间。也许这正是他们之所以能够成为学界瞻仰的"大师"的基本条件吧?

50年代以后,再没有出现过这种"大师"级的人才,培养这种人才的土壤似乎也不复存在,80年代以后,随着上述前辈年事已高或玉树凋零,再要找一位学兼中外的学者已难乎其难,可遇而不可求了。因此吕叔湘先生才发出了"两张皮"的浩叹。

"两张皮"的状况的形成,是多种因素综合的结果,有政策上的,有认识上的,也有具体做法上的。

中华人民共和国成立初期,由于以美国为首的西方国家对我国的全面封锁,以及不久以后苏联对我国的背信弃义,迫使中国走上了一条独立自主求发展的道路。我们在极其困难的国际环境中恢复和发展了国民经济,为实现社会主义打下了基础。但与此同时,我们也自上而下地产生了一种自我封闭、自我锁国的心态。学习外语在很长时间里得不到重视,到"文化大革命"时更登峰造极,以不懂外语为荣,即所谓"不懂 ABC,照样干革命"。加上长期推行的极左政策,有海外关系者既有"里通外国"之嫌,听外语广播(即使是 Radio Peking)也有"收听敌台"之疑。造成学外文的似乎生来比人矮三分的感觉(一些外语系毕业同学"文化大革命"期相遇,相互感叹上大学是犯了"方向"错误,而选择了外语专业则是又犯了"路线"错误,即是明证,这恐怕是现在读外语的学生所想象不到的)。这样,外语既是人人都避之唯恐不及的东西,加上学外文毕竟要花许多精力,因而学习其他学科的当然就乐得轻松了。这是 50 年代以后培养的汉语学者只剩下汉语这一条腿的重要原因。

三中全会以后,国家实行了改革开放政策,国门打开,学外文一下变得时髦吃香起来,学习外语在全国各地,特别是沿海大城市出现了经久不衰的热潮。由于这潮流来得过于突然、过于迅猛,学术界可说还来不及作出反应,外语潮就迅速地纳入了,紧接着出现的出国潮,学外语成为出国的终南捷径和敲门之砖,于是,在学习中的短视和浮躁的弊病就很快地暴露了出来。加上在语言观(片面强调口语轻视书面语)、教学方法(强调直接法、句型法、机械操练,鼓吹抛开母语)和考试导向(以 TOFEL 为代表的测试方法,对于为一定目的之用的水平考试也许是有效的,但一旦引进课堂作为教学测试手段则是灾难性的)上的一系列偏见以致失误,导致了外语学习热情有余而水平提高不快、高分低能、多数人在低水平上徘徊、忽略和无视母语等种种后果。这样,一方面,在汉语界,以前忽视外语的弊病还没得到纠正,由于新问题的产生(如学中文的学生古文能力大幅度下降)而精力没法转过来(某些地区、某些学校出现了考职称时把古文阅读能力代替外语阅读能力的奇怪规定,还美其名曰"古汉语之难也相当于一门外语"),仍在维持着汉语一条腿的情况;另一方面,在外语界,新的语言理论和新的外语教学理论又把外语学习者拖离了母语,使学生成了甘心"直接""浸润"在外语中、不知母语和母语文化为何物的可怜虫。"两张皮"的状况就这样形成而且不断得到强化。

此外,恐怕还有教育思想和教育方法上的问题。20 世纪学科发展的一个特点就是专业越分越细,这对于自然科学上出成果在一定时期也许还有用(但现在即使搞自然科学也越来越需要跨学科的知识),对于人文社会科学却几乎是灾难性的。记得 40 年代末,一批知名学者包括闻一多、朱自清、朱维之、徐中玉、程俊英等,在《国文月刊》上积极地讨论中文系和外文系要不要合并的问题[1],按照他们的

---

[1] 见《国文月刊》63、64、65 等期,开明书店印行,1948 年,上海。

设想,中外文系打通之后,搞中外文学的可以放在一起,搞中外语言的也可放在一起,这样就不会出现后来的"两张皮"状况。由于种种原因当然这一设想没能实现。但现在,不但中文系和外文系已几乎"老死不相往来",以中文系为例,内部又要再分出汉语和文学,文学内部又分古代文学、现代文学、外国文学、文学理论,各有所治,互不通气;汉语内部又分古代汉语、现代汉语、语言学理论,也是彼此不相涉。更有甚者,研究现代汉语的又要分成语音、文字、词汇、语法、修辞几大块,各司其职,不相沟通。语言本来就是一个整体,这样"分而治之"的结果,各人守住眼前那一块,搞语音的去搞语法已觉得跨了行,怎能指望再去关心隔得更远的另一个"学界"呢?

三、消除"两张皮"现象的对策

上面只是用极粗的线条初步勾勒了"两张皮"状况产生的原因。仔细分析起来,还有许多话可以讲,例如在两张皮的状态下汉语学者和外语学者看待西方语言学的眼光截然不同等等。但这些初步的观察已足以使我们看到问题的症结所在,以及如何采取相应的对策。

我们认为,解决"两张皮"问题,可以从短线和长期两个方面去看。短线是目前可以采取的措施,长期则应从整个战略上调整我们目前的培养模式。

短线是针对目前已经中年以上的学人以及对目前本科毕业以上人才的培养的。我同意钱冠连(2000)的意见,汉语学人的缺陷(不能流利地阅读外语文献)与外语学人的缺陷(汉语功底不好)相比较而言,前者容易克服。因为汉语毕竟是我们的母语,而提高外语阅读的能力毕竟不是一朝一夕的事。因此从当前来看,我们在积极鼓励汉语学者努力学习外语、尽量多接触外语文献的同时,更应当大力鼓励外语学人接触汉语、学习汉语、研究汉语,要鼓励外语语言学者以汉语为研究对象,撰写汉语研究文章。我还建议在培养方式上作一些调整。譬如现在各外语院系都无一例外要求各级毕业生(学士、硕士、博士)用外语撰写学位论文,这仿佛是天经地义之事。但这做法真的那么天经地义吗?多年前我访问英国牛津大学和剑桥大学的中文系时,得知他们要求毕业生"必须"用英文(学生的母语)撰写学位论文,而并不鼓励用汉语(学生的目的语)去写。我问为什么,回答是用汉语写不出什么深刻的见解。(这里需要补充说明的是,并不是那里的学生不能用汉语写,我到过另一家名气和水平都不如这两家大学的英国大学,那里就要求学生尽量用汉语写毕业论文,据我看他们的中文也颇精通,牛津、剑桥学生的水平也就可想而知了。)联系我回国后见到的一些外语系硕士学位论文,看似厚厚的一本,其实如果同样的内容改用汉语写,可说非常单薄。今年5月我在一次会议上见到何自然先生,他也很主张英语专业博士生的某些专业课,尤其是讨论课,不妨用中文进行。因此我有一个大胆的建议:外语学生的本科毕业论文仍然必须坚持用外文写,因为这是对外"语"系毕业的测试,但到了研究生阶段,重点应转到考察学生的研究能力而非语言能力,就不必强调非用外语写不可。何况能用汉语把外国的一种语言学理论或文学理论讲清楚,并不比用外语写更容易,也许更能看出他是真的理解了那个理论还是只会机械地搬用。

短线的另一个措施是鼓励中文和汉语专业研究生导师招收外语系毕业生去攻读硕士或博士学位,从目前来看,这是培养中英文兼长人才的一个好方法,而且已有了一些成功的例子。更好的办法也许是中外文导师联合培养研究生。目前外语毕业的学生考中文系的研究生不少,但相反的情况不多,其中有个原因值得考虑:由外文考中文的可以得到外语好的便宜,而由中文考外文的却得不到中文好的便利。外语专业的招研考试一律用外语,这本来似乎无可厚非;但背后隐藏着的,却是没有什么手段,或者说根本就没有想到要去测试学生的中文水平。学生中文再好在考试中也无法体现出来。这实际上是一种不公正,或者说是外语界对中文、也就是对自己母语的歧视,这也是一种"挟洋以自重"的表现。我们甚至可以说这恐怕也是造成"两张皮"的原因之一,因为考试毕竟有导向作用。最近在招研中有人建议把外语专业某些研究方向(如英汉比较、英汉翻译、理论语言学等)的"二外"改为中文,他们认为,对于外语系学生来说,母语毕竟比"二外"要重要得多;而且大家都心知肚明,对英语专业的学生而言,"二外"往往是装装样子的,能真正达到运用水平的并不多。我个人觉得这个建议并非不可考虑。

第三个方面,作为不得已的权宜措施,我们还应鼓励中文系和外语系的学者合作搞研究。一般来说,真正精通两种语言的人毕竟是少数,大部分人到了"兼通"阶段还会有所侧重,更不要说目前的状况了。因此互相合作,取长补短,也是消除"两张皮"现象的一种积极措施。借此,还可加强两界学人的往来,熟悉彼此所从事的工作和特长。

至于消除"两张皮"现象的长期措施,我觉得应从大学本科抓起,要对中文系和外语系的课程设置进行重新论证,包括从理论上对语言与文学、语言与文化、口语与书面语等的关系进行探讨。可以吸收香港一些大学从事双语教育的经验,也可以参考国内一些院系的双语培养模式。我非常怀念"文革"前复旦大学外文系开设的一些课程,当时外文系把中文系的一些课程,如中国古代文学史、中国现代文学史、文学概论、汉语写作等等都搬了过去,有的课还与中文系学生一起上。当前中年一辈英文学者有深厚中文功底的,陆谷孙和汪榕培可说是杰出代表,他们两人都出身复旦外文系,恐怕并非偶然。我自己也从当时的人文氛围中深受教益,这种气氛是后来我在一些单纯的外"语"系中所感受不到的。而大学时代对一个人的基本素质的形成,是有决定性的!

参考文献

陈 平,1991,《现代语言学研究》,重庆:重庆出版社。
戴浩一,1987,"以认知为基础的汉语功能语法研究刍议",载戴浩一、薛凤生主编《功能主义与汉语语法》,北京:北京语言学院出版社,1994 年。
刘润清,1995,"许国璋教授与英语教育",《外语教学与研究》第 1 期。
鲁健骥,1995,"'它'和'it'的对比",《中国语文》第 5 期。
吕叔湘,1977,"通过对比研究语法",《语言教学与研究》试刊第 2 期。
潘文国,1996,"比较汉英语法研究史的启示",《语言教学与研究》第 2 期。
潘文国等,1998,"汉英对比是一项综合工程",萧立明主编《英汉语比较研究》,长沙:湖南人民出版社。
钱冠连,2000,"对比语言学者的历史重任",杨自俭主编《英汉语比较与翻译》,上海:上海外语教育出版社。
邵敬敏,1996,"关于'功能'和'解释'的几点思考",《华东师范大学学报》第 4 期。
沈家煊,1996,"我国的语用学研究",《外语教学与研究》第 1 期。
王菊泉,1982,"关于英汉语法比较的几个问题",《外语教学与研究》第 4 期。
王 力,1983,"积极发展中国的语言学",载《王力论学新著》,南宁:广西人民出版社。
袁毓林,2001,"语言学研究的现状和发展趋势",《汉语学习》第 3 期。

(原载《外语与外语教学》2001 年 10 期,第 34 - 35,37 页)

中国语言学的发展方向
——从发展中国戏曲谈起

假设有人提出一个问题,怎么发展中国的戏曲事业?回答可能会多种多样,但可能没有人会回答,必须"持续不断"地"引进、介绍"西方歌剧理论,以此作为发展中国戏曲的"动力"。尽管在汉外翻译时,中国的戏曲几乎毫无例外地被翻译成西洋的"歌剧"(opera):京剧是 Peking Opera,越剧是 Shaoxing Opera,川剧是 Sichuan Opera,大家都是"Opera",那关于 Opera 的理论当然应该具有"普世性"。之所以不会这样回答,是因为人们都明白,两者的体系完全不一样,西方歌剧是男高音、女低音、男中音等,而中国的戏曲,不管哪个剧种,讲的都是生旦净末丑。这就使我想到,为什么一提到中国语言学的发展,人们就众口一词,认为唯一的出路是不断地介绍、引进西方的语言学理论,即"跟国际接轨"呢?好像非此中国的语言学就不能生存、就没有资格进入 21 世纪似的。

有人说那是因为西方的语言学"科学"、"先进",比如音韵研究,中国传统的学者研究来研究去,只能区分出多少多少类,却不知道应该怎么读出这些不同类的音,以至段玉裁直至老死还以不能读出"支脂之"的区别为憾事。依靠西方的语音学和标音工具,我们却不仅能构拟出这些不同类的读音,还能构拟出远古时代的读音,一一加以细致区别,就好像调查邻近方言、进行记音似的。但我们要想到,西方的歌剧同样也很"科学":女高音是多少赫兹到多少赫兹,男低音是多少赫兹到多少赫兹……不仅可以"量化",还可以把"声乐"与"器乐"放在一起,进行科学的类比:什么声部相当于小提琴,什么声部相当于大提琴,等等,还可以用电脑进行合成,模仿出这些声音来。回看中国戏曲,有谁能说出"生"或"旦"的音高是多少吗?有谁能制定出一个"生"或"旦"的音域标准吗?"五四"前也有一些人痛诋"旧剧",斥为"脸谱大全",但好像还没有什么戏曲界的人用西洋歌剧作标准去改造中国戏曲,否则的话中国戏曲就只有死路一条。为什么到了语言研究,中国语言学就必须采用西方的理论,否则就没有生路呢?

有人说那是因为语言学具有"普世性",叫"普通语言学",因而适用于人类所有语言;而西方歌剧还不具有普世性,还没有"普通歌剧学"。我们认为,"普世性"

云云,看你怎么理解。在"欧洲中心论"的人看来,欧洲(现在可叫作"欧美")就是世界的中心,甚至就是世界全部。我们只要看看几百年以来出版的西方人写的世界通史、世界音乐史、世界文学史、世界艺术史,乃至世界语言学史等,就知道占世界人口 1/4 的中国在他们眼里占什么地位了。20 世纪的普通语言学,至少在其创始人索绪尔那里,是并不包括汉语在内的,甚至也不包括斯拉夫语和阿拉伯语,也许只能叫作"西欧语言学"。认为在西欧语言基础上建立起来的这一"普通语言学",也适用于汉语,这是中国学者的自作多情。西方的歌剧理论,在西方人看来,未必不具有"普世性",只是至今还没有任何一个中国的戏曲工作者特别是戏曲理论家认为这一"普世性"足以用来改造中国的戏曲。他们承认歌剧的所谓普世性,也就是到西洋歌剧自身为止。例如他们如果排演西方歌剧,就会严格遵奉西洋歌剧的规范,把演员分成男高音、女高音等,即使他们演唱时用的是中文。

从这件事里我们受到几点启发。

第一,不同的体系无法相容。

西洋的歌剧之所以不能影响中国的戏曲,是因为认识到它们采用的是两套体系,无法相容。西洋歌剧的演员是以物理学上的音高分类的,soprano、mezzo-soprano、contralto、tenor、baritone、bass 等都有固定的音高区域,能演唱到某一高度如 soprano 的,不管是男是女,都叫 soprano,中文译成"女高音",是因为一般只有女性才能唱到这样的高音,其实西方古代有不少男孩子能唱 soprano,在 16 世纪末歌剧于意大利诞生时,由于同中国古代一样,女子不能登台演戏,现在所谓的女高音、女中音、女低音都是由男人演唱的。但尽管这样,以物理学音高为标准却是一样的。这就带来了两个结果,一是不但 soprano、alto(男高音或女低音)等与人的性别无关,甚至与是不是人也无关,乐器如小提琴、单簧管、低音提琴发出的声音也可以叫作 soprano、bass 等;二是这种声乐的研究很容易自然科学化,可以设立非常严格的标准。而中国戏曲中演员是以舞台扮演的角色来分类的,如生、旦、净、末、丑,其进一步的分类更是以舞台人物的性格为依据,如老生、正生、小生、须生、老旦、正旦、小旦、彩旦、悲情旦、刀马旦等等,再细分就要以演员的风格为标准了,如杨派老生、马派老生、梅派青衣、程派青衣。而这些分工又不是截然的,不时可以来一个"反串",唱生的演旦角,甚至唱旦的反串老生,都未尝不可,不像西洋歌剧演员好像没听说高音可以改唱低音什么的。在欧风东渐及近些年来的商品经济大潮中,中国的戏曲受到冲击,无可奈何地在走向没落,有识之士在呼唤重新振兴昆曲、京剧等等,但好像没有人会主张用西洋歌剧的那一套来改造中国戏曲的,尽管这一分类"科学"(相应也"呆板")得多。其实人们很少想过,语言研究也一样。西方的语言研究传统与汉语的语言研究传统,属于两套很不相同的体系。西方是语音学、语法学、词汇学,中国是音韵学、文字学、训诂学。有人以为这两种体系本质上差不多,我们对此不敢苟同。诚然,两种体系的出发点都是各自语言基本单位的"一体三相",但由于基本单位的"体"不同,"三相"的表现和重点也不同。西方语言(以英语为例)的基本本体是"词"(word),三相是词音、词义、词形,其中词形主要表现为形态,在三相基础上分别发展出语音学、词汇学、语法学,而以语法学为重点。汉语的基本本体是"字",三相是字音、字义、字形,其中字形主要表现为形体,在三相基础上分别发展出音韵学、训诂学、文字学,而以文字学为重点。说中西语言研究分别以语法和文字为重点,从名称上也看得出来。西洋的语言学,分则称 phonetics(语音)、vocabulary(词汇)、grammar(语法),合则称 linguistics(语言学),但 linguistics 也可称 grammar(如传统语言学也叫作传统语法、生成语言学也叫作生成语法),可见语法的分量之重。汉语传统的文字、音韵、训诂,合称为"小学",但小学也可称文字学("广义"的文字学),如钱玄同著有《文字学音篇》,"音"者,音韵学也,这里居"文字学"的下位,可见文字的分量之重。这两套体系同样很难相容。硬要用西方的语言学来改造中国的小学,就好像坚持用西方的歌剧来改造中国的戏曲一样,其结果只能把后者拆得支离破碎,面目俱非。我们不妨看看一百年来用西洋语言学改造汉语语言学的结果:首先是因为在西方的研究体系里文字没有地位(在西方语言里,文字只是"符号的符号"),因而在传统小学里作为基础的文字研究被"现代语言学"理所当然地逐出了语言研究的殿堂,随着一波波声讨汉字热浪的高涨,汉语和汉语研究被抽掉了脊梁骨;其次,在传统研究中一向着墨较少的语法学因其在西方语言学中居核心地位,因而也同样"理所当然"地一变而为汉语研究的绝对中心。这一基础的变化造成了汉语研究全局的变化,在 20 世纪以来的汉语研究里,文字学被排除出去了;音韵学被朝向历史语音学方向进行了改造(用一些学者的话来说,是从"考古"走向"审音"或"构拟"),实质上已同传统汉语音韵学很少共同之处;训诂学则被拆得七零八落,变成了词汇学、语义学、语法学、修辞学、篇章学、语用学等等的大杂烩,而且由于政治上一再的厚今薄古、是今非古,而变得日渐"边缘化"。中国的语言学传统——小学已不复存在,如果有的话也只是属于昔日的辉煌,供怀有思古之幽情的人去凭吊。我们这里不想对这一改变的是非做出评论,只想指出这一事实。其实这一改造在许多领域都在发生,如西医对中医的改造、西洋画对中国画的改造、西洋文学对中国文学的改造,乃至西式教育对中国传统教育的改造,等等。但好像没有像语言学那样彻底而且义无反顾的。回到本文开头,我们庆幸的是中国的戏曲还好没有按照西洋的歌剧去改造,因而尽管现在步履维艰,却为世界留下了一块发展多元文化的沃土。到了 21 世纪,其中有的品种如昆曲还否极泰来,成了联合国宣布要保护的"人类非物质文化遗产"。

第二,一种理论是否具有"普世性",关键不在于提出者,而在于接受者。

热衷于引进西方语言学的人总是不厌其烦地告诫我们说,西方语言学理论具有普世性,是人类共同的财富。问题在于,"普世性"是从哪里来的?所谓"普世性"(universality),本质上是"普适性"(universal adaptability),即普遍适用性。对于某种理论或体系的提出者,几乎没有人不希望自己的理论或主张具有普适性;只是有人谨慎一点,不敢直接表露出来,有人大胆一点,一开始就大张声势地宣传自己的东西如何如何具有普世意义。同时,普世性与普遍性(popularity)和优势性(priority)也有关系,人们对多数人认可的、习以为常的东西(语言学中管这些叫"常识")往往认为是具有普遍意义的东西,而认为与自己不同的,就是独特的、怪异的,甚至错误的东西。《阿 Q 正传》里的阿 Q,也是一切以未庄之是为是,以未庄之非为非:"譬如用三尺三寸宽的木板做成的凳子,未庄叫'长凳',他也叫'长凳',城里人却叫'条凳',他想:这是错的,可笑!油煎大头鱼,未庄都加上半寸长的葱叶,城里却加上切细的葱丝,他想:这也是错的,可笑!"[1]因此,一种理论或一件事物是否具有普世性,并不是由提出者决定的,关键在于接受者。在以天朝大国、礼仪之邦自居的古老中国,一切以中国之是为是,以中国之非为非,因此头发披下来,衣襟向左掩,所谓"被发左衽",就是野蛮人的标志[2],但这并没有征求过当时四周少数民族的意见,也没有征求过当今时髦女郎们的意见。同样,15 世纪以来,欧洲发展迅速,在文明程度以及各个领域,都领先于世界,更不要说科学技术方面。欧洲人在骄傲的同时,也自然而然地形成了"欧洲中心论"。所谓"欧洲中心论",就是一切以欧美为标准,以欧美之是为是,以欧美之非为非。对于欧美中心论的产生,我们完全可以抱着同情的理解,但我们是否需要跟着鼓吹这种欧美中心论,

---

1 见鲁迅《阿 Q 正传》,《鲁迅全集》第一卷,第 491 页。
2 见《论语·宪问》:"微管仲,吾其被发左衽矣!"

亦步亦趋地以欧美之是为是，以欧美之非为非，却取决于我们自己。在这方面，中国戏曲的发展同样给我们以启示，他们没有以西方歌剧作为人类歌剧的唯一标准，因而避免了在追求普遍性的同时丧失自己的尴尬，取得了独立发展的余地。在语言学上，从17世纪的普遍唯理语法，到20世纪的转换生成语言学，欧美人也一再提出所谓的普遍语法，对此我们无可厚非，也可以理解。但是否需要全盘接受，却要经过我们自己的思考。有人愿意无条件加以接受，当然是他们的自由。但也要允许其他人从自己的语言和语言研究传统出发作独立的思考。"五四"初期陈独秀那种"必不容反对者有讨论之余地，必以吾辈所主张者为绝对之是，而不容他人匡正也"[1]的态度，在今天是不会有市场的。

第三，对待理论学说乃至整个西方文明的态度。

那么，如何对待西方理论学说乃至整个西方文明呢？是否一概排斥、拒绝"引进"呢？那当然也不是。从中国戏曲和西方歌剧的关系看，我们得到的一点启发是，首先必须保持彼此平等和互相尊重的关系。西方的语言学理论是从对西方的语言事实的研究中提炼出来的，我们必须承认并尊重这一前提；西方语言学主要不是从归纳、总结汉语事实中得出的结论，对汉语来说并不具有天然的可适性，这是我们必须承认并尊重的又一前提。只有在承认这两个前提的情况下，我们才能讨论对待西方语言学的态度。这就是，第一，先不要一厢情愿地把西方语言学看作人类普适的普遍语言学，而要把它还原到西方语言中去，看作解释西方语言的语言学。这里我强调"一厢情愿"，是因为我发现，最起劲地认为西方理论具有普适性，要把西方理论运用于汉语的往往是中国的或者华裔的语言学家；绝大多数西方语言学家，至少在我所接触的那些没有华人背景的语言学家中，几乎没有人认为西方的那些理论可以天然地适用于汉语，有人甚至对中国人喜欢用西方理论来解释汉语感到不可理解。我实在不知道那些坚信西方随便什么理论都一定要优于中国人自己的研究的依据是什么，他们为什么要这样想、这样做？从根本上说，要检验西方理论的价值，先要有西方语言事实的证明，先要说服西方自己的学者。而目前的西方语言学界，理论蜂起，诸说纷纭，根本没有定于一尊的学说，诸侯混战，群龙无首，彼此间谁也不买账，各种学说自身都在不断的论争中争取自己的生存。这种情况同20世纪70年代以前似乎还存在着某种"一统天下"理论的时

---

[1] 见陈独秀《答胡适之》，《新青年》3卷3号，1917年5月1日。

代已不可同日而语。各种西方学说自顾尚且不暇,我们凭什么就急急忙忙地把其中一家或几家的观点匆匆忙忙地搬进来,生吞活剥,甚至搬运工自己还不怎么懂就搬来吓唬人,说这就是人类普遍适用的理论,要汉语无条件地服从和照搬?如果不是别有用心,那就只能说是出于无知。第二,这种种尚未定论的学说不是不可以引进介绍,但是必须当作西方语言学介绍,而不要鱼目混珠地先验地冒充人类普遍的语言学来介绍。这就好像西方歌剧引进中国,就要当西方歌剧来演出,而不要说这是人类共同的"戏曲",并进而试图在女高音和青衣、老旦和女低音等等之间划上等号。对于西方语言学的研究,也要先当作西方语言学去研究,看看它对西方语言的适用性,看看它在西方语言理论群雄逐鹿过程中的生存能力和抗压能力,没有经过西方语言事实本身检验过的理论、在西方本身就争得不可开交的理论,我们只有如实地把它作为一种理论的探索介绍进来,而根本就不值得作为一种指导性的理论原则介绍进来,并且急急要在汉语中实践和应用,心甘情愿地把汉语作为西方各种理论的实验田。第三,必须强调的是,引进西方理论,真正值得引进的是西方语言学的立论之本,或者说西方理论产生背后的思考过程,而不是理论体系本身。一切理论的产生都有特定的历史背景,都是为了针对特定的对象、解决特定的问题;一种理论的价值首先在于它能够解决它想要解决的问题,如果它正好也能用来解释别的事实,在很大程度上可说是一种偶然甚至是运气。真正有价值的是理论的产生过程:提出者是如何为了解决眼前的问题而提出种种假设并进而形成理论的?他又是如何证明这些理论的?只有借鉴别人的研究方法、研究思路,才是解决自己面对问题的最好参照。各个国家,乃至各个研究者所面对的问题各不相同,指望别人提出的理论能轻而易举地解决自己面临的问题,那纵然不是幻想也是懒汉的表现。胡适说过:"把一切学理不看作天经地义,但看作研究问题的参考材料。"而中国要建设创新型的国家,中国语言学要建设创新型的理论,首先必须立足于研究、了解自身面对的问题,在此基础上借鉴别人处理问题的方法,提出自己的解决方案。也就是以我为主,取我所需,独立自主地走创新之路。决不能盲目地先"引进"西方现成体系,再在此基础上挖肉补疮式地修修补补,最后搞成个非中非西的怪胎,还自认为是"中国特色"。

总之,以上的种种思考使我们感觉到,当前中国语言学研究最大的问题是缺乏理论意识,更缺乏元理论意识。所谓元理论,就是理论的理论,对理论本身的思考,对于语言学来说,就是哲学语言学。由于缺乏理论意识,因而既不善于独创自己的理论,对外来的理论也没有辨识能力,除了顶礼膜拜、引进照搬别无他法。近来有些人开始关注方法论的研究,这是一个进步。但方法论相对于元理论来说只是第二位的,用句通俗的话来讲,元理论要解决的是方向问题,而方法论解决的只是路线问题。方向错了,路线再怎么研究,也是南辕北辙。对于音韵学来说,20世纪初建立的现代汉语音韵学是建立在西方语言学两个理论的基础上的,一个是19世纪的历史比较语言学,一个是19世纪末发展起来的普通语音学。高本汉是借着这两件利器建立起中国音韵学大厦的(当然还有些小的,如元音开口度aperture理论,这是"四等洪细"的学理依据,我们在20世纪初出版的语音学著作里还能见到这个术语,但在现在西方的语音学著作中已经见不到了)。而对这两个理论我们就几乎没有人质疑过。例如历史比较语言学本身的发生发展过程如何?它能不能完美地解释印欧语系问题而没有引起任何反对之声?如果有人反对,其所持依据是什么?历史比较语言学在解释印欧语系之外的语言中有多少成功的先例?历史比较语言学本身的理论基础是什么?能用到汉语乃至"汉藏语系"的理论依据何在?(我们总不能说,"因为这是西方人提出来的,所以就必然是先进的",也不能说,"因为它在建立印欧语系时成功过,因而建立汉藏语系也必然成功"吧?)高本汉是20世纪一二十年代来到中国的,其时西方的索绪尔正毅然决然地抛弃了历史比较语言学,并且在给历史语言学家梅耶的一封信中宣称,"对我来说,今天在语言学中使用的那些术语没有一个是有意义的"[1]。如果历史比较语言学真是那样完美无缺,何以又要发展到所谓的"现代语言学"呢?再比如,西方语音学建立的背景是什么?其条件和基础又是什么?在汉语中有没有这样的条件和基础?把汉语的等韵图当作西方的国际语音总表来描写,其理论依据又何在?这些"元理论"问题没有解决,或者说,给出一个至少让多数人能够接受的说法,在此基础上构建的汉语音韵大厦,老实说,不管其方法如何"科学"、工具如何先进,其结论是没法让人接受的。在解决这些问题之前讨论方法论问题,也正像南辕北辙故事里的那个人,自夸其"马良""用多""御者善"一样,最终是"此数者愈善而离楚愈远耳"[2]。

---

[1] 见 Saussure, Ferninand de, 1894, Letter to Antoine Meillet, 4 January, 1894, *Cahiers Ferdinand de Saussure*, Vol. XXI, 1964, p. 95。

[2] 见《战国策·魏策四》"魏王欲攻邯郸,季梁谏曰:'今者臣来,见人于大行,方北面而持其驾,告臣曰:"我欲之楚。"臣曰:"君之楚,将奚为北面?"曰:"吾马良。"曰:"马虽良,此非楚之路也。"曰:"吾用多。"曰:"用虽多,此非楚之路也。"曰:"吾御者善。"此数者愈善而离楚愈远耳。'"

最后，我们要再次回到中国戏曲问题。讨论中国戏曲和西方歌剧的关系，我们只是作一个比方，以此论证中国语言学必须走自己的道路。并不是说中国戏曲已经做得很好了。事实上，中国戏曲的问题也很大。最大的问题是中国戏曲的灵魂——声腔关系，或者说字调与行腔的关系——正在消失。新的一代戏曲作者已很少懂得字调与行腔关系这一汉语特色，编唱词就像编流行歌曲的歌词一样随便。长此以往，不但中国戏曲的特色会消失，各种方言剧种间的区别也会泯灭，中国戏曲恐怕最后也只能走到西方歌剧的道路上去了。造成这一情况有许多原因，但音韵学者却不能辞其咎。如果认为"现代音韵学"的目标就只是搞虚无缥缈的古音构拟，不关心、不理解，甚至也不懂得这些最需要音韵学关心的实用部门：研读古书、诗文创作、戏曲艺术、方言研究……那样的音韵学，即使再"繁荣"，也只是"关起门来搭自个儿的积木"，是自娱娱人的游戏而已！

（原载《湖北大学学报》2007年第1期；又载中国音韵学研究会编《中国音韵学》，南京：南京大学出版社，2008年3月，第5-14页）

关于外国语言学研究的几点思考

一、外国语言学研究的最终目标

1. 再论"两张皮"问题

中国的语言学界可以划分为中国语言学和外国语言学两大块,连学科都有"语言学及应用语言学"与"外国语言学及应用语言学"之分,尽管学界从理论上不以为然,但这却是一个不争的事实。搞外语的与搞中文的互不往来,在各自召开的学术会议上很难见到另一方的身影。这在全世界是个非常独特的现象。20 世纪 80 年代初,吕叔湘先生、许国璋先生等就已大声疾呼要消除"两张皮"的现象,21 世纪初国内还召开过两次专题的学术讨论会,但情况似乎没有什么根本上的改观。这究竟是什么原因呢?原来我们以为这是因为中国搞汉语的人的外语差,搞外语的中文差。但这一二十年来中国大学生的外语水平大有提高,许多人还出过国门,接触过外国的语言学,但"两张皮"的情况依然。可见,外语差已不是造成"两张皮"的根本原因。那么,根本原因在哪里呢?看来我们还需要从更深的层面进行考察,就是从这个现象的独特性入手。上面说过,"两张皮"是中国的语言研究所特有的现象,在别的国家几乎不可能见到。我们很难想象,比方说在英国、美国或者法国、俄国,英语言学、法语言学或者俄语语言学会同那里的一般语言学研究造成"两张皮"现象。从"独特性"着眼,我认为造成"两张皮"的原因至少有以下两个,一个是从中文方面看,中国语言及其文字在世界语言中太特殊了,本身需要研究的东西太多了,以至许多人终身沉浸其中,还只能研究其中的一小部分甚至只是一个角落,如文字学、训诂学或者语法学什么的,一旦进入其中就很难跳出来,外面的东西再好似乎也很难用上;另一个是从外语方面看,国外的语言理论层出不穷,日新月异,令人几乎应接不暇,一位研究者花费若干年精力,能弄通一两家已经不容易了,何况外国理论还在翻新,稍不留神就又"落后"了,只好拼命再学。而这些理论无一不是在西方语言基础上形成的,由于西方语言与汉语的巨大差异,根本不知道如何用到汉语上。结果只好停留在就外国语言学论外国语言学,以外国理论解释外国语言了事。至多只是偶尔举几个汉语例子,不过是为了证明外国理论的"普适性"。而从根本上来说,是始终游离在中国语言学的外面的。更有人进而认为,学习外国语言学只要能解释外语问题就可以了,连中文例子都不必举。那就是更自觉地坚持"两张皮"的立场了。因而,如果这两个问题不解决,"两张皮"现象就不可能从根本上得到消除。而解决这两个问题,就不仅仅是学好外语、学好中文这样浅层次的问题,而是一个更深的理论问题。因为说到底,这两个问题其实是一个问题,就是必须找到一个中国语言学与外国语言学之间的一个好的接口。这样,从中国语言学方面看,就会感到有一种需要,认识到中国语言文字再特殊,作为世界语言大家庭的一员,它与世界语言总有着共通之处,要真正"攻"好中国语言学这块"玉",必须借助外国语言学这块"石";而从外国语言学这头来看,就要找到一个落脚点,弄清外国语言学研究的根本目标是要解决中国的语言问题。

2. 外国语言学研究最终必须为中国的语言建设服务

说外国语言学研究的最终目标必须为中国的语言建设服务,很多人恐怕不以为然,认为这只是搞中文研究的人的任务,搞外语嘛,只好学好外语就行了。外国语言理论能不能指导中文我们不用管,只要能帮助我学好外语就行了。对此我们不敢苟同。当然,对于一般的学外语、教外语的人这么说这么想我们也无可厚非;但是,如果把外语教学、外国语言研究当作一件事业,我们就必须思考这些问题:第一,我们诚然是在学外语,但是,我们是在真空里学外语吗?我们是在把母语忘得一干二净的基础上来学外语的吗?作为中国人,我们学习外语(例如英语),与英美人学习他们的母语,以及说其他语言的人学习英语,难道是一模一样的吗?这里面有些什么相同或不同的规律?会导致什么相同或不同的方法?难道不需要研究或不值得研究吗?如果我们能够通过研究,找到多快好省的方法,我们还会坚持少慢差费的方法吗?第二,在中国的外语教学,说到底是对中国人的外语教学。外国的语言理论产生了外国的语言教学法,例如传统语言学产生了语法翻译法,结构主义产生了句型替代法,功能主义产生了情景法等,这些方法在国外的环境下,产生了大小不等的功效,也暴露出大小不等的不足之处。但这些理论和方法能否用于中国的背境、汉语的环境,外国人却不会告诉我们现成的答案,需要我们自己去研究和实践。外国的语言理论和语言教学理论如果不结合中国人学习外语的实际,可以说毫无用处;而要结合这一实际,不了解汉语,不研究汉语,不懂得汉语学习规律和外语学习规律的异同,那是不能想象的。第三,研究外国语言学到底为了什么?有人说,就是为了研究外国语言学本身;有人说,是为了与国际语言学研究接轨;有人说,是为了研究人类普遍的语言;等等,不一而足。但从这些答案里我看不出要排斥汉语的道理。试问:同样研究外国语言学,中国人的长处和短处在哪里?还不是凭你懂得一点外国人不懂或不怎么懂的汉语?如果你没有你自己不放在眼里的汉语这个"特长"去跟外国人比拼搞"外国语言学",那你可能什么都不是;再有,人类普遍的语言学难道可以少得了汉语?适用于全人类的语言理论难道可以不包括汉语中的事实和规律?如果真的认为我们所研究的外国语言学是普适于人类全部语言的普通语言学,就更必须要有汉语的参与,而这一任务更多地落在"外国语言学"(如果他把它理解为"普通语言学"的话)研究者的身上。因此,研究汉语甚至可以说是"外国语言学"研究者天然的使命。最后,第四,中国的语言研究者有个非常好的传统,从马建忠到赵元任,从王力到吕叔湘,他们学习、研究外国语言学,其最终目标无一不是为了建立、发展中国自身的语言学。这一优良传统不应该到我们这一代终结。尤其是在当代的情况下,在经过了百年的屈辱之后,中国正在重新崛起,中国语言学也要重新崛起,作为中国的语言学者,不论是搞"中国语言学"的,还是搞"外国语言学"的,都应在这伟大的事业中承担起自己应尽的历史责任。

二、外语研究的创新性

不久前国家领导人明确提出,到2020年,中国要建成创新型的国家。"创新"一下子成了当代中国最热门的话题之一,在学术界尤其如此。在这样的形势下,外语界怎么办?外语研究,或者说外国语言学研究,应该怎样走创新之路?我想从正反两方面来谈谈我对这个问题的看法。

1. 什么不是创新?

首先必须明白,创新研究必须立足在本学科的基础上,外语研究的创新必须要与"外国语言学"相关。我们当然无法"创造"一个"外国语言学"的理论,但我们所做的却不能离开"外国语言学"这一背景。由于有了"外国语言学"这一前提,因此外语研究的创新就会表现出与其他学科的不同之处。我们最好先来了解一下什么不是外语研究的"创新",也许这样有助于我们理解和探讨什么是"创新"。

第一,纯粹的介绍不是创新。20世纪70年代以来,西方特别是美国的语言理论可说层出不穷,中国学者如果有机会出国时时会感到种种新潮的冲击,出于急于让国内的同行共享这一愉悦常会产生一种想将这些新理论介绍进国内的冲动。这诚然是为国内所欢迎的,国内一些学术刊物也非常喜欢这类稿件,一般来说比较容易接受。但我们必须明白,尽管这类文章的录用率很高,但纯粹的介绍却不是创新。请注意这里的"纯粹"二字,所谓"纯粹"的介绍就是以叙述的笔调一五一十地介绍一种新理论或新观点,完全不掺杂介绍者自己的观点和意见。在一种新理论引进之初,这种介绍是必要的,但毕竟是"原始"的。过了这一阶段人们就会不满足于这种介绍,而要求有介绍者对这种理论的主观评价。这时就会出现不"纯粹"的介绍,亦即伴随主观评述的介绍。这就要求介绍者必须深入了解被介绍的东西甚至作专门的研究,其结果,上矣者可以写出专门的论著(如姚小平先生之介绍洪堡特),次矣者能写出专门的研究文章(或以"前言",或以"导读"的形式出现)。像这种非"纯粹"的介绍就可以看作是创新研究的一种,更是值得我们提倡的。

第二,外国理论加中国例子不是创新。由于国内的舆论强调引进外国理论"必须结合中国的实际",有的引进者生怕别人指责他不结合汉语实际,因此在介绍外国理论时常常刻意地强调这一点,或是把原来是外语的例子生硬地译成汉语(说"生硬地",倒不是因为他译不出通顺的汉语,而是为了保留原书要解释的某一理论或观点),或是仿照外语例子生造几个汉语例子(说"生造",同样是因为要"说明"原著想说明的那些理论或观点)。这种情况可以说是大量的,例如为了说明汉语的"时态",生造出很多疙里疙瘩的句子等。本来,语言理论是要能说明语言事实的,但在这样的"介绍"甚或"研究"里,却是以语言事实去迁就理论。这种研究当然不是创新。

第三,"解释"别人的理论不是创新。这些年来,要说语言学研究中有什么词最受青睐的话,"解释"就是一个。有人还提出语言研究三阶段论,说什么传统语法阶段是"规定性的",结构主义阶段是"描写性的",生成语言学开始到现在是"解释性的","解释"是语言研究的最高原则。姑不论这种"三阶段"的说法本身有没有道理(依我看,这种"三阶段"说根本不能成立,"规定"并非一无是处,即在今天,"教学语法"还必须是规定性的。"描写"和"解释"更不是互相对立、有他没我的,硬要将它们与某种理论捆绑在一起,只能说是别有用心),就算"解释"是语言研究的"最高原则",也不能成为某些人坚持外语研究只能是用外国理论来"解释"汉语(或者换个说法,是用汉语来验证外国理论)作借口。因为西方"解释"说的提出者同时也是演绎法的积极主张者,他们认为"真正的"科学研究不能用归纳法,而必须用演绎法(这里我们同样先不去讨论"归纳法"和"演绎法"应不应分开、能不能分开)。而演绎法实际就是一个"假设—推理"的过程。因而他们的研究常常先假设一个理论,然后用语言事实加以验证;如果发现有误,便修正假设,再加以验证,如此循环,使理论不断趋于完善。应该说,这不失为一种卓有成效的研究方法(但不是唯一的方法),近几十年来,西方的很多新理论都是这么创造出来的。这种方法受到中国一些人的追捧,也是可以理解的。但是,一些跟在西方理论后面鼓吹要用"解释"方法来研究汉语的人,我们却不能认同他们的研究是"创新"。为什么?因为运用"解释"亦即演绎方法的前提是自己提出假设,西方的学者都是这么做的,因而他们的研究无疑是创新。而中国的追随者自己没有理论,用的是别人的"假设",因而他们的工作只剩下了"验证"。这样的研究,永远出不了创新的成果。

2. 外语研究的创新

那么,什么是外语的创新性研究呢?其实,从上面讲的"不是创新"的反面,我们就很容易得出正面的结论。这就是:

第一,要有本土意识。这是从第一个"不是"推导出来的。

外国语言学是产生在外国的,有其产生的背景、土壤,还有各自的针对对象和适用范围,在中国研究外国语言学,可以说肯定不是为了外国语言学本身,而且由于上述背景等条件的先天不足,这样的研究肯定不能超越外国的同行,也无法达到"赶上和超过"西方先进水平的目标。在中国研究外国语言学,不能脱离"在中国"这个最重要的前提。因此,任何想要取得突破性、创造性的外国语言学研究成果,必须以与中国和汉语的实际相结合为前提,而最有可能出成果的必然是与中国或汉语相关的领域,例如对比研究、翻译研究,以及以中国人为对象的英语教学研究等等。事实上,国内外语界已经意识到了这个问题,近二十年来的研究可说是大量地转向了这些领域,即便以介绍国外新理论为宗旨的文章也很少脱离中国需要的"纯粹"介绍。一些表面上看来没有涉及中文或中国的研究,实际上也常常隐含了为中国语言建设服务的考虑。我们把这个叫作本土意识。这个方向是正确的而且必须坚持。

第二,要有问题意识。这是从第二个"不是"推导出来的。

这是上一个认识的深入。意识到要结合中国和汉语的实际这只是外语创新研究的第一步,第二步还要进一步认识到什么是真正的"结合"而不是"粘合",更不是"迎合"。吕叔湘(1986)早就说过:"外国的理论在那儿翻新,咱们也就跟着转。这不是坏事,问题是不论什么理论都得结合汉语的实际,可是'结合'二字谈何容易,机械地搬用乃至削足适履的事情不是没有发生过。"事实上,不光是外语界,整个中国语言学界20世纪以来的研究中存在的最大问题就是食洋不化,照搬照套,"机械地搬用乃至削足适履的事情"不光是"发生过",而且可说贯穿了整个世纪。当前我们提倡语言学,包括外国语言学的创新研究可说主要就是针对这个情况来的。那么,怎么防止这一情况呢?我认为在于提倡问题意识。前面我们说到外国理论加汉语例子的过程中造出许多疙里疙瘩句子的情况,其实这里就已经隐含了创新的可能:如果要造出不通或不顺的句子才能说明某种外国理论,这一事实本身就说明这种理论在解释汉语时有不足之处,或者是我们对理论的理解不深不切,或是还没有找到外国理论和汉语之间的切合点,或是这一外国理论根本不适合于汉语。总之,被迫造出不通不顺的句子就是"问题",从"问题"出发深入思考,我们就有可能产生突破性的见解!由于"问题"常常是在套用外国理论生造汉语句子的过程中产生的,我们还可以"逆向思维"一下,如果不要生造,就使用地道的汉语句子,看外国理论能否适用,这样也许能得到更大的启发。这就是我(1997:1)主张的"换一种眼光"。

第三,要有理论意识。这是从第三个"不是"推导出来的。

前面我们提到,"解释"不是唯一的研究方法,主要是针对现在有人对"解释"的过度吹捧,同时我们也不认为"归纳"和"演绎"是可以分割开来、只取一端的研究方法。成功的研究,都应该是"归纳"和"演绎"方法的结合,但相对来说,作为创新研究,演绎法更应该得到重视。正确的研究方法应该是:通过收集归纳部分事实,经过提炼,提出假设,再到更多的事实中去进行论证,推导出更具一般性的道理;如果发现事实与假设相矛盾,则修改假设,再进行论证;如此反复,使研究不断深入。可以看出,在这样的研究过程中,"创新"的关键在于"假设",假设得到验证则成为理论,假设得到证伪也具有理论上的价值。目前国内一些"解释"论者的最大问题在于缺少自己的"假设",他是把外国人的假设作为假设,而致力于在汉语中证实或者证伪。由于外国人的理论假设并不是从汉语的事实中提炼出来的,因此在汉语中无论得到了证实或证伪都带有一定的偶然性,并不能证明该理论的正确性。因此这类研究不论对于外国语言学也好,对于中国语言学也好,都不能说是创新的研究。之所以会把这样的研究看作就是理论研究,是因为他们从根本上缺乏理论意识,缺乏自主创新精神,还是骨子里的崇洋媚外思想。要真正做到外语研究的创新,必须立足于我们自己发现的事实,例如中国人学习外语的事实、外语和中文对同一现象表达不同的事实,来提炼出自己的假设和理论。

三、外语研究要顶天立地、眼高手低

1. 外语研究要顶天立地

"顶天立地"的概念是教育部部长周济2006年11月在高校服务地方发展工作会议上提出来的,他(2006)指出:"不少科研项目'两头够不上':上不着天,与科学前沿发展水平相距甚远;下不着地,与社会的实际需求关系不大。很多论文只是简单重复的跟风研究,没水平,也没有现实意义。"而今后的发展,"应该坚持'顶天立地'的方向。所谓'顶天',就是要高度重视现代科学和技术前沿的研究,围绕国家战略需求,不断创造国内外高水平成果;所谓'立地',就是要高度重视面向国民经济和社会发展主战场,切实解决发展实践中大量的科技问题。"周部长指出的现象,在外语界同样存在。我们现在的科学研究可说也处在"上不着天,下不着地"的状态,既没有原创性的重大成果,对实际问题的解决又重视不够。因此,今后外语科研的发展方向,同样应坚持"顶天立地"四个字。外语科研的"顶天",就是要瞄准国际语言科学研究的前沿,结合中国的需要和汉语的实际,拿出原创性、能够立足于世界语言学之林的成果来。这方面最可能取得突破的是两个领域,一个是立足汉语的普通语言学研究,这可以成为对世界语言学研究的重要补充和完善;另一个是结合汉语的翻译学理论研究。由于汉语汉字与世界大多数语言文字之间的重大差异,建立在汉外互译基础上的翻译理论肯定会对现有的翻译理论产生重大的影响,中国学者在这方面可说大有可为。外语科研的"立地",则是眼睛向下,做一些切切实实的工作。这方面最重要的也是两个领域。一个是中国的外语教学。以英语而言,现在中国拥有全世界最多的学习英语的人口,学过英语的人数已经超过了英、美两国的总人口,但效率之低也令人瞠目结舌,据调查95%的人学的英语根本派不了用处。造成这一结果的原因很多,英语教学本身也可以从中找找原因,其中一定有很多值得研究的课题。如果我们能走出一条使中国人多快好省地学好外语的途径,这对中国经济和社会发展的影响可能不会亚于一项重大的科技发明创造。另一个领域是翻译。1998年以前,中国学者对翻译理论的重视不够,人们讨论的常是翻译有没有理论、要不要理论之类;21世纪以来,翻译理论研究得到了前所未有的重视,特别是大量的西方翻译理论介绍和引进、一大批翻译方向博士生的培养,使翻译理论研究出现了一个少见的高潮。但一个倾向掩盖着另一个倾向。我们发现,一方面是翻译理论研究得到了重视,另一方面是社会上翻译质量的低下依然如故。我们似乎没有找到一个翻译理论指导翻译实践的有效途径,在这情况下,热闹非凡的翻译理论研究也许会有流于空谈的危险。因此,再一次强调翻译研究者眼睛向下,在关注翻译理论的同时更关注一下如何切实提高中外互译的质量是有必要的。

2. 外语研究要眼高手低

这是对从事科研工作者的一个很基本的要求,我们希望特别提出来提请年轻的研究者,特别是硕博士们的注意。"眼高"就是眼界要高,要瞄准国内外的学术前沿,要有创立新学说、新理论的勇气;"手低"就是要踏踏实实,一步一个脚印,从最基础的研究做起。"眼高"包括不迷信权威、不崇拜洋人,但如果"眼高"不能伴之以"手低",就会变成妄自尊大,反而成为人们的笑柄。"手低",最重要的是打好基本功,对于外语研究者来说,首先要提高英语,尤其是汉语的水平,这是从事任何与语言相关的研究的最重要条件。说来令人难以置信,在从事汉外对比研究时,人们常常感到没有把握的,不是外语,而是我们的母语——汉语;在从事翻译实践的时候(不管是中译外,还是外译中),出问题的,也更多地是在汉语而不是在外语上(中译外是理解问题,外译中是表达问题)。20世纪中国人的汉语水平每况愈下,外语专业学生尤其明显。这其中有很多问题值得总结,包括语言理论和语言教学理论。当前外语界的总体理论研究水平不高,可能与中文水平不高大有关系。新一代的学者,对此一定要有清醒的认识和足够的重视。

参考文献

吕叔湘,1986,"序",见龚千炎《中国语法学史稿》,北京:语文出版社,1987年。
潘文国,1997,"换一种眼光何如?——关于汉英对比研究的宏观思考",《外语研究》1997年第1期,第1-11页。
周 济,2006,在高校服务地方发展工作会议和高等学校为社会主义新农村建设服务座谈会上的讲话,引自《中国网》,http://www.china.com.cn/education/txt/2006-12/06/content_7462202.htm

(原载《外语与外语教学》2007年第4期,第1-3页)

外国语言学与中国语言学

一、关于名称的纠缠

文章的标题用了"外国"语言学与"中国"语言学,只是出于习惯和方便。事实上,这一区分是颇有可议的,特别是"外国语言学"。国家学位办的学科目录里有"外国语言学及应用语言学"这个名称,但却难住了几乎所有的翻译家,因为这个术语是无法译成外语的,或者说,直译成外语外国人是看不懂的:什么叫"foreign linguistics and applied linguistics"? 这个学科名称的产生有其特定的历史背景,是为了区别于中文一级学科下的"语言学及应用语言学",但由此引起的一些学术性问题却不得不引起我们的思考。譬如说,语言学有没有"外国""中国"之分?如果"外国语言学"的提法不妥,那对应的"中国语言学"能不能说呢?好像"中国语言学"的说法很顺口,许多人都在用,指的是"在中国境内的语言学研究",但问题又来了,"中国境内"不是还有搞"外国语言学"的吗?他们的研究到底是"中国语言学"还是"外国语言学"呢?十年前许嘉璐、王福祥、刘润清三位先生编了一本很有影响的《中国语言学现状与展望》,内中就分"汉语篇"、"外语篇"两个部分。这说明,在中国境内从事外语的研究,也属于"中国语言学"。这样反推,"外国语言学"只能指"中国境外的国家对语言和语言学的研究",甚至包括外国人对汉语的研究,但却不能包括中国境内对外语的研究。这样看来,我们需要有两套术语,一套是以国别区分的,指的是有关国家和地区的学者对语言的研究,这个"语言"不限于本国或本族语言,在这种理解下,可以有中国语言学、美国语言学、法国语言学等等,还可有更粗的层面上分的"外国语言学"、"西方语言学"等等。另一套术语是以语言分的,指的是对语言自身的研究,可以有对总体语言(单数的"语言")的研究,也可以有对具体语言(复数的"语言")如汉语、英语等的研究,按这种理解,可以有汉语语言学、英语语言学等等,其研究不因国家的不同而有不同的名称,如中国学者可从事英语语言学研究,美国学者也可从事汉语语言学研究。大家还都可以从事总体语言即一般叫作普通语言学的研究。

从以上的分析来看,目前的"外国语言学"的名称确实有一点概念不清。事实上,在中国境内从事语言和语言学研究的,不管是汉语界、外语界,还是少数民族语言界,都属于"中国语言学"的一部分,外语界的学者不能因其从事的是外语的研究而自认为属于"外国语言学";另外一方面,中国学者具体研究的对象,可以是汉语、英语,汉语语言学、英语语言学,也可以是"外国语言学"。但中国学者研究"外国语言学",指的是对外国学者语言研究的研究,而其研究成果却应当属于"中国语言学"。

以上这些仿佛是名词的纠缠,但弄清这些名称的关系绝不是毫无意义的,它可以使我们得出两条非常重要的结论。第一条,正如许多学者指出的,语言学研究,不管是总体研究还是具体语言研究,是理论研究还是应用研究,都没有也不应该有国家和民族之分,作为人类大家庭的一员,在当今全球化的背景下,任何民族甚至任何个人的语言学研究都不是孤立的,都是世界语言研究的一部分,因此每一个人的研究都对世界语言的研究负有不可推卸的责任。所谓"中国语言学研究应该对人类普通的语言学研究做出贡献"是从这个角度上说的;第二条,但语言学研究者是有国别之分的。中国公民在中国境内从事的语言研究,不论是汉语还是外语,都是"中国语言学"的组成部分,因而任何人从事语言研究,都不能不考虑国家和民族的需要,不能不考虑到要服务于国家和民族的语言行为,为丰富和发展国家和民族的语言尽自己的一份责任。如果说第一条要求的是语言研究必须具有全球的眼光,则第二条便要求语言研究者具有国家和民族的认同感。既然我们研究的是语言,我们就必须服从第一条;既然我们是中国的学者,我们就必须服从第二条。因此这两条适合于中国所有的语言学者,适合我们关于语言的一切研究,是我们进行语言研究的基本立场,也是我们讨论所谓"外国语言学"与"中国语言学"关系的基本出发点。事实上,由于"外国语言学"和"中国语言学"名称上的不清晰,国内学者在坚持这两条时是有偏差的,从事所谓"中国语言学"的,即是在中文学科下进行研究的,往往容易忽略第一条,认为自己的研究与世界语言研究无关;而从事所谓"外国语言学"的,即在外语学科下从事语言研究的,往往容易忽视第二条,认为自己的研究与汉语无关,甚至与中国无关,一心只考虑"与国际接轨",而完全无视国家和民族的需要。这正是造成我们国家语言研究"两张皮"的深层次原因之一。

二、关于"引进"的反思

我国引进外国语言学是从1898年的《马氏文通》开始的。一百多年来,大体经过了三个时期：1936年之前的三十多年是引进西方具体体系、建立各门具体学科的时期，如语法学、音韵学、方言学、修辞学等等，其中大多有模仿的痕迹。从1936年王力发表《中国文法学初探》到80年代中叶这半个世纪是第二个时期，是引进西方语言学理论的时期，其中又可分为三个阶段：30-40年代引进的是西欧语言学，如房德里耶斯、叶斯柏森，包括索绪尔的观点；50年代是向苏联语言学一面倒，而暗地里引入美国结构主义的阶段；70年代后是引入美国语言学阶段，先后引进了美国结构主义和乔姆斯基的转换生成语言学。80年代中期以后是第三个时期，美国取代欧洲成为中国语言学引进的主要来源，其特点是不专宗一家，而是多角度、全方位的引进，其中有几家影响更大。如乔姆斯基的生成语言学、韩礼德的功能语言学、莱考夫和兰格克的认知语言学等，其他如社会语言学、人类语言学、格语法、配价语法、关联理论、语料库语言学等不一而足，出现了百花齐放的局面。

　　从反思的角度看，我觉得百年来持续不断的引进当然首先是加速了中国语言学的现代化和国际化，但其对中国语言学传统的冲击也是不可小估的。讨论成绩和不足，我还是这个观点，成绩要少讲，不足要多讲。"功"放在那儿跑不掉，但对"过"认识不足或根本不想认识就会贻误我们的事业。网上有一篇文章批评我，说我2000年发表的一篇总结20世纪汉语研究的长文，讲成绩只有5页，讲缺点却用了20多页。我至今认为并无不妥。因而今天反思引进国外语言学的问题，我仍想以提问题为主。主要有以下几个问题：

　　1. 对引进目的的反思

　　引进西方语言学的目的是什么？在马建忠时代，这个问题是不成其为问题的，但现在却成了问题。马建忠引进西方语法学、编写出第一部汉语语法是为了富国强兵，可以说是一种"语法救国论"。他的目的非常清楚，一是提高中国学生学习语文的效率："童蒙入塾能循是而学文焉，其成就之速必无逊于西人。"（1898：13，后序）二是可以使读西文的人以之引通中文，从而达到中西互通："人苟能玩索而有得焉，不独读中书者可以引通西文，即读西书者亦易于引通中文，而中西行文之道，不难豁然贯通矣。"（马建忠，1898：245，自记）这就是说，他认为学语法有两个功用，一是帮助本族语小孩学语文，一是帮助学外文的人（没说是否外国人）学中文。后来黎锦熙和吕叔湘又加上了第三条："熟悉了国语底句法，无论学习何种外国语，翻译何种外国文，自然要觉得工作容易些。"（黎锦熙，1924：1）"学习文法只是在学习外国语的时候最为重要。汉语是我们从小学会了的，他的文法条理已经不知不觉地印在我们的脑筋里面,无须再学习了。(吕叔湘,1942:5)亦即帮助中国人学外文。

后来的实际证明这三条一条也没有实现。第一条帮中国人学母语,孙中山早在1918年,在他的《建国方略》之一"心理建设"的第三章"以作文为证"里就指出了:"马氏自称积十余年勤求探讨之功,而后成此书。然审其为用,不过证明中国古人之文章,无不暗合于文法,而文法之学,为中国学者求速成图进步不可少而已;虽足为通文者之参考印证,而不能为初学者之津梁也。"(孙中山,1918/1956:129)甚至引进西式语文教学的结果是教学质量不断下降,学习语文所需时间比以前更长。根据资料,废科举以前,童蒙学习"三、百、千",一到两年的识字量是2,000字,1904-1959年间的小学语文课本选样统计,最多的两年教1,807字,最少的910字。1963年的小学语文教学大纲提出的总识字量是3,500字,以后制订的大纲一年比一年少,最小的六年只学2,500字。由于识字少,阅读写作水平就无法提高(以上数字参见田本娜,2006)。以前我们有个直觉是现代人的语文水平不如以前,这些数据告诉我们是教学本身出了问题。当然我们不能说这跟引进西方语言学有关系,但废科举后的语文教学受到了西方语言学思想、语言教学思想极大的影响,却是无法否认的。因此从80年代起,中国的中小学界发起了关于语法淡化的讨论,但到现在问题还未彻底解决,据我看原因之一就是缺少语言学理论的支撑。

第二条帮外国人学中文,在对外汉语教学蓬勃发展的今天,我们确实感到简单的语法知识对教外国人学汉语是有用的,但我们同时也感到,国内汉语学界搞得十分起劲的语法研究在对外汉语教学上大多用不上。20世纪的语言理论包括汉语理论是以排斥汉字的地位为特点的,但法国汉语教学专家白乐桑(Jöel Bellassen)却尖锐地指出:"确切地说,无论在语言学和教学理论方面,在教材的编写原则甚至在课程设置方面,不承认中国文字的特殊性以及不正当地处理中国文字和语言所特有的关系,正是汉语教学危机的根源。"(白乐桑,1997:565)由此可见,西式的汉语语言学对于对外汉语教学的帮助形势不容乐观。

第三条帮助中国人学外文,我想就更不必说了。现在在中国学外语的人人对中文避之唯恐不及,要他们学好汉语语法再来学外语简直是不可能的事;相反,倒有学了外语语法后来帮助弄通了汉语语法的人。这就像英国语言学家帕默(Palmer,1971:15)说的,学会了拉丁文反而帮助理解了英语语法,因为英语语法本来就是从拉丁语法来的。同样,现行的汉语语法本来就来自英语。

三个目标一个也没有实现,引进西方语言学的目的就成了问题。因此与马建忠那时候的人不同,现在有些搞语言学的人最怕谈语言研究的实用性,似乎语言研究就只能搞纯理论研究,不能也不必联系实际,于是越搞越空,越搞越玄,似乎这样才能显示自己的"深刻"、理论的"高深"。爱因斯坦成了他们最好的挡箭牌,强调应用反而成了罪过,在批评我反思汉语研究的罪名里有一条就是强调实用主义。但是我至今还没有被说服。我认为,既然实践是检验真理的唯一标准,因而所有的理论归根到底都必须联系实际,都必须要能解决实际的问题。如果说自然科学研究还允许理论在一定的时期与实际保持一定的距离(如数学、物理等一些纯科学)的话,人文社会科学几乎一刻也不能脱离实践的检验,特别是隔了一百年、几十年还不允许人们用实践来检验,这种理论也未免太脆弱了。一种理论长期不能促进,甚至会促退实际,就肯定不是好的理论。

因此我认为对引进外国语言学,如果需要反思的话,第一条需要反思的,就是引进的目的性问题。是闭着眼睛"引进",因为国外有我们就必须要有,还是为了解决中国的实际问题?引进不过是手段,语言研究的根本出路在于自创,而自创就必须从自身的实际出发。如果为理论而理论,就只能使我们的所谓研究成为自娱自乐的玩意儿。早在半个多世纪前,叶斯柏森(Jespersen, 1946:11-22)就对索绪尔的语言学有过这样的批评。但索绪尔之后,在国外喜欢"玩"语言学的人似乎不少,现在也影响到了国内。

2. 对引进与结合中国实际的反思

毛泽东说:"形式主义地吸收外国的东西,在中国过去是吃过大亏的。"[1](见前文注释)中国老一辈的语言学家,从马建忠、黎锦熙到王力、吕叔湘、张志公、王宗炎,无不关注借鉴西方语言学解决汉语的实际问题,强调国外语言学的研究必须结合汉语的实际。但正如吕叔湘所说,"'结合'二字谈何容易,机械地搬用乃至削足适履的事情不是没有发生过。"(吕叔湘,1986)因此第二项需要反思的是我们有过哪些"机械地搬用乃至削足适履的事情",只有知道从前之失才能避免重走弯路。从这个角度看,我认为这百年来我们引进西方语言学有三次最大的失误。第一次发生在19、20世纪之交。马建忠引进语法,这本身并没有错,但章士钊(1907)进而提出"字、词之分",从而把汉字逐出了汉语研究的殿堂。这是最严重的削足

---

1 见毛泽东《新民主主义论》。

适履,因为文字在西方语言学里没有地位,因此在汉语里理所当然地也不应有其地位。赶跑了汉字,就改变了汉语研究的全局,从此中国传统语言学溃不成军,以训诂为中心、文字与音韵为两翼的传统研究体系全被打散,从此汉语语言学失去立足之本,只能永远跟在西方语言学背后亦步亦趋。第二次是50年代学苏联,出现了在汉语中寻找"形态"的高潮。在马建忠之后,经过几十年的发展,以王力、吕叔湘、高名凯等为代表的学者逐渐找到了一条在西方理论框架下,尽量结合汉语实际的语法道路,即以句法为中心的研究,但因这不合俄语的实际,因此在政治因素的干预下,重新拾起了形态研究的大旗,使汉语研究出现了倒退,直到70年代末吕叔湘(1979)重申"汉语没有严格意义上的形态"才告一段落,时间却已过去了30年;与形态论同时的是学习美国结构主义带来的机械的形式主义,其突出表现是所谓的"前主后宾"说:凡在动词前的名词性成分都是主语,凡在动词后面的名词性成分都是宾语;而在这一说法在《试用提要》中被接受之后,汉语语法除了可以满足"贴标签"之用已经没有了任何实用意义,与西方如英语语法除了术语名称差不多之外,也已经几乎没有了共同之点。汉语语法实际上成了上不着天(西方语法)下不着地(传统章句学)的另类。学起来难,用起来用不上,而又无法跟英语直接对话。第三次是改革开放以后,各种新兴理论如潮水般涌进来,但却一直飘浮在空中,找不到落脚之处。由于这一次的引进者中许多人(特别是在国外的人)是学外语出身,由于我们的教育体制,他们的汉语基础不够扎实,对汉语研究历史也不甚了了,不知道外国的新理论和汉语是建立在不同基础上的:外语一些最基本的概念如名词、动词、主语、宾语等,从来没有成过问题,而汉语研究史上虽有过对词类、对主语宾语、对单句复句的几次讨论,但实际上问题始终没有解决过,因此没有一个西方传统语法那样的不言而喻的语法体系。一些新理论的引进者不知道这一情况,想当然地认为汉语也有像英语那样的一套"默认"的语法体系,可以在此基础上用新理论进行"解释",其实这些对汉语来说都是治标不治本的。汉语语法的根本问题没有解决,所有建立在"从根本上同汉语不相适应"(张志公,1990:415)基础上的"解释"就成了无根之水、无本之木。五花八门的理论如果不能针对汉语最需要解决而又必须解决的问题,那就只能造成一种虚假繁荣的局面。这是我们反思得出的又一思考。

3. 对引进心态的反思

平心而论,中国人对西方理论的膜拜好像没有比当今更严重的。以至出现了这样的情况:一种西方理论介绍进来,先假定它是正确的,而且假定它一定能够用来解释汉语(我不知道这样假定的根据何在);而一种土产的观点出来,则先假定它是错误的,是不合"语言学常识"的,再用"语言学常识"来证明它确实是错误的。后者暂且不讨论,对于前者我们却需要认真思考,为什么会有这样的想法。我想,一个重要原因是,在70年代以前,西方语言学有过在某一个时期一种理论一统天下的局面,只有后来的取代前面的,而很少有几种势不两立的理论同时并存的情况。西方语言学史上先后有过传统语言学、比较语言学、历史语言学、结构主义语言学、转换生成语言学等,每一种理论出来,都批判在此之前的理论的种种不是,宣称只有它自己才是"科学"的,这就给人造成一种假象,似乎语言学理论是唯一的,而且是如同进化论似的一代一代朝前发展的,后起的理论总比先前的理论要正确,而且在其所处的时代总是最先进、最正确、最值得我们效法的。由于这些理论都是在西方产生的,因而就给我们造成了一种印象甚至思维定势,凡西方的理论总是先进的,凡西方的理论都是正确的,西方理论的翻新意味着学科的发展和前进,要跟上这一发展只有跟着不断翻新。这种思维方式不但阻碍了我们自己的创新,同时也使我们不能正确对待西方的理论。其实每一种理论都有它的两面,既有它符合客观需要、能够解释一定客观事实的一面(要不然它就不可能产生和发生影响),也必然有它不能解释的历史和地域和创始者的知识面的局限。凡真理都有相对性。语言理论也不例外。事实上,这些理论在提出之初甚至是如日中天的时候就不曾中断过质疑之声。例如前面说到的叶斯柏森对索绪尔的批评,历史比较语言学的方法即使在其最得意的领域印欧语系上也受到过库尔德内(Jan Baudouin de Courdenay)等人的质疑,更不要说当代德里达(Jacques Derrida)、罗伊尔·哈里斯(Roy Harris)等人对整个西方传统的批评。但我们往往不愿意看到这一些,因为这会毁坏我们心目中西方语言学的神圣形象。但70年代以后西方语言学的百家争鸣,这种乱哄哄你方唱罢我登场的群龙无首的局面应该使我们清醒了,那些神圣的偶像全部倒塌:西方语言学现今并没有什么定于一尊的理论,一切都在争论中发展。我们应该以平常心去看待西方的理论,也以平常心去看待我们自己的研究,西方的理论要引进,但也只是一家一说的引进,引进的目的是为了启发我们自己的研究,真正应该放在第一位的应该是中国语言学自身的发展。借鉴而不是代替,这是我们百年反思得出的最重要结论。

4. 对引进方法的反思

主张"引进",从方法论上说,其实隐含了一个很大的前提,即所引进的理论、观点、方法、体系具有普适性,适用于甲,必然也适用于乙。但这个前提是否存在是需要论证的,如果不加论证,贸然引进,就会陷入盲目性。只有那些最不动脑筋、最不负责任的人才会以为外国的一切都是好的,都是对的,见外就捧,"拣到篮里就是菜"。而要认真考虑"引进",就必须对"引进"本身进行哲学上的反思。

第一,要引进一种理论,先要对这种理论本身进行研究。

这本来应该是不成问题的问题,但现在居然也成了问题。很少人在引进前会认真想一想:这个理论本身的价值如何?有多大的适用性?我们知道,每种理论的提出都是针对特定的对象,为了解决特定的问题;而一种理论能建立,也必然是在解决这个问题上达到了某种效果。世上没有任何先验的、放置四海而皆准的理论。一种理论提出来,解决了自身想要解决的问题,这种可能很大;别人看到了它的成功,将它"引进",试图解决别人面临的问题,如果也能解决,那可能是凑巧;如果不能解决,那反而是正常的。如果它真的能解决其他人的问题,一个、两个、三个,那这个理论就很有价值了。因此在引进之前,先对这一理论本身进行研究,特别是看其能不能解决自身面临的问题,是否有过用到别的场合也成功的先例,十分重要。而我们现在的引进者懒得,或者也可能根本就做不了这样的工作。要翻译或介绍一本书,往往是听别人或什么"专家"介绍,这本书很好,那本书的观点现在是主流,等等,匆匆忙忙在自己也没太弄懂的情况下就介绍了进来,一些抄近路的人更只是把其中的例子译成汉语,或改用几个汉语例子,就当作自己的"研究"。这是值得我们引以为戒的。我们需要的是像姚小平教授介绍洪堡特的榜样:外国学者的著作全文翻译过来了,对之进行研究的专著也出来了[1]。当然我们也许不能要求人人都像姚教授,但作为一个努力目标是应该竭力提倡的。

第二,要加强中国语言和传统语言学的修养。

说引进外国语言学,必须了解和研究中国语言学,特别是中国传统语言学,很多人会感到意外。其实这是我国当今很多外语工作者的致命伤。前几年我们讨论消除"两张皮"问题,很多人提到了外语学者要学好汉语,但却没有注意到吕叔

---

[1] 姚小平对19世纪德国语言学家洪堡特进行了穷尽的研究,先后出版了专著《洪堡特——人文研究和语言研究》(外语教学和研究出版社,1995)和译著《论人类语言结构的差异及其对人类精神发展的影响》(商务印书馆,1997)、《洪堡特语言哲学文集》(湖南教育出版社,2001)。

湘先生当初关于这一问题的论述中还包含了古汉语的内容:"……中文系的学生不能用外语做工具,不能阅读用外语写的参考书,外语系的学生对祖国语言的历史和现状相当隔膜。"(吕叔湘,1980:19)更早,王力先生也强调:"若只精于普通语言学,而不精于中国语史学,就只知道运用若干术语,把中国的语法事实硬凑上去,成为别开生面的'削足适履'。即以现代语法而论,若没有历史的根据,也难免于穿凿附会。"(王力,1943:20)瑞典汉学家高本汉也说:"……对汉语特点的描述,不能像我上面提到的大部分著作一样,只停留在对当代口语,而必须考虑这种语言的早期情况及其历史。只有这样才能对汉语在我们迄今所了解的语言类型里占据什么地位有一个恰如其分的评价。"(Karlgren,1949:iii)(着重号均是我加的)。我们常说要"知己知彼"才能"百战不殆",但在语言研究上很多人是既不知彼(如第一条)也不知己(如本条),在这样的情况要进行真正的"创新"是很难的。

第三,引进的层次性。

前面我们曾说过,引进的前提是普适性,这只是从方法论上着眼的。从哲学本体论上着眼,"普适"的前提是事物间的共性。共性和个性是哲学研究永恒的主题。人们没有分歧的是共性和个性的辩证统一关系,两者不可偏废;争论的是共性和个性应该以何者为主,好像分不出个胜负来。这里我们想换一个角度,强调共性的层次性。事物之间确实有共同点,也有不同点,但共同点存在着不同的层次,层次不同,我们对事物理解的深度也不同:"男人"和"女人"有区别,但在"人"这个层次上具有共性;"人"和"狗"在"人"的层次上无法趋同,但可以在"动物"的层次上取得共性;而"狗"和"狗尾巴草"可以在"生物"层次上取得共性。这样看来,越高的层次,抽象程度越高,达到共性的可能也更大。语言研究也是如此。汉语和外语的差异是明显的,传统汉语语言学和现代西方语言学之间的差异也是明显的,要引进西方理论解决汉语的问题,必须考虑在什么层次的问题。前面我们谈了中国引进西方语言学的三个时期,其实这就是三个层次。第一时期是引进具体语音或语法体系的时期,这个层次较低;第二时期是引进普通语言学理论的时期,比前一期层次就要高。第三时期我们面临着西方理论风起云涌、莫衷一是的局面,像第二时期那样照单全收、把国外的纷争引到国内来,显然不是办法,因为这会使中国特色的语言学的建立变得更加困难,我们就只有再提高一个引进层次,这就是哲学语言学层次。所谓哲学语言学,就是各家理论背后的指导思想、各种理论的"立论之本"。只有认真研究西方各种理论,探索它们的"立论之本",进行认真的比较,同时结合汉语的实际,进行深层次的思考,这样才能在波浪起伏的大海上,牢牢把住自己的方向。这是我们从反思引进西方语言学得出的发展中国语言学的前瞻性结论。

参考文献

白乐桑,1997,"汉语教材中的文、语领土之争:是合并,还是自主,抑或分离?",载《第五届国际汉语教学讨论会文选》,北京:北京大学出版社。
吕叔湘,1942,"中国文法要略",《汉语语法丛书》本,北京:商务印书馆,1982 年。
吕叔湘,1979,《汉语语法分析问题》,北京:商务印书馆。
吕叔湘,1980,"把我国语言科学推向前进",载中国语言学会编《把我国语言科学推向前进——中国语言学会成立大会学术报告集》,武汉:湖北人民出版社,第 8-20 页。
吕叔湘,1986,"序",龚千炎《中国语法学史稿》,北京:语文出版社,1987 年。
马建忠,1898,"马氏文通",《汉语语法丛书》本,北京:商务印书馆,1983 年。
潘文国,2000,"汉语研究:世纪之交的思考",《语言研究》2000 年第 1 期,第 1-28 页。
孙中山,1918,"建国方略('以作文为证')",收入《孙中山选集》上卷,北京:人民出版社,1956 年,第 126-131 页。
田本娜,2006,"百年汉字教学的传承和创新",载中国教育学会教育实验研究分会汉字文化教育研究中心编《识字教育科学化论文集粹》,北京:中国轻工业出版社,第 10-22 页。
王　力,1943-1944,《中国现代语法》,上海:商务印书馆。1985 年收入《王力文集》第二卷,济南:山东教育出版社。
张志公,1990,"汉语语法的再研究",《外语教学与研究》1990 年第 3 期,收入《张志公自选集》(下册),北京:北京大学出版社,1998 年,第 413-420 页。
章士钊,1907,《中等国文典》,上海:商务印书馆。
Jespersen, Otto, 1946, *Mankind, Nation and Individual: from a Linguistic Point of View*, London: George Allen & Unwin Ltd.
Karlgren, Bernhard, 1949, *The Chinese Language: An Essay on Its Nature and History*, New York: The Ronald Press Company.
Palmer, Frank, 1971, *Grammar*, Harmondsworth, Middlesex: Penguin Books.

(本文曾以《外国语言学与中国语言学》为题,作为 2006 年 9 月 23 日举办的第三届中国外语教授沙龙的主题报告之一。后来因报告的部分内容在刊物上发表了,其余的内容就没有再发,现将全文发表在这里)

中国语言学的未来在哪里?

进入21世纪,中国面临着前所未有的大好局面,经济蒸蒸日上,人民生活不断奔向小康,中华民族的重新崛起已经是一个可以看得到的前景。在这一形势下,各行各业、乃至每个有责任心的中国人都会对自己提出一个问题:我能为这个伟大事业干什么?语言学也不例外,每个语言学工作者都有责任为这一事业添砖加瓦,使中国语言学的发展无愧于这个伟大时代。

但是回顾中国语言学的现状,我们又不禁感到它与时代的要求相距太远。诚然,几十年来,上百年来,语言学的研究取得了不少进展,但这些进展与时代的期望是不相称的,与语言学自诩在社会发展和学术发展中能起的作用也是不相称的。表现在:

——语言学的"繁荣"基本上还是"圈内人语",圈内人谈得热闹,研讨会开了一个又一个,但圈外人几乎一概报之以冷漠。除以语言研究为职业的人之外,几乎没有人对语言学感兴趣。在大学里,甚至在中文系里,现代汉语、语言学概论,甚至古代汉语都是学生最不喜欢的课程;在中小学,语文课早已失去了昔日的光环,变成了学生的"鸡肋"课。

——语言学家自期"语言学是领先学科",应该在人文社会各门学科中起带头作用。但实际是,没有人把语言学当一回事,课题、项目、评奖,几乎都没语言学什么事,例如上海市开社会科学学术年会,语言学连当个"二级专题",甚至"三级专题"的资格都没有。一百多年前那种"音韵明而六书明,六书明而古经传无不可通"[1]的基础学科地位,现在已只能成为甜蜜的回忆。

——在最需要语言学和语言学家参与的场合,除了推广普通话等以外,在多数情况下,语言学家是失语的。例如汉语汉字的信息处理、机器翻译等等科技前沿,做出重要贡献的几乎没有语言学家(倒是听到了不少语言文字专家对卓有成效的汉字输入法的批评之声)。中小学语文教育出现的问题,也没见过语言学家从语言学理论角度做出科学的评析。

---

1 段玉裁《寄戴东原先生书》。

……

因此,中国语言学要发展,要赶上时代和民族发展的步伐,必须要从正视现实开始,看清面临的机遇和问题,从中找出解决问题的办法和前进的方向。本文不揣冒昧,愿在这方面作一个抛砖引玉的尝试。

一、缺少反思的精神和勇气

要看清发展方向,必须从正视现实开始;而正视现实,则必须从对历史的反思开始。这是一个非常简单的逻辑。很多学科都是这样做的,如文学、哲学、历史学、文化学等领域,当前都充满了反思精神,对 20 世纪以来的历史进行了认真的反思,因而出现了非常生动活泼的新局面。相形之下,语言学是最缺少反思精神的;岂但自己不肯反思,还反感别人的反思,认为这种批判性的反思损害了其美好形象。2000 年我发表过一篇近四万字的长文,反思 20 世纪 100 年的汉语研究,指出了四大失误,就有人指责说我成绩只讲了 5 页,而失误讲了 20 多页。而多数人却保持沉默。我认为这是不正常的。成绩不讲不要紧,问题不讲不得了。至于问题讲得对不对,那是可以讨论的;但不敢讲、不愿讲,这才是最可怕的。要反思,就要考虑大问题,方向上的问题,全局性的问题;而不是枝枝节节的小问题。这里我想提出几个大问题请学界包括语言和非语言学界思考:

1. 对《马氏文通》引起的方向性转变的反思

中国的语言研究,《马氏文通》是条线,在此之前和之后,语言研究的格局完全不同。在此之前,是"小学"的天下,"小学"也称文字学(广义的文字学),其出发点是文字,在文字基础上开展音、形、义研究,分别形成了文字、音韵、训诂三大部门。《马氏文通》之后,引进西方的研究格局,语音、词汇、语法三分,而以语法为语言研究的中心。在语法研究里,出发点是词,按西方的体系,应该有向下的词法和向上的句法,但由于汉语没有形态,在 50 年代之前,始终是以句法为中心;50 年代以后受苏联影响,词法也得到了重视。这样两种体系,可说是根本上的不同。由于"五四"以后发生了白话文取代文言文的革命,很多人认为,两种体系分别适用两种不同的文体。其实问题并不如此简单。因为第一,《马氏文通》引进西方语法学时,中国在使用的还是文言,不是白话,语法并不是为白话量身定制的;第二,不论从理论上看还是从实际上看,文言和白话都是汉语,也许是文体的不同,但绝不是两种语言。既然是同一种语言,那么有没有必要采用完全不同的两种理论研究体系?需要指出的是,从文字中心到语法中心,所改变的不只是"中心"而已,而是语言研究的全局。在长达两千年的传统汉语研究体系里,语法不受关注,这个现象应该重视并且进行研究。而到了新的体系里,旧的体系被彻底颠覆:语法由不起眼的地位一跃而居于语言研究的中心,文字因其在西方体系里没有地位而被踢出了语言研究的殿堂,音韵被改造成以构拟古代语音为主的历史语音学,训诂学则被拆得七零八落,分别被分配到词汇学、词源学、方言学、语义学、语法学、修辞学、风格学、语用学、语篇学,等等,实际上在"现代汉语"研究里已完全没有地位,等于被取消了。还在从事训诂研究的则只能钻进故纸堆。"现代汉语"与"古代汉语"的研究成了互不相干的两大块,"语言学"成了"现代汉语"的专利,"古代汉语"大约只有研究"语法化历程"的才在语言学的范围之内。对于这样一个格局,难道经过了一个世纪之后,还不值得我们从根本上进行反思、探讨这一转变的整个历史背景、学术背景、对整个汉语语言研究史特别是当代汉语研究的影响?

2. 对百年来语言学发展的功过的反思

《马氏文通》以来一百年的汉语研究,基本上是在西方语言理论引导下进行的。吕叔湘说:"过去,中国没有系统的语法论著,也就没有系统的语法理论,所有理论都是外来的。外国的理论在那儿翻新,咱们也就跟着转。"(吕叔湘,1986)中国从没有语法到有了语法,当然是个进步。但是当这个语法完全是在"跟着转"的情况下产生、发展、变化的,当其结果是在其形成过程中起主要作用的人最后认为是"从根本上同汉语不相适应"[1]的时候,难道我们没有必要从根本上对这整个过程进行反思吗?我们要从马建忠他们最初引进语法的动机、目标、效果等开始,再拿后来历史发展的事实去一一检验,看看这百年来引进西方语言学的功过如何?到底解决了多少问题?又产生了多少问题?这是讲语法。另一个对中国人的语言生活影响最大的领域是文字。百年来中国产生了一个波澜壮阔的拼音化运动,其卷入之深、范围之广、历时之久,在世界历史上可说都是空前的,而且一度得到了政府及其主要领导人的支持和推动。而其结果却是悄然偃旗息鼓,没有人为之

---

1 中国目前在使用的语法体系基于 1956 年的"暂拟汉语语法教学系统"和 1982 年的"中学教学语法系统试用提要",这两个体系的主持者都是张志公先生。但张先生晚年说:"以印欧语系的语法为基础而产生的语法框架和语言学理论,从根本上同汉语不相适应。印欧语都是形态语,所以他们的语法框架照例包括形态学和造句法两大部分,尽管两部分内容有时相互交错。这个框架从根本上说是不适用于汉语的。"(张志公,1990:415)

承担责任，也没有人出来作任何说明。以致至今还有人认为汉语之所以没有走拼音化道路，只是时间不成熟而已，将来还是要走上这个"人类语言共同的发展方向"的。诚然，这个运动的开始是出于纯粹的爱国主义，但在满腔的政治热情下难道没有学术思想的影响？这么多学者、专家、教授、理论家深陷其中，难道我们不该对之进行深刻反思，找出其背后的原因？语言学家尤其有责任，因为这一运动的理论根据就是西方语言理论关于"语言是交际工具，越方便越好"、"文字是符号的符号"等学说，文字既是符号的符号、工具的工具，就像一件外衣，当然可以爱脱就脱、爱改就改。对这些理论产生的背景、功过得失等也是至今没有得到充分的讨论和总结，"符号的符号"说等至今还赫然出现在绝大多数的语言学概论教材里。

3. 对语文水平下降过程中语言理论作用的反思

近年来中国人语言生活中引起全社会关注的有两个问题，一是英语的过热已到了压倒母语的地步，二是中国人的母语能力下降，甚至有人喊出了"汉语危机"、"保卫母语"等口号[1]。在我看来，这两者之间并没有必然的联系，亦即重视外语并不必然地引起贬低母语[2]，反过来，给外语热降温也不能保证母语水平的提高。两个问题最好分别处理，汉语工作者更不能以指责外语热来取代自己应负的责任，倒是应该沉下心来认真想一想：当前社会上是不是存在语文水平下降的现象？语文水平下降，除了别的原因之外，与我们现行的语言理论、汉语理论有没有关系？在这个问题上，我再一次感受到了语言学者对社会的冷漠。本来，语言是最贴近人类社会生活的事物，古往今来，语文都是每个受教育的人必须首先学习并且终身学习的学问，然而，自从"语文学"进化为"语言学"之后，语言学家却越来越远离社会和生活，在一些需要语言学家表态的重要场合常常"失语"，比如前面提到的语言信息化工程和机器翻译，又比如这里提到的《汉语的危机》这样贴近社会生活的著作里，竟然没有一篇是语言学家写的文章。也许"语言学家"们会暗笑：这些文学家和文化学家们在讲的都是"外行话"。但是如果你真正具有社会责任心的话，你应该出来表态啊：首先是你认可不认可存在这些现象？如果没有，你完全可以理直气壮地反驳这些指责；如果确有，你就应该想想如何来解决这些问题。这

---

1 参见朱竞编《汉语的危机》，该书的"内容简介"上说："汉语正面临着危机，拯救汉语，是刻不容缓的事情……让我们一起来爱护、保卫自己的母语吧。"
2 英语地位的飙升是由多种因素，主要是由利益趋动（升学、出国、就业、晋升等）以及考试导向等引起的，笔者另有专文，这里不详谈。

是语言学家义不容辞的社会责任。你对社会冷漠,社会当然也就无视你的存在。我认为,语文水平下降的问题是确实存在的,最明显的表现是在以下这些方面。一是错别字泛滥,二是翻译腔流行,三是古文阅读、理解和表达水平下降。这些我认为,都不仅仅是社会的问题,或者是语文教师以及翻译从业人员的问题,而是与20世纪以来的语言理论、语言研究息息相关的问题。错别字的问题早已有之,但莫今为甚,以致到了无错不成书的地步,有人说,几十年前的校对工人,其识字水平都比现在的作者、编辑要高,难道这仅仅是教育的问题,而与我们多年来信奉的语言文字理论无关?诘屈聱牙、半通不通的翻译腔盛行,而且不止是在翻译作品里,在学者的著作乃至作家的创作里也大行其道,人们似乎已失去了品评文字优劣的能力。这也不仅仅是翻译能力的问题,而涉及到翻译理论以及其背后的语言理论。读古文、引古典,乃至学习创作一些"旧"体的诗文,在许多人看来,是一件"保守"、"退步"的事情,然而,面对着在荧屏历史剧上时不时出现的令人忍俊不禁的笑话,面临着外国人参观兰亭、要求中国东道主一起"流觞赋诗"而主人无以为对的尴尬,特别是面临着新世纪汉语国际推广和弘扬中国文化的重任,我们还能轻松得起来吗?说到底,语文水平下降与语文教育水平下降有关,而语文教育水平下降,却跟语文教育理论背后的语言文字学理论密切相关,语言学家是不能置身事外的。

二、对发展中国语言学的动力在认识上的一些误区

当然,语言学界自身并不寂寞,在远离社会的象牙塔里,"语言研究"也搞得如火如荼,发展中国语言学的口号也叫得震天价响。但怎么发展中国语言学呢?许多人提出,要"持续不断地引进西方先进理论",才能使中国语言学"赶上并超过"外国先进水平。我们认为在这一口号里,存在着许多认识上的误区。

1. "先进"

首先,什么叫先进?什么叫落后?凭的是什么标准?是历史标准?地域标准?类推标准?还是"有、无"标准?

所谓历史标准,就是后起的一定比先有的"先进",后生一定超过先生,新发明的理论一定胜过原有的理论。西方的理论日新月异,层出不穷,甚至令人眼花缭乱,当然是"先进";中国自《马氏文通》以来,虽然一直在"追赶",但总是比人家慢

一拍甚至好几拍,当然是"落后"。

所谓地域标准,就是以国家划界,凡是诞生在外国特别是欧美的,就是"先进"的;凡是中国原产的,就是"落后"的。甚而西方一种理论一提出来,就不管三七二十一,先假定它是正确的,是可以用到汉语中的,然后积极地引进、介绍,以"推动中国语言学的发展";而见到国人自己提出一种不见于西方的理论,同样不管三七二十一,先假定它是错误的,是"违背"语言学"常识"的,再千方百计地证明其确实是"错误"的。

所谓类推标准,就是看一个国家的总体发展水平,特别是经济和科技水平,经济越发达,科技越先进,一切社会科学、人文学科包括语言学,也必然越先进。欧美,特别是美国的科技几十年来执世界之牛耳,其语言学当然也是最"先进"的。因而到后来,所谓学习西方"先进"的语言学理论,更简化成了学习美国语言学理论。

所谓"有、无"标准,就是人家有,我们没有,因为我们没有,所以人家拥有的就必然是先进的。20世纪50年代有人积极地发掘甚至主张"创造"汉语的形态,就是出于这种心理。

这些标准其实都是不能成立的。历史标准所谓一切以新为贵其实是一种庸俗的进化论,对于自然科学也许还有一点道理,对于人文社会科学几乎完全不适用。这方面例子太多。古希腊的哲学、文艺复兴时期的戏剧和绘画、古典时期的音乐、浪漫时期的诗歌,等等,都是雄视历史的,后人很难超越;在中国,春秋战国时期的百家争鸣、汉赋、六朝骈文、唐诗、宋词、元曲、明清小说,也都达到了后人难以企及的高度。地域标准之荒谬根本不值一批,只有彻底的崇洋媚外者才会相信。类推标准之错误在于科学技术和人文学术的发展并不是同步的,前者只是为后者创造了条件,提供了可能,但并不具有必然性。最后一条最可笑。如果说人有我无就是"先进",那么我们也有很多别人没有的东西,例如我们的文字学、音韵学、训诂学、文章学,早在西方有了成熟的语言学之前就已经相当发达了;特别是文字学,至今还是独步天下,中国学者甚至认为我们的"六书"理论也适用于分析世界所有古老的文字,可是怎么没有西方学者说要学习中国"先进"的文字理论呢?总而言之,人必自尊他人方尊之,自己先贬低自己,怎么能赢得别人的尊重?因而窃以为,"先进"这项帽子,最好不要先验地先戴到别人头上。而要具体情况具体分析,是先进的我们就好好学习,老老实实地引进。不要事情还没做,就以为中国语言学天生不行,这样的"长他人志气,灭自己威风",中国语言学还能够自立并发展吗?当然,西方研究的理论意识和体系意识比较强,但这应该激励我们自身的理论研究而不是把西方的理论、体系代替我们自己的创造。

2. "赶上并超过"

比"学习先进的西方理论"更进一步,就是要在这一基础上,"赶上并超过"西方语言学。这仿佛是非常鼓舞人心的一句豪言壮语。但是仔细考虑下来,这却是一句伟大的空话。因为语言研究不比搞经济,钢产量、石油产量,或者国民经济总收入、人均国民收入等等是可以量化的,是不是"赶上并且超过"是可以具体考核的,今年没赶上看明年,或者某几项指标超过了另几项指标还差得远,一眼就可以看清楚。语言研究怎么量化?怎么衡量是否"赶上或超过"了?看论文数量?看"核心期刊"多少?看 SSCI 的引用率?更重要的是,"赶上并超过"的对象当然是比自己"先进"的东西,如果如上条所说,什么是"先进"都没有明确的标准,我们怎么为自己设立具体的"赶超"目标?譬如说,搞语言学理论的怎么赶超?搞汉语语法学的怎么赶超?搞汉语音韵学的怎么赶超?搞汉语古文字的又怎么赶超?如果这些指标都无法落实,"赶上并超过"就是一句空话,以此作为语言研究的"奋斗目标"就只能是自欺欺人。

我们还要特别指出,如果以"不断引进"作为基本手段,来达到"赶上并超过"的目标,那么,这是一个永远不可能实现的目标。我们从不反对"引进",不但不反对并且坚决支持并实践,我们反对的是通过引进来实现赶超的提法。因为从逻辑上来讲,要"引进",就必须先要有被引进的东西,那么被引进的西方永远在前,跟进的中国永远在后,这样不要说一百年,就是一千年,也永远落在人家后面。只要坚持走"不断引进"之路,漠视甚至扼杀自身的创新,中国语言学就永无出头之日。

3. "融入"

还有一种说法,中国语言学要发展,就不要过于强调汉语特点,要融入国际语言学界,参与他们的讨论,共同发展世界语言学,做出中国学者的贡献。对于这种主张的积极意义我们一点也不怀疑,也坚决认为中国学者必须参与世界语言学的建设,应当融入国际语言学界。问题是怎么融入?与上面的主张相反,我们主张要带着烙印融入,要有汉语和汉语研究的气息,要听得出中国语言学的声音。只有民族的才是世界的,这句话对语言研究同样适用。如果我们只关心别人关心的问题,只讨论别人热心讨论的问题,羞于甚至耻于提出汉语的特色,或者只有在别人理论的框架下,才敢小心翼翼地举几个四平八稳的汉语例子,那这样的语言"研究"不研究也罢,因为搞这样的研究,外国人比我们强多了,不在乎多几个中国人!而且这样的研究,也是对外国语言学和外国语言学者本身的不尊重,因为当我们说"学术者,天下之公器"的时候,应该想到,中国学者诚然应该把"外国语言学"当作中国语言学来研究,外国学者何尝没有这样的需要与要求?中国语言学也是世界语言学的组成部分,对于国外学者来说,中国的语言研究也是他们的"外国语言学"。不想强调汉语和中国学者研究的"特色",事实上等于拒绝让世界共享中国语言学,包括三千年中国语言研究传统的成就,这对世界语言学也是不公平的。这样建立起来的"普通语言学",不可能是真正的"普通语言学"。

4. "本土化"

在讨论"借鉴外国语言学、发展中国语言学"的过程中,还有人提出要使外国语言理论"中国化"、"本土化",要让外国语言理论在中国落地生根。这种主张听起来很动人,但关键在于怎么理解"本土化"这三个字。依我看来,"本土化"要从正反两个方面去看。首先,从反面去看,最糟糕、最不值得提倡的"本土化",是以外律今的本土化,也就是讲西方理论,偶尔举几个汉语例子,以装点门面或显示自己"学贯中西"。其次,从正面去看,什么是理想的"本土化"?理想的本土化一定是在外来理论基础上自创的、有自身特色、自身体系的"新的"理论。中国历史上最成功的"本土化",就是马克思主义的本土化,也就是毛泽东思想和邓小平理论,这是创造性地运用马克思主义的基本原理,结合中国革命和建设的实践,所凝结而成中国特色的理论。所谓中国特色,用毛泽东的话来说,就是"和民族的特点相结合,经过一定的民族形式"[1];与之相反,抛弃民族特点和民族形式,就必然会吃大亏。中国语言史上最失败的"本土化",就是前文说的照搬西方关于人类文字发展规律的理论,轰轰烈烈搞了半个多世纪的把汉语改造成拼音文字语言的努力。因此,正确的"本土化",必然是建立在注重汉语自身研究的基础上的,必然是

---

1 毛泽东在《新民主主义论》一书中说:"一切外国的东西,如同我们对于食物一样,必须经过自己的口腔咀嚼和胃肠运动,送进唾液胃液肠液,把它分解为精华和糟粕两部分,然后排泄其糟粕,吸收其精华,才能对我们的身体有益,决不能生吞活剥地毫无批判地吸收。所谓'全盘西化'的主张,乃是一种错误的观点。形式主义地吸收外国的东西,在中国过去是吃过大亏的。中国共产主义者对于马克思主义在中国的应用也是这样,必须将马克思主义的普遍真理和中国革命的具体实践完全地恰当地统一起来,就是说,和民族的特点相结合,经过一定的民族形式,才有用处,决不能主观地公式的应用它。公式的马克思主义者,只是对于马克思主义和中国革命开玩笑,在中国革命队伍中是没有他们的位置的。中国文化应有自己的形式,这就是民族形式。"

"中国语言学"研究和"外国语言学"研究的完满结合。

5. "解释"

还有一个概念,可以说是近年来流毒甚广、为害甚深,必须提出来加以批评的,这就是"解释",所谓"解释是语言研究的最高原则"。这一说法的发明权来自西方,西方许多语言学家,不管是哪个学派,都津津乐道这一点。中国语言学界一些人引进这句话以后,也老把这句话挂在嘴边,产生了很大的影响。诚然,这句话在提出时作为一种方法论针对美国结构主义的光"描写"不解释,是有其一定积极意义的。但是,不加区别地、无限地夸大"解释"的意义,甚至把它作为语言研究的最高指导原则,就使这一说法走向了反面,而且迫使我们不得不从哲学上对之进行思考。从哲学上看,把"解释"看作理论研究的最高目标,是彻底的唯心主义,也是反马克思主义的。马克思说:"哲学家们只是用不同的方式解释世界,而问题在于改变世界。"[1] 崇拜"解释"只能导致两个结果,一是主观主义的胡乱猜测,二是公说公有理,婆说婆有理,诸说纷纭,莫衷一是。老实说,这恐怕也是为什么西方特别是美国,各个领域都学派林立、理论蜂出,各种奇谈异说已多得连美国人自己都觉得厌烦的原因之一。但尽管如此,我们对国外学者大谈"解释"还可以理解,因为作为一种演绎式的研究方法他们有运用的权利。最可笑的是中国一些高唱"解释"的人,他们根本提不出自己的理论,只是拿着外国人在外国语言基础上提出的假设,到汉语里来寻求"解释",说穿了只是在为外国理论做注解。结果是外国理论也没真懂,中国的事实又只是取其所需,其结果无补于汉语的实践也就是可以推想而知的了。

三、对中国语言学发展缺乏宏观的讨论与论争

既然"持续引进西方先进的理论,发展中国的语言学"是一句空洞的口号,那么,中国语言学发展的方向究竟在哪里?我们认为,对于这个问题应该开展全面广泛的讨论乃至论争。既然语文的使用是全民族的权利,既然汉语文的振兴是全民族的任务,那么这一讨论就不应仅仅局限于语言和文字学界,一些重大语言问题的决策更不仅仅是少数语言专家的事情。这一讨论,应该在宏观的层面上进

---

[1] 《马克思恩格斯选集》第一卷,北京:人民出版社,1972年,第19页。

行,要从总结历史经验和教训着手,从最大的问题讨论起。下面这些问题我认为是必须列入讨论范围的。

1. 汉语发展的方向在哪里?

第一个大问题是我们面临的是什么样的汉语? 我们又需要什么样的汉语? 现在好像没有什么人提汉语发展的方向问题了,但不提不等于这个问题就不存在。在"五四"乃至以后相当一个时期,这曾经是一个相当重大的问题。当时一些最激进的主张提出不但要取消汉字,还要取消汉语,最理想的是改用世界语,其次是改用英语或法语,其次是改用日文式的"白话和西语夹杂"(以后过渡到西语)[1]。而在仍使用汉语的情况下,为了"分析、精密、朗畅",应该增加复音词、固定介词、连词的使用,写文章以明白为主,不要"推敲",不怕字数增多等等[2]。同时,"国语的欧化",是"当然的趋势,必要的办法"[3]古文则应完全抛弃。这些主张后来当然没有都实现,但半个多世纪来汉语的发展却不能说完全没有受到其影响。时至今日,还有主张汉语要多吸收欧化句式的,有主张外来语直接采用外文原形的,有主张外来词应以音译为主的,有主张中小学少读乃至不读文言文的。当然也有与之相反,主张读古文、学写对联和旧体诗词,主张外来语仍应以义译为主,主张避免翻译腔,等等。面临这样两种截然相反的主张,我们不得不问自己,也问全体国民:汉语究竟应该向什么方向发展? 如何在总结这一百年来的理论和实践基础上看清汉语的发展方向? 这是一个理清母语"家底"、正本清源的大问题,非常值得讨论。

2. 中国语言学研究的定位在哪里?

其次是中国语言学发展的定位究竟在哪里? 目前的中国语言学研究,存在着一些较严重的问题。外语界不少人做的是运用外国理论,研究外语的问题,其中较好的是在这过程中尽量使用汉语例子来说明外国理论;现代汉语界不少人做的是运用二手的外国理论(因为长期使用,已感到是"中国的"了),在其框架内对汉语事实进行很多情况下虽然详尽却无补实用的描写、分类工作;古代汉语界则基本上沿用传统的方法守着古书堆过日子,而除西方人开发过的音韵学以外,基本上与外国理论不相涉。"不断引进西方先进理论,发展中国语言学"的任务好像主

---

1 参见钱玄同《中国今后之文字问题》,1918 年,载《钱玄同文集》第一卷,第 162–170 页。
2 参见钱玄同《文学革新杂谈》,1919 年,载《钱玄同文集》第一卷,第 156–161 页。
3 参见钱玄同《一封最紧要的信》,1922 年,载《钱玄同文集》第三卷,第 111–115 页。

要是对前两种人说的。吕叔湘先生曾说过中国语言学界存在着"两张皮"现象,那是指"一种偏向是谨守中国语言学的旧传统埋头苦干,旧传统里没有的东西一概不闻不问……。另一种偏向是空讲语言学,不结合中国实际,有时候引一些中国事例,也不怎么恰当"(吕叔湘,1980:7-8);或者"中文系的学生不能用外语做工具,不能阅读用外语写的参考书,外语系的学生对祖国语言的历史和现状相当隔膜"(同上:18)现在看来,不光中、外文研究者之间有两张皮,同是汉语学者,古、今汉语研究也存在着"两张皮"。三部分人不相往来。我们要问:这种研究格局是正常的吗?从外到内,则只管到两部分人;从内到外,则"及身而止",古汉语研究基本上对古汉语界以外的人不发生影响,遑论外国语言学和普通语言学研究。中国语言学者的雄心是,中国语言学要对世界语言学的发展做出贡献。在这样的"三张皮"框架下,这个目标如何实现?

3. 古今如何融合?

把上面的问题细化,其实包含了两个问题。一个是古今汉语的研究要不要打通?如何打通?如果我们承认(我想没有人会反对)古代汉语和现代汉语是一种语言而不是两种语言的话,则如何建立一个一以贯之、能够指导整体汉语研究的语言学理论?如果汉语的发展不以人们意志为转移地走上一条有古有今、古今杂糅的道路,那么如何建立一套适用于这一现实的语言研究体系。现行的汉语语法体系是建立在理想化,或者说英语化的现代汉语之上的,对夹在其中的古汉语成分(譬如说成语和一些古汉语句式)没有解释能力,而古汉语语法研究除了借用现代汉语语法术语之外还没能深入探讨自身的组织规律(文法)。传统汉语语言学的理论和方法似乎游离在现代汉语和现代语言学研究的视野之外,在这样情况下,传统如何为建设现代汉语语言学服务?

4. 中外如何结合?

另一个问题是中外如何结合?借用一个熟悉的用语,是"中学为体,西学为用"还是"西学为体,中学为用"?"引进西方理论,建设中国语言学"走的是"西学为体,中学为用"的路子,但其结果只能使"中学"成为"西学"的一个分支。同时,在这种模式下,如何实现"中国语言学要对世界语言学做出贡献"呢?举例来说,如果西方语言学提出人类语言都有表示被动的结构,我们经过研究,"证明"了汉语中也有被动结构,这能算是"中国语言学对世界语言学"的贡献吗?毛泽东说:"中国文化应有自己的形式,这就是民族形式。"(见前文注释)中国语言学是不是中国文化的一部分？最终建立的中国语言学，应该不应该有自己的民族形式？怎样在人类共同的普通语言学里，体现中国语言学的民族形式？说到底，这是个关于共性和个性的老问题，但怎样在语言研究中体现出来？

5. 如何在中华民族伟大复兴过程中实现汉语汉字的振兴？

进入新的世纪，中国的发展前景鼓舞着、激励着中国和全球的华人，中华民族的伟大复兴已是可望而且可即的伟大目标，汉语必将成为21世纪新的国际强势语言之一。我们面临着汉语国际推广和中国文化传播的伟大使命。然而使人尴尬的是，在汉语的母国，母语地位和母语教育却正在弱化。这当然有多方面的原因。但语言学在其间起什么作用？有什么责任？怎样才能建立正确的汉语观、从而探索有效的汉语教育理论和教育方法，适应伟大时代的需要，这是中国语言学工作者无从推托也不容推托的崇高历史使命。

参考文献

吕叔湘,1980,"把我国语言科学推向前进",载中国语言学会编《把我国语言科学推向前进——中国语言学会成立大会学术报告集》,武汉：湖北人民出版社,第8-20页。
吕叔湘,1986,"序",龚千炎《中国语法学史稿》,1987年,北京：语文出版社。
马建忠,1898,《马氏文通》,《汉语语法丛书》本,北京：商务印书馆,1983年。
潘文国,2000,"汉语研究：世纪之交的思考",《语言研究》2000年第1期,第1-28页。
钱玄同,1999,《钱玄同文集》,北京：中国人民大学出版社。
张志公,1990,"汉语语法的再研究",《外语教学与研究》1990年第3期,收入《张志公自选集》(下册),北京：北京大学出版社,1998年,第413-420页。
朱　竞,2005,《汉语的危机》,北京：文化艺术出版社。

（原载陈燕、耿振生主编《继往开来的语言学发展之路》,北京：语文出版社,2008年1月,第45-64页；又载《华东师范大学学报》2008年1期,第96-102页）

中文危机拷问语言学理论

好的理论未必指导出好的实践,坏的理论必然诱导出坏的实践,最可怕的是似是而非的理论,明明因其实际的"非"而造成了恶果,鼓吹者们还因其貌似的"是"扬着脖子硬挺,宁可让国家与民族的利益陪着它殉葬。——这就是我(潘文国,2008)在写完《危机下的中文》一书后,头脑里挥之不去的一种沉痛感。

中文的危机,前几年有人叫"汉语的危机",还出过一本颇有影响的书(朱竞,2005),但因其名称贻人以口实,结果成了一些人,主要是语言学界的人拒绝接受的理由。我把名称改为"中文的危机",以使针对性更加明确,问题也更集中。"中文"和"汉语"之别,或"文"、"语"之别,简言之,就是前者强调书面语而后者主要指口语。"汉语危机"的提法之所以受到某些人抵制,是因为汉语口语的使用目前确实不存在什么危机,特别是如果把"汉语"等同于"现代汉语",再进而等同于"普通话"的话,那汉语不但没有"危机",而且很可能"正处在历史上最好的时期":国内,推广普通话已经深入到全国绝大部分地区,攻占了传统最"顽固"的堡垒如闽、粤方言区;国际上,随着汉语国际推广战略的实施而正在大踏步走向世界。从长远看,作为使用人口高居世界第一的汉语,在可见的将来根本没有消亡之虞,认为英语、电脑等的冲击会使中国人改口不说汉语那也无法想象。因之,仅就口语而言,汉语确实没有什么大的危机;要说有的话,那只是在一部分地区,特别是沿海发达地区,由于普通话的超强势发展,挤压了当地方言的使用,其生存正处于岌岌可危的状态,引起有识之士乃至国家有关部门的担忧。不过那是另一个性质的问题,这里暂且不论。我们改了个名称,希望强调的是,口语使用的不存在危机,不等于书面语的使用也不存在危机,否认"汉语"存在危机,很可能掩盖了更深层次的"中文"存在的危机。事实上,如我们在书中所显示的,中文使用存在着严重的危机,而且这种危机已不仅仅只是语言的危机,而是文化的危机、民族的危机。

强调语、文之别、口语与书语之别,本身就是对 20 世纪以来所谓"现代语言学"的挑战。本来,"语言区别人和动物,文字区别文明和野蛮","文字是人类的最大发明"等说法早已深入人心,但是,20 世纪初的"现代语言学之父"索绪尔(索绪尔,1916:47)强调语言只是音响形象与概念的结合、强调"语言学的对象不是书写的词和口说的词的结合,而是由后者单独构成的",其后,全世界的语言学家都把语言研究的重点转到了口语上。特别是从二三十年代起,在因调查、"抢救"美洲印第安人语言而产生的美国描写主义语言学引领世界语言学潮流以后,口语成了语言研究的唯一对象,文字和书面语被看作是次等的、无关紧要的、微不足道的,日渐脱离了语言研究者的视野。研究口语是"科学"的、"先进"的、"现代"的,研究文字和书语则是"落后"的、"传统"的、"过时"的。这一思想统治了语言学界几近一个世纪,直到20世纪末,西方语言学家才承认:"从科学的观点看,我们对书语的了解远不如我们对口语的了解,这主要是由于20世纪以来语言学研究过程中过于注重口语的偏见,这一偏见直到最近才开始得到纠正。"(Crystal,1997:179)因此,书面语的衰退并不仅仅是中国的问题,而是全球性的,可说20世纪以来全世界都出现了书语表达能力下降的问题,只是在中国的特殊背景下,这一衰退表现得更加强烈,以至出现了我们所说的"危机"。更可怕的是,在西方学者已经意识到重语轻文的"偏见"带来的后果时,中国的学者们还安之若素,并且对任何要求重新认识文字和书语的主张嗤之以鼻,摆出一副只有他们才懂语言学的架势,动辄以"外行"为由拒绝语言学界以外人士对语言文字问题的任何议论和指责。

所谓中国在文字和书语上遭受磨难特别之深的特殊背景,必须要从近代,特别要从晚清说起。一次次屈辱的战争,特别是1894年的中日甲午战争,彻底击垮了老大帝国的自尊心和自信心。中国人从一百年前乾隆时的"万事不求人"到此时的自认"万事不如人",心态一落千丈,进而产生一种特殊的病态,叫作"崇洋媚外",以为凡西皆好,凡洋皆是,中国的事物则一切均不足观,事事错、处处错,只有"全盘西化"之一法,才能改造中国,起死回生。这种变态心理可能多数殖民地、半殖民地的人们都曾有过,但像中国这样决绝、这样死心塌地、这样成为社会主导意识、并且延续一百多年,直至新中国诞生半个多世纪后的今天还大有市场的,却并不多见。在这种心态下,中国吸收外来事物、外来理论时可说是断然决然、义无反顾的,而在否定、抛弃传统和传统价值观时也是断然决然、义无反顾的,其间"必不容反对者有讨论之余地,必以吾辈所主张者为绝对之是,而不容他人之匡正也"(陈独秀,1935:56)。在这种心态下,如果正好引进的理论又是本文开头所说的是"错误的"或"似是而非的",那带来的后果必然就是灾难性的。可悲的是,20世纪初以来我们所引进的语言文字理论正是这种"似是而非"的东西,而且至今没有得到认真的清算。在《危机下的中文》中,我们探索了危机产生的各种原因,进行了历史学、社会学、政治学、文化学、翻译学、语言学和语言哲学等方面的分析，发现其中最后一方面的原因绝对不容小觑，因为正是它在最深的层次上，为各种表面上的作为提供了"理论"上的依据，使之披上了"科学"的色彩，从而更加肆无忌惮。

百年来对中文危害最甚的理论莫过于"文字是符号的符号"说，此说最早是古希腊哲学家亚里士多德提出的，认为声音是概念的符号，文字则是"符号的符号"。这一观点在西方延续两千多年，从20世纪初开始传入中国，直到今日仍是中国某些"语言学家"的安身立命之宝，是轻易触动不得的神主牌，一动就要气急败坏、暴跳如雷。但我们还是要直截了当地指出，这是最大的"似是而非"理论。一切似是而非的理论都包含两个方面，一是"似是"，表面上看来有道理，因而能迷惑人；一是"而非"，即实质上是错误的。"符号之符号"说之所以"似是"，是因为两千年来，它基本上符合自古希腊以来的西方语言文字的事实，也大体能解释当今世界上大多数语言文字的事实；它的"而非"主要是对汉语而言的，因为不论在引进之前还是引进之后，它从来就不曾符合过汉语和汉字关系的事实，硬要把这一理论套在汉语身上，就好比内科病吃外科药，药也许有用，其奈不对症何？事实本来非常明显，随便举个例子就可以看出。比方要表示"大"的概念，英语的读音是[big]，用英文写下来是big，我们可以说[big]是"大"的符号，而big是记录[big]的符号，因而是"符号之符号"，这一说法基本成立[1]。而汉语呢，读音是[ta]，汉字写作"大"，[ta]可说是"大"的符号，但能说汉字"大"是记录[ta]的符号吗？"大"字里哪一点反映出[ta]的读音信息了？"大"字在各地方言读音不同，更不是非读作[ta]不可。但中国某些语言学家就宁肯违背普通人的直觉，也要把"符号之符号"说堂而皇之地写进为中国人编写的语言学和汉语教材里，自欺且欺人。为什么？就因为这是外国人提出的，外国人两千多年来没有对之怀疑过，20世纪又成了"现代语言学"的"基础"之一。如果连这一个"常识"都不懂，那还叫"语言学家"吗？否定了"符号之符号"说，语言学这口饭还想吃吗？为了保住"饭碗"，当然拼死也得维护住这个"常识"。

话说到这里，我们忽然感到需要替"现代语言学"说几句。说"符号之符号说"完全是"现代语言学"带给我们的，这也不尽然，甚至可说是对索绪尔的曲解。诚然，从两千多年前的亚里士多德到19世纪的黑格尔，西方哲学家们确实是在坚持

---

[1] 说"基本"，是因为近300年来，英语读音与文字间的距离越来越大，文字已常常不能正确表示读音。

"符号之符号"说,但到 20 世纪索绪尔创立"现代语言学"时,说法已有了根本的不同。索绪尔一方面(索绪尔,1916:56;47)沿袭前人的说法,说"文字是外衣、是伪装","文字存在的唯一理由是为了表现语言",另一方面(索绪尔,1916:50-51)又明白无误地告诉人们:"只有两种文字体系:(1) 表意体系。一个词只用一个符号表示。而这个符号却与词赖以构成的声音无关。这个符号和整个词发生关系,因此也就间接地和它所表达的观念发生关系。这种体系的经典例子就是汉字。(2) 通常所说的'表音'体系。"他(索绪尔,1916:51)甚至说:"对汉人来说,表意字和口说的词都是观念的符号;在他们看来,文字就是第二语言。"这本来是索绪尔针对汉字汉语的情况对两千年来西方语言理论的一个重大突破,理应更加引起中国语言学者的注意,将此看作是建立中国"现代语言学"的基础,然而一百年来的中国语言学家却对此视而不见,宁肯坚持根本与汉语无关的"符号之符号"说。为什么呢? 早期的学者可能还出于信息闭塞,不了解索绪尔的完整见解,但后期特别是现代的学者就不是如此,我们只能认为他们从来就没有认真读过索绪尔。事实上,索绪尔(1916:51)在提出"两种文字体系"之后,就曾明白昭告天下,"我们的研究将只限于表音体系,特别是只限于今天使用的以希腊字母为原始型的体系"。这就是说,索绪尔承认,他的"普通语言学"实际上只是"以希腊字母为原始型的体系"基础上的印欧语言学。在此基础上的 20 世纪现代语言学基本上也没有超出这个范围,尽管经过大半个世纪的发展,"普通语言学"的大厦已经"巍乎壮哉",但那还是人家的语言学,不是为汉语和中文量身定制的,甚至是把中文排除在外的。在这样情况下,如果想急功近利地"跟国际接轨",轻轻松松地"引进"现代"先进"理论,不装聋作哑、做痴做呆,又有什么办法呢!

从"符号之符号"这一荒唐的汉语言文字理论出发,引发了另两条似是而非的语言文字理论,深刻地影响着百年来的中国语文,在相当程度上要为目前的"危机"负责。

理论之一便是前面已提到过的"重语轻文"。说这一理论"似是",因为它是"符号之符号"说的直接延伸:既然是先有语言后有文字,当然是先有口语后有书面语,先学会说话再学习写文章;语言学既以音义结合的符号为唯一对象,当然也以反映这一结合的口语为唯一对象;研究口语属于"科学"的语言学,研究书语当然只能属于落后的"语文学";而在书语中,当然也就是与口语越一致越先进,与口语距离越远就越落后;中国的文言文历两千年不变,与口语距离最远,当然最"落后",非打倒不可。以上这些推理听起来仿佛都非常合乎逻辑,因此我们说它是"似是"。但它确实又是"而非"的,因为上述种种推论都是一厢情愿的,具有很大的片面性,或者说只知其一,不知其二。比如说它只知先有口语后有书语,却不知书语是口语的升华;更不知书语一旦形成,便有其自身的发展规律,产生自身特有的形态,起着口语无法起的作用;当然更不会知道或承认书语由于其稳定性,在精益求精的发展过程中,反过来对口语有着巨大、有时甚至是决定性的影响。早在十多年前,张中行先生(张中行,1988:167)就指出过言文的不可能一致,说:"口散漫,笔严密,口冗杂,笔简练,口率直,笔委曲",执笔为文总希望写得好一点,这"好一点"往往也就是"文一点",而不可能是口语的直录。事实上主张口语高于书语的人从来就没有想过这样一个简单的道理:既然口语比书语高明,你何必送孩子到学校去上学呢?须知上学就是"读书认字",就是学习书面语,或者英国人说的,"learn to read and write",从古至今,没有听说过上学是去学说母语的。事实上,对于产生了文字的民族来说,书语和口语不但同样重要,往往比后者更重要,所谓"口说无凭,立字为证",就是最好的证明。"言文一致",在表音文字产生之初也许存在过,但对发展成熟的表音文字来说,这已经是个奢望,英语、法语现在的言文就很不一致,要不然索绪尔不会这么愤激地声讨文字的"罪行"。而对表意文字语言来说,恐怕连最初的"一致"就从来没有过,甲骨文、《诗经》、《尚书》都不是言文一致的作品,唐宋以后的言文不一致只是更突出而已。对于语言的运用和发展来说,口语和口语对书面语的影响诚然需要研究,但同样不能忽略甚至更应该重视研究的是书语和书语对口语的影响。举一个最明显的例子:在中国人当前的语言生活中,推广"普通话"占有极其重要的位置,但不知有没有人想过,推广普通话实质上是在推广汉语的现代书面语?有人会说,"普通话"是"话",是口语,这又是似是而非的说法。须知普通话并没有一种活方言做基础,不像标准英国英语以伦敦方言为基础,标准法语以巴黎方言为基础。普通话没有这样的基础,它带有很大的"人为性",从其定义上就可以看出来:"以北京语音为标准,以北方方言为基础方言,以典范的白话文著作为语法规范"。这就是说,北京话提供的只是语音标准,但光有语音没有词汇语法是不成其为语言的。词汇的标准是"北方方言",这只是个模糊的集合,因为北方方言本身地域辽阔、内部次方言复杂,其能作为规范化的词汇只能是各次方言中的共同的、往往经过书面化的成分。语法标准取之于"典范白话文著作",其书面性更不容置疑。因之"普通话"实际上是书面化的口语,它的"推广"更是通过书面语来进行的。学习普通话就是学习标准汉语书面语,普通话对方言的压倒性优势及无所不在的影响也就是书语对口语的压倒性优势和影响。这个结论对于一些自认为在紧跟"现代语言学"潮流,以重视口语研究自居的人来说未免有点煞风景,但事实就是如此。说穿了,索绪尔那句话,"语言学的对象不是书写的词和口说的词的结合,而是由后者单独构成的",从来就没有实现过,也不可能实现。倒是他在另一处说的话更符合实际:"我们一般只通过文字来认识语言。研究母语也常要利用文献。如果那是一种远离我们的语言,还要求助于书写的证据,对于那些已经不存在的语言更是这样。"(索绪尔,1916:47)事实上,离开文字根本没法研究语言。没有文字的语言如北美印第安人的语言,只有先用拉丁字母或者其他什么记号记录下来才能进行研究,而记下来的东西就是文字。原始人类的语言(包括所谓"原始汉语")的研究如果不从索绪尔说的"书写的证据"出发,只是凭想当然的发音胡乱推测,那只能是痴人说梦。索绪尔前面的那句话可说是有感于当时一些文字(如法、英文的拼写)已经不能完全反映读音的愤激之辞,他大约没有想到后人竟真会当作经典不刊之言。

　　但对我们来说,重要的还不是讨论索绪尔的话到底怎么理解,而是重语轻文这一理论事实上在中国已经导致了白话文全面取代文言文的后果,在一定程度上导致了今天中文水准的下降。本来,白话文和文言文都是书面语,从"重语轻文"的角度看,两者半斤八两,"语言学地位"差不多。但由于白话与口语更接近,因而被人地为分出了高低。其实从书面语作为一个整体来看,这两种文体一雅一俗,一隐一显,完全可以互补并存,各起不同的作用,就如刘半农所说,"二者各有所长,各有不相及处,未能偏废"(刘半农,1935:67)。即如胡适,他也承认白话并非近时才兴,而是自古就有。他的《白话文学史》更是上起《诗经》,贯穿了整部中国文学史。既然三千年来文言、白话能够相安无事,为什么到了20世纪就非要打到其中之一而后快呢? 说到底,这已经不是语言文字或文体上的问题,而是文化革命或曰政治改革的需要。胡适,以及比他更激进的陈独秀、钱玄同等人,就是为了借反对文言文之名,行彻底摧毁旧文化、旧传统之实,打扫干净中国这块土地,以为"全盘西化"创造条件。文言、白话这一文体之分,先是被加上了浓重的政治色彩,后又被语言学家从理论上"扶正"。他们先依"符号之符号"说派生的口语优越论把文言判作脱离口语的书面语,而把白话封为口语的记录(尽管初期白话简直就是"欧化文"的代名词,被瞿秋白斥为"非驴非马的骡子话")。既然口语高于书语,白话当然也就高于文言。接着又引进西方语言发展史理论和西方语言史分期的榜样,把文言判作与古英语、古俄语一样已经死亡的"古代汉语"、"死文字",而白话当然就成了有生命力的"现代汉语"、"活文字",而全然罔顾汉语史与英语、俄语史全然不同的事实。这样,政治家与语言学家的合谋,就使文言陷于万劫难复的境地。这是为什么百年来文言始终难以得到复苏,甚至得到重新评价的根本原因。政治家固然导引在前,语言学家之落井下石也难辞其咎。

"五四"反文言的最辣手也最致命之招无过于反旧诗。胡适看得很清楚,白话文在小说词曲演说等领域取得胜利是不难的,文言的最后一个壁垒是旧诗,"待到白话征服这个诗国时,白话文学的胜利就可说是十足的了"(胡适,1935 a:19)。这一招可说是击中了文言的七寸,因为词曲小说之用白话,宋元就已实现,时报议论演说文字用白话,梁启超也已开了头,到胡适时代已不新鲜。只有诗(现在我们不得不称"旧诗"了,否则没法跟后来的新诗相区别)才是文言真正的灵魂,几千年文言的精华在斯、国粹在斯、文人的全部精神寄托也在斯。早在元代,诗论家方回就说:"文之精者为诗,诗之精者为律。"(方回,1283:自序)小说演讲等改用白话只是皮毛,只有反掉以律为集中表现的旧诗,那才是釜底抽薪,龙下揭鳞,旧文学就再也没有复兴的可能。历史也证明了这一点。旧诗被否定之后,中国文学从此就一蹶不振,多少年来为世人所羡慕、为国人所自豪的"诗国"之称也永远成了历史的记忆。回过头去看,丢掉了旧诗,我们失去的实在太多。"文之精在诗",失掉了作为旧诗根底的字斟句酌的语言磨砺工夫,中国的书面文字再也找不回那隽永含蓄、令人荡气回肠的感觉了。写出来的文章,诚然明白如话了,但就如在水里泡过的馒头,再也捏不成形了。无怪乎北京大学的谢冕先生要说:"五四运动90周年,五四打破的是那些盆盆罐罐、婆婆碎碎的东西,但是还有精美绝伦的艺术品也被打破了,比如说旧诗,传统的诗歌。旧诗的毁坏至今还是我们心头的痛,对一个历史很浅的民族和国家来说不算什么,但是对我们这样有着几千年文化传统的国家来说这个痛可谓痛不欲生。"(谢冕,2009)因为这个"痛",是被掏掉命根子的"痛",是我们引刀自宫、与传统彻底告别的"痛"。珠玉不再,沉渣也就泛起,反掉了文言特别是旧诗,人们对中文的精粗美恶高下优劣就再也没有了感觉。可以说,百年来语文水平的下降与这种感觉的丧失密切相关。

理论之二是所谓的"世界文字发展规律"。根据"符号之符号"说,文字只是为表现语言而存在,因而最好的文字当然就是与语音最密切无间的文字,于是有人就杜撰出一条"人类文字的发展规律"：从表形文字经过表意文字再到表音文字，而表音文字又分音节文字和音素文字，音素文字是文字的最高阶段。我至今没有查出这个理论的始作俑者是谁，但至少它在百多年前就引进了，至今中国一些文字改革家还对之深信不疑。但这也是个"似是而非"的理论，而且是百年汉字大"折腾"的罪魁祸首。其"似是"的方面在于仿佛可以从历史全景上解释几千年来世界上出现的文字，冥冥之中似乎确有个"规律"存在；但"而非"的方面却更明显：当我们离开历史的全景扫描回到微观的现实世界时，却找不到任何一个具体语言的文字发展历程能验证这个"理论"，我们没有看到过哪个国家或民族的文字经历过这三个或四个发展阶段。比方说英语，英文字母属于音素文字，但我们没有看过到英语历史上有过表形文字或表意文字或表音节文字的阶段；英文字母来自古罗马字母(部分来自日耳曼字母)，即使古罗马字母是表形或表意文字，那也只是个借用关系，并不是发展演化关系。何况古罗马字母与其前身希腊字母，以及前身的前身古闪米特字母，本身也都是音素文字，彼此之间也只是借用关系。再比如人类三种最古老的文字，汉字"六书"中"象形"、"指事"孰先孰后的争论至今没有结论，从各种证据看，指事在先的可能还更大，正好违反先有表形后有表意文字的论断。另两种古文字苏美尔文字和埃及圣书文字的情况也差不多，现有资料无法证明表形一定出现在前。还可以看日语。日语使用的文字是汉字和假名的混杂，前者是表意文字，后者是音节文字，一属第二阶段，一属第三阶段，按理有了第三阶段的"先进"榜样，第二阶段应该赶快进化才对呀，然而令"文字发展规律论"者难堪的是，处于第二阶段的汉字的数量在今天不但没有减少，还在不断增加，日本文部省自己规定的常用汉字数量，居然从 1946 年的 1,850 字，到 1981 年的 1,945 字，现在要增加到 2,131 字。二战后美军占领日本，盟军总司令麦克阿瑟将军曾经好心地建议日本使用更"先进"的第四阶段文字——日语罗马字，在美国的淫威下一度也确曾风行一时，不料在日本元气恢复之后，那种混杂的文字又重新回潮了。要是文字进化论者看到《东方早报》2009 年 1 月 15 日的报道，韩国健在的 20 位总理联名上书总统，要求恢复从小学起教育汉字，可能会更加伤心了，这个已经走上了第四阶段、采用音素文字的语言(1968 年韩国时任总统朴正熙下令废除汉字)，居然又要回到第二阶段，这不是大开历史倒车吗！可见哪个语言使用什么文字，完全是出于语言本身的特点和政治文化生活的需要，与所谓的"人类文字发展规律"毫不相干。

但这一似是而非的"理论"却给我们国家带来了长达百年的"折腾",直到如今还余波未歇。"文字是符号的符号"和"人类文字发展的共同规律"就像两把毒箭,深深刺中了汉字的心脏。根据前者,文字既然只是符号之符号,那就无足轻重,恰似一件外衣,可以爱脱就脱,爱换就换,爱改就改,爱怎么玩就怎么玩,从而从根本上推翻了几千年来中国人敬畏文字的传统。简化字,尤其是1977年起"二简"方案的推行更使人们对文字的敬畏感降到了冰点。简化字本身的优劣这里不谈,但简化过程背后透露出的蔑视传统、蔑视规范、无视汉字本身的科学性和系统性的心态,以及对汉字粗暴草率的态度,却留下了难以治愈的后遗症。当前语文水平下降最直观的表现就是错别字泛滥成灾,已严重到了"无错不成书"、"无错不成报"、"无错不成屏"的地步,连原先还让人寄予希望的中央电视台和香港凤凰卫视现在也加入了这一令人目不忍睹的行列。错别字泛滥的原因有人归之于粗心,有人归之于教育,有人归之于语文程度不高,这些当然都有道理,但据我们看,最根本的是失去了对汉字的敬畏之心,而这敬畏之心的丧失,正是当初不顾后果强行简化的结果,正是简化过程中使原先为正统读书人不齿的一些错别字堂而皇之成为合理合法的文字,从而使人们在心理上再也不把写别字、读错音当作一回事,一旦脱离了小学老师的严格管教,离开学校到了社会上,任意乱写乱读的习惯就再也得不到遏制。在为简化字辩解的过程中,有人举出许多简化字古已有之的例子,说明简化不自今日始,因而"汉字不断简化是一条历史规律"。但他们没有想到,今天使用的简化字诚然有的在唐宋甚至先秦就已出现了,但为什么两千年来它们只能作为"俗字"存在,而不能登大雅之堂呢?"俗字"概念的存在,正说明了古人既坚持原则又大度宽容的心态;一方面,自东汉许慎《说文解字》之后,正字的观念深入人心;自唐代颜师古《匡谬正俗》等书之后,更确立了区分正俗,坚持正体的传统;另一方面,一些"俗字谱"之类著作的编纂,说明古人也未尝无视俗字的存在,实际上也容许人们在平时随意的书写中使用,但在正式场合(例如科举考试)古人却坚持必须用正体。简化字使某些俗字上升到正字的地位,看起来只是个别字的换用,但实际上却冲垮了人们心理上的"正俗"之防。"二简"的出笼更等于直接提倡"俗就是正"、"俗胜于正"的野蛮做法,从而完全颠覆了两千年来的文字心理。"二简"的失败,说明群众中还保留着的传统心理终究还是胜过了"文改"专家们的胡作非为。这个经验教训值得记取,更值得今天的有关部门重视。汉字简化绝不是个别字选择的对错好坏问题,而是事关大局,涉及到语言心态和民族文化心理,任何轻举妄动都会造成意想不到的伤害。

而"人类文字发展共同规律"论带来的是百余年波澜壮阔的汉语拼音化运动。既然人类文字发展的最终方向是音素文字亦即西方模式的拼音文字,那么在巨大的社会变革的同时,汉字改革一步到位,直接从第二阶段进到第四阶段当然就是最正确、最"科学"的举动。可惜的是,尽管这场轰轰烈烈的运动搞了一百多年,尽管改革的推行者还曾经游说动了国家最高领导人,让他发出"汉字必须改革,走世界各国共同的拼音方向"这样的最高指示、从而最大限度地减少了推行的阻力,然而这场运动最终还是以黯然收场告终,1986年国家文字改革委员会更名国家语言文字工作委员会本身就宣告了这一场闹剧的结束。但是百余年信奉"科学"理论带来的盲目自信、百余年前赴后继的努力造成的欲罢不能的冲动和余绪,使得有些人对拼音化抱着难以舍弃的感情,一方面视机会就出来兜售,一方面利用人们的思维定势对已有的推行拼音化实践千方百计进行保留,甚至不惜违背"国家语言文字法"。当前语言文字应用方面的混乱,有不少就与此有关,例如小学教育。目前中国许多地方的小学生,一上学就是三种语言混着学:汉语、英语、汉语拼音,样样要学,而且样样都重要,不知道世界上还有什么地方有此奇特景象。这里的情况很复杂。英语该不该学,特别是该不该"从娃娃抓起",也是一个值得探讨的问题,但这里无法展开。中文自身也有两种。我们有意把汉语拼音也叫作"语言",这不是在混淆视听,而是指不少地方的实际做法,就是把汉语拼音当作"语言"在教。本来,按照国家语言文字法,汉字拼音只是为汉字注音的辅助工具,就好比学英语时用的国际音标,但有谁见过哪个英语国家从小学,甚至从幼儿园起,就像我们国家教汉语拼音那样,花那么多时间、那么大气力去教国际音标的?恐怕更没见过教国际音标时除了教元音辅音(相当于我们的声母韵母)和拼写以外,还要用国际音标拼单词、拼短语、拼句子,甚至拼读全文的。有些地方更积极鼓励所谓"拼音识字,提前读写",也就是用拼音或者汉字夹拼音来写文章。那样做,不是把汉语拼音当作一门语言去教又是什么呢?胡适当初说过一句话还是有道理的:"一个国家的教育工具只可有一种,不可有两种。如果汉文汉字不配做教育工具,我们就应该下决心去废掉汉文汉字。如果教育工具必须是一种拼音文字,那么,全国上上下下必须一律用这种拼音文字。"(胡适,1935b:14)现在我们从小学起就塞给学生三种教育工具,平白加上外语不算,在本国文字上也要"双管齐下",对于处于启蒙期的儿童到底有什么益处呢?有不少家长认为,让孩子从小多学点东西总是好的,殊不知小学生的精力再旺盛,毕竟也是有限的,"顾此"必然"失彼",因而看似"爱之",实则适足"害之"。现在许多小孩子长大以后,中文没有学好,英文也没有学好,就是这种混杂教育的结果。唯一学好的可能是一口漂亮的普通话,但这使人怀疑:十几年的语文教育,难道只是为了达到推广普通话这一个目的吗?这样一件本来并不太难,甚至不一定非在学校进行的事情(例如香港特首曾荫权作为一个成年人,通过听邓丽君歌曲和中央台新闻广播,也只花了短短几个月内就基本学会了普通话),真值得国家倾义务教育之全力去实行吗?在这样的情况下,语文课还有多少精力去提高孩子真正需要的语文修养呢?

似是而非的理论还有一些,例如从马建忠到胡适的所谓"文法乃教文字语言之捷径"(胡适,1935a:5)之类,限于篇幅,这里不再展开。然仅从上面所论,已足已引起我们认真思考。思考之一是语言学理论对于中文危机的责任。我们无意把当前中文出现的危机全部归咎于语言学,当然语言学也无力承担起这么重的责任。我们想问的是,在这么重大的社会问题面前,"语言学家们"在象牙之塔里怎么还能坐得住?难道语言学真是一门"纯科学",可以关起门来研究,远离社会和实践吗?难道语言学只管胡搬乱套、宣传一些似是而非的理论,造成后果之后,却拍拍屁股就可以走人了吗?思考之二是怎么对待国外的理论。本文提到的一些理论都冠上了"似是而非"四个字,仔细琢磨起来很有意思,凡"似是"的内容大部属于国外,凡"而非"的内容则都是在中国。这就意味着,这些理论在国外时并不见得错,至少并非全错,但为什么一到了中国就会全部走样、变成了百年来愈演愈烈的中文危机的渊薮呢?"桔生淮南则为桔,桔生淮北则为枳",看来问题不在于"桔"或西方理论本身,而是中国人移植过程中的方法和心态。思考之三是研究者的基本学术良心。检验真理的唯一标准是实践。如果经过几十年、上百年的检验,发现一种理论不但不能促进,甚或还会促退人们的实践,那该抛弃的肯定应该是那种理论,哪怕它的家世再显赫、过去的历史再辉煌。如果为了维护某种理论的"正确"而昧着良心说瞎话,甚至硬要事实迁就理论(如以几十年作代价、几亿人作为试验品来证明"人类文字发展的规律"),那就不配称负责任、有良心的中国语言学家。近二十多年来,中国学术界正在兴起一个反思热潮,纷纷检讨一百年来过度"西化"在中国人文学术领域造成的后果,寻找被丢失的"中国性"。语言学界自外于中国学术界的时间已经够长了,在这方面更已大大落伍了,此时再不迎头赶上,更待何时?我们要借挽救中文危机之时,重整中国语言学的雄风,这样才能真正立足于 21 世纪,无愧于中华民族伟大复兴这一壮丽璀璨的事业!

参考文献

Crystal, David, 1997, *The Cambridge Encyclopedia of Language*, 2nd edition, Cambridge: Cambridge University Press.
陈独秀,1935,《答胡适之中国新文学大系·建设理论集》,上海:上海良友图书公司,上海文艺出版社,2003 年。
方　回,1283(元至元二十年),《瀛奎律髓》,上海:上海古籍出版社,2005 年。
胡　适,1935a,"逼上梁山",《中国新文学大系·建设理论集》,上海:上海良友图书公司,上海文艺出版社,2003 年。
胡　适,1935b,"导言",《中国新文学大系·建设理论集》,上海:上海良友图书公司,上海文艺出版社,2003 年。
刘半农,1935,"我之文学改良观",《中国新文学大系·建设理论集》,上海:上海良友图书公司,上海文艺出版社,2003 年。
潘文国,2008,《危机下的中文》,沈阳:辽宁人民出版社。
德·索绪尔,1916,《普通语言学教程》,高名凯译,北京:商务印书馆,1980 年。
谢　冕,2009,"说不尽的传统",《文学报》2009 年 2 月 12 日,第 4 版。
张中行,1988,《文言与白话》,哈尔滨:黑龙江人民出版社。
朱　竞(编),2005,《汉语的危机》,北京:文化艺术出版社。

(原载《杭州师范大学学报》2009 年第 3 期,第 28-34 页)

寻找自己家里的"竹夫人"
——论中西语言学接轨的另一条路径兼谈文章学

中西语言学如何接轨？从理论上来说有两条途径：一条是由西往东，从西方的语言研究出发，看看中国可以从中找到什么启示；一条是由东往西，从中国的语言研究出发，看看西方可以从中得到什么启示。然后东西双方才能达致"会通"，共同开辟世界语言研究的新方向。可惜100多年来，绝大多数人所走的几乎都是第一条路子，由西往东或所谓的"西学东渐"。我们总是从西方出发，从西方的理论、体系出发，看看西方有的东西，我们这里有没有；西方人建立的理论，在我们这里能不能得到证明。而很少有人尝试走第二条路子，即由东往西，尝试做一下反方向的研究，看看中国有的东西，西方有没有，或者中国人建立的理论、体系、学说，在西方能不能得到证明。

这样的单向研究路子，路径隐含了一个前提，造成了两个后果，产生了三个方面的影响。

单向的由西往东路子东的路径实际上就是"全盘西化"论的产物，其隐含着的前提就是是西方的东西一切皆"先进"，是我们永远的学习的榜样；而中国原有的东西一切皆"落后"，有待于用西方的科学方法去"整理"。这一前提在心理上使许多中国人永远把自己放在从属的地位，而且安之若素，尽管嘴上会说说什么"赶超"之类，但实际做法永远是停留在"不断引进"的低层次阶段。

这一研究路径造成的两个后果是：第一，彻底摧毁了中国传统的学术体系。中国几千年来构建的从"七略"到"四部"的学科体系，与西方自17世纪以来所形成的新的学科体系，本是建立在不同基础上的，一重综合，一重分析，各有其合理成分与不足。但在"整理国故"的旗帜下面，"四部"体系不战自降，被打得七零八落，只有经过西方学科体系作筛子"筛"过一遍之后，才能决定去留。而所谓"留"，实际上已经经过了西方式的改造，纳入了西方的学科体系，不复留存传统学科的旧貌；所谓"去"，不是扫地出门就是彻底被边缘化。这是20世纪以来整个中国传统学术体系所遭遇的命运，中国语言学自然也不例外，也许更甚。中国传统以训诂学为中心、文字学和音韵学为两翼的语言研究传统，经过西方语言学的筛子一一筛选之后,面貌发生了根本的变化,表现有四:首先,文字学被踢出了语言研究的殿堂。因为在西方的体系里,文字只是语言(音)的符号,是"符号的符号",不属于语言研究的对象,自然中国也应该这样。于是,中国一大批文字学研究者从此就成了语言学的"边缘人",要靠"语言学"的恩惠才能偶尔参加一下"语言学"的项目,而且好像总是有"名不正,言不顺"的感觉。其次,音韵学被改造成了汉语历史语音学,从音类研究转为音值描写,从为训诂服务的所谓"经学附庸"变为以构拟汉语语音发展史为宗旨的"独立"学科。然而"婢子"尽管成了"夫人",却未能得到"夫人"应有的尊宠。要问现在学术界有什么学科最不为人关注,音韵学肯定榜上有名,因为到了以构拟无法验证的中古、上古,甚至太古时代的汉语读音为研究主要目的的时候,这一"研究"就必然会成为"画鬼"比赛,谁也无法证明自己画的鬼比别人画的鬼更像鬼。退一万步说,即使"构拟"成功,证明了几千年前汉语与什么语言同源;几万年前,汉语又与什么语系同源;甚至几十万、几百万年前,全世界猿人说的都是东非那只雌猿说的"夏娃语",也不知道对当前的语言研究和应用带来什么影响?难道因为若干年前我们与什么语言同源,今天那门外语就不学自会了?而由于"历史语音学"强调自身的独立性,也就不屑成为其他学科的"附庸",当年那些有赖于音韵学的训诂学、方言学、中国古典文学、现代戏曲学等等,也就只能离之而去,让其独自去孤芳自赏。真不知道"独立学科"地位给音韵学带来的是喜还是悲。第三,训诂学完全解体。由于在西方的学科体系里没有中国那样的训诂学,于是传统训诂学的研究的内容只能按照西方的学科分类加以肢解,分别归入词汇学、语义学、修辞学、风格学、方言学、文献学,当然还有及语法学。除了顽固守着老古董的人之外,在现代语言学学科体系里,训诂学已经没有地位可言。第四,原先在传统语言研究里毫不起眼的语法研究一跃成为语言研究的绝对中心,这是因为西方两千年来的语言研究始终以语法为中心,中国语言研究要"现代化",这是必由之路。

由西往东之路径造成的第二个后果是,中国的人文学术研究(包括语言研究),被绑到了西方学术研究的战车上,沦为西方学术的附庸,难以自拔。由于当今各门学科的理论、概念、体系、术语,乃至研究的对象和问题,几乎来自西方,因而只能身不由己地被人裹挟着往前走,甚至连走得对不对也只能依别人的标准来衡量判断。吕叔湘先生曾经说过,几十年来的中国语言学总在西方人后面"跟着转"。其实岂止中国语言学,哪门学科不是如此!中国语言学也许只是更典型一些而已。这就造成100多年来所谓中国语言学的现代化,实际上就是中国语言学的西方化,这些年来更体现为"美国化"。有人很不屑于"中国特色语言学"的这个提法。不知他们是否想过,他们实际所从事的只不过是"美国特色的中国语言学",因为几十年来的事实就是,我们所研究的那些理论、概念、问题、争论,几乎全来自美国,中国语言学的"繁荣"和"转向",几乎就是随着美国语言学的潮起潮落,而不仅仅是"跟着转"而已。如果"中国特色语言学"是要不得的,那"美国特色的中国语言学"真的是我们的目标和方向吗?

这一个前提、两个后果对当今学术生态,特别是语文研究与应用方面产生了三个方面的影响。第一,民族虚无主义根深蒂固,中国人、中国知识分子已经找不到回家的路。他们对传统茫然无知,传统留给他们的印象除了落后,就是愚昧,一些年轻人甚至一听到中国传统的东西,例如中医,例如繁体字,例如文言文,就头疼、反感以至厌恶。在当今中国经济腾飞,国势日增,全世界把眼光投向中国,"中华民族伟大复兴"的口号深入人心的时候,在国际上产生"汉语热"、中国文化热,我们面临着向世界传播中国文化的时候,与之形成鲜明反差的是,绝大多数中国人已经根本不知道中国文化是什么,也不知道中国语文到底是怎么一回事。第二,中国语文教育面临前所未有的危机,中小学语文教学质量每况愈下,我们对之束手无策;对外汉语教学费时费力,面临着"汉字难、汉文难"的瓶颈,外国人从喜爱而来到畏之而去(许多国外大学,学汉语的学生第一年人头攒动,第二年锐降一半,到最后毕业的只有入学时的一二成),我们也没有更好的办法。第三,正因为找不到回家的路,也找不到解决实际教学问题的办法,因而每当我们提出要发展中国语言学的时候,就只能一次比一次更加义无反顾地拼命追随国外语言学,不断引进,快速引进、不分青红皂白地引进,好像舍此以外别无他法。而在引进过程中,面对潮水般涌进的西方理论,我们完全丧失了辨别能力。30年来我们引进的西方语言理论比以往任何时候都多,但我们对西方语言学的识别能力和批判能力甚至还不如以前。由于无法辨别,结果只能跟着"浪头"走,跟着"主流"走,谁发出的声响大,就跟着谁走,而对解决实际问题同样束手无策。

在这样的情况下,我们不得不质疑我们所走过的道路,质疑我们这种一厢情愿的单向式研究道路是否是发展中国语言学的唯一道路。我们无意否定"由西向东"是中西语言学接轨的一种方式,也承认在这样的接轨过程中,我们在一些具体领域、具体方面曾取得了一些成绩。但我们想问的是:这是中西语言学接轨的唯一方式吗？中国语言学的发展，就只能永远绑在西方语言学的战车上吗？中国语言学的独立性在哪里？中国语言学对世界语言研究的贡献又如何体现？

这使我们想起了王力先生早在70多年前就说过的一段话：

> 不过，我们对于某一族语的文法的研究，不难在把另一族语相比较以证明其相同之点，而难在就本族语里寻求其与世界诸族语相异之点。看见别人家里有某一件东西，回来看看自己家里有没有，本来是可以的，只该留神一点，不要把竹夫人误认为字纸篓。但是，我们尤其应该注意：别人家里没有的东西，我们家里不见得就没有。如果因为西洋没有竹夫人，就忽略了我们家里竹夫人的存在，就不对了。（王力，1936/1985：92）

原来王力先生早就发现了采用把"由西向东"作为唯一模式将会造成的后果，这就是：第一，"把竹夫人误认为字纸篓"，也就是在套用西方理论、将之应用于汉语时犯了"削足适履"的毛病；第二，"忽略了我们家里竹夫人的存在"，而这是"我们尤其应该注意"的东西。回顾王力先生的一生，他的语言学研究，可说就是在"不把竹夫人误认为是字纸篓"和"寻找自己家里的竹夫人"这两方面做文章，他在语言学上的成就和贡献都证实了这一点。尤其在语法学这一从西方引进的学科上，王力先生的发现和发明之多、之重要，可说是百年来的第一人。《中国现代语法》在这一书中，王力先生还说过：

> 本书的目的在于表彰中国语法的特征，汉语和西洋语言相同之点固不强求其异，相异之点更不强求其同，甚至违反西洋语法书中的学说也在所不计。（王力，1943/1985：3）

很多人没有意识到这句话里不仅隐含了王力先生不顾异议、坚持走"由东向西"、旨在使中西语言学接轨的另一条路子，更显示了王力先生在这一问题上的强硬态度。所谓"甚至违反西洋语法书中的学说也在所不计"，强势得甚至有点"霸道"的态度，透露了王力先生坚持这条道路的决心。这对于我们今天来说，也是一种有力的鞭策。

王力先生之后，继承他的传统、认真寻找中国语言学"竹夫人"的，有郭锡良先生和徐通锵先生等。郭锡良先生坚决否定数十年来几成定论的"汉藏语系说"(郭锡良,2008),正是所谓"甚至违反西方语言学也在所不计"的态度,可说是对数十年来"西方特色的汉语语言学"研究的釜底抽薪。徐通锵先生提出"字本位"理论,并从"字"出发,建立了全新格局的普通语言学(徐通锵,1994;2001;2007),更是端出了"自己家里的竹夫人",不由不使人肃然起敬。从王力到郭锡良、徐通锵,三位北大语言学前辈一脉相承,可说形成了一种"北大精神",我想这也许可以叫作"寻找竹夫人"的精神,就是在学术研究中,真正以平等态度对待中国和西方,不亢不卑,尊洋而不崇洋,同时致力于寻找、发掘自身的学术资源和学术传统。总结百余年来汉语研究的得失,我觉得在当今特别需要发扬这种精神,这才是中国语言学真正的发展方向。在这一前提下,笔者想就"文章学"研究作些讨论。

否定了"汉藏语系"说,提出了"字本位","寻找竹夫人"的下一步可以做什么?我建议,不妨开展"文章学"的研究。

有人也许会哑然失笑:文章学有什么特殊的?西方不也有"写作学""风格学""修辞学",现在又有了"篇章语言学"吗?确实如此,在西方的写作学、风格学等等学科里面确实都有文章学的内容,但是第一,请问我们能够用其中任何一种来与文章学相对待吗?比方说,"文章学"等于"写作学",或者"风格学"、"修辞学"、"篇章语言学"吗?如果文章学果然可以与这些学科中的一种划等号,那当然没有必要专门提出来加以研究;但如果文章学包含了所有这些学科却又不等于其中任何一种,那就说明文章学确实是中国之"所独",值得作认真的研究。第二,有谁能给出"文章学"在英文或任何一种西方语言里的贴切译法吗?不要以为这是在考英文。概念的对译,其实正是检验"由西向东"和"由东向西"两种研究路径的一块"试金石"。走"由西向东"的路径,一切在西方都是现成的,把英文的学科术语翻译成中文,把找到的与之似乎相关的内容往里塞,于是中国也就"有了"这一学科。而在中国找一个学科或术语,无法在英文中找到对应词的,就往往成了无法"科学化""现代化"而只能扔在一边的东西。"经部、小学、子部、集部"等等这些名称都无法翻译成外语,这就是四部体系被打散的原因。"道""气""阴阳""太极"等这些术语无法译成贴切的外语,这也成了指责它们"玄虚"不科学的理由。其实越是难以翻译的东西越可能有其独特性,更有可能是咱们家里的"竹夫人"。"文章学"在西方找不到对应词,正好证明这可能是中国之所独。第三,我们可以再推进一步,谁都知道中国文章学的第一部名著是刘勰的《文心雕龙》,但是,按照西方学术体系建立起来的现代中国学科体系却说这是一部体大思精的"文论"著作。请问在西方,有这样打通语言和文学,既是文论名著又是语言学名著的学术著作吗?中国的文章学不仅包含了西方的文体学、写作学、篇章学、语法学等等,甚至还包含了西方的文学理论,其蕴含的"竹夫人"的独特价值是毋庸置疑的。

然而更重要的是第四点,即使把上面这些学科全部归入其内,我们还是不能穷尽文章学的内容。传统文章学中有一些核心的东西是西方完全不具备,至少是迄今为止没有人系统研究过的,把这些东西发掘出来,走"由东往西"的路径,也许可以充实西方各学科包括语言学的学术研究,真正使中国在学术上包括语言研究上对世界做出较大的贡献。

中国的文章学起源很早,"篇"作为文章组织单位的名称起自东汉,见于王充的《论衡·正说篇》。"文章之学"的名称则出现于北宋,在朱熹、吕祖谦编的《近思录》第二卷里,记载了北宋学者程颐(伊川)的话:"伊川曰:古之学者一,今之学者三,异端不存焉。一曰文章之学,二曰训诂之学,三曰儒者之学。"训诂之学就是后来所谓"小学",儒者之学是古代的"大学",而名列三学之首的"文章之学"包含的范围最广,把两者以外的学问全部包括在内了,如文体、风格、篇章,以及文学的内容与形式、文学批评等等。1910年章太炎先生刊布《国故论衡》,分国学为三个部分:小学、文学、诸子学,除了把儒者之学扩展为诸子之学外,大体与程颐的三分相当,其所谓的"文学"就是文章学,而不是今天从西方引进的以小说、戏剧、诗歌、散文四分为核心的"文学"概念。我曾经把文章之学的内容归纳为六个方面:句读之学,章句之学(又可分为章句、科判、义疏),语助之学,文体之学(包括体裁和风格),文式之学,文法之学(作文之法,比现在所谓"语法"内容要丰富得多)(潘文国,2007:4-5)。有些可与西方的相应相关学科相对应,有些在西方是找不到的。而文章学作为一个整体,这样一个概念在西方更未存在过。作为传统国学的一个独立部门,文章学的某些观念,典型地体现了中国文化和中国语文的特色,这都是进行中西比较时值得高度重视的。限于篇幅,这里仅提出四个方面的初步意见:

第一,"文章"的崇高地位。

《左传·襄公二十四年》最早把立言与立德、立功并提,作为"三不朽"之一:"太上有立德,其次有立功,其次有立言,虽久不废,此之谓不朽。"后来曹丕在《典论·论文》中进一步发展说:"盖文章,经国之大业,不朽之盛事。"刘勰在《文心雕龙·原道》中也说:"文之为道也大矣,与天地并生者何哉?"他们都把文章提到了极高的地位。我们千万不要以为他们只是说说而已,这确是古人对待对文章的实实在在的看法。从文章如此崇高的地位出发,才有了《易传·文言》的"修辞立其诚"的要求。可以说,德在文先,为文以诚是古代文章学的第一个核心思想。古人把"道德""文章"并提,并不是偶然的。这在西方的各种语言学、文学理论里面是找不到的。这决定了中国人对文章的特殊态度。

第二,"文章"的超"文学"性。

刘勰《文心雕龙·情采》说:"圣贤书辞,总称文章,非采而何?"这句话里有两点值得注意。一是文章包含的范围极广,只要写下来的都叫作文章。二是文章天然地要求讲文采,不讲究文采的就不能叫作文章。后来章太炎给文学下定义,用的就是刘勰的观点,也就是说只要写下来的有法式可论的都是文学,他说:

> 文学者,以有文字著于竹帛,故谓之文。论其法式,谓之文学。凡文理、文字、文辞,皆称文。言其采色发扬谓之彣,以作乐有阕,施之笔札谓之章。(章太炎,1910/2006:38)

这个定义与后来"五四"学者们的定义显然不同,例如刘半农区分应用文与文学文:

> 应用文与文学文,性质全然不同,有两个譬喻:(1)应用文是青菜黄米的家常便饭,文学文却是个肥鱼大肉;(2)应用文是"无事三十里"的随便走路,文学文乃是运动会场上大出风头的一英里赛跑。(刘半农,1935/2003:95)

又如胡适认为无论什么文,只要写得美的便是文学,否则便不是。他说:

> 语言文字都是人类达意表情的工具;达意达的好,表情表的妙,便是文学。……无论什么文(纯文与杂文韵文与非韵文)都可分作"文学的"与"非文学的"两项。(胡适,1935/2003:214;216)

而美不美的标准,其实是各人心里掌握的,甲认为美的,乙却不一定认为美,这实际上就等于没有了标准。

我们要需要注意到,对"文学"下定义,是在西方的文学概念引进以后的事。西方把文学分成小说、戏剧、诗歌、散文四大类,中国人引进之后以后,全面运用到对文学史的解释,但在散文的界定上他们出现了分歧。因为按西方的概念,散文有文学与非文学之分,纯散文或美文(belles lettres)是文学,应用文(包括说理文、说明文乃至一部分叙述文)就不是文学。而中国古代"集"部里面所收的文章绝大部分是应用文,这些文章算不算文学?这就出现了上面的三种分歧意见。从传统文章学角度看,所有文章都是文学,所有文章都应该是美文,都应该以美文的要求去要求鉴别它;而从西式文学观念看,应用文无须认真,随随便便就可以了。这种观念对一个世纪来中国人文章水平之下降应该说负有重要责任。

第三,"文章"的超"语法"性。

刘勰在《文心雕龙·章句》里有一段有名的话说:

> 夫人之立言,因字而生句,积句而成章,积章而成篇。篇之彪炳,章无疵也;章之明靡,句无玷也;句之清英,字不妄也。(刘勰,501/1988:306)

许多人说中国古代没有语法,其实这段话里就体现了古代非常完整的语法学思想,在某些方面,它还超越了今人。这段话有三个方面值得注意。第一,20世纪以来,我们的语法研究,基本上是跟着西方走的。西方的语法研究,经过了三个阶段:19世纪末以前,语法研究的中心在词;20世纪初以来,语法研究的中心转到句,直到今天,在西方所谓的主流语言学——生成语言学里,语法研究的上限还是句。西方人提出篇章语言学,是20世纪80年代以后的事。受西方影响,在将近100年的汉语语法研究中,其重点也一直在是词、句,直到21世纪开始,才有人(如屈承熹,2006)关注到篇章。然而早在1500年前,刘勰的语言单位就已经到了篇。第二,许多人引这段话,都只引前一句,而不引后一句。但这两句话其实是个完整的整体。我曾分别把它们叫作汉语章句学的"生成论"和"调控论"(潘文国,2002:203),认为它"强调从字到篇、从篇到字是个辩证运动的过程。这种理论与单纯强调分析的西方传统语法和结构主义语法,以及单纯强调生成的生成语法都表现出了不同的面貌",是"中国语言学对世界语言学的贡献"(同上:216)。第三,我们还经过研究证明这里说的"章句",其实等于唐代以后说的"句读",刘勰的"句"=后人的"读",是个韵律单位,因而"生成+调控"也体现了汉语组织的"音义互动律"(潘文国,2002:183-185)。

第四,"文章"的灵魂。

曹丕在《典论·论文》里第一次提到"文以气为主"。从那以后,"气"成了历代中国人写文章追求的最高标准。因为西方语言理论和文学理论里都没有这个东西,于是这个"气"就同中医的阴阳五行和经络学说一样,被20世纪以来的西式文论家们斥为玄虚和荒诞不经,被排除到文学理论之外。其实"气"是中国艺术的灵魂、最重要的"竹夫人",它不仅属于文学,也属于书法、绘画、音乐、建筑等许多艺术领域。南朝谢赫的六法理论把"气韵生动"列为第一条。没有"气韵",就没有中国绘画,同样,没有"气",就没有中国的文章。许多人认为"气"说不清楚,不"科学"。其实从语言学角度看,"气"是可以说清楚的,而且古人早就已经说清楚了。这中间说得最清楚的,是清初的刘大櫆,他说:

> 神气者,文之最精处也;音节者,文之稍粗处也;字句者,文之最粗者也;然论文而至于字句,则文之能事尽矣。盖音节者,神气之迹也;字句者,音节之矩也。神气不可见,于音节见之;音节无可准,以字句准之。音节高则神气必高,音节下则神气必下,故音节为神气之迹。一句之中,或多一字,或少一字;一字之中,或用平声,或用仄声;同一平字仄字,或用阴平、阳平、上声、去声、入声,则音节迥异,故字句为音节之矩。积字成句,积句成章,积章成篇,合而读之,音节见矣;歌而咏之,神气出矣。
> (刘大櫆,1847/2007:4109-4110)

正因为在西方理论的影响下我们丢掉了"气"这个文章的灵魂,才造成了20世纪以来中国人文章质量的下降。我们写不出好文章,还却不知道是什么原因。

这四个方面,可以说是中国文章学最富有特色,而且是在西方各种理论里找不到的东西。可见这确实是咱们家里的一只珍贵的"竹夫人"。从咱们的"竹夫人"出发,反过来到西方去寻找,也许可以发现很多以前没有注意过的东西,比如说,我们以为西方没有的,是不是真的没有?或者说,它在西方会不会以一种我们所不知道的方式存在着或存在过?这样做,东、西方互相推动,一定可以互相受益,共同促进人类学术的发展。

有人会问,文章学里涉及那么多别的学科的内容,还算是语言学研究的对象吗?这里涉及到两个问题:一是学科的分类;二是研究的方法。

第一,学科的分类。学科的分类应该是跟着人们的需要走的,是一个动态的、发展的过程,没有什么天经地义、历千古而不变的标准。但很多人并不这么想,特别是20世纪引进西方格局的学科分类体系以后,人们以为这就是现在最科学的分类,任何突破都属于离经叛道。其实,我们现在头脑里关于拥有的"语言学"的概念,不过是索绪尔以来才有的,迄今还不到100年。在此之前和之后,"语言学"的范围不知有过多少变化。19世纪末以前,"句"是语言研究的对象吗?20世纪末以前,"篇章"和"话语"是语言研究的对象吗?从某种角度讲,文章学在中国的"没落"本来就是西方学科分类体系东渐的牺牲品。正是根据西方对于对文学与语言学的严格分野,在20世纪初"整理国故"之后,文章学就成了个"两不管"以至三不管、四不管的领域:语言学不管,因为它不注重句以下的形式分析;文学不管,因为按分工讲文章结构、修辞什么的应该是语言学的事情;修辞学不管,因为当时刚刚引进西方的修辞学,人们正热衷于谈论"修辞格"之类又新鲜又好玩的东西;写作学不管,因为它关心的是"怎么做白话文",文章"义法"之类早成了该打倒的老古董……今天如果我们仍旧用老的学科分类标准去衡量,我们只能回到出发的地方。要实现突破,只有采用新的思路,而首先要需要突破的是那些陈旧的定义,诸如语言学只是研究"就语言和为语言而研究的语言"之类(其实这个定义现在西方人早已突破了,用不着我们来强调),而采用最朴素的认识:语言学是研究语言的学问,因而凡跟语言有关的都值得研究。其次就要看今天的语言研究需要什么,我们在语言问题上面临着什么样的问题。这样我们就会发现,文章学的研究有着急迫的现实意义。张志公先生早在20年前就指出过:

> 宋代以下,传统语文教学的头绪很简单,一点都不复杂。一共干两件事:一是花大力气对付汉字,一是花大力气对付文章。(张志公,1992:150)

"宋代以下"有一千年上下的历史。这就是说,中国积累了一千年的语文教学经验。而20世纪以降,中国中小学的语文教育质量却越来越不如人意,已引起了全社会的关注。对此,我们不应该进行认真反思吗? 实际上,我们是把本来"一点都不复杂"的问题人为地复杂化了,我们花了很大的力气去教拼音,花了很多精力去教语法,就是不肯"花大力气对付汉字",不肯"花大力气对付文章"(除非你把归纳"中心思想、段落大意、写作特点"然后让人死记硬背的做法也叫作"文章"! 之学)。在对外汉语教学中也是这样,有关汉字和汉语书面语的教学已成为对外汉语教学的两大"瓶颈";而我们津津乐道的还是热衷于编写外语式的对外汉语教材,注重"词汇量、语法点、会话"等等。

第二,研究方法。几十年我们几乎已经习惯了跟在别人后面做研究,别人搞词法我们也搞词法,别人搞句法我们也搞句法,别人搞语篇了我们也才想到要搞语篇。但很少想过,为什么我们一定要跟在别人后面走,别人研究了的我们才能研究、别人没研究的我们即使有好东西也只能让它烂在田里呢? 文章学也许是个新突破口,因为文章学的提出,不能说完全没有受到西方篇章语言学的影响,但必须郑重指出,这两者又有本质上的不同。西方两千年的语言研究是个语法学传统,而中国两千年的语言研究是个修辞学传统。语法重在"对不对",而修辞重在"好不好"。篇章语言学的核心是"语篇性"(textuality)的问题,也就是语篇成立的条件,这仍然是个"对不对"的问题,篇章语言学的核心概念"衔接"(cohesion)和"连贯"(coherence)就是为此设立的。而文章学的核心是"气",是"神",本质上属于"好不好"的问题。两者旨趣大异。如果我们指望西方人开始研究文章的"气"和"神",然后再跟进,这一天将永远不会到来。

参考文献

郭锡良,2008,"汉藏诸语言比较刍议",《中国语言学》(第一辑),济南:山东教育出版社。
胡　适,1935/2003,"什么是文学",《中国新文学大系·建设理论集》,上海:上海文艺出版社。
刘半农,1935/2003,"应用文之教授",《中国新文学大系·建设理论集》,上海:上海文艺出版社。
刘大櫆,1847/2007,《论文偶记》,王水照编《历代文话》第四册,上海:复旦大学出版社,2007年,第4105-4118页。
刘　勰,501/1988,《文心雕龙》,周振甫今译,北京:中华书局。
潘文国,2002,《字本位与汉语研究》,上海:华东师范大学出版社。
潘文国,2007,"英汉语篇对比与中国的文章之学",《外语教学》2007年第5期,第1-5页。
王　力,1936/1985,"中国文法学初探",《清华学报》11卷1期,又载《王力文集》,第三卷,济南:山东教育出版社,第 87 - 152 页。
王　力,1943/1985,《中国现代语法》,北京:商务印书馆。

(原载《杭州师范大学学报》2012 年第 3 期,第 93 - 99 页)

欧游归来漫谈语言学问题

一、缘起

这次暑假旅欧十余国,是在完全没作任何准备的情况下进行的,因为听人说英语已经是准世界语,可以走遍世界,自信英语还过得去,因此事先未做任何"功课"。只是临时遇到了问题,才手忙脚乱地逐一解决。旅行开始不久,有位语言学界朋友对我说,可以写一篇特殊的游记,叫"语言学家游欧洲",我回答说,恐怕不是"语言学家"游欧洲,而是"文盲半文盲"游欧洲,因为实际游历的十余国,没有一个是英语国家。虽然有些场合会使用英语,但其普及范围和程度远不如中国。因此我是在磕磕绊绊的状态下,依靠远未普及的英语口语和偶尔提供的简单英文翻译,摸索着走完了全程。在这过程中对语言问题有许多新的感触,想在这里跟大家分享。由于还没来得及进行认真梳理,因此只能叫"漫谈"。

二、学习外语的重要性

这里说的"外语",是不包括英语在内的。近半个世纪来,不管愿意不愿意,英语已成了"准国际语言",这是人人都感觉得到的。到了国外,不懂英语,可说是寸步难行;但只懂英语,也是步履维艰。特别在欧洲,英语应用的普及程度远比我们想象的要低,甚至还不如中国一些大中城市。这使我们悟到,世界语言并非只有中文、英文两极,作为一个大国,中国教育畸重英语是个片面的选择,这在很大程度上妨碍了我们对"文化多元化"的理解和实行。当代中国人要走向世界、认识世界,学会英语以外的一两种外语可说是必然的趋势和必要的准备。由此带来的想法是,一个人学会一种外语已经很困难了,怎么学会多种语言?每种语言的需要到什么程度?"学会"又能够到什么程度?学习外语可能达到母语一样的水平吗?能用学习母语的要求去要求外语学习者吗?如果不能,那么,外语学习的语言标准与母语学习的语言标准是一样的吗?再进一步,作为母语的"语言"和作为外语的"语言"是同一个"语言"吗?能用统一的定义去定义吗?

三、语言定义再思考

对语言的定义称之为语言观。在语言观的问题上学术界充满了论争,但无一例外的是,所有的定义都是针对同一个,或者称之为单数的"语言"。这就是"普通语言学"的第一课。但是,如果外语和母语不是同一种性质的"语言",对语言怎么定义就要重新考虑。普通语言学就要重新认识。也就是说,如果外语和母语要从不同的角度去理解,普通语言学就不能只顾单数的"语言",也得考虑到复数的"语言"。须知,我们的语言实践,包括语言研究、语言政策、语言教育、语言传承,无一不是在一定的语言观指导下进行的。语言观的变化,会使我们重新认识以往的一些实践,也会影响我们今后的实践。

四、语言观的背后

对语言的定义充满了论争。语言的定义也是人各有说,有时对立得非常厉害。我曾经搜集过68种定义,把它们概括为四种:自足系统说、交际工具说、先天机制说和世界观说。分别以索绪尔、斯大林、乔姆斯基和洪堡特为代表。将近两个世纪以来在语言观上的分歧,可说基本上未出这些基本语言观的范围。现在看来,为什么会出现对语言问题的各种说法?背后是有实际的目的和客观的诱因在驱动。也就是说,凡语言观都是特定服务目标的产物,也受客观条件的制约。纯粹建立在冥思苦想、空对空基础上的语言观是不可能产生的。举例来说,被称为最具纯理论价值的生成语言学,其起源之初非常现实,就是乔姆斯基接受美国陆海空三军的委托,要从理论上解决机器翻译的可能性和应用性问题。深层结构和表层结构的理论就是乔姆斯基的最初设想,把表层结构归于各种具体语言,深层结构归于各语言背后的共性。机器翻译就是把各语言还原为深层结构,再以不同的表层结构表达出来。对深层结构的假设必然导致人类语言的普遍性,而在对普遍性没有更好的理论解释的情况下,生理构造的共同性恐怕是最"科学"的解释。生成语言学经过了五十多年的发展,其间乔姆斯基的说法一变再变,但其核心的思想却始终没有变过。我们还可以解释为什么乔姆斯基一派的理论研究以"解释"为标榜,而不以"实践"为重,因为所有类似那样的研究都是无法实证的。生成语言学如此,其他语言观、语言理论也是如此。如果说生成语言学是想解释人类语言的共性,则这些年越来越有影响的认知语言学是想解释人类语言的个性,因而必然会以洪堡特的"语言世界观"为依据,尽管有人承认,有人羞羞答答不愿承认(因为那样一来,他的"独创"性就打折扣了)。

五、交际工具说批判

当前最流行的语言观大概是交际说,认为语言是交际的工具。但联系我的欧洲之旅,我发现,这个定义主要是针对外语和外语学习而下的,对于母语来说并不合适。交际理论主要是欧洲人提出的,在欧洲也最有市场。历史上最早提到语言是用来交际的,不是现当代的语言学家,不是列宁和斯大林,更不是哈贝马斯,而是将近三百年前的法国哲学家卢梭,在他的《论语言的起源》里第一次提到两个一模一样的生物面对面,就会感到有信息需要交流,这就产生了语言。为什么交际理论会在欧洲产生?这是因为欧洲语言众多,每个人从小开始必须学几种外语,否则就无法很好地生存。交际工具观很好地解释了欧洲人使用外语的实际,对于推动欧洲人乃至世界各国的外语学习起了很好的作用。这是该理论有价值的方面。但随着把这一理论奉为语言学理论的唯一或主要基石,其带来的负面影响也正在显现。特别是对母语学习和研究的伤害,可能是致命的。这个问题比较重要,我要多说几句:

1) 真正面对面需要交流的信息是有限的,也是很容易满足的。只有在本来语言交流有困难的两个人之间,才特别强烈地感到语言是工具,缺少这个工具就困难重重。但在同一个语言内部,我们并没有强烈的交际工具感,我们思考、写作,语言并不是作为交际工具而存在的。硬要把一个人在思考说成是"自己跟自己交际",这是偷换概念。把知识传给后人,也不能说成是古人跟后人交际。因此,说语言的本质只是交际工具,这个观点是非常片面的。这次欧洲之旅是我把语言作为"交际工具"的一个切身的实践,因而有非常强烈的感受。在交际中,我唯一能使用的工具是英语,而所能交际的对象也必须是多少懂得一点英语的人。对于我们来说,英语都不是母语而只是外语,许多与我交际的欧洲人英语水平非常有限,但一般的交际任务都能完成。甚至不通英语的人,最后借助其他手段也能完成。最典型的是在威尼斯一家旅馆里,那位早餐服务员也不知道是哪里来的临时工,竟然一句英文也不会说。她干脆扮起了哑巴，就一边"啊啊啊"，一边用手势比划，也完成了交际任务。

2) 就交际而言，语言并不是唯一的工具，除了伴随手势和肢体语言之外，就语言本身来说，我的感受是"语不如文，文不如图"。从我接触的实际来看，交际的难度从易到难可以分为七个级别：英语（几乎没有难度，但只有在问讯处和机场，别的场合很少有这样的运气，甚至大城市的火车站售票处也不行）→法语→德语→荷兰语→意大利语、西班牙语→捷克、匈牙利、丹麦、瑞典等语→希腊语。这些语言除法语在30多年前曾学过一点，此外我都没有学过，为什么能分出层次来呢？主要在于文字。英语是熟识，法语是相识，德语与英语接近，荷兰语与德语接近，意大利语等与法语接近，因此后几种语言听的时候一点不懂，看的时候却似曾相识，只是程度不同。更后的捷克语等那是听也听不懂、看也看不懂，但比起希腊语来，至少字母是熟悉的，还有一点亲近感。欧洲语言相差如此之大，那靠什么进行交流呢？一是以英语作公共媒介。即使最不喜欢英语的法国，在涉外场合（如旅游、交通）也多少得依靠英语。瑞士本来就有四种语言，用得已经很难受（国内所有火车站的标志是 SBB CFF FFS，实际上是三种语言（第四种小拉丁语没有用，因人数太少)，但在瑞航的飞机上所有重要信息都是五种语言，名列第一的是英语。不过欧洲人学英语并不像我们想象的那么好，大致有两条规律，一是与英语有语言近亲关系的容易学得好，如德语和荷兰语的国家，二是穷国、小国反而学得好，如葡萄牙、丹麦、希腊和一些东欧国家。学得最不好的是法、意、西，有时连问十多个人，会说英语的一个没有，包括司机和售票员。因而以英语作公共媒介还是靠不住，那就是二，利用图形。这次游历，我在公共场所见到的图示之多可说留下了极深刻的印象。不光是厕所、问讯处，几乎所有的公共服务设施都可以用图形来表示，例如换乘地铁、公共汽车、出租车、失物招领，各种需要特殊帮助（聋、哑、残疾、语言不通）等，应有尽有。有的构思十分巧妙，例如铁路售票处就画两张车票，一张上面写1，一张写2。候车室是画一个人脚下放一个行李箱，上面是个钟。我们在设计公共领域外文译写规范，但事实证明，有的时候用图形比翻译还要好。（例如我注意到与我们原先想象的相反，在欧洲各国，厕所用 WC 的远比 Toilet 的普遍得多，这不是正确与否的问题，而是 WC 更接近符号，也就是起了图形的作用，它比文字要好）这种图，不要以为是现在发明的，其实文字的起源正是这样的图。这次在路上看到很多这样的图，观察下来，发现许多都符合"六书"中四书的原则。有象形,如画个男人代表男厕所,画个女人代表女厕所,画个地铁车头代表地铁等。有指事,如各种箭头是单纯符号性指事,两张车票上分别写上1、2是象形加符号的指事。有会意,一大一小的人就代表儿童须大人带领,一个大人带几个小孩表示学校,还有刚才说的候车室。有形声,一辆小汽车上面写上 Taxi 可以看作这样的例子。语不如文、文不如图恐怕不是我一个人的感觉,这是近几十年来国际化趋势加强、世界人口流动增多、不同语言间的人需要交际的情况越来越频繁引起的。德里达的"文字学"新理论诞生在这个时代并不奇怪。

3) 交际工具说的基础是口语交际,在语言学中,它导致了重口语轻书面语、重语音轻文字的研究倾向,在相当程度上导致了以书面语为代表的语文水平的下降。我们以前一直以为语文水平下降只是中国的事,现在看来是世界范围的。这就不能光在中国寻找原因,而要在世界范围内寻找原因。找来找去,发现问题出在语言观上。谁相信语言只是交际工具、语言研究的重点只是口语,谁家的语文水平就必然下降。只是中文的书面语传统更深,因而受害也更甚。而在翻译学中,如果把交际理论作为唯一的基础,其翻译质量也必然会受影响。因为这是混淆了英文 translate 和 interpret 两个词(在中文中分别是"笔译"和"口译",但往往混称为"翻译")的意思。口译与笔译的不同,用最简单的话来说,就是精粗的不同,口译的要求是粗放型的,笔译则是精细型的。口译 interpret 的词义就是释意,把意思说清楚就可以了,它一般不会有笔译那样的精细要求,口译的即时性也说明它不可能提出这样的要求。这次我在瑞士的 Yverdon 遇到一件很有意思的事。我一到那里按习惯先到游客中心要一张城区地图,那时大约是 9:45。接待员告诉我,你来得很巧,今天正好有个导游陪同徒步游,10:00 开始,如果你有时间,正好可以参加。我问,导游是说英语的吗?她说应该是吧。我想反正时间不长,就等,结果到了 10:00 时一共只到了四位客人,除了我和我太太之外,另有一对比利时夫妇。导游是个年轻的女孩,她在征求了比利时夫妇的意见后说,本来我们的导游都用法语,今天应客人要求用英语,我就把我们准备的材料临时翻译成英语说吧。因而她一路的导游实际上是在做即时口译。常常可以感到她有时词不达意,要在记忆中找词,有时我还会提醒她,你要说的是这个词吧?她的口音也不太标准。但总的导游结果我非常满意,因为我得到了我想要的意思,对这个小城有了最基本的了解。在别的场合跟那些英语不好的外国人交流,他们尽一切力量在帮我,常常说不成一句完整的话,只是蹦出几个词,辅以手势,然后就"OK?"当然就

OK 了，因为多数情况下我明白了他们的意思。在口译的情况下我不会有要他们字斟句酌的要求，更不会要求有什么文采。我想口译多数是这样，即使在温家宝总理记者招待会这样的场合，也只要求把意思准确译出来，而不会要求把他随口引的古诗译成富有诗意的英文诗句。从口译的角度看，这就达到了交际理论的要求。而如果把口译的要求——达意——作为唯一的要求去指导笔译，我们就会提出一个非常低的翻译标准。从中国的翻译研究史来说，就是排除"雅"的标准，把"信达雅"变成了"信达"，或者用更习惯的用语来说，就是"准确、通顺"。当然，从"信达雅"变成"准确、通顺"的过程是个复杂的历史过程，还有许多其他因素，并不完全是因为交际语言观，但交际语言观实际上在背后支持了这种理论。这种理论导致了翻译上的低要求，是造成翻译质量平庸的重要原因之一。

上面三条实际体会客观上对我们在语言学教科书上学到的一些经典说法形成了冲击，第一条使我们质疑"语言是交际工具"这一经典理论，第二条则使我们质疑"文字是记录语言的符号、是符号的符号"的理论，第三条则使我们质疑语言学只管语言，甚至只管口语，而把文字和书面语排斥在外的理论。这些认识对于我们今后的语言研究无疑会有重要的启示。

4）如果语言仅仅是交际的工具，顺理顺当的推论是这个工具应该越简单越好，越具有共通性越好。我们推广普通话的学理根据就在此。按此，世界上最好使用一种语言（以前曾经设想过人造语言如 Esperanto，但失败了。现在据说自然语言英语正在取得这样一个地位），中国现在不遗余力地推广英语、学习英语也是出于这样的认识或期望。许多国家主动或被迫将英语作为第一外语也是出于这样的现实。以瑞士和新加坡而言，它们本国的官方语言都多达四种，但在许多场合，英语都凌驾在官方语言之上。在新加坡，英语是第一交际语言，在瑞士航空，英语显然排在德、法语之上。但深入考虑下来，我们却有一些问题不得其解。第一，为什么欧洲，或者至少像瑞士这样的国家，不采用同一种语言？须知一个国家有几种官方语言，交际是非常不便的。上自官方文件，中至各种出版物，下至日常生活的各种用品，都必须使用几种语言，如航空手册、地图、旅游介绍，乃至巧克力、牙膏等日常用品，光其印刷和制作成本就颇可观。为什么不用一种"国家通用语言"呢？上推至整个欧洲的一体化进程，欧盟在可见的将来，不可能成为一个统一的国家、邦联或者联邦，最大的阻力之一就是语言不可能统一。第二，即使语言不能统一，背后有"民族利益、国家主权"等因素，那么作为"符号的符号"，文字应该很容易改造,以"适应世界潮流",就像中国人一百年来起劲地搞的"文字改革"一样。中国人甚至不惜抛弃几千年的传统,一度要把汉字改造成拼音文字。但为什么已经是拼音文字的欧洲诸国,连小小的一步都不肯迈。比方说,德语中的那个字母β,不论从读音还是从书写来说,都是多余的,改成ss一点不影响交际,也不影响记音,键盘上还可减少一个符号,可说有百利无一弊,为什么不取消呢?还有u和o上那两点,如果这两点取消,整个德文字母体系与英语就可统一了,这是多简单的改革!但似乎德国人、奥地利人,或者瑞士德语区的人从来没有想到过。同样,法语中那些带标记的字母,如e上面表示开口或闭口的一撇,c下面的尾巴,按照我们汉字简化的精神,也很容易改造,那么法语和英语的字母体系也可统一了。我发现,那些欧洲语言,捷克、匈牙利、丹麦、瑞典、荷兰等等,都有这种戴帽加靴的字母,但人家从来没有考虑过文字改革,以走"世界共同的拼音文字道路",是人家观念"落后"呢?还是我们的观念乃至实践"冒进"呢?还有希腊,这次出游,在语言文字上最痛苦的经历就是在希腊,在别的地方,尽管字不认识,还可记下它的拼写,因为用的是拉丁字母。到了希腊,连这一点都做不到,几乎寸步难行。按理,希腊字母与拉丁字母之间有完整的对应关系,如果要搞文字改革,只要按对应关系,改写成拉丁文字就可大功告成了,比汉字拉丁化不知简单多少倍,但好像从来没有什么希腊的语言学家提出过,更不要说推行了。须知希腊也是个"落后就要挨打"的国家啊!由此可见,语言也好,文字也好,远不能用"交际工具"这一简单理论去解释,而只能回到"语言是文化,是一个民族或国家的根"这个角度。我们必须从这个角度重新思考、回顾百年来汉语拼音化和文字改革的得失。一个冷冰冰的"语言工具论",中国乃至汉语是最大的受害者。语言学界对此必须引起反思。

六、余论

末了我们还想到,"交际工具说"起源于欧洲,却是中国近百年来,特别是20世纪50年代以来最有市场的理论。为什么中国这么容易接受语言的交际工具说呢?除了列宁、斯大林这一政治因素之外,从语言学因素看,所谓"外语"还应包括方言在内。中国境内语言和方言众多,有时交际起来困难很大,需要一种超越民族和方言的各民族共同语来作为全国的交际工具。可见接受这一理论是有实际意义的。但是由于几十年来以这个理论为唯一指针也确实带来了很多问题。这就使我们想到,语言的问题是复杂的,语言的定义应该是多元的,可以有侧重的不同,但不宜定于一尊,而是应该针对不同的目标有不同的侧重。而在语言实践上,我们也可重新思考某些做法。例如上面我们说到,在交际的情况下,有时候语不如文,文不如图。其实翻译也是如此,翻译的作用是有限度的,有时译不如不译。因为这些年来我一直在从事公共场所英文译写规范的制订工作,我还专门编过一本公共场合错误英语的用例手册;在国外,我对公示语尤其是英文公示语也特别关注。经过这么多年的实践,我突然悟到了一个问题:英文公示语的使用不是一个翻译的问题,而是一个社会语用的问题。而我们在公示语问题上发现的大大小小的问题,十有八九是出在太把公示语的外文使用问题当作翻译问题。我把公示语的错误分成若干类型,其中最大量的错误是由于按字硬译,即按照中文字面意思一个字一个逐字对译,结果造成了完全无法理解的"中式英文"。在这过程中还大量使用翻译软件,就更造成了笑话百出的后果。另一种情况是太强调翻译中的文化,强调中国特色,强调所谓的语言美,例如把"小草微微笑,请你脚下绕"译成 the grass is smiling at you, please detour;把"上前一小步,文明一大步"译成 one small step forward, a big step towards civilization。这就成了过犹不及。另外我们都知道,"油漆未干""闲人免进"等是无法直译的。因此我们正在提出一个新观点,即公示语译写主要不是一个翻译过程,而是一个找英语国家同样背景下的对应说法的过程,要从"翻译"这两个字中跳出来,不要把公示语的译写交给翻译公司去做,可能还会达到比较好的效果。同时,语料库的建设也要改变原来的路子,不是搜集各种错译来作为翻译批评的靶子,而是搜集各种"正译"作为规范推荐的基础。

(2011年在上海交通大学的讲座)

潘文国语言论集 下

潘文国 ——————————————— 著

华东师范大学出版社

字本位

"本位"研究的方法论意义

20世纪70年代末,尤其是90年代以来,语言研究中的"本位"问题受到了前所未有的关注。不仅先后出现了几种"本位"理论,而且有专家专门对之进行了评述。这几种"本位"理论,依其发表时间的先后,分别为:

"句本位":见史存直(1973;1986);

"词组本位":见郭绍虞(1978;1979)、张寿康(1978)、朱德熙(1982;1985);

"字本位":见王艾录(1987)、徐通锵(1991;1994a;1994b)、王洪君(1994;1996)、潘文国(1996;1997)、汪平(1997)、鲁川(2000);

"语素本位":见程雨民(1991;2001);

"小句本位(中枢)":见史有为(1991);邢福义(1996;1997);

"移动本位":见史有为(1991;1995);

"复本位":见马庆株(1998);

"无本位":见邵敬敏(1998)。

其中"句本位"的首倡者并非史存直,而是黎锦熙,见他初版于1924年的《新著国语文法》,此为语法学界所熟知。但史氏是黎氏之外,"句本位"主张最激烈、坚持最彻底的人,80年代初尤可谓这一理论之代表人物。事实上,朱德熙把自己的理论称为"词组本位",即针对史氏而发,是1980年哈尔滨语法讨论会会场之外的一段小插曲。"语素本位"的首位主张者其实也是朱德熙。在50年代,朱德熙首倡把英语的morpheme一词从"词素"改译为"语素"(参见曹伯韩等,1960),其后得到了吕叔湘等人的支持,方在学界通行。这一字之改,便使morpheme从"词"的成素变成了"语言"的要素,亦即今日之"本位"或"基本结构单位"。但后来朱氏自己改变了主张,因此我们把"语素本位"的主张者改成程雨民。程氏原先把自己的观点也称为"字本位",把他所建立的体系称为"字基语法",但他的"字"实际就是"语素",因此我们径称之为"语素本位"。"词组本位"的主张者一般都知道是朱德熙,另一位主张者郭绍虞少见有人提到,其实郭氏强调词组重要性远在朱德熙之前。当然郭氏的词组本位与朱氏的词组本位性质完全不同,但在一个基本点上,即认为汉语的词、词组、句子采取同一结构形式这一点上,两人完全相同。张寿康的

《说"结构"》一文(1978),强调"语法的研究,应以研究结构为主",如果我们不在乎名称的话,这也是一种"词组本位说"的主张。"小句本位"的名称最早是史有为提出的,早在1991年他就指出:"为了拓展语言的话语篇章领域,揭示语用层面的复杂表现,看来有必要建立'小句本位'。小句汇集着语音、语法、语义、语用四种因素,而且可以涵盖词和短语,因此从系统角度看,以小句做本位来研究语法应是在新的研究阶段中的必然。"(史有为,1991:341)但他后来没有形成体系。形成体系的始于邢福义,但两人构想相去不远。

"移动本位"也是史有为在同一篇文章中提出的,几年后他对之解释说:"如果一定要本位的话,我们无妨'移动本位',不同范围、不同处理要求可以有不同的本位。在句子(小句、单句)的范围内以一种本位(中心),在从复句到句群(话语)的范围内选择另一种本位(中心),每一级本位都需要在前一级上增加某些因素,以处理面临的不同性质的问题。"(史有为,1995:44)

马庆株的"复本位"和邵敬敏的"无本位"实际是对上述诸家的评论,马氏是从正面出发希望折衷,邵氏则从反面立论全盘否定。

对各种"本位"说进行评述的重要文章,据我们所见,主要有:

萧国政:"句本位""词组本位"和"小句中枢",载《世界汉语教学》1995第4期;

史有为:效率单位:语素和短语之间,见所著《汉语如是观》,1997年;

李宇明:《汉语语法"本位"论评》,载《世界汉语教学》1997年第1期;

马庆株:结构、语义、表达研究琐议,载《中国语文》1998年第3期;

陆俭明、郭锐:《汉语语法研究所面临的挑战》,载《世界汉语教学》1998年第4期;

邵敬敏:《八十到九十年代的现代汉语语法研究》,《世界汉语教学》1998年第4期;

陈保亚:《字本位与语义语法》,见所著《20世纪中国语言学方法论》,1999年;

王若江:由法国"字本位"教材引发的思考,载《世界汉语教学》2000年第3期。

这些文章往往对"词本位"、"句本位"、"词组本位"一带而过,着重对新提出的"字本位"、"小句中枢"等主张进行评述,其中有褒有贬。这里先要谈一谈的是邵敬敏先生的"无本位"论。因为这一主张对所有的"本位"说采取否定态度,如果这一意见成立,则本文的写作就毫无必要了。

邵敬敏先生说:"汉语语法学界最早有马建忠的'字(词)本位'、黎锦熙的'句本位',后来朱德熙提出了著名的'词组本位',近来,又有徐通锵的'字(语素)本位'和邢福义的'小句本位',还有'复本位'、'多本位'、'语用本位'、'移动本位',说不定还会冒出来什么'语义本位'、'交叉本位'等等。每种'本位说',相对地说,都有它一定的道理,对强调该语言单位或语言层面的研究都起了相当的积极作用,但是,我们也不得不指出:'本位说'往往有三个弊病:一、过分夸大该语言单位或语言层面的作用;二、有意无意地割裂了它同其他语言单位或语言层面的联系;三、会自觉不自觉地削弱对别的语言单位或语言层面的研究。不同研究者强调和研究的重点各不相同,这是很正常的,但是动辄称之为'某某本位',最终不会对语法研究带来实质性的好处。因此,我们主张'无本位论'。"(邵敬敏,1998:27)

邵敬敏先生的语法评论,向以持论公允、有全局感,兼有历史深度而著称,在学界素负盛名,亦为笔者所折服。但这段评论却不得不使人感到遗憾。从这段话我们看到,他对各种"本位"说其实并不了解。例如他认为徐通锵的"字本位"就是语素本位,就完全不合徐氏原意。因而他所指责的各种"本位说"的三个"弊病",恐怕没有一位"本位"论者会接受。第一,认为提出某"本位"就是为了"强调"或"夸大"某一语言单位或层面的作用,这并不完全合乎事实,譬如马建忠是所谓的"词本位",但他想强调或夸大的却是句法,所谓"是书本旨,专论句读"(马建忠,1898:15)。黎锦熙主张的是句本位,但他强调和夸张的却是句子的成分以及名词的"格"(所谓"实体词的七位")。第二,认为提出某某"本位"就会"割裂"与其他语言单位或层面的联系,"削弱"其他语言单位或层面的研究,这更不合乎事实。所有的"本位"论者,几乎无不关注其他语言单位或层面的研究。甚至可以说,其所以提出"某某本位",与其说是为了研究这一单位本身,不如说是从该单位出发去研究别的单位。例如黎锦熙就强调:"句本位的文法,退而分析,便是词类底细目;进而综合,便成段落篇章底大观。"(黎锦熙,1924:3)

邢福义提出"小句中枢",亦是考虑到它处于"联络中心"的位置:"在汉语各类各级语法实体中,只有小句跟其他语法实体都有直接联系,处于'联络中心'的位置。具体说,就是:在说话方式上,小句同语气相联系;在内部构件上,小句同词和短语相联系;在外部组合上,小句同复句和句群相联系。"(邢福义,1997:17)

马庆株的"复本位",同样考虑到了上下的单位:"我们主张在词法中抓词这个层级,在句法中抓词组这个层级,即抓住中间带两头;抓住词向语素推,抓住词组向句子推。……抓基本单位不等于不管其他的非基本单位。"(马庆株,1998:177)

此外，邵先生主张"无本位"，事实上恐怕也难以做到。"本位"其实是一位学者研究问题的出发点和基本立场。不管承认也好，不承认也好，凡从事研究不可能没有出发点。主张某某本位者诚然是非常清楚而自觉地意识到这一点，而没有提出"本位"的也不见得没有某种"本位"的思想。譬如马建忠就从来没有提出过什么本位，但后人从他的著作中，归纳出了他是"词本位"（黎锦熙称之为"词类本位"，似更贴切，见黎锦熙1924：3），我想马先生要是再世，也无法否认这一点。邵先生对此似乎也没有异议。在我们看来，从不自觉其本位到自觉地提出某种本位观，更体现了理论的自觉性，是语法及语言研究进步的表现，正如陆俭明先生所说："这种种语法观孰优孰劣，大家可以各抒己见，慢慢加以评说、争论。但有一点应该肯定的，这种种语法观的提出应该说标志着汉语语法学界确实已开始进入理论思考阶段，而且将给人以极大的启迪。"（陆俭明，1998：15）

这也就是为什么汉语语法研究了一百年，而除了黎锦熙以外，直到最近二十年，"本位"问题才引起人们如此关注的原因。

那么，"本位"研究究竟有什么理论价值呢？

综合考察各家提出的"本位"，我们可以发现，它们其实并不在一个层面上。也就是说，对于什么叫"本位"，各家的理解并不相同。几年前我们曾指出："'本位'这个词有三个意思：第一，可以指最重要、最根本的单位，作为语法研究的出发点的单位。第一个提出'×本位'的是黎锦熙，他主张的'句本位'就是以句子为基本出发点的语法研究；第二，可以指语法研究的基本单位，这种单位还可以不止一个。譬如英语的语法基本单位就有语素、词、短语、句子等；第三，指的是语言基本结构单位，语法研究的'基本粒子'。"（潘文国，1996：357）

拿这三个定义去观察上述各家的"本位"，我们就可发现，各人所指并不完全相同。其中"词组本位"、"句本位"、"小句本位"（"小句中枢"其实就是小句本位，为便于讨论，以下一律用"小句本位"）、"移动本位"、邵敬敏在文中提到的"语用本位"，以及他认为可能冒出来的"语义本位"（从李临定1992看，也许可说已经"冒出来"了；马庆株文中，劈头第一句就是"语义对语法有决定作用"，他的"语义功能语法"也可以看作一种"语义本位语法"）、"交叉本位"等，均指的是"本位"的第一个含义。马庆株的"复本位"及邵氏提及的"多本位"，是同时运用了第一、第二个定义。这是因为按照第一个定义，"最"什么的只能有一个，大家都是"最"，就等于没有"最"。程雨民的"语素本位"是同时运用了第一、第三个定义，却以第一个定义为主；而徐通锵等人的"字本位"，虽然也同时运用了第一、第三个定义，却是以第三个定义为主。至于"词类本位"和"词本位"，一般学者并不区分，其实两者是有区别的，前者运用的是第一个定义，而后者运用的是第三个定义。黎锦熙正确地把《马氏文通》之类"摹仿从前西文 Grammar"的文法叫作"词类本位"，以与他自己的"句本位"相对待，说明他是清楚地意识到他在用的是第一个定义的"本位"。而我们有些评论文章对这些"本位"的批评却未能区别开来，因而批评也就失去了针对性。

从"本位"所指的不同，我们可以把对"本位"研究理论意义的讨论分成两个方面去进行。

第一，着重"本位"的第一个定义，即从语法研究的最重要单位和作为语法研究出发点的角度，可以有"词（类）本位"、"句本位"、"词组本位"、"小句本位"、"语素本位"、"复本位"、"字本位"的不同。

第二，着重"本位"的第三个定义，则主要只是"字本位"与"词本位"的对立，其他的"本位"学说基本与之无关。

第二个方面与语言研究的本体论有关，而第一个方面与方法论有关。限于篇幅，本文只讨论第一个方面。从第一个方面着眼，我们认为"本位"研究的理论意义主要在于方法论，每一次"本位"观的改变都意味着汉语语法研究在方法论上的重大革新；而它们的提出，往往伴随着对汉语特点的重视和发现。

中国现代意义上的语法研究是从《马氏文通》开始的，也是《马氏文通》为汉语语法建立了第一个语法研究本位。在《马氏文通》之前，中国并不是没有语法研究，但其研究分散在两条线上，一是句读，二是虚词，而且两者基本上互不相涉，搞句读的基本上不搞虚词，搞虚词的基本上不搞句读。唯一于两者均有所述及的，只有梁刘勰的《文心雕龙》。《文心雕龙》的"章句篇"可说建立了古代汉语第一个语法体系，即所谓"夫人之立言，因字而生句，积句而成章，积章而成篇"（《文心雕龙·章句篇》。这个体系可说是个"字（不是字类）本位"的语法体系。

可惜刘勰建立的体系，后来没有得到应有的发展。因此到马建忠要建立他的语法体系时，于传统便没有什么可以借鉴。从他说的"是书本旨，专论句读"看，他还是希望与古代的研究接上榫的，但是"……而句读集字所成者也。惟字之在句读也必有其所，而字字相配必从其类，类别而后进论乎句读焉。夫字类与句读，古书中无论及者，故字类与字在句读所居先后之处，古亦未有其名。"（马建忠，1898：

15）他只能"因西文已有之规矩,于经籍中求其所同所不同者,曲证繁引以确知华文义例之所在"(同上:13),建成一个西方语言式的语法体系。马建忠没有明说他的语法是什么"本位",但他把"字类"看作是"句读"的基础,并且用十分之九的篇幅来讨论"字类",因此后来黎锦熙把它概括为"词(字)类本位",是不错的。这一本位的确立,是汉语语法研究方法论上的重大变革,完全改变了汉语语法乃至整个汉语研究的格局,其历史影响是深远的。

  黎锦熙高举"句本位"的大旗,以取代"词类本位"为己任。从后人的眼光看,黎锦熙的语法体系也是属于所谓"模仿语法",与马建忠只是五十步与一百步的区别,但在当时,黎锦熙可不这么看。他对马建忠的批判是尖锐的:"一脚踢开拉丁文法而欲另建中华文法者,是'迷其所同'也;一手把住拉丁文法而遽挪作中华文法者,是又'失其所以异'也——《马氏文通》是已。"(黎锦熙,1933:13)"仅就九品词类,分别汇集一些法式和例证,弄成九个各不相关的单位,是文法书最不自然的组织,是研究文法最不自然的进程。"(黎锦熙,1924:3)

  他对自己提出的"句本位",也是豪情满怀、踌躇满志的:"先就句子底发展,娴习词类在句中各部分的种种位置和职权,然后继续研究词类的细目:这乃是极自然的事。句子由最简单的到极繁复的形式……这也是研究上很自然的趋势。"(同上)

  因为在这研究次序变换,或者说"本位"变更的后面,隐藏着一场语法革命的背景。这就是欧洲斯威特(Henry Sweet)领导的语法革命。马建忠所依据的拉丁文法,是一种形态繁复的综合语,词形变化非常复杂,因而其语法研究和学习的重点不得不放在词法上,以"词类"为本位是极其自然的事。由于教会及传统势力的影响,这一语法统治了欧洲一千多年之久。马建忠所引进的,便是这一套语法体系。这一体系对于缺少现代语法观念的汉语来说,确实有令人耳目一新的感觉,但在欧洲,对于形态已大大简化的现代语言特别是英语而言,这已是一种陈腐而过时的语法,是学习和研究的累赘。到了19世纪,英语在实际应用上的影响早已超过了拉丁语;到了19世纪末,终于由斯威特、叶斯柏森等发难,在语法理论上也突破了拉丁语法的樊篱。语法革新派的观点之一,就是句法先于词法,而黎锦熙所由得到启示的理德等编著的《英语高级课程》(Reed and Kellogg, 1877)一书,即是以句子分析开头,后随以八大词类;且全书采用了图解法,也为黎氏所沿用。以前人们总认为黎氏借鉴的是《纳氏文法》(Nesfield, 1895 - 1911),但《纳氏文法》采用的是词本位,且没有图解。现在看来,理德等的书与黎氏著作的关系更密切、更值得研究。句法先于词法,是适合于形态简化、词序和虚词显得重要的语言如英语的,当然对与拉丁语距离更远的汉语也更适用,难怪黎锦熙见了喜不自禁,以为找到了适合汉语语法的法宝,可以一举推翻《马氏文通》了。事实上,黎氏的这一革新意义绝不可小看,此后,在汉语语法史上有名的三大家的著作,王力、吕叔湘、高名凯的书,有一个共同点,即都是以句法领先于词法,这不能不说是由于黎氏"导夫先路"。50年代学习苏联,有的语法著作重又回到词本位(如陆宗达、俞敏,1954),这在方法论上不能不说是个倒退。

　　30年代末,陆志韦(1937)提出同形替代法,运用了分布理论,标志着描写语言学亦即美国结构主义语言学在中国的登陆;50年代初开始,随着李荣编译赵元任的《国语入门》(1948),并将其改称《北京口语语法》(1952)在中国出版,结构主义的影响越来越大。美国结构主义与欧洲传统语法所面临的研究对象完全不同,因此在研究方法上也采取了完全不同的理论和做法。欧洲传统语法一千多年来研究的始终是人们熟悉的语言如拉丁语、英语等。对研究者来说,在研究之前,这些语言里哪些是词、哪些是句子早已了然在胸。因此研究语言,不管从词出发还是从句子出发,都丝毫不成问题。美国描写语言学与美国人类学语言学是同时诞生的,可说都是从调查,或者说"抢救"印第安人的语言起家的。在研究之前,语言学家们所面临的是谁也不懂的语言,哪些音的组合是词,哪些不是词,没有人告诉你;句子从哪里开始,到哪里结束,也没有人知道。传统语言学的天然单位,词和句子,在这里一下变得面目不清了,不成问题的只有两个单位:音位(Phoneme)与话语(Utterance),处在中间的就都叫"片段"(Segments),其中最重要、最基本的片段就是语素(Morpheme)。哈里斯曾经谈起过语素与音位的关系:"尽管音系学与形态学的科学地位与作用各自独立,但两者之间有着重要和密切的联系。如果我们不管音系学,先得到了一个语言的语素,我们就能把它们分解成音位;同样,如果我们只知道音位,我们也能一一辨别出语素。"(Harris, 1951:23)

　　这就迫使从事语言调查研究的学者采用他们的前人从来没有采用过的方法,从而创造了前人从来没有用过的理论,这就是发现程序、层次分析、替代、分布理论,以及一整套机械操作的方法。与之相应,语言分析单位的重点,也从词和句子,转到了语素和"结构"(引进中国后相当于短语或词组,参见张寿康,1978)。

　　结构主义传到中国,这一整套的研究方法和理论也相应传到中国。在研究方法上,《北京口语语法》和丁声树等的《现代汉语语法讲话》(1961),就比较全面地运用了发现程序(到中国变为以位置定句子成分)和层次分析法。同时,对语素和短语的重视也影响了汉语的研究,先后产生了语素本位观和词组本位说。

　　为什么汉语的语素概念产生于50年代但却没有形成明确的语素本位观,而词组本位说要到80年代才产生呢?这必须联系当时的整个时代背景来看。在整个50年代,由于政治的原因,统治中国的语言学理论是苏联语言学,结构主义充其量只是一股暗流,是没有人敢明目张胆地进行宣传的。苏联语言学是一种基于欧洲传统语法的语言学理论,由于俄语与英语不同,是一种形态变化非常复杂的综合性语言,因而在这种理论里,词法仍占据了非常显赫的位置。受其影响,50年代的汉语语法研究有两大特点,一是重视句法的观点(最典型的是叶斯柏森的"三品说")受到批判。前面说过,从黎锦熙到王、吕、高,其共同特点是重视句法,但此时都被当作"资产阶级语言思想"的影响而受到批判,这一批判,实际上否定了汉语学者从20年代到40年代的自身研究传统。第二个特点就是重新重视词法,掀起了关注构词法研究和在汉语中寻找"形态"的高潮。"语素"多少与构词法有关,因此其得到重视可说是必然的;而由于整个政治气候的关系,这时候却不可能出现旗帜鲜明的"语素本位"观。

　　60年代苏联语言学的影响开始淡出,70年代末改革开放以来,最早在中国产生影响的国外语言学理论便是美国结构主义,其实此时中国学者与国外交往还不多,所谓"新"观点,很多只是五六十年代被抑制的暗流浮到了面上。结构主义便是如此。此时在国际上,乔姆斯基的转换生成语言学在战胜结构主义且度过了其黄金时代以后,正开始面临来自各方面包括自身内部的挑战。但当时国内还感受不到,国内开始了解的还是乔氏的早期观点。一本1957年出版的《句法结构》此时正炙手可热。《句法结构》虽号称"乔姆斯基革命"的标志,其实仍继承了结构主义不少观点,对"词组结构"的重视便是其中之一。乔姆斯基说:"看起来,词组结构和转换结构,是语言赖以组织意思和表达意思的主要句法手段。""我们可以把语法看作是一个由三部分构成的结构。语法包含着一系列据之可以重新造出词组结构的规则,包含着一系列可以把语素符号链变成音位符号链的语素音位规则,还包含着把这两系列规则连结起来的一系列转换规则。词组结构规则和语素音位规则在某种意义上说是基本的,而转换规则在这种意义上说,则不是基本的。"(乔姆斯基,1957:104;109)

这与结构主义对词组的重视一拍即合,因而很受中国学者的欢迎。其结果便是产生了"词组本位说",而乔姆斯基的词组结构与转换规则的结合,也成了国内词组本位论者最喜欢的歧义结构分析。

平心而论,对于汉语而言,由于第一,没有与西方语言的"词"相对应的概念;第二,汉语句子的界限不易确定,因而正如吕叔湘所说:"讲西方语言的语法,词和句子是主要的单位,语素、短语、小句是次要的。(这是就传统语法说,结构主义语法里边语素的地位比词重要。)讲汉语的语法,由于历史的原因,语素和短语的重要性不亚于词,小句的重要性不亚于句子。"(吕叔湘,1979:489)

以语素或短语作为"本位",确实比词和句子要好,从某种角度看,也确实是注重发掘汉语特点的产物。但我们仍然不能否认,从大的背景来讲,这仍然是受西方语言理论影响的结果。包括语素、词、短语、小句、句子这五级单位的确立,也是西方理论影响的结果。

"词组(短语)本位"的思想最早是郭绍虞先生提出来的,汉语的词、词组和句子的结构都采取同一形式最早也是他提出来的:"为什么要特别提出词组的问题来讨论?这是因为我们看到了'词'一边的结构问题,又看到了'句'一边的结构问题,同时更看到了'词组'的结构问题,与构词造句之法的一致性,所以认为汉语语法的简易性就是在这种基础上建立起来的。""由于词、词组和句子这三级在结构上都取同一形式,所以显出了词组在汉语语法上的重要性,同时也说明了汉语语法的特殊性。"(郭绍虞,1978:328)

后来朱德熙先生的立论依据与之相去不远:"由于汉语的句子的构造原则与词组的构造原则基本一致,我们就有可能在词组的基础上来描写句法,建立一种以词组为基点的语法体系。""跟句本位语法体系相对待,这种以词组为基点的语法体系似乎可以叫作词组本位的语法体系。"(朱德熙,1985:74;76)

但两人的观点其实有很大区别,郭氏认为词组的重要性只体现为"部分特殊规律",而朱氏要以之为基点来建立整个汉语语法体系;郭氏强调的是词组的枢纽以及"音句"作用,而朱氏强调词组的下位分析及与句子的"实现"关系。比较起来,同样在寻找汉语特点方面,郭氏受传统的影响大一些,朱氏受西方的影响大一些。但不管怎样,两人的研究都比"词类本位"和"句本位"在方法论上进了一大步。

小句的名称是吕叔湘先生提出来的,以前通常叫作分句。吕先生说:"叫作分句好还是叫作小句好？叫作分句是假定句子是基本单位,先有句子,分句是从句子里划出来的。叫作小句就无须作这样的假定,就可以说：小句是基本单位,几个小句组成一个大句即句子。这样就可以沟通单句和复句,说单句是由一个小句组成的句子。如果改用分句,说单句是由一个分句组成的句子,就显得别扭。用小句而不用句子做基本单位,较能适应汉语的情况,因为汉语口语里特多流水句,一个小句接一个小句,很多地方可断可连。"(吕叔湘,1979：499-500)

从这段话的后半部分看,吕先生的小句有点像郭绍虞先生的词组或者音句,这个理解显然跟提出"小句中枢"说的邢福义先生不同。邢先生说："本书的'小句',首先指的是单句,其次是指结构上相当于或大体上相当于单句的分句。""小句是'句',复句也是'句'。严格地说,'句子'包括小句和复句。但是,小句是复句构成的基础,是基本的句子,因此,通常提到'句子',往往只是指小句,特别是只指小句中的单句。"(邢福义,1997：15-16)

由于黎锦熙的"句本位"讲六大成分三个层次,也是从单句出发的,因此粗粗一看,这一"小句本位"与"句本位"也没有很大差别,不过是一种变相的"句本位",正如萧国政所说："如果说词组本位是认为汉语语法是'词组'语法的话,那么小组中枢则是在认为汉语语法是'句子'语法。因此在这个意义上,小句中枢也是一种新的'句本位'说。"(萧国政,1995：9)

也正因如此,从表面上看,小句本位说没有为语法分析提供很多新东西。因此陆俭明先生批评说："……如小句中枢说,从目前已有的论著看,对汉语语法的研究,无论从形式到意义,还不能让人看出在哪些问题的研究上、在哪些语法现象的分析上是由于'小句中枢说'的确立在有所前进、有所发展的。"(陆俭明,1998：16)

然而我们觉得"小句本位说"的最大意义还是在方法论的变革上,它对前此的句本位和词组本位都有了重大的突破。

"句本位"的弊病是概念不明确,名不副实。从理论上来说,单句也是句,复句也是句,而且在实际使用中复句的数量可能更多。"句本位"的本位明明定在单句上,却要笼统地包括全部句子。对于汉语这种句子界限不清的语言来说,要确定什么是句子已经不容易,如何能以之作为"本位"？相反,如吕叔湘先生所说,汉语中小句的面目是清楚的,以"小句"为本位,不会有找不到对象的毛病,又能利用"句本位"本身可能有的长处,真是何乐而不为！另一方面,对"词组本位"的改造其理论意义更大。邢先生可能并不反对朱先生关于词组与句子是"实现关系",或者"词组+语气=句子"的观点,因而"小句本位"与"词组本位"的本质区别就在于承认不承认语气在语法中的地位。词组本位说"这种语法体系把词组看成是抽象的、一般的东西,把句子看成是具体的、特殊的东西。在描写词组的内部结构和语法功能的时候,不考虑它是不是句子或句子的组成部分,只把它当作抽象的句法结构看待。"(朱德熙,1985:75)

这就暴露出了它的静态研究的结构主义性质。而小句本位说加进了语气,强调了句子的表述作用,这就使语法研究带上了语用因素,使语言研究走上了言语研究。李宇明说:"'小句中枢'则是在语言和言语两个领域中,为解决语言结构和语言运用的问题而提出的一种本位学说,符合当代语言学的发展方向。"(李宇明,1997:19)

这话是有一定道理的。

从世界范围来看,小句本位论的提出是又一派语言学理论影响汉语的结果。如果说词本位是欧洲传统语法在汉语中的折射,句本位是斯威特语法革新派在汉语中的折射,语素本位和词组本位是美国结构主义及早期乔姆斯基理论在汉语中的折射的话,则小句本位就是从布拉格学派到伦敦学派,特别是韩礼德的系统功能语法在汉语研究中的折射了。韩礼德的功能语言学影响中国已经有好些年了,但以前还主要在外语界。小句本位说的提出标志着它终于进入了汉语主流语法学界。

早在 60 年代(Halliday, 1967a; 1967b; 1968; 1969),韩礼德就提出了小句(Clause)是语法系统核心的思想,1985 年他写的《功能语法导论》(Halliday, 1985)一书,可说就是"小句本位语法"的样板,全书十章两大部分,都与小句有关。第一大部分的标题是"小句",第二大部分的标题是"低于、高于、外于小句"。他(1969:138)将小句的功能归结为三条:及物性(Transitivity)、语气(Mood)和主题性(Theme),分别处理经验性(Experiential)、人际性(Interpersonal)与语篇性(Intratextual)的各种关系。这三条,第一条讲的是意旨的表述,用我们现在熟悉的话来说是语义问题;第二条是社会或交流关系,用我们熟悉的话来说是语用问题;第三条在小句内由主位系统和信息系统组成,在小句间利用参照系统(如接应、连贯、省略、替代等)实现,讨论的主要是我们所谓的句法问题。自此之后,伦敦学派就不再把句子(Sentence)作为语法研究的出发点,而改之以小句(Clause),

开始时还注明小句就是单句(Simple Sentence),通用开后就不再注了。例如在我国英语语法界有极大影响的夸克等四人编著的《英语语法大全》一书,开宗明义就提出:"句子(Sentence)是不确定的单位,因为我们常常不能断定,一个句子从哪里开始,到哪里结束,特别是在口语中。""小句(Clause)、特别是独立性小句,从各方面看,都是比句子确定得多的单位,因此从本章起直至以后九章,我们都将集中研究简单句、亦即只包含一个独立小句的句子,将之作为语法研究最核心的部分。"(Quirk et al. , 1985:47)

邢福义先生的小句中枢说有三条规律:成活律、包容律和联结律。成活律的两条规律是:

"成活律1:句子语气 + 可成句构件语法单位 = 小句成型。

成活律2:句子语气 + 可成句构件语法单位 + 意旨的有效表述 = 小句生效。"(邢福义,1997:25)

翻译成我们熟悉的话语,这三者谈的分别是语用、语法、语义三个方面,与韩礼德的主张如出一辙。而邢先生的联结律,讨论小句组成复句与句群的问题,也就是韩礼德的"参照系统"讨论的问题。只是邢先生没有运用韩礼德参照系统的那些概念和理论(韩氏对此最好的表述见 Halliday & Hasan, 1976,此书国内已多有介绍),还是更多地运用了传统对复句的研究。邢先生的句法部分也没有运用韩礼德关于主位系统和信息系统的理论,也是更多地运用了传统语法研究的成果。因此他的书与夸克等人的更相似而与韩氏相去较远,新意不多。这是招致陆俭明先生批评的主要原因。

但正如我们所指出的,这一本位说的主要价值在方法论上面,尽管邢先生在具体的分析上,特别是句法分析上没有什么突破,但他毕竟运用国外理论为汉语研究搭起了一个新的框架,特别是使汉语语法的主流界开始接触到了系统功能学派的一个核心观点,这对汉语研究的多元化是有益的。同时,也是近十来年国内语法界流行的三个平面理论在理论上的一次升华。遗憾的是,邢先生自己没有清楚地交待他的理论与国外理论的关系,而评论者,不论是褒是贬,也没有人指出过这一点。

在各种"本位"观中,马庆株先生的"复本位",可能是最难以使人接受的。倒不是这观点本身有什么错,或者说词和词组不应该看作同样重要,而是这种提法违背了"本位"观的初衷,在方法论上出了问题。我们前面说过,"最"什么的,按"本位"的第三种定义,固然只有一个;按"本位"的第一种定义,也只应该有一个。(按第二种定义虽然可以有多个,但没有什么应用价值。)马先生却说:"由于语法单位一共有四个层级,不可能所有各级单位都是基本单位,也不宜以多数层级单位为基本单位,因而建议选两级语法单位为基本单位。"(马庆株,1998:177)

一共只有四个单位,他却一口气选了两个作基本单位。这未免太多了些。要是人们问:这两个"基本单位"中,哪个更"基本"或更重要些,马先生将如何回答呢?也许马先生会说,词是词法中的基本单位,词组是句法中的基本单位,但人们会更纳闷:在马先生的体系里,词法中只有词和语素两个单位,句法中只有词组和句两个单位,每两个单位中就要"选出"一个作基本单位,难道有这个必要吗?我不知道邵敬敏先生的"无本位论"是不是对此而发,要换了我,看了马先生的主张,我也会主张"无本位"的。而且马先生的主张割断了词法和句法的联系,把它们变成互相独立的两大块,从方法论上看,还不如原先的词类本位或句本位,那时至少还是考虑到词法和句法的统一的。

最后要说到"字本位"理论。它在方法论上的意义与上述诸家不同。其最大特点在于转换了研究者的眼光或者说看问题的角度,变从印欧语出发为从汉语出发。有的学者如陆俭明先生(1998)不赞成人们对"印欧语的眼光"的批评:"……现在有一些人大谈'摆脱印欧语眼光的束缚',将以往的汉语语法研究成果一概斥之为'受印欧语眼光束缚'的产物。在我们看来,他们所说的'印欧语眼光'在含义上跟朱德熙先生所说的并不相同,而他们的态度更与朱先生相去甚远。"(陆俭明、郭锐,1998:18)

但是从前面分析的各种"本位"说的来龙去脉过程中,我们所看到的事实是,这些本位理论,确实无一不是"印欧语眼光"的产物。这些理论追踪到底,几乎无一不是舶来品。词类也好,句子也好,语素也好,词组或短语也好,小句也好,都是印欧语学者在分析他们的语言时所创造、所使用的语言单位和术语,他们在不同时期、为不同目的,尝试以不同单位作为语言研究的"本位",是无可厚非的,也确实取得了不同的成就。中国学者在不同的时期、为不同的目的把这些理论引进来,尝试在这些理论基础上,变更方法和角度,对汉语进行研究,也是无可厚非的,而且在研究过程中,学者们在发掘汉语事实、摸索汉语规律方面也确实取得了大小不同的成就。我们无意贬低汉语学者在探索、研究汉语规律过程中所作的种种努力,同时也承认汉语学者的各种本位理论并不就等同于印欧语学者的各种本位理论,其中有着自己的创新和发明。但是一个基本事实是,上述种种本位理论,并不是学者们从发掘汉语事实过程中自己归纳、发展起来的,而是先"引进",再"结合"的。由于印欧语的各种"本位"说产生在前,汉语的各种"本位"说形成在后,这就难免仍有"先入为主"的情况,仍然难以摆脱陆先生所引朱德熙先生的话:"……有一些语言学者企图摆脱印欧语的束缚,探索汉语自身的语法规律。尽管他们做了不少有价值的工作,仍然难以消除长期以来印欧语语法观念给汉语研究带来的消极影响。这种影响主要表现在用印欧语的眼光来看待汉语,把印欧语所有而为汉语所无的东西强加给汉语。"(朱德熙,1985:iii)

造成这种情况的根本原因,在于"先入为主"地把从印欧语分析得来的一些概念,例如语素、词、短语、小句、句子等单位,名、动、形,主、谓、宾等术语,都看作是天然合理的,是各种语言都有的"共性",是语言研究,特别是语法研究的"大前提"、"常识"。很少有人对这个"大前提"、"常识"本身表示过质疑。相反,如果有人敢冒天下之大不韪,对这些"常识"表示质疑,就要被视为奇谈怪论或者旁门邪道。而"字本位"论者正是在这样困难的情况下,企图换一种眼光,真正从汉语出发,来为汉语研究找出一条新路。无论如何,这种勇气是值得嘉许的。

"字"和"词"不同,是汉语所特有的。赵元任先生说:"在说英语的人谈到 word 的大多数场合,说汉语的人说到的是'字'。这样说绝不意味着'字'的结构特性与英语的 word 相同,甚至连近乎相近也谈不上。""为什么非要在汉语里找出其它语言中存在的实体呢?"(赵元任,1975:233;241)

吕叔湘也说:"汉语里的'词'之所以不容易归纳出一个令人满意的定义,就是因为本来没有这样一种现成的东西。其实啊,讲汉语语法也不一定非有'词'不可。"(吕叔湘,1980:45)

因此我们认为,从"字"出发,确实是企图从根本上摆脱印欧语的眼光的一种尝试。陈保亚(1999)也因此将之称为"异质的语言研究"。从本文开头的介绍我们还可以知道,其他各种本位的提出者往往只有一两个人,而"字本位"的提出者却有数人之多,而这些人发表文章虽然有迟有早,但却是在互相不知情的情况下,几乎同时开始实际研究的。徐通锵说:"不同地区、不同年龄、不同层次、不同领域的学者在相互不知情的情况下同时考察字在汉语结构中的地位,说明学术研究的

客观条件已趋成熟,人们已因汉语研究的挫折而开始向着同一个方向去探索前进的道路了。"(徐通锵,2001:32)

对这一探索的前景如何,现在下结论当然为时还过早,但无论如何,这一转向的方法论意义却是应该充分肯定的。

参考文献

曹伯韩、吕叔湘、张世禄,1960,《语言与文字》,香港:上海书局。
陈保亚,1999,《20 世纪中国语言学方法论》,济南:山东教育出版社。
程雨民,1991,"汉语中的语素短语",复旦大学中国语言文学研究所编《中国评议文学研究的现代思考》,上海:复旦大学出版社。
程雨民,2001,"汉语以语素为基础造句(上)",《暨南大学华文学院学报》第 1 期。
丁声树等,1961,《现代汉语语法讲话》,北京:商务印书馆。
郭绍虞,1978,"汉语词组对汉语语法研究的重要性",原载《复旦大学学报》第 1 期,又见郭绍虞《照隅室语言文字论集》,上海:上海古籍出版社,1985 年。
郭绍虞,1979,《汉语语法修辞新探》,北京:商务印书馆。
黎锦熙,1924,《新著国语文法》,北京:商务印书馆,1993 年。
黎锦熙,1933,《比较文法》,北京:中华书局,1986 年。
李临定,1992,"以语义为基础的分析方法",载中国语文杂志社编《语法研究与探索》(六),北京:语文出版社,1992 年。
李　荣,1952,《北京口语语法》,北京:中国青年出版社。
李宇明,1997,"汉语语法'本位'论评",《世界汉语教学》第 1 期。
鲁　川,2000,《汉语语法的意合网络》,北京:商务印书馆。
陆俭明、郭锐,1998,"汉语语法研究所面临的挑战",《世界汉语教学》第 4 期。
陆志韦,1937,"北京话单音词词汇叙论",修订稿载陆志韦《北京话单音词词汇》,北京:人民出版社,1951 年。
陆宗达、俞敏,1954,《现代汉语语法》(上),北京:群众出版社。
吕叔湘,1979,"汉语语法分析问题",载吕叔湘《汉语语法论文集》,北京:商务印书馆,1984 年。
吕叔湘,1980,《语文常谈》,北京:三联书店。
马建忠,1898,《马氏文通》,北京:商务印书馆,1983 年。
马庆株,1998,"结构、语义、表达研究琐议",《中国语文》第 3 期。
潘文国,1996,"字本位和词本位",耿龙明、何寅主编《中国文化与世界》第四辑,上海:上海外语教育出版社。
潘文国,1997,《汉英语对比纲要》,北京:北京语言文化大学出版社。
乔姆斯基,1957,《句法结构》,中译本,北京:中国社会科学出版社,1979 年。
邵敬敏,1998,"八十到九十年代的现代汉语语法研究",《世界汉语教学》第 4 期。
史存直,1973,"汉语语法体系问题",《语法三论》,上海:上海教育出版社,1980 年。

史存直,1986,《句本位语法论集》,上海:上海教育出版社。
史有为,1991,"多元·柔性·立体",《世界汉语教学》第4期,又载史有为《呼唤柔性》,海口:海南出版社,1992年。
史有为,1995,"效率单位:语素和短语之间",《大阪外国语大学论集》14号,又载史有为《汉语如是观》,北京:北京语言文化大学出版社,1997年。
汪 平,1997,"苏州方言语法引论",《语言研究》第1期。
王洪君,1994,"从字和字组看词和短语",《中国语文》第2期。
王洪君,1996,"汉语语音词的韵律类型",《中国语文》第3期。
王艾录,1987,"汉语语法类型管窥",(山西)《理论学刊》第4期和1988年第1期。
邢福义,1996,"小句中枢说",《中国语文》第6期。
邢福义,1997,《汉语语法学》,长春:东北师范大学出版社。
徐通锵,1991,"语义语法刍议",《语言教学与研究》第3期。
徐通锵,1994a,"'字'和汉语的句法结构",《世界汉语教学》第2期。
徐通锵,1994b,"'字'和汉语研究的方法论",《世界汉语教学》第3期。
徐通锵,2001,《基础语言学教程》,北京:北京大学出版社。
张寿康,1978,"说'结构'",《中国语文》第4期。
赵元任,1975,"汉语词的概念及其结构和节奏",译文载袁毓林主编《中国现代语言学的开拓和发展——赵元任语言学论文选》,北京:清华大学出版社,1992年。
朱德熙,1982,"语法分析和语法体系",载全国语法和语法教学讨论会业务组编《教学语法论集》,北京:商务印书馆,1982年。
朱德熙,1985,《语法答问》,北京:商务印书馆。
Chao, Yuan Ren, 1948, *Mandarin Primer*, Cambridge MA: Harvard University Press.
Halliday, M. A. K., 1967a, Notes on Transitivity and Theme in English 1, *Journal of Linguistics*, 3.1, pp. 37-81.
Halliday, M. A. K., 1967b, Notes on Transitivity and Theme in English 2, *Journal of Linguistics*, 3.2, pp. 199-244.
Halliday, M. A. K., 1968, Notes on Transitivity and Theme in English 3, *Journal of Linguistics*, 4.2, pp. 179-215.
Halliday, M. A. K., 1969, Options and Functions in the English Clause, *Brno Studies in English*, 8, pp. 81-88; also in Halliday and J. R. Martin (eds.) *Readings in Systemic Linguistics*, London: Batsford Academic and Educational Ltd. 1981.
Halliday, M. A. K., 1985, *An Introduction to Functional Grammar*, London: Edward Arnold.
Halliday, M. A. K. & Hasan, 1976, *Cohesion in English*, London and New York: Longman.
Harris, Zellig, 1951, *Structural Linguistics*, Chicago & London: The University of Chicago Press.
Nesfield, John Collinson, 1895-1911, *English Grammar Series. With Key.* London etc.: Macmillan & Co.

Quirk, Randolph et al., 1985, *A Comprehensive Grammar of the English Language*, London and New York: Longman.

Reed, Alonzo and Brainard Kellogg, 1877, *Higher Lessons in English: a Work on English Grammar and Composition, in Which the Science of the Language is Made Tributary to the Art of Expression*. rev. ed. 1886, New York: Clark & Maynard.

(原载《华东师范大学学报》2002 年第 6 期)

字本位理论及其在教学中的应用

非常荣幸,能有机会到世界著名学府——伦敦大学亚非学院来跟诸位交流关于汉语研究与汉语教学的一些问题;特别感谢会议组织者宋连谊博士事先给我出好了题目,这就使我的发言内容能够更集中、更有针对性;当然也更不允许胡乱跑马、敷衍了事了。在我被邀作讲座的经历中,这种"命题作文"式的,好像还是第一次。说明报告会的组织者对之很有经验,相信一定也很有效果。这个办法值得我们今后仿效。

宋博士给我出的题目是:字本位研究对汉语初级教材的编写有何意义?这个题目对我好像非常有针对性,因为这几年国内出现的"字本位"理论,徐通锵先生是主将,我也是一个积极鼓吹者;而且我刚刚写完、即将出版的《字本位与汉语研究》,可能是第一部以字本位命名的著作。在海外从事汉语教学的,听说了一个新理论,当然会敏感地联系到实际,关心它在教学上能否马上应用,这是很自然的。作为字本位的鼓吹者,我也确实有责任回答这个问题。

关于这个问题,我想谈三点意见。

第一,字本位的研究,目前还主要是一个理论问题。

为什么字本位的问题目前主要是一个理论问题呢?这倒不完全是因为徐通锵先生和我对理论的兴趣都比较浓。徐先生是搞普通语言学的,他和叶蜚声先生主编的《语言学纲要》教材风行国内二十年;我近年的兴趣是对比语言学,按照我的理解,对比是普通语言学的基础;因此我同徐先生的兴趣其实很接近。但这不是主要原因,更主要的原因是,字本位理论是 20 世纪汉语研究的一次根本转向,是从统治了汉语界将近一个世纪的"印欧语的眼光",转向到真正的"汉语的眼光"。它同其他种种"本位"理论不一样,不是方法论上的小修小补,不是语法研究一个领域的小打小闹,而是语言本体论上的改革,它对 20 世纪习以为常的一系列"常识"问题从根本上提出了挑战。因此,它所遇到的阻力特别之大,遭受到的反对也特别之多。在这样的情况下,字本位主张者一时还没有更多的精力顾到具体的应用层面,而更多地在理论上进行探讨,是可以理解的。目前我们在理论上的

探讨,主要集中在三个方面:

(1) 从语言哲学上为字本位说寻找立论的依据。一种理论的确立,必须从哲学上找到根据。一百年来汉语研究的一个严重缺陷,是很少甚或没有考虑过汉语的本体论问题,没有自己的语言哲学。当然也没有自己的语言学理论。一切都是随国外的风转。今天刮西风,我们也就转向西;明天刮北风,我们也就转向北;后天又刮西风了,我们就又转向西。吸收国外的经验、学习别人的长处当然是有必要的,但首先要确立自己的主体,这样才能在形形色色、令人眼花缭乱的国外理论面前处乱不惊,知道应该需要什么、选择什么。字本位在建立的过程中对语言哲学,特别是汉语语言哲学的问题认真加以思考。这就需要重新认识一系列根本性的问题,包括什么是语言,什么是语言学,语言与文字的关系,口语与书面语的关系,怎样认识语言的共性和个性,等等。这是一种全方位的反思。令人鼓舞的是,在汉语语言学界的这场反思并不是孤立的,以牛津大学前语言学首席教授 Roy Harris 为代表的西方语言学家对 20 世纪以来的西方语言学,乃至整个西方语言学传统,也在进行深刻的反思,在许多方面,他们比我们想得更多,走得也更远,对人们的启发也更大。

(2) 努力建立字本位的汉语研究的体系。任何新观点的提出都有一个"破"、"立"结合的问题。在 20 世纪的汉语研究上这个问题恐怕更加突出。对《马氏文通》的不满和批评,不自今日始,几乎从它诞生那天起就开始了,一百年来可说不绝于耳。规模比较大的就有两次,一次是 30 年代的文法革新讨论,一次是 80 年代后期开始的"文化语言学"。但后来都不了了之。原因何在呢?就在于"光破不立"、"有破无立",或"破之有余,立之不足"。30 年代之后建立的一些语法体系,基本上还是在《马氏文通》的格局之内;八九十年代的"文化语言学",则根本未能建立起令人心服的体系来。前人有云:"破字当头,立字就在其中了。"现在看来未必。"破",指出别的理论的不足甚至根本弊病,相对来说还是比较容易的,但要自己立起一个新体系,那就困难得多了。字本位理论希望自己的努力不仅仅是对《马氏文通》以后的汉语研究传统的又一次批评,而希望以此为出发点,为汉语研究找到一条更有效的途径。无疑,这是一项十分艰苦的工作。

(3) 建立与世界语言学的联系,与国际语言学界对话。当前的世界已经成了个"地球村",人员的交流、思想的交流,早已突破了国界。学术尤其是人类的公器。在这种情况下,某种语言的理论研究,再不能关起门来造车,对外界新理论的发展与动向不闻不问,自我孤立于国际学术界之外。"字本位"是一种非常具有汉语特色、汉语个性的理论,但人类语言还是一个整体,"字本位"再特殊,还是要想方设法纳入世界语言研究的潮流里去;从另一方面看,字本位理论如能取得成功,也将是汉语对人类的普通语言学做出的贡献。因此,必须建立字本位与国际语言学对话的机制,这是字本位者在当前情况不得不考虑的又一个问题。

我的《字本位与汉语研究》一书,就是企图在上述三个方面作出一些努力。全书共分十章。第一章绪论,再次对《马氏文通》以来一个世纪的汉语研究进行批评和总结;第二、第三章是从哲学上为字本位寻找理论依据;第四章从论证汉语的"字"对应于英语的"词"着手,论证字本位研究具有人类语言研究的共性。第五章到第十章则是尝试建立一个字本位的汉语研究体系。而研究的视角则完全采用了当前国际语言学研究的基本框架。即从 Phonology、Morphology、Syntax and text linguistics、Semantics,以及 Pragmatics 出发,建立字本位的相应理论。从 Phonology 出发,提出的是汉语的音韵学;从 Morphology 出发,提出的是汉语的形位学;从 Syntax and text linguistics 出发,提出的是汉语的章句学;从 Semantics 出发,提出的是汉语的字义学;从 Pragmatics 出发,提出的是汉语的音义互动律。而每一项研究里都充满了汉语的特色。这是我们在世界语言学背景下,将共性与个性结合起来进行研究的尝试。

第二,但字本位不是一种纯理论的探讨,它的出发点和归宿是语言的实践。

语言的理论研究,归根到底要为语言的实践服务。只有从实践的需要出发、反过来又服务于实践的理论,才是真正有意义的语言理论。完全不考虑实践、不考虑应用,为理论而理论,这样的理论,从长远来看,是不会有什么价值的。近几十年在语言学界有一种说法,说传统语言学着重规定,结构主义语言学注重描写,这些都是不对的,理论的最高目标应该是解释。对此我不敢苟同。诚然,规定性、特别是在欧洲传统语言学阶段,用死语言的规则来规范活语言;描写性,只注重描写、分类,反对解释;两者都确有其不足之处。但否定描写,一味注重解释;反对归纳,一切出于演绎,就好么?就那么三两个例子,你解释你的,我解释我的,只求自圆其说,不受任何实践的检验,最后只能是公说公有理、婆说婆有理,什么问题也解决不了。我们认为,理论的最高目标不可能是解释,最高的目标还是要能指导实践,反过来,理论的正确与否,归根到底必须受实践的检验。这一条原则适用于一切理论,语言学理论当然也不能例外。

字本位理论的提出,本身就是从实践中来的,是总结了百年来汉语研究的得失,特别是现有理论在语文教学上的失败的基础上提出来的。这一理论的最终目的,就是希望能为语言实践服务,首先是为语文教学的实践服务,其次还要能为语言政策、为文学创作、为中外语言交流(如翻译)、为语言的其他社会应用等等服务。在今天,一种语言理论还要能够与科学技术的发展相结合,为汉语的计算机操作、人工智能等等服务。这些都是字本位理论在研究过程中时刻放在脑子里的。

同其他理论相比,字本位理论还有一个特色,即它不但考虑中外的结合,国外语言学理论与汉语实际的结合;还考虑古今的结合,继承古代汉语研究的传统。字本位研究把百年来"现代语言学"所排斥、所避之唯恐不及的东西,如文字学、音韵学、训诂学,也纳入自己的研究范围之内,甚至作为自己的基点之一。它反对割裂传统与现代、反对割裂古代汉语与现代汉语,主张一种古今中外的立体的研究。中国古代语言研究的最大特点之一,就是它的实践性。它以训诂学为核心,以音韵学、文字学为两翼,致力于经世致用,语言研究与识字、读书、写文章紧密结合。这是一个自索绪尔的结构主义产生之后,语言研究在逐渐丢掉的传统。字本位希望重新捡起这个传统,因此它之重视实践、重视应用,是不言而喻的。从这一方面看,它也是对20世纪西方某种"主流语言学"的反动,和对中国传统的回归。现在字本位者在应用方面谈得还不多,那是因为时机还不成熟。在当前来讲,首要的问题是理论的确立和体系的完善。

第三,字本位对汉语初级教材的编写可能有的意义。

由于字本位目前的研究还偏重在理论方面,因此回答它对汉语初级教材的编写有什么意义的问题,可能还只能是举例性的,是我个人目前的一些粗浅想法。其实,我们现在已经采用的一些成功的汉语教学法,本身就已经体现了字本位的观点,只是习惯了反而不自觉而已。我们要做的,只是为其"正名",还其字本位,而非词本位的本来面目。

(1) 语音教学方面。声韵调体系的语音教学。这就是字本位,而不是词本位的。我们知道,对汉语语音的分析,有元辅音系统和声韵调系统两个办法。元辅音分析的方法,适用于世界上各种语言,特别是词形长短不一、音节多寡不同的语言。这就是一种词本位的语音分析法。一字一音一义是汉字的特点,只有在汉语教学中才能采取声韵调的教学法,试问世界上还有哪一种语言可以采用这种教学法?从理论上来说,当然各种语言都可以这样做,譬如英语,我们可以说,在 book [buk]这个音节里,"b"是声母,"uk"是韵母;在 street [striːt]这个音节里,"str"是声母,"iːt"是韵母,等等。但实际上是行不通的,第一,这样分析的结果,英语中声、韵母的数量大得惊人,音节总数更是难以统计(据我们的估算是 10,000 多个);第二,碰到多音节的词,如 university、Catharine 等,分析起来非常麻烦,有的音节在哪里断界都不易说清楚。例如 Catherine,中国人一般会想是 Ca-the-rine,但实际是 Cath-er-ine。这样声韵母分析的结果就完全不一样。可见声韵(没有"调")分析不适合于英语。汉语中的情况其实也一样,从理论上来说两种分析法都可以。1958 年汉语拼音方案公布前,曾经有过采用元辅音体系还是声韵调体系的争论,在"走世界各国共同的拼音道路"的指导思想下,元辅音系统一度还占了上风,但最后的结果却是采用了声韵调系统。这说明,即使在当时的历史背景下,词本位还是终于让位给了字本位。这一胜利是意味深长的。而这也是字本位原则已为汉语教学日常所用而不自知的最典型的例子。

(2)汉字教学方面。首先,要不要教汉字?是先教拼音还是拼音、汉字同时教?是汉字结合单词与课文一起教,还是汉字单独教?这里面就有一个字本位与词本位的问题,也就是承认不承认汉字在汉语中的重要地位、承认不承认汉字有其独特的认知规律的问题。在对外汉语教学的历史上,我们经历了一个从先教拼音后教汉字,到汉字、拼音同时教的过程,经历了一个汉字从随文教到抽出来单独教,甚至编出单独汉字课本的过程,这就是字本位原则在初级汉语教学中的确立。事实上,后一个问题不但在对外汉语教学中经历过,在本族语的初级教学中也经历过,也是有过经验教训的。

其次,怎么教汉字?要不要讲字形分析?这里面又有字本位与词本位的对立。按照词本位,第一,学单词根本不必讲字形,只要讲"音义结合"就可以了。例如"学汉语"中,"学"是一个词,"汉语"是另一个词,"汉语"不应拆开来讲;或者即使拆开来,则"汉"是一个"语素","语"又是另一个"语素"(这里实际上已经偷用了汉字的因素,因为如果写成拼音,"han""yu"是不可能成为"语素"的)。第二,即使讲字形,也只要讲一笔一划怎么书写,就好像把字母拼成单词一样。早期的对外汉语教材就是这么做的。其结果是学生觉得汉字不可理喻、难学难认难写难记,从而加深了对汉语学习的畏难情绪。这就是词本位对汉语教学，乃至外族人对整个汉语的认识所带来的后果。经验和教训迫使我们在实践中越来越多地重视和采用字形分析的方法。字形分析就是采用了字本位的原则。因为，在字本位的汉语形位学里，它的理论基础就是许慎开创的"说文解字"传统：汉字可以分析为部件，部件可以分析为形位，而形位都是有意义的。可以通过对整字、部件、形位的逐层剖解，来帮助学生掌握汉字。这也是广大教师在实践中体会的又一个字本位原则，只是没有从理论上去认识而已。近年来，从事汉语教学的教师在教学中越来越重视以形系联，帮助学生更系统、更自觉地掌握汉字组织的规律；讲解部首，甚至引进"六书"理论，借助汉语古文字字形，来理解汉语造字规律，这更是字本位原则的应用。

　　汉字的综合教学，或者说，认识汉字特性的教学，无外于替外国人起汉名。汉字的形音义一体的特征、汉字在语言组织中音节性的特征，在这里都表现了出来。形音义一体化，凡音必表义，有形必有义，表现在人名用字的选择方面，譬如说Elisabeth译成"伊丽莎白"，前三个字都带有女性色彩，如果改用"利""沙"就没有了，而"利""沙"上面加个草头就又有了。同样一个Monroe，给美国总统译名就取"门罗"，给电影明星译名就取"梦露"。"义"的问题可从反面看，如"伊丽莎"三个字要是译成了"一粒沙"，就变得像是在调侃。汉字的音节特征，表现在：汉字音节与英语音节的表现不相等，Wilde一个音节，Dickens两个音节，Thackery三个音节，译成汉语都是三个音节："王尔德、狄更斯、萨克雷"；洋人"取"汉名往往是姓上取一个音节，名上取两个音节，而不管原来多少音节。如Benhard Karlgren，音译"伯恩哈尔德•珂罗倔伦"，可多达九个音节，但"取名"只用了三个音节，"高本汉"，而且一般不会用"柯罗本"，即姓二名一。译名的艺术和趣味无穷无尽，这都是在汉字特性基础上的。

　　（3）词汇教学方面。首先，组词扩词的词汇教学方法。字本位理论认为，汉语的造字和组词原则是一致的，因此可以把分析汉字的方法用来分析汉语的语辞，提高学习、掌握汉语词汇的速度。在汉语造字的"六书"中，最有现实意义的是"会意"和"转注"（我们对"转注"和"形声"的理解与一般书上不同。我们认为，"形声"是形上加声，如"自＋畀＝鼻"，这种字其实很少；而"转注"是在现有的字上加形符予以分化，"形符"相当于类别字，如一个"辟"字分化出"避、譬、僻、臂、壁"等字），特别是转注，是最能产的造字法。而汉语的构辞法中，根本上是三大类，其中两类与之是相通的。一类是"会意",即现在一般说的"句法构词",如主谓式、动宾式、动补式等,我们认为这根本不是语法问题,而是语义问题;另一类是"转注",即特义字加上类别字,这包括了大多数一般称之为"偏正结构"的词,如桃花、李花、荷花……桃花、桃叶、桃枝……这也就是徐通锵先生说的"离心字族"和"向心字族"。至于第三类并列式,则属于字本位的音义互动问题。词本位的词语教学是个别的、孤立的:"英语"、"汉语"、"法语"要一个个分别地学,就好像 English、Chinese、French 是不同的词一样。而字本位的词语教学是成体系的,以一个个字为中心,可以形成一个个字族。掌握了这个方法,就可以以字带词,大大提高学习汉语词汇的速度。目前,在本族语的字词教学中,有两个方法是常用的,一个是在一个字的基础上,上下左右加上不同的字或偏旁组成新字,如"其"分别加上"竹、土、木、月"成"箕、基、棋、期"。另一个是利用字族的概念,从一个字出发,往前后系联,组成一连串新词,如"语",前加可得"英语、汉语、法语、成语、土语、歇后语、外来语"等,后加可得"语言、语法、语词、语文、语音、语调、语录"等。这一方法的进一步运用便是所谓的词语接龙游戏,例如成语接龙:"前言后语——语重心长——长话短说——说三道四——四面楚歌——歌舞升平——平……"。对于外国学生,这可能难了一点,但可以从语词着手,如"英语——语法——法国——国家——家里——里面——面子——子……"等。我们千万不要小看语言或文字游戏,这里面往往体现了一种语言的特色和精华。如果我们对汉族人历来的语言文字游戏加以归纳整理,就可以发现,它全部是符合字本位原则的,没有一个是符合所谓"词本位"的。

其次,从"词汇量"到"字汇量"的汉语学习评估标准。"词本位"在语言学习中强调"词汇量",这是我们学习任何外语都经历过的。汉语教学、特别是对外汉语教学,一度(也许不仅仅是"一度",在许多地方是"迄今")也强调"词汇量"。编写教材时也模仿外语教材:课文、单词等等,强调词汇的"复现率",书后还要列一个"词汇表","我、我们、我家、我国"大约都是不同的"词"。但"词汇量"并不一定能真实反映学习汉语的成果。由于汉语"以字带词"的构辞规律,往往造成"生词熟字"的情况,学生可能掌握的词汇量比机械统计的要多得多。在中国国内,"扫盲"程度是以"字汇量"、即识字数作为标准来统计的(城市是两千,农村是一千五),而受外语教学影响较大的对外汉语教学则变而求"词汇量"。这种对内对外汉语教学的不同标准,体现了对外汉语教学由于"涉外"的因素,受到的词本位影响更大。

所幸的是这种情况正在改变,"字汇量"正在越来越受到重视。中国国家汉办通过的对外汉语教学大纲中,以前强调的是 8,882 个词的"基本词汇",现在人们发现 2,905 个字的"基本字汇"可能更有实用意义。这也是字本位原则的重要体现。

(4) 语法教学方面。字本位的对立面是词本位,而词本位是《马氏文通》以后,几乎所有汉语语法体系的基础,不管是以前用过的,还是现在还在用的词类本位、句本位、语素本位、短语本位,还是小句本位,本质上都是词本位。因而字本位的提出,在语法学界遭到的反对声最大。但是我们只要举一个例子,就可以说明汉语语法是离不开字的。这就是,汉语语法学家所最津津乐道的、认为最有汉语特色的一些句式,都是以"字"作为标志的:把字句、被字句、是字句、有字句,等等。我们从来没有听说过什么把"词"句、被"词"句、是"词"句、有"词"句,也没有听说过把"语素"句、被"语素"句、是"语素"句、有"语素"句。即使对字本位反对最烈者也不例外。为什么?其中原因值得深思。虚字的教学和研究很多情况下也是从字出发的,古汉语有"之"字研究、"言"字研究;现代有所谓"的$_1$""的$_2$""的$_3$","了$_1$""了$_2$""了$_3$",这里的"的"和"了",首先是字不是词。

从字本位理论看来,影响汉语组织,或者说语法的最重要的规律是"音义互动律",这个规律贯串在语言组织的各个层面。表现在词的层面,是音节数,特别是单双音节的伸缩,其中的一个内容,单双音节的等义词,如"哥 = 哥哥"、"国 = 国家"等,及虚词,如"因 = 因为"等,是我们在教学中经常会遇到的;表现在语的层面,是单双音节的配合,例如人们熟悉的双音动词后不能跟单音名词之类;介于词语之间的,有以字代词问题,如"中英联合公报"、"中英双方"中的"中 = 中国、中华人民共和国"("中方"有人可能认为是一个"词",但无法解释"中英双方",讲"中"是"语素"也不行,是"缩略词"也不行),"英"更是代表了"大不列颠与北爱尔兰联合王国";表现在章句层面,则是因节奏而影响语序。更往上,还有"汉语味"问题、"翻译腔"问题,等等。汉语语法与汉语节律的关系现在越来越成为汉语研究的一个热点,但是人们可能也没有自觉地意识到,汉语的节律是以字即音为基本单位的,而不可能以词作为基本单位;相反,节律活动的结果往往还要打破词的僵硬组织、打破呆板的句法组织,甚至打破词句的意义。字本位的语法理论希望还汉语以灵性,反对种种僵死的程式,反对死扣一字一词,一定要给它贴上个标签,譬如"忙个不停、说个没完"中的"个"是什么词性之类。但是,音义互动是我们在字本位研究中新发现的汉语组织规律,目前研究还刚刚开始,无法提出详细的规则。

但我们觉得,既然音义互动律强调动态,就只能提出一些原则性,或者说趋向性的规律,很难指望像形式主义语法那样规定一条条繁琐而又呆板的规则,其掌握一定要通过切身的感受。因此它必然会要求在汉语教学中,从一开始就要鼓励学生尽可能大量接触语言材料,多读多写。实际上,这也是符合当今世界语言教学的潮流的。

(2002年6月18日在伦敦大学亚非学院的讲演,后作为"代后记",收入《字本位与汉语研究》一书,上海:华东师范大学出版社,2002年)

字本位理论的哲学思考

"字本位"作为一种全新的汉语语言学理论,从徐通锵先生最早提出,到现在已有了十多个年头,同时也引起了国内外学术界、对内对外汉语教学界,以至中国外语教学界的关注,赞扬声和批评声纷至沓来。这些对于字本位理论的深入都是有益的。但是我们认为,一种新的理论提出来,最根本的是要能回答四个方面的问题:必要性、合理性、现实性和独特性。"必要性"是从学术发展的角度,论证这种理论的历史价值;"合理性"是从学理的角度,论证这种理论的科学性;"现实性"是从现实的角度,回答这种理论的应用性;"独特性"是从实践的角度,回答这种理论与其他理论相比的优越性。这四个方面换一种说法,也就是一种理论的认识论、本体论、价值论和方法论;回答这四个问题,也就是对一种理论的深层的哲学思考。只有经过这样的思考,才能更深刻地理解一种理论。本文即想就这四个方面作一个初步的探索。

一、"字本位"的认识论意义

为什么要提出"字本位"?这一理论对语言学科的建设到底有什么意义?我认为,字本位理论的最大意义,在于它是从《马氏文通》引进西方语言学、语法学理论以来,第一个真正本土化的汉语语言学理论。我们充分尊重外来理论的价值,毫不怀疑"他山之玉,可以攻石"的道理。但是我们也坚信马克思主义告诉我们的道理:事物发展的根本动因在事物内部,外因只有通过内因才能起作用。汉语语言学要发展,其根本动因必须而且只能从汉语内部去找;西方语言学理论由于在其建立过程中没有认真考虑过汉语,没有经过汉语事实的检验,因此对于汉语语言学来说只能是"外因",要让它真正起作用,必须首先认真发掘汉语的"内因"。所谓"外因通过内因起作用",也就是人们常说的"西方语言学理论与汉语事实相结合"。但正如吕叔湘先生说的,"结合"二字谈何容易。我们经常看到的做法是拿一个西方理论过来,换上几个汉语例子,理论体系、结构框架、描写程序等等,全部是照搬西方的。一部20世纪的汉语语言学史,很大程度上就是这么一部历史,

这有吕叔湘、张志公、朱德熙、徐通锵、程雨民等许多先生的言论为证,限于篇幅,这里只引广为人知的吕先生的一段话:

> 过去,中国没有系统的语法论著,也就没有系统的语法理论,所有理论都是外来的。外国的理论在那儿翻新,咱们也就跟着转。这不是坏事,问题是不论什么理论都得结合汉语的实际,可是"结合"二字谈何容易,机械地搬用乃至削足适履的事情不是没有发生过。(吕叔湘,1986)

如果我们心平气和地想一想,就不得不承认他们所说的是事实。

正是在这样的形势下,从 80 年代下半叶起,一些有识之士纷纷致力于为汉语语言学另找出路,提出了各种各样的新理论,如"中国文化语言学"、"汉语语义语法论"、"汉语韵律句法学"等等。字本位理论并不是这些理论中最早的,但却是近几年最受争议、支持和反对也最集中的理论。其所以如此,是因为它触动了"结合"的根本。依我们看来,"结合"的根本在于实现立足点的转移,变从西方语言和西方语言学理论出发为真正从汉语出发,这是百年来汉语研究得出的最重要的经验和教训。"立足汉语"这句话以前不是没有人提出过,但真正从根本上实现了这一转移的只有字本位理论。从习惯于百年汉语研究"传统"的人看来,这一理论当然是大逆不道的;而从汉语研究发展的角度看,字本位理论的认识论价值却正在于此。循着"西体中用"路子走的汉语语言学已经走了一百年,迄今未见走通;那么,尝试一下"中体西用"(这里是借用一下,可能很多人不喜欢这个字眼)的路有何不可?要尝试"中体西用",先要找出汉语研究的"本体"在哪里,"字本位"就是一个寻找汉语研究"本体"的理论。所谓"立足点"的转移,就是指研究本体的转移。汉语研究归根到底要解决汉语的问题,要有适合汉语自身的理论,而不仅仅是替别人的理论作注释。

强调立足点的转移,建立以汉语为本位的语言学理论,肯定会涉及一个语言共性和个性的问题。有些人似乎怕提"从汉语出发",怕强调"汉语特色",似乎这样一来,就会有违于"世界语言研究的大势";而只有"不断引进",才能使中国语言学赶上国际语言学研究的潮流。这是在认识上的又一个误区。字本位在理论上的又一个价值,也正是希望打破这个误区。对待共性和个性问题,字本位者有下面两个认识:

第一，什么是共性？共性不是先验地推断出来的，而是从个性中抽绎出来的；"一般"是从"特殊"中概括提炼出来的。被概括的特殊事物越多，提炼出来的共性就越可靠。普通语言学是从人类全部语言中概括出来的理论，被概括的语言越多，这个理论就越具有普遍性的价值。现在的普通语言学理论基本上是在印欧语的基础上建立起来的，就印欧语言而言，这个理论有相当大的概括性和普遍性。但这个理论没有能够概括进汉语以及世界上其他许多语言的特点，因而又是有限的、不够"普遍"的。我们不要光看到现在的普通语言学教科书后面都列了一长串世界语言的名称和分类，列出名称不等于进行过深入研究；事实上印欧语之外的绝大多数语言都没有或缺少系统深入的研究，特别是缺少本族语言学家参与的研究。我们只有看到现行普通语言学的这一两重性，即它既有一定范围、一定程度上的普遍意义，而又有不可避免的局限性，才能看到普通语言学本身的发展之路。可以这么说，经过两个世纪的发展，在印欧语基础上建立的普通语言学已经发展得相当完善了，进一步发展的余地已经不多，真正的、全人类的普通语言学发展的前景在于加强对非印欧语语言的研究。而这一研究有两条路可走，一条是从现有的以印欧语为基础的普通语言学"理论"出发，去"解释"各种非印欧语的语言事实；一种是从各种非印欧语的语言事实特别是有别于印欧语的"特点"出发，从中提炼出具有普通语言学意义的东西来，丰富、充实普通语言学的内容。我们认为后一条才是普通语言学发展的根本之路。能够包容进汉语以及世界其他许多语言的普通语言学理论肯定是会比现今的普通语言学更全面、更先进的理论。中国语言学者要有这方面的雄心壮志和气概，要有魄力和能力来完善、改写现在的那种并不"普通"的普通语言学。

第二，"字本位"研究也不仅仅是汉语个性的问题。"字本位"研究要花大力气解决汉语自身的问题，但从长远来看，我们不能以此为满足，我们的最终目标，还要透过"字本位"所体现的汉语个性去观察人类语言的共性。字本位研究要有全局观、整体观，要跳出仅仅为汉语服务、仅仅"解释"汉语现象的范围，力求对整个人类的语言现象提出新的理解，从而丰富全人类的普通语言学的内容。要有这样的雄心：字本位理论不仅是属于中国的，也是属于世界的。汉语是人类语言的一部分，研究汉语的理论自然也应属于人类语言学理论的一部分。因此在字本位理论的研究过程中，我们既要立足汉语，又要胸怀世界；不仅要强调汉语汉字的特色，更要着重发掘这一特色的普通语言学意义。字本位理论的根本定位应该是：

汉语特色的普通语言学研究，普通语言学背景下的汉语研究。这应该成为我们的宗旨和目标。

二、"字本位"的本体论意义

字本位理论提出以后，受到的最大挑战，来自于现行语言学关于语言与文字关系的论断。人们振振有词地责难：文字是记录语言的，是"符号的符号"；语言学是研究语言的，不是研究文字的；主张"字本位"，那么在没有文字以前的语言怎么研究？对于这些责难，"字本位"者不能回避，而必须作出正面、明确的回答。实际上，也只有解答了这些问题，才能为字本位理论的建立奠定坚实的基础。

第一，"字本位"是语言学理论，不是文字学理论。

有人说，语言学是研究语言的，不是研究文字的，言下之意，是"字本位"者连文字与语言的关系都搞不清，硬要把文字问题塞进语言学。对此，我们必须非常鲜明地强调：字本位理论是一种语言学理论，而不是文字学理论。如果是文字学理论，就没有必要花这么大的气力。汉语的文字学早就存在在那里，谁也撼动不了，用不着我们再去摇旗呐喊。正因为把"字本位"看作是语言学理论，要引进"字"的概念，还要把以前认为属于文字研究的一部分内容作出语言学的解释，这才引起了轩然大波。"字本位"的语言学性在于它是与"词本位"针锋相对的，也是对近一个世纪以来汉语研究种种本位理论的挑战和反拨；它希望解决的不是就"字"论"字"问题，而是汉语研究的基础问题、全局问题，包括整个汉语的组织规律和汉语研究方法论的大问题。引进"字"，从本质上说，并不是引进"文字学"，而只是在语言的口头表达基础上，引进了语言的书面表达形式。我们认为，**完整的语言研究应该是口语和书面语的统一；对于汉语尤其如此。**说到底，这个观点并不是我们提出来的，而是"现代语言学"的创始人索绪尔提出来的。对于前者，他说：

> 我们一般只通过文字来认识语言。研究母语也常要利用文献。如果那是一种远离我们的语言，还要求助于书写的证据，对于那些已经不存在的语言更是这样。（Saussure，1916：49）

对于后者，他则说：

> 对汉人来说,表意字和口说的词都是观念的符号;在他们看来,文字就是第二语言。(同上:51)

由于这两句话,特别是后一句话,并不适用于印欧语,因此长期以来受到忽视。我们只是把长期以来受到忽视的话重新提出来加以强调,并希望在这基础上建立汉语自身的语言研究理论,这有什么过错呢?如果我们成功地演绎了索绪尔的"假说",并将它发展成一种完备的理论,它为什么不能成为现行普通语言学的有力补充呢?

第二,"不能事人,焉能事鬼"?

把这句话用在学术讨论上似乎未必合适,但是,对于指责字本位理论无法研究没有文字以前的语言,也许只有用这句话比较恰当。

我们认为讨论问题要有一定的基础,不能信口开河,把自己也解决不了的问题作为论据去批驳对方。从信奉"文字是符号的符号"联想到语言、文字属于两个时期,从而担忧没有文字以前的语言怎么研究,这当然是人们的自由。但这种莫名的担忧却不能作为批驳对方的论据,仿佛提出一种新理论,必须先能解释史前人类的语言研究,然后才有资格拿到今天来应用。这是难以服人的。字本位者关心的是如何更现实地解决汉语研究面临的迫切问题,目前还没有到达关心史前人类语言研究的地步。这就是这里说的"不能事人,焉能事鬼"的意思。事实上,"字本位"者目前做不到的事情,不用"字本位"也未必能做到。有哪种现行理论对没有文字以前的"语言"作出过令人信服的解释?什么时候有人告诉过我们原始人的发音系统、词汇系统、语法系统、语义系统、语用系统了?或者不说"系统"也罢,什么人提出过史前人类的发音机制、用语特点、语法格式、语用表现了?说到底,关于史前人类的语言研究目前只能停留在假设阶段,也许今后很多年内还只能如此。与其说这些"假设"是在说明史前人类语言的实际状况,不如说是主张者在为其今天的理论张本。指责字本位理论无法解释史前语言,无非是说字本位不合他目前的语言理论而已。

也许人们会以语言学家成功研究了现代世界上那些没有文字的语言(如美洲印第安语、澳洲土著语等)为例,证明现代语言学可以研究那些没有文字的语言;相应地,似乎也间接证明了可以研究史前人类的语言。殊不知,这些事实正好证明了前引索绪尔的话,证明了文字对语言研究的重要性。印第安语等等是怎么研究的？怎么能对它们进行定性、定量的描写？用什么对它进行定性、定量的描写？还不是用拉丁字母先把这些语言的音记录下来，然后再用英语（一种在书面上成熟的现代语言）作为描写语言（或者语言学家爱说的"元语言"），用基本上是建立在印欧语基础上的语言分析模式，对之进行研究。没有拉丁字母、没有英语、没有语言分析模式，我们就什么都做不成。

第三，文字和语言的关系现在还不是铁板钉钉的时候。

人们会反驳说，那不正好证明文字不过是语音的记录，是符号的符号吗？这就涉及到了一个更深层的问题：文字究竟是不是只是"符号的符号"？

实际上前引索绪尔的第二句话已经回答了这个问题，即，至少对于汉人来说，文字不是"符号的符号"，而是同语音一样是观念的符号，两者的地位不说是平等的，起码没有先后之分。如果有人不服气，我们倒要请教：你有什么证据证明"日、月、山、水"等不是观念的符号，而是"ri、yue、shan、shui"等读音的记录（我们不用古文字字形和各家构拟的上古汉语"读音"，因为这并不改变问题的性质）？证明中国古人也是先用"ri、yue"等读音先记下"太阳、月亮"的概念，再用"日、月"这两个字形去记下其读音？不承认表音文字和表意文字两大体系（索绪尔语）的根本区别，就会对采用表意文字体系语言的理解产生根本性的误解。

从更深的层面看，语言与文字的关系恐怕远没到铁板钉钉、不容置疑的地步。20世纪下半叶语言理论与语言哲学理论的最大进展之一就是对文字和书面语地位的重新认识。解构主义哲学家德里达颠覆了西方从柏拉图以来的"语音中心主义"，鲜明地提出，"在文字产生之前，根本就没有什么语言的符号"（Derrida 1967：14）。英国语言学家哈里斯（2000）也旗帜鲜明地主张文字与语言是两种并行的符号系统，文字并不只是为了记录语言。当代最新的语言理论的发展表明，语言并不仅仅意味着"音义结合"的符号系统，人类语言比我们所知道的要复杂得多。举个最简单的例子，我们就可以知道语音并不是人类进行交际的唯一手段：学过外语的人都有过这种经历，如果听一段电影录音可听懂60%，那么看同样的一段录像可能就能听懂70%甚至更多；而如果与外国人面对面交谈，听懂对方的概率更可达90%以上。可见对语言的理解很多是利用语音外的因素。语音并不是语言交际的唯一手段。正是在这些新认识发展的基础上，我们提出了语言的新定义："语言是人类认知世界及进行表述的方式和过程。"（潘文国 2001：106）字本位理论正是在这种新语言观下对汉语研究提出的新范式。

第四,"自源文字"和"他源文字"之别是字本位理论的基石。

谈到表意文字与表音文字之别就必然会涉及到文字的另一个重要分类:自源文字与他源文字之别。依我们看来,文字发生学上的这个区别是十分重大的,具有根本意义的区别,在某种程度上,我们甚至可说它是字本位理论的一块基石。在《字本位与汉语研究》一书里,我们曾指出:

> 把文字的这两种分类综合起来考虑,我们会发现表意文字与自源文字、表音文字与他源文字,实际上是重合的。凡自源文字都是表意的(不论是形意文字、意音文字、表词文字),凡他源文字都是表音的。……在上述两种分类里,汉语既是表意体系文字在当今的唯一代表,又是自源文字在当今的唯一代表。(潘文国,2002:91-92)

"功能性"的分类与"发生学"的分类在汉语与世界多数语言的对比上重合了,这难道还不足以说明这种区别对汉语研究的重大意义吗?难道一定要非"表音文字"、非"他源文字"的汉语在研究中也采取为"表音文字"、"他源文字"的语言而设立的一整套理论才能叫作"科学"的研究吗?

从语言发展史来看,尽管有许多人认为原始汉语是形态丰富的语言,有人还构想了原始汉语的种种屈折变化。但由于材料缺乏,因而至今还是既无法证实也无法证伪的假说。不过有一点是谁也无法否定的,主张原始汉语是形态语言的对之还更加坚决,那就是汉字产生以后,汉语与世界上大多数语言走上了大相径庭的发展道路。《诗经》上说,"靡不有始,鲜克有终",如果我们同意汉语与其他语言的分道扬镳是从汉字诞生以后开始的,我们就更有必要认真研究汉字形式产生以后究竟给汉语带来了什么样的变化,怎么会使汉语演变成了今天这种模样。"字本位"研究想完成的正是这样的任务。这是切切实实的"事人"的任务。从这一点看,任何想回避汉字或汉语书面语来研究汉语的理论,都是自欺欺人的理论。

三、"字本位"的价值论意义

如果说上面两个部分主要还是从普通语言学理论方面阐述字本位的意义的话,这一部分我们想更多地讨论这一理论对汉语与汉语研究的意义,或者说,它的现实意义和实践意义。检验一种理论是否具有真理性的最后标准只能是实践。当然我们允许也鼓励在一定阶段、一定情况下理论研究可以脱离实际来进行,我们把这个叫作理论与实践"应当而且必须保持一定的距离"(见潘文国,1998:58)。但我们不能允许一种理论长时期,甚至永远不受实践的检验而自称其具有"科学性"。从西方引进而建立起来的汉语语言学已经经过了一个多世纪的发展,我们现在以实践来对它进行检验可以说并不是过分的要求。检验的结果我们发现了两个最大的问题。第一是与历史脱钩,第二是与现实脱钩。至于在汉语"信息化"上少有作为那还是其次的事情。

对于每个研究汉语的人来说,语言研究传统的继承性和连续性是不容回避的。从《马氏文通》开始起步的汉语语言学,撇开功过成败等有争议的问题不谈,至少必须承认一个事实,即它割断了汉语研究的传统,"传统"的汉语研究与"现代"的汉语研究成了互不相干的两大块。在中国语言学界,搞古代汉语的不管现代汉语,搞现代汉语的不管古代汉语,这已成了不争的事实。这就带来了两个发人深省的问题:

第一,古代汉语与现代汉语是一种语言还是两种语言?如果说是一种语言,那么它在研究方法上应该不应该有连续性?即使是一种语言的两种形态(姑且说是书面和口语吧,其实"现代汉语"同样有书面语和口语问题),那是不是必须采用两种互不相干的研究方法,比方说,一个以"文字学"为中心,一个以"语法学"为中心?如果说是两种语言(我不知道有没有人持这种观点),那么是不是意味着语言不同,研究方法就应不同?"普通语言学"是人类普遍的语言学,理应涵盖人类历史上有过的和现存的各种语言,为什么在解释古代汉语上就不灵了?不是没有人作过用"语法中心"的观点去尝试研究过古代汉语,但很少真正引起传统古汉语学者的兴趣,这是什么原因?

第二,世人公认世界语言研究有三大传统:印度传统、希腊传统和中国传统。注重语音分析和构词分析的印度传统,与注重形态学、后来又加上句法学的希腊—拉丁传统后来合流成了印欧语研究传统,共同形成了现代的"普通语言学"的基础,唯独以"小学"为中心的汉语研究传统始终被排除在"普通语言学"的主流之外。普通语言学却置人类三大语言研究传统之一于不顾,这还是全人类的"普通"语言学吗?中国语言学却割断中国语言研究的传统,这还能称是"中国"的语言学吗?

认真回顾百年来的中国"现代化"史，有不少事情是令人感到沉痛的。为了"现代化"，中国付出了过多的代价。其中之一，就是对传统的遗弃和牺牲。环顾世界，可以说还没有一个国家，特别是有悠久历史文化传统的有影响的国家，其现代化的过程是以抛弃传统为代价的。不论是有千年历史的欧洲，还是只有区区二百年历史的美国，其对传统的维护、对民族性的珍惜，都是有目共睹的。只有在中国，才会产生越骂祖宗越"革命"、越毁弃传统越"现代"的事情，这难道是正常的吗？进入新时期以后，整个学术界都在对20世纪以来的历史进行认真的反思，大约只有语言学界是个例外。这个问题说来话长，这里暂且不谈，我们只想提请人们注意一点：在语言研究中，究竟该是以理论服务事实，还是以事实迁就理论，甚至以理论来改造事实？[1] "词本位"就是这样一种与汉语研究传统、汉语事实格格不入的怪胎，只要奉行词本位一天，古今汉语的研究传统就永远不会有对接起来的一天。

"字本位"研究的目标之一，除了在横向上希望建立与世界普通语言学新的对话机制，让中国语言学以其独特的身姿，进入普通语言学的殿堂之外，还希望在纵向上接上中国语言研究的悠久传统，以一种理论来纵贯自古至今的汉语研究，让世界三大语言研究传统之一的汉语传统放出现代化的光彩。

上面说的是"与历史脱钩"的问题。至于第二个方面"与现实脱钩"，我们指的主要是语言研究的应用层面，首先是语言教育问题。如果说现代汉语的研究与古代汉语的研究事实上成了互不相干的两大块，那么中小学的语言知识教育与学生的语文实践也越来越成为互不相干的"两张皮"，而且"现代语言学"研究越深入，这一游离情况就越严重。早在20世纪初《马氏文通》问世后不久，许多有识之士甚至包括孙中山先生，都纷纷撰文指出，《文通》的实际作用与其宗旨背道而驰，所谓的语法知识无助于提高学生的语文水平；陈寅恪先生（1933）更激烈地指出《文通》之类文法教育的方法还不如传统的"对对子"，这一主张60年后竟得到了两次主持制定汉语语法"共同纲领"的张志公先生（1992）的支持。然而从事"现代语言学"研究的人仍然乐此不疲，甚而者以其从事的是"科学研究"可以不必联系实践而自得。前面我们说过，我们同意理论研究在一定时期、一定程度上可以脱离实

---

[1] 这一似乎不可思议的事在汉语研究中确实存在。譬如在"文字改革"过程中就有人提出要用拼音文字来改造汉语，少用或不用单音词，让汉语尽量多音节化这种主张（见林汉达，1949）。近年来继续支持文字改革的人提出的理由之一居然是为了让汉语适应现代计算机技术的发展。

际来进行,但像语言学这种与人类生活密切相关的学问不可能永远脱离实际而留在象牙塔里,一年可以,十年可以,一百年了,还对提高全民族的语文水平无补,这样的理论还不该从根本上进行反思吗?退一步说,即使这种研究真有必要脱离实际来进行,那也是"专家"们的事,何必要浪费莘莘学子的青春和生命去学习这种"鸡肋"般的知识呢?语言研究最终必须解决应用问题,首先是语文教育问题,包括母语教学和对外国人的汉语教学。字本位理论牢牢立足汉语本位,从一开始就希望解决的不仅是理论问题,更有实践问题,希望找出一条更有效的汉语教学路子,提高全民族的语文水平,同时更有效地向全世界推广汉语,并以之作为自己的又一个目标。

四、"字本位"的方法论意义

怎样衡量一种新理论、新概念、新方法的价值?从正面看,这一新理论、新概念、新方法的提出,必须要有与前人不同的特点,必须要说出前人未说过或未说清的东西,必须要能解决前人未解决或解决得不好的问题;从反面看,必须要证明哪些问题是在新理论提出之前没有解决或解决得不好的,由于新理论的提出,使人们对之有了新的视角或解决的方法。学术研究的全部价值就在于此。否则的话,把别人说过的话反来复去地重复,或者只是引用别人的理论、增加一两个例子,那对于学术进步可说毫无意义。"字本位"作为一种新的理论,它提出了哪些新东西、解决了哪些前人没有能够解决的问题呢?哪些是在字本位理论产生之前所没有解决的问题呢?字本位学者的论著已经从各个方面对此作了解答。这里我们只想从最宏观的方面去概括字本位理论在方法论上的三个最主要特色和贡献。

第一,字本位理论首次提出了语言研究的基本单位问题,并认为这是普通语言学的一个共性。

语言研究史,特别是汉语研究史上提出本位问题,"字本位"并不是第一个。从黎锦熙先生的"句本位"开始,"词组本位"、"小句本位"等先后有人提出。但这些"本位"无一例外只是作为语法研究出发点的单位,因而与语言研究的全局并无关系,与不同语言的特色也没有关系。语法理论在变化,这些"本位"也在移动。因此这些本位观并不具有本体性的意义。而字本位认为每一种语言都存在一种基本单位或基本"粒子",是该语言各个"平面"研究的出发点,并不局限于语法。

这一基本单位,在印欧语中是"词",在汉语中是"字"。在印欧语中,"词"是语音、语汇、语法、语义、语用等研究的交汇点;在汉语中,"字"也是语音、语汇、语法、语义、语用等研究的交汇点;在古汉语中,"字"则是音韵、文字、训诂、章句等研究的交汇点。牵一发而动全身,抓住了这个"本位",就抓住了这种语言研究的"纲";纲举而目张,各项研究就得以建立自身独特的体系。

从这一立场出发,字本位研究既沟通了古今,又打通了中外,成了一种真正的包含古今中外的理论,特别是成功解决了古今汉语研究传统的衔接问题,这是《马氏文通》以来任何汉语理论所未能解决的。

这一理论其实还同时回答了"文字产生之前的语言有没有基本单位"的责难。如果文字产生之前确实存在过成熟的语言(这在目前只是个"假设",因为谁也没有说清过这些"语言"的面貌到底是什么样子的),那当然有。但是"各种语言都有基本单位"这是共性,而这个共性在各种语言中的表现未必相同,在印欧语中它表现为"词",在文字产生以后的汉语中它表现为"字"。在文字产生以前的语言中表现为什么?那谁也不知道,当然不可能是"字",但也不见得非是"词"不可。君不见在"复式综合语"的某些印第安语里,许多形态成分,甚至别的语言里的主、谓语等都可以浓缩在一个单位里,你说这个单位非得叫作"词"? 就是在古代印欧语里也还有类似的情况,如古希腊语阿基米德说的"Eureka"、古拉丁语恺撒大帝说的"Veni, Vedi, Vici",我们能说这些都是一个个"词"么?

第二,字本位理论第一次真正提出了语言的"生成"问题。

语言怎么生成?或者说,人是怎么说话/作文的?这应该是语言研究的最核心问题。但令人惊讶的是,迄今为止的西方语言学理论以及在其影响下的汉语现代语言学理论,没有一个是为解决这个问题的。这并不是危言耸听,我们可以对西方语言学史作一个分析。西方"科学"的语言学史是从19世纪的历史比较语言学开始的(在此之前的"语文学"属于"前科学"),但"科学"是什么? 各个学派却有不同的回答。早期历史比较语言学如施莱马赫等人认为科学就是"比较";后期历史比较语言学如新语法学派的保罗等人认为科学就是"历史";结构主义语言学索绪尔等认为科学就是"系统";欧洲语法革新论者斯威特、叶斯柏森等人认为科学就是"描写";美国结构主义者布龙菲尔德等人认为科学就是"分类";生成语言学的乔姆斯基等认为科学就是"解释"。乔姆斯基语言学虽然以"生成"为标榜,但他的"生成"并不是指"人怎么说话"的问题,乔姆斯基语言学的出发点是句子,这就先验地排除了研究这一问题的可能性。在早期,他关心的是研究怎样从句子生成该语言所有合语法的句子而不生成不合语法的句子,其方法是"转换",即从深层结构"转换"为表层结构。在后期,他抛弃了"转换",似乎真的关心起"生成"问题来了,但实际上又把"人怎么说话"的问题变成了"人怎么学会说话"的问题,即语言的起源这个老问题,并把"儿童学会说话"与"人类学会语言"的过程相类比(具体内容比较复杂,这里不讨论),最终归结为天赋或人类天生的语言机制。由于这一结论既无法证实又无法证伪,因而只具有哲学上的意义。从天生语言能力出发,乔姆斯基又把"生成"解释为从人类共同的一些"原则"出发,经过某些"参数"的调整,"生成"各种具体语言的过程。显然,这一"生成",也与"人怎么说话"无关。当代西方真正关心到"人怎么说话"的可能是莱柯夫等人的认知语言学,这是我们比较看好这一学派的重要原因。

而在中国,马建忠在做的实际是"比较",其后除王力、吕叔湘等少数人外,绝大多数语言研究者在做的只是"分类"加"贴标签",同样几乎没有涉及"人怎么说话"的问题。实际上,西方式的语法,本来就只是在作静态的分析,在其基础上不可能讨论生成问题。这一点严复早在100年前就指出了,他说:"故文谱者,讲其所已习,非由此而得其所习也。"(严复,1904:152)语法学习之不敷实用,尤其是本族人认为学了无用,是由于这一本质特点决定的。语法研究方法再改变,只要这一基本语法观不变,就永远跳不出这一"语法无用"的怪圈。

而字本位的立论基础之一是梁代刘勰的"夫人之立言,因字而生句,积句而成章,积章而成篇"(刘勰,501:306)。这才是一个完整的"立言"的生成过程。有人可能会觉得,"因字而生句"有什么了不起,这谁不知道!但"知道"是一回事,愿不愿、能不能在此基础上建立起一套完整的理论是另一回事。从上面的简单回顾中可以知道,迄今为止的语言学理论都没有帮助我们解决这一问题,字本位理论在这方面的探索就显得格外可贵了。因为只有真正解决生成问题,才能最终解决语言的学习和使用问题,亦即语言学的最终功用问题。

第三,字本位理论旗帜鲜明地强调语言的动态研究。

语言不是"产品",而是"活动",这个观点最早是洪堡特提出来的。但近二百年来并没有得到过真正的重视。如上所说,到结构主义为止的西方语言学,做的都是静态的分析;生成语言学的"生成",是一种哲学的探索,与语言的实际应用可说无关;当代语用学讲的"语用",讨论的只是语言的使用场合,像如何说话才更加

"得体"等,基本上不涉及语言自身的组织。字本位理论继承了语法修辞相结合的汉语研究传统,研究汉语在使用中的组织过程,这就把语言的动态研究放在了首要地位。有好几位朋友问起,为什么一定要讲"字"本位?讲"词"或"语素"为什么不行?有什么事不能在"词"的范围内解决,非要离开人们熟知的术语去另搞一套?我们认为至少就汉语而言,"词本位"与"字本位"的最大区别之一就在于一个是静态的研究,一个是动态的研究。研究汉语构词法的学者告诉我们,汉语的"词"不是现成的东西,而是"从句子中摘出来的"(陆志韦等,1957),因此,主张"词本位"的人无不致力于词的定型化,使汉语的词成为西方的词那样真正的实体。但定型化的结果就与汉语在使用过程中的灵活性相矛盾。譬如我们给"桌子"定了型,就无法解释为什么说"书桌"而不说"书桌子";如果给"书桌"也定型为一个词,又会碰到"方桌"、"方桌子"两者都能说的情况。我们总不能把"方桌"、"方桌子"或者"方"、"桌"都定型为不同的"词",这样就会使词的数量极其庞大而且不敷实用。这样的例子可说举不胜举。人们现在把这现象概括为汉语单双音节在使用中的灵活性。但单双音节的灵活性用"词本位"是无法解释的,用"字本位"就可以。为什么?因为"字"是音形义的统一体,它可以以"含义单音节"的身份参加造句过程中单双音节的种种变化。为什么不叫"语素"?简单的一个理由是:语素也是分析出来的,不是天然的;而且语素不一定是单音节。

如果把汉语的基本组织单位确定为一形一音一义的"字",我们就能自如地解释汉语动态的组织过程。我们把这个组织过程简称为"音义互动律",它包含两个内容,一个是由小到大的"生成论",即刘勰说的"因字而生句,积句而成章,积章而成篇";一个是由大观小的"调控论",即刘勰说的"篇之彪炳,章无疵也;章之明靡,句无玷也;句之清英,字不妄也"。我们认为,只有这样一种动态的过程,才能真正解释千百年来汉族人使用汉语的过程。

参考文献

陈寅恪,1933,"与刘叔雅论国文试题书",载陈寅恪《金明馆丛稿二编》,上海:上海古籍出版社,1980年。
林汉达,1949,"中国语文的整理和发展",倪海曙编《中国语文的新生》,上海:时代书报出版社,362-373页。
刘勰,501,"文心雕龙",周振甫《文心雕龙今译》本,北京:中华书局,1986年。
陆志韦等,1957,《汉语的构词法》,北京:科学出版社。

吕叔湘,1986,"序",龚千炎《中国语法学史稿》,北京:语文出版社,1987年。
潘文国,1998,"语言研究与语言教学",《语言文字应用》1997增刊。
潘文国,2001,"语言的定义",《华东师范大学学报》2001年第1期。
潘文国,2002,《字本位与汉语研究》,上海:华东师范大学出版社。
严复,1904,"英文汉诂"叙,载王栻主编《严复集》第一集,北京:中华书局,1986年。
张志公,1992,《传统语文教育教材论》,上海:上海教育出版社。
Derrida, Jacques, 1967, *De la Grammotologie*, translated into English by G. Spivak as *Of Grammotology*, Baltomore and London: The John Hopkins University Press, 1976.
Harris, Roy, 2000, *Rethinking Writing*, London: Athlone Press.
Saussure, F. de, 1916, *Cours de linguistique générale*, edited by Charles Bally and Albert Sechehaye, Paris: Payot & Cie, 1972, translated into English by R. Harris as *Course in General Linguistics*, La salle, Illinois: Open Court Publishing Co., 1986.

(原载《语言教学与研究》2006年第3期,第36-45页)

字本位
——中文研究与教学的新理论

一、缘起

本文介绍中国国内关于中文研究和教学的一种最新的理论——"字本位"理论。说它"新",因为它发端于20世纪90年代,迄今不过20年历史。其倡导者是已故的北京大学教授徐通锵,在这面旗帜下从事研究的有来自语言学各领域的学者,如从事对比语言学和翻译学的杨自俭、汉语方言学的汪平、理论语言学与音系学的王洪君、中文信息处理的鲁川、汉语文字学的孟华、对外汉语教学的吕必松和周上之、母语基础教学的戴汝潜、外语教学的程雨民等。我也是其中一员,我的学术背景是哲学语言学与中国传统语言学(小学)。该理论的代表性著作有徐通锵的《语言论》(东北师范大学出版社,1997)、《汉语结构的基本原理》(中国海洋大学出版社,2005)、《语言学是什么?》(北京大学出版社,2007)、潘文国的《字本位与汉语研究》(华东师范大学出版社,2002)、程雨民的《汉语字基语法》(复旦大学出版社,2003)、周上之的《汉语离合词研究》(上海外语教育出版社,2006)、王洪君的《基于单字的现代汉语词法研究》(商务印书馆,2011),以及徐通锵、潘文国主编的"汉语字本位研究丛书"一套5册(山东教育出版社,2008)等。

二、字本位理论产生的背景

1. 理论上
(1) 对一个世纪来"西学东渐"的反思

《马氏文通》以来的汉语研究造成了汉语研究传统的断裂。作为世界上三大语言传统之一的汉语传统格局被完全打散,纳入了以语法为中心的印欧语的研究传统。

研究格局的变化迫使我们重新思考外与中、古与今的问题。汉语是古今沿续的,一个完整的汉语研究理论在历史上也应该是延续的,不能只有今天没有昨天;

国外引进的理论应建立在汉语的基础上,不能为引进而引进,引进的目的不能为了追求时髦,不能跟着转。在跟着转了100年之后,所谓中国语言学已经不复存在,只是西方语言学的一个分支。西方讲什么,我们也就讲什么?难道这就是"接轨"?沃尔夫说:"现代中国或土耳其的科学家们在对世界进行描述时,使用了和西方科学家们一样的术语。这一事实只说明他们全盘套用了西方的理性体系,而不意味着他们立足于本族语观察角度证实了这一体系。"(B. L. Whorf, "Science and Linguistics", 1940. 见高一虹等译《论语言、思维和现实——沃尔夫文集》,湖南教育出版社,2001:212)

(2) 对"个性—共性"关系的重新思考

主要集中在有没有,以及要不要建立汉语特色语言学。国内一些人囿于"科学无国界"的思维,满足于在"西方先进理论"背后"跟着转",害怕提"中国特色"。而我们认为,一般说来,凡属于自然科学的研究,全人类的共性比较多,因而像数学、化学、物理学这样的学科一般不会提什么"某某特色"。不过"一般不提",不等于永远不需要提,在涉及这些学科的历史与文化的时候仍然可以提,例如,《九章算术》是中国特色的数学研究,因为它与西方的数学传统很不一样,而且与中国传统哲学的关系密切。中医学就更是如此。而属于社会科学、人文学科的研究,就很难摆脱"某某特色",社会学、政治学、文学、历史学等,就都有浓厚的民族或国家特色。许多相信美国式"民主"就是人类民主的唯一模式,或者相信美国人的金融理论具有全球普适性的人,现在都得到了教训。语言学能不能谈"中国特色",跟语言学这个学科的属性有关。如果语言学确实是一门纯自然科学,那它具备普适性的可能就比较大;而如果语言学是一门社会或人文科学,就不能避而不谈其民族性和语言个性。事实上,由于语言本身是个复杂的社会现象,语言本身既有自然属性,也有社会属性和人文属性,研究语言也就可以分别从自然科学、社会科学和人文学科的角度去进行。在着重对语言的自然属性进行研究时,我们也许会更多地看到一些世界语言共同的方面,产生出语言研究没有国别之分的想法;但如果我们着重对语言的社会属性特别是人文属性进行研究的时候,我们就不得不关注到各种语言的历史文化个性,"某某特色语言学"的提法和做法就在所难免。

(3) 前辈学者的启示

洪堡特:"在研究汉语时,人们通常注意到的是汉字的特点以及汉字与汉语的联系,对汉语本身的语法结构则不大关注。然而,汉语的结构是迄今所知的语言结构中最为独特的一种,它不是语言结构类型中的一个亚类,只是由单一语言构成,而是本身就在所有语言的语法多样性中自成一类。"(Wilhelm von Humboldt, "On the Grammatical Structure of the Chinese Language", 1926. In T. Harden and D. Farrelly. (eds.) *Wilhelm von Humboldt: Essays on Language.* translated by John Wieczorek and Ian Roe. Frankfurt am Main: Lang, 1997. 95)这促使我们认识到:研究汉语而不涉及到汉字、汉字与汉语关系、汉语独特语法这三个方面的任何理论,不可能是适合汉语的理论。

赵元任:"汉语是不计词的,至少直到最近还是如此。在中国人的观念中,'字'是中心主题,'词'则在许多不同的意义上都是辅助性的副题,节奏给汉语裁定了这一样式。"(Chao Yen Ren, "Rhythm and Structure in Chinese Word Conceptions", 1975. 王洪君译,见袁毓林编《中国现代语言学的开拓和发展》,清华大学出版社,1992:248)

吕叔湘说:"词在欧洲语言里是现成的,语言学家的任务是从词分析语素……汉语恰恰相反,现成的是字,语言学家的课题是研究哪些字群是词,哪些是词组。汉语里的词之所以不容易归纳出一个令人满意的定义,就是因为本来没有这样一种现成的东西。其实啊,讲汉语语法也不一定非有词不可。"(《语文常谈》,三联书店,1980:46-47)

王力:"汉语基本上是以字为单位的,不是以词为单位的。"(序周士琦《实用解字组词词典》,上海辞书出版社,1986)

2. 实践上

(1) 100年来的汉语研究没有解决它想解决的问题

马建忠希望在引进西方葛朗玛之后,"童蒙入塾能循是而学文焉,其成就之速必无逊于西人"(《马氏文通》后序)。然而实际却如孙中山早在1918年就指出的:"马氏自称积十余年勤求探讨之功,而后成此书。然审其为用,不过证明中国古人之文章,无不暗合于文法,而文法之学,为中国学者求速成图进步不可少者而已;虽足为通文者之参考印证,而不能为初学者之津梁也。"(《建国方略》之一"以作文为证")即只是使中国"有了"什么,而不是"解决"了什么。传统的小学研究是致力于解决实际问题的,而西方式的语言学建立之后,中国人的语文教学水平和语文总体能力却在不断下降,成了饱受诟病的社会热点问题。理论界对之束手无策,却热衷于跟着西方,一头钻进更远离实际的象牙塔。

(2) 世界汉语教学遇到了瓶颈

随着中国经济的飞速发展，中国在国际上的影响越来越大，学习中文成了世界上语言教学的一个新热点，从20世纪80年代起不断发展，近年来300多家孔子学院的相继建立，更进一步推动了这一热潮。但两个现象引起了我们的注意。一是学习容易坚持难。经常的情况是，一大批人热心地去学汉语，过了一年，人数迅速减了一半，到了第三、第四年毕业时，人数大约只有入学时的四分之一甚至更少。很多人"知难而退"了。二是从"哑巴"到"文盲"。这可能是世界上语言学习的普遍问题。传统的外语学习重书面语轻口语，造成一些汉学家阅读和写作能力极强（甚至可以写作诗文），但几乎不会口语，人称"哑巴外语"。而20世纪下半叶以来，由于片面强调口语，培养出一批会话流利，但几乎没有阅读和写作能力的"外语学习者"。人称"文盲外语"。世界如此，中文更甚，这是因为中文的书面语与口语的距离比任何别的语言都大。世界汉语教学现在遇到了瓶颈。这个瓶颈就是① 汉字教学，② 书面语教学。法国汉语教学家白乐桑在十多年前就指出："确切地说，无论在语言学和教学理论方面，在教材的编写原则方面甚至在课程的设置方面，不承认中国文字的特殊性以及不正确地处理中国文字和语言所特有的关系，正是汉语教学危机的根源。"（白乐桑"汉语教材中的文、语领土之争：是合并，还是自主，抑或分离？"，《第五届国际汉语教学研讨会论文选》，北京大学出版社，1997：565）他说的就是这两个问题。但十多年来，几无改变。原因就在于理论研究没有跟上。

三、字本位的基本认识基础

1. 古今打通

古今汉语是连续的，古今汉语的研究也应该是连续的。完全脱离本土学术资源的外来理论不能在本土生根，也注定难以解决本土的实际问题。

2. 中西打通

生活在当今的地球村，谁也不可能无视他人的存在。西方的学术和各种理论已经影响了中国100多年，必将继续影响中国。以往一头倒向西方，对本土学术资源采取虚无主义是不对的；现在如果走相反的道路，一头回到传统，无视外界日新月异的变化也是不对的，而且是行不通的。一种新的汉语语言学理论要能实现中西言语言研究传统的对接和对话。对接是理其同，对话是析其异。

3. 道器互用

"形而上者谓之道，形而下者谓之器。"(《周易·系辞上》)如果把"形"比作一枚硬币，"道"和"器"就是一枚硬币的两面。所以顾炎武说："非器则道无所寓。"(顾炎武，2006：42)章学诚说"道不离器，犹影不离形""夫天下岂有离器言道、离形存影哉?"(章学诚 1985：132)理论和应用分别相当于"道"和"器"。传统的小学研究重实用，而于理论探索上略有不足，20 世纪以来的现代语言学越来越走上"纯"理论的道路，而置实践于不顾，甚至有以之自得者。字本位理论的产生首先源于实践，其理论最终也以服务于实践为指归。这也是对传统和实践的超越。

所谓实践，首先是教学和语言文字应用(包括翻译、写作等)的实践。

四、字本位理论的基本主张

1. 重新思考语言与文字的关系

从文字发生学看，世界文字有两大类：自源文字和他源文字。从记录语言的角度看，世界文字也可分为两大类：表音文字和表意文字。这两种分类法在一定程度上是重合的，凡表意文字都是自源文字，凡表音文字都是他源文字。汉字是表意文字兼自源文字在当代的典型代表，而印欧语等世界绝大多数文字都是他源和表音文字。目前普通语言的基本理论之一"文字是符号的符号"说是在表音文字体系的印欧语基础上提出来的，它基本上符合印欧语等语言的事实，但不适用于汉语和汉字。"对汉人来说，表意字和口说的词都是观念的符号；在他们看来，文字就是第二语言。"(索绪尔《普通语言学教程》，1916 年，高名凯译，商务印书馆，1980：51)对于印欧语等西方语言而言，语言是语言，文字是文字；对于汉语来说，汉字既是文字学的对象，又是语言学的对象。

2. "字"是研究汉语的基本出发点，或曰"本位"

字本位主张者内部也许有不同的体系，但在最基本的出发点上是完全一致的，即研究汉语必须承认字的地位，必须从字出发。之所以在体系上有一些小的不同那是从不同角度去考虑，或者侧重点不同的结果。例如徐通锵先生说字是汉语的基本结构单位，那是因为他更强调语法；而我说字是汉语的基本单位，不仅仅是结构单位，因为我希望实现字本位理论与西方语言学全面的对接，而不仅仅是语法。

3. 汉语的"字"与英语中的"词"的地位相当

赵元任:"字这个名称将和 word 这个词在英语中的角度相当。"(同前引文)

什么是字？字是形、音、义三位一体的汉语的天然单位，是汉语研究的出发点。传统汉语语言学的三大部门文字学、音韵学、训诂学，正是从这三方面出发建立的符合汉语特点的研究体系。

什么是词？词是西方语言形、音、义三位一体的自然形成的语言单位。由此生发出语法、语音、词汇三大研究部门。

马建忠，特别是章士钊(著有《中等国文法》,1907年，最早提出区分字和词)以来的现代汉语语言学把西方词的概念硬性植入汉语的字，从而完全打乱了传统中国语言研究的体系：文字说被踢出，音韵学被改造，训诂学被肢解，西方式的语法学独大。

4. 在字的基础上建立与西方对接的普通语言学理论

语音方面：音韵学对应于西方的语音学、音位学、音系学

语形方面(1)：形位学对应于西方的词法学(都研究基本单位本身的构造)

汉语的形是形体，因为汉字的构成与形体关系密切；英语等西方语言的形是形态，因为西方词的形成从根本上来说靠的是形态。因此从西方的形发展出语法学，从汉语的形发展出文字学和文章学。林语堂说《说文》同 grammar 是相当的，这是极其敏锐的见解。

(2)：章句学对应于西方的句法学和篇章语言学

语义方面：字义学对应于西方的语义学

语用方面：音义互动对应于西方的语用学

对接是第一步，其后要进行对话，即在相应的对象和目标下，字本位的汉语研究和词本位的英语研究走的道路有何异同。

字本位与词本位适合各自语言的特点，从世界语言的范围来说，没有谁对谁错的问题。英语以词为本位是正确的；同样，汉语以字为本位也是无可非议的。不能因为英语用了词本位，或者世界大多数语言用了词本位，汉语就必须也用词本位。否则就是违背"常识"。我们不否认存在这样的"常识"，但西方语言的常识不等于汉语的常识。如果不加分析，一厢情愿地把别人家里的东西挪过来作为自己家里的宝贝，这才是缺少语言研究的基本常识。

五、字本位是否一定要否定词？

其实,否定词是汉语的基本单位,不等于完全否定词作为一个单位。基本单位是作为出发点的单位,这个单位只能有一个。基本单位之外,其他单位多得很。小句、短语、句子甚至篇章都是,语法之外,音节、音位、偏旁、部件,也都是单位,难道字本位会把它们一一否定吗？我们可以接受词这一级单位的存在,只是不给它们现在那样的突出地位而已。在不少字本位者的体系中,都设了"辞"这一级单位。这个单位其实包含现行语法中词和短语两个单位。这样,合称时是"辞",需要分开说时是"词"和"短语"。这意味着,在字本位学者的体系里,词这个单位是存在的,但其重要性与短语差不多,只是从字到句的过渡单位。让它们可分可合,也是为了避免困扰了汉语语法学界一百年的词和短语划界问题：本来就没有那么严格的界线,那么可以灵活对待它,真是何乐而不为呢！

另一方面,许多人以为词是个法宝,离开它就天下大乱了。其实汉语的词远不是那么个听话的东西,即使我们接受了西方的"词"的概念,也会碰到许多不听话、没法用西方语法或构词法解释的东西,只得叫作"特殊的词"。例如文言的词、离合词、缩略词、成语等等。这些明明无法用西方词的理论解释的东西,非要称作词,而后加上一大堆解释,说明它的特殊性,只能让人觉得理论的破碎,只能头痛医头、脚痛医脚。何如从根本上就对理论基础加以修正呢！

六、字本位的语文教育观

1. 不同的语言应有不同的语言教学法

语言不同,其教学方法也不同。适合于一种语言的教学方法并不天然地也适用于另一种语言。语言研究中的共性论者往往也是语言教学法中的共性论者。他们一方面认为在印欧语研究基础上产生的西方语言学理论必然适合于汉语,起劲地一一照搬；同时也认为在西方语言教学过程产生的教学理论和具体教学法也同样适合于汉语,因而也不断地随着西方教学法理论和实践的不断翻新而一一照搬。而我们认为语言的教学法与语言的特性有关,其他语言的教学法可以参照,但绝不能照搬。如果承认汉语有独特性,那么必须承认汉语教学也有独特性。既然汉语与世界语言相比,具有鲜明的独特性,那么汉语的教学方法也必然具有自身的特点。从20世纪初废科举、设学校,引进西式教材和教学法以来,这个问题已长期为我们所忽视。几年前,我曾提出过一个观点:"100年来,我们是在用教外语的方式教母语"(载《南方周末》2007年5月24日第27版),引起了广泛的关注。我认为,西方语文的教学法已经影响到了汉语作为母语的教学,反过来又影响到了汉语作为外语或第二语言的教学,其带来的后果就是白乐桑先生说的"危机"。当前世界上的"汉语热"方兴未艾,而越是这种时候越要保持清醒的头脑。由于违背汉语研究和教学规律而带来的"汉语难学论",并不会因为学习的人多了起来而自动消失,如果汉语汉字难学难记的问题不解决,"汉语热"是不可能持久的。

2. 字本位与词本位在汉语教学法的不同主张和实践

词本位：拼音领先、随文识字、语文合一、语法重点

字本位：识字领先、以字带词、语文分离、语义为重

(2012年6月9日在"韩中建交20周年纪念国际学术大会"上的报告,韩国大邱)

汉语独特性理论的研究与汉语教学

一、汉语的独特性理论

　　汉语独特性理论指的是关注汉语独特性的各种语言学理论。近来人们谈得较多的是"字本位"理论，不过"字本位"理论只是汉语独特性理论中的一种，并不是唯一的一种。我们还要允许、鼓励和创建别的汉语独特性理论。说到底，汉语独特性理论也就是人们常说的中国特色语言学理论或汉语特色语言学理论。

　　有人不赞成"中国特色"的提法，说："语言学就是语言学，分什么中国和外国！"乍一听这句话斩钉截铁，似乎非常有力，但细想却发现经不起推敲。这个命题就跟"人就是人，分什么男人和女人"，或"人就是人，分什么中国人和外国人"一样没有意义。在对"人"进行研究的时候，有时确实不需要区分男人和女人、中国人和外国人，例如说每个人都有一个脑袋两只眼睛、一个鼻子两个耳朵的时候，或者面临危及整个人类的严重灾害或疾病的时候，如地震、海啸、SARS或甲型流感；但有时却必须区分男人和女人、中国人和外国人，例如研究人的生理特征的时候，或者研究人的文化特征的时候。语言学也同样如此，有时确实不需要谈国家特色或者语言特色，有时却必须谈。不能因为有的时候不需要谈，就武断地认为所有场合都不能谈、不必谈。

　　认为语言学不必区分中外的最主要理由是所谓科学无国界。有人振振有词地说："谁听说过有什么中国特色数学，或者中国特色物理学吗？"既然没有中国特色数学这样的说法，当然就不应该有中国特色语言学。可惜的是，他们举的例子都是自然科学方面的。在社会科学方面就没有那么理直气壮了。譬如说，有谁敢否定"中国特色社会主义"的提法吗？没有！这倒不是因为政治原因，而是因为中国特色社会主义的存在是摆在全世界人民眼前的活生生的事实，你无法否认它的存在。这样看来，说有没有"中国特色"，跟学科的性质大有关系。一般说来，凡属于自然科学的研究，全人类的共性比较多，因而像数学、化学、物理学这样的学科一般不会提什么"某某特色"。不过"一般不提"，不等于永远不需要提，在涉及这些学科的历史与文化的时候仍然可以提，例如我们可以说，《九章算术》是中国特色的数学研究,因为它与西方的数学传统很不一样,而且与中国传统哲学的关系密切。而属于社会科学、人文学科的研究,就很难摆脱"某某特色",社会学、政治学、文学、历史学等,就都有浓厚的民族或国家特色。许多相信美国式"民主"就是人类民主的唯一模式,或者相信美国人的金融理论具有全球普适性的人,现在都得到了教训。语言学能不能谈"中国特色",跟语言学这个学科的属性有关。如果语言学确实是一门纯自然科学,那它具备普适性的可能就比较大;而如果语言学是一门社会或人文科学,就不能避而不谈其民族性和语言个性。主张语言学无国界的主要是20世纪以来自认是所谓"主流语言学"的那些人,他们同时也积极地主张语言学属于自然科学,从布龙菲尔德到乔姆斯基,都是如此,甚至鼓吹得"不遗余力"。可惜在整个学术界,他们的这一主张却非常不"主流"。中国的学科目录中至今仍把语言学归属在"文学"这个大的门类下,分别是中国语言文学和外国语言文学这两个"一级学科"下的"二级学科"。即使今后语言学有望升级为"一级学科",它大概也只能归在"文学"门类下,不可能突然会跳到"理学"或"工学"门类下面去。在美国,语言学的位置是在"哲学"下,也不是自然科学。其他国家的情况也差不多。事实上,由于语言本身是个复杂的社会现象,语言本身既有自然属性,也有社会属性和人文属性,研究语言也就可以分别从自然科学、社会科学和人文学科的角度去进行。在着重对语言的自然属性进行研究时,我们也许会更多地看到一些世界语言共同的方面,产生出语言研究没有国别之分的想法;但如果我们着重对语言的社会属性特别是人文属性进行研究的时候,我们就不得不关注到各种语言的历史文化个性,"某某特色语言学"的提法和做法就在所难免。硬把语言学派作"自然科学",进而否认语言研究的民族性,只是某些人的一厢情愿。

反对提"中国特色语言学"的人还有第三个理由:"你听说过'英国特色语言学'、'美国特色语言学'的提法吗?人家不提,我们为什么要提?这不显得自己过于小家子气了吗?"对于这个说法,我的第一个反应是:别人没提,我们就不能提吗?第二个反应是:英国、美国用得着提"英国特色、美国特色"语言学吗?当今世界的语言学(不仅仅是"主流语言学")本来就是建立在印欧语研究之上的,近半个多世纪以来更是建立在英语研究基础之上的。以英语为基础的语言学已经成了普通语言学,乃至全人类语言学的代表,还有必要来强调"英语特色"的语言学吗?在语言学研究中不需要提"英国特色、美国特色"。至于英、美之外,其他国家也很少提某某特色语言学,我想原因可能有二:一是有些语言本来就在印欧语大家庭里,其"特色"并不很明显,除非特别需要,否则不必提;二是那些语言目前还没有足够的觉悟。由于历史的原因,印欧语之外的语言研究几乎都是 20 世纪以后起步的,在建立过程中受到了印欧语语言学的强大影响,多多少少都有些"印欧语言学化"了,就好比《马氏文通》之后的中国语言学一样,有着"狰狞"(黎锦熙用语)的英语语言学"面目"。"中国特色语言学"是在《马氏文通》发表以来的百年思考,是在对"跟着西方语言理论转"了 100 年的反思基础上提出来的,是中国学者痛定思痛的一种觉醒。尽管许多语言的研究还没有这种醒悟,但我们相信终究会有这一天。举例来说,在印欧语语言学建立的世界语言谱系大家庭中,日语、韩语至今没有找到自己的位置,一会儿说属于这个语系,一会儿说属于那个语系,一会儿又让它们独立出来单独成为一个语系,但并不为日、韩学者所认同。我看只有到"日语特色语言学"和"韩语特色语言学"真正建立以后,这个问题才能最终解决。其实,"特色"问题,不仅语言之间需要,一个语言之内也需要。大一统的情况固然令人振奋,而特色的研究更具有实际的意义。例如在英语成为国际上最主要的通用语言之后,我们却不断听到各种"-glish"的说法。最早是法国的 Finglish,后来有中国的 Chinglish、新加坡的 Singlish,现在又听到有印度的 Hinglish、日本的 Janglish、韩国的 Konglish、菲律宾塔加鲁语语的 Tagalish 等。可见即使在英语中,各种语言的"独特性"也正在被注意到。

说到底,这个问题涉及对语言研究中共性和个性的理解。共性和个性是语言研究中永恒的主题。没有人会否认语言中有个性,也没有人会否认语言中有共性。但是如何看待共性个性、如何对待共性个性,各语言学派和语言学家就表现出了很大的差别。有人爱走极端,认为语言研究只能以探索人类语言共性为最终目标;还有人则认为人类语言间有着极大的、几乎不可逾越的差别,语言研究应该更关注语言的个性。前者的例子如乔姆斯基,后者的例子如沃尔夫,两位都是美国人。可见,认为强调语言个性、强调中国特色、汉语特色的只有中国的语言学家,这种说法也不符合事实。可以说,这本身也是国外语言学,或者世界语言学的一部分。极端之外,多数人的主张是共性、个性并重。但这句话容易说,却不好处理。"共性"与"个性"是什么比例?是三七开、四六开,还是五五开?谁也无法量化。研究是从"共性"切入,还是从"个性"切入?各派又有截然不同的主张。凡主张借用国外理论来解决汉语问题的大多是共性派,因为这种主张的前提就是默认西方产生的理论必然具有普适性,适用于世界上所有的语言。代表人物就是马建忠。而主张从汉语出发,在与各国语言进行比较中探索汉语特点的就是个性派,其代表人物就是王力和徐通锵。我们基本上是个性派,但我们对个性与共性又有自己的理解。我们认为个性和共性本来就是同一个事物的两面,其关系就如中国古人说的"道"与"器"的关系。"形而上者谓之道,形而下者谓之器。"(《周易·系辞上》)如果把"形"比作一枚硬币,"道"和"器"就是一枚硬币的两面。所以顾炎武说:"非器则道无所寓。"(顾炎武,2006:42)章学诚说"道不离器,犹影不离形""夫天下岂有离器言道、离形存影哉?"(章学诚,1985:132)同样,共性和个性也是一枚硬币的两面,我们主张研究共性,但离开个性就无所谓共性。不强调各种语言的独特性,不从语言个性着手,所谓共性只是一句空话。

二、什么是汉语的独特性?

那么,什么是汉语的独特性呢?我们想引用一位外国学者的话来看这个问题。180多年前,德国语言哲学家洪堡特在他的《论汉语的语法结构》一文中,说了这样一段话:

> 在研究汉语时,人们通常注意到的是汉字的特点以及汉字与汉语的联系,对汉语本身的语法结构则不大关注。然而,汉语的语法结构是极为独特的,从所有语言的语法差异来看,汉语可以说自成一类,而不是某一具体语言的亚种。(洪堡特,1826/2001:105)

这段话可说非常精辟地指出了汉语独特性的三个方面,这就是:(1)汉字的特点;(2)汉字与汉语的联系;(3)汉语本身的语法结构。我们都知道,洪堡特是普通语言学的创始人,也是迄今为止我们所知道的世界上懂得语言最多的学者之一,他对汉语特点的归纳可说是把汉语跟世界上许多语言进行比较以后得出的结论。这与我们封闭在汉语自身的圈子里,或者加上一两门外语的井底之见相比,视野肯定要开阔得多,也客观得多。要充分论述这三个方面,可说包含了研究汉语独特性的全部,不是本文所能解决的,但这里不妨说说我们对洪堡特提出的这三个方面的初步感想。

第一,汉字的特点。我们感兴趣的还不是汉字的特点本身或者怎么去研究汉字特点的问题,而是洪堡特说这句话的前提。其前提就是"在研究汉语时"。这说明洪堡特,以及在他之前或同时期的汉学家、汉语学家们,是把对汉字的研究看作汉语研究的一部分的。不像20世纪的许多中国语言学家,千方百计地要把汉字踢出汉语研究的殿堂,认为文字不是语言,汉字研究属于文字学,不应该属于语言学研究的范围。从洪堡特的话我们可以得出一个结论,即承认汉字研究是汉语研究的一部分,就是汉语独特性的第一个内容。

第二,汉字与汉语的联系。承认汉字研究是汉语研究的一部分是汉语独特性研究的第一个方面,进一步就要研究汉字与汉语的"联系"。我们注意到洪堡特用的词是"联系"(英语是 connection)而不是"关系"(英语是 relation)。"关系"可以是各管各的,自成一家。而"联系"却是两家合为一家,是同一事件的不同阶段或过程。我的理解是,汉字结构从属于汉语结构,是汉语结构的一部分。这个认识可能有悖于我们现在所了解的语言与文字的关系这一语言学"常识"。但正因为与一般的"常识"不同,这才构成了汉语"独特性"的第二个内容。

第三,汉语本身的语法结构。这方面最值得注意的是洪堡特对汉语语法结构的评价:"汉语的语法结构是极为独特的,从所有语言的语法差异来看,汉语可以说自成一类,而不是某一具体语言的亚种。"其中最后一句的"亚种"有点费解,我们对照了上面那段话的英文译文:"In studies of Chinese, it is normally the script and its connection with the language which attracts interest, to such an extent that relatively little attention is paid to the actual grammatical structure of the language. And yet this is one of the most remarkable language structures known; far from simply constituting a sub-division consisting of one single language, it in fact constitutes a class of its own within the grammatical multiplicity of all languages."(Humboldt 1826/1997: 95)。最后一句话可以改译为:"汉语的结构是迄今所知的语言结构中最为独特的一种,它不是语言结构类型中的一个亚类,只是由单一语言构成,而是本身就在所有语言的语法多样性中自成一类。"洪堡特强调汉语结构在所有已知语言中"最为独特",在所有语言的语法结构中"自成一类"而不是别的分类的"亚类",充分说明了汉语语法的独特性。对他这个说法视而不见实在是不应该的。在普通语言学领域,很多人承认汉语是一个独特的类型,即所谓的"孤立型",但一到了研究具体的汉语语法,马上就起劲地把它归为某种其他语言(特别是英语)语法的"亚类",总是从英语语法出发,来寻找汉语中可能存在的语法规律。100年来,我们不就是这么做的吗? 从洪堡特的话出发,应引起我们重新对"什么是语法?"和"什么是汉语语法?"的认真思考。

三、汉语的独特性和汉语教学

讨论这个问题,我们想先引用白乐桑先生10多年前说过的话:

> 确切地说,无论在语言学和教学理论方面,在教材的编写原则方面甚至在课程的设置方面,不承认中国文字的特殊性以及不正确地处理中国文字和语言所特有的关系,正是汉语教学危机的根源。(白乐桑,1997:565)

我们不无惊讶地发现,白乐桑先生提到的两个方面,"中国文字的特殊性"和"中国文字和语言所特有的关系",与洪堡特提到的前两条在用字上几乎一模一样,可见这是一些外国汉学家的共识。白乐桑先生认为不承认和不能正确处理汉语的独特性,就会带来汉语教学的危机。对此我们完全同意。

认识这个问题需要有一个前提,那就是必须承认,语言不同,其教学方法也不同。适合于一种语言的教学方法并不天然地也适用于另一种语言。语言研究中的共性论者往往也是语言教学法中的共性论者。他们一方面认为在印欧语研究基础上产生的西方语言学理论必然适合于汉语,起劲地一一照搬;同时也认为在西方语言教学过程产生的教学理论和具体教学法也同样适合于汉语,因而也不断地随着西方教学法理论和实践的不断翻新而一一照搬。而我们认为语言的教学法与语言的特性有关,其他语言的教学法可以参照,但绝不能照搬。如果承认汉语有独特性,那么必须承认汉语教学也有独特性。既然汉语与世界语言相比,具有鲜明的独特性,那么汉语的教学方法也必然具有自身的特点。从20世纪初废科举、设学校,引进西式教材和教学法以来,这个问题已长期为我们所忽视。几年前,我曾提出过一个观点:"100年来,我们是在用教外语的方式教母语"(潘文国,2007),引起了广泛的关注。我认为,西方语文的教学法已经影响到了汉语作为母语的教学,反过来又影响到了汉语作为外语或第二语言的教学,其带来的后果就是白乐桑先生说的"危机"。当前世界上的"汉语热"方兴未艾,而越是这种时候越要保持清醒的头脑。由于违背汉语研究和教学规律而带来的"汉语难学论",并不会因为学习的人多了起来而自动消失,如果汉语汉字难学难记的问题不解决,"汉语热"是不可能持久的。坦率地说,我认为历史给我们的时间并不会太长,如果10到20年里面,汉语研究和教学法没有一个重大突破,汉语走向世界的机遇就会稍纵即逝。我们热切地希望本文能引起大家对这个问题的关注和讨论,从而从汉语独特性出发,为汉语研究和教学寻找一条新的出路。

参考文献

白乐桑,1997,"汉语教材中的文、语领土之争:是合并,还是自主,抑或分离?",《第五届国际汉语教学研讨会论文选》,北京:北京大学出版社。
顾炎武,2006,《日知录集释》,上海:上海古籍出版社。
洪堡特,2001,"论汉语的语法结构"(1826),载洪堡特著,姚小平译注,《洪堡特语言哲学文集》,长沙:湖南教育出版社。
潘文国,2007,"100年来,我们用教外语的方式教母语",《南方周末》第1215期第27版。
章学诚著,叶瑛校注,1985,《文史通义校注》,北京:中华书局。
Humboldt, Wilhelm von, 1826, "On the Grammatical Structure of the Chinese Language", In T. Harden and D. Farrelly. (eds.) *Wilhelm von Humboldt: Essays on Language*. Translated by John Wieczorek and Ian Roe. Frankfurt am Main: Lang, 1997, 95-110.

(2009年12月在《首届汉语独特性理论与汉语教学国际研讨会》开幕式上做的主题发言,载周上之主编《世纪对话:汉语字本位与词本位的多角度研究》,北京:北京大学出版社,2013年,第1-9页)

我们为什么主张字本位？

一、反面的教训

《马氏文通》以来的汉语研究造成了汉语研究传统的断裂。作为世界上三大语言传统之一的汉语传统格局被完全打散，纳入了以语法为中心的印欧语的研究传统。

研究格局的变化迫使我们重新思考外与中、古与今的问题。汉语是古今沿续的，一个完整的汉语研究理论也应该是在历史上延续的，不能只有今天没有昨天；国外引进的理论应建立在汉语的基础上，不能为引进而引进，引进的目的不能是为了追求时髦，不能跟着转。在跟着转了100年之后，所谓中国语言学已经不复存在，只是西方语言学的一个分支。西方讲什么，我们也就讲什么？难道这就是"接轨"？沃尔夫(1940：212)说："现代中国或土耳其的科学家们在对世界进行描述时，使用了和西方科学家们一样的术语。这一事实只说明他们全盘套用了西方的理性体系，而不意味着他们立足于本族语观察角度证实了这一体系。"

汉语研究存在的问题不是我们讲的，孙中山(1918：129)最早一针见血地指出了《马氏文通》的根本问题："马氏自称积十余年勤求探讨之功，而后成此书。然审其为用，不过证明中国古人之文章，无不暗合于文法，而文法之学，为中国学者求速成图进步不可少者而已；虽足为通文者之参考印证，而不能为初学者之津梁也。"这也是现在引进派理论的根本问题，即只是使中国"有了"什么，而不是"解决"了什么。之后，陈寅恪、王力、吕叔湘、朱德熙、张志公、启功、徐通锵等指出了汉语研究的弊病。其中不少人也谈到了字的问题。例如吕叔湘(1980：46)说："词在欧洲语言里是现成的，语言学家的任务是从词分析语素……汉语恰恰相反，现成的是字，语言学家的课题是研究哪些字群是词，哪些是词组。汉语里的词之所以不容易归纳出一个令人满意的定义，就是因为本来没有这样一种现成的东西。其实啊，讲汉语语法也不一定非有词不可。"只是吕叔湘没有接着往下讲，没有词的汉语语法怎么讲，因此他之后的学者们只能照常按老的套路走。

二、正面的提醒

洪堡特（Humboldt，1826：105）的归纳："在研究汉语时，人们通常注意到的是汉字的特点以及汉字与汉语的联系，对汉语本身的语法结构则不大关注。然而，汉语的语法结构是极为独特的，从所有语言的语法差异来看，汉语可以说自成一类，而不是某一具体语言的亚种。"这促使我们认识到：研究汉语而不涉及汉字、汉字与汉语关系、汉语独特语法结构这三个方面的任何理论，不可能是适合汉语的理论。

三、什么是字本位理论？

一言以蔽之，就是在认识到汉字的特点及其对汉语的重要性的基础上，从汉字出发的汉语研究。有人见到字本位内部有不同体系，觉得很奇怪，甚至认为你们自己都统一不了，怎么跟词本位论辩？其实这很正常，因为字本位者内部的体系再分歧，但是在最基本的出发点上我们是完全一致的，即都认为，研究汉语必须承认字的地位，必须从字出发。之所以在体系上有一些小的不同，那是从不同角度去考虑，或者研究时侧重点不同的结果。例如徐通锵先生说字是汉语的基本结构单位，那是因为他更强调语法；而我说字是汉语的基本单位，而不仅仅是结构单位，因为我希望实现字本位理论与西方语言学的全面对接，而不仅仅是在语法上。要是各家的研究完全一样，那就不需要有"各家"，一家就够了。词本位也不是一家，何必一定要求字本位从一开始就完全一致呢！

四、字本位的对立面

字本位的对立面是词本位，这是我提出来的，就是在 1994 年上海外国语学院举办的"中国文化与世界"的讨论会上。我提交的论文标题就是"字本位与词本位"。因为字本位所面对的实际不是词类本位、句本位、词组本位、小句本位等所有这些本位，因为这些本位都只是语法的单位。而字本位希望解决的不只是语法研究的基本单位问题，而是整个语言研究出发点的问题。因此我们的对立面的只能是词本位。

　　什么是字？字是形、音、义三位一体的汉语的天然单位，是汉语研究的出发点。传统汉语语言学的三大部门文字学、音韵学、训诂学，正是从这三方面出发所建立的符合汉语特点的研究体系。

　　什么是词？词是西方语言形、音、义三位一体的自然形成的语言单位。由此生发出语法、语音、词汇三大研究部门。汉语的"形"是形体，因为汉字的构成与形体关系密切；英语等西方语言的"形"是形态，因为西方词的形成从根本上来说靠的是形态。因此从西方的形发展出语法学，从汉语的形发展出文字学。林语堂(1969：270－271)说《说文》同 grammar 是同一类的研究[1]，这是极其敏锐的见解，值得深刻领会。

　　字本位与词本位适合汉语与英语各自语言的特点，从世界语言的范围来说，没有谁对谁错的问题。英语以词为本位是正确的；同样，汉语以字为本位也是无可非议的。不能因为英语用了词本位，或者世界大多数语言用了词本位，汉语就必须也用词本位。否则就是违背"常识"。我们不否认在西方语言甚至世界许多语言中拥有这种共同的"常识"，但西方语言的常识不等于汉语的常识。如果不加分析，一厢情愿地把别人家里的东西挪过来作为自己家里的宝贝，这才是缺少语言研究的基本常识。

　　赵元任(1975)早就说过，"印欧系汉语语言中的词这一级单位……在汉语里没有确切的对应物"，还说："为什么非要在汉语里找出其他语言中存在的实体呢？"要找也是徒劳的。那种一定要把汉语的字说成语素，就是这种徒劳的尝试。程雨民(2003)说汉语无词，那是指没有英语那样的词，我同意。徐通锵说汉语无语素，也是指汉语没有西方那样的语素，我也同意。我(2002：223－229)在《字本位与汉语研究》里专门有一节"语素论再批判"[2]，其中的观点大家同意不同意可以讨论，但说字本位者没有回答过这个问题，那不是事实。汉字既不是词，又不是语

---

[1] 林语堂的原文是："语汇英文就是 vocabulary，就是语言的内容实质。语法(文法)英文叫作 grammar，是讲某种语言中表示意念的种种方法。语音就是读音(phonetics)。这三个区别略与中国小学家所分形、音、义三学相仿佛。《说文》等于文法；音韵等于发音学；训诂等于语汇。所不同者中国小学是以文字为主，学英语者却须以语言为主。故如在中国小学，《说文》及金石之学只讲文字的变化与构造，而在文法，却须讲语言字句的变化与构造。然其同属于一类的研究，注重构造化合的原则，则两者实处于相等的地位。(旧式文法一部分专讲形的演变，名曰'形态学'(morphology)，则与字形之义尤近。)"

[2] 见该书 9.2 节《"语素论"再批判》，第 223－229 页。

素,那是什么呢? 我说,那就是字。赵元任又说,汉语的字与英语的词的结构特征不但不相同,"连近于相同也谈不上";但又说,"字这个名称将和 word 这个词在英语中的角度相当",这是什么意思呢? 我认为就是我上面说的在语言中的地位相当。汉语和英语的最大共性也就在这里。

五、字本位是否一定要否定词?

字本位是否一定要否定词? 其实,我们否定词是汉语的基本单位,不等于完全否定词作为汉语研究和使用的某个单位。所谓"基本单位"是作为出发点的单位,这个单位只能有一个。基本单位之外,其他单位多得很。小句、短语、句子甚至篇章都是,语法之外,音节、音位、偏旁、部件,也都是单位,难道字本位会把它们一一否定吗? 我们可以接受词这一级单位的存在,只是不给它们现在那样的突出地位而已。在我和徐通锵先生(1997),以及汪平先生(2001),以及周上之先生的体系中,我们都设了"辞"这一级单位。这个单位其实包含现行语法中词和短语两个单位。这样,合称时是"辞",需要分开说时是"词"和"短语"。这意味着,在字本位学者的体系里,词这个单位是存在的,但其重要性与短语差不多,只是从字到句的过渡单位。让它们可分可合,也是为了避免困扰了汉语语法学界一百年的词和短语划界问题:本来就没有那么严格的界线,那么可以灵活对待它,真是何乐而不为呢!

另一方面,许多人以为词是个法宝,离开它就天下大乱了。其实汉语的词远不是那么个听话的东西,即使我们接受了西方的"词"的概念,也会碰到许多不听话、没法用西方语法或构词法解释的东西,只得叫作"特殊的词"。例如文言的词、离合词、缩略词、成语等等。这些明明无法用西方词的理论解释的东西,非要称作词,而后加上一大堆解释,说明它的特殊性,只能让人觉得理论的破碎,只能头痛医头、脚痛医脚。何如从根本上就对理论基础加以修正呢!

六、字本位与词本位的根本分歧

既然字本位并不否认词,那么与词本位的分歧何在呢? 在于词本位根本不愿意承认字的地位。或者说,只接受其作为书写符号的地位。他们认为语言只能研究音义的结合，文字是外加的，不是语言学研究的对象。而我们认为离开汉字就无法研究汉语。这样，问题就变成，语言研究能离开文字吗？我们认为，所谓"语言是语言，文字是文字，只有没有文字的语言，没有没有语言的文字，语言研究可以离开文字、甚至必须离开文字来进行"，这本身就是一个伪命题。我们还是请"现代语言学之父"索绪尔来回答。他(1916：47)说："我们一般只通过文字来研究语言。研究母语也常要利用文献。如果那是一种远离我们的语言，还要求助于书写的证据，对于那些已经不存在的语言更是这样。要使任何场合都能利用直接的文献，我们必须像当前在维也纳和巴黎所做的那样，随时收集各种语言的留声机录音的样本。可是这样记录下来的原件要为他人所认识，还须求助于文字。"这就是说，即使是没有文字的语言，要成为语言学的研究对象，也必须用某种文字记录下来。那有文字的语言如汉语，难道反而要撇开汉字来研究汉语吗？离开汉字能研究汉语吗？我们可以放宽条件，允许你用汉语拼音来记录汉语，试问，仅凭汉语拼音能研究汉语吗？恐怕连认读都困难。如果文字只是语音的记录，那么，记录汉语的最好手段是国际音标，能依靠国际音标来研究汉语吗？不要说汉语，就是真正的拼音文字语言如英语，能利用国际音标来研究吗？我倒真看到过一本，也许是唯一的一本，是 Harold E. Palmer 写的讲口语的书 *A Grammar of Spoken English*，可惜国际音标只用来写例句，全文的叙述还得用正常的英语。至于讲语法，就非得利用文字不可了，例如 Palmer 写的同样著名的一本语法书 *A Grammar of English Words*，就不可能用音标了。拼音文字语言尚且如此，汉字就更不用说了。

参考文献

程雨民，2003，《汉语字基语法》，上海：复旦大学出版社。
林语堂，1969，"英文学习法"，见《林语堂选集：读书、语文》，台北：读书出版社。
吕叔湘，1980，《语文常谈》，北京：三联书店。
潘文国，2002，《字本位与汉语研究》，上海：华东师范大学出版社。
孙中山，1918，"建国方略（'以作文为证'）"，收入《孙中山选集》上卷，北京：人民出版社，1956年，第126-131页。
索绪尔，1916，《普通语言学教程》，高名凯中译，北京：商务印书馆，1980年。
汪　平，2001，"苏州方言语法新探"，打印本，武汉：华中科技大学。
沃尔夫，1940，"科学与语言学"，载《论语言、思维和现实》，沃尔夫著，高一虹等译，2001，长沙：湖南教育出版社，第205-218页。

徐通锵,1997,《语言论》,长春:东北师范大学出版社。
赵元任,1975,"Rhythm and Structure in Chinese Word Conceptions",王洪君中译为"汉语词的概念及其结构和节奏",载袁毓林主编《中国现代语言学的开拓和发展——赵元任语言学论文选》,北京:清华大学出版社,1992年,第231–248页。
Humboldt, Wilhelm Von, 1826, "On the Grammatical Structure of the Chinese Language", in T. Harden and D. Farrelly (eds.), *Essays on Language / Wilhelm von Humboldt*, Frankfurt am Main: Lang, 1997, 95–110.
Palmer, H. E., 1924, *A Grammar of Spoken English, on a Strictly Phonetic Basis*. Cambridge: Heffer and Sons.
Palmer, H. E., 1938, *A Grammar of English Words: One Thousand English Words and Their Pronunciation, Together with Information Concerning the Several Meanings of Each Word, Its Inflections and Derivatives, and the Collocations and Phrases into which It Enters*. London: Longmans, Green.

(2009年"首届汉语独特性理论与汉语教学国际研讨会"上安排了字本位与词本位主张者的正面交锋,这是为字本位一方作的阐明观点的基础发言,后发表在周上之主编《世纪对话:汉语字本位与词本位的多角度研究》,北京:北京大学出版社,2013年,第10–14页。这里补充了引文出处)

字与语素及其他

字本位与词本位的论争,本来没有语素什么事,它是从半途上杀出来的程咬金。而且一出来就矛头指向了双方:对词本位者说,词还算不上是基本单位,语素才是真正的基本单位;对字本位者说,要是你把"字"换成"语素",那么字本位所主张的一些观点,我就都可以接受了。看来,对中间杀出的这个程咬金,确实有讨论一番的必要。

一、字本位与词本位之争是语言研究方法论之争

把字本位与词本位相提并论,作为一对矛盾对立体,是我在1996年的一篇文章[1]里提出来的。这一说法在之前没有过。因此很多人在介入这一争论之前其实并没弄清楚这场争论争的是什么,以为还只是语法研究中哪级单位更重要之争。因此争辩说字不是语法单位,词才是语法单位,或者说语素才更重要等等。其实这些都是误解。

在汉语研究历史上,本位问题确实是语法研究引起的。黎锦熙先生最早提出"句本位",他针对的是马建忠。以后朱德熙先生提出了词组本位,是针对句本位的。字本位是徐通锵先生首先提出来的,实际上已有了方法论的意义,但许多人以为他针对的只是语法研究中的句本位和词组本位。小句本位是史有为先生一度提出过的,也是语法研究的概念。其他没有明确提出的"本位",如邢福义先生的"小句中枢说",被人归结为"小句本位";马建忠的《马氏文通》,被黎锦熙先生根据全书以十分之九的篇幅谈字类的情况,归结为"(字)词类本位"。还有一些没有固定单位的"本位"说,如史有为的"移动本位"、马庆株的"复本位"、邵敬敏的"无本位"等,都是在语法范围内进行的。但确实,从来没有过一个"词本位"。那么,我为什么要提出一个"词本位"并以之作为与"字本位"针锋相对的一个概念呢?这是因为我的着眼点与上述各种本位并不一样,提出上述各种"本位"的几乎都是

---

1 见潘文国"字本位和词本位——汉英语法基本结构单位的对比",载耿龙明、何寅主编《中国文化与世界》第四辑,上海:上海外语教育出版社,1996年,第357–373页。

语法学家,是把"本位"作为语法研究的一个"单位"来理解的,种种争论是围绕汉语语法研究应该以什么为重点或出发点的问题。而我所主张的"字本位",则不仅是语法研究从哪里出发的问题,而是整个汉语该怎么研究的方法论问题。我的字本位观点集中在一本书《字本位与汉语研究》中,其实这本书是一项教育部课题的研究成果,而课题的名称叫作"字本位与汉语研究的方法论",出版时为了缩短标题、突出重点,我去掉了后面四个字。在书中我讨论的就不仅仅是语法,还涉及了语音、语形、语义、语用等,是在整个普通语言学的框架下,对在字本位基础上如何研究汉语的方法论作了全面的论述和探讨。其实如果说徐通锵先生在90年代初刚提出字本位理论时还曾较多地考虑语法研究的话,到1997年《语言论》和其后一系列著作的出版,他已明显地把字从语法基本单位转而为汉语语言基本单位了。以字作为本位或出发点,以此来建立汉语研究的全局,这样一种全面的研究思路,有可能跟它竞争的是谁呢? 本身只是语法研究某级单位的东西,不管是词类、句子、词组、小句或者语素,统统都没有这个资格,因为它们不在一个层面上。唯一有可能取得这个资格的是"词",因为在所有前面这些本位观的后面,都有以"词"作为研究本位的西方语言理论的影子。这个"词",或者更清楚地说,英语的word,不仅仅是语法研究单位,而且具有"一体三相"特点,即同时涉及语言中音、形(在西方语言中指语法)、义三个方面的语言基本单位。说到底,前面列举的汉语语法研究种种"本位",除徐通锵先生的"字本位"外,无一不来自西方,是西方某一阶段语法研究观在中国的折射。在西方,语法研究是整个语言研究的一部分,由于西方整个语言研究是建立在词的基础上,或者说是从词出发的(在西方,其他单位同样不可能成为整个语言研究的出发点),因此,用"词本位"一词可以概括和包容所有这些本位学说,甚至范围更宽。因为它背后是整个当代西方语言学的格局,具有语言研究方法论的意义。说得更清楚一点,设立"词本位"这一标杆,不仅仅是为了语法单位的争论,而是为了进行两种语言研究方法论的探讨。这是字本位和词本位之争的真正意义所在。

从语言研究方法论的角度看,这一争论所要解决的根本问题是,哪一种方法更适合于汉语的研究(包括理论和应用)? 由于字本位的研究与教学是汉语自古以来的传统,而形形色色的词本位研究理论都是从20世纪以来在各个阶段从西方引进的,因此这一争论从本质上也可以说是中国语言学方向之争,汉语的研究应该建立在中国传统的基础之上,还是建立在西方语言学的基础之上? 要是放在一百年之前,这个答案可说是不争自明的,当然是用中国传统的方法,因为中国的"小学"传统指导我们的语言学习和使用有了两千多年的历史,可以说发展得相当成熟和有效。而马建忠的《马氏文通》只不过是依照西方语法的葫芦画瓢,引进了一些西式语法的词类和句成分名称而已。按照孙中山的说法,它只能成为"通文者之参考印证",却不能成为"初学者之津梁"[1]。但是现在的情况与一百多年前不同了。白话文运动的兴起以及在语言生活上全面取代文言文已经改变了中国当代语言的生态。当代白话文有三种成分:一、传统中的浅白文言,二、民间口语的记录,三、翻译腔和欧化语文,其中在新派文人新派知识分子笔下,第三种还是主流。这种夹杂的语言特别是第三种成分与西方语言特别是英语有着深刻的联系(所谓翻译腔往往就是英语腔,所谓"欧化"往往就是"英化"),这就使得建立在以英语为代表的西方语言基础上的现代语言理论用来解释汉语有时也颇有方便之处。因此汉语研究向哪个方向发展就有了第二种可能,沿着西方语言学方向前进的可能。这就是字本位与词本位之争的实质。我的基本观点是,中国语言学的发展方向只能是坚持汉语传统,吸收外来新知,走结合创新之路。其中"坚持汉语传统"指的是坚持汉语最根本的特色,即以字为本;"吸收外来新知"是不断吸收西方现代语言学中于我有用的成果;"走结合创新之路"就是在前两个认识的基础上,建立起一个符合汉语特点又顺应世界语言研究潮流的新体系。我的《字本位与汉语研究》其实就是这样一种尝试。该书的整个体系是建立在当代普通语言学的框架上的:语音学、语形学、语义学、语用学,这不是现代所有普通语言学的核心内容吗?但章节的具体内容又都是汉语的,是建立在字本位认识的基础上的。

二、"本位"的条件

从语言研究方法论的角度看,只有汉语的"字"和印欧语的 word 具有本位的资格,而其他单位,例如汉语的"词"或英语的 morpheme,都不是。这要从"本位"的条件来看。在讨论汉语的"字"与英语的 word 的对应性的时候,我曾指出它们同时符合四个条件,也就是作为语言研究本位的条件。这就是:(1)是各自语言的天然单位,也就是使用该语言的人不需要专门学习,天生就能辨认的单位。

---

[1] 见孙中山《建国方略》之一"以作文为证",1916 年。

(2) 是各自民族认识世界的基本单位。(3) 是各自语言研究各个平面的交汇点。(4) 在语言自身组织上处在承上启下的位置,是字(词)法和句法的交接点[1]。而这四个条件,汉语的"词"和印欧语的 morpheme 一个也不具备。

第一,"字"在中国人心目中具有心理现实性,随便拿张纸,问一个大字不识的人,上面有多少字?他也能告诉你。印欧语的 word 也是如此。这就是"天然单位"的意思。汉语的"词"是天然单位吗?不是,它是分析的结果。汉语界至今没法对"词"下一个确切的定义,"词"和"语素""短语"的划界几乎是汉语研究的世纪难题。没奈何,王力先生只好给词下了一个他认为反映了词的本质属性的定义:"词是由句子中分出来的最小意义单位。"[2] 由于词是分析出来的东西,当然不同的理论、不同的学派、不同的个体,分析的结果便不可能一致。拿出一段话来,要指出其中有几个词,不同的语言学家可能有不同的结论。没经过语法训练的一般老百姓就更说不清楚了。这样一个自身形态都不确定的单位能作为研究的出发点吗?当然不能。印欧语的 morpheme 或我们借用过来的"语素"也是这么个东西。它们也是分析出来的,不是天然的单位。在西方语言里,至今有的成分是不是语素都莫衷一是,譬如在 strawberry、blackberry、cranberry 中,相对于 straw-、black- 的 cran- 是不是一个语素,英语学者就意见分歧,因为它毫无意义,如何能说成是"音义结合的最小单位"?汉语中也是如此,都说联绵词、译音词是一个语素,那"葡式(蛋挞)、蝶泳"中的"葡、蝶"算什么呢?还有"萄、蝴"呢?

第二,汉语的"字"和印欧语的 word 都是认识世界的基本单位,每个汉字和每个 word 都对应着现实世界的一个概念。从《说文解字》我们可以知道,每一个汉字都对应着现实世界的一个事物或概念。当然,随着时代的发展,客观世界变得越来越复杂,有的概念要用两个或更多的字来表达。但这没有改变字的基本属性,因为有很多双音或多音字构成的概念,是可以还原到所构成的几个字的意义的。这就好像印欧语中的复合词,它是以原来的词为单位的。因此美国语言学家 Mark Aronoff 要提出英语构词法的本质是以词造词[3](以单纯词造复合词,或"以字造字组")。因而,以字为出发点,是一种还原论的科学方法,而把几个字构成的群体,无视其内部构成,只当作一个整体,以之作为出发点来研究语言,只会是事

---

1 潘文国《字本位与汉语研究》,上海:华东师范大学出版社,2002 年,第 97-113 页。
2 王力《词和仂语的界限问题》,载《中国语文》1953 年第 9 期。
3 Mark Aronoff. 1976. *Word Formation in Generative Grammar*. Cambridge, MA: MIT Press.

倍功半。西方的 morpheme 同样如此,它是从词里析出来的意义成分,意义含混而不明确,并不对应于客观世界任何一个概念。

第三,所谓的交汇点指的是汉语"字"和印欧语 word 的语言学意义,它是语言研究各领域的出发点。汉语传统语言研究的三大部门音韵学、文字学、训诂学都是从字出发的。古人未归入语言文字学而实际应该归入的文章学也是从字开始的(所谓"因字而生句,积句而成章,积章而成篇"云云)。在现代,语法之外的语言学领域也涉及字和 word,譬如在书写形式上,汉语特别重视正字,不写错别字,而当今社会错别字泛滥,有一个原因就是过于重视所谓词而忽视正字引起的。英语的正词法是也是对词而言的,没有对语素提出过什么"正语素法"的要求;在音韵上,汉语的节律是从字或者单音节出发的,英语的重音理论是建立在 word 的基础上的,如英语中,一个词只能有一个重音或最重音,等等。而语素是没有重音的,语素与音节也没有一对一的关系,因此在语音或韵律研究上无足轻重。即使在语法上,不管现代语法学家怎么排斥"字",可还是离不开它。我们只听说过"把字句、被字句、连字句、是字句",却没听说过大约也不会有"把词句、被词句、连词句、是词句"或者"把语素句、被语素句、连语素句、是语素句",为什么?因为你不能断定它到底是词还是非词,也不能断定是什么词性,任一种说法都会引起争论,只有作为一个"字"参与造句是没有异议的。印欧语的 morpheme 在语法学上是有意义的,也只有语法学的意义。

第四,作为语言研究基本单位,汉语的字或英语的 word 还有一个重要意义,它是字(词)法和句法交汇点、语言组织的枢纽。世上语言的语法(语言组织法)都由两个部分组成。基本单位向上的合成和基本单位自身的构成。在西方语言学中,前者叫作句法,后者叫作词法。这是两种不同性质的研究。而连接这两种研究的就是基本单位自身。在英语中就是词(word)。以 word 为基础,向上就是 syntax(通常译成句法,但从现代语言学来看还应包括篇章组织法),向下就是 morphology 或 word-formation(词法或构词法)。在汉语中,由字向上的是文法(即"因字而生句……"),向下的是字法,即传统的文字学或六书学。从字出发可以打通古今汉语的研究,实现古今语言学的接轨。印欧语的 morpheme 没有这样的功能,它处在词法分析的最底层,无可分析,再分析下去就只剩字母和音位了,而这已不属于语法,甚至不属于语言学了(前者属于纯形体的文字学,后者属于语音学)。而汉语的"词"与英语的 word 其实不对等。它貌似也有向上的句法和向下的词法,但所谓的词法与句法其实没有什么大的区别,语法学家美其名曰"汉语中词、短语和句子都用同一套结构方法",因为实质上都在文法范围之内。汉语中的"词"只是文法中的一个阶段,或者说,现代的构词法只是古代造句法的遗留。而真正的"字法"却在现代汉语语法学中被取消了。失败了的汉语拼音化如果实现,那是从根本上消灭了汉语的词法,因为用汉语拼音转写的任何"词"都只有标音的意义而没有任何词法或构词法的价值。而汉字的过度简化是用貌似科学的文字理论消磨了汉字本身的科学性和理据性。

三、汉语的"语素"与西方的 morpheme 不对应

综上所述可以发现,除了语法研究,语素在语言中没有什么地位,它与汉语的字或英语的 word 完全无法比,它也许可以成为某派语言学研究语法的起点,但完全不能成为语言研究的出发点。

而即使在语法研究中,语素也不具有字或 word 那样的重要性,把 morpheme 类比于汉语的"字"更是个误会。有人说,在西方语言学里,以词为本位,那是传统语言学时代的事,现代语言学不是都以"语素"作为最小单位了吗?我们拿来与"字"对应,不是解决了词本位和字本位的矛盾,两家皆大欢喜了呢?要解答这个问题,我们不妨先来回顾一下 morpheme 概念产生和演变的历史。

在历史上,morpheme 的产生和演变经历了两个阶段。第一阶段是在欧洲,从古代起直到 20 世纪初索绪尔开创"现代语言学"的时代,语素是没有地位的,语言的基本单位是词和句子(包括"分句")两级。只是比较语言学家在语言比较过程中,发现单单比较词还不够,往往还需要比较比词小的成分才能看清问题。比较语言学家把这种比词小的成分分为两类,一类表示意义或范畴,一类是语法标记。前一类在德语里是 Bedeutungslaute,在法语里是 sémantèmes 或 radicaux,在英语里是 roots,中文译成词根;另一类是语法标记,德语叫 Beziehungslaute,法语和英语都叫 morpheme,morpheme 又进一步分为 inflections 和 affixes,也就是构形成分和词缀成分。显然,在那个时候,morpheme 不可能成为欧洲诸语言研究的出发点,更不可能成为"本位"。但 roots 和 morpheme 合在一起叫作什么,欧洲语言学家开始并没有个专门的名称。后来,法国语言学家马丁内起了个名称,把这种比词小的语言单位叫作 moneme,把 moneme 分成两种,一种表词汇成分的 lexeme

(义素),一种表语法成分的 morpheme(形素)。分别对应于原来的 roots 和 morpheme。在整个第一阶段,由于汉语中根本就没有这一概念上的 morpheme,因此完全没有引起汉语学者的兴趣。只有语言类型学家从这里捕捉到灵感,从而把词的构成形态作为区别语言类型的标准。早期汉学家如高本汉等就依此把汉语称作"词根语",以与屈折语与黏着语相对等,倒是可以从这里找到渊源。

    morpheme 概念的第二阶段是从美国结构主义开始的。美国语言学与欧洲语言学在起源上的最大区别,在于欧洲语言学面对的是人们熟悉的语言,不管是每天都在使用的现代语言,还是有清晰书面记录的古代语言如梵文、古拉丁语、古希腊语等,在这些语言里词和句子的概念与界限是明确的,研究语法以词和句子为单位就已足够了。而美国语言学是从抢救濒临死亡的印第安人语言开始的,在那些很少人会说又没有书面形式的语言里,什么是词、什么是句子,在调查开始时都是不明晰而有待于确认的。因此美国语言学没法走词句清晰的欧洲语言学老路,只能发展出后人称之为描写主义的新理论,采用发现程序和分布理论两大方法。先根据发现程序,从音位开始,从音位到音节,再找出最小的音义结合的成分,称之为 morpheme,再从 morpheme 往上一步步找出词、短语、句子来,然后根据分布理论构筑起整个语言的体系。由于美国描写主义语言学的整个基础建立在 morpheme 的发现和确定之上,因而 morpheme 突然取得了至高无上的地位,成为了整个语言研究的基础。至于为什么是 morpheme 而不是词,这很容易理解,因为最初发现的这个音义结合单位,到底是词还是非词,谁也不能确定,那就姑且叫作 morpheme 吧。到最后如果确定是一个词,那就是个单素词;如果确定不是词,那就是多素词的一部分。同样,欧洲语言学明确区分的 roots 和 morpheme 到这里也不甚强调了,原因同样是根据发现程序,无法确定这个音义结合体是实义型的还是语法标记型的。这样,到了这个阶段,morpheme 实际上取得了马丁内的 moneme 的地位,也就是说,它不但仅仅指词里面的语法成素,而且兼指其中的语义成素,这个"音义结合最小单位"的"义"兼包了词汇意义和语法意义。中国语法学家正是在这个意义上引进 morpheme 这个概念的,经过吕叔湘先生的《汉语语法分析问题》的推介,一下子进入了汉语语法研究的主流。不过他们看中的不是 morpheme 的整体含义特别是其中语法素的含义,而只是其中包含的 roots 的含义。而由于 roots 在高本汉时代(研究对象主要是文言)与汉字是大体对应的,因而语素也就自然而然地类比于"字"。然而据我们看,这个概念仍然无法与汉语的

"字"相对应。原因在于：

（1）欧洲传统的 morpheme 只是形态成分，不含实义成分，固然不能用于汉语，美国语言学的 morpheme 虽然扩大到了包括实义成分，但形态仍然是个重要甚至主要的考虑因素，因而同样在使用这个词的时候，西方学者与中国鼓吹以"语素"代"字"的学者心理上的感受完全是不一样的。

（2）欧洲传统把 moneme 分成 lexeme 与 morpheme，如果我们把三者译成"语素＝义素＋形态素"，就会发现，我们想要的是"语素"，结果找到的却是汉语中并不存在的"形态素"。而美国语言学仿照音位理论，在 morpheme 下设了两个次概念：morph 和 allomorph（乔姆斯基的老师哈里斯则分别叫作 morphemic segment 和 morpheme alternant），结果形成了另一组术语，如果要仿照音位学术语翻译的话，应该是"语位＝语素＋语位变体"，我们真正要的应该是"语位"，而我们却错要了"语素"。因而用了"语素"这个名称，不管在欧洲传统意义上，还是美国传统意义上，都有点文不对题。徐通锵先生说"汉语无语素"，指的就是这种印欧语意义上的语素。我们使用"语素"这个名称，自以为跟现代语言学接上了轨，却不知道接的是哪条轨。

（3）也许有人会说，那只要把我们的"语素"理解为西方语言学的"语位"，不就行了？问题在于，在美国亦即当代西方语言学理论里，"语位"是相对于"语素"和"语位变体"而言的。如果我们要了"语位"，要不要引进相应的"语素"和"语位变体"的概念呢？又拿什么去跟它对应呢？除非把"规范字"作为"语位"的代表，把"繁体字"和"异体字"当作各种"语位变体"。但那样一来，不是又要把讨厌的文字学引进到语言学了吗？

（4）在西方语言学里，语音的实体单位是音节，音位是分析的结果。同样，语言的实体单位是词，语位或语素是分析的结果。跟我们想象中的语素就是"字"那样的实体不同，西方的语素有时往往是个抽象的东西。譬如在 This is a book 这个简单的句子里，is 这个词里包含了三个语位：① 动词 be，② 一般现在时，③ 第三人称单数（如果把最后一个再分解为"第三人称"和"单数"，那就有四个语位）；book 这个词里有两个语位：① 名词 book，② 单数。汉语的语素有这么复杂的情况吗？如果没有，那么，借用这个名称，是复杂问题简单化呢？还是简单问题复杂化？如果是后者，难道这是引进"西方先进理论"的正道吗？张志公先生晚年曾指出：

> ……对于字的性质恐怕还确实需要下一番功夫来研究研究。这是个地道的中国货,把它翻成 morpheme,再把 morpheme 翻成语素,用以指字,恐怕有点名同实异,还需要再考虑考虑。[1]

"名同实异"在哪里?张先生没有说。从上面的论述应该可以看清楚了。从字到 morpheme,从 morpheme 到语素,再从语素到字,这个三步曲里每一步都有点似是而非,名同而实异。这种曲里拐弯的研究除了把人们的脑袋搞晕实在没有什么意义。

还有一个事实指出来恐怕不是无益的。在西方语言学中,语素的地位变得如此崇高,也就是美国描写主义语言学引领潮流的时期,从 20 世纪 20 年代到 50 年代,前后不过 30 年光景,那是在人们热衷于研究不为人所知的印第安语等语言的时候。等到第二次世界大战后美国独霸,英语成为准国际通用语,人们的兴趣重新回到英语等人们熟知的语言时,语法研究的"本位"就又回归到了句子。乔姆斯基的生成语言学就是典型的"句本位",韩礼德的功能语言学更可以说是"语篇本位"或"小句本位"。我们是在"文革"结束、与世隔绝十余年后重新打开国门,饥不择食的特定历史条件下,匆匆引进当时在西方就已过时的美国结构主义理论的,"语素"的新概念也是从那个时候接受的。几十年来,尽管人们知道结构主义在西方早已不是主流,但"语素"等概念仍然不舍得放弃,对"字"等旧术语畏之如虎,那是什么原因呢?我认为是出于另一种心态、一种合理也正确的心态,那就是一方面,对百年来汉语语法研究的反思和对汉语传统的回归,另一方面又想要保持与国外语言理论的接轨。在吕叔湘先生下面这段话里表现得最清楚:"讲汉语的语法,由于历史的原因,语素和短语的重要性不亚于词,小句的重要性不亚于句子。"[2] 我相信,吕先生不是平白无故地讲"历史的原因",在说这句话的时候,他嘴上说的是语素、短语、小句,心里想到的可能分别是传统的字、辞和读,只不过他用的还是"现代语言学"术语的包装。作为现代汉语语法学的开创者之一和领军人物,吕先生当然不可能一下子回归使用传统的旧术语,那还需要深入的研究和思考。而如果明白吕先生的深意继续往前走,我想我们就会走上字本位者目前在走

---

[1] 张志公 1993《汉语辞章学引论》,载王本华编《张志公论语文·集外集》,北京:语文出版社,1998 年,第 94 页。

[2] 吕叔湘《汉语语法分析问题》,北京:商务印书馆,1979 年。

的道路。从某种意义上说,字本位者如徐通锵先生等建立的新的理论只不过是从吕叔湘这段话的基础上往前走了一小步,当然是很重要的一步。值得我们思考的是,使用洋术语来规范汉语,如用 morpheme、word、phrase、clause、sentence 等来对应汉语的语素、词、短语、小句、句子等,总会有这样那样的问题,甚至扞格之处,而用汉语的传统术语,如字、辞、读、句等虽说在讲汉语时有不少方便之处,但如何与国外的理论对接呢?这恐怕是需要我们进一步思考并解决的。

四、morpheme 在汉语研究中的真正价值

通过上面的分析,我们可以看清楚,西方语言中,与汉语"字"对应的是 word,不是 morpheme。为了反对人们对"字"和 morpheme 概念的混淆,徐通锵先生曾经激烈地说:"汉语无语素!"而程雨民先生也曾强烈地表示:"汉语无词,汉语是从语素开始造句的"。有人以此作为字本位论者内部的矛盾,以此否定字本位。其实,字本位作为一种并非事先组织的考虑周密的理论体系,几乎不约而同地由不同领域、不同背景的学者同时提出,彼此不尽一致是完全可以理解的。但他们在坚信字作为汉语研究的重要出发点上是完全一致的,"字"就是这些学者研究的共性。甚至与吕叔湘先生以来的主流语言学对"语素"的重视在精神上也是一致的。而主流语言学对语素的重视,也促使我们进一步对 morpheme 概念的重视,并认真探讨它在汉语研究中可能有的作用。

在对西方语言学中 morpheme 概念的梳理中,我们发现它有几个基本特点:

(1) 它本身不独立,是 word 进一步分析的结果,是比 word 低一级的单位(在特定条件下它可以独立应用,但此时它已取得了 word 的地位);

(2) 它是形式和意义相结合的、在语言中不能再分析的最小单位(再往下分析就成了单纯的形体或音位);

(3) 对 morpheme 的系统研究,也就是对语言基本单位 word 的下位分析,可以形成一个独立的研究领域,即 morphology,这是一个与 syntax 互相补充、有着同样重要性的语言组织研究即语法研究的重要领域。

我们已经知道,与汉语中字对应的不是 morpheme 而是 word,那么,morpheme 的概念对汉语研究有什么启示呢?汉语中有没有可能有它自己的

morpheme,可与西方语言相对接呢？我们的办法是用"字"代入上面三条的 word,看看能不能找不到什么。结果发现了"字的构件"这么一个单位,这个单位是通常叫作"部件、偏旁、部首"等概念的共同体,是《说文解字》这部书的基础：

(1) "构件"本身不独立,是对字进一步分析（"解"）的结果,但"构件"在不少情况下可以单独使用,这个时候,"构件"就成了"字"（更准确地说,是《说文解字》的"文"）。

(2) "构件"是形式和意义相结合的最小单位,再往下就成了笔划这种单纯的形体,没有了语言学的意义。

(3) 对"构件"的研究完全可以成为一门独立的部门,事实上,对"偏旁、部首、形符、声符"的研究在中国早已成了传统,是传统文字学的重要内容。只是在"morpheme ＝ 字"的氛围下,没有人与 morphology 联想起来。

这样一比较,使我们发现了 morpheme 对汉语研究的真正意义所在：

(1) 使我们更坚信了字本位的意义,以字为枢纽,完全可以建立起跟西方一样的包含 syntax 与 morphology 的完整语法体系。

(2) 使我们进一步明确了《说文解字》这部书的语言学意义。林语堂曾说："说文等于文法","旧式文法一部分专讲形的演变,名曰'形态学'（morphology）,则与字形之义尤近。"[1] 以前我们可能觉得匪夷所思,现在看来他的目光十分敏锐。新的 morphology 的建立有利于建立古今汉语研究传统的对接。

(3) 使我们对"文字学"有了新的认识。20 世纪以来我们在西方语言理论的影响下,把传统的文字学踢出了语言研究的殿堂,从而割裂了汉语研究的传统,自毁长城。现在看来,这也是在中西对接上出了问题。西方的 graphics 并不等于中国传统的文字学。西方的 graphics 只研究纯粹的字形,确实与语言研究无关；而中国以《说文》为代表的文字学（或曰说文学、六书学）相当于西方的 morphology,是真正的语言研究。现代那些关心笔划、笔顺,以及"上下形、左右形"等汉字的纯形体研究与西方的 graphics 是对应的,但与传统文字学没有关系,应该成为另外一个研究对象,放在语言学之外。

根据以上思考,我们提出建立汉语的 morphology,并取名为"形位学"。我们在《字本位与汉语研究》一书中对此作了初步论述。我相信,这一领域的研究前途

1　林语堂《英文学习法》,载《林语堂选集：读书·语文》,台北：读书出版社,1969 年,271 页。

将无比宽广。它将是中西古今语言理论的交汇和碰撞点,对西方语言理论的中国化和中国传统语言理论的国际化有着重要的意义。

（原载周上之、张秋杭主编《汉语独特性研究与探索》,上海：学林出版社,2015年,第1-10页）

语言与文化

论中学与西学
——语言研究的若干关系之一

语言研究涉及许多方面,构成不同的界面。研究这些界面,可以归纳为若干个关系,如十大关系、八大关系等。从最宏观的方面看,首先是中学和西学的关系。中学,是中国的学问;西学,是西方的学问。我们的问题是:语言学,或者说中国的语言学,是属于中学呢还是西学?

有人会说:这个问题有那么重要吗?学术乃天下之公器,中学西学不都是学问吗?属此属彼有什么不同呢?我想恐怕不那么简单。由于历史和地理的隔阂,中学、西学是在完全不同的背景下发展起来的,其研究的对象、旨趣、范式、方法、术语、体系等等各不相同,可以说属于两大文明的产物,在历史上对于整个人类的发展有过各自不同而独特的贡献。到了今天,尽管西学已经在全世界占了压倒的优势,中学已经式微。但越来越多的人们意识到,人类文明要继续发展,不能仅仅领带西方文明,而要强调文化的多元化,互补性。因而,不论是对于中国来说,甚至对于整个世界来说,保持和发展与西学截然不同的中学文明和传统是个刻不容缓的问题。对于每个从事学术研究的人,如何认准自己的位置,是个必须首要考虑的问题。近些年来,在语言学界,有人主张要持续跟上世界语言学(实质上就是西方语言学)发展的主流,有人则主张要研究中国特色的语言学,两种主张截然不同,究竟何去何从?这个问题需要放到中学和西学关系这个大背景下来考虑。

在 19 世纪末以前,这个问题并不是个问题,因为这两大体系基本上没有交集,虽然自明末清初以来,有一些西学东渐和中学西渐的情况,但并没有触动各自的学术体系。中国学者可以闭眼不看世界,完全不懂西学,纯粹研究中国的学问,这也不妨碍他成为大师,例如 19 世纪末的学术大师王先谦、俞樾等。俞樾是章太炎的老师,也是最后一位未受西学影响的中学大师。甲午战争以后,西学以强势进入中国,特别是"五四"以后,胡适等人先是提倡全盘西化,后是提倡"整理国故",亦即用西学的方法改造中学。推动了几十年之后,中国的任何学术研究都离不开西文和西学了,纯粹的中学如果不被完全排斥,也生存艰难。在西学的笼罩下讨生活,成了 20 世纪以来中国学术研究的最大特色,也是最大现实。西学水平之高低,甚至还成了考察20世纪学者水平高下的一个标准,更是成为大师的先决条件。如果说19世纪的学者完全不懂西学还能成为大师,则到了20世纪,所有有成就的学者就必须兼通中西,只是程度不同而已。我曾经把20世纪的学人分成四代:

第一代是世纪初的章太炎、王国维、梁启超、鲁迅等人,包括稍早的严复、马建忠和稍后的陈寅恪。他们学问的特点可说是"中学为体,西学为用",学问的基础是中国传统的,然而西学在他们身上的影响越来越明显。也就是在旧学的基础上,尽量吸收西方的新东西,用西方的新观点来解释旧学问。

第二代是胡适、林语堂、赵元任、王力、吕叔湘,以及许国璋、杨宪益、季羡林等。这批人做学问的特点可说是"西学为体,中学为用",西方学术学得很好,以此来研究中国学问。他们有个共同特点,学的都是西方学问(胡适学的是西方哲学,林语堂是语言学,赵元任是物理学,王力也是语言学,吕叔湘是政治学,钱锺书是西方文学),而做的都是中国研究。许国璋最重要学术成就据我看不在于他编的教材,而在于他对《说文解字》和《马氏文通》的独特见解。上面提到的这些人我们现在都尊之为"大师"。其共同特点就是超越了19世纪学人的"博古通今",加上了20世纪要求的"学贯中西"。

第三代学人就是新中国成立后17年培养的大学生,延伸一点可以包括"文革"后77、78、79这三届大学生,因为他们中大多数在文革前接受了完整的中学教育,可说也是17年培养出来的,跟完全在"文革"后接受教育、成长起来的一代不同。第三代学人的教育背景离不开五六十年代的政治气候,其中最重要的有两条,一是闭关锁国,二是厚今薄古。在这样的氛围中成长,其结果就是西学、中学两方面的教育都严重不足,"两张皮"就是从那时开始形成的。说到"两张皮",请大家特别注意这个"皮"字,是只有"皮"没有"肉",也就是中文、外文其实也都没有学好。学中文的能有传统私塾熏陶出来的那样的国学根底吗?学外语的能有50年前圣约翰大学、清华大学、西南联大毕业生那样的水平吗?都没有。中文系学汉语的重点是在推广普通话、汉语拼音、汉语语法和简体字。外语系呢?由于没有跟外国人接触的机会,"哑巴外语"就此形成。由于教育中中学西学俱不足,上不符合19世纪的要求,下跟不上20世纪时代的要求,因此这一代人中注定出不了大师。曾经有个"钱学森之问",问中国为什么出不了大师?理工科我不敢说,文科就出在这种中西两失的教育上。当然,这一代人中出不了大师,但是有成就的还是有一些,例如李泽厚、陆谷孙等,但感觉上与前两代的大师还是有不小的差距。这一辈人之所以还能做出一些成就,与所处的时代也还有关。那时虽然学术氛围不如 20 世纪前 50 年,但至少教育还没有受到市场经济的冲击,更没有产业化,学习上也没有如今那么多功利上的考虑,书店里也不像今天那样充斥教辅书,因此多少还能静下心来看一点有用的书。

20 世纪迄今的第四代学人就是 80 年代以后,特别是近十来年培养的人。教育上急功近利,教育行政化、产业化、项目化、工程化,领导、教师、学生普遍的浮躁心理,由于学习完全以考试为导向,所谓的改革变来变去都是围着考试转,学生除了教材和教辅书简直不看别的书。学术基础从来没有像这样不扎实过,不要说出大师、大学者,能够老老实实读书、静下心来做学问,不弄虚作假、不沽名钓誉都已经很难得了。

回顾这四代学人走过的道路,我们可以看到,前两代提供的是经验,后两代提供的是教训。教训先撇开不谈,谈经验,就要重点考察中学和西学的关系问题。如果说第一代是以中学为本,第二代是以西学为本,那么我们今天该怎么办?而第一步先要弄清我们今天的语言学是中学还是西学?这个问题只可能有四种答案:

(1) 是中学;
(2) 是西学;
(3) 是西化的中学;
(4) 是中化的西学。

第一个答案,我们先要回答,什么是中学?中学是为解决中国问题而产生的学问。什么叫西学?西学是为解决西方问题而产生的学问。在 19 世纪末以前中国的语言研究属于中学没有问题。但那个时候叫文字学,不叫语言学。其研究以文字学为中心的,下分文字、音韵、训诂三大门类。有人套用西方的名称叫语文学 philology,但 philology 里并没有中国的文字学那样的内容。与中学以文字为中心的语言研究不同,西学的语言研究是以语法为中心的,包括了语音、语法和词汇三大部分。但语音不同于中国的音韵,词汇不同于中国的训诂,中国的文字则在西方语言学视野以外。中国传统没有语法学。马建忠写了一本《马氏文通》,但还不是语法学,真正的汉语语法学是胡适于 1920 年提倡,到 1922 年由黎锦熙的《新著国语文法》起开始完成的。自那以后,中国的语言研究也完全转到了以语法为中心。传统的研究虽还存在,但说得难听点,已经在苟延残喘。因为原来的体系已经被完全打散,拆得七零八落。文字学被踢出语言研究的殿堂,音韵学被造成语音学和历史语音学,前者主要用于推广普通话,后者主要讲不同时代语音的构拟和语音的历时演变,训诂学则被词汇学、语义学、语源学、修辞学、风格学、方言学、语用学等所瓜分,变得面目俱非。因此我们可以非常肯定地说,20世纪以来中国的语言学已经不再是中学。

那么是第二个答案吗?是,但又不完全是。经过"整理国故"的洗礼,语言学也许是20世纪西化得最彻底的学科之一。然而我们要是把它叫成"西学",肯定很多人不同意。搞中文的人不同意,说我们研究的明明是中国语言学,怎么会成为西学呢?特别是20世纪50年代以后培养出来的人,前面说过,这是一批中学西学都没有根底的人,他们根本弄不清也不想弄清20世纪的语言研究是怎么发展起来的,认为只要是以中文为对象的就肯定是中国的学问,而没有想到其理论、体系、术语、方法中已经很少中国的影子了。搞"外国语言学"的人也不同意。对于教育部、学位办编制的学科目录,外语学者中最有意见的就是这个"外国语言学及应用语言学",他们的理由一个是,语言学就是语言学,哪有中外之分?另一个是认为,我们尽管用的是外国语言学理论,但研究的是中国问题,是在"中国境内的外国语言研究",也应该属于"中国语言学"的一部分。而且,从定义上来说,西学是研究解决西方问题的学问,我们的语言学叫作西学当然也不妥。

那么是第三个答案吗?我认为是。既然既不是中学,又不是西学,就只能在"西化的中学"和"中化的西学"里面两者取其一。而这两者里,"西化的中学"最符合我们的现状。什么叫"西化的中学"?"化"是一个动态的过程,是在"中学"的底子上不断受到"西学"的"化"的过程。综观20世纪以来的历史可知,这是一个不断强化的过程。第一代学人中,中学主体的意识还很强烈,所谓"中学为体,西学为用",包括马建忠、严复。《马氏文通》和《天演论》中中学为"体"的意识非常强烈,现在的人体会不到这一点,因此对他们的批评往往是隔靴搔痒。而到了胡适鼓吹"整理国故"之后,中学的"体"在多数情况下就不存在了。"整理国故"之后形成的各种学问,包括语言学及其各个分支在内,实际上是"中学其名,西学其实",亦即经过西学改造、整理之后的中学,整个研究体系已经完全西化了。研究的问题也许是中国的,但运用的理论、手段、方法都是西方的,甚至研究的结论也是西学所期望的。从那时起的很多学科都处于这种状况,例如文学、哲学、社会发展史等。语言学也是如此。到了20世纪后半叶,特别是改革开放之后,由于中学的根基不扎实甚至根本就不熟悉、不了解,加之西学的思潮一浪高过一浪地涌来,我们甚至就拿西学替代了中学,拿外国人的思考代替了中国人自己的思考。我们的对象虽然在多数情况下还是中文,但所有的理论、方法、体系乃至结论,都是西方的。最近这30年可说是100年来语言研究最热闹的时期,但我们自创的理论也是最贫乏的时期。说穿了,很多人在做的,就是用中国的语料,把西方的理论证明一遍,实际上对中文的使用和发展本身几乎毫无意义。所谓的"外国语言学"研究是如此,所谓的"中国语言学"研究恐怕更是如此。因此这个答案用来回答当前中国的语言研究的现实,是正确的。

那么第四个答案存不存在呢?先要看"中化的西学"是什么意思。"中化的西学"与"西化的中学"次序正好相反,因而"化"的方向也正好相反。在这里,"西学"是体,是主,是根本,而"中化"是要对其进行改造,使之更具有中国的特色和内容。我认为这可以作为我们努力的目标和方向。首先我们要老老实实地敢于承认,中国现在的语言学,本质上已不是中学,而只是西化的中学。这是我们现在面临的一个无法否认,更无法返回的事实,也是我们从事任何研究的出发点。无论我们如何想,我们已经无法回到19世纪,在乾嘉汉学的基础上从事和发展中国语言学了。我们只能从现状出发,从"西学"出发。我们的努力只能是"中化",也就是在西学的框架里,做中国自己的事,解决真正属于中国的现实问题,而不是西方的理论问题。我想,这就是我们中国语言学今天的努力方向。所谓"中国特色语言学",也只能是这种"中化的西学"。

中化的西学,对西学、中学两者都有很高的要求。如果说在19世纪,单懂中学便能成为大师,20世纪的前50年证明,必须兼通中学西学才有可能成为大师,而20世纪下半叶因为中学西学两敝,失去了培育大师的土壤,则21世纪要出现新大师要有比20世纪上半叶更高的要求。从"中化的西学"这一目标出发,由于西学成了"体",因此首先要求研究者精通西学,而不是粗通、略通或只知皮毛。这方面外语学者一定优势,因为他不需要借助于翻译的媒介。其实20世纪50年代以前的学者,其西学知识也多数是一手的,不像50年代以后的研究者了解外国理论都是间接的,中间经过了几道贩子,难免有歪曲和损耗。其次为了要对"西学"进行"中化",必须要真正懂中学。而这对于早已疏离古典的今天的学者来说可能是更大的考验。研究中文的、研究外文的都是如此。但只要我们能坚持下去,则终有成功的一日!

(原载《中国外语》2014年4期)

关于中国文化传承与传播的思考

在中国经济飞速发展、中国国际地位不断提高、影响力不断扩大的大好形势下，中国文化的传承与传播重新提上了议事日程。曾经被弃如敝屣的传统文化突然变得炙手可热，受到了各方的关注。国内出现了各种形式的"国学热"，国际上则传播中国文化也成了世界各地孔子学院的热门话题。中国文化的传承和传播可说正处在历史上一个最好的时刻，但它也可能处在一个最困难的时刻。机遇和危机并存。历史给了中华文化一个在国内绽放、在国际传播最好的机会，但能否抓住这个转瞬即逝的机会，形势却不容乐观。一些有识之士还感到一种前所未有的深深的忧虑。忧虑集中在三个方面：第一，传承传播中国文化的紧迫切和意义究竟何在？第二，什么是值得传承和传播的传统文化的精神？第三，应该怎样传承和传播中国文化？本文想就这三个方面，提出若干问题进行思考。

一、传承传播中国文化的紧迫性

在传承传播中国文化的紧迫性方面，需要思考以下三个问题：

1. 紧迫性体现在哪里？

说传承传播中华文化现在是一个关键时刻，这是因为机会稍纵即逝，很可能再过一二十年，这个机会就将飘逝而去。为什么这么说呢？因为中国文化得到重视的背景是中国经济的崛起，中国经过仅仅三十年的发展，经济总量跃据世界第二位，这不得不使世界各国刮目相看，迫切想了解中国、了解"中国奇迹"背后的因素，文化问题才浮出水面。类似的事情其实以前也发生过。20世纪七八十年代亚洲四小龙的经济起飞也曾经引起过世界的关注，甚至兴起了一股"儒学热"。但在四小龙的光环褪去以后儒学热也迅速成了明日黄花。今天的情况从某种角度看跟当时其实差不多。但我们必须要考虑到，经济的高速发展不可能永远持续，美、日、欧、中等世界各大经济体的位置经常在变化，新兴的"金砖五国"和其他各国也正在虎视眈眈，20年后执世界经济牛耳的还真不知是谁家之天下。经济是皮，文化是毛，皮之不存，毛将焉附？不要以为人们真的对中国传统文化感起了兴趣。

经济退了烧,文化必然降温,那时传播中国文化的日子就没有现在那么好过了。认为中国传统文化可以拯救世界,这只是一个世纪来以罗素为代表的一部分西方知识分子的良好愿望,多数中国人自己也还未必感受得到。而能不能拯救世界更要靠事实来说话,现在有多少中国人对此有信心? 恐怕他们连依靠中国传统文化来解决当今中国自己积重难返的社会问题都感到力不从心。因此历史确实给了中国文化机会,但留给我们的时间却并不多。

紧迫性的另一个方面是懂得中国文化的人们正在老去,懂得原汁原味中国传统文化的人更可能已是硕果仅存。文化是靠人传承的,没有真正懂文化的人传承就要大打折扣。许多古老的技艺如超薄金箔的打制等已经失传,还有一些技艺如书画鉴定等也正在失传,一旦失传以后就再也没有人能够辨别古代书画的真伪。作为整体的中华文化可能更是如此。最熟悉传统文化的一代可能是1905年废科举以前的一代,这一代即使还有人健在的话那也都是100岁以上的高龄者了。接下来,"五四"前出生的人剩下的也已不多。"五四"以后出生的人由于特殊条件(如出生在相对闭塞的地域、旧式家庭背景、师友传授的因素等等),可能还有少数人受过一点比较系统的传统教育,但绝大多数人对传统文化已经不甚了了。直到40年代末都是如此,这批人现在也正在老去。而50年代以后出生的人基本上没有直接面对过中国经典,除了读中国文学、中国历史、中国哲学的人从各自专业角度接触过一些零散片断之外,多数人对传统文化的了解大约就是中学时从鲁迅小说《狂人日记》里读到的那段话:"我翻开历史一查,这历史没有年代,歪歪斜斜的每页上都写着'仁义道德'几个字。我横竖睡不着,仔细看了半夜,才从字缝里看出字来,满本都写着两个字是'吃人!'"[1] 因此一听到有人提及传统文化,他们头脑里本能反应出的首先就是这幅画面。70年代以后的人与传统就更隔阂了。因而如果我们说中国人现在多数不懂得中国文化,可能一点也不夸大。时机真正是"时不我待"。

还有一些乐观的人说,历史上也曾有过许多时期,由于外敌入侵、异族统治等各种因素,中国文化也出现过濒危的状况,但中国文化因其"顽强的生命力",总能历经磨难,最后"浴火重生"、重新辉煌。但我们必须指出,这个机会今天不会再有。因为两千年来中国尽管经历过各种磨难,甚至沦为异族奴隶,但在任何情况

---

[1] 《鲁迅全集》第1卷,第425页。

下,社会的基本形态没变,社会的经济基础没变,这就好比植物,尽管地表上的茎叶花果都被劫火烧去了,但只要地底下的根还在,一有机会便会春风吹又生。而20世纪以来的一系列变革却是伤筋动骨,社会基础、经济基础、思想基础、教育基础都不复存在,作为传统文化根基的、两千年来几乎很少变化过的农村,经过"城市化"之后,再过一二十年可能是我们现在无法想象的另外一种面貌。传统文化将不会再有自动复生的土壤。除非从现在起就有人认真地关注和继承,否则将不会有复生的一天。

2. 传统文化真的值得继承并发扬吗?

这涉及到我们是在什么心态下把传承、传播中国文化提上议事日程的。或者说,我们是不是认真考虑过,当初我们是为什么,又如何把传统文化弃如敝屣的?今天我们是在什么心态下,又为了什么要重新检起这件被抛弃的旧衣物的?当初我们抛弃它时,是真的因为它不好?还是只是我们误以为它不好?那么今天要重新检起它时,是真的认为它原是好东西、只是被人误解了?还是因为突然发现这些"老古董"有"文物"价值,可以拿来换钱?传统文化是真的有价值?还是只是因为有人说它有价值?或者甚至只是因为有些外国人也说它有价值?这些年来中国人已经习惯于"出口转内销",明明是自己的东西,但只有当外国人认为有价值时,我们才会认为有价值。这次是不是又"故事重演"了呢?提出"中国文化值得不值得继承"这个问题,说明很多人其实并不真懂中国文化的价值,现在跟着起哄可能是因为大家都在说好,就好像炒作文物一样,自己也不知从文物市场淘来的是个什么劳什子,只希望到拍卖会上去撞撞大运。如果抱着这种心态去谈传承和传播中国文化,那么,这样的"三分钟热度"很快就会退烧的。

要回答这个问题,必须真正理解继承传统,或者更确切地说,"回到经典",在人类历史发展进程中的价值。事实上,对于中国以及整个世界文明来说,历史已经并将继续证明,"回到经典"是社会发展的动力。

提出这个命题的其实是德国哲学家、也是"轴心时代"这个概念的始倡者卡尔·西奥多·雅斯贝尔(Karl Theodor Jaspers, 1883-1969),他指出,公元前600年至公元前300年这段时间,是人类文明的"轴心时代",在这个时代,古希腊、以色列、中国和古印度的文化几乎同时发生了"终极关怀的觉醒",出现了各自伟大的精神导师——古希腊有苏格拉底、柏拉图、亚里士多德,以色列有犹太教的先知们,古印度有释迦牟尼,中国则有孔子、老子。这些先哲提出的思想原则塑造了不同的文化传统,而且一直影响着直到今天的人类的生活。由于全人类的思想或者说智慧在"轴心时代"已经达到了顶峰,以后无法超越,因而社会发展的思想动力只能来自回到经典。每当人类社会面临危机或面临新的飞跃的时候,就总会回过头去,从轴心时代的先哲们那里寻找智慧。

历史确实可以证明雅斯贝尔的理论。西方社会发展史上几个重大转折,"文艺复兴"本质上讲是古希腊智慧的重新发现。启蒙运动和西方近代化的动力来自以理学为代表的东方儒学智慧。西方哲学的每一次进展都可说是从"回到柏拉图"开始的,因此西方哲学家说,一部西方哲学史就是对柏拉图的重新阐释史。20世纪以来,西方弥漫一种"世纪末"(fin de siecle)的感觉,在当代尤其强烈,因此西方学者提出要从古典,特别要从东方经典中去寻找出路,这是符合这一规律的。中国历史上,社会发展的动力常来自某种"托古改制",每次大的变革,不论是政治改革如北宋王安石变法或明代张居正新政,还是农民起义引起的改朝换代,其叫出的口号无不是在经典里就已有过的,直到康有为的维新、孙中山的"天下为公"还是如此。中国人爱说革命是历史的火车头,但革命的理论武器却往往来自经典,例如"汤武革命""救民于水火"等等,可见这实际上也是一种回到经典。甚至文学艺术的发展,尽管历代均有大师,但后代未必超过前代。它不能用进化论来解释,却可以用"回到经典"来解释。每一个新的高潮的到来、新的大师的产生,都是从回到经典开始的。如中国的唐宋古文运动、西方古典主义的绘画等。拒绝传统,迷信进化论,是真正的拒绝进步、拒绝发展。只有从这个意义上去看,我们才能了解"传承传统文化"在今天的现实意义,传承是为了发展,而不是为传承而传承。

3. "五四"情结难割难舍

重回经典还意味着"反'反传统'"。毋庸讳言,传统文化之遭受彻底的厄运,是从"五四"时期开始的。重新回到经典,必然会涉及对"五四"的重新评价。这是一个绕不过去、回避不了,也无法回避的问题。要传承和传播文化,首先当然先要承认传统、正视传统。如果连传统都不承认,怎么谈得上学习和继承呢?说要弘扬和传播,那就更是自欺欺人:如果认为中国文化是个坏东西,却还要起劲地传播到国外去,那不是蓄意去害人吗?涉及对传统文化的评价,"五四"是绕不过去的。这不仅是因为"五四"是中国现代史上最重要的事件之一,还因为"五四"思潮对今天还有着随处可见的深远影响。"五四"有种种可肯定之处,有种种历史功绩,但有一点是必须坚决否定的：它开了一个恶劣的先例，即把否定传统、辱骂祖宗作为社会发展和民族重兴的动力。几千年来，在整个世界历史上，这样的事只发生在中国[1]，只发生在"五四"前后。之后，这个先例不断被复制，直到文化大革命"横扫一切"而登峰造极。更可怕的是，这一思潮至今还在相当一部分人中有着市场。现在年轻人中弥漫着一种历史虚无主义，谈到中国古代社会几乎是一片灰色，例如网上有人公然说，"中国五千年的悠久历史并不让我感到自豪，反而使我感到蒙羞！"[2]这种现象在全世界很难找到，究其源，"五四"人物不能辞其咎。事实上，鲁迅描写的"吃人"二字其实也适用于西方的古代社会，甚至也适用于今天某些地方，譬如煤老板对矿工的压榨，譬如某些地方对农民和农民工的掠夺，不也是"吃人"？但是给"五四"人物一渲染，就变成这些吃人现象只发生在中国历史上似的。近代以来，一些发展中国家都产生过崇洋媚外的情绪，但没有像中国这样强烈、持久，而且愈演愈烈的，对传统的否定过分不能不说是一个重要原因。

　　实际上，要"五四"还是要传统今天已是摆在中国人面前的两难选择：从某种角度看，肯定"五四"就是肯定其对传统的否定，肯定传统就是某种程度地否定"五四"。如果我们既要继承传统，又不想否定"五四"，就必须找出一个两全的解决办法。许多人在这个问题上采取回避态度，因为他们认为这个题目是无解的。但我认为，解决这个难题并非不可能。其办法就是严格区分"五四"精神和"五四"思潮，对前者我们可以作最大限度的肯定，对后者却必须具体分析，区别对待。实际上，肯定"五四"精神，不但与继承传统不相抵触，甚至可说它本身就是传统文化的延续。"五四"的反帝、爱国精神，它改造社会的良好愿望，本身就是几千年来中国士大夫精神的体现，是传统知识分子"天下兴亡，匹夫有责"的可贵品格在新的历史条件下的重现。在精神上，它与东汉太学生的反党锢、明末东林党的反阉竖可说是一脉相承的。这一中国人的宝贵精神财富，是永远值得我们继承和发扬的。而"五四"人物的具体思想、观点、言论、主张，以及由此而形成的影响深远的"五

1　北大王岳川教授指出："我从来没有看到西方一流的大思想家如此深恶痛绝地去批判抛弃他们的传统和历史。我没有看到西方大师对古希腊加以全盘抛弃和攻讦式的批判，对古罗马加以颠覆批判和全盘抛弃，对希伯莱文化加以情绪化批判和抛弃。相反，我所看到的比比皆是国人对中国传统、中国先秦思想、中国文化艺术精神的批判与抛弃。我没有看到西方人对于《圣经》嗤之以鼻的抛弃，相反看到国人对《道德经》、《论语》等进行全盘否定式的批判。"2010－12－23 引自网页 http://www.aisixiang.com/data/26428.html.

2　2010年12月13日打开百度，查询"五千年的历史不值得自豪"，查得的网页是627,000篇，类似这样的言论处处可见。

四"思潮,却应该实事求是地加以分析,特别是到了今天,经过一百年的历史积淀,其积极和消极的后果已表露无遗,我们更有了进行重新评价的基础。总之,破解"五四"情结,是我们重新认识中国历史和文化,找到中国在 21 世纪走向世界的新起点,是必须要走的一步。区别"五四"精神和"五四"思潮,可能是一个最有效的办法。这样,我们就不会因为要肯定"五四"精神,就不敢重评"五四"思潮,也不会因为要重评"五四"思潮,便对"五四"精神也表现出了怀疑。可以说,到了今天,重评"五四"已到了一个不容拖延的时刻,拖得越久,付出的代价将会越大。

二、真正理解传统文化精神

在真正理解传统文化精神方面,我们想到的,是下面这些问题。

1. "西化"的传统文化不是真正的中国传统文化

很多人以为,只要我们讲到古代,讲到传统的事件、人物,甚至提到那些用文言文写的作品,我们就是在讲"传统文化"了。其实并非如此,我们今天所理解的传统文化在多数情况下已经不是"传统"的传统文化,而是已经被"西化"了的传统文化,它们反映的往往并非传统文化的原貌。此话怎讲?我们还是要从"五四"说起。"五四"是要否定传统文化的,然而近百年来,传统文化还是以这样那样的方式存在着。只是谁都能看出,今天所看到的传统文化与"五四"以前的传统文化已经大不一样了。其区别就在于,"五四"以后,传统文化已经经过了一步步的名为"现代化"、实则"西化"的过程,呈现在我们眼前的已经不是其原貌了。

"五四"以来,传统文化"现代化"的过程可分为三个阶段。

第一阶段可称之为"打倒"阶段,全盘否定,彻底否定,其最激烈的主张是要把古书"全部烧掉""扔到茅厕里去"。这些话语都出自一些著名人物之口,影响深广,但因为这些人后来多数对这些在特殊背景下的话语表示出了后悔,我们这里就不忍心再提他们的名字了。全盘否定的结果是传统文化在人们心目中一落千丈,从祭坛上的神主牌变成了人人喊打的落水狗,以至于人们避之唯恐不及。

第二阶段可称之为"整理"阶段。"五四"以后,胡适提出了"整理国故"的主张,这个主张表面上看是要对传统文化进行科学、客观的研究,实质上却是用西方的学术体系去肢解、改造传统中国的学问。其结果是把其中可以纳入西方学术体系的部分一个个分离和独立出来,建立了西方范式的一个个"学科":哲学、历史学、文学、语言学、语法学、词汇学、经济学、逻辑学、政治学、军事学、宗教学、民俗学、人类学……；而没法纳入西方学术体系的学问就被以"科学"的名义排除在外，在"整理"的过程中被冷落、遗弃，以至逐渐消亡或者边缘化了，例如"经学"、"子学"、"小学"、"训诂学"、"文章学"等等[1]。"整理国故"的功绩是建立了中国现代的学科体系，要不然我们真没法想象今天的学术研究如何进行。而其代价却是彻底放弃了中国原有的学术体系，西式体系的建立就是中式体系的瓦解，"传统文化"也就在这过程中失去了它的学理基础。这一过程的功过是个大题目，这里无法评述，但可以指出的是，西方学科体系诚然有许多长处，但中国传统的学术体系也不会一无是处，两者应该说各有短长、各有利弊，强行以一方取代另一方的结果则必定造成另一方的萎缩。因为不同体系的学科架构、术语系统、研究范式是完全不同的。我们不妨举一个例子。例如桐城派主张文章要"义理、考据、辞章"三结合，用今天的学科眼光去分析，"义理"近于哲学，"考据"近于历史学和语言学，"辞章"近于文学，分属于三个或四个学科，主张三结合就是文史哲不分，是传统研究的一大"缺点"。但我们如果从另一面去想，我们把古代的同一部文献，例如《庄子》《史记》《三国演义》，分别放到文学、哲学、历史学、语言学学科去研究，各说各的一套，而且彼此不相往来，能得到《庄子》等的全貌吗？

第三阶段可称之为"改造"阶段。"五四"以后中国人文学科的发展，说好听点是"与国际接轨"，说难听点是"跟着转"。由于整个现代中国的学科分类是建立在西方学科体系基础之上的，其结果是学科的理论、方法、概念、术语，乃至争论的议题，无不来自西方。"所有的理论都是外来的，外国的理论在哪儿翻新，咱们也就跟着转"[2]，这是吕叔湘对半个世纪来中国语言学理论研究的概括，其实也适合于人文社科多数学科理论研究的实际情况，中国学者在追踪"跟西方接轨"的"现代化"道路上，根本不知传统为何物，所谓对传统文化的研究，就很少不是跟着西方的理论框架和套路在走，比方哲学研究，就总是在"唯物主义、唯心主义、辩证法、机械论"或者"人本主义、人文主义、相对主义"等概念里打转[3]；历史学则是跟在西方理论后面，把两千年丰富的中国历史，归结为"封建主义"一个简单的字眼；文学

---

1 要区别这两套学科体系非常容易，前一套学科名称都能够轻松地译成英语或其他西方语言，因为其本来就来自西方；而后一套体系即使绞尽脑汁也未必能找到贴切的外语翻译，因为在西方找不到对应物。
2 见吕叔湘为龚千炎《中国语法学史稿》写的序言，语文出版社1986年出版。
3 "朴素的唯物主义"、"朴素的辩证法"可能是对中国古代哲学家的最高评价了。

则在小说、诗歌、戏剧、散文四大门类以及浪漫主义、现实主义、批判现实主义、典型环境、典型人物等套路里转，以至出现"没写过长篇小说，就不能算文学家"的奇谈怪论。等到西方套路变了，例如兴起了结构主义、解构主义、心理分析、后现代主义等等，咱们的理论也就跟着转，而古人以及他们的思想、作品也就一次次被套上现代西方的服装。在这种情况下谈传承传统文化，不过是用现代术语对古人进行重新包装而已。研究传统文化本来是要为现实服务的，看古代的思想和智慧有哪些是值得今天的人们借鉴的；而现在的情况却是古人成了现代文化的标签，诸如李白是"大唐第一古惑仔"、张岱是个"90 后、富二代、官二代"之类。

2. "进化论"有色眼镜下的传统文化，不是真正的传统文化。

进化论是 19 世纪末以来影响中国最深刻、最强烈的文化思潮，直至今天还大有市场。一百多年以来，中国社会变革的主要动力之一，或者说思想基础之一就是进化论，按照进化论，新的总比旧的好，后起的总比先前的好，下一代总是胜过上一代。这些带着"进化论"眼镜的人，看问题是以时代，甚至以年龄划线的，"传统文化"名称上的"传统"两个字，对他们来说已经意味着立于必败之地，未战先输，甚至一钱不值了。"传统"就是陈旧、落后的代名词，主张回到经典、继承传统当然就是"开历史倒车"。而一戴上"开历史倒车"的罪名，就等于已被判了死刑，连具体审判都可以省去了。在过去的一百年里，孔子、老子都曾被戴上过这顶帽子，诸如"没落贵族的代言人""要倒退到奴隶社会"等等，那样的人、那样的思想，怎么可能会有"进步意义"呢？谈传统文化，满足少数人的怀古情欲，发发思古之幽情是可以的，在"现代化"的道路上却是毫无价值的。传统文化中精华不多，糟粕不少，对现代人来说，更应警惕的是防止其中的糟粕毒害今天的年轻人！如果抱着以上那样的心态，那不要说传承传统文化，连承认传统文化事实上也不可能。因此既然提出要传承传统文化，这个问题就不能不认真对待，对其理论基础"进化论"，就更不能不从根本上进行反思。去年（2009 年）是达尔文《物种起源》发表 150 周年，曾在西方世界引起过一个纪念热，有人对"进化论"赞不绝口，认为它是 100 多年来社会进步的重要动力。但也有不少人对"进化论"持保留态度。我认为在中国背景下，对此更必须非常小心。

按照"进化论"，后来的一定比早先的好，但我们在人类社会文化历史上实在找不出这样的规律。拿中国历史来说，唐太宗一定比汉武帝好？宋太祖一定比唐太宗好？成吉思汗一定胜过秦皇汉武、唐宗宋祖？清朝必定是历史上最先进的朝代？更不用说唐诗、宋词、元曲这些"一代之文学",事实上每种文体在当时达到的总体上的成就,都是后人难以企及的。西方古典主义的音乐、浪漫主义的绘画等等也是如此。实际的情况是,各个时代都有先进有落后、有好人有坏人,而后代的坏人不会比前代的好人好,很可能是更坏。马克思说:"历史常常有惊人的相似之处",这句话的言下之意就是承认历史可能是循环发展的,这是无法用"进化论"这种直线式的思维来解释的。"理论"和事实如此不相容,这就迫使我们对"进化论"进行认真考察。考察的结果是发现,现在我们所理解的"进化论",其实是对达尔文的歪读,对中国人来说,更与错误的翻译有关。达尔文的"Theory of Evolution"本来是生物学的概念,讲的是物种的**演化**:物种不是分别独立创造的,而是在已有物种基础上逐步演化成的。这一学说是对基督教"上帝创世论"的严正批判,其革命性是毋庸置疑的。演化的要点是"物竞天择,适者生存"(Mechanism of natural selection; Survival of the fittest)。严复把这一学说译成"天演论",非常准确地体现了达尔文的这个思想。但不知为什么日本人把它译成了"进化论",更不知道为什么这个译法如此轻而易举地取代了严复的"天演论"而在中国流行,所有的误会和曲解便由此而起。必须严肃地指出,这个新译法是不符合达尔文原意的,原因主要有三:① 达尔文的书名是 *On the Origin of Species by Means of Natural Selection or the Preservation of Favoured Races in the Struggle for Life*,明明讲的是自然演变过程,Favoured 或者 the fittest 是"适者","适者"是个中性词,它可能是"强者",但不一定是"优者"。而一翻译成"进化",便隐含了这个意思,好像"适者"一定是"进步者",这便导致了认为后起物种肯定比以前高级、优越的观点。事实上,后起物种之得已生存只是由于它适应了新的生存环境而已,在许多方面是不如以前的物种的,如狗的嗅觉、老马识途、苍蝇的免疫能力等,就远比所谓最高等动物"人"强得多。按照自然进化论,人是地球上最高等的生物,而正是人类的活动,现在正在毁灭地球上的其他物种甚至地球本身,在现在条件下最能够幸免灭绝的物种大约是沦为人类"宠物"的那些物种,难道这就是生物"进化"的最终结果吗?② 把生物学上的理论运用到社会学、人类学、人种学,产生社会达尔文主义,成为弱肉强食的丛林法则,这在某种程度上成为19世纪下半叶以后到现在迅速发展的帝国主义、霸权主义提供了借口。事实上,生物演化论完全不能用到社会上,认为人类社会的发展是简单的后胜于前的一条直线是错误的。西方学者提出的社会进化顺序只是一种假设,并不具有普遍性,那种理论对于中国长达两千余年的所谓"封建社会"就没有解释力或者只能曲解,我们现在对"中国封建社会"的理解很多是建立在这种理论基础上的,是拿西方的社会历史形态来硬套的结果。事实上,即使按照西方的社会发展观,也不能说后起的社会形态在一切方面都胜于以前。例如在生态保护方面,农业社会就远比工业化社会要好得多,这点当代的中国人可能最有体会。③ 更重要的是,"演化"是在原来物种基础上的,许多特点(traits)代代相传,其中有的特点因为适应环境得到了强化,有的因不适应则慢慢退化。而进化论,特别是社会进化论往往回避这种前后相承关系,好像后者是突然产生的,而且一产生就一定优于先前的。这既不符合生物学的事实,更不符合社会发展的事实,特别不符合思想发展的事实。前面说过人类历史上曾经有个一个轴心时代,轴心时代贤哲们达到的思想高度为两千年来的后人无法超越,以至人们不得不时时回到经典,这是进化论无法解释的现象。

"进化论"者,在看待历史和现实的时候首先戴上了一副有色眼镜,透过这样的眼镜所看出来的"今天"是变质的"今天","传统"更是被歪曲的传统。这是在讨论"传统文化"时必须非常留意的。

3. 传统文化不是一堆"知识"

"传统文化"指什么?有人一提到传统文化,就想到孔子、老子、诸子百家的一系列著作,想到经史子集那一大堆文献,想到书画艺术那一大堆作品,想到太极武术、世风民俗、饮食烹饪等一大堆礼仪、习惯和"功夫",甚至想到汉服、八佾舞等。这些东西,甚至其中的每一样,都是需要花大量时间去学习的,有的甚至要花毕生的精力,如果每个学习和传播中国文化的人,都需要掌握这么一大堆东西,那几乎是个不可能完成的任务。因而,真正要传承传播文化,我们还是要对"文化"是什么以及我们要传承传播什么做出界定。

什么叫文化?这已是一个老问题。最普遍的说法是,文化有许多定义,但一般均分作三个方面:物质文化、制度文化、精神文化。对传统文化而言,精神文化方面,诸子百家的思想之外,还有文学、音乐、书法、绘画、戏剧等。制度文化方面,包括礼仪、法度、职官、科举、天文、历法、节日、风俗等。物质文化方面,包括各种器物、金石、鼎彝、陶瓷、丝麻、茶酒,以及建筑、园林等等。我们同意这个说法,但有两点补充。第一,这三个方面一般是从横向去分的,看作三大范围、三大领域,但这三个方面还可以从纵向去看,看成从里到外的三个同心圆,精神文化在内圈,制度文化在中圈,物质文化在外圈。其间有个层次关系,在外面的都要以在里面的为依托;制度文化要依托精神文化,是精神文化的体现,而物质文化是精神文化和制度文化的外层表现。在传播和传承中,内层的东西比外层的东西处于更重要的地位。第二,如果同意这三者组成了三个同心圆,那么更进一步,同心圆必然有个共同的圆心,这是比内层精神文化还要本质的东西,它贯穿所有这些同心圆并且决定这些圆是"中国"文化而不是别的什么文化。这个圆心就是价值观,是某个民族追求的最高目标,而在中国,它的体现就是"道",因为只有这个"道"才能贯穿所有这些圆和所有这些层面。中国的精神文化讲"道":诸子百家都在论"道",书有"书道",画有"画道";中国的制度文化也讲"道":治有"治道",当官有"为官之道",经商有"经商之道";中国的物质文化也讲"道":"茶道""酒道",甚至庖丁解牛都有"道"。"道"对于中国文化来说,具有对内的一致性(各家各派、各行各业都以"道"为最高追求),对外的排它性(除深受中国文化影响的日本、韩国、越南等以外,其他文化没有"道"的概念),是切切实实的中国文化最高的价值观。

　　确立"道"的概念有两个意义,一是为中国文化确立一个"心"。另一个,从"道"的价值观出发,避免把中国传统文化仅仅看作是一堆"知识"。"唯知识论"或知识崇拜是舶来品,是伴随欧洲近代和现代化进程而产生的思潮。随着英国哲学家培根的名言"Knowledge is power."(中国人误译成"知识就是力量"),从20世纪50年代起影响到中国。在唯知识论看来,一切都是知识,整个世界可以分解为各种各样的知识,可以通过各种各样的学科去加以分类,人的任务就是要掌握这些知识,以此来为改造世界服务,而人们要学习的也是知识。在唯知识论看来,中国传统文化,不管是物质的、制度的、精神的,说到底就是一大堆"知识":关于诸子百家的"知识"、关于中国文学的"知识"、关于科举制度的"知识"、关于某时代礼仪风俗的"知识"、关于园林构建或酿酒制茶的"知识",等等。传承传播中国文化就是传承传播这些"知识"。然而这是不符合中国文化精神的。与唯知识论不同,中国传统崇尚的是"道器论",所谓"形而上者谓之道,形而下者谓之器"(《周易·系辞》)。从道器论的角度看,物质文化、制度文化,包括精神文化都只是"器",而真正需要学习和传承的是"道"。确立"道"的概念的另一个重要意义,就是懂得那些所谓的"知识"其实都是非常表面的东西,而中国人的价值观是体现在其背后的"道"里的。时代在发展,社会在变化,物质、制度、精神文化那些表象不可能不起变化,只有"道"是不变的。沉浸在"知识"里,就会一方面感到中国文化头绪繁多,学不胜学,一方面又感到很多东西学了也没有用。只有跳出唯"知识论",才会致力去追求传统文化的精神,而不会浮在表面望洋兴叹。

4. 不能以儒学代替传统文化的全部

还有人一提到传统文化,就想到"儒学复苏"。"五四"提出打倒"孔家店",现在我们又到处大办"孔子学院",这个弯转得太大,其间并没有经过很好的论证。以至于外国有人怀疑祭出孔子是一个政治因素,或者是搞什么"宗教输出"。而从中国文化的角度看,值得思考的还有,过于突出孔子和儒学,对传承和传播中国文化是有利还是不利?仅仅孔子,仅仅儒学,能够代表中国文化吗?

说到底,这还是儒家的"道统说"在起作用。"道统"这个词是朱熹提出来的[1],其来源则是孟子和韩愈。按照朱熹的说法,中国文化起源于尧、舜、禹、汤、文、武、周公,之后以孔子为祖师,下传颜、曾,曾子传子思,子思传孟子,其后就到了北宋的程颐、程颢兄弟,下面就轮到他自己。这个"道统"就体现在他所编注的《四书》里[2]。700多年来所谓的道统就是这个道统。其实这只是儒家一家的道统,而且是相当狭窄的,因为即使就儒家而言,战国后儒分八派,这里只有两派或三派,重要的如荀子等都未能包括在内。而各派儒家在继承前人的同时都加上了新的东西,有的与孔、孟思想不一定相符[3]。主张传统文化,甚至"国学"就是儒学,实际上是认同了这一狭隘的观点。我们不接受这样的观点,因为我们认为传统文化首先是"道",是价值观,这个价值观并不仅仅体现在儒家学说里,在其他各家的学说,甚至各个层面的文化中都能体现出来。

中国文化有没有一个体系?有人说没有,我们认为有。如果只看到中国文化各个方面的具体的体现,那么,由于中国文化的"博大",看起来就好像杂乱无章,没有一个严密的体系。但是,如果从中国文化的"精深"着眼,从前面讲的三个同心圆及其圆心的认识出发,中国文化自然形成了一个有别于其他文化的体系,而这个体系的核心,就是这三个同心圆的圆心——"道"。"道"的概念的建立和发展演变,就是中国文化的体系。这个体系,可以用"道纪"一词来表达。

"道纪"一词是老子提出来的,他说:"执古之道以御今之有。能知古始,是谓

---

[1] 朱熹在《中庸章句序》:"盖自上古圣神继天立极,而道统之传有自来矣。"
[2] 《论语》,孔子作;《大学》,孔子作曾子注;《中庸》,子思作;《孟子》,孟子作。而四书的注是朱熹在二程的基础上做的。
[3] 例如宋明理学的"存天理、灭人欲""饿死事小、失节事大"等就不是孔、孟的原意。"五四"时期反对"封建礼教",把这笔账算到孔孟头上是不公正的。

道纪。"[1] 道纪与道统的不同，在于道统是要用一家思想（就是南宋以来的儒学思想）来统率整个国家、整个社会、整个历史，而道纪没有强调某一家某一派，只是强调要了解古代思想的起源（能知古始）和发展的脉络（执古之道），以此来指导今天的实践（驭今之有）。这正是我们今天传承中国文化要提倡的思路和方法。

要理清"道纪"，首先要发掘中国思想的源头，在此基础上理清它的发展脉络。中国思想文化的源头在哪里？就在于"轴心时代"，主要在于老、孔、《易》三家，其中《易传》是孔子学习了老子思想后的产物，体现了老、孔思想的结合，最为完整精深，成了其后百家思想之源。以后的诸子百家包括各种文化领域背后的指导思想可说都是从这三家中生发出来的。而这三家本身构成了一个完整的思想系统：孔子的形象是个积极入世、"知其不可为而为之"、愿意为理想而献身的志士；老子的形象是一个成熟、饱经沧桑、对世事有深邃的洞察力、处事稳健的世故老人。《周易》，特别是《周易·系辞》中的思想则是这两者的完满结合，既不乏积极的进取精神，又有深邃的洞察力，阴阳调和，圆润完美，可说是中华智慧的代表。从内容方面看，老子更多地讲"天道"，孔子更多地讲"人道"，而《周易》体现了"天人合一"之道。再打个比方，如果说早年的孔子代表"阳"，老子代表"阴"，则向老子学习后的晚年孔子找到了"中"或者说"阴阳调和"。"中"的思想在《论语》中已有体现，在《易传》和据说是孔子之孙子思作的《中庸》里则更体现得更为淋漓尽致。

以上这个认识有两个前提，也是对学术界两大论争的一个认识：第一，在老子作者的"春秋说"和"战国说"上，我们坚定地采取"春秋说"。第二，在《易经》"十翼"的"孔子作"和"非孔子作"上，我们坚定地支持"孔子作"说。当然，这并不意味着我认为《老子》全都是老子所作，或者《易传》等全为孔子所写。实际上，先秦经典几乎都是"层累地编成的"，特别是《老》《论》《易》的编成，可能都经历了几百年。但主体思想却应属于始倡者的，不能因为后人作过修订或补充就否定前人的始倡权。在我们这两个主张的背后，是对"五四"以后历史学界"疑古说"的否定。疑古说以胡适、钱玄同、顾颉刚等为代表，背后的理论支撑之一就是社会进化论，进化论者总不相信古人能做出比后人高的成就，因此凡有先后两说的一律从后不从先，稍有一点疑问的就全部否定。例如否认从伏羲到尧舜禹的传说，否认有屈原这个人，否认老子是春秋时人，否认孔子作十翼等。另一个更深层的原因是来自

---

1 见《老子》14章。

西方人提出的"中国文化外来论"的影响,对自己东西没信心,认为什么东西在西方先出现是正常的,在中国先出现总要表示怀疑。疑古派的怀疑多数已被几十年来的考古成果所否定,现在已没有多少市场。

三、如何传承和传播中国传统文化？

传承与传播中国文化现在已经成了一个热点,出现了许多形式。例如解读经典的百家讲坛、各地的申遗热、祭典热（从祭孔一直祭到黄帝、炎帝、仓颉甚至伏羲）、儿童读经热、国学热、经典重拍热、争夺名人故里热等,对外传播则有各种各样的中国文化课（气功、太极拳、烹饪、书法、二胡等）、中英文的中国文化概论教材、古典诗词英译热、《大中华文库》工程以及正在酝酿的"五经"全译等。但是总的来说给人以"无序"之感。在传承和传播中国文化上,我们需要思考的是以下几个问题。

1. 传承传播中国传统文化应该是政府行为

上面提到的一些现象有个共同点,即都只是民间在"热",作为担负着国家导向的政府却没有明确表态,更没有明确的政策。有的时候政府似乎有所作为,例如推动孔子学院的建立,但其意图却并不明确：是想以此推动传播中国文化呢？还是只是为在海外的汉语教学机构"起一个名"？也就是说,"孔子"对于"孔子学院"而言究竟意味着什么,从上到下都是不明确的。如果要以孔子作为中华文化的代表对外进行宣传,那么更应该首先在国内做到这一点,我们总不能以为中华文化只是用来对外传播的,而国内就没有这样的任务吧？何况,对外传播如果没有对内弘扬作为基础,这个"传播"会让人感到莫名其妙。事实上,现在海外有人批评孔子学院有名无实,就是因为不知道学院挂了这个名称想做的是什么？而更大的问题是担负着孔子学院对外传播中国文化的教师（更不用说海外教师）绝大多数人自己就不懂中国文化。这样的"以己昏昏",怎么能"使人昭昭"呢？

文化的传承是个严肃的课题。要不要传承、怎么来传承首先是政府应该考虑的事情。我们可以回想一下,传统文化是怎么退出中国历史舞台的？起源是甲午战败,上下一片哗然,改革呼声强烈,以至涉及了对传统文化的强烈声讨。但光有民间甚至知识分子在呐喊传统文化是打不倒的,明代的李贽反传统、反礼教不可谓不烈,但结果是自己被当作精神病抓了进去。20世纪初在摧毁传统文化时起最关键作用的是三件事,一件是 1905 年清政府的废科举,一件是民国首任教育总长、后来的北大校长蔡元培的取消经学门,第三件是 1920 年 1 到 3 月北洋政府代理教育总长傅岳棻通令全国中小学教科书陆续改用语体文。正是这三件政府行为起到了对传统文化釜底抽薪、摧枯拉朽的作用。民间的力量只有通过政府行为才能起作用。其实中国传统文化的核心内容可说都在研究"治道",从孔、孟起,诸子百家都是从干说王侯入手,以使自己的抱负变为政府的政策而得到实现。可说传统文化的内容跟政府最有关系,甚至就是给政府出谋划策的。传统文化要不要传承、传承什么、怎样传承等,民间和学术界可以讨论,但民间说了没用,最后起一锤定音作用的一定是政府。政府想传承,民间可以跟上;政府不想传承,民间说得再热闹也没有用,"三分钟热度"至多变成"五分钟热度",很快就会自生自灭、偃旗息鼓的。因此政府应该严肃地考虑这一问题,不仅仅作为文化现象,而是国家战略,从国家和民族的生存与发展,乃至从世界和人类的前途、中国的国际使命来考虑。

也许有人会说,现在政府日理万机,这种事哪里顾得过来? 实际并非如此,"是不为也,非不能也"。事实上政府各部门职能有分工,只要分司其职的人认真调研,下一个决断、做一个决策还是很容易的。君不见,规定从小学三年级甚至更早开始学英语,或者京剧进课堂、计算机进课堂不是政府决定的吗?京剧进课堂本来就是作为传承传统文化的一个内容,可惜它不是从战略角度考虑的。从战略角度考虑,学科和课程的设置是最起码的一步,因为这是政府行为的真正体现。

2. 传承传播传统文化要"从娃娃抓起"吗?

不知从什么时候起,中国掀起了一个"从娃娃抓起"之风,大家似乎都在争夺"未来"的资源,学计算机、学外语、学体育、学表演,甚至培养"贵族"、培养"绅士淑女",都要"从娃娃抓起",传承传统文化当然也少不了"从娃娃抓起"。但是,这真是传承传统文化目前最重要的事吗? 窃以为非也。诚然,用《三字经》《弟子规》这些书教育小孩从小要懂得礼貌道德等很有意义,但如果以为光让小孩子念《三字经》这类就是传承传统文化了,那是远远不够的。第一,传统文化强调知行合一,对小孩更首先强调行为教育,诸如"洒扫应对""尊敬师长"之类,而《三字经》等主要只是识字课本,行为教育主要是通过大人以身作则、身教重于言教实现的,如果一方面教育小孩应该如何,一方面大人做出的全是急功近利、见利忘义的势利之举,指望儿童读了《三字经》之类就会自动变得道德高尚,甚至可以反过来成为大人的榜样，那是很可笑的。第二，"小学"是为"大学"做准备的，大学才是传统教育的核心，它是教人怎么做人处事的，而这个"人"，是当前和未来对国家和社会负有责任的人。因此，如果真要开展传统文化教育的话，则受教育者首先应该是成人，特别是那些现在和将来负有国家和社会责任的人，具体来说，就是从中央到地方各级官员、公务员和其他管理人员。而从目前社会状况来看，最需要接受传统文化教育、懂得做人之道的也正是这批人。人们往往没有注意到，中国传统经典的核心不是什么哲学、教育学、逻辑学、伦理学等等，而首先是政治哲学，儒家的孔子也好、道家的老子也好、《周易》的所谓"君子"也好，乃至战国时期的诸子百家，他们言论所针对的对象，其实都是从天子到王侯的各级"治人者"而从来不是针对"治于人者"[1]，甚至连"师"指的也是"帝王之师"[2]。《大学》强调"自天子以至于庶人，壹是皆以修身为本。"而修身的目的是为了"齐家治国平天下"，一般人有这个"齐家治国平天下"的条件和可能吗？而真的具有"齐家治国平天下"的责任的人不去要求自己"修身"，却仅仅要求小孩去做，那就是"其本乱而末治者否矣"。如果不明白这个道理，以为光让小孩去背《三字经》之类，传统文化就得到传承了，那"热"了一阵之后肯定会让人失望，而且因为抢夺"从娃娃抓起"还有别的热点，兴趣很快就会被转移了。因此如果真想把传承传统文化当一回事，那首要的对象应该是大人，特别是各级管理人员，而传承的核心就是"修身"。

3. 从"六经皆史"到"六经皆器"

在传承传播中华文化中还有一个重要的问题，就是如何看待传统文化？这里有两种态度，一种是"六经皆史"，一种是"六经皆器"。这两句话都出自清代著名学者章学诚的《文史通义》，前一句话出自该书《卷一·易教上》，由于是全书开宗明义的第一句，印象深刻，已被人反复引用，几至于家喻户晓的程度；后一句话出自该书《卷二·原道中》，迄今未见有人引用，我却想特别郑重地提出来，并认为这是我们对待传统文化应持的根本态度。

如果以"六经"代表中国古代的所有典籍。那么从整个中国学习经典的历史

---

1 比方老子的"无为"，人们都指责它教人什么也别干，是一种消极的处世态度，却没有注意到"无为"背后还有两个字："而治"。"无为"其实是一种统治方法或者管理方法。这对于今天非常有启发。而"治于人者"、一般老百姓如果也奉行"无为"，那就连饭都没得吃了。可见"无为"不是针对被统治者的。儒家的"修齐治平"也是针对统治者的，虽然歪打正着培养了历史上一代又一代"以天下为己任"的读书人，但书生真正能起的作用只是"议政"而已，要"成事"还得真正负有管理职责的人起来行动。
2 《礼记·学记》："故师也者，所以学为君也，是故择师不可不慎也。"

来看,可说经历了两个阶段。第一个阶段从汉代开始一直到清代,可称为"经学"时代,一切阅读都围绕儒家的"五经",以此作为整个社会的指导思想。清代尤其如此,以至有人说,一部"皇清经解》,一部《续皇清经解》,就可以包括清代所有的学问。民国以还,是第二个阶段,我叫它"史学"时代,章学诚主张的"六经皆史也"其实在清代尊经的背景下是不可能实现的,因为社会和政府都不会允许你把"六经"只看作一般的历史书。而在"五四"以后,"六经皆史"却真正得到了实现。在这个阶段,儒家经典的地位下来了,它不再拥有独尊的地位,高于其他子史著作。在"五四"及以后的学者看来,所有古代作品都只是史料而已,研究它们的唯一目的就是所谓"还历史以真实",以此使历史学成为了"科学",哲学也成了一个"学科",所谓中国古代哲学研究只是还其本来面目,孔子还他一个孔子,老子还它一个老子。这种"六经皆史"的研究态度强调客观、科学,当然有其积极意义,但却不是今天我们传承传播中国传统文化的目的。传承、传播中国文化不是历史学研究,更不属于历史科学,其根本目的是为了认识中华文化的"道"和"道纪",认识中华民族五千年的智慧以及在今天对中国和世界可能产生的作用。这样的目的就不能通过"六经皆史"去达到,而必须通过"六经皆器"的认识去达到。《易传》上说:"形而上者谓之道,形而下者谓之器。""道"是我们学习和继承传统文化的根本目的,而"道"是通过"器"体现出来的。章学诚说:"道者,万事万物之所以然,而非万事万物之当然也。人可得而见者,则其当然而已矣。"又说:"不知其然而然,即道也。非无所见也,不可见也。"[1] 因而,相对于不可见之"道",不仅六经是"器",我们前面说的精神文化、制度文化、物质文化,一切"可得而见"的文化表象都是"器"。我们的任务是从中寻找出"道"来,作为今天的借鉴。我们不需要把六经当作"经"来读,我们其实也不很需要把六经当作"史"来读。说实话,为历史事实而搞清历史事实,对于今天的绝大多数人来说,其实没有太大的意义。历史正在离我们远去,这是不争的事实;历史学科引不起今天年轻人的兴趣,这也是不争的事实。我们现在不缺少历史的事实,我们也不缺少各种理论和思想,我们缺少的是智慧,是面临现代化过程中的问题和现代化带来的"社会病症"而无可奈何的智慧,这是今天我们要传承经典的根本目的。"六经皆史"是一种朝后看的态度,"六经皆器"是一种朝前看的态度。我们今天的传承和传播归根到底是为了朝前看。

---

[1] 均见章学诚著、叶瑛校注《文史通义校注》,北京:中华书局,1985年,第120页。

4. 反对"记问之学",区别"精华糟粕"

中国文化博大精深,从某种角度看甚至头绪繁多。前面曾指出,当前中国文化的传承与传播处在历史上一个最好的时期,同时也是一个最困难的时期,机遇与困难同在。最大的困难是,对于绝大多数人来说,我们现在已经不了解中国文化究竟是什么。经过100多年,从打倒孔家店,到"整理国故",再到"大破四旧",传统文化在我们这里已经成了一本糊涂账。我们不但拿不出一套现成的"中国传统文化"可以用来传承和传播,我们甚至说不清什么是中国文化,什么是中国文化的精神、核心或灵魂。我们也不知道古代流传至今的东西哪些是值得继承的"传统"而哪些不是、哪些是"精华"哪些是"糟粕"? 我们也不知道"五四"以来所批判的那些东西哪些是批判对了的、哪些则需要再批判或重新认识。于是只好把古代流传下来的、民间还能找得到的、别的国家没有因而看来会引起好奇的,不管三七二十一,拿来就作为中国传统文化,既传承给后代,也传播给外国人,结果把中国文化传播变成了"杂耍摊",引起了人们的批评。而在民间,则不少沉渣泛起,一些落后、愚昧、无知的习俗如算命、看相、扶乩等也借着"传统"之名死灰复燃。因此弄清中国文化自身的问题实在比盲目地"传承和传播"急迫得多,甚至是"传承和传播"的前提。只有把中国文化的传承和传播首先看作是一个中华文化自身重建的过程,这个工作才有可能真正做得好。而在这过程中特别需要注意的是两个问题。

一是要反对把中国文化"僵化",尤其要反对把传统文化以"记问之学"的方法来传承,也就是把它看作一大堆杂乱无章而又要让人死记硬背的"知识",以便让某些借机敛财者通过"考核"来谋利。诚然,传统文化中确实有许多知识性的东西,但这些知识性的东西在今天的条件下完全可以交给电脑,需要时查询一下就可以了。真正需要继承的一是从"道器论"出发,经过深入研究,从中国文化极其丰富的包括"知识"在内的"器"中提炼出"道"来;另一个是从"知行观"出发,将从中华文化中悟出的"道"付诸实践,为今天的需要服务。近几十年来中国教育的最大问题是"唯知识论"泛滥:一切学问学科化,学科内容知识化,知识内容教材化,教材内容"重点"化,重点内容习题化,结果使得所有的学习变成了做习题、背答案,以应付各种各样的考试和考核。学历越来越高,知识越来越少,能力越来越差。这种早在先秦就为中国先哲所唾弃的"记问之学"现在在教育"科学化"的旗号下正大行其道,如果在传承传播传统文化过程仍采取这种"记问之学"的办法,与传统文化的精神正好南辕北辙。

二是要认真考虑精华和糟粕问题。在谈到传承传统的时候,我们时不时听到一种貌似公允的声音,说是传统文化中有精华也有糟粕,我们要继承精华,反对其中的糟粕部分。甚至有人振振有辞地说,你要继承传统文化,先把精华和糟粕给我区别开来!我认为这种论调的背后其实就是反对继承传统。为什么?首先,精华和糟粕并存是任何事物都有的现象,并不仅仅属于传统文化。西方文化就没有精华和糟粕之分?"五四"前后鼓吹"全盘西化"的人中何尝先给我们区别过西方文化中的"精华和糟粕"[1]?改革开放以来,西方各种思想、观点、学说、风尚如潮水般地涌到中国来,何尝听到他们出来警告要区别"精华"和"糟粕"?为什么到了要继承传统文化时,"区别"论就出来了?其次,"精华"和"糟粕"不是明明白白地放在那里等着你去区分的。什么是精华?什么是糟粕?往往是在学习和实践以后才能体会得到。在事情开始以前咄咄逼人地要人们加以区分就是反对做件事的遁辞。其三,老实说,在传统文化精华和糟粕问题上,当前的主要矛盾不是在防止糟粕上而是在无视精华上。因为经过 100 多年的反传统,连精华都被当成了糟粕,还有什么人会去刻意追求糟粕?比方说,现在还有人会提倡裹三寸金莲、提倡树贞洁牌坊吗?再比方说,一提到忠孝仁信、礼义廉耻,人们就会不假思索地把它看作"封建道德",但我们看看现在的社会状况,是"愚忠愚孝"的人多呢?还是"不忠不孝"的现象更值得注意呢?是寡廉鲜耻的人多呢,还是礼义廉耻提倡得过分了呢?比方"孝"吧,提倡了几千年,也没出几个鲁迅深恶痛绝的"王祥卧冰""郭巨埋儿"那样的"孝子";但反对"封建孝道"、主张"造老子的反""与封建家庭决裂"之后呢?看看每天各地电视上的家庭伦理节目就知道了。传承文化要做的一个重要工作是重新认识自己,那就是要敢于跳出百年来的许多"定评",正视传统中积极、优秀、堪称精华的方面,把原来混在洗澡水里一起倒掉的小孩重新抱回来。前不久读到一篇文章,似乎忧心忡忡地提出一个问题:如何将国学与"旧政治伦理"剥离[2]?这个问题就是一个伪问题。提出这样的问题就可见作者并不懂什么是"国学",事实上,"国学",特别是儒学,其核心就是"治道",就是"政治伦理","国学"的核心概念词"忠、孝、仁、义、礼、智、诚、信、勇、德"等等,都与"政治伦理"有

---

[1] 例如钱玄同说:"咱们应该将过去本国的旧文化'连根拔去',将现代的世界新文化'全盘承受',才是正办。"(钱玄同:敬答穆木天先生,《钱玄同文集》第 2 卷,第 187 页)
[2] 张绪山,《国学困境三题》,《中华读书报》2010 年 12 月 15 日 10 版。

关,把这些"剥离"了,"国学"就成了一具空壳!而正是这些被否定了一个世纪的"旧政治伦理",在新的历史条件下诱发起了"国学热"。

5. 怎样进行中国文化的海外传播

历史上中外文化交流、中国文化的对外传播基本上没有停止过,最成功的有四个时期。汉代,通过张骞、班超等的通西域,把中国文化传播到中亚。唐代,主要是传播到日本、朝鲜等,其中对日本的影响尤其明显,以至我们今天所看到的日本传统文化中有着太多的中国唐代因素。宋元时期,传播到西亚,最重要的贡献是给世界的四大发明和给东亚的儒学。明末清初,中外交流主要通过传教士,中国经典的外传,一定程度上导致了西方的启蒙运动。历史上的中外交流都有来有往,但相对来说,除佛教传入是印度影响中国更多之外,一般情况下是中国的向外传播较多。然而自鸦片战争以后,中外交流几乎成了西方向中国的一面倒。鸦片战争半个世纪以前的1793年,英王乔治三世派遣马戛尔尼伯爵到中国,要求扩大通商,乾隆傲慢地说:"所有物产,中国俱备,而又丰富,无缺少之虞。是以外夷之出品,无须输入。"但仅仅过了半个多世纪,中国就从"万事不求人"落到了自认"万事不如人"的境地。中国人的民族自卑感,伴随着崇洋媚外心理与日俱增,到甲午战争后到达顶点。这时距乾隆的狂妄言语只有一百年。自那以来又过了一百年,但中国人的崇洋媚外之心却没有消停过。主要原因是中国尽管政治上不断觉醒,而经济落后面貌一直没有改变。近年来中国经济的高速发展,特别是近来连续超英、超德、超日,中国人的民族自豪感得到了提升,才有机会重新思考中国文化的向外传播问题。

中国文化的向外传播,当然有物质文化、制度文化、精神文化的诸多方面,但是我们必须清醒地看到,文化有"道"和"器"两个方面,时代不同了,社会变化了,传统文化中"器"的方面,或者说可见的方面,不管是在物质上、在制度上、在精神上,都在无可奈何地逝去,在中国已不可能重现,到国外更不可能复制。真正具有对外传播价值,也被外国人认可的可能是传统文化中"道"的方面,或者说价值观的方面。正如本文开头所说,其他文化的传播,只有能够体现价值观的才有意义。否则,就事论事,我们自以为很新奇、很好玩,但从真正的文化学者眼光看来,难免有"杂耍摊"之讥。例如吃饺子,人们爱把它作为中国文化的"代表"介绍给外国人,但是如果不能同时解释其背后的文化含义,讲"中国人爱吃饺子",跟说"熊猫爱吃竹子"本质上没有什么区别。写毛笔字、编中国结等,抽掉了背后的文化特别是价值观,跟幼儿园玩儿童游戏也没什么两样,但我们的海外教育却是把这些一本正经地教给外国成年人的。因此,中国文化的海外传播一定要考虑到对象、内容和方式。

其实中国文化的传承和传播当前面临的最大问题也就是这三个问题。首先就是对象不明。目前的各种"热"给人造成的印象是,"传承"也好,"传播"也好,好像都是针对孩子的,"传承"主要是对中国的孩子,"传播"主要是对外国的孩子,而大人、学者、"有知识的人"、"有权力的人"都是置身事外的。而我的看法恰恰相反,传承首先应该是对大人,特别是对从中央到地方各级管理者的;而传播首先是对海内外中国文化的教育者,以及海外的知识分子(不一定是学过汉语或正在学汉语的)特别是文化和思想研究者的。

在内容上,一定要把中华之"道"的传播放在思考的重要位置。"器",也就是各种文化知识的传播是本着"道不离器"的精神来进行的,因此完全可以百花齐放,用各种方式来进行,但必须时时关注到背后的"道"。

至于传播的方式,我想提出的是,第一,不能全靠孔子学院,尤其不能全靠汉语教学。要懂得一个道理,语言固然重要,但学习一个国家的文化并不以学会这个国家的语言为前提,我们可能夸大了对于海外汉语教学的希望和期望。事实上,指望外国人学会汉语以后再来学习中国文化,这个愿望是要落空的。相反,翻译还是必不可少的桥梁,以便让外国人用他们自己的母语或熟练掌握的第二语言来学习中国文化。第二,在用外文传播中国文化方面,已经有过的模式有三种。第一种是概论性教材模式,各种"中国文化概论"的中外文版出了不少,但概论性的教材只有在起到导游图作用的时候才是有意义的,不能期望过高。这种教材如果编得不好、教得不好,就会成为输出式的"记问之学"。第二种是"大中华文库"模式,整部整套著作的翻译,好处是完整全面、"原汁原味",但把阅读、消化的困难全部留给读者,在当前这个浮躁的世界里,可能会有难度,因而不易普及。第三种是林语堂模式,即经过自己消化之后,把中国人的智慧介绍给外国人,如他译写的《孔子的智慧》、《老子的智慧》、《古文小品译英》等。这三种模式,第一种是"自说自话",都是作者自己的话,间或引只字片语的原文来证明自己的观点。第二种是"他说他话",让经典作者自己说话(当然翻译过程中加进了译者自己的理解)。第三种是"自说他话"(在敬重原典的基础上加上自己的理解和阐发)。事实证明,第三种亦即林语堂模式是最成功的模式,是近一个世纪来中国人传播中国文化的光辉范例和榜样,也是今天值得提倡的。

而要传播中国的智慧,首先自己要懂得中国的智慧。林语堂是懂得中国智慧的,现在很多翻译家、很多号称在传播中国文化的人并不懂。因此,要真能传播中国文化的精神,就如同在国内传承文化一样,先要把传播的过程作为中国之道研究的过程。而且这个过程更加有价值,因为这个过程实际上是个世界共同探索中华之道的过程。如前所说,西方的有识之士比我们更早地感觉到现代化的病症,也更早开始寻找东方包括中国的智慧,很多东方典籍的翻译是在这样的指导思想下做的(当然也有很多不是)。有的中国典籍,如《老子》,光英译就已经有了不下百余种,其间见仁见智,有无数种不同的理解,在不同时期也起了不同的作用。现在看来,有很多精彩的见解,也有不少错译及胡译。但外国人的"正解"或"别解"对我们理解古人的智慧是有很多启示的。对这些材料应认真加以研究和总结。这也是传播"真正"的中国文化应有的题中之义。

(原载秦晓晴主编《外语教育》第 10 辑,武汉:华中科技大学出版社,2011 年,第 1 - 16 页)

"道可道，非常道"新解
——关于治学方法论的思考

非常高兴能有机会到上海图书馆，来与大家交流学习中国传统文化的一些体会。首先我要向发起单位，上海图书馆和中欧校友会国学研究中心表示衷心的感谢。感谢上海图书馆，为我们提供了一个非常好的交流平台。也感谢中欧国学会的热情，他们的热情使我非常感动。因为开始他们和我联系，希望我来做讲座时，我感到非常的惊讶。大家都知道中欧的校友，一般都是当代社会的精英，在中国现代化的路上，他们是走在最前列的，也接受到更多的西方式的教育。现在这批朋友，对我们的传统国学感兴趣，我感到非常惊讶。我认为他们对国学的兴趣，说明了一些问题。

第一，就是大家发现，在中国现在的情况下，不管一个人、一个国家、一个民族，它发展的根本动力在于自身。以前我们经常说自力更生为主，力争外援为辅。现在看来还是有道理的。国家的发展、个人的进步，只有靠自身的条件，在自身的基础上发展起来。没有什么国家的现代化，是靠外力促成的；也没有什么人的进步，是靠外力促成的。越希望得到充分的发展，就越需要充分地发掘自身的各种资源，包括经济资源、文化资源，到各种学术资源。中国几千年积累起来的文化，是一个不可忽视的财富。

第二，当前世界上经济全球化的步伐正在加速。经济现代化带来了社会的繁荣和富裕，但是另一方面也带来了很多所谓的现代化的矛盾。两极分化、生态污染、伦理丧失等等，已经成为全世界的通病。不少有识之士正在呼吁要在实现经济全球化的同时，要注意文化的多元化。西方的一些发达国家的人士，更把眼光投向了东方、投向了中国，希望从中国和东方的传统文化里面，来找到医治"现代病"的一些良药。中国在现代化过程中，甚至面临着比西方更加严重的社会危机。我们确实更有必要，从中国的传统文化中去寻找智慧。当然，我们不指望传统文化能够解决一切问题。但是，几千年积累起来的智慧，是全人类的财富。因此，我们更有责任继承好这个财富。

我想生活在当代的中国人，应该了解三件事情：（1）了解当代中国。我们自以为很了解当代的中国,其实并不一定。(2)了解西方世界。我们自以为很了解西方世界,其实并不一定。(3)了解传统的中国。这个我们是非常不了解的,经过一百多年,我们不断西化的过程,不管我们是向欧洲学习、向苏联学习、向美国学习,甚至是向日本学习,学习的都是西方的东西,我们正在忘记自己的老祖宗。因此,我们要发展,要在今天的基础上进一步向前走,实现真正的现代化和中华民族的伟大复兴。这三件事情是我们必须要了解的,而特别重要的是,我们要了解传统的中国,要知道我们是从哪里来的?我们才能知道我们今天怎么样?才能知道我们将来要哪里去?以上是我想说的第一点。

第二点:我原来不知道,今天我的讲座是作为"东方文化讲堂"的系列讲座之一,更加不知道我的讲座是第一讲。在知道以后,我觉得我的题目选对了。因为中国文化博大精深、范围极广、内容又丰富,真不知道从哪里切入比较好。但是我原先准备重点讲"方法论"的"道可道,非常道"如果稍微加以调整,可能成为一个很好的切入点。我这么想的原因有三点:我认为"道"的问题,对于中国文化和中西比较,有很重要的意义。

第一,"道"体现了中国全部思想文化的共性。刚才主持人在讲的时候,说"道"是道家思想里面重要的东西。我并不认为"道"仅仅是道家的,下面我会解释的。

第二,"道"深含在中国人的全部生活实践中。

第三,从"道"中间可以窥视中西文化最重要的差异。

这是我对"道"这个问题的价值所在,有这么一个认识,今天我就主要从这些问题向大家做一个交流。

第一个内容是"道"对中国文化和中西比较的意义。

第一,"道"体现了中国全部思想文化的共性。所谓的思想文化,指的是中国古代所建立的各种思想体系、各种理论学说。从先秦的诸子百家,到后来的各门各派,他们在理论上可以说是各有主张,互不相让,甚至针锋相对。但是有一点是共通的,诸子百家都在论"道",都在讲"道"。我们随便举几个例子:

《周易》——"一阴一阳之谓道";

《尚书》——"满招损,谦受益,时乃天道";

《老子》——"道可道,非常道";

《论语》——"朝闻道,夕死可矣"、"道不同,不相为谋";

《孟子》——"得道者多助,失道者寡助";

《管子》——"虚无无形谓之道,化育万物谓之德";

《孙子兵法》——"兵者国之大事,死生之地,存亡之道,不可不察也"(这是《孙子兵法》中的第一句话);

《庄子》——"道昭而不道,言辩而不及"(这句话不太有名,但是我认为这句话和"道可道,非常道"、"名可名,非常名"是相通的,因此特别用了这句话);

《荀子》——"天有常道矣,地有常数矣,人有常体矣";

《黄帝内经》——"上古之人,其知道者,法于阴阳,和于术数";

《淮南子》——"夫道者覆地载天,廓四方柝八极,高不可际,深不可察";

董仲舒——"天不变,道亦不变";

《文心雕龙》——"道沿圣以垂文,圣因文而明道";

甚至在佛经中,《坛经》——"欲得见正道,行正即是道"。

可见,诸子百家都在讲"道","道"不仅仅是属于道家。那么,不同的观点、不同的流派有一个共同的追求目标,用同一个词语来表达。尽管它解释的不一样,各家的"道"并不完全一样,这种情况在西方是没有的,西方没有这么一个概念,是所有理论学派所共有的。也许西方哲学里面有一个词叫"truth"(真理),有点类似,但它没有像中国的"道"那样,对所有学派来讲都是难分难舍的。甚至中国的学派离开"道",就没有办法来立论。17世纪以后,西方另外有一个概念叫作"reason"(理性),但这个词也没有"道"这么普遍。这是刚才我讲的第一点,"道"是体现了中国全部思想文化的一个共性,所有理论学派都要讲"道"。

第二,"道"深含在中国人的全部生活实践里面。不仅仅是在思想体系方面,而且还体现在实用的、现实的生活的各个方面。我们写文章有"为文之道";打仗有"用兵之道";下棋有"棋道";写字有"书道";还有甚至做皇帝有"为君之道";做大臣有"为臣之道";管理国家要讲"治道";当然兴修水利也是讲"治道";做医生要有"医道";经商有"经商之道";要赚钱,我们还说"君子爱财,取之有道";甚至是"盗亦有道",做盗贼也有道。因此,中国人的所有生活实践也是离不开"道"的。我们平常看文化,会有许多层面。从日常饮食起居的"饮食文化"、"居住文化"、节日文化"、"民俗文化",到语言文字、文学艺术、书法绘画、戏曲音乐、中医中药,一直到儒家、道家、释家、诸子百家各种学术经典、思想信仰、价值观,但不论在哪个层面,在中国所有这些文化层面,它的背后都有"道"。

因此，今天在座的朋友中可能不少人知道我，他们一听我今天要讲的题目，也许会有一点奇怪：潘老师不是搞语言学的吗，怎么今天来讲哲学了？因为我认为，不管是搞文学，还是搞语言学或者是搞哲学，背后都有"道"。在"道"的层面所有学派，所有理论，所有实践，都是相通的。

中国传统的知识体系与西方的知识体系是不一样的。中国古代没有像西方那样的文学、史学、哲学或者语言学这样的分法；甚至也没有自然科学、社会科学、人文学科那样的划分。西方是按照知识内容分为若干个体系、若干个学科门类。这些学科门类之间，有的时候到了壁垒森严，甚至是隔行如隔山的地步。而中国人强调各种学科之间的融会贯通，认为在所有学科背后都有"道"。你研究的可以是文学，可以是经学，可以是语言学，但是根本的追求都是"道"。我们从事的工作是各不相同的，但是我们所追求的是同一个"道"。因此从事任何工作、任何研究的人，都应该关心"道"、关注"道"，都应该讲"道"。因此，我们认为把"道"作为整个"中国文化讲堂"开宗明义的第一讲是有道理的，这可以使我们一下子进入中国文化的深层、它的内层。那么以后再讲中国文化的各个方面的时候，就比较方便。这是我讲的第二个意义，"道"里面可以反映出中国文化的各个方面。

第三，从"道"里面可以窥视中西文化最重要的差异。刚才我讲的"道"有两种价值，一个是各种理论体系背后的共性；另一个是所有生活层面，背后都有"道"。这两个"道"的含义、"道"的价值，在西方是没有的。西方既没有像"道"这样横贯各种思想流派的共性的观念，也没有像"道"这样纵贯所有理论的和实践的一种精神目标。这就为我们认识中西文化的差异，树立了一个榜样，这里我们从"道"和"方法论"的角度来比较中西"治学"理念的一些差异。

如同其他很多中国文化关键词一样，"道"这一词很难翻译成外文，现在在翻译界几乎已经成为共识，"道"不好翻译，最好的方法就是音译了，翻译成"dao"（道）。但在以前汉学家的翻译著作里面，"道"经常翻译成"the way"，"way"这一词在英文中既表示道路，又表示方法，而"道"这个汉字的字面意义也表示道路。可见人们认为"道"和"way"这两者之间有相通之处。"道"就是道路，也就是途径、方法。

那么，关于"道"的学说也成为了"方法论"。例如说，"棋道"就是下棋的方法；"书道"是写字的方法，等等。但实际上，"方法"或者"方法论"，在西方首先让人想起的，不是路而是工具。"方法"和"方法论"，在西方是与工具联系在一起的，这是因为西方讲方法论最早的一本书,就是亚里士多德的《工具论》。"工具"或者《工具论》作为西方的一个哲学概念,最早是对亚里士多德的《范畴篇》《解释篇》《前分析篇》《后分析篇》《论题篇》《辩谬篇》等六篇论著的统称。在亚里士多德的学术体系里面,《工具论》是与《形而上学》相对应的一门学问。

它们两者的关系是:这两者是亚里士多德的体系里面最重要的学问。两者的关系就在于:"形而上学"是一种"知识",而"工具"是获得"知识"的一种手段;或者说是"方法","工具"可以是物质的,也可以是精神的。

我简单介绍一下西方这两个概念,一个是知识,一个是工具。西方学说里面强调"工具"不是"知识",但是是获得知识必需的手段,这是西方哲学对"工具"的定位,也是对"工具"和"知识"之间关系的定位,可见"工具"在西方哲学史上具有非常的重要性。

但是,"工具"这词在中国不可能使我们联想到方法,只会让联想到另外一个词,是"器具"的"器"。所谓"工欲善其事,必先利其器",我们要做好一件事情,做好一件工作,首先要把我们的工具搞好,"工具"就是"器"。比如说,木工、木匠他们的"器"就是斧头、锯子等一些东西。而"方法"这词使我们想到的除了"方"和"法"之外,比如说,想方设法。在中文里面看到"方法"还会使我们想起"道",所谓"有什么道道"的"道",就是方法,再比方说,"歪门邪道",歪门邪道的方法。因此在方法的基础上,"道"和"工具"仿佛可以统一起来。

但实际上"工具"和"道"是非常不一样的。主要表现在以下几个方面:

(1) 西方的"工具"这一词,既使我们联想到"道",又使我们联想到"器"。可见在西方,这两个东西在某种程度上是统一的,"道"就是"器","器"又是"道"。但是在中国的哲学里面,"道"和"器"是对立的两个概念,"形而上者谓之道,形而下者谓之器",它是两个不同的概念。就是"道"和"器",它有形上和形下的区别。就说明西方的一个概念,在中国成为两个概念。西方一个"工具",在中国是"道"和"器"两个东西。

(2) 在西方,它的"工具"是相对于知识而言的,"工具"不是"知识",只是达到"知识"的手段。但在中国的哲学里面,"道"既是方法又是本体,本体当然不就是知识,但是作为追求的目标而言,可以看作是某种知识。所以西方的两个概念,在中国又成为一个概念。这说明"道"、"器"和"工具"、"知识"是不能互相对应的。我们可以用一个图来表示,"工具"对应于中国的"道"和"器",中国的"道"对应于西方的"工具"和"知识",这两者是不对应的。因此,中国哲学对于"工具论"的理解,不能纳入到西方的"工具"、"知识"这样的体系里面去,而有自己的看法。那么,这对中国人思考问题和解决的途径,就会有很多的影响,后面我们还会谈到。这些是我今天所说的第一个内容,就是"道"对中国文化以及中西文化比较的意义,我想就表现在以上三个方面。

第二个内容,想具体讲一讲什么是中国人的"道"。讲"道",首先要弄清楚"道"和"器"这两个概念。在《周易·系辞》中说:"形而上者谓之道,形而下者谓之器"。这句话是认识三千年中国的文化,"道器论"的关键,这两句话可以说是体现了很深刻的辩证法的思想。

一方面,"道"和"器"是对立的两个面。也就是说,在中国的传统哲学里面,工具问题首先表现为"道"和"器"的对立;其次,这个对立的两方,又不是完全无关的,它们是同一个统一体的两面,是不可分离的,而这个统一体就是"形","形而上者谓之道,形而下者谓之器",形上、形下的比方,就像我们现在所说的一个硬币的两面或一张纸的两面,这是我们需要了解的第一点,"道器论"是一个对立统一的体现。

另一方面,我们还需要了解所谓的"器",其实包含了几个层面。在我看来至少有三个层面,但是不管有几个层面,"器"的背后都有"道",就是不管是什么样的"器"都可以使人悟出深刻的道理。第一层面可以叫作是"器"的层面,就是指具体的"器物",从具体器物的形状、功能,中国人都能联想出很深刻的道理来。

比如说,木匠的工具——规、矩、绳、墨。矩是直尺、规是画圆的、绳是墨斗的线、墨是墨斗,都是木匠的工具,圆规、直尺、墨线、墨斗,这些具体的东西中国人联想出了,准则、法则、规矩,"没有规矩不成方圆",就是准则的意思、规则的意思、法则的意思。这个是很高的抽象,其中就有"道"的意味在里面。

浇铸工用的模、范,这是两个不同的器具。模是木头做的模具、范是陶器做的模具,这东西也从具体的"器"引申出"人们的榜样"这么一个抽象的意义来。

还有像陶工用的陶钧,陶钧就是做陶器用的转轮。陶钧这个字眼上升之后,就成为一个了不起的字眼。我们都知道开天辟地的道教祖师爷,就被称之为鸿钧老祖。开天辟地,好像就是陶工做陶器一样把天地开辟出来,叫鸿钧老祖,后来更把陶钧这个字眼引申为"治国之道",管理国家叫陶钧。比方说在《旧唐书·文苑传》中有这么一句话,"陶钧之道,在于择宰相而用之",管理国家的根本道理就在于选择一个好的宰相。顺便插一句,一般都以为中国古代是中央君主集权,其实君主、皇帝并不直接管天下,而是通过宰相来管。因此,陶钧之道最重要是择宰相。现在陶钧这个词还在用,造就人才也叫作陶钧。

纺织工人具体编织的东西,经线、纬线,这也是一个富有"道"的意味的大字眼。比如说,"经天纬地",这是管理整个天下的大才能。印象中好像西方的具体器具,很少会引申出这么抽象的寓意。这是第一层面的"器",它的背后就是"道"。

第二层面的"器",我把它叫作"技"。"技"是什么东西?它是比上面讲的"器"抽象一点的"器"。"器"是比较具体的,"技"要抽象一点,但是,我们还是可以感觉得到的。"技"指一些具体操作的技艺、工艺、技巧等等。"技"和"道",也是一张纸的两面,有心者也可以从"技"里面悟出"道"来。

在《庄子·养生主》中有一个著名的"庖丁解牛"的故事。庖丁是一个熟练的屠宰工人,杀牛的。国君叫文惠君的就问他:你为什么杀牛杀得这么好?结果他回答说:"臣之所好者道也,进乎技矣。"他说的是:我所喜欢的并不是我杀牛的技艺,我真正喜欢的是"道"。这个宰牛工人说的是:我喜欢的不是技术而是"道"。而这个"技"只是他解牛的一些具体技术或技巧,因为他得到了"道",所以他可以做到用了19年的刀还像是刚刚磨出来的。他从杀牛中间悟出了很多道理,这些道理是有普遍性的。比方说:"目无全牛"。他说:我刚开始杀牛的时候,看到的是整个一头牛。到了三年之后,在我眼睛里面看到的就不是整个牛了,好像是在我解牛之前,牛已经成为一个一个的碎片了。再比如说,"游刃有余"这个成语也是从这故事演变过来的。他说:牛的骨关节之间是有空隙的,我的刀刃是很薄的,没有厚度的,用没有厚度的刀刃,切到有缝隙的骨关节之间,那么就游刃有余了,就是刀在里面走,还有足够的空间。像这种,就是他在宰牛的技艺里面悟出来的道理,现在这些意义都普遍化了。为什么成为成语呢?因为它有了普遍的意义。再譬如说:"以神遇而不以目视,官知止而神欲行",我杀牛的时候根本看都不看的,不用看凭感觉就可以直接杀牛。这个是很高的境界了。

具体的技艺可以转化为"道"。因此,中国人经常在一些具体的、琐碎的事情中悟出深刻的道理,形象生动、具体、意味深长。比如说:画工的"道"。画画的、画匠的"道"可以归纳为:"胸有成竹"或"胸有丘壑",就是说我在画画之前,在我的肚子里已经有了一个完整的竹子了,或者有了一个完成好的山水画的形象在里面了。军事家的"道"可以归纳为"胸中自有百万甲兵",就是我打战之前,我要怎么指挥已经全部了然在我的胸中了。

再比如说：缝衣匠，他的技艺就是剪裁，剪布裁衣服。结果剪裁后来成了人们写文章的"道"，写文章要注意剪裁。铁匠的技艺是锻炼、熔铸，锻是反复锻打，炼是炼钢铁；熔铸是把金属熔化了以后铸成什么东西。结果把这些技艺就与培养人，用人联系了起来。刺绣的工人，她的一根针叫作"金针度人"，这句话听起来就有哲学的意味。那么这句话是从哪里来的呢？是来自于元好问的诗，"鸳鸯绣就从教看，莫把金针度于人"。就是说：鸳鸯绣好了以后，随便你看，但是我的金针，我的用针的手法的技艺、技巧是不告诉你的。因此，"金针度人"也就成了很有"道"的意味在里面了。

其实，日本从中国引进，又回到中国来的"棋道"、"书道"，也不仅仅指的是下棋或者是写字的技巧，"茶道"也不仅仅是喝茶。真正的书道高手和棋道高手，也能够从中体悟出人生之道。刚才我说到，"茶道"、"棋道"、"书道"都是中国流传到日本去的，但是我们现在不大知道了，我们现在所知道的一些"茶道"、"书道"也就是一些技巧或一个过程，里面的"道"我们已经不知道了。

以上是第一个层次、第二个层次的"道"、"器"，这两个层次的"道"、"器"关系有重要的中国文化的意义。刚才我说：中国的哲学是"道"、"器"对立统一的，像这些具体的"器物"、具体的"技艺"，背后都有"道"，都能悟出"道"来。说明从事最普通工作的人，也可以得到"道"；从事一般工作人的也可以得到"道"。

因此，中国历史上，其实从来没有过鄙视具体劳动、具体工艺的事情，没有。相反，具有高超技艺的匠人，是十分受崇敬的，中国人强调的是"三百六十行，行行出状元"。因此，在《孟子》里说的一句话叫作："劳心者治人，劳力者治于人。"这句话在《孟子》的本文里面，其实强调的只是社会分工，有的人是干劳心的活，有的人干的是劳力的活，人不能同时干两种活，强调社会分工，强调管理国家和从事具体劳动这两件事不能同时进行。现在这两句话被解释为是知识分子轻视劳动人民的说法。我说这是现代人的栽赃，真正鄙视体力劳动、把工作分为三六九等的，是来自于西方的对"简单劳动"和"复杂劳动"的划分，这个是20世纪才有的，我们以前从来不划分"简单劳动"和"复杂劳动"。

工业社会发展以后，特别是现在进入商业社会了，我们会感到中国人以前好像不大聪明，这么好的工业，比农业好多了，商业更容易赚钱了，为什么以前想不到，要到现在20世纪了，才从西方学过来？我要举一个例子：中国人并不是不懂，而是非常懂,两千年以前,司马迁在《史记·货殖列传》里说的一段话,他说:"夫用贫求富,农不如工,工不如商;刺绣文,不如倚市门",前面两句不用解释,要钱来的快一点,"农不如工,工不如商",现在商不如金融,钱来得更快。"刺绣文,不如倚市门",对于妇女来讲,在家里刺绣,还"不如倚市门",倚门卖笑,就是娼妓,干刺绣活还不如这个钱来的快。现在不是如此吗?两千多年以前,司马迁就看到了,中国人并不是没有意识到,"农、工、商"之间的关系。但是,总是强调,以农为本。当然我们现在不是说要回到以农为本,但古代人的思考,应该有他的道理在里面,这是第二个层面。第一个层面从"器",第二个层面从"技",它的背后可以悟出"道",从中可以看出,中国对有关问题的看法,是有他自己的东西在里面的,他不鄙视一般劳动,因为每个劳动背后都有绝活。就像我们看一些传说、讲故事,连卖油的老翁,瓶子上面放一个铜板,往里面灌油,一滴油都不能沾到,他认为里面也有很高的技巧,里面有"道"。

再高一个层面,第三个层面。第三个层面的"器",就是比"技"还要高一层,那就是理论和学说。我把它叫作是:可道之道,在它背后的"道"就是不可道之道。要理解什么是"可道之道"、什么是"不可道之道",就关系到我们讲座的标题——"道可道,非常道"。还有"名可名,非常名"。这两句话怎么解释?对这两句话,有很多解释,最通常的解释是:可以说出来的道,就不是通常的道;可以叫出来的名,就不是通常的名。我们认为这样的解释是不妥当的,经过我们的思考,我们将提出一个新的、不同的解释。

第一,"道可道"中的第二个"道",两千多年以来,都解释为"说","言说"的"说"。"道可道非常道"就是"可以言说的道不是道",这个解说我们认为是不妥当的。这个原因在于:首先,我们查了《老子》全书81章,一共用了73个"道"字。在73个"道"字里面,没有一个作"言说"这样的解释。就是说在这本书里面,"道"从来不作为"言说"解释。在"道"字用得非常普遍的《周易·系辞》里面,根据我们的归纳,"道"至少有7种以上的含义,但是也没有一个解释为"言说"。甚至在先秦诸子里面,我专门翻阅了一下先秦诸子,如《管子》等等好多文献,都没有看到"道"作为"言说"讲。我只看到在《诗经》里面,"道"有作"言说"讲的例子(如《鄘风·墙有茨》:"中冓之言,不可道也。所可道也,言之丑也。")。在先秦的其他著作里面,"道"几乎从来不作"言说"讲,这是一个理由。

第二个理由,为什么说"道"不是"言说"呢?如果说第二个"道"是"言说"的话,这句话就说不通了。因为,明明《老子》的全书都在讲"道",也就是在言说"道",那为什么又说"道"不可以言说呢?你这么说又在干什么呢?这么说就是在言说"道",怎么叫不可言说呢?还是说你在论述的都不是"常道"呢?这是第二个理由。如果解释为"言说",整个一本书就讲不通了。

第三个理由,"道可道,非常道";"名可名,非常名",这两句话我们在读古书的时候,属于叫作"对文"的结构,相对成文,上下文是相对的。因此,每个相同位置上的字,它的用法是一样的。我们看下面一句,"名可名,非常名",就是一个名称如果可以给出名称的话,那就如何如何。一个名称如果可以给出一个名称来,如果用英文来讲"If a name can be named",所以第二个"名"是第一个"名"的动词化,是把同样意义的词变成动词。用同样的方法去推论"道可道",第一个"道"是名词,第二个"道"就是第一个"道"的动词化,用英文来讲该是"If a dao can be daoed",dao 加上一个 ed,就是这个意思,但是"daoed"这个词是没有的。那么"道"的动词化是什么意思呢?如果我们把"道"理解为规律,这句话就是说:如果一种"道"、一种规律是可以被当做规律来遵守的,那就不是"常道"。如果一种"道"可以当作一种规律来看待,那么就不是"道",就不是规律了。这是第三个原因。

第四个原因,我认为这两句话,最深刻的意义就在于,"道"是规律也好,方法也罢,它肯定是规律,肯定是方法。但是这个规律、这个方法是不能够呆板地去看的,以为照着办就可以了。能够让人死板地去执行的"道",就不是"道",不是真正的"道"。同样"名可名,非常名",你是要给出名称的,但是如果机械地、按照名称的字面意义去理解这个名称,你反而不能了解这个事物了。因为这个名称,它只能反映一部分的内容,不能反映它的整个本质内容。

比如说,我手上的这个东西,我们给它取一个名字叫作"杯子",在没有叫杯子之前,我们可以有很多理解,包括它是什么东西做的,它的内容,放什么东西,等等。但给了一个名称之后,"杯子",我们只能从杯子角度去理解这个东西了,比方说,我们不会从花瓶角度去考虑它的用处了。因此,"名可名"之后,就不能反映它的完整属性了。因此,这两句话,"道可道,非常道""名可名,非常名"反映了《老子》一个深刻的辩证法思想,就是我们需要有规律,需要有"道";需要有"名称"、有"名",但是这个"名称"、这个"道",你不能把它看死了,如果死守规律、死守名称,那么就不是我们讲的真正的"常名"、"常道"了。如果把第二个"道"解释为"说",这个意义就没有了。

因此，我们可以说，这句话区别了两种"道"，一种是"可道之道"，可以让你照着办的"道"；一种是"不可道之道"，不是让你照着办的"道"。那么相对来说，后一个不让你照着办的"道"，更加抽象。同时这里也区别了两种"名"，一种是可以给出名称的"名"；一种是不能给出名称的"名"。这个不能给出名称的"名"，是更高的抽象。这是关于这句话的理解要说明的第一点。

第二点，"非常道"的"常"字，一般都理解为经常、通常，现在发现也错了。我们的出土文献，马王堆帛书，特别是郭店竹简出土以后，我们发现在战国时期的帛书里面、竹简里面，凡是《老子》里面的"常"字，在帛书和竹简里面，都是一个"恒"字，"永恒"的"恒"字。可见这里也应该是一个"恒"字，应该是"道可道，非恒道"，为什么"恒"字变为"常"字呢？这是中国古书里面一个经常的现象，是为了避讳。要避皇帝的讳，因为皇帝的名字是不能随便用的，同音字也是不能用的，因为汉朝的第三个皇帝汉文帝，他的名字叫作刘恒，就是"永恒"的"恒"，因此凡是和"恒"字同音的字，类似的字就不能用了。所有要用"恒"字的时候就改用"常"字。因此，汉朝以后的《老子》，"恒"字就改为"常"字了。

"恒"字改为"常"字，我们还有很多常识能告诉我们这一点，我可以再举两个例子：到八月中秋节，我们都是讲一个故事，一位丽人飞上月宫去了，谁呢？现在我们都知道是嫦娥奔月，实际上在汉代以前的古书里面，是叫"姮娥奔月"，它是姮娥，因为避讳，不能叫"姮娥"只能叫"嫦娥"，把人的名字都改过来了。再譬如：咱们看《三国演义》，《三国演义》中的白袍将军非常厉害，拿了一杆长枪，七进七出救出了刘阿斗，谁呢？常山赵子龙。我从小看《三国演义》老是在想，常山在哪里？地图上查不到的，实际上就是恒山，北岳恒山，赵子龙是恒山人。也是因为汉代，"恒"字不能用，改为"常"字了，结果北岳恒山变为了常山。可见这个"道可道，非常道"应该是"非恒道"。"常"与"恒"不一样，当然"恒"也有经常的意思，但"恒"还表示另外一个意思，就是永恒的意思。

那么，放在这里的话，就是说如果一种"道"，可以让你照着办、照着去干，这就不是一种永恒的"道"、最终的"道"。因此，这个"恒道"就是终极的"道"，天地间永不变的一种规律。我建议这个词不要翻译成"constant"，"常道"就是"constant way"，一般的英文里面都是这么翻译的。我认为是永恒的"道"，应该译为"ultimate law"。相对于"恒道"而言，第一个"道"就是"可道之道"，这才是通常意义上的"道"。因此，这句话区别的两种"道"，一般的"道"和"永恒的道"，实际上区别了哲学意义上的"相对真理"和"绝对真理"。像平常我们说的真理,都是相对的,是具体的,可以让人家照着办的一些真理,当然也是真理,但是不是绝对真理。那么,把第二个"道"解释为"常道",意思正好说反了,其实第一个才是一般性的"道",第二个"道"是永恒不变的"道"。

同样,两个"名"字,第一个"名"是相对的名称,第二个"名"是永恒的名称。我们平常使用的事物的名称,都是相对的名称,这个相对的名称都只能部分地反映事物的本质。绝对的名称,应该绝对地反映事物的全部本质。但是这样的名称是找不到的,只能追求,可望而不可即。没法说出来,一说出来就是相对名称。

其次,这两句话,表现出《老子》的辩证法思想,其实是非常深刻的。问题在于,"非恒道"的"道",是什么东西?一般的"道"又是什么东西呢?说到底,一般的"道"还是"器",是更高层次的"器",那么这种一般性的"器",尽管它也叫"道",也叫理论,也叫体系,但它不是中国人的根本追求。因此,中国人为什么不像西方人那样,在理论上充满了极端性?因为西方每一个新理论出来、新学说出来,总要以否定前人作为前提。为什么中国的文化有这么大的包容性?不但前秦时候的儒、道、法、墨、诸子百家,后来都能够融合,还能融合唐以后的佛教,明代以后的基督教,都能融合到中国文化里面来,一直到现在西方文化,都能融合,就是因为从中国文化的根本精神来看,所有这些学说理论都只是"器",而中国人所追求的是终极的"不可道之道",这些"器"不过是追求"终极之道"的途径。这些是我要讲的第二点。

第三点,由于"不可道之道",它的高度抽象性,就是"道"是什么东西?就成为一个恍恍惚惚,难以描述的东西。但是,它确实又是可以把握的。"道"的这种两重性,一方面是恍恍惚惚,看不见、摸不着;另一方面又可以积极把握。这种两重性也体现在老子对"道"的形象的描述上面。

老子说"道之为物,惟恍惟忽。忽兮恍兮,其中有象;恍兮忽兮,其中有物",看起来好像是恍恍惚惚的,但是其中有物,有东西在,其中有象,有形象在,就是这个东西是可以感知的,但又是恍恍惚惚的。我们还可以有更加生动的一个形象的描述,就好像《诗经》里描写的这样一个形象,"所谓伊人,在水一方,溯洄从之,道阻且长,溯游从之,宛在水中央",这是《诗经》的《蒹葭》。这个"伊人",在水一方的"伊人"在哪里?到底在哪里?这个以前我上《诗经》课的时候,给学生画过一个图,我说你站在这个位置,看"伊人"在哪里?什么叫作"溯洄从之,道阻且长,溯游从之,宛在水中央"?就是"伊人"所处的方位,处在一个可望而不可即的地位,看得见,到不了,这么一个地方。那么,就好像"道"一样,看得见,但是你抓不到,这是一个对"道"的形象的描述。

再比如:岳飞的一句话非常有名,当然这句话也是有时代背景的。在宋朝,打仗是很不容易的,因为皇帝不信任武将,派出去了,还要遥控,大将必须按照皇帝制定的战法来打。由于战场上的情况瞬息万变,因此皇帝的指挥很容易贻误战机。岳飞突破了这一点,所以岳家军成为了常胜军。当时,宗泽就问他:你怎么用兵?叫他讲用兵法的体会。岳飞说:"阵而后战,兵法之常;运用之妙,在乎一心。"我们认为这两句话,可以说是从兵法的角度对两种"道"的解释,前两句话是一般的"道","可道之道",后两句话是"不可道之道"。就是到底怎么用兵,兵法书上告诉你的,下棋棋谱里面告诉你的,都是可以照着办的;但是怎么运用,是在你的心里面。"胸中自有百万甲兵",胸中才有这些东西,这些东西,你在心里面知道、心里面有数,说不清楚,这才是真正的"道"。

因此,对中国人来讲,中国人做学问追求的是后者,"不可道之道"。要区别两种"道"和两种"名",可以说也是中西文化的一个重要差别。西方强调"道可道"、"名可名",因此,西方人构建的理论体系,都要求步骤明确,可以亦步亦趋照着办,我照着办,一步一步做,就能做到了。中国人强调最高的境界是"不可道"、"不可名"的,就强调法无定法、强调心领神会、强调心照不宣、强调可以意会不可言传。当然这两种追求各有千秋,我们现在不是说西方一定好,或者东方一定好,只是说有两种不同的追求。但是,我们现在至少缺少对古人的一种同情,对更高的精神境界的一种追求,我们可能不是很理解。

因此,到底什么"道"?就是刚才我讲的,有两种"道",一种是"可道之道",一种是"不可道之道"。"可道之道"是我们各种具体的思想、理论、学说、方法;而"不可道之道"是它背后的更具有共性的东西。也可以叫作是宇宙人生的根本规律。那么,中国人所追求的,终极的"道",就是上面这个根本规律,所有其他的理论、方法都是"器"而已。这是我们今天讲的第二个大问题,什么是"道",做出这样的一些解释。

下面我想进一步对《老子》的第一章,做一个通盘的解释,不光是讲这两句话,而是要把第一章讲通。这一章讲通了,整个《老子》就好办了。

《老子》的第一章原文是这样的:"道可道、非常道;名可名,非常名。无,名天地之始;有,名万物之母。故常无,欲以观其妙;常有,欲以观其徼。此二者,同出而异名,同谓之玄。玄之又玄,众妙之门。"为了解释这个问题,我们利用了一个现成的译文,看现在一般人怎么解释,我们用的是陈鼓应先生的解释,是陈鼓应的《老子注释及评价》里的解释。为什么要选陈鼓应先生的译文呢?因为这个本子大概是目前全世界影响最大的一个本子,这个本子所带来的误解,也是全球性的。最大的误解,当然就是在开头两句。既然用言词表达的"道"不是"常道",那么《老子》81章都是在用言辞来表达的,这样的解释就等于是对整个一部书的否定。而不是"常道"的"道"是什么呢?什么叫不是"常道"的"道"?根本就没有交代清楚。同样和"常名"相对的是什么"名"呢?也没有交代清楚。这样的解释,就是书中对"道"、"名"的理解,就把这两个概念变得非常的玄虚。

接下去两句,"无,名天地之始;有,名万物之母",陈鼓应没有采取王弼的断句,王弼是"无名,天地之始;有名,万物之母",陈鼓应没有这样断,他认为是"无,名天地之始;有,名万物之母",我们认为这样解释比较好,我同意的,但另外一个解释也是通的。但是,他把"名"字翻译成"是":"无,是天地的本始;有,是万物的根源"。那样一来,这两句话和上面两句话,它们之间的联系就被切断了,好像在讲另外一件事情。其实,这个"名"字,就是上面一句"名可名,非常名"的第二个"名"字,就是作动词的"名"。因此,"无,名天地之始"就是用"无"来作为"天地之始"的名称。用"有"来作为"万物之母"的名称,这样的两个"名",名出来了,叫出来了,名称叫"无"、叫"有"。既然叫出来这两个"名",那就不是"恒名",就不是"常名"。只是提供了一个观察,研究的出发点。这个"无"字和"有"字,只不过是提供了观察"名"的出发点,它不是"恒名",是一个一般的"名"。陈先生没有把"名"字翻为"给名称",而是翻成"是",就切断了第二句和第一句的联系。

而下面一句,突然又冒出来一个"道",常从"无"中,去观照"道"的奥妙;常从"有"中,去观照"道"的端倪。这个"道"出来得太突然了。我们不知这个"道"是可以用言词表达的"道",还是不可以用言词表达的"道",还是"常道"?不知道,它突然冒出"道"来,不知道什么东西了。为什么可以从"无"和"有"里面来观察"道"的奥妙;观察"道"的端倪呢?不知道。我们又只能感叹《老子》太玄虚了。

其实这两句是接着上面两句的,因为这两个名称是暂时性的名称,我暂时写两个名称来,不是"恒名",只是我给它取这两个名称。但是我们可以利用这两个名称来观察,观察什么东西呢?观察被取名的这些东西,来观察它的奥妙,来观察它的"徼"。从"无"这个角度,来观察它的万事万物的原始状态;用"有"这个角度来观察万事万物的"徼"。这个"徼"陈先生说是"端倪",他说,他也不知道是什么意思,前人有的把"徼"解释为归总,有的解释为"窍门"的"窍",有的解释为"边际",有的人解释为"小路",陈先生说他也搞不清楚,暂时就用"端倪"吧。但是什么叫端倪,陈先生没说,我们也不懂。可见这个字的解释,陈先生是偷懒了。

其实这个"徼"字很简单,《说文》里面解释说"徼,循也",是"循规蹈矩"的"循"。"循"是什么意思呢?就是循名求实,循着这个名称来求它的实体,我们用"无"来观察事物的奥妙。我们用"有"来观察事物的取名之由,因为有了名称,我们就可以通过这个名称来观察,为什么取这个名称。比如说:为什么这个叫杯子?为什么这个叫话筒?我来观察它们的得名之由,这个得名之由就是它的"徼"。但是,这个观察出来的东西,还是部分地反映了事物的本质,因为,我们讲过一旦事物有了名称,就不是"常名",只是"可名之名"。

最后两句"此二者,同出而异名,同谓之玄。玄之又玄,众妙之门","'无'和'有'这两者,同一来源而不同名称,可以说是很幽深的,幽深又幽深,是一切变化的总门"。我不知道大家有没有看懂?我是没有看懂。我认为同出而异名,是指的"无"和"有",他们是同一个来源,因为天地之始,万物之母,指的是同一个世界。它们出自于同一个世界,只是我们给出了不同的名称。一个是没有名称之前,我们叫作"无";一个是有名称之后,我们叫作"有"。因此,同出而异名。我们可以用这两个名称,来观其妙,来观其徼。这样两个东西,也是两个过程,可以合起来叫作"玄"。既从"有"的角度来看,又从"无"的角度去看,合起来就叫"玄","玄"在这里可以翻译成为探索。玄之又玄,探索了又探索,就是从两个角度不断反复去探索,探索事物本来的奥妙,本来的秘密,为什么我刚才又说陈先生的翻译看不懂了。因为这里突然又出现了一个新词:"变化",这个"妙"字前面不是刚解释为"奥妙"吗?怎么又出来一个"变化","一切变化的总门"?让人看不懂。其实这里面的"妙"还是前面的"妙",就是事物在没有名称之前的、内部的所有的性质,它叫"妙",那么我们通过"无"和"有"这两种手段,去观察、去探索,探索了又探索,最后可以探索出,事物里面各种各样的奥妙。

因此,我们发现陈鼓应先生这段话,这样的解释。这使我们感到《老子》实在太玄虚了,实在太难懂了。为什么得到这么一个结果呢?就在于他把各个句子分开来解释了,讲"道可道,非常道",是解释了这句话,但讲"无,名天地之始"时与上面就隔断了,讲第三句时,与第二句又隔断了,他把这个分为四句话来讲,彼此没有联系的。而我们觉得要真正理解这个东西,应该要把整个一段话放在一起讲,从头到尾要统一起来。下面我们把这几句话串起来:

一种道如果可以照着办,就不是永恒之道;一个名称如果可以说出来,就不是终极之名。我们用"无"来称呼天地万物没有名称时的状况,用"有"来称呼天地万物有了名称之后的状况。常从"无"出发,可以观察事物的奥妙所在;常从"有"出发,可以观察事物的得名之由。"无"和"有"从同一对象出发,只是取名不同,两者合起来叫作"玄"即悬想,悬想再悬想,这就是了解所有事物奥妙的门径。

下面我们讲,通过解释《老子》第一章,重新解释的第一章谈几点体会。

第一点,中国文化的学习、继承、传播和弘扬,是一件非常不容易的事情。现在我们经常说,世界有中国热、中国文化热、汉学热、汉语热。但是,我们现在感到最大的问题,中国文化传播的最大问题就在于我们的自身。经过一百多年的屈辱和奋斗,中国真正迎来了历史上最好的时期。世界有这个需求,中国也有这个愿望,希望能够传播中华民族博大精深的文化,但也就是在这个时刻,我们突然发现中国人自己不懂得中国文化,唱唱京剧、包包饺子、打打太极拳、舞狮舞龙、写写毛笔字、画几笔兰花竹子,能代表中国文化吗?

读《三字经》、儿童读经、穿汉服、谈《论语》、《百家讲坛》、说《史记》、大演历史剧,或者说《易经》、说《老子》,有多少是在真正在传播中国文化,有多少只是"以己昏昏,使人昭昭",徒有传播中国文化之名?因此,我刚才真的非常有感慨,原先对陈鼓应先生非常崇拜,他是专门研究中国哲学的,是一个世界级的大师。结果真的想要学这个东西时,一看他的作品,这个第一章就把人搞糊涂了,我们怎么学习,怎么来领略传统文化,就成为一个大问题。而没有学习,何来继承;没有继承,何来弘扬?我们现在正处在一个最好的时刻,恐怕同时,我们也正处在一个最困难的时刻。恐怕在向广大民众解释,向世界传播传统文化之前,我们首先就面临着一个如何理解、如何学习、如何继承的问题。

第二点,与西方的"工具"单指方法相比,中国的《道器论》有四个层面,有"器"、有"技"、有"可道之道"、有"不可道之道"。用现在的话来说,有"器物"层面,有工艺层面,又有理论层面,还有根本规律层面,最重要的是"不可道之道"。与"不可道之道"相比,其他三个层面,包括"可道之道",就是一般的理论,也只是

"器"。清代学者章学诚有一句名言,这是在学术界传播很广的:"六经皆史也",很多人经常运用这句话。其实章学诚还有另外一句话,我觉得更加具有哲理性:"六经皆器也"("后世服夫子之教者自六经,以谓六经载道之书也,而不知六经皆器也")。这个记载着《儒家》最高理念的六经,肯定是非常高深的道理,应该属于"道"了,但是没有想到,如果从《道器论》的原理看,"六经"还只是"器",在这些"器"的背后,还有更深刻的"不可道之道"。这才是中国历代思想家所追求的根本的东西。

第三点,跟中国的"道"、"器"合一不一样,西方的"道"、"器"或者"知识"、"工具",明显是一分为二。工具只是获取知识的手段,知识获得了,工具就可以扔开了。这一区别,有重要的"方法论"的意义,表现在从西方的角度看:

(1) 由于知识有赖于工具。因此,获得知识只是掌握了"工具"的人的事情,不掌握"工具"的人,不管是"器物"层面的工具,如计算机、高级仪器,还有精神层面的工具如概念、理论、体系、方法、手段等,就没有办法获取相关知识。因此,构建理论、寻找规律是专门家,掌握"工具"的人的专利。这是西方认为的,因为你要有知识,就要有工具,结果造成什么结果呢?结果是某种理论只能是某一批人来研究,别人是不能搞的。就造成了西方学科之间、学派之间,门派分明,各自有一个圈子,反对所谓的"外行"进入。受西方影响,我们中国学者也有这个态度。这个是某专业专家的本行,外面的人不可以搞到这里来。比方说:我今天就不应该来讲哲学,因为我是搞语言的嘛,应该搞我的语言学去。

(2) 知识要不断地更新。对西方人来讲,工具是需要不断更新的。因此,他们相信理论的突破,有赖于研究方法的更新。或者说,研究方法的更新,必然会带来理论上的突破。这是现代很有名的"范式革命"的思想,西方的学术研究,特别强调"方法论"的研究。而从中国的角度看,"道"、"器"本质上只是一个事物的两面。明末清初有个顾炎武,顾炎武是昆山人。我到昆山去参观顾炎武纪念馆,顾炎武是大学者,他的成就是表现在各个方面的。展览馆里的人就讲了他在语言学上的贡献、哲学上的贡献,文学上的贡献,地理学的贡献,等等各方面的贡献。其中,讲到他在哲学上的贡献时,就引用了他的一句话:"非器则道无所寓"。这句话是顾炎武毕生在哲学上的最大的贡献。就是发现,"道"原来就在"器"里面,没有器道就无处安身。

另外,章学诚也还有两句话,"道不离器,犹影不离形",怎么寻找"道"呢?就是用"器"来找，通过"器"来找。因此"道"本来就是在"器"里面，或者说"器"的背后就是"道"。尽管我们说"器"有三个层面，但是三个层面背后都是"道"，"道"和"器"是统一的。因为，第一，"道"是无处不在的，《庄子》的一段话，一般人看起来很玄虚，其实最好地说明了我刚才讲的那段话。"东郭子问庄子曰：'所谓道，恶乎在？'"道在那里呀？"庄子曰：'无所不在'"到处都是。"东郭子曰：'期而后可。'"你给我举一个例子。"庄子曰：'在蝼蚁。'曰：'何其下邪？'曰：'在稊稗。'曰：'何其愈下邪？'曰：'在瓦甓。'曰：'何其愈甚邪？'曰：'在屎溺。'东郭子不应。"

这段话看起来很玄虚，这是庄子说明为什么"道"无处不在。举的例子都是最下之又下的，每况愈下，越来越下，到后来连屎溺里面都有"道"。东郭子不应，他是不懂得"道"的。他认为这里面怎么会有"道"。庄子是要用这些来说明，所有东西，所有的"器"，最低下的事物都有"道"，看你怎么去掌握"道"的问题。因此，在中国人来看，人人都可以得"道"。中国人认为"道"不是什么人的专利，是人人都可以得而求之的。而且事事物物都可以使人得到"道"。不但读书、求学可以悟到"道"；"庖丁解牛"，杀牛的可以悟到"道"；轮扁斫轮可以悟到"道"；甚至打鱼、砍柴、游戏、娱乐，种种活动都能够使人悟出"道"来。因此，传统学科、中国传统、各个学科之间界限不清，因为学科的分工，只是"器"的不同。在最高的"道"上，所有学科是全部可以打通的，终极追求的目标是一致的。

《工具论》和《道器论》的不同，还带来了东西方思维方式的不一样，西方的《工具论》，西方的工具和知识之间，它的关系是一把钥匙开一把锁。因此，强调方法的科学性和论证的严密性，主要采取的是逻辑思维。而中国由于"道"、"器"关系，是指同一个事物的两面，一张纸的两面，因此得"道"的途径，主要是体悟，或者说是联想思维、形象思维，它是为寻找两者之间的关联性。也许苦思冥想、几天几夜想不出来，突然间灵光一闪，想出来了，悟到了。因此，像庄子，强调屎溺里面有"道"；孔子强调他的教育方法一定要能举一反三。（我们现在的教育是举一反一。）一直到后来，禅宗说到顿悟，都是这个意思，强调联想思维。

这两种思维，形象思想和逻辑思维，当然有短有长，好像一般来说，形象思维一般更适合于艺术作品的创造；辩证思维更加适合于自然科学的发明。但是，人们现在对联想思维在自然科学中间的重要性，越来越重视。

爱因斯坦有一句名言，非常著名，叫作："想象力比知识更重要，因为知识是有限的，而想象力概括着世界的一切，推动着进步，并且是知识进化的源泉。"下面是它的英语原文:"Imagination is more important than knowledge. For knowledge is limited，whereas imagination embraces the entire world, stimulating progress, giving birth to evolution."

就是自然科学界,以爱因斯坦为代表,发现自然科学的发明创造有赖于想象力,有赖于联想思维。但是,令人痛心的是,中西两种思维方法,一种是以辩证思维渐长,一种是以逻辑思维渐长。但是,我们的辩证思维、我们的联想方法,却正在被很多人遗忘。我们的教育在培养的是缺少联想能力,甚至是没有知识的一群"习题奴",老是在做习题。这个教育问题说来话长,在今天是没有办法展开了。

《道器论》对于治学方法的启示,从"西学东渐"之后,我们不大听到"治学"这个字眼了,也不大说"作学问"了。我们强调的是"学术研究"或者说"科学研究",人文学科的学者在做的也是"科学"研究。而我们的科学方法,几乎都是从西方来的。我的学生,硕士生、博士生,他们写论文动不动就是归纳和演绎相结合、共性与个性相结合、历时与共时相结合、定性和定量相结合,等等。这些东西,都是从西方来的,还有更具体的,统计学的方法,语料库的方法,等等。当然,我们不是说要用《道器论》来代替这些方法,但是希望,至少要知道,在中国还有不同于西方的《工具论》的《道器论》,我们能够多一点思考问题的角度。由于,《道器论》也是一种总体论,因此,可以促使我们从下面一些方面去考虑问题。

首先,要明白"器"是分层次的。就是"道器"的"器"有不同的层次,我们要了解,我们目前在做的是哪个层次,是"器"的层面呢？还是"技"的层面？还是"可道之道"的层面？因为做的工作不一样,有的是搞图纸设计的、有的是搞模型制造的、有的是搞工艺的、有的是搞技巧的、有的是搞理论的,在哪个层面？

然后,在看我们在学习运用的是在哪个层面的东西？包括我们今天非常强调引进西方的东西,那么就是要看引进西方的东西是哪个层面的？是"器"的层面呢？还是"技"的层面？还是"可道之道"的层面？"器"的层面就是现成的产品,把人家的东西搬过来,照着用。"技"的层面就是把人家的东西加以改造,把技术学过来。"可道之道"就是把别人的理论拿过来,结果做成的研究就是西方理论的汉证,用中国的东西来证明西方的理论。另外是一个"不可道之道",就是学到西方的"技"、"器"及理论背后真正的道理。

为什么中国人在研究中间,这么多地照搬西方理论,照套西方理论和方法、研究？根源就在于此。因为,它分不清引进的是哪个层面的东西,属于哪个层次的。

也不知道如何去学习、如何去运用,见到一个新东西,马上去引进,去照抄照搬,甚至自己还没有弄懂,就将它引进过来了,以为是赶上了国际潮流。其实,这些东西你首先看到的是它的"器",需要进一步看,才能体悟到能给你启示什么"道"。而创新的研究必须要到第四个层次,要了解别人的东西背后的"道",才能用这个"道"来指导自己的研究。

对《道器论》来说,各个层次的"器",背后都有"道",都可以悟出"道"来。因此,"器"不重要,"技"不重要,"可道之道"也不重要,最重要的是"不可道之道"。因此,我们要有辩证的观点,一方面要重视"器"、"技"、"道",另一方面又不可能死守"器"、"技"、"道",就是"道可道,非常道",对于任何现成的知识、理论、体系,我们是既重视,又不太重视,因为"道"不离"器"、"器"不离"道",如果脱离"器"就无所谓"道",但不追求"道","器"就毫无疑义,这是我们讲的第四个方面。

最后第五个,讲讲中国人的求"道"的过程,中国人怎么求道?或者说中国人怎么做学问?《道器论》区别了"道"和"器"的不同层次,"有"和"无"以及"玄",指出了求"道"的两种或者三种途径。但是真正的中国人做学问的途径在哪里?就体现在《老子》的另外一句话上,《老子》第48章,"为学日益,为道日损。损之又损,以至于无为。无为而无不为"。

第一句话比较好理解,"为学日益","为学"就是求学,就是求知识、做学问。"为学"是一个不断积累的过程,甚至我们到了社会上,知识越积越多,我们从小到大的求学过程,都是在积累经验、积累知识。因此,"为学日益"一天比一天增加,知识越来越多。

第二句就不好理解了,"为道日损",就是研究"道",知识是越学越多,为什么"道"是越学越少呢?这正是中国传统治学的精华所在,中国人是把"为学"和"为道"区别开来了,"为学"是一个日积月累的过程,而"为道"就是探索事物的根本规律。是一个越悟越简单、越透彻,越悟道理变得越简单,越悟你所总结出的事物的规律越来越少。比方说:今天我学物理学,我掌握了很多规律、掌握了很多知识,这是"为学日益",明天我学化学,我又学习了很多知识。在后天我们又学了工程物理,我又学了很多知识,到了有朝一日,我突然发现,这些规律之间,彼此是相通的,可以用一些比较少的规律,来把这些规律一起概括起来,那么这个概括出来的数量减少了,因此,"为道"的过程是"日损",一天比一天减少,就是你所要掌握的规律,是越来越少了。

第三句话,"损之又损",少了又少,减少了又减少,减到后来"以至于无为",到了后来不用说什么东西了。到了全部掌握规律之后,不用说什么东西了。

第四句话,"无为而无不为",到了不用说什么的时候,已经是"无为"了,但是,"无为而无不为",到了"无为"阶段,你做什么东西都可以非常顺手了。

《老子》的话里面,"无为而无不为"就是一句很难理解的话。怎么是"无为"而"无不为"呢?"无为"就是不干事情了,不干事情又是干事情,怎么理解呢?其实,"无为"不是不干事情,"无为"也是干,是一种干事情的方式,是以不干的方式来干。

怎么理解?也举一个例子,也是《老子》里面的,"治大国若烹小鲜"。什么意思?"小鲜"是小鱼。他说管理一个大国,就好像是煎小鱼。如果我们有生活经验的都知道,煎鱼的时候,特别是煎小鱼,大鱼还好一点,煎小鱼是不能翻的、不能乱翻的,如果一翻,鱼就碎了。因此,管理大的国家,不能随便乱翻,乱搅动,现在叫不折腾,就是从这里来的。煎鱼的过程是一个干事情的过程,不搅动就是不干事情,但最后鱼煎好了,这不就是"为"了吗,"无为而无不为",我没有干事情,但是干好了,我没有翻来翻去,但是鱼煎好了,因此叫"无为而无不为"。它不是不干,而是把不干作为一种干的方式,尽量不要去动,为什么,让它顺其自然,少去做一些违背自然规律的事情,以不动为动,以不干为干,实际就干好了。

我们顺便介绍另外一句名言,是《论语》里孔子说的,也非常著名,是孔子治学一辈子的经验:"吾十有五而志于学,三十而立,四十而不惑,五十而知天命,六十而耳顺,七十而从心所欲,不逾矩。"我突然发现,孔子治学一辈子,正好为《老子》刚才那段话作了一个注解。"吾十有五而志于学,三十而立"是一个"为学"的过程,不断增加知识,三十以后开始"为道"了,三十到四十开始"日损"了,到了五十掌握了天命、掌握了自然之道,就是掌握了我们前面讲的"宇宙人生的根本规律"。到"六十而耳顺"了,为什么?"无为"了,因为到了耳顺阶段,别人说什么都听得进去了,讲我好也好,讲我不好也好,我都听得进去了,叫"耳顺"。到了七十就"无为而无不为"了,就是不用干什么,随心所欲了,不逾矩,不违反根本规律了。

再举一句话,宋代的理学家,陆九渊,很有名的一句话,"六经注我,我注六经"。我们国学班的朋友,应该很多人知道这句话。这句话有不同的解释,但是很多人把它看作是两种不同的研究方法。比如,于丹就这样说过:"中国人的学习有两种方式,一种是我注《六经》,另外一种是《六经》注我。我注《六经》的方式读得很苦,需要皓首而穷经呢,把头发都读白了,把所有的书读完了,可以去批注了,了解了这一切。但是更高的一种境界叫作《六经》注我,真正好的学习是融会了所有的典籍以后,用来它诠释自己的生命。"最后一句话有一点吓人了。我认为于丹的解释是错的。

我认为:"六经注我,我注六经",两句话是一气呵成的,是治学的两个阶段,前一段是"六经注我",后一段是"我注六经"。"六经注我"就是"为道日损,损之又损,以至于无为",就是把《六经》都读遍了,融会贯通了,变成了自己的东西,到后面《六经》不见了,只剩下我,都变成我头脑里的"道"了,就是"无为"了,然后可以我注《六经》了,就是你可以从事任何学问的研究,那就是"无为而无不为",全部的《六经》的东西到脑子里去了,你就可以出来从事任何工作、从事任何研究。《六经》在古人心目中是知识的全部。《诗经》是文学、《易经》是哲学、《书经》是文献学、《礼记》是政治学、《春秋》是历史学,《乐经》是艺术学,那么从现代的眼光来看,《六经》包含了古代所有学问在里面。

因此这两句话,前一段强调积累,强调综合性的学习,强调领悟把知识化为"道";后一段强调在掌握整体规律的基础上,从事各种研究。这就是中国式的治学过程和方法。前一段的过程也许很长,因此古人强调积累,强调"于书无所不窥",这是讲苏东坡的话。什么书都看,不是说我是搞文学的,我只看文学的书,"于书无所不窥",什么书都看,杂书等等都看。用的这个字非常的好,叫"窥","窥"是偷看,不但看正经书,还要看闲书,看正书,看杂书,偷看,不是一本正经地读教科书,读专业书。我经常和学生讲,只读教科书、专业书是没有出息的。因此,古人强调积累的过程很重要,要厚积薄发。

甚至有人说:五十以前不著书,五十岁以前不写书的,那是黄侃先生说的。可是他49岁死了。结果我们现在看到的黄侃的著作,都是他去世之后,他的后人,他的侄子帮他整理的,但是光是整理出来他平时读书的笔记,够我们学一辈子都学不完。现在这样的治学境界很少看到了,现在都是急功近利的,像这样的境界是很难的。因此,今天只能告诉大家,古人是有这样一个东西,我们怎么做就是另外一件事情了。

当然,我们发现西方学者,他的治学道路,现在做得好的,也有点向这方面靠拢了。因为我是搞语言学的,我举个这方面例子,西方的语言学家当前最著名的是哪一位?西方语言学家,世界著名的,是乔姆斯基,非常非常著名,据说他是近代西方学者里面,引用率最高、一两百年里面仅次于马克思的西方的学者、伟大的哲学家,他的研究经过的几个过程,我不详细介绍了,但至少有 6 个过程。第一个过程是 1957 年,他搞生成语言学的第一篇文章《句法结构》,提出了所谓的深层结构、表层结构等东西。后来变了,提出了标准理论、扩展的标准理论、管约理论、原则参数理论等等。经过了五六个步骤,到了四十年之后,1995 年,他提出了新的理论,叫最简方案。他说真正好的理论,只要几句话就可以了,他说我前面几十年都是瞎搞,没有必要,这些东西我都不要了,所有的名词概念、术语,我都不要了,我只要最简单的几条。这是在 1995 年提出来的,又有十多年过去了,他现在已经 80 多岁了。我碰到一些在追踪搞乔姆斯基研究的人,我说最近这几年乔姆斯基搞得怎么样了?他又有什么新的理论?与他的最简方案比又怎么样了?他们说:乔姆斯基的东西已经减到没有了。我说那不是说他已经"损之又损,以至于无为"了?越来越减少,"损之又损",到现在可以"无为"了。可能到现在为止,他认为他真正能解释语言的各种现象了。我们期待,他能为世界语言学,做出一个新的榜样来,也期待为中西治学方法的结合,建立一个榜样出来。

（这是应上海图书馆讲座中心和中欧校友国学会邀请,于 2010 年 6 月 5 日在上海图书馆作的讲座。部分内容载于《中国外语》2010 年第 2 期,第 80 - 84、92 页。全文载于上海图书馆编《上图讲座·3》,上海:上海科学技术文献出版社,2012 年 7 辑,第 156 - 185 页。这里删去了讲座开场部分和讲座后与听众互动的部分）

孔子是"教""育"家吗?
——重读《论语》的启示

一、孔子对中国的最大贡献是教会中国人怎么做人

孔子学院是个向世界传播汉语和中国文化的机构,这个机构为什么要以孔子来冠名?孔子在中国文化中的地位和对中国历史的影响究竟如何?今天我们以孔子作为学院的名称要向世界传递什么信息?世界可以从孔子的言行中得到什么启示?这是我们必须认真思考并回答的问题。

对孔子怎么定位?思想家、政治家、伦理学家、修身家、哲学家、教育家?每个说法都有道理(没有人会讲他是军事家或经济学家,因为那没有道理)。

思想家:凡是有独特思想并成体系的人都有可能是思想家。他提出的一些核心概念"仁、礼"等对后世影响很大(中国今天的"和谐"思想来自他的"礼之用,和为贵");

政治家:他对治理国家很有一套,如"为政以德""名不正则言不顺"等,而且有过一段政治家的实践;

伦理学家:中国传统最基本的道德概念是从他开始的,如"孝悌忠信礼义廉耻";

修身家:例如对"君子"的一系列要求("食无求饱,居无求安""一箪食、一瓢饮,在陋巷"),以及对贫、富的一些看法等;

哲学家:中国传统没有哲学一说(所有现代的学科名目都是20世纪以来从西方引入的,跟中国传统结合时有时很勉强),也很少古希腊那种以本体研究为核心的哲学研究(也许老子、庄子勉强可算,墨子、公孙龙子可算逻辑学家),因而西方很多学者因此认为中国古代没有哲学家,是有道理的,但中国有"哲人"一说,指的是有深刻思想的人,那也就是思想家;

教育家:他首倡私学,广收门徒(所谓弟子三千,贤人七十),开设课程(所谓"礼乐射御书数""六艺"),编写教材("易书诗礼乐春秋""六经"其实就是他编的教材),提出教育原则("有教无类")、教育方法("举一反三")。

比较起来,最后一个提法最接近事实,但我不赞成说他的贡献仅在于上面那

些。那都是一些表层的东西,是今天我们对"教育家"的要求。从文化和历史的角度看,孔子作为教育家的最重要贡献不在于这些表面上的东西,而在于他从精神上教会了中国人怎么做人。用现在的话来说,是他塑造了中国的"民族性格"。中国之所以成为中国,中国人之所以成为中国人,离开了孔子是不可想象的。孔子是凝聚几千年中国人、几千年中国文化的灵魂。这是他对中国历史,也是他对世界文明史的最大贡献。从这角度看,他不是个一般的教育家,而是一位精神上的导师。国外有的学者认为儒家不只是儒家,而是儒教,觉得孔子像个教主,也不是完全没有道理。上面说的那些"家",政治家、伦理家、修身家、教育家都不可能成为导师。只有思想家而兼教育家的人才有可能。因此孔子比较适合的头衔是两个:思想家、教育家。(无独有偶,"文化大革命"中林彪送了毛泽东"四个伟大"〔伟大导师、伟大领袖、伟大统帅、伟大舵手〕,后来毛泽东只接受第一个,说"我本来就是个做老师的嘛",他大概也是以兼为思想家、教育家作为目标的,希望通过改造人的心灵来改造世界。)

如果不从文化和历史上去看问题,就不会理解孔子对于中国人的重要意义。历史上有人怀疑过孔子(汉代的王充、明代的李贽),20世纪以来更出现了几次反孔高潮(特别是"五四"时期及"文革"后期的批林批孔),而国内外一些学者从"纯学术""纯理论"角度研究孔子,也往往得出一些似是而非的结论。一个国家、一个民族,不可能没有一个指导民族精神生活的基本准则。美国有立国的宪法,法国有"自由、平等、博爱"精神,德国有马丁·路德的宗教改革精神。中国自"五四"运动"打倒孔家店"、推翻孔子的权威之后,就缺少一个指导全民族精神生活的灵魂。这些年中国经济腾飞,但人民的"幸福感"降低,精神状态令人忧虑,"世纪末"情绪弥漫。从某种角度,重又出现了孔子所说的"礼崩乐坏"的状况。这个时候来重新认识孔子、学习孔子是有意义的。而对于世界来说,中国现在的情况,他们早在第一次世界大战前后就感觉到了,"fin de siecle"这个词就是那个时代产生的。到了本世纪,科技高度发展,但带来的似乎不全是社会进步,还有很多的社会问题。整个世界似乎也是"礼崩乐坏",因此有西方学者提出要到古老的东方去寻找智慧。到东方、到中国,老子和孔子是绕不过去的,而他们也确实可以带给我们智慧。

研究老子、孔子,要从大处着眼。以往那些批判孔子或者争论孔子功过的人,往往是从小处着眼,细节着手,抓住一点,不计其余。或者是在一些理论问题上纠缠不休,诸如"忠、孝"有没有现实意义啦,"仁义道德"是不是虚伪的啦,甚至孔子该不该杀少正卯、孔子该不该见南子，等等。好像考评出孔子确实杀了少正卯这个政治异见者，或者会见了卫国的当家女人南子，孔子就可以否定掉了似的。其实最应思考的，是应该假设，如果没有孔子，两千多年来的中国会怎么样？如果没有孔子所奠定的思想体系和传统，中国的文明会是今天这个样子吗？没有孔子所缔造的中国文明，我们拿什么去跟世界其他文化交流？

那么孔子是怎么为我们奠定这个基础的？

我认为，造就两千多年中国文明的，还不在于孔子的思想本身有多伟大（其实，其他哲人的思想如老子、庄子等也很伟大），而在于他奠定了一个教育传统，他的"教"、"学"，尤其是"学"的思想，是开创并维系两千年文明的关键，也是中国最优秀的传统之一。

二、"学"是主，"教"是宾，学是自己的事

许多人把《论语》里的"学"只看作是个教育问题，认为只是"教、学"双方中的一方。在今天的学校特别是中国的学校里，"学"更是被动的。教师教你什么，你就学什么，甚至考试考什么，学生就学什么。这是对"学"的极大歪曲和误读，也是导致现在教育上问题重重的一个重要原因。而在孔子那里，"学"是主体，比"教"重要得多，"学"是做人的第一步。

要认识这个问题，要从研读《论语》的第一句开始。我们读书，必须非常注意书的开头。西方有主题句（Topic sentence）之说，中国没有。但不等于不重视开头。一般来说，作者会在开头下非常大的功夫。往往是，前面最关键的几句话真正领悟了，整本书的精神也就"思过半"了。当然，现代的书，作者是谁，编排如何，清清楚楚；古代的书可能有散落、错简，不像现在那么清楚，但只要经过后人整理，整理者同样会对卷首下极大的功夫。《诗经》研究讲"四始"，就是这个道理。同样，读《老子》，特别要关注"道可道，非常道"这一章；读《论语》，我们也要非常关注"学而"篇的第一章。

这一章很短，"子曰"以外，一共才三句话："学而时习之，不亦说乎？有朋自远方来，不亦乐乎？人不知而不愠，不亦君子乎？"以前的训诂，难点似乎只放在"时"字上，强调"时"的意思不是今天的"时常"，而是"按时"的意思，学习了应该"按时复习"。我对这个解释非常怀疑，后面再说。这里我先要提从来没见人提出过的

两个问题：

第一，为什么前面用"说"（悦），后面用"乐"，"说"和"乐"的意思是一样的吗？

第二，这三句话说的是三件事还是一件事？三者有内在的联系吗？

从中文本身或现代译文我们似很难找到这两个问题的回答。譬如杨伯峻先生对"说""乐"的翻译是："不也高兴吗""不也快乐吗"，他没有告诉我们"高兴"和"快乐"有没有区别。其他的古文今译者也是如此。因此我们想利用外文译本来探讨这个问题，因为在翻译过程中最容易看出对原文意义的理解和处理。下面依手头的材料，按出版年代顺序选择这段话在一个世纪里的12种英语译文：

1. 1890 James Legge：Is it not pleasant to learn with a constant perseverance and application? Is it not pleasant to have friends coming from distant quarters? Is he not a man of complete virtue, who feels not discomposure though men may take no note of him?

2. 1907 Lionel Giles The Master said：To learn, and to practice on occasion what one has learnt — is this not true pleasure? The coming of a friend from a far-off land — is this not true joy?

3. 1933 Ezra Pound：Study with the seasons winging past, is not this pleasant? To have friends coming in from far quarters, not a delight? Unruffled by men's ignoring him, is indicative of high breed.

4. 1944 Lin Yutang：Isn't it a great pleasure to learn and re-learn again?

5. 1955 James R. Ware：How pleasant it is to repeat constantly what we are learning! How happy we are when some friend returns from a long trip! To remain unconcerned though others do not know of us — that is to be Great Man!

6. 1963 Wing-Tsit Chan：Is it not a pleasure to learn and to repeat or practice from time to time what has been learned? Is it not delightful to have friends coming from afar? Is one not a superior man if he does not feel hurt even though he is not recognized?

7. 1965 Ch'u Chai & Winberg Chai：To learn and frequently practice what has been learned — is this not a pleasure? To have friends coming from far-off lands — is this not a joy? To remain unconcerned even though others do not know him — is he not a *chün-tzu*?

8. 1983 D. C. Lau: Is it not a pleasure, having learnt something, to try it out at due intervals? Is it not a joy to have like-minded friends come from afar? Is it not gentlemanly not to take offence when others fail to appreciate your abilities?

9. 1991 李天辰等: To learn and at due times to repeat what one has learned, is that not after all a pleasure? To have friends come to you from afar, is that not after all delightful? To remain unsoured when others do not know of you, is that not after all what is expected of a gentleman?

10. 1993 Raymond Dawson: To learn something and at times to practice it — surely that is a pleasure? To have friends coming from distant places — surely that is delightful? But not to be resentful at others' failure to appreciate one — surely that is to be a true gentleman?

11. 1997 王福林: Isn't it a pleasure for one to learn and then constantly review and practice what he has already learned? Isn't it a pleasure for one to have like-minded people coming from faraway places? If others don't know him, he doesn't feel displeased, isn't it a superior person's bearing?

12. 2001 Edward Gilman Slingerland: To study, then in a timely fashion to practice what you have learned — is this not satisfying? To have companions arrive from afar — is this not a joy? To remain unrecognized by others and yet remain free of resentment — is this not the mark of a gentleman?

12 种译文中 10 种是《论语》全译,仅有 Lionel Giles 的 *The Sayings of Confucius*(1907)和林语堂的 *The Wisdom of China*(1944)是打乱了重新编译。全译当然不存在选择的问题,编译就有个选择的问题。结果前者只选译了两句,后者只选译了一句。可见我们的第二个问题,即把三句话理解为三件事,可以割裂开来处理的问题,提得不是空穴来风。

第一个问题从表面上来看多数译者都选用了不同的词来翻译"说"和"乐"("说"多数用"pleasant(pleasure)",一家用了"satisfying","乐"多数用"delightful(delight)"或"joy",一家用了 happy。但要知道,喜欢换用同义词只是英语写作的一般技巧,不要说中文原来就用了不同的字,即使原文用了同一个字,英文也常会用出不同的词来表达。而且究竟有谁能告诉我们"pleasant"与"delightful"或"joy"有什么区别吗? 以用字严格著称的最早期译者之一 James Legge 和中国国内有条件博取众长的最晚译本王福林等却不约而同地在两处用了同一个词"pleasant"或"pleasure",这一头一尾,告诉我们的是,一百年间,多数人并不认为,或至少没看出这两者有什么差别。

但实际上这两个字有重要的区别。"说"是"悦"的通假字,两者的本字都是兑,兑字从人从口从八,像人张口大笑的样子,这是一种发自内心的喜悦。而"乐"字源自音乐的"乐",这是一种因外部因素引起的快乐。也就是说,"说"和"乐"的区别在于"说"发自内心,而"乐"是外物引起的。学习引起的是发自内心的喜悦,而远方同门来访切磋是外部带来的快乐。

为了证明"说"与"乐"的不同,我们查了《论语》里的其他例子。

《论语》中"说"字除此处外,还出现了16次:

a) 子使漆雕开仕。对曰:"吾斯之未能信。"子说。——公冶长

b) 冉求曰:"非不说子之道,力不足也。"——雍也

c) 子见南子,子路不说。——雍也

d) 子曰:"法语之言,能无从乎?改之为贵。巽与之言,能无说乎?绎之为贵。说而不绎,从而不改,吾末如之何也已矣。"——子罕

e) 子曰:"回也,非助我者也,于吾言无所不说。"——先进

f) 叶公问政。子曰:"近者说,远者来。"——子路

g) 子曰:"君子易事而难说也。说之不以道,不说也;及其使人也,器之。小人难事而易说也。说之虽不以道,说也;及其使人也,求备焉。"——子路

h) 公山弗扰以费畔,召,子欲往。子路不说。——阳货

i) 宽则得众,信则民任焉,敏则有功,公则说。——尧曰

这16次无一例外都有"内心喜欢"的意思,这是不能用"乐"来代替的。譬如说"子路不悦"是"子路内心不高兴"。如果说成"子路不乐"就变成"子路没被逗乐"了。

"乐"字在这句以外出现了11次("乐"字是多音字,为便于比较,我们一起列在下面。音乐的"乐"读 yuè,用红色,共出现4次;作动词,表示"以之为乐"的"乐"读 yào,用黄色表示,共出现10次。这些都没计在内。除此以外,表示"快乐"的"乐"

音 lè,共出现 11 次):

a) 子曰:"可也。未若贫而乐,富而好礼者也。"——学而
b) 子曰:"关雎,乐而不淫,哀而不伤。"——八佾
c) 子曰:"不仁者不可以久处约,不可以长处乐。仁者安仁,知者利仁。"——里仁
d) 一箪食,一瓢饮,在陋巷。人不堪其忧,回也不改其乐。——雍也
e) 子曰:"知者乐水,仁者乐山;知者动,仁者静;知者乐,仁者寿。"——雍也
f) 子在齐闻韶,三月不知肉味。曰:"不图为乐之至于斯也!"——述而
g) 子曰:"饭疏食饮水,曲肱而枕之,乐亦在其中矣。不义而富且贵,于我如浮云。"——述而
h) 其为人也,发愤忘食,乐以忘忧,不知老之将至云尔。"——述而
i) 闵子侍侧,訚訚如也;子路,行行如也;冉有、子贡,侃侃如也,子乐。"若由也,不得其死然。"——先进
j) 人之言曰:"予无乐乎为君,唯其言而莫予违也。"——子路
k) 夫子时然后言,人不厌其言;乐然后笑,人不厌其笑;义然后取,人不厌其取。——宪问
l) 孔子曰:"益者三乐,损者三乐。乐节礼乐,乐道人之善,乐多贤友,益矣。乐骄乐,乐佚游,乐宴乐,损矣。"——季氏
m) 夫君子之居丧,食旨不甘,闻乐不乐,居处不安,故不为也。——阳货

这 11 处"乐",都表示一种外表可以看出来的快乐,跟是否发自内心没有太大关系。譬如说,"关雎乐而不淫"是说《关雎》能给人带来快乐却不会使人产生不好的念头。最好玩的是例(i),几个学生在老师旁边的表现各不相同,有的拘谨,有的话多,还有的如子路那样没头苍蝇似的跑来跑去。"子乐",就是孔子被他们的表现逗乐了。这不可能是发自内心的喜悦吧?

懂得了"说"和"乐"的不同,我们就可以发现这三句话的内在逻辑关系了。这

三句话的主旨是第一句:学习可以带来内心的喜悦。因而,有朋自远方来跟你切磋,当然可以给你带来快乐;但这是外加的,有没有无所谓。即使没有人知道你在学习上的收获,那也用不着郁闷,这就是第三句的意思。三句话一个中心,就是,学习是自己的事,学有所得,其喜悦是自己的,人家了解自己,固然让人高兴;但不知道自己也完全不必在意。后面这个意思孔子还在几个地方提到,如:

  不患莫己知,求为可知也。——里仁
  君子病无能焉,不病人之不己知也。——宪问

  顺便说一下这一章里另几个字的解释。
  时:以前多释为"时常",近些年的古文教材多释为"按时",这是受了《庄子》"秋水时至,百川灌河"注释的影响。其实不妥。应当理解为"适时",即遇到了适当的时机。
  习:把"时"理解为"按时"跟把"习"理解为"复习"有关。在许多人看来,好像古代跟现在一样,学习就是上课,人手一本教科书,老师在上面讲解,学生认真记笔记,下课"按时"对着笔记复习功课,准备迎接考试。其实古时教学根本不是这样情况,一、到处都是课堂,随时进行教学(古希腊的苏格拉底也是如此);二、未必有人手一册的教科书,孔子的教学尤其强调实践。"习"的本义是"鸟数飞",尤其是小鸟初学飞行。因而这里指的是把从老师那里学到的东西付诸实践。这是不可能"按时",只能是"适时",即遇到合适的机会时。
  朋:现在都译为"朋友"。古人说:"同门曰朋,同志曰友。""朋"指的是同一老师教导的学生,来自各地的学生聚集在老师周围,相互切磋,相互启发,增进对老师教导的理解。这与一般的朋友从远方来不一样。不能把后代的引申放到这一语境下。这一句跟"学"有密切关系,对"朋"的理解是关键。同门切磋只是"学"的补充。
  对于"学习是自己的事"的最好表述还见于《论语·宪问第十四》的一句话:"古之学者为己,今之学者为人。"我认为这是孔子论学最重要的一句话。
  相对于主动的"学",今天让人眼花缭乱的各种教育理论、教学法理论中不厌其烦的"教",在孔子的教学思想里,却不占重要地位。而且我们惊奇地发现,至少在《论语》里,"教"并没有我们今天理解的"teaching"的意思,表示这个意思的是"诲",而且一共只出现过5次:

子曰:"由!诲女知之乎?知之为知之,不知为不知,是知也。"——学而

子曰:"默而识之,学而不厌,诲人不倦,何有于我哉?"——述而

子曰:"自行束修以上,吾未尝无诲焉。"——述而

子曰:"若圣与仁,则吾岂敢?抑为之不厌,诲人不倦,则可谓云尔已矣。"——述而

子曰:"爱之,能勿劳乎?忠焉,能勿诲乎?"——宪问

而"教"字一共出现过7次:

季康子问:"使民敬、忠以劝,如之何?"子曰:"临之以庄则敬,孝慈则忠,举善而教不能,则劝。"——学而

子以四教:文,行,忠,信。——述而

子适卫,冉有仆。子曰:"庶矣哉!"冉有曰:"既庶矣,又何加焉?"曰:"富之。"曰:"既富矣,又何加焉?"曰:"教之。"——子路

子曰:"善人教民七年,亦可以即戎矣。"——子路

子曰:"以不教民战,是谓弃之。"——子路

子曰:"有教无类。"——卫灵公

子曰:"不教而杀谓之虐。不戒视成谓之暴。慢令致期谓之贼。"——尧曰

除了"有教无类"只有孤零零的一句,其所指对象不明确之外,所有的"教"的对象并不是学生,而是"民",即一般老百姓。因此我们可以推断,"有教无类"的对象也不是今天的人们理解的那样指学生,而也是指百姓。而"教"的意义是"教化"而不是 teaching。

查其他文献资料可以知道,今天的"教"字是后起的,原来也写作"学",后来为了加以区别,加上一个形旁"攴",写作"敩",读 xiào,意思是"使之学",即是督促学生学,这是教师的主要责任。《礼记·学记》引《兑命》曰:"敩学半"。意思是"教学生的过程一半就是自己学习的过程。"他是把"教"从属于"学"的,而今天世界各国,尤其是中国,却把教放在了至高无上的地位,让学生整天围着老师转、围着教

材转，这是完全违背孔子的思想的。

有趣的是，《论语》的"习"不是今天学生看作学习不二法门的"复习"，而是"演习、实践"的意思。今天的"复习"的意思，在《论语》却只出现过一次，用的是"温"字（就是"warming up"），而且这不是对学生的要求，是对老师的要求：

> 温故而知新，可以为师矣。——为政

做老师的需要知道旧知识，但不是照本宣科，而必须结合新的情况，讲出新意来，这就是"知新"。不然就不配当老师。现在我们教学强调教材统一、教法统一、答案统一，培养出来的只能是一些机器人。按照孔子的标准，绝大多数人根本就没有资格当老师。

三、"学"的目的是"致道"

今天我们谈到"学"，首先想到是学各种各样的知识，然而在孔子看来，"学"的目的首先是做人。我们先来看看孔子认为"好学"的标准。在《论语》里出现了 14 次，分别在 6 章里：

> 子曰："君子食无求饱，居无求安，敏于事而慎于言，就有道而正焉，可谓好学也已。"——学而
> 子曰："敏而好学，不耻下问，是以谓之文也。"——公冶长
> 子曰："十室之邑，必有忠信如丘者焉，不如丘之好学也。"——公冶长
> 哀公问："弟子孰为好学？"孔子对曰："有颜回者好学，不迁怒，不贰过。不幸短命死矣！今也则亡，未闻好学者也。"——雍也
> 子曰："笃信好学，守死善道。危邦不入，乱邦不居。"——泰伯
> 子曰："由也，女闻六言六蔽矣乎？"对曰："未也。""居，吾语女。好仁不好学，其蔽也愚；好知不好学，其蔽也荡；好信不好学，其蔽也贼；好直不好学，其蔽也绞；好勇不好学，其蔽也乱；好刚不好学，其蔽也狂。"——阳货

> 子夏曰:"日知其所亡,月无忘其所能,可谓好学也已矣。"——子张

第一条讲的"好学"标准有五个方面,但没有一个涉及读书本知识。第四条讲孔门第一高足颜回,他作为"好学"的榜样,其最重要的表现只是"不迁怒,不贰过"。这都是行为方面的。而书本知识的学习,在孔子的思想里是属于第二位,甚至最后一位的:

> 子曰:"弟子入则孝,出则弟,谨而信,泛爱众,而亲仁。行有余力,则以<u>学</u>文。"——学而

> 子夏曰:"贤贤易色,事父母能竭其力,事君能致其身,与朋友交,言而有信。虽曰未<u>学</u>,吾必谓之<u>学</u>矣。"——学而

两条的意思都差不多,都是强调行为方面、品德方面在先,学"文"即学知识在后。熟悉中国传统教育的人对上面的第一条可能尤其感到亲切,因为这就是一千多年来中国童蒙基本教材《弟子规》的大纲。中国儿童启蒙,首先读的就是《弟子规》,要求在完成五条行为教育的基础上,才学习文化知识。这正是千百年来中国人的教育实践。用一句话来概括,就是"做人重于读书"。这样,如第二条所言,即使没有学文的机会,孔子仍认为这是有学之人。这种学习观可以说跟当今把"求知"当作学习唯一目标大相径庭。

孔子以求道为求学的根本目标还可从下面这句话看出来:

> 子夏曰:"百工居肆以成其事,君子<u>学</u>以致其道。"——子张

因为学习的目标是得道,因此一旦能得道,可以付出最大的代价:

> 子曰:"朝闻道,夕死可矣。"——里仁

这种对"道"的强烈追求,连在道家的著作中也没有看到过。我相信这肯定是孔子听到了什么大思想家的惊人的道理后才发出如此的感慨。从历史上来看,这能使孔子震撼的人只能是老子。孔子一生两次向老子求教,第一次问的主要是

"礼",第二次问的就是"道"。这个"道"就是老子所说之道,是宇宙和人生的根本道理。这些道理,不仅仅在书本知识上,而且是在整个人生的大世界上。就像《论语·子张》篇上说的一段话:

> 卫公孙朝问于子贡曰:"仲尼焉<u>学</u>?"子贡曰:"文武之道,未坠于地,在人。贤者识其大者,不贤者识其小者,莫不有文武之道焉,夫子焉不<u>学</u>,而亦何常师之有?"——子张

因此,真正的学,还要善于向生活学。这些都与当前(尤其在中国)埋头书本知识的教育截然不同的。

有一段话很有名,可说是孔子自己总结他一生"学以致道"的过程:

> 子曰:"吾十有五而志于学,三十而立,四十而不惑,五十而知天命,六十而耳顺,七十而从心所欲,不逾矩。"——为政

"志于学"也就是"志于道",他在另一处又说:

> 子曰:"志于道,据于德,依于仁,游于艺。"——述而

区别在于一个是目标,一个是途径。

而在学以致道的问题上,孔子最终与老子走到一起去了。《老子》中有一句非常非常重要的话,但很多人可能忽略了,即:

> "为学日益。为道日损。损之又损,以至于无为。无为而无不为。"——《老子》48章

他认为"为学"即求知识,是个"日益"的过程,而"为道"即探索宇宙人生的根本道理,是个"日损"的过程。也就是说,学习知识,可能越积累越多;但根本的道理,随着学识的增加,却起来越概括,越来越抽象,到最后根本不必用言语来表达了,这就是"无为"。就求道而言,老子似比孔子要高一层。但老子关心的是天分

特别高的人,孔子更关心一般的人。天分特别高的人可以顿悟,天分一般的人则需要学习。他说:

> 孔子曰:"生而知之者上也,<u>学</u>而知之者次也;困而<u>学</u>之,又其次也;困而不<u>学</u>,民斯为下矣。"——季氏

因此孔子的学说更具有一般性的意义。

四、孔子是"教""育"家吗?

在本文的开头,我们说到,孔子最可接受的头衔是教育家。而前文的论证,又使我们发现,孔子其实不是"教"家,从"教"与"学"的关系来看,毋宁说他是个"学"的鼓吹家。那么,从"育"的方面看,他是个"育"家吗?看来也不是。最令人惊讶的,是在整部《论语》里,竟然没有出现过一个"育"字。在可信是他那个时代的文献里,"育"字也很少见,《书·尧典》里有一个"教育子",据考证应为"教胄子"。《易经》里有几个"育"字,都在象辞里,时间上要晚于孔子,如"无妄"卦象辞有"先王以茂对时育万物","渐"卦"九三"的象辞是"夫征不复,妇孕不育"。而《老子》,只在51章出现过一次:

> 道生之,德畜之,物形之,势成之。是以万物莫不尊道,而贵德。道之尊,德之贵,夫莫之命而常自然。故道生之,德畜之。长之<u>育</u>之。亭之毒之。养之覆之。生而不有,为而不恃,长而不宰。是谓玄德。——《老子》51章

看来在孔子前后"育"的意义要就是妇人生子,要就是天地育万物,还没有用到教育上来。事实上,今天的"育",强调的也是师长父母乃至社会对学生或儿童的"培养"或西人所谓"cultivate",就学生而言,只是被"育"或被"cultivate"的对象,是没有一点主动权的。孔子强调"学",当然不可能同意这种包办代替的"育"。那么,相对于这种被动的"育",主动的是什么呢?我认为是"修"。如果说"育"是"cultivate",则"修"就是"self-cultivate"。这是孔子的真正教育思想。"学"是针对

"道"的,"修"是针对"德"的。《论语》中,孔子10次提到"修":

> 子曰:"德之不<u>修</u>,学之不讲,闻义不能从,不善不能改,是吾忧也。"——述而
>
> 樊迟从游于舞雩之下,曰:"敢问崇德,<u>修</u>慝,辨惑。"子曰:"善哉问!先事后得,非崇德与?攻其恶,勿攻人之恶,非<u>修</u>慝与?一朝之忿,忘其身,以及其亲,非惑与?"——颜渊
>
> 子曰:"为命,裨谌草创之,世叔讨论之,行人子羽<u>修</u>饰之,东里子产润色之。"——宪问
>
> 子路问"君子",子曰:"<u>修</u>己以敬。"曰:"如斯而已乎?"曰:"<u>修</u>己以安人。"曰:"如斯而已乎?"曰:"<u>修</u>己以安百姓。<u>修</u>己以安百姓,尧舜其犹病诸。"——宪问
>
> 夫如是,故远人不服,则<u>修</u>文德以来之。既来之,则安之。——季氏
>
> 谨权量,审法度,<u>修</u>废官,四方之政行焉。兴灭国,继绝世,举逸民,天下之民归心焉。——尧曰

除了"行人子羽修饰之"和"修废官"之外,都与道德修养有关。

"修"是"修己",那么怎么对别人进行教育呢?孔子的办法是"正",通过自己的正确榜样来引导别人走正道行正事。《论语》中"正"共出现23次,除作副词的两处(用蓝色表示)外,都有"端正、使端正"的意思:

> 子曰:"君子食无求饱,居无求安,敏于事而慎于言,就有道而<u>正</u>焉,可谓好学也已。"——学而
>
> 公西华曰:"<u>正</u>唯弟子不能学也。"——述而
>
> 君子所贵乎道者三:动容貌,斯远暴慢矣;<u>正</u>颜色,斯近信矣;出辞气,斯远鄙倍矣。——泰伯
>
> 子曰:"吾自卫反鲁,然后乐<u>正</u>,《雅》、《颂》各得其所。"——子罕
>
> 割不<u>正</u>,不食。——乡党
>
> 席不<u>正</u>,不坐。——乡党
>
> 君赐食,必<u>正</u>席先尝之。——乡党

升车，必<u>正</u>立执绥。——乡党

季康子问政于孔子。孔子对曰："政者，<u>正</u>也。子帅以<u>正</u>，孰敢不<u>正</u>？"——颜渊

子路曰："卫君待子而为政，子将奚先？"子曰："必也<u>正</u>名乎！"子路曰："有是哉，子之迂也！奚其<u>正</u>？"子曰："野哉，由也！君子于其所不知，盖阙如也。名不<u>正</u>，则言不顺；言不顺，则事不成；事不成，则礼乐不兴；礼乐不兴，则刑罚不中；刑罚不中，则民无所错手足。故君子名之必可言也，言之必可行也。君子于其言，无所苟而已矣。"——子路

子曰："其身<u>正</u>，不令而行；其身不<u>正</u>，虽令不从。"——子路

子曰："苟<u>正</u>其身矣，于从政乎何有？不能<u>正</u>其身，如正人何？"——子路

子曰："晋文公谲而不<u>正</u>，齐桓公<u>正</u>而不谲。"——宪问

子曰："无为而治者其舜也与？夫何为哉？恭己<u>正</u>南面而已矣。"——卫灵公

子谓伯鱼曰："女为《周南》、《召南》矣乎？人而不为《周南》、《召南》，其犹<u>正</u>墙面而立也与！"——阳货

子曰："因民之所利而利之，斯不亦惠而不费乎？择可劳而劳之，又谁怨？欲仁而得仁，又焉贪？君子无众寡，无小大，无敢慢，斯不亦泰而不骄乎？君子<u>正</u>其衣冠，尊其瞻视，俨然人望而畏之，斯不亦威而不猛乎？"——尧曰

当下在我国许多师范院校里，都有类似"学高为师，身正为范"这样的校训，这个传统实在是民国以来的师范学校建立的。当时我国一些师范教育的先驱如陶行知等还是坚持了孔子的教育实际上是"学修"理念，以身作则，学高身正。大学里一批从儒家学说熏陶下长成的学者也坚持人品领先，追求道德文章的完美，成为学生的楷模。而近几十年来，在"知识就是力量"的口号蛊惑下，智育唯一，学校、教师及责任部门放弃了人格修养这一教育的根本宗旨，教训惨重。重温孔子关于教育事实上是"学修"的论说，是有好处的。

把"学""修""正"联系在一起的莫如《大学》，在"大学之道，在明明德"之下，孔子说了一大段话，在历史上非常有名：

> 古之欲明明德于天下者,先治其国,欲治其国者,先齐其家;欲齐其家者,先修其身;欲修其身者,先正其心;欲正其心者,先诚其意;欲诚其意者,先致其知,致知在格物。物格而后知至,知至而后意诚,意诚而后心正,心正而后身修,身修而后家齐,家齐而后国治,国治而后天下平。自天子以至于庶人,壹是皆以修身为本。其本乱而末治者,否矣。

可见孔子是把我们今天的所谓教育或他所说的"学修正"当作一个系统工程的。

参考文献

Chan, Wing-Tsit (tr. & com.), 1963, *A Source Book in Chinese Philosophy*. New Jersey: Princeton University Press.

Chai, Ch'u and Winberg Chai, 1965, *The Humanist Way in Ancient China: Essential Works of Confucianism*. New York: The Bantam Books.

Dawson, Raymond (tr.), 1993, *Confucius: The Analects*. Oxford: Oxford University Press.

Giles, Lionel (ed.), 1907, *The Sayings of Confucius: A Translation of the Confucian Analects*. London: John Murray.

Lau, D. C. (tr.), 1983, *Confucius: The Analects (Lun yü)*, Hong Kong: The Chinese University Press.

Lin, Yutang (ed.), 1948, *The Wisdom of China*. London: Michael Joseph.

Legge, James (理雅谷)(tr.), 1992, 刘重德、罗志野(英文校注), *The Four Books*(四书), 长沙:湖南出版社。

Pound, Ezra. (tr.), 1933, *Confucian Analects*. London: Peter Owen.

Slingerland, Edward Gilman, 2001, *Confucius Analects: with Selection from Traditional Commentaries*. Indianapolis, Indiana: Hackett Publishing.

Ware, James R., 1955, *The Sayings of Confucius; The Teachings of China's Greatest Sage*. New York: The Mentor Books.

李天辰等(译),1991,《论语》汉英对照读本,济南:山东大学出版社。

王福林(注译),1997,《论语》详注及英译,北京:世界图书出版公司。

杨伯峻(译注),1980,《论语译注》,北京:中华书局。

(原载《南大语言学》,北京:商务印书馆,2017 年,第 241-260 页)

命名艺术纵横谈

一、命名与命名艺术

1. 什么是命名？

命名，说白了就是取名儿。每个人生下来都得取个名儿，一个新地方发现、一家新公司新商行开张、一件新产品问世，也得取个名儿，而且人们还都希望取个好名儿。这个取名的过程就叫命名。那么，我们为什么不就叫"取名"而用"命名"这个有点文绉绉的字眼儿呢？这就牵涉到口语和书面语的区别了。咱们嘴里说的话，写下来就是口语；而书面语除了记载口语，还从一两千年的文言文传统里吸取了不少东西。许多情况下，既可以用口语，又可以用书面语，这就给人们提供了挑选的余地。比如说"听"音乐，我们也可以说"欣赏"音乐；"看"书画艺术作品，我们说"鉴赏"甚至"赏玩"。一般来说，用书面语比用口语显得凝练、庄重。在给一门学科，或者我们认为重要的什么事物取名的时候，我们总倾向用带书面色彩的词语。把"取名"正式"命名"为"命名"，就说明，第一，我们对这件事是郑重其事的；第二，我们是倾向于把命名当作一门学问来研究的。事实上，在国外确实有"命名学"这样一门学科，叫 Onomastics，研究各种事物起名的缘由。我们国家从历史上看，对事物得名缘由的研究起步很早，东汉时期（公元 25－220 年）就有了蔚为大观的专门著作《释名》。对人名地名的研究除了在历代正史和方志上都有记载之外，晚近又出现了规模颇大的人名、地名专门辞典，但命名学作为一门学科却还十分年轻，只是近几年才开始有人提到。

命名学虽然年轻，命名本身却十分古老，可以说与人类使用语言的历史一样长久。命名的本质就是制造区别。人类在认识世界的时候，要把一件事物同它周围的事物区别开来，最简单的做法就是给它取一个特有的名字。人们对事物的认识越深刻、越细致，对命名的要求也就越高。这样，开始是大类事物的名称：人、树、山、马……；后来就越来越精细，男人、女人、大人、小人，桃树、柳树、松树、柏树，高的山、低的山、园顶的山、尖顶的山，公马、母马、黑马、黄马，甚至一岁的马、两岁的马、黑尾巴的红马、黑尾巴的白马，都有了专门的名称；再到后来，当人们感到需要对同一类事物进行区分,以便称呼的时候,专名就出现了。最先出现的是地名和人名,随着商品和商品交换的发展,特别是进入现代竞争社会以后,商业名称,尤其是企业字号、商品商标名称,越来越引人注目,以至名称(商标)本身就成了商品,有了价值,可以买卖和交换。人们越来越迫切地感到,需要对命名的艺术进行研究。

命名学在中国姗姗来迟,成熟的商品经济出现得晚,恐怕是一个重要因素吧。

2. 一般事物的命名与专有事物的命名

从上面的论述可以知道,命名的范围其实十分广阔。可以说,我们语言中每一个词的产生,都是一个命名过程。狗为什么叫狗?猫为什么叫猫?或者,起螺帽的工具为什么叫"扳手"?一种流行的舞蹈为什么叫"霹雳舞"?广义地说,这些都是命名的问题。而且不光名词如此,动词、形容词也是如此:为什么吃固体的食物叫"吃",吃液体的食物叫"饮"或"喝"?为什么智力高的人叫"聪明",办事昏的人叫"糊涂"?这些词语的来源都很值得研究。但这跟我们把某人取名为"张三",某地取名为"上海",某商品取名为"幸福"牌似乎是两回事。为了加以区别,我们把命名分为两类,分别通过不同的学科来研究。对于一般事物的得名原由,我们放在词源学里研究,国外叫作 Etymology;对于其中一些新产生的词,我们还通过造词法(Word Coinage)的研究来解决;对于人名、地名、商品商标名等专有事物的取名,我们则放在命名学里讨论。

事实上,从某种角度看,人一生掌握的词汇确实可以分为两类,一类是普通词汇,一类是专名系统。前者到中学毕业大约就掌握得差不多了,以后不大会再增加多少,而后者却是一辈子的事,人们每看一本书(书名),每看一场电影(电影名),每听一场音乐(乐曲名),乃至每掌握一门新知识、每学会一门新技术,都在不断扩大专名的范围。因而对一般词语的语源探求也许是语言专门家的事,而对专名的研究甚至更引起一般人的关注。

对一般事物命名和对专有事物命名的最大区别,在于前者往往有一定的"理据"(英文叫"motivation",也译为"动机",指命名总出于某种"动机"),即可以通过对词语的分析找到名称与事物的某种联系。例如"猫"是从它的叫声得名的;"扳手"是因为工作时是用"手"去"扳"的;"霹雳舞"是英语"Break Dance"的音译,又加上了译者从这种舞蹈的舞姿中体会出来的意义,等等。有时这种联系很有风趣,例如头叫"脑袋",因为像个装脑子的口袋;宁波方言下饭的菜就叫"下饭",因为正像滑稽演员说的："一口白饭吃不下去，挟一口菜进去'饭'就'下'去了。"有时这种联系只是一种比喻或想象，例如酒鬼并不是鬼，恶棍更不是"棍"，上海现代流行语把花钱不多叫作"毛毛雨"，其实也没有下"雨"。从历史发展来看，越是后起的词其理据越是明显，而古老的词则往往需要借助于其他比较专门的学问。例如理解"猫"字要懂点古音韵学（猫的古音读法与猫的叫声更接近），理解"饮"字要懂点古文字学（甲骨文"饮"字字形就像人在喝水），理解"狗"字更要有点语源学知识（"狗"的本义是小狗，小的家畜名称都与"gou"音有关）等。许多人相信，语词的产生是有理据可循的，其后来的发展更是有规律的，因此词源学的研究是大有文章可做的。

而专有事物的命名，名称与事物之间就没有必然的联系；就是有，也往往是心理上的。叫"美丽"的女子不一定长得美，叫"国忠"的可能是个大奸臣，叫"楚女"的还是个"脸麻、背驼、多须、近视"的"年近四十的男子"（萧楚女的启事）；同样，"幸福"牌商品不一定给你带来幸福，"宇宙"牌香烟也不见得畅销宇宙。命名的目的是为了制造区别，在专有事物的命名中表现得更为明显。而在制造区别的过程中，命名者不可避免地想表达某种愿望，"取个好名字"，是所有命名者的共同心理，这就使命名学越来越受到人们重视，逐渐成为一种专门的学问。

对一般事物的命名和对专有事物的命名有时并没有截然的界线。例如化学元素的命名，对于人们熟悉的金、银、铜、铁、锡、碳、硫等，似乎谁也没有想去探索过它们的命名道理；而对新发现的元素，如氖、氩、氪、镍、镭、铷、铯、钫等，人们就表现出浓厚的兴趣；对氢、氧、氮等，则介乎两者之间。又如商品名、店招名、商标名，从理论上来说，商品名是类别名，属于一般事物的命名；店招和商标是特名，属于专有事物的命名，但在特定时期、特定场合下，它们又是一而二、二而一的东西。例如"背西风，酒旗斜矗"（王安石《桂枝香·金陵怀古》），"酒"既是商品名，又是店招名；Coca Cola（可口可乐）既是商品名，又是商标名。还有的从商标名变成了商品名，例如 Xerox（"施乐"牌静电复印机）现在可用作动词，还产生了 xerocopy（复印件）等派生词；mimeograph（誊写板印刷机）、duralumin（造飞机的硬铝）等词也是从商标名演变过来的。学英文的人都知道，大写的 China，意思是"中国"，小写的 china，意思是"瓷器"，情况与此类似，也是从专名（国家名称）演变成了商品名。这种从专名演变成通名的情况，外语中有专门的术语进行研究，叫作 eponyms。我们再举一些 eponyms 的例子：

bloomer（灯笼裤），得名于 19 世纪美国爱穿这种服装的女改革家。

boycott(集体抵制、杯葛)，得名于 1880 年爱尔兰对 Charles Boycott 船长的抵制。

cardigan(羊毛开衫)，得名于 Cardigan 伯爵七世 James Thomas Brundenell(1797 – 1868)。

cashmere(开司米)，得名于出产这种山羊的 Kashmir 地区。

champagne(香槟)，得名于法国东部产这种酒的 Champagne 省。

jacket(上装、夹克)，来自法语 jacquette(农民穿的上衣)，得名于 Jacques(法国人对普通农民的称呼，犹中国之张三、李四)

jeans(牛仔服)，得名于最早生产这种布料的意大利城市 Genoa(热那亚)，法语读作 Gènes。

limousine(轿车)，得名于法国 Limousine 省，那里的人戴一种头巾，最早的轿车酷似这种头巾。

peach(桃)，来自法语 pêche，最早源于 Persia(波斯，古国名，即今之伊朗)。

sherry(雪利酒)，来自西班牙地名 Jerez。

suede(麂皮)，来自最早生产这种手套的国家 Sweden(瑞典)。

与之相反的，是从通名变成专名的情况，如泰山，本义是"大山"，一般名词，写成"泰山"，就成了专名；阿尔卑斯(Alps)，在古凯尔特语里意思就是"山"，用作山名；易北(Elbe)在盎格鲁撒克逊语里意思就是"河"，用作河名；陶，是一种职业，变成了姓氏；Smith，义为铁匠，也成了英美第一大姓；美国著名通俗歌手卡彭特(Carpenter)，姓的原义是"木匠"；等等。但用作姓氏的 Smith、Carpenter 等尽管成了专名，却又无法真正做到"独占"。事实上，姓 Smith 的人在英语国家可说成千上万；即使加上不同的"名"其重复的概率也大得很。在中国，叫王国庆、李秀英的人可能成百上千，但我们还是把它看作专名，因为具体落实到人，还是指具体的个人，至少在一个家庭或家族里它是唯一的，在周围的圈子里(如同一所学校、同一个单位)也大体如此，否则就要利用别的手段(别名、外号)，如巴西的国家足球队里有大罗纳尔多、小罗纳尔多，某校的学生中有男赵鹰、女赵鹰等。这样看来，词源学和命名学虽然可以当作两门学问来研究，但其间又有密切的联系，你中有我，我中有你，是不应该断然割裂开来的。

3. 普通的命名与艺术的命名

命名又可以分为普通的命名与艺术的命名。普通的命名就是给事物一个称呼,使它与周围同类的事物区别开来;艺术的命名则不但要造成区别,还要造成特色,使人们一看到就留下深刻的印象,甚而产生美好的联想。

　　各种事物的命名都有普通的命名与艺术的命名之别。在命名之初,人们想到的还只是区别,因而只需要一般的命名,见到一座山就叫"山",见到一条河就叫"河"。只要能满足称呼的需要,随便什么名称都可以。地名中有一些怪名就是这样来的。例如加拿大的来源有两种说法,都属于这种情况:(1)源于印第安休伦语,意为"大棚屋"、"村落"。1534 年法国探险家卡蒂埃(Jacques Cartier)初航到圣劳伦斯河河口蒙特利尔一带,指着岸边村落问当地酋长:"这是什么地方?"酋长误以为他在问"这是什么东西",即回答:"Canada!"遂误以为地名。(2)源于葡语,意为"这里什么也没有"。相传 1500 年葡萄牙探险家科尔特雷尔为探寻去印度的道路,曾上溯圣劳伦斯河,结果遇到的都是险滩和瀑布,因而懊丧地说:"Ca nada!"意为"这里什么也没有!"后误作地名。中国地名也有这样的情况,1987 年 1 月 25 日《语言美》报上记了一件事:据说解放初期解放军在佤族地区开展工作,某天到了一个地方,指着附近的大山问路边的几个妇女:"老乡,那座大山叫什么名字?"妇女听不懂汉语,就用佤语回答:"安懂,安懂。"(意思是听不懂,不知道)解放军却误以为是山名,连忙打开地图,在上面标上"安东山"的字样,结果成了这座山的名字。

　　后来见到的同类东西多了,为了进一步造成区别,就在类名前面加上一些修饰词或限制词,如高山、大河、东江、西湖等;或者加上一些其他的标志,如用人名作地名等。但这些命名都没有造成很大的特色,也谈不上好坏,都只能属于我们说的普通的命名。

　　再后来,人们对名字越来越重视。特别在中国,在"名不正则言不顺,言不顺则事不成"的儒家思想影响下,人们对名字越来越讲究,要么不起名,要起就起个好名。起好名是从字面意义开始的,后来逐渐调动了文字音形义各种因素来为之服务,命名就逐渐进入了"艺术"阶段。跟西方相比,中国在这方面的表现尤其强烈。我们只要比较一下中西方的建筑和园林就可以知道。西方的园林,即使像出名的法国凡尔赛宫、英国温莎城堡,其中的建筑物都很少特别的名称,一般都是用普通的类名,如"国王卧室、王后卧室、图书馆、餐厅、音乐室、大厅"等;中国的建筑和园林可讲究多了,故宫的三大宫三大殿且不说,哪个地方的小小私家园林都有一些别致而风雅的亭台楼阁名,还要配上些匾额楹联,形成了中国文化的一大特色。中国人的名字也比西方人讲究得多。由于汉语中音节少字数多,在同音字中玩弄文字游戏简直成了许多人的嗜好。因此"艺术"的命名大约中国比西方要发达些。西方的艺术的命名是跟商品经济联系在一起的,一件商品要打出去,在商标的命名上就必须大做文章。西方人在这方面比中国人起步要早得多。他们的很多经验是值得中国人学习和借鉴的。

从命名艺术的发展来看,是先有普通的命名,后有艺术的命名,艺术的命名似乎比普通命名要高一个档次。但实际上,两种命名法各有各的用处,有时用艺术的命名反而会弄巧成拙。例如有一年,上海的中秋市场上推出了几只高档月饼新品种,名称都风雅得可爱:"西施醉月"、"嫦娥奔月"、"平湖秋月"……凡与月亮沾点边的典故都用了上去。但是由于没有造成特色,销售效果并不见佳。人们咬开一个月饼是百果馅,再咬开一个又是百果馅,上了几次当,以后再看到这些名字就倒了胃口。

跟一般事物的命名和专有事物的命名一样,普通的命名与艺术的命名之间也没有一条截然分明的界线。有时候,我们只需要普通的命名,但实际做的时候会考虑到艺术的因素。例如我们到一个人迹罕至、充满自然情趣的地方去,为那里的景色所吸引,看着满山不知名的野花在怒放,听着不知名的山鸟在鸣叫,感到心旷神怡,也许只有一丝遗憾:要是能知道它们的名字该多好!但是当要你为那个地方取名字时,你大约不会有替人工园林的景点题匾额那样的情调。可是唐代文学家柳宗元在他的《愚溪诗序》中,却为他到的那个地方题了古朴别致而不失风雅,并且还巧妙地寄托了自己情感的名字:

灌水之阳有溪焉,东流入于潇水。或曰:冉氏尝居也,故姓是溪为冉溪。或曰:可以染也,名之以其能,故谓之染溪。余以愚触罪,谪潇水上,爱是溪,入二三里,得其尤绝者家焉。古有愚公谷,今余家是溪,而名莫定,土之居者犹龂龂然,不可以不更也,故更之为愚溪。愚溪之上,买小丘为愚丘。自愚丘东北行六十步,得泉焉,又买居之为愚泉。愚泉凡六穴,皆出山下平地,盖上出也。合流屈曲而南,为愚沟。遂负土累石,塞其隘为愚池。愚池之东为愚堂。其南为愚亭。池之中为愚岛。嘉木异石错置,皆山水之奇者,以余故,咸以愚辱焉。

这些名字,说是普通的命名吧,又有着高度的艺术性;说是艺术的命名吧,柳宗元既无此雅兴,而实际情况他又只是想为那些没有名字的地方取个名,以便称呼。这可说是介于两者之间的一种命名。

再如城市的路名,以前的办法大抵是顺其自然,把传统的地名改为路名,中外均是如此。但对于新兴城市来说,随着城市的扩大,道路的密集,原有的地名远远不够用,就必须采用新的办法。上海的做法应该说是颇有特色的,它以全国各地的地名来作路名,而其中又颇有规律性:南北走向的路多用省名,如四川路、河南路、浙江路、福建路;东西走向的路多用市县名,如南京路、北京路、汉口路、福州路。在旧市中心黄浦区一带这办法很管用。但随着城市的扩大,这办法就立即显得捉襟见肘:至少省名是有限的,很快就会用完。因而拓展了的上海市区道路采用了一个新的办法,即以其在市区所处的方位类比于全国的地理方位,以该方位的地名作路名,如上海东北角的杨浦公园一带就以处于中国东北的东三省的地名作路名:松花江路、长白路、图们路、佳木斯路;上海正东的浦东一带以中国东部的山东省地名作路名:崂山路、文登路、即墨路、潍坊路;上海西南的桂林公园一带以中国西南的广西的地名作路名:桂林路、田林路、柳州路、苍梧路;等等。这样的命名方法,说是普通命名法也可,因为它只是简单的以地命名;说是艺术命名法也可,因为在总体的布局上体现了很深的匠心。但随着上海市区范围的再进一步扩大,这办法又不够用了。目前的上海新区路名就显得有些混乱,有点各自为政。有的是以科学家名字作路名,如张江高科技开发区,东西向的用中国科学家名字,如祖冲之路、郭守敬路、李时珍路,南北向的用外国科学家名字,如居里路、牛顿路、哈雷路;有的是在地区自身的名字上生发开来,如浦东花木地区,东西向的路名用花名,如梅花路、牡丹路、杜鹃路,南北向的用木名,如白杨路、玉兰路、金松路、长柳路等;又如浦东金桥一带南北向的都以"金"字加省名简称组成,如金皖路、金湘路、金豫路、金藏路等,东西向的都以省市名简称加"桥"字组成,如宁桥路、云桥路、桂桥路、川桥路等;浦东外高桥保税区一带东西向的由外国国名加相关城市名组成,如英伦路(英国伦敦)、德堡路(德国汉堡)、巴圣路(巴西圣保罗)、新灵路(新西兰威灵顿),南北向则由外国国名加该国花名组成,如日樱路(日本樱花)、荷香路(荷兰郁金香)、芬菊路(芬兰雏菊花)等。这些命名法都体现了颇深的匠心,但却难以避免不易寻找的尴尬。本来,路名的目的是为了给人指示方向,对于自己熟悉的城市人们常常感觉不到这一点,往往会为其名称的美不美指点不休。殊不知对于外来者来说,美不美倒是其次的,最重要的是赶快落实其方位。在上海住惯的人(在别的大城市也一样)不少人闭着眼睛也知道老市区每条马路的方位,浦东新区等的开发却使他们也遇到了外地人经常遇到的"两眼一摸黑"和"找不到北"的感觉,完全像到了一个新的城市。这就使我们重新考虑城市道路的命名问题。

19世纪初美国华盛顿市开始建设的时候想出了一个街道命名原则:纵横都叫作"街"(street),但纵向的用数字编号,如1st Street、5th Street、17th Street等,横向的用字母编号,如A Street、B Street、N Street等,重要的马路则叫"大道"(avenue),全部用美国的州名命名。由于字母和州名都是有限的,因此后来纽约在运用这个办法时作了个变通,那里的路东西向的叫"大道"(Avenue),南北向的叫"街"(Street),全部依数字顺序编号(当然重要的大马路还是有其专门名称,如Broadway就不在此列),这样只要给出一个坐标,例如第五大道第34街,马上就知道到哪里去找了。中国的城市马路其实也是吸收其中的有些做法的,如天津市的道路,纵向叫"道",横向叫"路",就是采用了华盛顿的办法;而上海的以省名、市名区别纵横,也是吸收华盛顿的做法。但是中国好像对使用数字或字母这种冷冰冰的办法并不欣赏,因此没有人学。但现在急速的城市化却使我们不得不重新审视这一办法了。表现在现在中国有的城市的新辟区域,已开始模仿这种办法。例如杭州的下沙高教新区,新辟道路都叫"大街",但南北向的都是单数,东西向的都是双数,体现了很强的规律性。

数字名的好处是独特、系统、规律,方便查询。但数字也有缺限,即只能体现空间,无法体现时间。如果看到"81街",我们知道这座城市造了81条街,但如果城市格局有了变化,要进行"旧区成片改造",有的路要拆,有的路要建,就会使路名系统变得一团糟。更重要的是,数字命名的最大缺点是干巴巴,没有"人情味",要是把一个人的名字取作123456,朋友看到叫"老123!",恋人来信写"亲爱的456",那他肯定不干。但有的时候,编号是唯一的办法。例如一本书的每一页,理论上也是一个名称,试把第一页叫作"美丽"、第二页叫"光明"、第三页叫"强大"、第四页叫"胜利"……试试!上课的时候说:"同学们,现在请打开书本,翻到'胜利'页。"多别扭!而且几百页的一本书,名称也记不胜记。有人会想,谁也不会傻到做这种无聊事。其实不然,给书页取名当然没有见过,但类似的事却见过,例如用《千字文》的顺序编号(据说旧时皇宫内库的库号就是这样编的),这样"天"就是

"一"、"地"就是"二"、"玄"就是"三"、"黄"就是"四"、"宇"就是"五"……还给我们留下了"天字第一号"这个成语。又如旧时用《诗韵》上去声的韵目名称作为日期的代号发电报，这样"董/送"就是"一"、"肿/宋"就是"二"、"讲/绛"就是"三"、"纸/寘"就是"四"、"语/御"就是"五"……。我们读民国时期的文献，有时读到"皓日电"或"皓电"，恐怕很少人知道这是指十九日发出的电报；读到1927年长沙的"马日事变"，也联想不起这是指五月二十一日发生的事件。由此我们想到，中国的记月、记星期的办法，实在要比英语等语言聪明。英语的一到十二月，January、February、March、April……每个月都有不同名称（九、十、十一、十二这四个月的名称中含有数字词根 septem-、octo-、novem-、decem-，但意思却是七、八、九、十！），星期一到星期天名称也各不相同：Monday、Tuesday、Wednesday……Sunday，给初学者带来不少麻烦；日语用"日""月"加上五大行星的名称给一个星期的七天命名，"日曜日、月曜日、水曜日"等，比英语有规律，但也不容易记。

这样看来，简单地说哪一种命名可称之为命名艺术，哪一种不是，或者艺术性命名一定高于非艺术性的命名，恐怕都不容易。本书尽管以讨论艺术的命名为主，却不能只讨论艺术的命名，也要讨论普通的命名，看看其中有什么可取的地方。

二、横向的命名艺术研究

命名艺术的研究可以从纵横两个方向去进行。所谓横向的研究，是指在共时的平面上研究，较少考虑历史的因素。它又可以从两个角度着手。

1. 按领域分

首先可以按照需要命名的部门进一步细分。这一划分几乎是没有止境的。通常提到命名，人们容易想到的是人名、地名、商店字号名、商品名、商标名等等，其实远不止此。例如名胜景点的题名、建筑物上的题额、文人书斋的命名、文艺作品（小说、戏剧、电影、电视、美术、音乐、舞蹈等）的取名、科学术语的命名等，都是重要的命名领域。由于专名和类名的界线有时很难区分，一些介于两者之间的名称的由来也往往引起人们兴趣。例如花草树木和鸟兽虫鱼都是类名，大约一般人很少会去探究花为什么叫花、草为什么叫草、鱼为什么叫鱼、鸟为什么叫鸟，但花里面有杜鹃、有牡丹、有迎春、有月季，草里面有含羞、有狗尾巴，鱼里面有带鱼、有黄鱼、有比目鱼,鸟里面有知更、有八哥、有布谷、有信天翁,尽管这些也都是类名,因为牡丹并不是每一朵牡丹花独特的名字,八哥并不是每一只八哥鸟独特的名字,然而这正好像奔驰不是每一辆奔驰牌汽车独特的名字、可口可乐不是每一罐可口可乐饮料的独特名字一样。既然后者可以作为专名研究,前者当然也应属于命名学的研究范畴。何况这些事物的得名也确与人名、地名等有共通之处。例如中药的命名也是方法众多,有以动植物的入药部分命名的,如桔皮、桑叶、杏仁、虎骨、犀角、鳖甲;有根据其形态命名的,如冬虫夏草、乌头(像乌鸦的头)、钩藤;有以气、味命名的,如茴香、麝香、甘草、苦参;有以颜色命名的,如红花、玄参、黄连、绿矾、朱砂、白芨;有以性能命名的,如决明子(能明目)、益母草(治妇科);有以其生长特性命名的,如合欢(夜合日开)、忍冬(经冬不凋)、半夏(其根于仲夏成熟);有以发现者命名的,如徐长卿、杜仲;有以产地命名的,如常山、巴豆,以及国外引进的胡椒、番泻叶、番木鳖;有音译的,如曼陀罗、茉莉等。把这些命名方法与人名、地名等的命名方法作横向的比较,可以发现许多共同的特点。

2. 按地域分

其次可以分为中国的命名艺术与外国的命名艺术。其中中国的命名艺术还可进一步 分为汉族的命名艺术与少数民族的命名艺术;外国的命名艺术还可进一步分为东方的命名艺术与西方的命名艺术。由于文化背景不同、生活习惯不同、语言文字不同,不同地方的命名会表现出各自不同的特点。比方中国由于深受儒家宗法思想的影响,在命名上会表现出荣宗耀祖、传宗接代的思想倾向及人名用字的种种忌讳,这在中国以外的地区乃至国内汉族以外的民族中就比较少见;而西方由于历史上有一度资本主义列强疯狂地在全世界掠夺殖民地,因而在美洲、非洲、大洋洲出现了很多以殖民者名字或与宗主国有关的事物命名的地名,这在中国的传统命名方式上就不大会有。这种命名方式曾经由殖民者带到过旧中国的租界,如在十里洋场的旧上海曾经充斥过这样命名的路名,如"哈同路"(Hardoon Rd., 今铜仁路)、"忆定盘路"(Edinburgh Rd., 今江苏路)、"赫德路"(Hart Rd., 今常德路)、"环龙路"(Vallon Rte., 今南昌路)、"贝当路"(Petain Av., 今衡山路)、"莫利哀路"(Moliere Rue,今香山路)、"霞飞路"(Joffre Av., 今淮海中路)等。但由于这种路名伤害了中国人民的民族感情,又不合中国的命名传统,因此在解放后被改得一点痕迹都没有留下了。香港由于历史的原因,在路名、地名中还留有较多这样的痕迹,而且是中英文同时使用的。如"弥敦道"(Nathan

Rd.)、"梳士巴利道"(Salisbury Rd.)、"荷李活道"(Hollywood Rd.)、"域多利道"(Victoria Rd.)、"德辅道"(Des Voeux Rd.)、"坚尼地城"(Kennedy Town)等。

命名常可以反映不同民族的不同文化和不同的语言特点。例如拿化学元素的命名来说,汉语的命名非常系统而有规律:① 一律是单音节,在"音"上十分统一;② 一律是形声字,并且以形旁表示该元素所属物质的三态:"气"头是气态,如"氢、氧、氖、氩";"水"旁是液态,如"溴、汞";"金"旁和"石"旁是固态,其中"金"旁是金属,如"铜、铁、银、铝";"石"旁是矿物,如"碳、硫、硅、砷",在"形"和"义"上也很有规则。这一命名法符合了汉语特别是汉字的特点,也符合了说汉语者的民族和文化心理,因此尽管遭到了一些痛恨"生造字"的语言学家的反对,还是经受住了历史的考验,被人们广泛接受了。唯一的不足是在读音上与外语的对应不完全一致;绝大多数元素字的声旁反映了外语名称第一个音节的近似读音,多少还能提供一些信息,如氖(Neon)、氩(Argon)、硼(Boron)、锌(Zinc)、钙(Calcium)、钼(Molybdenum)、镭(Radium)等。但最常见的一些元素却不在此列,如金(Gold)、银(Silver)、铜(Copper)、铁(Iron)、氢(Hydrogen)、氧(Oxygen)、氮(Nitrogen)、碳(Carbon)、硫(Sulphur)、汞(Mercury)等,对中外的交流带来了一定的困难与不便。

而外语的化学元素命名,比较一致的地方是多数采用希腊和拉丁语的语根,特别是"-ium"这一后缀,但同样,最为人们熟知的元素却不在此列(例见上)。至于名称的来源就复杂多了。试举例如下:

有纪念当时某一科学事件的,如钯(Pd,全名是 Palladium)是为了纪念当时发现的小行星武女星(Pallas),铈(Ce,全名是 Cerium)是为了纪念当时发现的小行星谷神星(Ceres);

有纪念某一科学家的,如钔(Md,全名是 Mendelevium)是为了纪念著名化学家门捷列夫(Mendelev),锔(Cm,全名是 Curium)是为了纪念著名科学家居里(Curie)夫人(可惜已经有了汉字"锯",无法完全仿照"钔"的办法造字);

有表示发现地点或纪念发现者的祖国的,如铪(Hf,全名是 Hafnium)是为了纪念哥本哈根城,因哥本哈根别名哈夫尼亚(Hafnia),镓(Ga,全名是 Gallium)是为了纪念法国,法国古名高卢(Gaul),在拉丁文中叫 Gallia,钋(Po,全名是 Polonium)是为了纪念波兰(Poland),波兰的拉丁名是 Polonia,钪(Sc,全名是 Scandium)是为了纪念斯堪的纳维亚 Scandinavia,铼(Re,全名是 Rhenium)是为了纪念德国莱茵(Rhine)河,钌(R,全名是 Ruthenium)源于乌克兰语的"俄罗斯"一

词,镁(Mg,全名是 Magnesium)则源于希腊地名 Magnesia,该地盛产此矿;

有以神命名的,如钷(Pm,全名是 Promethium)源于希腊神普罗米修斯(Prometheus),钛(Ti,全名是 Titanium)源于希腊神泰坦(Titan),钍(Th,全名是 Thorium)源于北欧神话中的雷神托尔(Thor);

有表示该元素的光谱或生成的化合物的颜色的,如铑(Rh,全名是 Rhodium)源于希腊文玫瑰红色(Rhodon),碘(I,全名是 Iodine)源于希腊文紫色,氯(Cl,全名是 Chlorine)源于希腊文草绿色,铯(Cs,全名是 Caesium)源于拉丁文 Caesius,义为蓝灰色,铷(Rb,全名是 Rubidium)源于拉丁文 Rubidus,义为暗红色,铊(Tl,全名是 Thallium)源于希腊语 Thallos,义为芽绿色,铟(In,全名是 Indium)源于希腊语 Indikon,义为"靛蓝",铬(Cr,全名是 Chromium)源于希腊文美丽的颜色,铱(Ir,全名是 Irdium)源于希腊文"虹",因其化合物有多种色彩;

有表示该元素生成的化合物的气味的,如锇(Os,全名是 Osmium)源于希腊文 Osme,义为"气味",溴(Br,全名是 Bromine)源于希腊文 Bromos,义为"恶臭";

有表示其特征的,如锆(Zr,全名是 Zirconium)在阿拉伯语意思是"朱砂",镭(Ra,全名是 Radium)源于 Radius,意思是"有辐射性",磷(P,全名是 Phosphorus)源自希腊语 Phosphoros,意思是"晨星、闪闪发光的物体",氩(Ar,全名是 Argon)源于希腊语 Argos,义为"不活泼、惰性",镍(Ni,全名是 Nickel)源于德语,意思是"似铜非铜",原是贬称,氢(H,全名是 Hydrogen)在希腊语中的意思是"水之原",氧(O,全名是 Oxygen)意思是"酸之原",氙(Xe,全名是 Xenon)在希腊语中的意思是"怪物",钨(W,全名是 Tungsten)源于瑞典语,义为"重石";

有表示发现地点及特征的,如铂(Pt,全名是 Platinum)意思是秘鲁平托(Pinto)地方的银子;

有考虑其分布的,如碲(Te,全名是 Tellurium)在拉丁语中意为"地球",因广泛分布于地球表面,又被称为地球元素;氦(He,全名是 Helium)来自希腊神话中的太阳神,被称为太阳元素,因当时认为只存在于太阳里;

有类推而得的,如硒(Se,全名是 Selenium)源于拉丁文"月亮"(Selene),因其与碲接近,堪称姐妹,姐姐是地球元素,则妹妹是月亮元素;

有表示其来源的,如钾(K,全名是 Potassium)源于 Potash,因最初是在罐中盛草木灰浸滤而得,钠(Na,全名为 Sodium)因存在于天然碱苏打(Soda)中。

如果说汉语的化学元素命名为元素的类属提供了较多信息,那么,外语元素的命名为每一元素自身提供了较多信息,两者各有千秋。但从实用的角度看,我们却不得不认为中文的命名法更便于进行化学研究。

横向的研究有两个目的。第一是找共性,看看在不同的地域和领域之间在命名上有什么共同的特点和规律,各种命名艺术是如何互相影响、互相渗透的;第二是进行横向比较,通过比较,看看不同地域和领域在命名上各自有什么不同的特点和规律,彼此有着什么借鉴作用。

从不同文化和不同语言的民族彼此的接触和交流看,命名艺术中还应该包括译名艺术这一独特的领域。譬如上面举到的化学元素的中外名称,如果从翻译的角度看,就有好几种形式。"金、银、铜、铁"等是用原有的名称对应,"镭、锕、钚"等是借用古字赋予新义,"氢、氧、氮"等是先义译("轻气、养气、淡气"),再改造成形声字,其余多数新元素是先音译再改造或创造出新的形声字。由于中外在语言和文化上的巨大差异,名词乃至专名的翻译远比外语之间的翻译要生动、有趣和丰富得多,绝非一般的音译和义译可以包括的。译名既是外语名称的传写,又是中国命名文化的一个组成部分,甚而在商业命名中出现了译名式的命名这样一种汉语独有的方式。在研究命名艺术时是不能忽视,也是不应该忽视的。

三、纵向的命名艺术研究

与横向的命名艺术研究相反,纵向的命名艺术研究主要从历时而不是从共时的角度去考察命名艺术的历史及其发展。它也可以从两个方面去进行。

1. 从历史的角度看

可以有朝后看和朝前看两种眼光。朝后看是从历史和现实的种种名称出发,考察它们得名的由来,归纳、总结历史上曾经有过哪些命名方法;朝前看是从当代流行的命名方式出发,预测今后一段时期的命名艺术发展趋势。这两种眼光在当代的命名艺术研究中都是需要的。朝后看是朝前看的基础,只有了解了命名艺术的规律,了解了历史上曾经有过哪些命名技巧,了解了当代社会的需要,才能正确地预测今后命名艺术发展的趋势;而朝前看是我们研究的根本目的。如果我们总结了一大堆古往今来的命名艺术的材料,只是躺在怀古的幽情里感叹,没有想到去为现实的社会需要服务,这种研究是会与社会脱节的,也很难为社会所欢迎。

由于语言和文化密不可分,命名的过程始终是一个时代、一种民族的文化,特别是其中的价值取向曲曲折折地得到反映的过程。从与文化的关系出发,朝后看和朝前看的研究又可以作另一种理解。朝后看是一种考古学式的研究,它是把现有的种种名称当作历史的化石,通过对它们的剖析,去透视它们所折射出的古代璀璨的文化;命名方式的归纳充其量只是一种副产品而不是其目的。而朝前看是一种市场学式的调查,它是从当代社会对命名的需求出发,从历史和现实中寻找满足这一需求的工具,它更感兴趣的是命名方式和技巧本身,而文化的问题在这一过程中尽管必然触及到,却不是追踪的唯一甚至主要的目标。

2. 从命名艺术本身的发展看

为了看清命名艺术今后发展的走向,除了了解历史上有过哪些命名艺术,当前人们在运用哪些命名技巧外,我们还要能从众多纷纭的命名技巧中理出一条线索,看看命名艺术本身经历了一个怎样的发展历程。鉴古才能知今,鉴古知今才能把握未来。大问题上是如此,在命名这样不大不小的问题上也是如此。根据我们的初步观察,命名艺术的发展已经经过了四个阶段。

第一阶段　标记型

由于命名的本质是造成区别,因此最原始的命名方式便是通过一定手段给事物作出标记,这种标记可以是写实性的,也可以是符号性的,还可以是其他种种方式。

第二阶段　述志型

到了一定的阶段,单纯的标记式已不能满足人们对命名的要求,在纯客观的标记之外,人们还希望通过命名表达自己的某种愿望,寄托自己的某种理想和追求,于是就出现了述志型的命名艺术。述志型的命名艺术与时代,与各民族的文化和心理联系最为紧密,是研究语言与文化关系的上好材料。

第三阶段　艺术型

经过长期的命名实践,人们对命名的认识又有了升华:除了作为区别于其他同类事物的标记,以及或多或少地表达自己的愿望之外,人们还希望不管哪种命名,都能取得看起来美一些,听起来悦耳一些——也即有了一种艺术上的追求,这时就出现了艺术型的命名艺术。艺术型的命名艺术与民族语言的特征联系最为紧密,属于一种语言的命名技巧往往难以为另一语言所直接搬用。

第四阶段　竞争型

进入近代,特别是当代商业社会,命名,尤其是公司商号及商品商标的命名已远远超出了造成区别这一原始的要求和范围,而成了激烈的市场竞争的手段。一个著名的商标,往往本身就意味着巨大的财富。许多公司厂家不惜花重金为自己或自己的产品征求一个好名字;与此同时,一些"命名公司"、"命名中心"也相继建立。命名实际上已经进入了市场经济的轨道。这个阶段的命名可以称之为"竞争型"的命名艺术。"竞争型"实际上又是综合型,只要有利于市场竞争,各种命名手段包括看起来似乎是最原始的标记型都可以采用,但一旦进入竞争型,这些命名手段就都有了新的意义和价值。

  这四个阶段只是大致的划分,并不是刀切一般截然分明的。谁也不能指出一个年代,说这就是某某型的开始和某某型的结束。况且说结束比说开始更难,因为如上所说,在竞争型的阶段,各种古老和现实的手段都在被利用;一种似乎已经过时而不时髦的方式,说不定哪天又会被找出来用上。我们的划分,只是指出命名艺术的一个总的发展趋势而已。在需要命名的各个门类上,这四大类型的使用也不是均等的。大致说来,标记型的命名艺术在地名的使用上比较普遍;述志型的命名艺术在传统人名中比较突出;艺术型的命名艺术在旅游景观和当代人名中被更多地使用;而竞争型的命名艺术主要体现在公司商号特别是商品商标的命名上。各个民族、各个地区对这些类型的使用频度也不相同,如中国"为艺术而艺术"的艺术型命名非常受人青睐,而在西方,艺术型的命名首先是跟商品宣传效果联系在一起的。

(原载《实用命名艺术手册》,上海:华东师范大学出版社,1994年)

《中华汉英大词典》浅见

一、本词典的特点

1. 规模最大

从规模来看,它超越了目前所知的所有汉外词典,它是一本汉英词典,但实际上综合了或者意图综合十类乃至十类半词典的功能:

(1) 语词词典:可以类比的是一般的常用词典,如以前出过的《辞海》语词分册。

(2) 古汉语词典:可以类比的是《辞源》、《汉语大词典》、《汉语大字典》、《汉字英释大辞典》。

(3) 成语词典:可以类比的是《汉语成语大辞典》、《汉英习语大词典》。

(4) 百科词典:可以类比的是《辞海》。

(5) 方言词典:可以类比的是《上海方言词典》。

(6) 新词新语词典:可以类比的是社科院语用所编的汉语新词新语词典、网络用语词典等。

(7) 全球华语词典:可以类比的是大陆、香港、新加坡等地已编和在编的海峡两岸用词词典、全球华人大词典等。

(8) 外来词语回译词典:可以类比的是王同亿的《语言大典》。

(9) 学习者词典:可以类比的是 OALD、《现代汉语学习词典》等。

(10) 翻译词典:如各种句典、语林、《中英谚语双璧》等。

所谓半本词典是《古文字字形字典》,但因为收字占比不高,只能算半部。

综合了十类或十类多词典的功能,而且均以汉英对照的形式呈现出来,可说"设想大胆,工程浩大,成就空前"。当然带来的问题和挑战也很多很大。但这些问题和挑战为后人提供了改进和完善的无限空间。"补充容易凿空难",这个创始之功本身也是了不起的成就。就此而言,这本词典的完成,可以说是开拓了一个世纪工程。它与陆谷孙教授先前主编的、影响极大的《英汉大词典》合起来堪称双璧,而其意义和影响可能还要超越后者。

2. 编纂方针最新

最突出的优点是：

（1）提出"有保留的描写主义"的收词原则，成功地破解了规范派和描写派之争。

（2）融古今方俗于一炉。本词典以一本词典而实际上包容了十类词典的功能，可说实现了六大"综合"：古今综合、普方综合、词语综合、源流综合、释用综合、中外综合（指的是要适用于中外不同使用意图的读者），尤其是一方面搜罗了最新的网络词语，一方面收录了甲骨文、小篆等古文字字形，这一做法几乎是空前的，给各种不同层次的使用者带来了极大的方便。特别是收录古文字字形，据我所知，不仅在汉外字典、现代汉语词典中没有先例，连《辞海》、《辞源》、《汉语大词典》也未能做到，这绝对是个大胆创举。

（3）采用三级词条编排法，即词条的出现有三个层次。第一层是字，第二层是该字领头的词或语，第三层是某个应用较广的词还可以带领一群新的词语。如"阿"是第一层，"阿拉伯"是第二层，阿拉伯下面有"阿拉伯树"、"阿拉伯海"等，那就是第三层。我不敢说这个方法是本典的首创，但至少就汉英词典而言，前人好像还没采用过这个方法。这个方法的好处一是符合汉语构词造语的特色，二是简明醒目，便于查检。

（4）释义方面，强调超越"等值"，尤其是提出"文化漾溢"，补充某些词语特别是成语、熟语等的英文相应说法，从而把中外文化交流精神运用到了词典编纂，这是一个理论和实践上的重大突破。

3. 最具时代精神

（1）注意新词新语，与时俱进，收了不少新词包括网络词语，如"打铁还须自身硬""高大上""点赞""顶层设计"以及"悲催"等等。甚至在"打虎"条下加上了"to crack down on corrupt officials"（镇压腐败官吏）的新义。其中有的是2014年的新词。在语音转写上，以汉语拼音替代威妥玛拼法（如以Dao代Tao）也是一种时代精神的体现。这个问题在学界是有争议的，我希望这本词典出来以后能够终止这个争议。在注音上，没有采用习惯的"分词连写"法注音，而是采用了按音节分写的办法。这更符合《国家语言文字法》关于汉语拼音是"注音工具"的精神。

（2）突出文化词语，特别是古代文化词语。这与上条看似矛盾，实际上更能体现当代的时代精神和要求，上一条是为了帮助了解当代的中国，这一条是配合了

"中国文化走出去"的国家战略,以词典编纂这种更权威的手段提供相对来说比较全面的、完整的、系统的、准确地介绍中国文化的词汇及其英语说法。这对今后几年中国文化的传译工作带来不可限量的意义。

4. 最权威

一本书的品牌靠作者,而一本词典的品牌首先靠主编。陆谷孙的名字就是这部词典的权威和号召力所在。但陆的威望不是一朝建立起来的,是长年累月、孜孜不倦勤奋努力的结果。在市场经济大潮下,有多少人能够安坐书斋几十年不为所动,有多少人能够谢绝几乎所有的应酬,闭门从事天下最冷清的事情?学界有句戏言,说如果你想害一个朋友,就让他去编词典。而陆先生却甘愿"害"自己,并且乐此不疲,这是何等的毅力!当然,本典的权威性和可信赖度也来自于陆先生的深厚学养,他的中英文功底在国内英语界可谓首屈一指,加上他多年的文化积累以及词典编纂实践,使人们对这本词典充满了期望。正因为有足够的底气,这本词典的编纂才敢有如此之多的新的设想,也在可能有某些突破性的思路如在释义中主张"超越对等"和"文化漾溢"等,因为这种主张并不是人人敢提,更不是人人能做得到的。再比如大胆破旧规、立新规,那也是需要充分的自信和学术勇气的。例如一些中国人名和事物名称习惯上已有旧的威妥码拼写法或日文罗马字转写法,已经相应成习,但这既不符合当今的国家和国际标准,也不符合历史的实际。这些年来在实践中,很多人已经在试图突破,包括国外的一些研究者和机构,但基本是各行其是,没有一个一言九鼎的权威标准。本典在国家主权、历史文化和现实需要的方面走出了非常大胆的一步,以汉语拼音作为权威译法,而为了有个过渡,也把旧译法作为第二选择。例如"孔子"的译法,先是 Kong Zi,然后才是 Confucius;"禅宗"的译法,先是 Chan Buddhism,然后才是 Zen。"道"的译名也把 Dao 放在 Tao 的前面。还大胆收录了一些特有事物的汉语拼音转写作为英文标准译法,如 Jiaozi, Baozi, fanqie(反切),以及《易经》的卦名、中医的相关术语等。这实际上是在立新规,在努力建立中国文化英文表述的中国话语系统,在中国文化外传史上有划时代的意义。

二、问题商榷

1. 定位问题

词典编了是给读者用的,读者有两种,一种是借助词典帮助读书,一种是借助词典帮助学习和写作(包括翻译)。因此词典主要也就是两类,分别适应这两种读者。第一种是释义型词典,一般来说,早先的词典,特别是大型的词典,都是释义型的,如中国从《说文解字》《康熙字典》到 20 世纪的《辞海》、《辞源》、《汉语大词典》,英文从约翰逊的《词典》到《牛津大词典》。第二种是应用型词典。应用型的词典特别是其中的学习者词典好像主要是伴随着第二语言教学而发展起来的,如英国的 ALD(我们读书时用得最多的两本词典 ALD 和 OCD,好像正好代表了这两类词典),中国的《现代汉语八百词》、《对外汉语学习词典》。应用型词典的另外一类是翻译词典和翻译句典,这类词典有影响的好像还不多。一般词典和大型词典在这种分类上大体相同,只是后者在这两方面的要求更高而已。例如释义不仅要正确、简明,而且最好能提供文化背景、语源知识;希望收词范围更广,应有尽有,想查到的都能查到,查到后能解决阅读上更复杂的问题(如外国人直接读中国古籍)。应用上则不仅能满足一般日常应用,还能满足更广泛、更专业的应用(譬如现在国家重视的中国文化对外传译,这几乎是一个包罗万象的工程),能帮助国内外人士从事中籍外译。这本词典首先碰到的就是这个定性问题,是定在哪一种,释义型的?应用型的?还是两者兼重型?看来本词典想走的是第三种,兼重释义和应用。但这样会带来一个问题,就是两者的平衡和体现问题。因为两种词典义项的出现顺序是不一样的。释义型的会以词义发展顺序排列义项,而应用型会以常用频度为序排列。我们读这本词典,有时会有读不同词典的感觉,特别是古词语和现代常用词的时候,感觉很不一样。另外一个问题就是兼顾两者,有时两者都不能彻底到位。从释义的角度看,为了满足多方面、多层次的需要,这本词典的范围铺得很开,甚至像十本词典的综合。但综合不等于相加。通过抽样比较我们发现,这本词典在综合程度上超过了现有的各类词典,而就各类词典的内容单独看,却又只能算是各自中型的词典。如果本词典的定位真想释义和应用并重,开创一个大型词典的新模式。我觉得应在两方面都进一步加强。第一步是在目前的基础上,增加例证,使之更具应用性。

2. 名称问题

首先还是词典的名称,到底叫"词典"好还是"辞典"好?这在英语中不是问题,都是"dictionary",但在汉语中,叫"字典"、"词典"、"辞典"是不同的。"字典"与"词典"之别比较清楚:字典只解释单字,词典在汉语中虽以单字领头,但重点解释的是词。只是现在的字典收了越来越多的词(例如网上的《新华字典》),侵占了词典的功能。实际已经名不符实。解决的办法是2014年版的在线《新华字典》改称《新华字词典》。"字词典"的说法还是第一次见到,还可看出编者的苦心。词典和辞典许多人已经混起来了,包括两本权威的辞书。《辞海》上说"词典即辞典",《现代汉语词典》上说"辞典同词典"。其实两者是不同的。本典来源之一的《汉语大词典》就说得很清楚。词典是"收集词汇加以解释供人参考的工具书"。而辞典是"汇集词语,按某种次序排列,加以解释,供人查阅的工具书"。两者的区别在于一收集"词汇",一汇集"词语"。对词汇的解释是"一种语言里所有的词和固定词组的总汇,是构成语言的建筑材料"。对词语的解释是"词和短语"。从《汉大》的实际情况来看,全书近八千页,但很少有超过四个字的条目。而四个字的往往是成语或其他"固定词组",这是符合它自己的定义的。以辞典命名的最有名的是《辞海》和《辞源》,前者收了很多百科条目,后者也收了很多多字熟语和专名,如"兵来将敌,水来土掩"、"乾嘉苗族起义"、"内外伤辨惑论"等。不称为"词典"也是正确的。而本词典收录了大量成语、熟语、谚语、惯用语,如"熬年头"、"熬过冬就是夏"、"阿猫阿狗"、"按下葫芦浮起瓢",以及超过四个字的名言和其他术语,如1154页"君"条下就有"君子成人之美"、"君子一言,驷马难追"、"君子之交淡如水"、"君子动口不动手"。第701页还有"工商管理"、"工商统一税"、"工学院"、"工艺流程",特别是"工业品出厂价格指数",这些恐怕无论如何也不能说是"词",叫作"辞"就没有问题。可见本典在范围上已超出了《汉大》,更接近于《辞海》,称《词典》是不妥的。这与《英汉大词典》又不同。《英大》可以叫"词典",因为是以"词"为单位收录的,我发现里面很少有不加"-"的三字以上的词条,也没有把英文中的 idiom、usage, slang, proverb, quotation 或者 sayings 作为词头收入"词典"的。《现代汉语词典》英文版对"词典"的解释是"dictionary; reference book that lists words and provides explanations for their meanings",这对"英汉大词典"是合适的,对汉英大辞典却不适合。

3. 新词新语问题

这是本典的重要特色之一。以前新词新语的产生途径主要是平面媒体,以及文学出版物,一般已经过了编辑的把关和筛选,问题不会太大。现在流行语的产生更多地是通过网络这种自媒体,很难也不可能经过严格的检查。是不是适合收入,就需要经过严格的甄别。陆先生的"有保留的描写主义"在这里显得特别重要。编者认为"适当放宽尺度收录,并不就是降低品味哗众取宠",这个原则是对的，但其间还是有可以讨论的。我发现编者对网络新词并不是有闻必录，如"打酱油"、"逗你玩"等就没有收入，也没有收入"杯具"的网络义（谐音"悲剧"）。但收入的仍有可议之处，例如"屌丝"这个词，网络上很流行，甚至有些报刊、电视甚至媒体人也经常挂在嘴边。这样的词是否要收？前几年《咬文嚼字》编辑部讨论每年的"十大流行语"时，曾征求过我们意见。汉语学界，以及政府相关部门经过了多次争论，最终认为还是不宜收。否则开了这个口子，以后会一发不可收拾。例如我注意到，与"屌丝"流行度可有一比的"二"、"二逼"、"逼格"、"逗比"本典就没有收。有人会说，这是社会的语言事实，与之相似的，如"鸟人"，为什么就可收呢？我认为这也是本词典的不足之处，"鸟人"一词，以及相关的"鸟事"、"鸟嘴"都只见于《水浒传》，是李逵等粗人的专用语，其他书上很少见，今日更是少有人用。词典收了这些词，是作为阅读《水浒传》等用的，应该加上"主要见于《水浒》"的说明，否则按现在的处理，会造成现在还可使用的误解。

4. 外来语问题

新译外来语中也有该收不该收的情况，如用"爱疯"来音译 iPhone，本来是对目前这种盲目时尚的嘲讽，把它当作流行语收入是不合适的。何况，"爱疯"不仅仅是音译，它的字面意义还在，有叫"爱疯"的歌曲、舞蹈，还有以唱《爱疯》出名的歌手（周汤豪），那么，我们是否要把这作为一个收录呢？第 7 页"爱发"（lovelock）大概是个回译创词，不知道有没有用例，看上去觉得不像个汉语词。

而有些新的外来词，特别是来自日语的，好像可收而未收。如"必杀技"、"暴走族"、"景气度"、"花嫁"等。

讲到了译词，还有个多译词问题，一个外语词有多个汉译，音译、义译、音义双译，旧译、新译、新新译、大陆译、香港译、台湾译、海外译。这大概是汉语外来词特有的现象，汉译外大约不大会有。本典有个原则是尽量收集，这当然是好事，但里面还是有个把握问题，因为有时实在太多了，有见必录也是个麻烦事。50 年代有人从 14 种词典中搜到了"microphone"的 14 个译名：传声器、传音器、播音器、广播器、扩声器、扩音器、扩音机、扬声器、强音器、增音器、微音器、听微器、显微声器、显微音器，加上音译的麦克风共 15 个。编汉英大词典有无必要立 15 个词条呢？第 392 页"单行道""单行路"列为两条，还附了"单行线"，与此情况有点相似（而且都没放在"单行"下作为三级词条）。

5. 方言问题

方言似应注明地域,否则其意义有限。大约来源不一,吴地的注了,如"阿拉(Wu)",其他地方注的不多。如第 7 页"爱巴物ㄦ",就不知是什么玩意儿。第 374 页"大添"方言义是 to be born full term,没有示例。第 381 页"诒试",方言 to deceive 的意思,也不知是什么方言(有《山乡巨变》用例)。

方言还有个注音问题。周有光先生曾经说过,汉语拼音方案不是用来注古音的,也不是用来注方言的。注方言和古音最好用国际音标。前者如《上海方言词典》,后者如各种音韵学著作。如做不到这点而一定要利用汉语拼音,则要找到其对音规律,将之"换算"成普通话。这方面古今对音做得比较好,方音问题较大。这里有个典型例子,我认为编《现代汉语词典》那些人全搞错了。因为这个需要"名从主人",根据当地的方言读音。在李荣担任丛书主编、许宝华担任主编的《上海方言词典》里,"囡"、"暖"的读音相同,而与"南"、"男"不同,按此换算,"囡"的普通话读音应为 nuan,不是 nan,本地人和外地人听上海话的感觉都是如此。由于"南"、"暖"在现在的上海话中已经不分,北方那些正音者误把与"暖"对音的"囡"字对音成"南"字,才出现了这个上海人听不懂、外地人更听不懂的怪读音。我不想强调这个音一定要纠正过来,但这个例子带来的问题是碰到别的词书出了错的地方,我们一定要将错就错吗?

6. 释义的问题

由于本典的定位是古今、方俗兼收,读书、翻译并重,兼有释义型与应用型两类功能。其中对古代和方言词语要强调阅读,因此要有书证。现代、日常的强调写作和翻译,要给出例证。从实际来看,本典不少来自《汉大》的古代词语,却略去了书证,就变得很难理解,更不用说知道能否用、如何用了。如第 381 页"代序"有三义,1 是常用义,2、3 是书面语用法,但 2 有例证,3 没有。

同页"诒托"under another name 既不知哪里出现过,也不知怎么用。(此例《汉大》有《穀梁传》的书证,不知为何不用?《汉大》有,这里不用的情况很多。)

通假字更是最好有用例,特别是有些不常见的。如:第 380 页"大"通"待"和"代",古书不常见,应有例证。

有的解释可能有问题。如第 712 页"红"gōng。按此读常见义只有"女红"的"红",《汉大》说得很清楚,但本典只解释为 vari of "工", handicraft,而没说明背景,会误以为与"工"可易随意换用。而 gōng 读的第二义,通"功",即丧服"大功"、

"小功"之"功",只见于《汉书》一例,而《汉大》引颜师古注已明言其非。可见不应再用。与之类似的是有的词或词义太偏,如第1111页"九"的平读,其实只有《庄子》的孤例。而"九合"一般均读上声。此处把"九合"平声定为正读,上读反而未收,与读古书常态不合。

有的解释不精确。如第1183页"克己复礼"to restrain oneself and return to the rites 本来也可以了,但后面加了个括号(of Confucianist),反而出了问题:因为克己复礼的"礼"并不是一般的"礼",而是特指周礼。而且如指儒家当用Confucianism,如指儒者应用复数,这里用个单数非常奇怪。

在释义方面,本典还有一个创新,即陆先生谓之"超越等值"、"文化漾溢"的东西,如用英语的谚语来对译汉语的成语、谚语、歇后语等。这已超出了上述八类词典的范围,实际上进入了又一类词典,可叫作"翻译词典"甚至"翻译句典"。国内英译中和中译英的这类"句典",大多是从名家的译文中收集译例,放在一起。不但英译中的质量参差不齐,中译英的更是掺杂不少"中国式英语"的东西。主要利用英谚来译中文熟语的还不多,我只见过几本,质量一般。因此看到陆先生在"前言"中的这个主张,非常期待。遗憾的是实例似乎还不够多,有的也还有改进的余地。例如第330页"聪明一世,糊涂一时"给出了一个翻译和两个"漾溢":To be clever all one's life but stupid this once. Smart as a rule, but this time a fool. A wise man is not always free from momentary stupidities. 但两个漾溢的例子似嫌不够多精炼,也许下面两个例子更好:The wisest are not always wise. No man is wise at all times. 第1131页"举一反三"给了一个翻译和一个漾溢:To cite one thing and be reminded of three others. To infer the rest from what is already known. 其实还可漾溢一个例子:Half a tale is enough for a wise man。

7. **古文字问题**

在收录的许多字下标出了甲骨文、金文和小篆的形体,这是本典的一个重要特色,也是创举。从收录情况看来,凡列出古字形的一般是象形、指事、会意三体字,形声字不多。但似乎有例外。如第635页收了"干(乾)"(会意兼形声)的小篆字形,却没有收独体字"干(榦)"的甲骨文字形。第520页收了假借字"而"的甲骨文、金文和小篆字形,第857页收了假借字"乎"的甲骨文和小篆字形,而同为假借字的"何"("荷"的本字)、"其"("箕"的本字)却没有收录古文字字形。形声字在汉字中数量最多,本典收得极少,但随意翻检之下,发现也收了一些,如第80页"被",

第131页"病",第216页"常",第572页"匪",第861页"胡"。第935页收了"击"的繁体、形声字"擊"的小篆字形,第103、109页收了"边、变"的繁体、形声字"邊"、"變"的小篆字形。由于形声字收入的极少,这样处理应该有个说法。特别是"被"、"胡"、"病"是常见字,又是很规则的形声字,如果它们可收,则所有进入《说文解字》的小篆字都该收。而本为独体的"经(古字为"巠")却未收。

此外,由于具有甲骨文和金文形体的字有限,是个封闭性的集合,为了突出和便于使用,可以在字典后集中列表作为一个附录。

这里还带来了另一个问题,既然考虑到了古文字字形,要不要收录古音?古音收录有两个办法,一是给出《广韵》或《集韵》的反切(如"东"是"德红切"),《康熙字典》《辞源》《汉语大词典》是这么做的。二是给出该字的中古音调韵声地位,即属于中古四声的哪一声、三十六字母的哪一母与《广韵》的哪一韵(如"东"是"平东定",即在平声东韵定母),《辞源》《汉语大词典》《汉语大字典》都是这么做的。《辞源》和《汉大》都未收古字形而收了古音韵,可见他们认为古音比古字形重要。这个问题本词典今后如作考虑,则就更成名副其实的古汉语辞典了。

8. 三级收词问题

三级收词是本典一个创新,但似乎贯彻得不彻底,常有该放在三级而在二级列出的例子。如1054–1055页的"节"字下:"节目"、"节目单"、"节目牌"并立,"节能"、"节能灯"、"节能灶"并立,"节孝"、"节孝祠"、"节孝坊"并立等。

9. 一些具体失误(略)

10. 文化词语问题

这个问题比较重要,因为中国文化外传服务是本词典当前最紧迫的使命(日常中译英翻译一般汉英词典大体已能对付)。这里面包括两个方面的问题。一是词条的选择,二是词条的翻译。

(1)第一个问题就本典来说,其实是"百科"的内容之一,只是显得更加特殊、更加重要而已。因此与其他百科条目有共性。共性是选目的范围。上次的会议上我曾举了一些例子,有外国的自然地理名称、行政地理名称、外国一般人名、外国名人、外国神话人名、外国古人名,还有动植物名称、化学名词,等等。我的感觉是哪些该收,哪些可以不收,词典有些随意性。至少作为读者我看不出其中有什么标准。就中国文化词语来说,这一情况同样存在。下面举例来说:

讲到古籍,首先是经史子集四部,但本典居然没有"经史子集"这个条目。经子代表了中国古代的思想，我们首先想到的是先秦的诸子百家，这些"家"应该介绍。我们见到收了孔子、韩非子、管仲及管子。但710页未收公孙龙子，762页未见鬼谷子（苏秦和张仪的老师），却有"鬼谷"（ghost valley）。我想鬼谷子比鬼谷要重要得多。

经部我们第一个想到的是《易经》。《易经》有卦有爻，64卦的名称从A-K来看，几乎都收录了，如第89页有"比"卦，第97页有"贲"卦，137页有"剥"卦，367页有"大过"卦，377页有"大有"卦，728页有"蛊"卦，740页有"观"卦，755页有"归妹"卦，986页有"家人"卦，1054页有"节"卦，等。爻的名称无非是初六、六二至六五、上六、用六、初九、九二至九五、上九、用九。但在1114-1115页"九"字下，我们见到了"九二"、"九五"，却没有见到"九三"、"九四"。在294页"初"字下，也没有见到"初六"、"初九"。不知"上"字下、"六"字下情况如何。

史部我们首先想到的当然是二十五史，不知道这些史的名称是否全收了。其次想到的是职官名称。但收哪些，不收哪些的问题马上来了。我们随意翻到了"大"字。374页"大司"下有大司马、大司农，却没有大司徒、大司空。而后二个与大司马古称"三公"，比大司农重要。大司农属九卿。我们又随便看了看，发现在"大"字下收了"大理寺"却未收"大鸿胪"（《汉大》也失收，《辞海》收了）。实际上对涉外的需要来说，后者更重要，因为相当于礼宾司。

在随便翻阅的过程中我有个印象，本典收了不少《庄子》中的词语，甚至有的还比较僻。当即想到儒家的《论语》《孟子》应该收到还要多，但随便想了个"八佾"，却发现没有收，其实"八佾"（舞于庭）至少比"诒托"要常见得多。

查了上面这些内容，我发现百科条目应该是一个系统工程，该收什么，不必收什么，事先要有一个通盘的计划，才不会事后顾此失彼。现在《词典》已经编到一半，再来讲通盘计划有点像马后炮。但是还可以补救。补救的办法我建议是搞一定数量的附录。一些封闭性的内容，可以通过附表的形式呈现出来。例如上面提到的世界各国名、首都名，中国的朝代名，《周易》64卦名，中医的经络名、穴位名，二十四节气，天干地支，十二生肖，音乐上的宫调名，历代职官简表（中央从三公九卿制至三省六部制，地方从郡县两级制至省府县三级制），亲属称谓，等等。

（2）第二个问题是词条的释义或者说翻译。这涉及国家当前的一个大工程，即中国文化核心词的翻译。理想的是通过词典的编纂，建立一个中国文化词翻译的中国话语系统。这个需要认真梳理一下。如果来得及，最好也能以附表的形式呈现,其影响将会相当之大。这里面也有三个问题需要研究,一是核心词的选择。易经的、儒家的、道家的、新理学的,等等都有一套:孝悌忠信礼义廉耻、仁义礼智信、道德有无、太极阴阳、理气象数等等。还有文论(《文心雕龙》里的一套东西非常难译)、画论(六法之类)、医学、小学(文字、音韵等各有一套)等等,都有各自的术语。需要做收集和整理的工作。第二是翻译原则的确定,是意译?还是音译?还是造译?(如笔者造的一个"字"sinogram)现在有个趋向是大量用汉语拼音转写,但需要适可而止,否则太多了便等于不译,而且汉语拼音的读音系统进入不了英语,读起来会很怪(这一点比不上威妥码系统)。第三是翻译方法,即一些具体的操作问题。比方说,古书的书名怎么翻?古代的人、名、字、号怎么翻?我举一个例子,皇帝的庙号和年号。前者如 795 页"汉文帝",本典给出了两个翻译,一个音译一个意译,Han Wen-Di, Learned Emperor of the Han Dynasty。前一个给人的感觉是此人姓汉名文帝。第二个意译涉及到"文"这个字义的确切理解。这里译为 learned 显然是错的。因为作为谥号的字有特定的含义,如"文"是"经天纬地"、"武"是"威强睿德",前者不是这里的 Learned,后者也不是同页翻译汉武帝用的 Marshal。看来皇帝庙号如要意译,也得做成一个专门的表格,确定每个谥号的统一译法。年号一般用音译是没有问题的。问题在于我们常喜欢加一个 reign,如 in the 16th year of the Qianlong reign。但这个用法用在明清两代没问题,因为这两个朝代每个皇帝都只用一个年号,但在元以前就不行。例如宋徽宗用了六个年号,政和、宣和等,用 reign 就不合适,要不然,Zhenghe reign 和 Xuanhe reign 人家会以为是两个皇帝。

三、具体建议

(1) 建议提供大量附录,以备正文之不足,同时使中国文化的推介更具系统性,便于完整理解。

(2) 三级词条可以进一步调整,使第三级设置的优越性充分体现出来,词典面目更加简洁清新。可以不用考虑英文的相关性,只要考虑中文的相关性。同时,三级词汇是否也可以加上注音?

(3) "漾溢"的事值得系统地做一做。可从成语、习语开始。

(4) "一词多名"的现象能否采用"有保留的描写主义",适当于以精简?

(5) 古代词语方面,减少冷僻词,增加常见典籍中的常用词语。

(6) 对于用汉语拼音转写的词语,最好能整理归纳出一些一般原则,补入凡例。(单音词音译要慎用,因容易相重。如"气"、"器"、"礼"、"理"、"数"、"术"、"中"、"忠"等。)

(7) 关于古文字字形的具体建议:

A. 古文字字形放在每个字字头下。相应的,每个字的第一义项改为按字形理解的本义(个别无书证的本义除外,如"权,《说文》黄花木"无书证)。此后可按字义发展线索,也可按常用性排列。但为避免麻烦,可依现在稿子的顺序。因为"常用性"不易把握。

B. 象形、指事、会意字应全收,假借字凡本义已失的(如"我"原意是一种兵器,但古书无用例)也全收。

C. 形声字可收: a. 简体字可收繁体的字形; b. 字形发生明显变化,看不出其形声关系的。如"徒"、"杂"、"旗"、"尚"等。c. 部分人们不习惯的,如右形左声("叩")、内形外声("闻")、上形下声、下形上声等。这样估计收字会达2,000－3,000字,会成为一本很好的古文字形字典。

D. 因编写组古文字未必熟悉,建议采用曹先擢、苏培成主编的《汉字形义分析字典》(北京大学出版社,1999年)作为古文字字形和解释的基本依据。曹是《新华字典》第三任主编,苏是原现代汉字研究会会长。此字典较新较可靠。有疑问的,再参看李圃主编的《古文字诂林》、于省吾的《甲骨文字诂林》、戴家祥的《金文大字典》等。

(陆谷孙先生主编《汉英中华大词典》在编纂过程中曾邀我参加过几次讨论,其中有的发言整理了,有的没有。这里是2015年4月4日整理的一次,相对比较详尽。谨以此文慰藉陆先生的在天之灵)

学人研究

史存直和他的语言学研究（外3篇）

去年十月，在南方的上海和北方的北京，先后召开了两个庆祝会，庆贺语言学界寿星史存直先生和吕叔湘先生度过了他们生命中的第九十个春秋。这是我国语言学界的一件盛事。吕叔湘先生是举世公认的中国语言学界泰斗，史存直先生也是一位成就可与之媲美的语言学界巨擘。

史先生诞生于1904年，是安徽合肥人。幼时因家庭屡屡迁徙，没有受过完整的学校教育。1921年18岁那年，中学还没有毕业，就东渡日本求学。先生在日本呆了十个年头，先进留学生预科，后进京都帝国大学土木工程系学习。1931年回国以后，因为某种特殊的经历，先生对拉丁化新文字运动发生了浓厚的兴趣，从此就终身投入了这一事业。华东师大成立以后，先生就一直在华东师大中文系工作，是该系最老的元老之一。

先生从30年代起就致力于语言研究，现在可以查到的最早一篇文章，《中国文字罗马化运动中的若干问题》，发表在1937年。在将近六十年的研究教学生涯里，先生所涉及的语言学范围异常之广，就是在他同辈的学人中也是罕见的：从现代汉语到古代汉语到汉语史，从中文到外语到汉外对比，从语言学理论到语音、文字、词汇、语法……到处都留下了先生辛勤治学的足迹。

先生的治学范围虽然广阔，但是有一条主线，用他自己的话来说，他是从文字改革起家的。他是由于对文字改革产生强烈兴趣而投身语言研究的，在研究文字改革过程中，他感到要拟出好的拼音方案就必须深入钻研音韵，要想把分词连写问题解决得好就必须深入钻研语法，从而形成了他的一个以文字改革为起点，以音韵和语法为两翼，最终又回到文字改革的独特的研究体系。

我国的文字改革运动走过了漫长的道路，最近几年听到了较多的不同意见。这方面的是非功过我们且不去评说，但先生这种治学的精神是很值得我们深思的：研究文字改革，他并没有停止在文字改革本身，光在赞成、不赞成上做文章，或者热衷于制定一个又一个方案，而是抓住其中的关键问题，深入研究。也许有人会感到奇怪：先生的两大专长，一门音韵，一门语法，两者隔得这么远，怎么会统一在一个人身上？其实对先生来说，这并不奇怪，这都是从文字改革这个根上生发出来的。只是先生在这两方面研究得特别深,又卓有成效,于是从附庸蔚成大国;许多人甚至只知道先生是音韵学家、语法学家,而不知道他也是我国文字改革运动的先驱之一。

先生的治学成就是多方面的。限于笔者的学力,在这里只能简单地介绍几个方面:

1. 音韵学

在音韵研究中,《切韵》体系上承古音,下连近代音和现代音,又有完整的文献传世,具有极其重要的地位;而《切韵》音系的性质又是正确地研究《切韵》、把握《切韵》、利用《切韵》的前提。我国音韵学界长期以来,在《切韵》性质问题上存在着单一体系说和综合体系说两派之争,而先生可说是彻底的综合体系说的主要代表,在学术界有着广泛影响。继先生的《汉语音韵学纲要》之后,1992年,先生的两名学生汪寿明与潘文国合著的《汉语音韵学引论》出版。由于后书较好地体现和发挥了先生的音韵思想,音韵学界的朋友来信说这是"华东师大学派的宣言书",可见以先生为旗手的华东师大学者独特的音韵观点已受到了学术界的相当重视。

先生在音韵学上的又一重要贡献是他对日语汉音和吴音还原问题的研究。在我国音韵学界,凡对拟音问题提出重要见解的,大致都有一两招"绝活",如高本汉的汉语方音研究、罗常培的梵汉对音研究、王力的汉越语研究、李方桂和严学宭的汉藏语系研究等,而先生则以建立在他深厚的日语功底基础上的日语汉音和吴音还原的研究著称于音韵学界。1982年音韵学会西安会议期间,笔者去看望王力先生,王先生还特地提到在日语问题上,他要好好向史先生请教。说及这件轶事,一是想为王力先生的生平事迹补充一个细节,当时王先生已届八十高龄,但为科学研究而正在开始学习日语,二是强调史先生的日语还原问题刚刚提出(该文是先生提交给大会的论文),便马上引起了学术眼光极其敏锐的王力先生的重视。两位学界前辈的学问人品,在一件小事上得到了充分的表现。

2. 语法学

50年代以来的一部中国语法学史就是一部语法论争史,到80年代初更演变为壁垒分明的两大派之争:结构主义和传统语法。结构主义的旗手是朱德熙先生,而传统语法的主要代表就是史存直先生。这一场大争论就全国范围来讲,当时是以调和告终的。事过境迁,现在回过头去看,这场大争论的意义也许并没有当时人们所相信的那么大。各种方法、各派理论,很难说谁是绝对的是,谁是绝对的非,大家都是从不同的角度,向终极的真理靠拢。使我们钦佩的是先生的学术勇气。那场大争论中,至少就发表的文章来看,先生是绝对的少数派,他的处境很有些类似50年代词类问题讨论时的高名凯先生(我国的学术讨论,常会出现有意支持一派、压制另一派的情况,甚至80年代还重现50年代的故事,这是很令人悲哀的);也同高先生一样,他连发表文章都不大容易。但他以对科学的坚强信念坚持自己的观点,在一片批评声中毫不动摇,显示了一位真正的知识分子追求真理的可贵品质,赢得了语法学界包括反对他观点的广大学者的尊敬,也为他在国际汉语学界赢得了声誉。

3. 汉语史

我国汉语史的研究起步较晚,自王力先生在50年代末提倡建立这门学科并编写了我国第一部《汉语史稿》以来,只有很少一些学者在从事全面的汉语史教学与研究。事实上,也只有很少的学者能从事全面的汉语史的研究,因为这既需要有广博而全面的汉语知识,精湛的语言学理论水平,还需要有"史"的眼光,这样才能高瞻远瞩,把握全局。而史先生就是这少数学者中的佼佼者,而且做出了突出的成就。从时间上来说,先生是继王力先生之后,第二位,也是迄今为止唯一的一位出齐了一整套汉语史著作,包括汉语语音史、汉语语法史、汉语词汇史的学者;从内容上来说,在王力先生之后的一些有关汉语史的著作,大多因袭王力先生的体系,除了在材料上有所充实,个别说法上有所调整之外,大多没有很大的更新,但先生的汉语史却完全突破了王力先生体系的藩篱,特别在语法史和语音史上,与王先生的体系形成了明显的对立。两家体系谁是谁非姑且不论,有这样两套面貌完全不同的汉语史教材放在面前,这对后人的进一步深入研究就是一项莫大的财富。要是老只听到一种声音,科学就难以发展,后人要有所创新难度就会更大。从这个角度看,先生对汉语史研究的功绩实在非常巨大。

4. 文字改革

汉字改革是先生几十年来治学的主攻方面。他搞音韵,搞语法,但一刻也没有忘记过汉字改革。他发表的第一篇文章谈的是汉字改革,而到目前为止,他发表的最新一篇文章:《走向拼音汉字的一条新路》,谈的也是文字改革。由于先生关于文字改革的文章还没有结集出版,因此一般人对此了解不多。其实从他最近的这篇文章可以看出,先生提出的汉字改革方案中凝注了先生半生治学的心血,融进了他在音韵研究和语法研究上的深厚功力。他的方案的主攻方向就是一般人视为畏途的同音词问题,而他在一定程度上也解决了这一问题。先生方案的另一个特色是拼音汉字的字母没有标准读音,其性质犹如古代的反切用字,这又是一般搞拼音方案的人不敢想象的,这里面又反映出先生对汉语语音史研究的深厚功力。在这里我们还是要强调先生巨大的学术勇气和追求真理的毅力:无庸违言,随着电脑输入汉字的实现,这几年来,讲拼音汉字的人少了,绝大多数的人对汉语拼音的方向和前途产生了动摇和怀疑,但先生仍一如继往地执着研究,他相信他研究的成果终有一天会派上用处。这种认准一个方向、终生执着追求的顽强精神值得我们继承发扬。

5. 检字法

这是一个一般研究语言的人很少注意的领域,但仍没有越出先生的学术视野。从50年代末开始,先生就注意到了汉字排检法的研究,60年代初相继发表了好几篇文章。为探索一种新的检字法,他剪掉了三部《康熙字典》;为了怕风把纸条吹乱,他在大热天紧闭了门窗。到了90年代,他终于提出了一套"三级部首检字法",出版了一本《三级部首检音字汇》,并以此法为依据,编出了一本《三级部首小字典》(尚未出版)。目前关于检字法研究的趋势,是与电脑的输入和使用相结合。先生谦虚地说,他的这套方法只是给人脑用的,电脑可能用不上。但笔者根据自己使用电脑的经验,却发现先生的三级部首理论暗合电脑的拼形输入法。我们希望有懂电脑程序编制的行家能关心先生的这一成果,也许能为汉字的电脑输入提供一条新的途径。

史先生学术研究的触角还伸向其他许多方面。如古代汉语语法、英汉语法对比等,几乎每进入一个领域,都有惊人的独到见解或不凡的成就。这样一种全面型、深刻型的学者确实是不多见的。先生治学近六十年,为我们留下了难以数计的宝贵财富。他已经出版的专著就有《语音》、《现代汉语讲义(语音篇)》、《语法三论》、《语法新编》、《汉语音韵学纲要》、《句本位语法论集》、《汉语语音史纲纲要》、《汉语语法史纲要》、《汉语汇史纲要》、《三级部首检音字汇》等十部,未出版的还有好几部,如《现代汉语讲义(语法篇)》、《文言语法》、《汉语音韵论文集》、《三级部首小字典》等及关于汉字改革论文的结集,总计几百万字。这样的一代学人,出在我们身边,确实是我们的骄傲。

先生在华东师大四十余年,辛勤耕耘,培育了大批优秀人材,活跃在全国各地。"文化大革命"结束以后,先生更加焕发了青春,他的大多数学术著作都是在他七十五岁高龄以后出版的。他还在七十五岁高龄以后,亲自带了三届共十六名研究生,现在都成了华东师大及各地高校的教学和科研骨干,其中四人正在国外进一步深造。

先生严于治学,勤于治学,他在生活上异常俭仆,几乎没有什么追求。每次我们去先生家,总看到他在伏案工作,逢年过节也不例外。先生一贯注意锻炼身体,虽然年届九十,除因病腿脚活动不太灵便之外,头脑依然十分敏捷,说话依然声如洪钟,还在思考和写作。先生为年轻一代树立了一个当代学人的崇高风范。

(原载《华东师范大学学报》1994年第4期)

《汉语音韵学论文集》序

由学生给老师的书写序,近年日见其多,其中原因多种多样。而最难堪、最不得已的是老师去世,学生及其后人将其遗文整理成集,写几句话来对其过程作一交待。想不到这样的事竟然落到了我的头上。

收在这里的是华东师范大学已故教授、著名语言学家史存直先生关于汉语音韵研究的论文。1994年6月,史存直先生以91岁高龄遽然谢世,除已出版的十本专著和数十篇论文外,还为我们遗下了未及发表的论著一百多万字。史先生的去世,是我校,也是我国语言学界的一大损失;积极整理出版史先生的遗作,是我们义不容辞的责任。

史先生生前学术研究的领域甚广。其尤为学术界称道的是他晚年对汉语语法和汉语音韵学的研究。这两大领域中,语法方面先生生前已出版了三种专著和一本论文集;音韵方面则除两本专著外,所有论文均未结集出版,本书将是第一次。

当代中国的音韵研究,在一系列问题上存在着两派根本对立的观点。不同的观点造成了不同的研究手段和方法,得出了不同的结论,从而使汉语语音史的描写呈现出完全不同的面貌。这两派的观点可以列表简述如下:

	A派	B派
总的倾向:	传统派	"现代"派
	考古派	"构拟"派

对《切韵》：	综合体系说	单一体系说
对《广韵》：	206韵音同韵异	206韵实有分别
对"等韵"：	韵图排列产生"等"	"等"是韵图的基础
"等"的性质：	不代表实际语音构成	有表"元音"、"介音"、"声母"诸说
对上古音：	充分考虑方言和时代因素	更多地看作单一体系
对"音转"：	用方音等因素解释	用音理因素解释
对上古汉语：	不同意复辅音说	主张复辅音说
对待"拟音"：	只能为通语大类拟近似音	越拟越精细
对汉语语音史：	强调稳固性	两头小中间大或古繁今简

……

理论上的分歧在学科的发展上是不可避免的，甚至是必要的。它有利于学术研究的深入。十多年来，史存直先生一直是公认的A派的代表，在学术界有着重要的影响。他的观点集中体现在他的《汉语语音史纲要》(1981)和《汉语音韵学纲要》(1985)两书中。由于这两书都是教材性质，写得比较简明扼要，只提出了观点，没有详细叙述论证过程。而论证过程正体现在这部集子里。

在史先生的音韵学术思想中，"综合体系说"是核心，由此而生发出一系列观点。本书收集的十八篇论文，可以说从不同角度阐述了这一思想。这十八篇论文可以分成四组：

1. 上古音研究

本组共八篇文章。其中第一篇《关于周秦古音的声调问题》是先生进行上古音研究的切入点，正是抓住了这一点，先生不仅提出了上古汉语同后代一样存在着四声这一令人信服的结论，同时使清代以来在古音分部上纷纭复杂的意见简化了，变成了四大主要分歧：①"脂"、"祭"的分合问题；②"侯"部的归属问题；③"东"、"冬"的分合问题；④"真"、"文"的分合问题。接下去的四篇文章，就在这四个问题上展开，以翔实的资料，证明了宜合不宜分的观点。在《"侯"部是独立的韵部吗？》一文中，先生从方音交叉的角度，提出了"中间状态"的观点；而下面的另两篇文章，可说是对这一观点的进一步申述。本组的最后一篇文章，从方言分合的角度，对上古音研究中最棘手的"音转"问题作出了新的解释，对"阴阳入"互配问题提出了新的看法。

2. 中古音研究

本组共五篇文章。其中前三篇讨论的可说是同一个问题。先生对长期以来存在在音韵学界的"综合体系"和"单一体系"之争进行了深入的探讨,并从考察唐代七位北方大诗人的用韵情况入手,为"综合体系"说找到了又一有力的证据。"阳上作去"和"该死十三元"问题则提供了有力的旁证。第四篇《日译汉音、吴音的还原问题》是先生对古音构拟学说的贡献,提出了怎样正确利用域外译音的原则和方法。此文曾受已故语言学大师王力先生的高度赞扬。最后一篇《说反切》可以说是一篇普及音韵学的通俗文章,也可以说是一篇高度凝练的学术文章,在一篇不长的文章里,把反切这一古代音韵研究的重要内容的来龙去脉、发展演变、功过得失、规律和方法等讲得如此明白易懂,同时又阐述了关于等韵和综合体系的深奥道理,是十分不容易的。但先生娓娓道来,犹如轻车熟路,体现了深厚的功力。

3. 等韵研究

汉语音韵学三大部门——古音、今音、等韵——中,等韵历来被认为是最艰深的部分。但等韵研究又是音韵研究的核心和关键,是解决和处理古音构拟问题、实现音韵研究现代化的首要前提。可以说,现代音韵研究两大派,就是从等韵理论开始分道扬镳的。而解决等韵理论的关键又在于解决对"等"的认识。这一部分先生写了三篇文章,集中讨论了这一问题。两百多年以来,可说先生是第一个对清初江永提出的"一等洪大,二等次大,三四皆细,而四尤细"的假设,提出了正面的批评,同时他还批评了认为"等"与介音有关、与韵腹有关、与声母有关种种观点,从历史主义立场和综合体系学说出发,对此作出了新的解释。

4. 语音史及其他

这一组含两篇文章。第一篇《试论北京音系的历史继承性和代表性》可说是上面一系列研究的总结和发展。通过对上古、中古、近代及作为音韵学理论基础的等韵学的研究,先生对建立新的汉语语音史提出了成熟的想法,其中最重要的便是汉语语音体系的稳固性。在充分重视通语方言差别和古今演变差别的前提下,先生提出了认识稳固性的一个重要基础——书面语言对口头语言的影响以及反切体系的规范性和超方言性,从而为理清纷繁复杂的汉语语音历史演变提供了一条线索。第二篇《朱骏声古韵十八部韵字表》,是出于先生对前人整理的古韵检字表的不满,而据朱骏声《说文通训定声》一书重新整理的材料。

值得一提的是，这十八篇文章中，约有一半是作于"文革"期间。在这场毁灭文化的大浩劫中，先生默默地勤奋耕耘，不计名，不计利，甚至也没有考虑到将来能否发表，只是为了学术本身的发展，潜心从事研究，充分表现了一个中国知识分子的正直良心。我们认为，这本书既是史存直先生一生从事音韵研究的结晶，也是他一生正直为人的写照。

关于这本书的结集，先是先生生前曾自己提出过一个选目，先生去世后，其次子史国宁提供了较完备的资料，由先生的学生汪寿明、潘文国和李露蕾等人在原选目的基础上负责编定。考虑到本书是史先生身后论文的第一次结集出版，我们于书后附了一份《史存直论著目录》，以为后人研究先生学术思想提供便利。

（原载史存直《汉语音韵学论文集》，上海：华东师范大学出版社，1997年）

《文言语法》序

2004年是著名语言学家、先师史存直先生百岁冥寿，又是先师谢世十周年，中华书局决定出版先生的遗著《文言语法》以志纪念；先生哲嗣国宁师兄夫妇为之奔走不遗余力，数月间初稿已就。国宁兄又殷殷嘱我为序，我复之曰，此弟子份内事，安敢辞！

七年前，为先生整理出版《汉语音韵学论文集》（1997年，华东师范大学出版社）时，我曾指出，先生晚年最有功于学林处，在于两个领域，一为汉语音韵学，一为汉语语法学。前者先生著有《汉语语音史纲要》（1981）和《汉语音韵学纲要》（1985）二书，加上新编之《汉语音韵学论文集》（1997），可谓已成全璧；后者则先生生前出版有《语法三论》（1980）、《语法新编》（1982）、《汉语语法史纲要》（1986）三部专著和《句本位语法论集》（1986）一本论文集，理论的精华也大部已经汇集。所欠者唯先生关于古汉语语法的论著耳。今《文言语法》得以出版，则先生关于语法之论著亦已基本齐全，学林得窥全豹，固有一快之感；而先生于九泉之下，亦当含笑矣！

《文言语法》是二十年前之旧著，理论体系又大体因袭《语法新编》。当下学科精进，日新月异；今日出版，纪念之外，意义何在？是为作序者所欲深论者。予以为其意义至少有三：

其一，得窥先生治语法之全貌。迄今之世，以一人之力而独自完成"汉语语音史"、"汉语语法史"、"汉语词汇史"三史者，王力先生之外，其惟先师；而先师之《三论》、《新编》、《句本位》三书，均为关于现代汉语语法理论之论述；人骤见酌古沿今之《语法史》，或觉突兀，不知所谓"史"者何由而来。今见《文言语法》，当可知先生之于历史语法，亦曾下过苦功；于古今汇通，尤倾过全力。先生以其所力主之"句本位"理论，贯穿始终，复益以中外异同之比，及古今相承之意，其心拳拳。此其所以能于汉语语法史之研究中，王力先生之外，别立一门派，而使今日治语史者，得有所参照比校之缘由也。

其二，得见先生治学之道路。二十五年前随侍先生，常在左右，耳提面命，获益良多，深感前辈学者之治学精神，有为今日青年学子之可奉为终身楷模者。先生之治学道路，与他人或异；而先生一旦选定道路，为之奋斗终生之执著，则世所罕见。略知先生者，知先生精于语法、音韵二道；然此二道一属"现代汉语"，一属"古代汉语"，以常人视之，似为"风马牛不相及"，颇讶何以会统一于一人之身。诘之先生，方知先生青年时有感于国家内忧外患，欲以学术救国；在当时情势下认定改革文字、推动教育、启迪民智为一根本之道。而文字改革，其难不在泛论文字之难易或新文字之设定，而在语言理论之建设；此建设之根本，则在两途：一在音韵，以为文字设定之理据；一在语法，以为新文字组织系统之建立。故迥异于一般主张文字改革者之热衷于新文字方案之设计，先生却一头钻入音韵与语法二道。且愈钻愈深，由中而外，由今而古。时移世变，先生之文字改革主张或尚未为人所深知，而语法、音韵之研究则已卓然成大家矣。《文言语法》一书之作，正体现先生于音韵、语法二道愈行愈深之轨迹。大家之成，其有以乎？

其三，重睹先生治学之精神。在语法研究上，先生之主张"句本位"，且为80年代后此理论在语法界之代表，素为学界所知。对这一理论本身，见仁见智自可有不同的看法。而我想到的是先生在推行这一主张过程中的学术勇气和治学精神，今日恐怕还有加以发扬之必要。在1980年前后中国语法学界关于析句方法的论争中，先生作为代表传统语法的一方，人孤势单，一如50年代词类问题讨论中之高名凯先生，但先生不怕孤立、不怕被斥为"守旧"，在奋笔疾书、不断向各种刊物投寄论文之外，还利用一切参加学术会议或讲学的场合，唇枪舌剑，侃侃而谈，其辩锋至今思来仍令人悠然神往。而先生治学中最值得称道的是从不迷信权威、敢于大胆怀疑的精神。对国外的叶斯柏森、索绪尔是如此，对国内的王力、吕叔湘、赵元任等也是如此。在《文言语法》中我们也可看到的是，先生对语法学界已普遍接受的"叙述句、描写句、判断句"三分的质疑，对"兼语式"、"前状后补"、"施事主语"等破坏语法体系"统一性、全局性"的批评，甚至对"古代汉语"、"现代汉语"的划分都表现出了一种怀疑精神。而在本书理论体系基本沿袭《语法新编》的同时也时出新见，有的颇具启发性，特别是关于"直接宾语"与"间接宾语"、"受事宾语"和"关涉宾语"的区分，对解决文言文中介词时常省略的现象也不失为一种出路。先生关于"提示语"的假设，更使我相信先生是老一辈学者中，最早提出汉语是"话题"型语言的学者之一。这一切都值得我们好好加以研究和总结。

当然，由于本书主要是一本教材，因此许多问题都未能充分展开，不过书中时时闪现的真知灼见及大量实例，却良多启迪，有助于学者之深思明辨。

逝者已矣，哲人长萎。先生离开我们已经十年，先生的墓木已拱，再也不能执书问字，起先生于地下了，惟有将怀念化为力量，更加自觉地投身学术，完成先生所寄希望于我辈的事业，推动中国语言学的发展。这才是对先生最好的纪念。

是为序。

（原载史存直《文言语法》，北京：中华书局，2005年）

《史存直学术文集》后记

华东师大思勉人文高等研究院发起主编《思勉文库》，汇选华东师大一批老一辈学者的学术名著，以集中展示华东师大之学术传统与学术影响。这是利在当代、功在后世之盛事，深为学界所期盼。业师史存直先生名在《文库》首批作者之列，主事者和同门学长以我在先生门下浸润既久，推我总任选编之事，有事弟子服其劳，自不容推辞。幸在诸兄襄助之下，诸事终已告就。现在书尾略缀数语，汇报选编之原则及过程。

在入选《文库》的诸位前辈学者中，先生是为数不多的语言学大家。先生治学，博通古今，兼赅中外，思精论高，而又心直语快、锋芒毕露，向为学界所尊重，亦为朋侪视为畏友。先生学术面既深且广，著作等身，而《文库》要求每本"文集"总字数限在30万字之内，这对选编带来了很大的挑战。几经考虑，我提出了如下几个原则，并获先生哲嗣国宁兄及同门诸兄之首肯：

（1）先生治学涉及之范围既广,普遍用力不如集中突出其用功最勤、成就最巨,且在学界影响最大之领域。这就是音韵与语法。一古一今,一以"综合体系说"享誉士林,一以"句本位说"雄踞语法界一大流派之代表。学界言及先生,鲜有不知此二者。

（2）即使在上述二领域,先生著述仍极繁富,则据下法选之：一、两部分各选专著一部及论文若干;二、专著选最能全面反映先生在该领域学术思想和成就全貌者;三、论文选在当时就有巨大影响,且在今日读之仍不失有启示意义之"名文";四、兼顾论著篇幅和代表性。

根据以上原则,在音韵部分选了先生的《汉语语音史纲要》一部专著。较之另一部更负盛名的专著《汉语音韵学纲要》,先生此书涵盖更广,且可窥见先生如何以"综合原则"及音位学思想贯领整部汉语语音史,气魄之大,读了之后自能领略。论文则选了三篇。其中关于周秦古音的一篇是先生古音研究立说之基础,先生既长宏观立说,又注重微观考证,中西治学方法兼长。此文可见一斑。日译汉音、吴音一文在当时已有定评,可说是20世纪音韵学领域中外对音研究的代表作之一,其中显示的先生深厚的日文学养使该文即使今天读来亦未觉过时。

语法部分的专著选了《语法三论》,其实这也是三篇论文的合集,但其出版于"文化大革命"结束后的百废待兴之初,三篇论文又积先生数十年之功力,并且提出了先生的语法研究三原则,在当时曾产生极大影响。五篇论文中第一篇是关于词儿的划界的研究,从今天来看,这篇文章可说是整个20世纪关于这个问题的最重要的论文。只是由于篇幅较大,当时不得已拆成几篇小文章分别发表,但即使如此,那些小文章（如《什么是词儿?》等）也是当时引用率极高的文章。到其以整体面貌最终出现时,更让人看到了其学术的穿透力。这篇文章还有另一个意义。先生毕生致力于文字改革,在这方面也有不少著译,但由于这一页历史已经翻过,这里也就没有选用。不过从本文也可看到当时整个汉语语法学界的情状,许多研究和争论其实都是因文字改革而引起,且围绕文字改革而展开的。这对于研究20世纪汉语学史一定很有启示。另外四篇文章涉及50年代和80年代汉语语法界的几次大论争。50年代的最重要论争一是汉语词类问题,二是主语宾语问题。先生关于后者的见解已见于《语法三论》,关于前者的意见则主要体现在这里的《再论词分类标准问题》一文中。80年代初的汉语语法大争论是关于析句方法的辩论,先生作为当事一方发表了许多文章,其观点之鲜明、"火药味"之浓,当时在学界曾传为美谈,因此这里也选了三篇。那场争论发生在"文革"之后、国门初开、人们刚刚开始接触外国新理论之时。在今天外国理论已如潮水般涌来、一些学者离开"在国外某某理论观照下"已不知如何写作论文的情况下,重温老一辈学者如何在外国理论前保持清醒的头脑,还是很有意义的。

选文完成后需要解决的又一件事是字体问题。音韵、语法一古一今。音韵学涉及很多古代文献数据,其中不少地方如使用简体字会引起误解,因而当初出版时就采用了繁体,为避免转写时出错,这次仍决定继续用繁体。但语法部分没有这个问题,相反,当初就全是用简体字发表的。两部分要不要统一?为使全书风格一致,出版社建议统一用繁体。没想到这样一来带来了非常繁重的校对任务。由于繁简字的不对应,由简转繁比由繁转简要麻烦得多。第一次清样出来后,负责初、二校的国宁先生和露蕾学长花了两个月时间,纠出了几百处错误。第二次清样出来后,我原以为只要通读一过便可以,不料又校出了百多处问题,多数还是繁简对应上的,不得不又花了两个星期的时间。尽管最终交了稿,心中仍觉有点惴惴然,深恐还有未尽之处,因而觉得有必要在此作个声明,凡本书内容之精彩无疑属于先生,而文字如有差讹则一概由最后定稿之本人负责,与先生无涉。

参与本书编辑的除我之外还有先生哲嗣史国宁先生、先生当年的助手汪寿明教授、同门师妹李露蕾教授。一应编写过程中诸位均曾参与意见,国宁先生出力尤多。先生生平是寿明先生为主完成的,先生著作目录则以国宁先生为主完成。出版社责编李莹女士为此书花了许多心血,在此谨表示由衷感激!

明年(2014 年)是先生冥寿 110 岁华诞和逝世 20 周年,仅以此书的出版奉献给先生的在天之灵。

(原载《史存直学术文集》,上海:华东师范大学出版社,2013 年)

陈望道对语言研究方法的重大贡献

陈望道先生一生致力于语文改革,在修辞学和语法学上的贡献尤其突出。他对现代汉语的修辞学有开创之功,这一点人们说得很多;对现代汉语的语法学则有转向之力,这是以前强调得不够的。讲现代汉语语法研究史分期的有许多家,但因为一般分得过细,看不出陈望道主持的文法革新讨论的特殊意义;我1997年出版的一本书[1]的分期是最粗的,把《马氏文通》以来的汉语语法研究只分作两期,问题就明朗化了。实际上,文法革新讨论在汉语语法研究史上起了极其关键的"分水岭"作用。在此之前是直接借鉴西方语法体系来建立汉语语法体系的时期;而在此之后是在西方语言学理论指导下"探索"建立新的汉语语法体系的时期。陈望道先生本人后来并没有写出像王力先生或吕叔湘先生那样的煌煌语法巨著,但从语法学史的角度看,他的贡献实在并不在马建忠之下。这是因为他所发起和主持的这场文法革新讨论开了语法研究中重视理论的新风,并首次引进了西方普通语言学理论,这为第二期的语法研究开辟了路子。

陈望道先生之所以能取得这样出色的成就,得益于他多年来坚持提倡并身体力行的、正确的语言研究方法。早在1943年,他就以总结文法革新讨论的方式提出了他关于语言研究方法的宗旨:"根据中国文法事实,借镜外来新知,参照前人成说,以科学的方法谨严的态度缔造中国文法体系"[2]。也就是说,他的研究方法包括四个方面:(1)发掘语言事实;(2)洋为中用;(3)古为今用;(4)正确的方法和态度。二十年以后,在《关于语言研究的建议》一文中,他又正式郑重其事地把它作为语言研究的纲领性建议提了出来:"我们的建议包括四点:(甲)以马克思列宁主义、毛泽东思想为理论基础,指导思想;(乙)以中国语文事实为研究对象;(丙)批判地继承我国语言学遗产;(丁)批判地吸收外国语言学研究成果。"[3] 与1943年的提法不同的是,把原来的第四条提为第一条,并从一般的"科学方法"明确地改为是用马列主义、毛泽东思想作指导。这当然是由于时代的原因,在40年

---

1 潘文国《汉英语对比纲要》,北京:北京语言文化大学出版社,1997年,第90—91页。
2 陈望道《中国文法革新论丛·序》,汉语语法丛书,北京:商务印书馆,1987年。
3 陈望道《关于语言研究的建议》,《陈望道文集》(第三卷),上海:上海人民出版社,1981年,第691页。

代时是不可能这样提的。又过了将近二十年,1977 年,在他生前的最后一部著作《文法简论》中,他又一次谈到文法的研究方针:"汉语的文法研究,要能做到方向正确,材料丰富可靠,方法精当严密,那就必须:以马列主义、毛泽东思想作指导;从汉语文的事实出发;批判地继承古代文法学术的遗产;批判地吸收外国文法学中有用的东西。"[1]

此外,在许多场合,他不止一次地引述下面一段话:"我们研究语文,应该屁股坐在中国的今天,伸出一只手向古代要东西,伸出另一只手向外国要东西。这也就是说立场要站稳,方法上要能网罗古今中外。"[2] 可见从 40 年代初到 70 年代末,在将近四十年的时间里,从语法研究到修辞研究,再到语言学各个部门的研究,他一贯坚持的始终是这样一套研究方法。这是陈望道一生治学经验的结晶,也是他留给我们的宝贵财富。直到如今,它对我们的语言研究仍有重要的指导作用,是检验我们成功与不足的试金石。下面即以语法研究为例谈谈我学习这四条方法的体会。

第一条,马列主义、毛泽东思想作指导。这一条在 40 年代时含蓄地叫作"科学的方法谨严的态度",后来陈望道比较明确地指出这既指世界观,又指方法论,包括从事实出发,注意事物的联系,及要学会运用逻辑等。陈望道先生本人的功能语法观就是运用这一方法的成果。我的理解,马列主义、毛泽东思想作为一种方法论,更概括的提法就是辩证唯物主义与历史唯物主义这两条原理。近年来在青年学者中讲马列主义的不多了,但这两条原理的真理性是不容置疑的。去年我给研究生讲"人文科学研究方法论",从历史讲到现在,从别人讲到自己,发觉讲来讲去,最成功的方法论还是跳不出这两条原理的圈子。因为这两条,一条是教我们全面地看问题,一条是教我们历史地看问题。难道人文科学的研究可以离开这两条吗?试从语法研究来看,有一个时期,我们非常强调语法研究中"描写性"与"规定性"的对立,把"描写性"抬得很高,把"规定性"说得一无是处。这就完全不符合这两条原理。从历史上来看,"规定性"的存在是有其必然性和必要性的。规定性在语法学史上最盛行的时候有两次。一个是古希腊语法诞生时期,当时存在着从柏拉图到斯多葛学派到"类比论"者为代表的"语言与生俱来"、"语法规则不

---

[1] 陈望道《文法简论》,上海:上海教育出版社,1978 年,第 113 页。
[2] 陈望道《我对研究文法、修辞的意见》,《陈望道文集》(第三卷),上海:上海人民出版社,1981 年,第 553 页。又见《修辞学中的几个问题》,同书第 640 页;《关于语言研究的建议》,同书第 695 页等。

可变"派,以及从亚里士多德到伊壁鸠鲁学派到"反证论"者的"语言约定俗成"、"语法规则可变"派两种观点。结果前者战胜了后者,唯心战胜了唯物。这在今天是不可思议的,但在当时,却是语法研究的绝对需要,非此不足以创立成文的文法。第二次是在18世纪,即英国学校语法的成熟时期,"规定性"的原则正式得到了确立。当时的背景是现代英语还处在形成过程中,很多文字、词汇、语法现象还没有定型,"规定性"是建立民族语言的语法,以跟拉丁语法抗衡的需要[1]。《马氏文通》的产生其实是出于同样的心态,而"五四"前后至30年代也正是现代汉语处于形成期,因此其时汉语语法研究有较强的规定性也是可以理解的。从现实来看,尽管语法研究必须采取"描写性"无可非议,但我们认为"规定性"仍有其存在的理由和价值。教学语法(包括中小学教学和对外国人的教学)必须采用规定性,否则教学无法进行。社会用语的规范有时也必须采用一些强制手段,否则就会导致语言使用的无政府主义,并影响国家语言政策的制定及其权威性。可见用辩证唯物主义和历史唯物主义这两把尺子一衡量,就能发现以前对"规定性"的批评是有偏差的。

第二条,以中国语言事实为研究对象。陈望道先生运用这一方法的最大成就是彻底批判了汉语研究中的"形态中心说"[2],这是对50年代在苏联影响下大搞形态研究的有力反拨,从时间上也比吕叔湘先生最终对汉语形态问题作的结论("汉语有没有形态变化?要说有,也是既不全面也不地道的玩意儿,在分析上发挥不了太大的作用"[3])早了二十多年,在50年代向苏联"一边倒"的背景下敢这样说是很不容易的。并且他从汉语的立场出发,对西方普通语言学提出了勇敢的挑战:"我们主张一般语言学组应该同汉语组共同讨论一般语言学问题,由一般语言学组拟稿。一般语言学组提出的说法如果汉语组认为不符合汉语事实的,汉语组有权否定其为一般性。"[4]

注重语言事实,说起来容易,做起来难。自《马氏文通》以来,中国产生了多少

1　以上两段叙述参见潘文国《汉英语对比纲要》,北京:北京语言文化大学出版社,1997年,第74－79,93－94页。
2　见陈望道《怎样研究文法、修辞》,《陈望道文集》(第三卷),上海:上海人民出版社,1981年,第516页;《我对研究文法、修辞的意见》同书第549页;《关于语言研究的建议》,同书第692页等。其中《怎样……》发表于1957年,在50年代发表这样的观点,是要有一定勇气的。
3　吕叔湘《汉语语法分析问题》,1979年,见《汉语语法论文集》(增订本),北京:商务印书馆,第487页。
4　陈望道《关于语言研究的建议》,《陈望道文集》(第三卷),上海:上海人民出版社,1981年,第695页。

家语法体系？恐怕数也数不清楚。哪一家不说自己的研究是符合汉语事实的？连马建忠也因提出"助字者，华文所独"而受到后人的钦佩。可以说，在中国，从来就没有过纯粹的"模仿语法"，像早期的英语语法那样。既然这样，怎样去评估这些语法体系的成就和他们的得失呢？陈望道先生也为我们指出了几个方法。

一是看这种事实是纯客观的还是经过了人为的选择。陈望道不止一次地引了一位日本人对《马氏文通》的批评："它的组织，并不是把中国语文上所呈现的一切措辞，搜集汇类而后组织起来的，只是彻头彻尾用了西洋文的组织做筛子，把中国语文筛了一遍，单捡搁在筛子上的东西做材料组织起来的。"[1] 其实，按照吕叔湘先生的说法，《马氏文通》还是最诚实的："《文通》收集了大量的古汉语例句，大约有七千到八千句。比它后出来的讲古汉语语法的书好像还没有一本里边的例句有它的多。这些例句里边有不少，作者没有做出令人满意的分析，就是现在也仍然缺乏令人满意的分析。但是《文通》把它们摆了出来，而后出的书，包括我自己的，却把它们藏起来了。"[2] 吕先生有勇气承认这一点，别的作者很可以扪心自问。如果是用经过选择的材料来建立语法体系，怎能保证其符合汉语实际呢？

二是对事实要能有概括能力、综合能力。陈望道喜欢经常引用的另一个例子是刘半农的《打雅》。从 1935 年发表《关于刘半农先生的所谓"混蛋字"》起，到 1978 年才出版的他最后的一部著作《文法简论》，谈了不下三次。刘半农在 1922 年已搜集了关于"打"字的词头一百多个，到 1932 年十年间已搜集到八千多个，所下的工夫和所作的努力是可想而知的。陈望道先生一再提起这件事，当然不是为了嘲笑刘半农的勤奋与努力（相反，就是在今天，这种精神也是应当鼓励的），而是以此为例，说明高度综合的重要性："高度的综合，不能不靠尽量的搜集罗列做基础，但尽量搜集罗列必须附属在高度综合下面。单靠罗列，拿罗列得多算是富有，算是成功，那只能算是杂纂的态度，并不是真正研究的态度。"[3] "加总结求规律是科学，不加总结不求规律不是科学。"[4] 而文法的研究，更"不能满足于零碎地罗列若干条组织规则，而必须深入地从总体上说明其规律性，也就是要求把语言组织

---

1 《中国语文的语部区分和〈马氏文通〉》，撰人不详，引文见陈望道《语文中的鸡冠派》，陈望道文集（第三卷），上海：上海人民出版社，1981 年，第 406 页。
2 吕叔湘《重印〈马氏文通〉序》，《马氏文通》，汉语语法丛书本，北京：商务印书馆，1983 年。
3 陈望道《关于刘半农先生的所谓"混蛋字"》，《陈望道文集》（第三卷），上海：上海人民出版社，1981 年，第 289 页。又见《文法简论》，上海：上海教育出版社，1978 年，第 119 页。
4 陈望道《怎样研究文法、修辞》，《陈望道文集》（第三卷），上海：上海人民出版社，1981 年，第 515 页。

的体系特点揭示出来。"[1]正是根据陈望道的这一思想,我们在研究汉语特征时,提出了"找特征不在乎多,也不怕少,关键要在比较中抓住本质。抓住了本质,一两条也许就够了;抓不住本质,讲十多条也还是多余的"这样的观点[2]。而现在的有些语法研究,就搞得十分繁琐,大类小类,"1.1.1.……",还要加上符号、公式,把人搞得一头雾水,读后还不知所云,实际上是把语法研究变成了智力操练。反观陈望道先生这样著名的语法大家,其毕生心血所凝聚的,最后却只有七万多字的一本小册子,这是很发人深省的。

第三条和第四条都是讲继承的。陈望道非常重视继承和创造的关系,他曾说过一段很意味深长的话:"唯其对于文化学术有所继承,才能像接力赛跑那样,不是从别人的出发点起步,而是从别人的到达点起步。这样才会越跑越远,越往前水平越高。我们要讲创造性的研究,也要从继承性的研究谈起。[3]"三、四两条分别讲古为今用和洋为中用的问题。这对于今天的研究仍是有启示意义的。

第三条讲批判地继承古代的遗产,陈望道告诫说:"假如你长于古学,要注意不要成为古今派。""所谓古今派也不是古今并重,而是以古为主,据古论今。"[4]就语法研究来说,现在的问题大约不是"据古论今",而是反过来,据今废古。一个原因是市场经济大潮,"古学"不吃香,"长于古学"的人越来越少;另一个原因是汉语语法学的兴起与发展本来就是与现代汉语的兴起和发展同步的,由于历史的原因,搞语法研究的人一般不从事古汉语研究。久而久之,在搞古汉语的人与搞现代汉语的人中间就发生了断裂。这是很不正常的。古代汉语与现代汉语之分本来就是机械地学习苏联的结果,而实际上古今汉语联系之紧密远非古今俄语可比。其结果首先是古今汉语的截然划分,接着是古今汉语研究的截然划分,以及对古代小学研究方法与成果的蔑视,汉语语法学成了十九世纪末横空出世的怪物。陈望道发动的文法革新讨论还有一点也是以前注意不够的,即它讨论涉及的范围之广,古今中外,无所不包,实际上体现了广纳百川的海派文化的特色。这是后来的语法研究、特别是所谓主流派的研究所不及的。我们高兴地看到,最近国家教委公布的调整后的专业目录把"现代汉语"、"汉语史"和"汉语文字学"三个专

---

1 陈望道《文法简论》,上海:上海教育出版社,1978年,第10页。
2 潘文国《汉英语对比纲要》,北京:北京语言文化大学出版社,1997年,第104页。
3 陈望道《怎样研究文法、修辞》,《陈望道文集》(第三卷),上海:上海人民出版社,1981年,第511页。
4 同上,第516页。

业合并成了一个：汉语言文字学。这意味着，我们终于认识到，汉语研究中，第一古今汉语不宜分，第二语言文字不宜分。单独以现代汉语或者以古代汉语或者以文字学名家的日子恐怕已经过去了，每一位研究者都必须重新调整自己的研究方向，充实自己的知识结构，这样才能真正把我们的汉语研究好。

第四条批判地吸收外国语言学研究成果。陈望道先生同样谆谆地告诫我们："假使你通外国文，要当心成为中外派。""所谓中外派不是以中国为主，也不是中外并重，而是以外国为主的。""我们如果通外文，应当学习外国人如何研究他们自己语言文字的方法，把那些原理原则结合我们中国的实际，创造性地运用于研究我们自己方面，不能照搬照抄。而我们的中外派却多是照搬照抄，而且是据外论中。"[1]在当前的汉语研究中，这个问题仍然存在。西方的语言学理论近几十年来花样翻新，层出不穷，有的研究者就步步紧跟，不断引进，在引进中不是研究他们的"原理原则"，为我所用，而是接过现成结论，充填汉语例子。我们一定要记住陈望道先生的告诫，不要在我们中再出现"中外派"。针对目前的情况，我们曾提出个两个观点。一个是语言研究引进的"三个层次说"。第一个层次是语法体系层次的引进，即借鉴现成的语法体系，比陈望道说的"照搬照抄"稍高明些；第二个层次是语言理论层次的引进，即借鉴西方各种语言学理论，或陈望道说的"外国人研究他们自己语言文字的方法"；第三个层次是语言哲学层次，相当于陈望道说的"原理原则"[2]。我们把《马氏文通》以来的汉语语法研究只分为两个阶段，即是基于这种观点。我们认为第二阶段至今尚未结束；而第三阶段已开始出现了端倪，"三个平面说"、"句法语义说"，乃至"语义型语言论"、"本体论的汉语研究"等，都是这方面的迹象。我们提出的第二个观点是"汉语本位"说，这也就是陈望道说的"屁股坐在中国的今天"的意思。我们进而提出，不光是汉语研究，就是汉外对比研究，也都应该立足于汉语。今年年初，我们在《外语研究》杂志上发表了一篇文章，提出"只有先把立足点移一移，变从外语出发为从汉语出发"，才能解决语言研究和翻译研究上的一些根本性的问题[3]，在英语界引起了较大反响。

把上面四条综合起来，陈望道先生提出了一个"古今中外派"的主张，他说：

---

1 陈望道《怎样研究文法、修辞》，《陈望道文集》（第三卷），上海：上海人民出版社，1981年，第515－516页。
2 见潘文国《汉英语对比纲要》，北京：北京语言文化大学出版社，1997年，第92页。
3 参见潘文国《换一种眼光何如？——关于汉英对比研究的宏观思考》，《外语研究》1997年第1期，第1－11页。

"要是中外派以中国为主,古今派以今为主,而又用一种新方法加以结合,我想可以合流成为新的古今中外派。所谓新的'古今中外派',老实说就是马列主义派。"[1] 我想这应该是我们今天所有语言研究者的努力方向。

(此文是 1997 年为纪念陈望道先生逝世 20 周年而写的)

---

1 陈望道《怎样研究文法、修辞》,《陈望道文集》(第三卷),上海:上海人民出版社,1981 年,第 517 页。

刘重德先生对于汉英对比研究的贡献

在恭祝刘重德先生九十华诞的喜庆日子里,学界朋友们欢聚一堂,齐赞刘老对中国翻译事业和翻译理论建设的贡献。这是不容置疑的。但我们不应忘了还有一个领域,刘老的贡献也是厥功至伟。这就是汉英对比领域。作为中国英汉语比较研究会的创始人和第一任会长,他所起的作用是举足轻重、不可替代的。

人所共知,新时期的汉英对比研究是从吕叔湘先生作于1977年的讲演《通过对比研究语法》而揭开序幕的,但真正成气候却是在20世纪90年代中期以后。为什么会有这么一段间隔呢?回顾二十年来汉英对比事业的发展,其中三位先生起了重要的作用。第一位当然是吕叔湘先生,他高瞻远瞩,为汉英对比研究奠定了学科基础。然而吕先生的讲演是在对外汉语界作的,由于历史的原因,我国汉语界的人能自如阅读外语的人不多,能真正从事对比而不是比附的人更少,多数人是有其心而无其力,因而除了赵世开、沈家煊、熊文华等少数学者之外,吕先生的号召没能在汉语界或对外汉语界得到更多的响应;而有些从事教学理论研究的人更受到某些西方早期理论的影响,误认为对比研究于第二语言教学无用,因而逐渐放弃了。吕先生后来发出"两张皮"的浩叹,我想恐怕与此不无关系。第二位是中国英汉语比较研究会的现任会长杨自俭先生,他和李瑞华先生于1990年编辑出版了我国第一部汉英对比研究的论文集。这是汉英对比研究成果的第一次集结和汉英对比研究队伍的第一次检阅,在我国汉英对比研究史上应该重重书上一笔。第三位就是刘重德先生,他经过千辛万苦,于1994年领导成立了全国性的英汉比较研究会,并亲自担任第一任会长,发表会刊《英汉语比较研究》。这更是我国汉英对比研究史上的一件大事。如果说吕先生吹响了汉英对比研究的号角,杨先生为学科的发展和人才的集结作了最早的铺垫,则刘老以他高尚的人格、强有力的组织和领导能力,使这一切变成了现实。从此以后,汉英对比研究者有了自己的组织、自己的队伍、自由争鸣的场所(定期举办的年会)、集中发表成果的阵地。可以说,1994年之后,中国汉英语对比研究的面貌焕然一新,而且开始赢得了国际学术界的关注和尊重。刘重德先生实在是功不可没。

但刘重德先生对我国汉英对比事业的贡献还不仅在此,他还在学科的实际的建设和发展上做出了重要贡献,是这领域的开拓者和卓越领导人。他在这方面的文章尽管不多,但起的作用非常巨大。下面我从三个方面来研讨刘老在这一领域的贡献。

第一,纵揽全局,摆正了汉英对比研究的学科地位。

在中国英汉语比较研究会成立大会上,刘老(1994)宣布了学会的宗旨:

> 本会是英汉语比较研究工作者的群众性学术团体,认真贯彻双百方针,团结有志于英汉语比较研究的学者,开展全方位、多层次的英汉语比较研究,探讨其异同,深化我国英语教学及对外汉语教学,提高我国英汉互译水平,弘扬民族文化,促进中西交流。

并且指出:

> 本会把自己的研究范围扩大为三个方面:首先是英汉语本身宏观和微观的对比研究;其次是英汉互译实践及其理论探索,它实质上是英汉语在实用上或转换中的对比研究;第三是与英汉语有关的文化因素的对比研究。

这三个方面大约所有英汉语比较研究会的会员现在都已耳熟能详,但其间的学术构架和三者之间的联系却未必人人都能领会。刘老的意思很清楚,他实际是把英汉语的对比研究作为学会从事的学术活动的基石,在其上建立两个应用性的研究:语言教学(包括英语教学及对外汉语教学),以及英汉互译;而文化对比是指"与英汉语有关的文化因素",亦即是一种"语言文化"。这样一种学科定位既是刘老规定的学会宗旨,又是对比语言学思想的学术升华,符合了对比语言学在世界范围内的发展趋势。

在国内语言对比研究刚刚起步的时候,许多人沿着 Charles Fries(1945)和 Robert Lado(1957)的传统,把对比仅仅看作是第二语言教学的一个工具,因而当得知国外在外语教学上经历了一个由"对比分析"到"偏误分析",再到"中介语理论"的过程以后,也跟着国外某些学者的腔调,认为对比研究已经过时,没有什么用处,因而渐渐将之抛弃了。他们实际上是没有了解国际上对比研究的真正历史。20世纪的语言对比研究,实际上经历了三个阶段,第一阶段从20到40年代,以欧洲的Jespersen(1924)和美国的Whorf(1941)为代表,他们继承了19世纪Humboldt(1936)开创的传统,主张对比研究的目的是为了研究人类语言与民族思维方式的关系;第二阶段从50年代到70年代,以Fries和Lado为代表,从狭隘的结构主义语言学出发,以教学为对比研究的唯一宗旨,结果如上所述,导致了对比研究的衰落;第三阶段从80年代Carl James发表著名的 Contrastive Analysis (1980)开始到现在,强调微观和宏观相结合的对比研究、句以下的句法对比与句以上的语篇对比相结合的对比研究,并且指出对比研究的一个主要对象是语际翻译。这是当前国际上对比研究的主流思想。正是在这样的学科发展背景下,我们认为刘老对汉英对比的学科定位思想意义非同小可,它既为当时宥于直接为语言教学服务的对比研究困境指出了一条出路,同时又在国内第一次阐明了对比与翻译、对比与文化的关系,明确了对比研究是翻译的理论基础。正是由于他所提出并确立的学科建设方向,才团结了诸多学界同仁,使英汉语研究比较会在国内诸多学术团体上脱颖而出,成为汉英对比研究的一支主力,引起了国内外学术界的瞩目。

第二,高屋建瓴,构建了汉英对比研究的学科框架。

提到近几十年来国际上翻译理论的发展,人们都会提到James Holms发表于1972年的那篇著名论文:《翻译学的名称与性质》(The Name and Nature of Translation Studies),正是他第一个建立了现代翻译学的学科框架,为后来翻译学的发展起了无可估量的作用。而在汉英对比界,正是刘老最早将源于西方的对比语言学思想中国化,提出了迄今最为完整的学科框架。他(1998)指出:

> 英汉比较语言学的微观研究,应分理论研究与应用研究两部分。理论研究部分应包括英汉比较语音学、英汉比较词汇学、英汉比较语法学、英汉比较语义学、英汉比较语用学、英汉比较语篇学、英汉比较文体学、英汉比较修辞学等。应用研究部分,应将上述各分支学科的研究成果应用到英语与对外汉语教学、英汉互译(包括机器翻译)、和英汉汉英词典编纂中去,比如可以进行下述这些项目的研究:英汉语法比较研究与英语教学、英汉语篇比较研究与翻译、英汉语义比较研究与词典编纂等。英汉对比研究应分三个层次:第一个层次是语言表层结构,第二个层次

是语言表达方法,第三个层次是语言哲学。我这里说的宏观研究,就是这第二、三两个层次的研究。表达法表现一个民族认知世界的方法和规则。要考究这种语言的表达法是怎样形成的,那就要寻求其心理、文化和哲学上的根据。

1995年,Toury曾把Holms对翻译学的构想画成一个示意图,我们也仿照他的办法,把刘老对汉英对比研究的构想画成如下一个图。我们可以发现,刘老对汉英对比研究的贡献,与Holms对翻译学的贡献是如何地相似:如果说70年代以后有相当长一段时期,西方翻译学的发展,基本上是循着Holms的路子在走,则

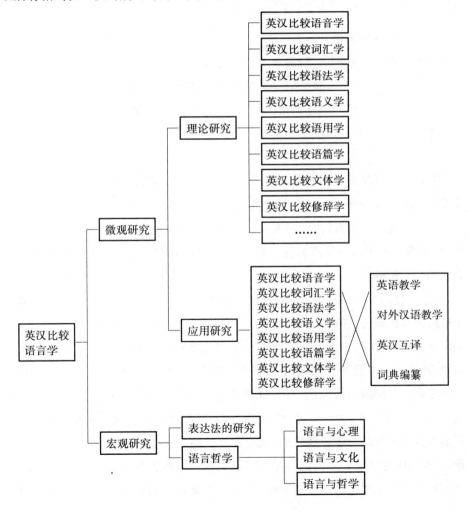

近年来汉英对比研究的发展，可说是基本上循着刘老的路子在走，甚至连新出版的一些书的书名，都与刘老在这里提到的范围相同。尤其值得注意的是，"应用研究"部分有很大的活动余地，即使以八个分支学科与四个应用方面两两组合，就可得到三十二个研究领域。2000年，刘老（2000）更把应用方面拓宽到语言交际和信息处理，这对于拓展汉英对比的研究、吸引更多的人来加入这支队伍，确实起了重要的作用。说刘老是这一领域的出色的领导人，他是当之无愧的。

第三，发幽烛微，确立了汉英对比研究的独特思路。

在研究方法上，刘老（1998）强调：

> 我们在开展学术研究和学科建设中要紧紧把握以下几个原则：理论和实践相结合的原则，国内的与国外的相结合的原则，宏观研究与微观研究相结合的原则，理论研究与应用研究相结合的原则，因为学术的健康发展仰仗于摆好上述两者之间的关系，切忌走绝端。只有两者兼顾，密切结合，才是正确而有效的治学之道。

具体结合到汉英对比研究，就是前一节引的刘老那段话的最后一节，即对比研究的三个层次的思想。三个层次的思想，最早是刘宓庆先生（1991）提出来的，我（1997）也对之有所发挥，但只有经过刘老的强调，并纳入了他所建立的学科体系，它才真正成为国内汉英对比学界的共识和指导方针。因此我说，刘老的贡献和作用是无可替代的。

三个层面的研究，其实自从对比研究开展以来一直都存在着。我们看国外三个阶段的对比研究：第一阶段，即从 Humboldt 到 Jespersen 和 Whorf 的阶段，他们所鼓吹的，其实就是第三个层面的研究；第二个阶段，即从 Fries 和 Lado 开始的阶段，从事的主要是第一层面的研究；第三个阶段，即从 Carl James 开始的阶段，主要是第二个层面的研究，也有人重新关注第三个层面的研究。但是我们发现，西方学者，即使像 Jespersen 那样三个方面都曾提及的学者，也从来没有将这三个层面自觉地联系起来进行过思考，更没有将之纳入一个体系，作为三个层次来对待，从而适应对比研究不同的理论和实践目标。因此我在一篇文章（2003）中说，这体现了中国学者在对比研究领域对于西方学者的一种超越，是中国学者对世界语言研究的一项贡献。

综观刘老的学术生涯,对比研究只是其中非常小,甚至不起眼的方面,但即使在这个领域,刘老也做出了旁人无法替代的贡献。我们确实为有这样出色的学术领袖感到自豪。值此刘老九十寿辰,我们再一次恭祝他健康长寿,为中国学术事业的繁荣做出更大的贡献!

参考文献

刘宓庆,1991,《汉英对比研究与翻译》,南昌:江西教育出版社。
刘重德,1994,"前言",刘重德主编《英汉语比较研究》,长沙:湖南科学技术出版社。
刘重德,1998,"前言",刘重德主编《英汉语比较与翻译》,青岛:青岛出版社。
刘重德,2000,"保持优良学风,提高创新意识,迎接知识经济时代的到来",杨自俭主编《英汉语比较与翻译》,上海:上海外语教育出版社。
潘文国,1997,《汉英语对比纲要》,北京:北京语言文化大学出版社。
潘文国,2003,"对比研究与对外汉语教学:兼论对比研究的三个时期、三个目标和三个层面",《暨南大学华文学院学报》第1期。
杨自俭/李瑞华,1990,《英汉对比研究论文集》,上海:上海外语教育出版社。
Fries, Charles, 1945, *Teaching and Learning English as a Foreign Language*. Ann Arbor: University of Michigan Press.
Holmes, James, 1972, "The Name and Nature of Translation Studies", in Holmes, *Translated! Papers on Literary Translation and Translation studies*, Amsterdam: Rodopi, 1988, 67–80.
Humboldt, Wilhelm von, 1836, *On Language: the Diversity of Human Language-Structure and Its Influence on the Mental Development of Mankind*. Translated into English by Peter Heath in 1988. Cambridge: Cambridge university Press.
James, Carl, 1980, *Contrastive Analysis*. Harlow, Essex: Longman Group Ltd.
Jesperesen, Otto, 1924, *The Philosophy of Grammar*, London: Allen and Unwin.
Lado, Robert, 1957, *Linguistics across Cultures: Applied Linguistics for Language Teachers*. Ann Arbor: University of Michigan Press.
Toury, Gideon, 1995, *Descriptive Translation Studies and Beyond*, Amsterdam and Philadelphia: John Benjamins.
Whorf, B. L., 1941, "Language and Logic", in John b. Carroll (ed.) *Language, Thought and reality: Selected Writings of Benjamin Lee Whorf*, Cambridge, Massachusetts: The MIT Press, 233–245.

(原载《中国英汉语比较会通讯》2003年)

徐通锵的历史地位(外1篇)

徐通锵先生走了。中国失去了一位最有可能傲立于世界语言学之林的大师级语言学家。

世上的事往往如此,人也好,物也好,只有在永远地失去了以后,我们才能在弥久的缅怀中深切地感到他存在的意义和价值,感受到失去他以后遗留下的巨大空白。徐通锵就是这样一个例子。他在世时的名声也不可谓小,特别是他与叶蜚声先生合著的《语言学纲要》风行国内20年,可说让全国高校文科学子记住了他的名字,他的《历史语言学》是国内同类著作中最出色的一本,但这么多年来人们似乎并没有感到他有什么特殊之处;20世纪90年代初开始,徐先生提出了"字本位"的思想,继而专著、论文集和教材一本又一本地问世,如1997年的《语言论》、2001年的《基础语言学教程》、2004年的《汉语研究方法论初探》、2005年的《汉语结构的基本原理》、2006年的《什么是语言学?》,以及今年即将出版的《汉语字本位语法导论》,人们只是惊叹其研究力之旺盛,其研究成果之丰硕,也还没有感到他有什么特别之处,觉得这是再正常不过的事。也许人们还在对他的新理论议论纷纷,或为他敢为天下先的大无畏勇气所折服,或对他的离经叛道之论颇感不以为然,但大概不会有人把他的研究和成果与"伟大"二字联系起来。也许在人们的心目中,与他的前辈赵元任、王力、吕叔湘、朱德熙乃至张志公等比起来,他还只能算是一个语言学的晚辈。人们已经习惯了中国学术"解放以后无大师"的思维定势,很难想象解放后培养的学者中也有可能产生超过前人的伟大人物。只是在徐先生去世以后,我们重新审视徐先生的全部研究成果,重新估价他所创造的理论的价值,把徐先生的功绩放到整个历史和时代的大背景中去衡量,我们才发现我们错过了一个把中国语言学推向世界的绝佳机会,与一个我们时代真正伟大的世界级语言学大师失之交臂,没能趁他在世时充分认识他的历史价值。我们盼望了多少年"中国语言学应该对世界语言学做出贡献",但我们太习惯于把眼睛盯着前辈大师,盯着国外同行,甚至是还在成长中的"海归"的年轻人,但就没有想到把眼光投向我们的周围,不相信我们的同代人中就可能诞生大师级的人物,就可能在一定程度上完成这一历史使命,或者说向完成这一使命迈进一大步。徐通锵,就是这样一位在我们庸常的眼光中被忽略的大师。

当我们说徐通锵是一位世界级的语言学大师的时候,我们不是在"谀墓",也不是在盲目吹捧,而是站在历史和时代的高度、以国际语言学大师的标准衡量的结果。要成为中国的国际级语言学大师,我们认为至少有两条标准。第一,他必须对中国语言学的发展做出远超他人的贡献,第二,他必须对人类整体的语言研究做出独特的、创造性的贡献。而徐通锵是符合或者最接近符合这两条标准的中国语言学家。

自从1898年马建忠发表《马氏文通》,宣告中国语言学研究进入"现代"期以后,一百多年来,中国语言学的发展始终处在西方语言学的笼罩之下,西方语言学刮什么风,中国语言学就下什么雨,用吕叔湘先生的话来说,就是"跟着转";用朱德熙先生的话来说,就是始终没有摆脱"印欧语的眼光"。在这样的背景下,要成为中国语言学的大师,首先就要看你敢不敢,并且能不能从西方语言学理论的控制下走出来,真正走上汉语语言学自身发展之路。以前也不乏有人作过这样的尝试,如20世纪40年代的王力、吕叔湘、高名凯,70和80年代的赵元任、朱德熙,90年代的张志公,还有一般认为非"正宗"语言学家的陈寅恪、郭绍虞、启功等人,他们有的看到了问题的症结,有的设想了解决的思路,有的尝试了新的办法,都取得了或多或少的成绩,推动了汉语研究的发展。但是总的来说,他们只解决了一个"敢不敢"的问题,而未能解决"能不能"的问题,因此直到最后,他们都没有能够提出一个汉语研究的完整理论以及使汉语研究与世界语言研究接轨的根本办法,只能把接力棒一代一代传下来,把遗憾留到了今天。徐通锵的伟大历史功绩首先在于,他全面继承并发扬了所有这些前辈的点点滴滴的成就,经过认真思索,提出并发展出了一个相当全面,并且越来越成熟的理论——"字本位"理论。如果说,在90年代初他刚提出"字本位"构想时,那还只是一个理论的雏形的话,经过十多年的发展,这一理论已日趋成熟,在他将于今年出版的遗著《汉语字本位语法导论》(山东教育出版社,预期2007年10月出版)里,我们将看到一个完全成熟的汉语字本位理论体系。这一体系将丝毫不逊于我们迄今所看到过的任何一位前辈语法大家的汉语语法体系,而在理论的深刻性上,在纵览古今、横跨中西的自觉性上,甚或还要过之。徐通锵"字本位"理论的提出和日趋成熟,结束了一百年以来中国没有原创的语言学理论、在语言研究上始终只能"仰人鼻息"的状态,宣告了中国语言学将以新的姿态,大踏步地走向世界。如果说,一百多年前的马建忠,将西方语言学引入中国,开始了中国语言学"现代化"的新时代;那么一百年后的今天,徐通锵建立了第一个原创性的中国语言学理论,开创了中国语言学在新的起点上与世界语言学开展对话的新时代。从历史的角度看,徐通锵对中国语言学的贡献不亚于,甚至还要胜过马建忠,他是当之无愧的中国语言学的大师。

从国际范围来看,能够称为世界级的语言学大师,光是对自己母语有精深的研究是不够的,他还必须是对人类总体语言研究在理论或方法上作出突出贡献的人。西方历史上出现过不少这样的语言学大师,而洪堡特、索绪尔、布龙菲尔德、乔姆斯基等人更可说是大师中的大师、语言学的巨人。洪堡特开创了他称之为"总体语言研究",而现代一般称作"普通语言学"的这样一门学问,叩开了研究人类语言之门;索绪尔提出结构主义和符号学的一整套理论,实现了语言研究的现代化、系统化、科学化;布龙菲尔德提出描写主义的方法论原则,解决了缺乏历史记载的、非印欧语言的研究问题;乔姆斯基则把研究触角伸向探索人类语言生成这个大脑中的黑盒子。他们都对人类语言的研究做出了不平凡的业绩。但是,他们都没有能够解决占地球人口五分之一、在语言类型上又三分天下有其一的汉语研究及其方法论问题。洪堡特对汉语有很精辟的见解,也是他最早把汉语纳入全球语言大家庭,并定为孤立型语言的代表,但是在他的时代,"总体语言研究"毕竟刚刚起步;索绪尔提到了表音文字语言与表意文字语言的区别,并且把汉语作为后者的经典代表,但在具体的研究中他却把汉语完全排除了;布龙菲尔德关注的印欧系以外语言主要是美洲印第安语等没有文字记载的语言,似乎还没有精力考虑到像汉语这样有悠久历史记载的非印欧系语言;乔姆斯基研究的出发点是英语,而他采用的方法是彻底的演绎法,汉语只是他的理论用来"解释"的对象之一。由于历史和语言本身的原因,他们都没能为汉语研究提出重要的答案(上述数人中只有洪堡特下功夫学过汉语,因而提出过一些迄今仍有启示意义的观点),而把这个问题留到了今天。本来,汉语与世界其他主要语言之间的差异是巨大的,学习汉语对西方人来说要花费比其他西方语言多几倍的时间和精力,就这样还未必能真正理解汉语之"神",希望西方语言学家来解决汉语研究问题毋宁说是个奢望。但另一方面也说明了,汉语研究必须有中国自身学者的参与。一百年以来的汉语研究人们总满足于对汉语现状的描写和解释,事实上从人类语言研究或者普通语言学研究的角度看,这样做是远远不够的。汉语研究必须跳出当代和自身的圈子,解决两个根本性的问题,或者说实现两个"接轨"。这也成了衡量能不能成为国际级的语言学大师的又一个标准。这两个"接轨",一个是汉语研究中传统与现代的接轨,一个是汉语研究与世界语言研究的接轨。与传统研究的接轨,看起来是汉语自身的问题,实际上其意义要远高于此,它涉及到语言研究如何继承人类文化遗产的问题。人们都承认人类历史上有三大语言研究传统:希腊传统、印度传统和汉语传统,但在迄今为止的普通语言学里,我们却只看到前两种传统的继承而完全看不到汉语传统的影子,甚至在中国这个汉语的家乡,在马建忠开创的新时代里,我们在引进西方也就是印度和欧洲传统的同时,却主动抛弃了自身的传统,自觉地在现代与传统之间划出了一条鸿沟。如果当代的汉语研究可以完全忽略自身达两千年之久的研究传统,完全建立在另两种传统的基础之上,这样的研究还能叫作中国语言学吗?如果人类总体的语言研究只考虑继承三大传统中的两个而完全无视另一个的存在或者弃如敝履,这样的语言学能是真正"普通"的语言学吗?汉语研究与国际语言研究的接轨在今天显得特别重要,一方面,普通语言学从理论上讲应该是全人类语言研究的结晶,各种语言,特别是类型上有代表性的语言都应该在其中占有一席之地,世界需要汉语;另一方面,中国正在急速地融入世界,作为中华文化的代表之一,汉语及汉语研究必须尽快地融入世界语言研究的大潮,汉语也需要世界。但怎么"融入"是个很大的问题。有人主张通过"不断引进",来加速汉语研究融入国际语言研究的潮流,但这遇到了不少的困难。至少有两个,第一,当前国外所有的理论都是在印欧语的基础上发展起来的,汉语语言学基本上没有参与;第二,"国际"语言学与汉语的关系始终是单向的,汉语似乎只是在不断地索取,而从来没有想过它也应该有所奉献。这种关系是不正常的,也不是真正的"接轨"。在这种情况下不可能出现国际级的中国语言学大师。而要成为这样的大师,必须敢于打破这一点,必须对这种局面大声地说"不",然后拿出自己的方案来,真正地实现两个"接轨"。这可以说是历史对中国语言学提出的要求。徐通锵做到了这一点。他用一个"字"字实现了现代与传统的接轨,又用一个"基本结构单位"的概念实现了汉语研究与国际研究的接轨,在此基础上构建了一个完整的具有普通语言学意义的中国语言学新理论。我们当然可以指责这个理论这里不成熟那里不完美,但谁也无法否认,正是徐通锵最早全面考虑并认真回答了这一历史性的课题,并交出了一份后人无法绕过的答卷。有争议并不可怕,前面提到的那些举世公认的语言学大师,哪个不是至今仍充满争议?关键在于他是不是符合了成为世界级语言学大师的标准,以及我们敢不敢承认、肯不肯维护我们自己的大师。我们已经错过了在徐通锵生前充分认识他的价值的机会;现在,我们再也不能因为自己的无知或偏见而无视这一笔宝贵的财富了。

(原载徐通锵先生纪念文集编委会编《求索者》,北京:商务印书馆,2008年,第51-57页)

中国特色语言学的艰难探索
——写在《字本位丛书》出版之际兼纪念徐通锵先生

摆在读者面前的是散发着油墨清香的一套四厚本的《汉语字本位研究丛书》,但丛书主编、字本位理论最早的倡导者徐通锵先生却已永远离开了我们,他于2006年11月25日带着遗憾逝世,未能亲眼见到这套丛书的出版。那年10月14日,在得知自己身患绝症之后不久,他在给编委会成员的一封邮件上说:"能看到《丛书》第一批出版的样书,我也就心满意足了。"没想到上天连这一个小小的愿望都吝于施舍,当出版社连日加班,想赶制出一本"样书"送到他的病榻前时,死神还是抢先了一步。因此,当今天《丛书》第一批四本送到我的手上时,我不禁更加怀念这位伟大的语言学家、字本位理论的先驱。

徐先生的一生,可以以1991年他的花甲之年为界划分为两个阶段,在前一阶段,他是一位享有盛誉的著名语言学家,以《历史语言学》和与叶蜚声先生合编的《语言学纲要》,确立了他在国内理论语言学的领袖地位;而后一阶段,从1992年起到他去世这十四年,他完成了从一个著名语言学家到一个伟大语言学家的飞跃。其标志,就是他所首倡并矢志不渝地为之奋斗的字本位理论。徐先生以其首倡的字本位理论,为中国特色语言学的建立立下了不朽的功勋。他的成就主要体现在以下三个方面:

第一,"敢为天下先"独创精神。

从马建忠借鉴西方语法,开创中国"现代语言学"以来,中国的语言研究一直处在一个"引进——陷于其中无法自拔——再引进——再陷入其中无法自拔"这样的怪圈,西方语言理论日日翻新,我们在后面天天跟着转,时至今日,不少人还以追求"某某语言学与汉语研究"为汉语研究的当然之路,乐此不疲。在这一背景下,"建设汉语自身的语言学"自然成了一个永远无法实现的空话。要突破这一怪圈,需要有一种理论,更需要有人敢于登高一呼。而徐通锵正成了这样一位在历史最需要的时刻站出来的先行者。他最早提出了要彻底摆脱"印欧语的眼光",又强调要透过西方语言学的表面,学习它的"立论之本",从而做好了理论上的准备;接着,在充分思考的基础上,他提出了石破天惊的"字本位"理论。字本位理论也许不一定是汉语唯一正确的理论,但它的提出,却意味着一百年来汉语研究的重大转向,一个真正立足汉语的汉语语言学研究的时代正在到来。作为发出第一声呐喊的徐通锵,将理所当然地为人们所纪念,永远留在中国语言学的研究史上。

第二,"坚持真理"的奋斗精神。

提出一个观点不容易,在巨大的阻力面前坚持这个观点不动摇尤其不容易。徐先生提出字本位,面临的是一个已经累积百年的旧传统。习惯形成的势力异常强大,经过多年的灌输,更已成了一些人口中念念有词的"常识"。在这种情况下,提出一种与传统截然不同的新观点,在很长时间里不被人理解是正常的,在全国范围内,反对、质疑,甚至批判他的观点的,要远远多于同情、理解、支持他的观点的。作为字本位主张者中最有影响的学者,徐通锵更几乎成了众矢之的,所有对字本位的炮火几乎绝大部分是对着他而去的。在相当长的一段时间里,徐先生几乎是在孤军奋战,一个人独自承担着几乎整个学界的压力,熟悉徐先生的人都知道,徐先生一生为人谦和,好让不争,对年轻人尤其关爱有加,但就是这样一个人,在历史需要他的时候却勇敢地站了出来,独自面对巨大的反对力量。这种精神是当前建立中国特色的语言学所特别需要的。

第三,敢于自我否定的大无畏精神。

然而,在徐先生身上还有一个更难能可贵的品质,那就是敢于自我否定的大无畏精神。能够在无所依傍的条件下创新一种理论是不容易的,能够在如山的压力面前坚持这种观点更不容易。然而,最最不容易的还是当这种新观点不仅跟流行的观点相左,而且跟自己大半辈子所坚持的观点相左的时候,能够断然决然地公开宣布放弃自己的旧观点,而甘愿从零开始、从做少数派开始、从不断被人误解开始,建立一种新的事业,这是一种大无畏的精神。对徐通锵来说更是如此,在他最早提出字本位理论时,他早已是功成名就、名满天下的大学者,一般人,甚至一般的大学者到了这个地步也可以"见好就收",在欢呼声中安享晚年了,但徐先生却在已过了退休年龄之后,对自己赖以立身扬名的著作来了个全面否定,重新为建立新的语言学理论而努力。这一气概就是很少人能拥有的了。正是这种气概使他不仅成了一名伟大的学者,更成了一名伟大的智者。这种精神在今天更具有重要的启示意义。

在多年"孤军奋战"之后,徐先生团结了全国支持字本位理论的一批学者,召开了第一届字本位全国研讨会,并在山东教育出版社的大力支持下,着手编辑这套《汉语字本位研究丛书》。《丛书》计划中有 8 本,目前推出的只是第一批 4 本,后续诸本还将陆续出版。从已出版的 4 本中我们可以看出,徐通锵提出的汉语字本位理论,现在正得到发扬光大。我们期望这一新型理论,能够在发展中结出更加灿烂的丰收之果。

(原载《中华读书报》2008 年 7 月 2 日第 14 版)

反思：振兴中国语言学的必由之路
——从江枫先生的语言文字观谈起

有幸结识江枫先生已多年，但一向只知其为翻译大家，笔下功夫十分了得，近年才知他对语言文字理论也有深究，远见卓识，精论高义，足令某些语言文字学家汗颜。今日盛会庆贺江先生八十华诞，如只论其他而不及其在语言文字学上的贡献，将为一大缺憾。仆虽不才，愿略陈所知，以公同好。

江先生之语言文字观，概言之，可谓三"不承认"加两"主张"。三"不承认"是：

（1）不承认文字只是记录语言的符号；

（2）不承认是表形、表意、表音三阶段依次前进，而表音为世界文字发展最高阶段的所谓文字发展规律；

（3）不承认汉字有所谓"从简从俗"的发展规律。

两"主张"是：

（4）主张汉字发展只有"经济有效"这样一条规律，当繁则繁，当简则简；

（5）主张世界文字的共同发展道路，与其说是拼音化，不如说是"拼形化"，或者说"拼形表意"。

上述五条，条条掷地有声，振聋发聩，尤其第五条，言前人所未言，更是江先生独得之见，登高望远，令人钦佩。

五条的内容下文还要申述，然而首先我要对他的理论勇气表示赞赏。因为这几条意见，几乎条条与当今的主流语言文字理论针锋相对，条条与百年来的语文改革大潮针锋相对，也条条与某些掌握着语言文字话语权者的观点针锋相对。在逆境中反潮流，没有非凡的勇气是做不到的。

勇气的背后有两个支柱。一个是道德支柱，即真正的知识分子的良心、对国家对民族的责任感和忧患意识；另一个是思想支柱，就是本文标题中说的"反思"精神。我以为，这是迎接中华民族伟大复兴、振兴中国语言学的必由之路。江枫先生的探索为我们做出了榜样。

发展中国语言学，或者说，发展任一门学科，靠的是什么？在世纪之交的时候，有些权威人士、权威机构，曾经"展望"过21世纪中国语言学发展的前景，说是

20世纪中国语言研究的取得成就,靠的是"不断引进"国外的语言学理论,因而,21世纪中国语言学要发展,还得靠"持续不断地引进国外先进的语言学理论"。在21世纪即将走完第一个十年之际,又有学者撰文说,中国语言学正处在十字路口,要进一步发展,必须"走近当代国际语言学的主流"。

这些提法从表面上看来没有错,中国语言学要发展,确实需要借鉴国外,特别是国外占据主流地位的语言学理论。但把这当作主要甚至唯一的道路,却是十分危险的,不但达不到目的,而且很可能会南辕北辙,一百年来的中国语言学发展史已经证明了这一点。我们认为,学科发展的动力绝不可能来自于形形色色的外来理论,而只能来自于对学科的哲学思考,或者说"反思"。"反思"是个哲学术语,从汉语字面上看容易理解为回顾历史,其实内容还要深刻得多,它意味着反求诸己,以独立的精神对世间事物,包括各种理论本身进行思考和质疑。我们不相信什么绝对正确、天然"先进"的理论,也不相信有什么不证自明的"常识"、什么不容辩驳的"专业人士"。"反思"就是用实践去检验真理,合则存之,不合则去之。

"反思"据我的理解,应该包含下面八个方面的内容,我把它概括为四不、四敢。其中"四不"是"必要条件","四敢"是"充分条件"。"四不"是:(1)不满足现状;(2)不追逐"主流";(3)不迷信权威;(4)不回避问题。"四敢"是:(1)敢直面现实;(2)敢不胆怀疑;(3)敢直击重大问题;(4)敢不怕孤立。

环顾四周,在中国的学术界,语言学界大概是最缺少反思精神的。其原因就是因为多数人缺乏上述的"四不"精神。第一,语言学家是最易满足现状的,读一读世纪之交作历史回顾的文章和著作,我们就会深切地感到这一点。在那些文章里,处处都是成就,年年都在进步,到处莺歌燕舞,花团锦簇。问题也许有一点,那就是"引进得还不够"之类。第二,语言学者最喜欢"主流"的提法,最热衷于介入"主流",最担心被边缘化。前几年我提出"字本位"理论,颇不为主流观点所喜,有好心朋友就劝我,不要别出心裁,还是跟主流走比较好。第三,语言学界最迷信权威,我至今没有看到过对权威人士、哪怕是说了无数错话但名气很大的人物(如钱玄同)的认真批评。对于洋名人、洋理论更是崇敬有加,外国的理论还没产生、更没引进,就已断定是"先进"的,肯定适合汉语的,而且是发展中国语言学的"强大动力",三十年以来,我也没有看到过对国外语言学理论的认真批评,其拜倒在洋人脚下的情况比三十年前有过之而无不及。第四,与第一条有关,在一片莺歌燕舞的歌功颂德声中,就必然会掩盖、回避曾经存在过的问题。本来,理论上有偏差,工作中有失误,这在任何学术研究以及实践中是难免的,照一般人的天真想法,承认了、改正了,也就是了。但语言文字学界仿佛不是如此,坚持错误、固执己见的情况比任何学科都严重。特别是因为有些事情涉及到政策,于是就仿佛有了护身符,明明错了,也不肯认账,甚至严重的失误也讳莫如深。例如1977年12月作为"粉碎四人帮的成果"公布的"第二次汉字简化方案",在一片反对声中,一直拖到1986年才宣布废止,其间发生了什么?指导思想和理论上出了什么问题?谁应该承担责任?"二简"与"一简"的关系如何?从"二简"的失败中应该吸取什么教训?我们这些"局外人"都无从知道,在世纪之交的回顾时当然也不会提及,也许这件事将永远成为历史之谜。又比如,1952年成立,曾经权倾一时的"中国文字改革委员会",1986年悄然改为"国家语言文字工作委员会",意味着国家语言文字政策有了重大调整,轰轰烈烈搞了一百年的汉语拼音化运动由此画上了一个句号。但这么重大的一件事,语言文字的理论学界似乎无动于衷,既没有人对背后的理论交锋做出交代,也没有人对30多年文改会的功过进行总结,路线调整是出于什么理论思考?是战略调整还是策略调整?对拼音化道路是全盘否定还是留有后路?我们也没有听到过什么明确的解释。这些都为今天语言文字学在理论和实践上存在的问题埋下了隐患。就是最近这次"规范汉字"的制订,也由于过程不透明,也给群众造成了"3,000人搞了8年,只给44个汉字整了容"的印象。尽管我们能够理解具体主其事者的苦衷,但并没有人希望由此引起一场认真的学术争论,从理论上为以后类似的工作打下基础。莫名其妙地抛了出来,不明不白地收了回去,而"主流语言学界"对此表现出了惊人的冷淡。似乎从来没有人想过,问题如果不解决,就会永远是个问题。这样,"四不"精神的缺乏,就使语言学界的认真"反思",成了可望不可即的奢望。在这样情下况,具备"四不"精神像江枫那样的学者,就更加难能可贵了。

  同样,只有在此前提下,才能进一步讨论"四敢"的问题。从江枫先生的几点主张来看,他也确实具备了这"四敢"的勇气。第一,他敢于面对现实,正视百年来汉语汉字研究中的重大问题,不盲目歌功颂德。第二,他敢于从无疑处生疑,挑战语言学界视为"常识"的问题,不为"权威"们摆出的架势所吓倒。第三,他敢于直击语言文字研究最根本、最基础、最核心,同时也是最要害的问题,不怕动摇当今整个语言文字学的大厦。第四,他不惧站到主流语言学的对立面,勇当少数派。这样的精神,几年前我在徐通锵先生身上看到过,今天很高兴地又在江枫先生身上看到了。徐先生、江先生们的观点、主张或许还有可以有讨论、商榷的余地,但他们身上体现出来的精神,却是中国语言学(以及所有其他学科)发展的根本动力。

下面我们来具体看看,江枫先生提出的三"不承认"两"主张",是如何在向一个多世纪来视为当然、视为"常识",甚至有时成为政策依据的一些主流语言文字理论挑战,其重大意义究竟何在。要说明的是,他反对的这些理论,有的是舶来品,有的则是国内某些人一厢情愿的发明。

第一个"不承认",它所针对的就是"现代语言学"的基石之一,所谓文字是语言(实指语音)的符号,因而是"符号的符号"的理论。据说这理论是"现代语言学之父"索绪尔提出的,因而成了"现代语言学"的护门之宝,一些人动不动就会祭将出来吓唬别人:"文字是语言的符号你懂不懂? 这是语言学的常识!"只可惜这个"常识"却经不大起实践的检验:如果说国际音标是记录语音的符号,我们还可以相信;而对于一种发展成熟的语言,哪怕是拼音文字语言而言,要说文字只是记录语音的符号,我们实在不敢轻信。法语 oiseau 是记录[wazo]的符号吗? 英文中 UNESCO 这个单词,更与其说是记录[juneskou]这组音的符号,不如说是先有了这个字母缀合的单词,才有了后来的读音,此例仿佛说明读音才是文字的符号;而对于像汉语这样的语言,要人们相信"人"就是为了记下[ren]这个音而造出来的,那非得有特别丰富的想象力才行,特别是换个说方言例如说上海话的人,他还会说"人"和"宁"是同音字呢。其实把这个理论的发明权放到索绪尔身上,也是有意无意的曲解,套一句老话说,这是"打着索绪尔的旗号反索绪尔"。这个理论实际上是 2000 年前的亚里士多德提出来的。索绪尔的主张与之有本质的不同,他认为"有两种文字体系",如果表音体系文字还勉强可说是"符号的符号"的话,则以汉字为代表的"表意体系"文字根本"与其读音无关",这是对亚里士多德理论的有力反拨。把索绪尔认为属于表音文字语言的"符号之符号"说硬套到属于表意文字语言的汉语上,本身就是对索绪尔理论的背叛,怎么能成为现代语言学的基石呢? 但就是这么一个被曲解的理论,从 20 世纪 20 年代引进之后,至今仍是国内各种版本《语言学概论》甚至《汉字学概论》开宗明义的"常识"! 这一"理论"对百年来中国语言学的冲击是显而易见的。正是受其支配,中国语言学家才心甘情愿地把中国人使用了几千年的汉字踢出了语言研究的殿堂,把有了几千年历史的汉语研究传统弃如敝履,生生割断了历史,割断了传统,从而把 20 世纪以来的汉语研究牢牢地绑到了建立在拼音文字基础上的西方语言学战车上,还自以为是这就实现了语言研究的"现代化"!以至今天,到了希望重振中国语言学雄风的今天,人们却发现已找不到回家的路,找不到中国语言学的路究竟在哪里,于是只能自我安慰地跟着别人后面跑,滑到哪算到哪。要不然,一个堂堂大国的语言发展规划,怎么会把希望寄托在"持续不断地引进"外国先进的理论呢?说到外国理论,还得补充一句,即否定"文字是符号的符号"说的,中国有,外国也有。早在300年前,德国哲学家莱布尼兹就提出文字不必与语言相联系;到了20世纪下半叶和本世纪初,更有法国哲学家利科以及德里达,还有英国著名语言学家罗伊·哈里斯,他们先后都提出过语言文字有不同起源的主张。我们那些热切盼望"不断引进国外先进理论"的人对此怎么忽然就不热切了呢?

　　第二个"不承认"是针对所谓的"表形—表意—表音"的文字发展三阶段论。这个理论也起源于国外,是19世纪中叶后庸俗进化论的产物,但变成这么明晰的三阶段说却是在国内完成的。如果说文字在历史上确曾有过象形、表意、记音这三种形态,那是从世界范围内,从总体上去观察的结果,但它往往是在不同语言中发生,只不过正好在时间上先后相承,例如在古埃及的象形表意文字,传到腓尼基后产生了表音文字,并不是埃及文字本身变成了表音文字。事实上,从局部、从一个个具体语言去看,至今没有发现有完整经历过三个发展阶段的文字。既然历史上没法找到,就只能寄希望于未来。由于古老的象形文字除汉语外现在都已死亡,要证实三阶段说的唯一指望就只能落在汉语身上:什么时候汉语变成了拼音文字,这"三阶段"论就会在人类历史上第一次得到完美的呈现。这大约就是为什么"三阶段"论在中国特别有市场的原因吧?吊诡的是,三阶段论的起源是在西方,但最起劲的吹鼓手却是在东方,是中国的那些痴迷文字改革的"专家",因为他们与这条理论已建立了休戚与共的利害关系,一损俱损,一荣俱荣。主张汉语走拼音化道路的主要理论依据就是这条理论;而一旦汉语拼音化实现,又反过来证明了这条理论的正确。1986年之后,为什么还有人抱着拼音化不肯放,一下说要"并存",一下说要"竞争",在实践中更是时时不忘一有机会就把汉语拼音当作实际上的语言来使用、推广(例如"汉语拼音正词法"的研制、"拼音识字、提前读写"的实验等),而不顾这些实际上都违反了国家语言文字法?就因为这种不服输的心理在作怪,幻想会发生什么奇迹,拼音化会突然起死回生。这些人不想想,拼音化已经试验了上百年,曾经拥有过最好的时机、最大的资源、最广的支持,但最终以失败告终;现在还想继续把亿万人当作实验室的小白鼠,来证明一个根本就不存在的理论,未免也太不厚道了吧?而这条现在看来十分荒谬的理论,对中国人民语言生活的影响真是太大了,一百年来中国人的整个语言生活,包括语言学家们的研究生涯,几乎都处在"拼音化道路"这条主线的笼罩下,一些重大的语言文字活动,包括白话文取代文言文的革命、现代汉语语法的建立及成为语言研究主流、国语运动及推广普通话、简化字运动,直至文字改革走拼音化道路,等等,无不与之有关。只是其中有的是正打正着,有的是歪打正着,有的是正打歪着,有的是歪打歪着而已。而由于这条"理论"没有得到清算,"拼音化道路"仍然死而不僵,不少场合人们的语言生活还受到"拼音文字"幻想家的裹胁,因而认真地讨论上述诸问题的利害得失还为时尚早。但可以相信,随着中华民族的复兴及中国语言学的重振,这些问题终将会一一进入人们研究的视野。

第三个"不承认",是不承认汉字演进有一条所谓"从简从俗"的发展规律。相对于上面两个问题,这个问题相对较小一些,但它正好涉及了繁简之争这个当前社会的热点问题,还是值得谈一谈。我认为这个"不承认"有两个方面的意义。一方面,从问题本身看,江先生的意见无疑是正确的,根本就没有"从简从俗"这样一条规律,这是当今某些实际上不懂汉字发展史却偏要以专家面孔出现的人杜撰出来的,认真的文字学家从来不会这样说。"从简"还可说是汉字发展趋势之一,但不是唯一;说"从俗"也是规律那简直是胡说八道,闭着眼睛说瞎话。汉字演变的趋势并不是单纯的,李荣先生发表于 1980 年的名文《汉字演变几个趋势》中就总结出了 10 条趋势,其中有简化也有繁化,有合并也有分化,有同音替代也有同义替代,但就没有一条是"从俗"。唐代颜师古写的《匡谬正俗》,对后代文字发展有很大影响,从该书的标题就可以知道,根据汉字使用的传统,"俗"与"谬"实际是处在同一地位的,都是"匡"或"正"的对象,怎么会成为发展趋势呢?江枫先生主张文字发展无所谓从繁从简,其规律实际是"经济有效、繁简视需要",这是用最通俗的语言概括了李荣总结的汉字演变规律,可说是符合历史事实的真理。另一方面,透过这个问题,还可使我们想到繁简之争的复杂性,江先生否认"从简从俗",但也没有肯定"从繁",两者都有一定的合理性,但也都不可能成为单向的"规律"。汉字问题究竟应该解决,我们还应谋求新的解决办法。江先生的"经济有效,该繁则繁,该简则简",就是一个重要启示。

至于江先生主张的"拼形化才是文字发展规律"可说是醍醐灌顶,发人猛省。

其实早在 1976 年,美国语言学家 Mark Aronoff 已经提出,现代英语构词的本质是"以词构词",却没有人想到,这与汉语的"以字构词"其实是相通的,两者都体现了"拼形是文字发展规律"的精神。江枫先生一语点破,真有给人大梦初醒之感。

江枫先生并不以语言文字学名家,然而竟能在语言文字学上有如此造诣,足令我辈钦佩。借庆贺江先生八十华诞之际,我们谨祝先生健康长寿,为国家的文化事业做出更大的贡献!

(原载《汉字文化》2009 年第 6 期,第 87-91 页)

当代中国的"士大夫之学"
——序《学步集:杨自俭文存》*

清儒陈澧曾言:"有士大夫之学,有博士之学;近人几无士大夫之学。士大夫之学,更要于博士之学,士大夫无学,则博士之学亦难自立矣。"[1] 当代学者余英时对此解释说,所谓"士大夫之学"和"博士之学"的分别,简单地说,便是"通识"和"专业"的不同,但又不止于此。"博士"是专家,其知识限于他的专业范围;而"士大夫"负领导政治与社会的重任,他们需要有贯通性、综合性的知识,以为判断和决定重大问题的依据。[2] 陈澧强调士大夫之学比博士之学重要,并且感叹在他那个时代几乎已经没有了士大夫之学。这一感叹我想也适用,甚至更适用于当今这个时代。所幸在这个"几无士大夫之学"的时代,我们有时还能见到几位多少还有点士大夫精神的学者,使这个浮躁时代、商品经济大潮下的学术界还不至过于苍白。杨自俭,就是这样一位学者;这部《杨自俭文存》,所体现的就是当代中国,至少是在外语学界的"士大夫之学"。

"士大夫"这个词语,现在人们已经很陌生了,我们有必要加以申述。"士大夫"中的核心概念是"士",用现在的话来说,是"真正的知识分子",或者西方话语中的"公众知识分子"。在不久前一次关于中国文化的讲座中,我曾提出过一个观点,认为每一个重要民族在其历史发展过程中都曾凝炼出一种"民族品格",成为该民族在世界上的形象符号。这种民族品格不是指那种带有调侃意味的形象标志,如英国人保守、法国人浪漫、德国人古板等,而是正面的并且为该民族所自豪和追求的。我并举例说对英国人而言,这种民族品格就是绅士风度,对德国人而言,就是好学深思,对美国人而言,就是探新求变。对中国人呢?我提出就是"士"的精神。这种精神起始于春秋时期,就是曾子说的:"士不可以不弘毅,任重而道远。仁以为己任,不亦重乎?死而后已,不亦远乎?"[3] 也就是说,这是一种忧国忧民、终身以之的强烈责任心。这种精神到后来通过各种语言表达出来,如范仲

---

* 本书由张德禄等主编,将由中国海洋大学出版社出版。
1 《东塾集》卷四《与胡伯蓟书》。
2 《严复与中国古典文化》,载《现代危机与思想人物》。
3 《论语·泰伯》。

淹的"先天下之忧而忧,后天下之乐而乐",文天祥的"人生自古谁无死,留取丹心照汗青",顾炎武的"天下兴亡,匹夫有责"[1],鲁迅的"中国人的脊梁"等等。在做学问上,就是张载的"为天地立心,为生民立命,为往圣继绝学,为万世开太平"[2],曾国藩的"士大夫之学",严复的"了国民之天责",陈寅恪的"独立之人格,自由之精神"。可叹的是,随着百年来不加分析地否定传统,中华民族历史上的一些优秀东西正在被人们忘却。而在治学上对"科学主义"实为工具主义、技术至上的盲目追捧,也使钉饾之学成了"科学"的代名词。在这个大气候下,"博士之学"日增、"士大夫之学"日亡,就是必然之事。年轻一代更不知士大夫之学为何物。借着《杨自俭文存》的出版,让我们循着杨先生的学术道路,重温何谓"士大夫之学",对于治疗我们的学术浮躁病,未尝不是一剂良药。

所谓"士大夫之学",我以为至少包含以下五个方面,而杨先生都为我们做出了表率。

第一,为人重于为学。

这是士大夫之学的灵魂、两千年来中国传统教育的核心。《大学》所谓"格物、致知、诚意、正心、修身、齐家、治国、平天下",其核心就是"修身"。"自天子以至于庶人,壹是皆以修身为本。其本乱而末治者,否矣。"[3]中国近百年来、特别是近半个世纪来,大学教育奉行科学理性主义,实际上忘掉了这个根本,许多现象因此而起。这些年来一些有识之士正在呼吁这一精神的回归。但在我的印象中,至少在当今外语界,在各种场合呼吁做人重于做学问的可能没人超过杨自俭。例如2002年上海会议上,他以《老实做人,认真做事,严谨做学问》为题致了开幕词,强调学者要进行长期认真的自我修养,完善自己的人格,特别提出"要始终无条件地追求较高和最高的层次"、"要正确认识自己"、"要积善成德"、"要慎独自律",并告诫大家永远记取、领悟孟子的"居天下之广居,立天下之正位,行天下之大道,得志与民由之,不得志独行其道。富贵不能淫,贫贱不能移,威武不能屈,此之谓大丈夫"[4],并付之行动[5]。2004年重庆会议的开幕词上他强调会风的重要,"它是学人的科

---

1 这是后人对顾炎武《日知录·卷十三·正始》中"……保天下者,匹夫之贱与有责焉耳矣"一段话的概括。
2 《近思录·卷二》。
3 《礼记·大学》。
4 《孟子·卷六·滕文公下》。
5 《老实做人,认真做事,严谨做学问》,载《英汉语比较与翻译》(5)。

学精神与科学态度问题,它是学人的伦理道德和精神境界问题,它能决定学人的学术价值与生命。"[1] 2006年烟台会议上,他特别总结了他与学会创会老会长刘重德先生刻意培植和发展的会风,其中第一条就是"高尚的道德与情操……为人为学为人在先,学术为重,淡泊名利,大公无私,严以律己,宽以待人"。[2] 杨自俭这么要求别人,自己更是身体力行。大家都知道,他是当今中国外语学界,特别是对比语言学和翻译学界众望所归的学界领袖,靠的是什么呢? 在广博的学识和明锐的学术眼光之外,我觉得更主要的是靠他几乎难以阻挡的人格魅力。而这正是我们这个社会、我们这个学术界目前最匮乏的东西。

第二,强烈的使命感和忧患意识。

如果说人格修养是士大夫为学的第一步,则强烈的使命感和忧患意识就是士大夫之学的鲜明特点。中国知识分子的一个最优良传统就是时刻把个人的命运与民族的命运、历史的使命紧紧地结合起来。前些年在总结严复的翻译思想时,我曾感叹说,像严复那样把从事翻译当作"了国民之天责"的人,现在恐怕再也难以找到了,甚至他的这种想法也已经很难被今天的人们所理解了。因为在工具理性主义的人们看来,翻译不过是个谋生工具或者是个人情绪的泄发,所需要的无非是技巧或方法而已。同样的,学术研究已被论文发表的要求所取代,后者更已成了敲开各种名利之门的敲门砖。当手段成了目的,还有什么事不能做的呢? 因而当今学风的败坏是从知识分子人格的沦丧开始的。杨自俭曾在不止一个场合表现出对当今社会世风、学风的各种忧虑。在2006年的烟台会议上,他更形象地将之比喻为"三座大山":"第一座是官本位","第二座是'三个和尚没水吃'","第三座是'重使用轻理论'的传统"。他忧虑地说:"毛主席领导我们用了不到30年推翻了那三座大山,但这三座大山恐怕用50年甚至100年也难以推翻。"[3] 正是由于有了强烈的使命感和忧患意识,才会对所研究的对象有强烈的问题意识。通读这本《杨自俭文存》,你会感受到他在学术研究中始终在关注的是四个问题,一是如何真正解决中西结合问题,二是如何真正解决古今继承问题,三是如何解决学术创新问题,四是如何解决理论应用问题。可说,这四个问题已涉及到了学术研究的全部,但很少有人像他那样做出如此深刻的思考。我在这里特别要提出"字本

---

[1] 《学会·学风·学理·学问·学派·学人》,载《英汉语比较与翻译》(6)。
[2] 《认真总结经验,深化理论研究,大力推进学术进步与学科发展》,载《英汉语比较与翻译》(7)。
[3] 《认真总结经验,深化理论研究,大力推进学术进步与学科发展》,载《英汉语比较与翻译》(7)。

位"的例子,这是杨自俭近两年学术思考关注的焦点。有时人们可能会纳闷,作为一个主要活跃在外语界的学者,为什么对汉语界这个争议未决的问题有这么大的兴趣?其实字本位理论正好是杨先生所关心的四个方面的问题的汇合点或者说聚焦点,杨先生从徐通锵等人的研究中看到了中国语言学根本问题解决的希望,也看到了中国外语界语言学研究的新的前景。而这个理解,不循着杨先生自己学术发展的思路是难以做到的。就这个意义上说,收在本文集的《跟随徐通锵先生学习字本位》一文,对于了解杨先生为人治学有着分外重要的意义。

第三,广博而深邃的学识。

正如上面说到的,士大夫之学与博士之学的基本区别是通识之学与专家之学的区别,也是中国传统治学与今日急功好利的所谓"搞科研"的区别。《中庸》上说:"博学之,审问之,慎思之,明辨之,笃行之"[1],这是两千年中国士人所奉行的学习方法。古人深知"博观约取,厚积薄发"[2]的重要性,因而强调治学过程中的"于书无所不窥"[3],以"一事不知,儒者之耻"自勉。古代的例子不胜枚举,近代的经典例子有曾国藩和梁启超,这是他们之所以能做出重大成就的原因。直到 50 年代初,吕叔湘还在告诫我们,翻译工作是"杂学",译者要"竭力提高自己的素养,有空闲就做一点杂览的功夫"[4]。但半个多世纪来,随着学科分工的细化、知识的海量"爆炸",特别是西方细分再细分那种分类和描写方法的引进和备受推崇,"博学"、"通才"已成了可望而不可即的目标,人人都盯着眼前那一小块,细挖再细挖,分析再分析,例如把一个"了"字分析出十几种、二十几种用法,似乎这才是"科学"的研究。然而,"士大夫无学,则博士之学亦难自立矣",没有广博的学问做基础,专学也是搞不出什么名堂来的。杨自俭是当代学者中少有的明白人之一。他曾对对比研究者的知识结构提出过六个方面的要求:"一是比较丰富的自然、社会、思维三个领域的基础知识;二是英汉语言及其语言学的基础理论;三是英汉语言史及其语言学史;四是相关学科的基础理论(包括哲学、认知科学、心理学、文化学、人类学、社会学等);五是方法论基础(包括哲学、逻辑学、系统科学、心理学、计算机科学与语言学的方法等);六是对比语言学的基础理论和方法。"[5] 相信很多人看了

---

1 《礼记·中庸》。
2 语见苏轼《稼说·送张琥》,《苏轼文集》第十卷,北京:中华书局,1986 年,第 340 页。
3 这是清代学者全祖望称赞顾炎武的话,见所作《亭林先生神道表》。
4 《吕叔湘文集·第五卷·翻译工作和"杂学"》。
5 《杨自俭序》,载朱永生等著《英汉语篇衔接手段对比研究》。

这个单子都会吓一跳,以为这是凡人不可达到的高标准。但实际上,了解杨先生治学道路的人都知道,这是他的夫子自道,也是他治学经验的宝贵总结。我们在读杨先生文章的时候,常常会为他深邃的洞察力、气度恢宏的学术视野所折服,其实道理很简单:站在山顶看山和钻在山沟里看山,得到的景象是完全不同的。这里我还想特别提到杨先生的逻辑修养,我以为,在当代外语学者里,还没有什么人的逻辑学水平能超过杨自俭先生,这是他的论述总是那么细密、那么有说服力的原因。

第四,高屋建瓴的治学眼光。

广博的学识和深厚的学养,使杨自俭在从事具体学科的研究时,站到了一个常人难以达到的制高点。因而他的学科研究也就有了一个与旁人不同的眼光。细心的人们会发现,杨先生的学术研究,关注的始终是学科建设的全局和最宏观的方面,诸如学科的性质、学科的定义、学科的基础、学科的地位、学科与相邻学科的关系、学科的历史、学科的方法论、学科的队伍建设和人才建设、学科的发展趋势、学科的广泛应用等等。无论对英汉对比语言学、翻译学、对比文化学、典籍英译、语言理论、字本位学说等,均是如此。也正因为如此,他成了国内外语界公认的一位学术领袖。许多人新书出版,都爱请他作序,他的品评,常能道出作者自己所没有发现或感受不深的内容,对作者自己也不啻是个升华。我本人就为此受益不少。同时,作为中国英汉语比较研究会深受爱戴的老会长,他不止一次发起全国性的对比语言学和翻译学学科建设讨论,为推进国内这些学科的建设起了重要作用。他在各种会议作的开幕词、闭幕词,常常是对学科发展高屋建瓴的概括和总结,产生过不可估量的影响。

第五,虚怀若谷、淡泊名利的处世态度。

阅读本书的目录,读者还可能注意到,在全书所收的80篇文章中,为他人著作写的序言倒有39篇,占了几乎整整一半。这在当代国内外学者的论文集中可说是绝无仅有的。有人为他感到惋惜,觉得他孜孜矻矻数十年,多数时间是在替人作嫁,却没有时间写一本他自己的学术专著。而按他的学术水平,如果有充分的时间,不要说一种,就是两三种专著也早就出版了。这就涉及到他的另一种可贵的品格,也是传统士大夫的品格,就是淡泊名利。早在先秦时代,就有"货恶其弃于地也,不必藏于己;力恶其不出于身也,不必为己"[1]这样的说法。《老子》也强

---

[1] 《礼记·礼运》。

调,"生而弗有,为而不恃,功成而不居。夫唯弗居,是以不去。"[1]曾国藩总以"功成身退,愈急愈好"告诫自己,强调"功不必自己出,名不必自己成"[2]。虽然前人有这么多的榜样,但老实说,在今天这样的社会和"学术"环境下,真要能这样淡泊自如,还真的不容易。而杨自俭先生却做到了,这还成了他的一种独特的研究方法。一方面,如上所说,国内学者出书,喜欢请他写序,以之作为重新认识自己著作价值的过程;另一方面,杨先生对请托者,一向来者不拒,他把它看作是一个学习的过程。这倒也不是过度的谦虚话,我发现,常常一篇序言写成,作者研究的这一领域也就成了杨先生的囊中物了。他认为这是两得益彰的双赢好事。我们常常见到,他写的序言,不同于一般作序者那样三言两语,敷衍搪塞,而是在精读、细读了原文之后,提出了真正精到的见解,使读者包括作者自己茅塞顿开。他的序言常长达一万余言,这大约也是国内外非常少见的。但这样的做学问方式,在今天环境下,是非常"吃亏"的,因为成果都是别人的,自己的研究再深刻,也只是贡献了一篇"序"而已,既进不了"核心期刊",也算不了"学术成果"。但这样的事愿意常做,而且做得其中有乐,也只有杨自俭那样完全淡泊了名利的人才行。杨自俭说,他特别喜欢三首诗,认为表现了做学问的境界,这里我也把它抄在下面,作为本文的结束。第一首是唐代李翱的诗句:"选得幽居惬野情,终年无送亦无迎。有时直上孤峰顶,月下披云啸一声。"[3]这是一种令人向往的治学而忘我的境界。第二首是李白的诗句:"问余何意栖碧山,笑而不答心自闲。桃花流水窅然去,别有天地非人间。"[4]这是一种脱离了世俗的敬业的境界。第三首是王国维的《浣溪纱》:"本事新词定有无,斜行小草字模糊,灯前肠断为谁书?隐几窥君新制作,背灯数妾旧欢娱。区区情事总难符。"[5]这是学术研究永不完善永无止境的境界。我们引这三首诗词,既以之表示对杨先生治学精神的敬意,也希望与大家共勉。

2009年3月10日于上海

---

1 《老子·第二章》。
2 《曾国藩家书·同治三年》。
3 李翱《赠药山高僧惟俨二首》之二,《全唐诗》卷三六九。
4 李白《山中问答》,《全唐诗》卷一七八。
5 王国维《观堂集林·卷二四》。

参考文献

曹　寅,《全唐诗》
陈　澧,《东塾集》
顾炎武,《日知录》
阮　元,《十三经注疏》
苏　轼,《苏轼文集》(中华书局本)
王　弼,《老子道德经》(《诸子集成》本)
王国维,《观堂集林》
曾国藩,《曾国藩家书》
朱　熹、吕祖谦,《近思录》

吕叔湘,1951,"翻译工作和'杂学'",《吕叔湘文集》第四卷,北京：商务印书馆,1992年,第421-425页。
杨自俭,2001,"序",朱永生等著《英汉语篇衔接手段对比研究》,上海：上海外语教育出版社,第Ⅸ-ⅩⅤ页。
杨自俭,2004,"老实做人,认真做事,严谨做学问",杨自俭主编《英汉语比较与翻译》(5),上海：上海外语教育出版社,第1-15页。
杨自俭,2006,"学会・学风・学理！学问・学派・学人",杨自俭主编《英汉语比较与翻译》(6),上海：上海外语教育出版社,第1-12页。
杨自俭,2010,"认真总结经验,深化理论研究,大力推进学术进步与学科发展",杨自俭主编《英汉语比较与翻译》(7),上海：上海外语教育出版社。
余英时,1999,"严复与中国古典文化",余英时著《现代危机与思想人物》,北京：三联书店,2005年,第104-121页。

（原载《外语教学》2009年第3期,第109-112页；又载任东升编《杨自俭文存・学步集》上卷,青岛：中国海洋大学出版社,2010年,第6-11页）

中国学者从事外国语言学研究的正道

在庆祝程雨民先生85岁华诞暨语言研究成就的学术研讨会上,我为程先生献上了下面这首诗:

> 字基初展汉文枢,
> 人本还昭语学途。
> 只道西山采药去,
> 谁知东海得骊珠。

诗中"字基"指的是2003年出版的《汉语字基语法》,"人本"指的是2010年出版的《"人本语义学"十论》。"字基"是国内主要从事"外国语言学"研究的学者撰写的第一部重要的"纯"汉语语言学著作;"人本"则以汉语为例,提出了人的意愿与语言系统互动这一崭新的以人为本的语言学理论,在普通语言学研究中发出了中国学者的声音。这两部书,加上1997年出版、2011年修订再版的《语言系统及其运作》,其中提出了"语言是导向性的,而不是规定性的"(程雨民,2011:47)重要观点,这三部系列著作实现了程雨民先生从一个单纯的外国语言学学者向普世语言学学者的重大转变,以85岁的高龄站到了国内语言理论研究的一个制高点,赢得了学界的尊敬。程先生的转向和成功,对于国内从事外国语言学(暂且用这一个术语,其实已有许多学者指出这个术语是不妥的)的学者来说具有方向标的作用。它向我们提出了几个重要的问题,逼使我们做出认真的思考和回答。

一、"外国语言学"研究的目标究竟是什么?

国内的学科体系在"外国语言文学"一级学科下设置了"外国语言学及应用语言学"二级学科,而在"中国语言文学"一级学科下又设立了"语言学及应用语言学"二级学科,从制度上提出了语言学的中、外之分,从一开始就遭到了质疑和批评,来自外语语言学界的反对之声尤其强烈,认为把他们的研究范围"局限"于"外国"语言学的研究,不利于他们介入汉语的研究。这诚然是对的。但问题在于,学科的设立从来只是为了便于研究的细化和深入,"分工"并不意味着"分家"。语言学从本质上来讲确实没有中外之分,研究语言学更不应局限于中外之分,学科的分设在名称上或有未妥,但其本意也许只是为了强调两部分人的研究侧重点,而许多人却株守这一名称之分,划地为牢,自我拘禁,不仅自己的研究从不跨出畛域半步,甚至禁止别人跨出。君不见许多外语院系领导不许教师撰写涉及汉语的论文,一些"外国语言学及应用语言学"博士点、硕士点的导师更禁止学生选择研究汉语的论题,否则就要指为"异端"、不务正业。这难道是正常的吗?

应该明白,任何语言研究,即使是最"普通"的人类语言研究,都是从母语开始的。有的语言学家如乔姆斯基等更提出从母语出发就可以达到人类语言的"普遍语法"。认为普通语言学研究可以不管母语,甚至有意无意地排斥母语、歧视母语,这种情况大概除了中国,在世界上任何别的地方还没有见到过。"挟外以自重"在中国造成的实际结果是所谓语言学研究就是外国语言理论的翻炒,今天流行这一派,一窝蜂地全搞这一派;明天一个新理论"引进"了,一窝蜂地又转向另一派。表面上热闹非凡,实质上全无根基,因为西方语言学理论是植根于西方的语言实际的,往往是"印欧语特色的语言学理论",我们在外语上既无法达到西方说母语人的语感,又自觉放弃了母语的阵地,最多不痛不痒地举几个似是而非的例子,于是就只能跟在西方理论后面追、围着西方理论转,除了做到了"跟西方理论接轨",所谓"赶上并超过西方语言学",所谓"要对世界语言学研究"做出贡献,全是一句空话。

而程雨民先生的实践和成就启发我们的第一点,就是"外国语言学者"必须认真考虑本学科研究的目标是为了什么。什么是中国的"外国语言学"学者研究的正道?程先生的回答是,从汉语出发,借鉴外国语言理论,解决汉语研究的理论问题。我们是这么思考的吗?

二、"两张皮"的现象究竟是如何形成的?

在1980年中国语言学会成立大会上,吕叔湘先生尖锐地提出了对语言研究"两张皮"现象的忧虑(吕叔湘,1980/1992:13-14),后来许国璋先生、王宗炎先生等也多次谈及这个问题。钱冠连先生(1999)和我本人(潘文国 2001)也曾撰文论述过这一现象的由来与对策。但是几十年来,这现象并无根本改观。当然从实际来说,现在的研究者,特别是年轻学子的语言状况与吕先生提出这个问题时已有所不同,中文学者的外语能力比以前有不少提高,特别一些在海外,或者"海归"的中文研究者多数已有了阅读外文文献的能力,从事"外国语言学"研究的学者在论文中完全不举中文例子的情况也已不多见。但为什么人们的感觉是"两张皮"现象依然故我?我认为是因为在更高的层面上两者缺乏交融。所谓"更高的层面"一是指理论层面,二是指语言的深层。在理论层面上,虽说有研究汉语和外语的不同,但其背后的理论都是西方语言学,那些在海外搞中文研究的多数人尤是如此,因此总觉得跟真正的汉语研究隔了一层,给人的印象是他们不过是在拿中文的例子讲外国语言学。而语言的深层尤其是汉语的深层存在于文言里,"现代汉语"是从"古代汉语"发展而来的,在经过几千年发展而成熟的文言里存在着汉语组织的根和基因。而现在的语言研究者大都文言阅读能力甚差、古文根基毫无,因而他们对汉语的感受往往是皮毛的,对"语感"的解释也往往是浅表的。"外国语言学"研究者尤其是如此,"外国语言学"学科的设立更可能对此起了推波助澜的作用,使一批人安于脱离母语搞隔空的语言研究。在这样的情况下怎能指望能在汉语实际的基础上实现语言理论研究的突破呢?另一方面,一些对文言以及传统汉语研究有涉猎或浸润的人则满足于关在自己的书斋里搞他的文字、音韵、训诂研究,不懂也不想懂窗外风起云涌的语言理论风景,因而理论上自然也不会有突破。一些"现代汉语"学者对传统既缺少继承、对外文也一知半解,对创新中国气派的语言理论也只能说是有心无力。我们要问:只懂中文,甚至只懂"现代汉语"的人能称"语言学家"吗?只搞西方语言学、母语反而搞不清楚的人能算"普通语言学家"吗?程雨民先生的实践和成就告诉我们,要成为一个真正的中国语言学家,在普通语言学领域真能发出自己声音的学者必须具有三方面的基础,除了对西方语言学了如指掌以外,还必须娴熟自己的母语,特别要对文言有所感受。在程先生的研究里我们特别注意到他花了不少工夫专门研究了古文诗词甚至是骈文的组织结构及语言规律,这是国内的外语学者甚至汉语学者甚少关注的,这是他取得成就的重要原因,也是他的成就给我们的第二个重要启示。

三、如何正确对待国外语言学?

如何对待国外语言学,包括几千年的西方语言学传统和近几十年层出不穷的创新理论？这是每个中国语言研究者必然会碰到的重要问题，"外国语言学"研究者尤其需要时时把这个问题挂在心头。20世纪五六十年代我们还非常强调"批判地吸收"，对来自西方的语言理论保持着高度的戒备，引进之前先要批判一下，"消消毒"。这样做有好处，使我们对西方理论的来龙去脉比较清楚，对某一理论的长短优劣、能解决和不能解决的问题多少有些了解。当然也有不足的，例如常常从政治角度上纲上线、未审先判地戴上个"资产阶级"或"帝国主义"帽子（如对高本汉、叶斯柏森，特别是沃尔夫的批判），而对来自苏联的语言学见解包括对汉语的粗暴定性却是照单全收。但是"文革"以后的三十多年来，这句话却听不大到了。这是什么原因呢？莫非"文革"以前的西方理论都还需要进行精华和糟粕的两分，需要去粗取精、择善而从，"文革"以后的西方理论都只有长处没有短处，只有普适性没有局限性，只有真理没有谬误，只要"持续不断地引进"，就能促进中国语言学的发展甚至中国自身语言学的建立？目前在从事"外国语言学"研究的有多少人在从事"批判地研究"？有多少人只是在心安理得地做外国理论的传声筒？我猜想"文革"前后的"引进"之所以表现出了这样的差异，可能有一个重要原因，那就是"文革"前引进的都是二手货，是转手贩卖的，跟外国学者本人没接触、不了解，批判起来不会心疼，肯下狠手。而改革开放以后引进的理论往往是直接的，是国内学者出国留学直接从外国导师手中学来的，出于对导师的敬畏和中国人一贯的礼貌之道不敢提出与导师不同的看法，更不要说批判。另一方面，由于我上面说的原因，出国留学者在外语上天生低人一截，而对汉语母语从根本上说也不甚了了，因此在"不敢"之外，还加上"不能"，就是导师鼓励他提，他也提不出什么不同的意见来。这个问题如何解决呢？从程雨民先生身上我们也看到了答案。这就是，第一，要有清醒的头脑，要明白一个道理，任何"先进"的理论都只能反映局部的真理，没有包打天下、放之四海而皆准的语言学理论，对于每一种新理论来说，创新和局限往往是同时并存的，因此一定要学会一分为二，对西方理论一要学习，二不能盲从。第二，要有底气。底气来自对理论本质的清醒认识和对自身语言的透彻了解，事实上，母语既是产生自己语言理论的温床，也是检验外来理论的试金石。只有对自己母语没有底气的人才会在外国理论面前束手就范。第三，要有勇气。要敢于在自身语言实际的基础上、批判吸收西方理论的短长，理直气壮地提出自己的语言学理论。我想这是程雨民先生的成就给我们的第三个启示。钱冠连先生（2003）曾经提出过一个"启功模式"，我想对程先生也同样适合："所谓启功模式,是指母语为汉语的学者对国外语言学在汉语中的创化的心态、方式和思路。"
"一是敢发疑问。二是大胆设想。三是走自己的路。四是敢负责任。五是再思。
六是要有理论勇气。"

四、如何实现中西语言学的真正结合,发展中国语言学?

进入新世纪以来,特别是在中国经济高速发展、中国人的民族自信心不断增强的今天,建设、发展中国特色语言学的问题已提上了议事日程。但是,有愿望和能不能实现这个愿望是两回事,中间要经过许多步骤,包括进行理论上、实践上和心理上的各种准备和积累。在我看来,心理上的准备是第一位的,不抛弃崇洋媚外思想,不放弃牵中就外的思路,中国语言学就不可能有自立的一天。精神上自立了,学术上才有可能自立。而另一方面,学术上的自立不会因为精神上的自立而天然来到。我们还要做几件刻苦踏实的工作。

第一是认真钻研西方语言学理论。作为"外国语言学"研究者,学习、了解国外语言学是我们义不容辞的使命,但这种学习必须是全方位的、全面的、深刻的、知其所以然的。阅读程雨民先生的著作,我们惊讶于他对西方语言学乃至语言哲学的娴熟,从索绪尔到布龙菲尔德,从乔姆斯基到韩礼德,从奥斯汀到格赖斯,从康德到塞尔,他几乎是拈手即来,如数家珍。这使他对西方语言理论、语言哲学思想抱有一种全局观,不会轻易盲从。而我们有些研究者却喜欢从一而终,一头扎进某一派理论就再也不愿或不能跳出来。这样他即使对外国语言学,也是只见树木,不见森林。以此作为某外国语言学流派的中国代理是可能的,作为建立中国语言学的基础却是无望的。

第二是真正了解汉语和汉语研究传统。新的中国语言学绝不可能在外语和外语研究传统上建立,而只能在自己语言的实际和自身语言研究的传统上建立。这是常识。不承认这一点不是无知便是偷懒,害怕作艰苦的努力。因为对于今天的中国人特别是语言研究者而言,最大的困难已不在于学习、了解外国语言和外国语言学,而恰恰是在了解本国语和本国语言研究传统,特别是将它们放到今天的语境里来重新理解。对此我们要付出甚至比学习外语更艰苦的努力。我们有没有这样的信心和准备呢?在这方面,又是程雨民先生为我们做出了榜样。以他那一辈人,对传统的熟悉要胜过我们本来就是不容置疑的,然而程先生竟以七八十岁的高龄,重新学习中国传统文论,以探究中国语言的特点,却是既出人意外,又是发人深省的。

立足本土资源,借鉴外来新知,这是发展、建设中国特色语言学的必要条件。没有这两个条件要创造出新的语言学理论是一句空话,但有了这两个条件也不等于必然能创造出新的理论,这还要看各人的努力程度和悟性,乃至灵感。悟性和灵感以前常被斥为唯心主义,其实这是创新思维少不了的。爱因斯坦就很强调这点。语言学界,过去100多年中,具备上述两种条件的人并不少,但能做出创新成绩而在历史上留下痕迹的人并不多,如马建忠、王力、吕叔湘、高名凯、张志公、许国璋、徐通锵等。程先生的成就令我们刮目相看,对其理论的价值我们也需要认真加以研究和评述。我并不是说程先生的理论已经非常完美,甚至我个人也并不完全赞同程先生书里的每一个说法。我只是强调他的书里有很多新东西、新得值得我们花大力气去认真研究的东西。程先生的书出版有的已有些年了,但对它的评述并不多见。其原因据我的观察,出身外语界的是"不敢",出身汉语界的是"不屑"。搞外语的看到是研究汉语的著作,避之唯恐不远;搞汉语的看到外语界的人居然也来谈什么汉语,未看心里先已排斥。我认为这都是不正常的,这正是"两张皮"在新形势下的表现:有人缩手缩脚,不敢介入对方领域;有人宁肯自己无所作为,也排斥别人进入自己的"领地"。这两种心态不去,搞中国语言学研究和外国语言学研究的人不能形成一股合力,要建设中国特色的语言学实在是戛戛乎其难哉!

我那首诗的最后两句是"只道西山采药去,谁知东海得骊珠",说的是程雨民先生从西方语言学着手("西山采药"),但其最终开花结果却是在东方,在中国,在东海"探骊得珠"。这条成功道路真的值得我们深思。

参考文献

程雨民,2003,《汉语字基语法》,上海:复旦大学出版社。
程雨民,2010,《"人本语言学"十论》,上海:上海外语教学出版社。
程雨民,2011,《语言系统及其运作(修订本)》,上海:上海外语教育出版社。
吕叔湘,1980,"把我国语言科学推向前进",《吕叔湘文集》(第四卷),北京:商务印书馆,1992年,第12-27页。
潘文国,2001,"'两张皮'现象的由来与对策",《外语与外语教学》第10期,第34-35,37页。

钱冠连,1999,"对比语言学者的一个历史任务",载王菊泉、郑立信,《英汉语言文化对比研究(1995-2003)》,上海:上海外语教育出版社,2004年,第91-101页。

(原载《当代外语研究》2012年第1期,第8-10页;又载熊学良主编《中国特色的语言学研究》,上海:复旦大学出版社,2012年,第52-58页)

高名凯先生在中国现代语言史上的地位
——从词类问题大讨论谈起

今年是著名语言学家高名凯先生诞辰 100 周年,北京大学中文系和北京大学中国语言学研究中心为此专门召开了高名凯先生学术思想研讨会,这是十分有意义的。借此机会重新认识、重新评价高名凯先生的学术成就和贡献,对于促进当代中国语言学的建设,更具有十分重要的意义。

评价一个历史人物,首先涉及的是他的历史定位。高名凯先生在中国现代语言学研究史上应该处于一个什么地位?有人会说,这不早就有定评了嘛:他是 20 世纪 40 年代汉语语法研究三大家之一,是运用普通语言学理论研究汉语的代表性学者。这两句话诚然是不错的,但实际上我们却并没有真正平等地对待"三大家",王力先生、吕叔湘先生在去世以后多年,还常常为人们所提及(这是讲 20 世纪,21 世纪以来,即使是研究汉语的,人们提得更多的好像也是外国人的名字,研究语言学理论的就更不用说了),高名凯先生除了在讲到 40 年代语法研究时会提上一笔之外,就没了声响。在许多人特别是相当一部分汉语语法研究者看来,他只是 50 年代第一次"语法大讨论"的挑起者、一个错误观点的代表。也就是说,很多人对高先生的定位在我看来实际上是"语法学史上一个有贡献但也有错误的语言学家"。时至今日,很多年轻的语言学者已不知高名凯其人,也很少有人认真读他的著作。我们认为,这是很不正常的。我们没有把高先生真正放到中国语言学发展史上去认识,也没有真正从语言理论研究的高度去认识高先生。从中国语言学发展的历史角度去看,我认为,高先生是一个特别重要的关键人物,是一个无法绕过去的历史存在,是一个对今天的语言研究者来说仍有着重大启示和教育作用的杰出榜样。

谈高先生,所谓"第一次语法大论战"是绕不过去的,也不应该绕过去。对高先生功过的评定,首先就在这场大论战。我认为,这场大论战,是高先生人品、人格、他的杰出学术思想的最重要体现,应该从历史的角度来重新认识。这里想先回顾关于这场大讨论的三个事实。

第一,许多人把高先生看作这场论战"错误"一方的代表,甚至是唯一代表,或者把他的观点定格为"一家之见"。我们认为这不是历史的真实,从历史上来看,高先生表面上"出格"的言论其实并不属于他个人,而是整整一个时代汉语语法研究倾向的总结。从《马氏文通》的发表到高先生的《汉语语法论》的出版,正好是50年,这也是中国语言学者在没有受到非学术因素干扰下,自觉、认真地探索汉语语法之路的50年,"三大家"之作,正是这一探索的巅峰之作。作为三大家中最晚出版的高先生的著作,也可说是这半个世纪汉语语法研究的收官之作。这50年的汉语语法研究有一条主线,分言之是两条,一是汉语没有形态,二是句法重于词法。这两条其实也就是一条,因为否定形态必然会导致句法重于词法。不仅"三大家"的著作体现了这一思想,连被批评为"模仿"语法的《马氏文通》和黎锦熙先生的《新著国语文法》,也体现了这一思想。马建忠尽管用了九章的篇幅谈"字类",但他的书(1898/1983:15)开宗明义的第一句话却是:"是书本旨,专论句读"。黎锦熙是中国高举"句本位"大旗的第一人,其实比他略早,中国"第一部普通语言学著作"——《国语学草创》的作者胡以鲁已经提出了这一观点,他(1923:104)说:"语法职务,约言之,分语词形式'音声'、语词实质'词品'、词句范畴之三篇……在吾辈思之,或且不如混同之而自词句始。盖吾国语为立体质,词品迄无严格之分业,定词品不免先举句以为例,若然,则何由句说起也?"王力先生(1944/1984:9)更直截了当地说:"汉语没有屈折作用,于是形态的部分也可取消。由此看来,中国语法所论,就只有造句的部分了。"否认形态再往前一步便是词无定类。这一观点也不自高名凯始。马建忠(1898/1983:24)就说:"字无定义,故无定类。"黎锦熙先生(1924/1992)说:"凡词,依句辨品,离句无品。"上引胡以鲁的话也表达了这一看法。因之高先生(1948/1990:275)在《汉语语法论》中说的一段话,其实是这50年形成的共识的一个总结:"其实汉语的特点是在于实词的语法作用和虚词的补助表明句法,并不在于实词的词类,因为同一个实词在不同的地方有不同的词类功能。单独的实词只有词汇意义是明确的。在实际的语言之中,每一个实词和其他的实词都是有关联的,完全视其在句子中的地位如何而定,它的语法作用也由此关联而被确定。所以,研究汉语语法应当注重句法。"就1953-54年的讨论来看,高先生似乎是孤立的,是"一家之说",但从半个世纪的语法研究来看,高先生代表的其实是绝大多数。强调高先生的观点是"一家之说",表面上是抬高了高先生,实际上是对高先生的不公,也是对历史的不公。

第二,词类问题大讨论并不是纯粹的学术讨论,背后有政治因素的干扰。这一点我们现在看得越来越明白。从高先生来说,他的观点并不是在1953年《关于汉语的词类分别》一文中突然提出来的,而是早就有过的思想,在1948年他的第一部语法著作中就有过论述了。而且坦白地说,这一思想并不新鲜,可说是半个世纪之久中国语法学研究的主流主张。他在1948年发表这一说法时,没见什么人觉得奇怪或出来批评过。为什么同样的说法到1953年提出来时,就好像大逆不道,犯了众怒,结果引来一阵阵铺天盖地的批评甚至是"围剿"呢?同样的话,在1948年可说,到1953年就不能说,这不能不说是因为学术之外的因素。因为政治形势变了,在新形势下,这个观点首先是"政治上不正确",因而必然会招致批评。1949年新中国成立后,政治上一面倒向苏联,学术上苏联专家的观点也就成了至高无上、不容置疑的权威。由于俄语本身是个综合性的屈折语,对形态有天然的偏好,因而"苏联专家"特别不能容忍汉语研究无视词法的态度。就在高名凯先生发表他的论文之前不久,两位权威苏联汉学家刚刚就这个问题发表了看法。龙果夫(1952/1958:9)说:"词类是语法系统的中心,它反映在词组的结构和各种类型的句子中。离开词类就不能了解汉语的结构特点,也就不能说明汉语的语法。"康拉德(1952/1954:48-49)则把矛头指向了前半个世纪的整个汉语研究,说:"长期在汉学界里占优势的汉语单音节性和没有形态性的错误观念使汉语遭受到很大的损害,它引起汉语的'没有语法论',同时长期地妨碍了这种语法的科学探讨。"这是打着批判"资产阶级语言学者"(高本汉、马伯乐、叶斯柏森等人)旗号而实际上是对半个世纪中国学者探讨汉语语法的努力的否定。在这样一个时刻,高名凯居然提出汉语实词不能分类的观点,当然是撞到枪口上了,其惹火上身是可以想象得到的。这场讨论(其实是单方面的批判,因为整个讨论过程中支持高名凯观点而又得到发表的只有刘正埮一人的文章)伤害的不只是高先生本人,而是整个汉语语法学界、整整半个世纪的汉语语法研究。整个汉语语法界都被迫卷入这一讨论,实际上是政治上的被迫站队和表态。在前半个世纪明确表示过类似看法的黎锦熙先生和王力先生一再被迫作检讨(这在正常的学术讨论中是很少见的,我们可以藉此想见他们当时受到的压力)。而所有其他人都纷纷表态反对高先生的观点,尽管他们并不能真正驳倒高先生。我们只要看当时作为国内语法学界两位领袖的无奈之言就可以看得很清楚。王力(1955/1956:62)在提出"划分词类的三个标准"之后说:"应该承认,汉语词类的划分,在实施上还是有不少困难的。"吕叔湘(1954/1955:172)在他总结性的30,000字长文《关于汉语词类的一些原则性问题》中,在讨论了"结构关系、'鉴定字'、重叠、兼类、活用"等各种情况后,说:"这篇文章也许会使一部分读者感到失望,因为我在最后没有端出一整套划分定当的词类来。说实在的,现在谁都还拿不出无懈可击的一套。在这个问题上,我到现在为止还是一个寻路的人。"一方面承认汉语实词有词类之分,而且严厉批评高名凯先生"汉语实词不能分类"的观点,另一方面却又"谁都拿不出无懈可击的一套",可见讨论根本就没有结果。这场"讨论"本来就是为讨论而讨论,为批判而批判,或者说,是为了打击汉语语法学者的锐气,强行推销苏联专家的观点,从而控制汉语研究的话语权。这场讨论的唯一结果是汉语语法学界从此噤若寒蝉,除了高先生还在孤军坚持之外,再也没有人敢提什么汉语无形态、实词不能分类这样的话了。从历史角度看,这场讨论对汉语语法研究的伤害其实要超过所得。这一教训我们并没有认真地分析和吸取。

第三,我们说高名凯先生所代表的观点受到强行压制的事实还可以从汉语语法研究日后的发展中看出来。在这场讨论后的若干年,主要是20世纪50年代,一面是"汉语没有形态论"噤若寒蝉,一面是出现了四处寻找汉语"形态"的热潮,以至把明明跟"形态"毫不相干的词语的搭配功能也要冠以"形态"的名称,叫作"广义形态"。这大概是50年代才有的特殊现象,换到今天,可能不会有人去玩弄这样的文字游戏。这从一个侧面也可以窥见当时"形态说"的压力之强大。这一情况持续了许多年,直到1979年,吕叔湘在《汉语语法分析问题》一文中(1979:11)再次重申"汉语缺少严格意义的形态",汉语研究才重新接上了40年代末的传统。而高名凯先生那似乎早已被批倒的"错误"观点,在经过了三四十年的实践检验之后,也一再被人提了出来,证明它其实并非谬误。最有说服力的是,搞了一辈子语法、主持制定了50年代《暂拟系统》和80年代《试用提要》的张志公先生,晚年对50年代以来的汉语语法研究进行了反思,他(1990:139)以罕见的强有力的语气斩钉截铁地指出:"我们应当理直气壮、明白无误地确认汉语'非形态语言'这一事实,从而有勇气打破印欧语的语法框架,探索和建立汉语自己的语法体系。"他还具体地说:"汉语的'动词''名词''形容词'的界限本来不那么清楚,而且进行英语那样的词类区分,实际意义也是不太大的。"(同上:141)另一位有影响的语言学家史有为先生(1996:57)也说:"我们过于迷信词类:西方语言有词类,那么汉语也应该有词类,否则不成'落后'了吗?没有词类,我们又怎么讲语法呢?然而,当着'词'这单位的存在及其普遍性都有待证明的时候,我们又怎能迷信词类的存在是必然的和普遍的呢？说到底，对于汉语，现今的词类并非客观已有，它只是一种假说，是一种为了图解语言规则的工具，因此它也只是主观的产物。"史先生提到"词"这单位的存在及其普遍性都有待证明，使我们想到了吕叔湘先生的另一句话，即"其实啊，讲汉语语法也不一定非有'词'不可。"（吕叔湘1980：45）作为汉语语法学泰斗的吕叔湘先生，这一句似乎在不经意间说出的话，实在足以撼动汉语语法研究者的军心，但其背后实在有着吕先生对汉语语法研究的忧虑和深层次的思索。可惜这一言论并没引起语法研究者的重视，倒反触动了并非专门研究语法的徐通锵先生等人，催生了目前影响越来越大的汉语"字本位"理论。所有这些汉语语法研究的后续发展，都让我们仿佛看到了高名凯先生观点的"幽灵"，看到了在"第一次语法大讨论"中被强压下去的汉语语法研究前半个世纪的主流观点在后半个世纪的反弹。

回顾以上这些事实，我们可以发现，所谓"词类大讨论"其实是在特殊时代背景下的一场学术界的政治运动。从这个历史背景下再去看高名凯先生，我们就不得不对这位学术界的勇士肃然起敬了。从1953年到1963年，高名凯先生接连写了7篇文章谈汉语的词类问题，可说他直到生命的终结都在坚持着自己的观点。这也就是为什么我们认为，围绕着这场论争的前前后后，是我们对高名凯先生进行历史定位的出发点。从这一立场出发我们可以这样说，高名凯先生是中国语言学界一位有着高尚气节的铮铮硬汉，是一位以学术为生命、勇于坚持真理的斗士，也是一位走中国特色语言学道路的坚定不移的探索者和实践家。

纵观高名凯先生治学的一生，我觉得下面这几点特别值得今天的语言学研究者继承：

第一，就是上面所说的那种敢于坚持真理的大无畏精神。人是要有一点精神的，搞学术没有一点坚持真理的精神而能做出成绩那是不可想象的。

第二，是敢于突破西方藩篱的叛逆精神。改革开放以来的30多年，中国人的崇洋媚外比起以前，可说是有过之无不及。学术界更是如此，一切唯西方马首是瞻。在语言学上，连承认汉语与西方语言不同、因而西方理论不一定适合汉语都不敢，满足于跟在别人后面盲目地学习学习再学习、追赶追赶再追赶，而永远不知道有没有追赶上的一天。比起高名凯先生，以及王力先生、吕叔湘先生那一辈，我们实在是无地自容。高先生是西方语言学大师的亲炙弟子，但他敢于提出完全不合西方语言学"常识"的惊人观点。而我们有些人只学了些西方语言学的皮毛，就不敢越雷池一步。这样，创新和突破从哪里来？

第三，哲学的探索精神。与中国语言学史上几位大家一样，高先生的成就得益于自身的条件。与其他几位先生不同的是，高先生可能是前辈语言学家中唯一出身于哲学专业的，他的哲学修养和哲学精神，也就是抓住核心命题不放、打破沙锅问到底的探索精神，是他成功的一个重要因素，也是留给我们的一个重要遗产。我觉得我们今天的语言学研究缺的不是理论（实际上已经多得目不暇接了），而是对理论本身的思索；也不是方法（方法论也翻不出什么新花样来），而是对方法论背后本体论的关注。一句话，缺少哲学的眼光和探索精神。而没有哲学作为底子，没有对什么是语言、什么是汉语这些语言学本体论命题的探索，中国特色的语言学永远不可能建立。

这也是我们今天纪念高名凯先生的最重要的现实意义。愿我们以高名凯先生为榜样，为发展中国语言学而努力！

参考文献

高名凯，1948/1990，《汉语语法论》，北京：商务印书馆。
高名凯，1953/1990，"关于汉语的词类分别"，《中国语文》1953 年 10 月号，后收入《高名凯语言学论文集》，北京：商务印书馆，第 262－272 页。
高名凯，1954/1990，"再论汉语的词类分别"，《中国语文》1954 年 8 月号，后收入《高名凯语言学论文集》，北京：商务印书馆，第 273－286 页。
高名凯，1955/1990，"三论汉语的词类分别"，《中国语文》1955 年 1 月号，后收入《高名凯语言学论文集》，北京：商务印书馆，第 287－301 页。
高名凯，1960/1990，"关于汉语实词分类问题"，《语言学论丛》第四辑，1960 年，后收入《高名凯语言学论文集》，北京：商务印书馆，第 302－307 页。
高名凯，1963/1990，"汉语语法研究中的词类问题"，《安徽大学学报》1963 年第 1 期，后收入《高名凯语言学论文集》，北京：商务印书馆，第 308－335 页。
胡以鲁，1923，《国语学草创》，上海：商务印书馆。
康拉德（Н. И. Конрад），1952/1954，*О китайском языке*，彭楚南中译《论汉语》，上海：中华书局。
黎锦熙，1924/1992，《新著国语文法》，北京：商务印书馆。
刘正埮，1955/1956，"语言学界也应该广泛展开学术上的自由讨论"，《中国语文》1955 年 3 月号，收入中国语文杂志社编《汉语的词类问题》（第二集），北京：中华书局，第 22－25 页。
龙果夫（А. А. Драгунов），1952/1958，*Иссдеования по грамматике современного китайского языка*，中文本《现代汉语语法研究》，北京：科学出版社。
吕叔湘，1954/1955，"关于汉语词类的一些原则性问题（下）"，《中国语文》第 28 期，收入中国语文杂志社编《汉语的词类问题》(第一集),北京:中华书局,第 130－173 页。
吕叔湘,1979,《汉语语法分析问题》,北京:商务印书馆。
吕叔湘,1980,《语文常谈》,北京:三联书店。
马建忠,1898/1983,《马氏文通》,北京:商务印书馆。
史有为,1996,"词类问题的症结及其对策",载胡明扬主编《词类问题考察》,北京:北京语言学院出版社,第 56－92 页。
王　力,1944/1984,《中国语法理论(上)》,载《王力文集》第一卷,济南:山东教育出版社。
王　力,1955/1956,"关于汉语有无词类的问题",《北京大学学报》1955 年第 2 期,载中国语文杂志社编《汉语的词类问题》(第二集),北京:中华书局,第 33－63 页。
张志公,1990/1998,"汉语语法的再研究",《外语教学与研究》1990 年第 3 期,收入《张志公自选集》(下册),北京:北京大学出版社,第 413－420 页。

(原载北京大学《语言学论丛》第 45 辑,北京:商务印书馆,2012 年,第 23－30 页)

吕必松著《汉语语法新解》序

吕必松先生是我国著名的语言学家与语言教育家,是对外汉语教学学科的拓荒者、创始者和曾经的最高领导人,也是我十分敬重的前辈学者。他多年来孜孜兀兀,为我国的语言研究、对外汉语学科建设和教学研究作出了卓越贡献,退休以后犹笔耕不辍,在亲自实践的同时致力于理论的探索与思考,终于在八十高龄之际推出了这本令人耳目一新的《汉语语法新解》。这本书的份量并不算太大,但捧在手上,竟有一种沉甸甸的感觉。无他,这是因为它有着历史的厚度,反思的高度,理论的深度和实用的强度。这是一个对国家、对中国语言学、对汉语作为第二语言教育有着浓厚感情的老知识分子在晚年发出的来自心灵深处的呐喊,值得每个在中国从事语言研究特别是从事对外汉语教学或国际汉语教育研究的学者和老师们阅读和思考。

在20世纪的中国语言学者中,我曾经怀着敬意高度赞扬过两位先生,一位是王力,一位是徐通锵。除了他们的学术成就之外,我最佩服的是两位先生勇于解剖自我,甚至不惜否定昔日之我的反思和进取精神。王力先生在汉语音韵学研究中,曾经三度修正他对《切韵》体系性质的认识,从30年代的单一体系说到60年代的折中调和说到80年代彻底的综合体系说。徐通锵先生衰年变法,公开放弃了他自己与叶蜚声先生合编的、风行国内高校二十年的教材《语言学纲要》中的观点,高举字本位理论大旗,不怕孤立,毅然决然地站到了流行体系的对立面。他们二位为我们树立了真正的知识分子勇于探索、坚持真理的崇高风范。而如今,在吕必松先生身上,我们又看到了第三位这样令人不由不肃然起敬的知识分子高大形象。作为北京语言学院前任院长、国家汉办首任主任、中国对外汉语教学研究会和世界汉语教学学会首任会长,门生弟子遍天下的吕必松先生,中国的对外汉语教学学科几乎就是他一手创立的,从总体教学大纲的设计,到具体教科书的编纂,从教科项目的规划,到教学法的研讨,无不凝聚着他的心血,背后都有着他的身影,本来他完全可以躺在功劳簿上,享受着后辈们对他的仰望和膜拜,然而他却不,偏偏在进入晚年,在摆脱了行政事务和其他俗务的拖累之后,一头钻进了科研的天地,对自己钟爱一生的事业进行了一般人难以理解的深刻反思。他不但推翻了自己倡导,而且在全国全世界已持续推行几十年、影响已难以估量的对外汉语教学"路子",而且提出了一条与之完全不同的崭新的"路子",自己把自己放到了整个对外汉语教学主流的对立面的位置,这需要何等的学术勇气与政治勇气!这使那些习惯于因循守旧、穿新鞋走老路、以不变应万变的"学者"和教师们几乎无地自容,同时将他们逼到了一个两难的境地:要么就是跟着吕先生指出的新方向,开拓对外汉语教学的新路子,要么就是沿着老路走,但必须要有足够的能力和水平来批判、否定吕先生提出的新思考,否则就不配称为一个有责任、有担当的知识分子和教育者。

吕先生的学术勇气,来源于他对中国语言学、对中国对外汉语教学事业的无限热爱与忠诚,也来自于他对学术、对真理无止境的追求。本书不同于以往任何对外汉语语法与对外汉语教材的地方,是在理论上的深刻思考,从语言观和语法观的高度,对对外汉语教学语法从哲学基础上进行了思考。一百多年了,我们的语言研究以及语言教学研究,已经习惯了跟着西方的路子走,以西方人的思考代替我们自己的思考,以西方的观点、方法、路子作为我们转手照搬的不二法门。从来没有或者极少想过要有自己的语言哲学、语法哲学、语言教学路子,遇到问题只会觉得我们跟得西方还不够紧,还不够新,因而要"不断引进"西方的"科学"理念和方法,从而在"跟着转"(吕叔湘语)的路上越走越不亦乐乎。相反,看到了与西方不同的路子和想法,反而要被视为奇谈怪论,看作荒诞不经,以至出现了像吕必松先生近年来那样被他一手创建的对外汉语教学界看作另类的咄咄怪事。好在在这本书里,吕先生在反思的基础上首先就论述了他的理论思考过程。从这一角度看,本书的第一章实在非常重要,说是本书的"纲"或灵魂也无以为过。数十年来,汉语语法和对外汉语教学语法的书籍已经出过了不知凡几,试问诸位看到过有以这样的一章开头的吗?恐怕不曾有过。就凭这一章,我敢说它就已占据了一个新的制高点,使它成为不仅是一部对外汉语教学语法的著作,还是一部汉语哲学、汉语语法哲学和汉语语法理论的重要著作。学习语法、教学语法,不但要知其然,还要知其所以然,还要知其所以所以然,这本书就是一个范本。我们一直鼓励对外汉语一线教师不但要有实践,也要多学一点理论,还是自己着手从事一些研究理论,这本书可说就提供了一个合适的样本,既可以指导他们实践,还可以促进他们思考,更可以推动他们进行新的探索。

本书的语言哲学思考和语法哲学思考,归根到底可以归结为一个词:字本位。

字本位理论的诞生,已有二十多年了。许多人以为字本位理论只是某些学者脑子一拍,想出来的一个别出心裁的新名堂。其实不然。如果说词本位的种种理论(词类本位、句本位、词组本位、语素本位、小句本位等)还主要是现代汉语语法学界内部的人们在不同时期、不同背景下提出来的话,字本位却是不同领域、不同方向的学者几乎在同一时期"不约而同"地提出来的。例如徐通锵先生原先的主攻方向是普通语言学和历史语言学,我本人的方向是对比语言学和传统语文学,汪平先生是方言学,鲁川先生是汉语信息处理,孟华先生是文字学,戴汝潜先生是语文课程教学,程雨民先生是英语语言学,杨自俭先生是对比语言学和翻译学,等等。而提出的时间都是在90年代不到十年的时间里。这本身就是个异数,除了"殊途同归""水到渠成"外实在没有别的理由可以解释。而在这些学者中,吕必松先生的介入尤其重要。一来,相对于很多只从事理论研究的人来说,他来自于实践第一线,而且是影响最大的对外汉语教学一线;二来,他本来就是语法学界词本位阵营的领袖之一,是"既得利益者"。说起来,所有的字本位学者都是喝词本位的奶长大的,但浸润之深像吕先生那样的还不多见,因此他的"反戈一击"对我们来说特别有鼓舞意义。在本书的"后记"里,吕先生向我们回顾了他的思想转变历程,如何从"词本位"到"字本位"再到"组合汉语"。这是一个用心在做学问的学者的心路历程,对我们的启发实在太大了。

从词本位到字本位和组合汉语,这是一个回归传统的过程,一个外来思想本土化的过程,也是一个去"去中国化"的过程。中国的语言研究不是孤立的,其中无法回避的三个关系便是古今关系、中外关系,及理论和应用关系。知外而不知中,知今而不知古,是最应该努力避免的。由于当代的汉语和汉语教学理论是建立在当代西方语言理论和语言教学理论之上的,因此新理论的出现,必然会对现有理论提出挑战。本书提出的第一个挑战就是语言与文字的关系问题。文字是不是语言?文字研究是不是语言研究?语言与文字的关系究竟如何?教汉语要不要教汉字?怎么教汉字?作者形象地把字词关系比喻为扣衣服的第一粒扣子,第一粒扣子扣错了,以后就只能满盘皆输。可以说这是一个牵一发而动全身的关键问题。这个问题解决了,就满盘皆活了。而这个问题的解决,需要在语言哲学和语言学理论上发起一场革命。这要有勇气,还要有底气。底气就是对中外古今理论的掌握、丰富的语言研究实践以及语言教学实践。

作为一本理论思考非常深刻的书,本书在理论上有许多重要发现,精彩之处随处可见。这里仅举几个最主要的方面。

第一是发现并强调基本单位对语言研究和语言教学的重要意义。作者接受并发展了徐通锵先生等的字本位理论，强调字词之别是汉语与英语等语言的基本区别所在，是"衣服的第一粒扣子"，是语言组织的"基因"。并且从他数十年的丰富教学经验总结出，学和教汉语必须从字开始。包括对外国人的汉语教学。

第二是强调"二合"和"直接组合"。如果说揭橥字本位是徐通锵等人的贡献，那强调"二合"、强调"直接组合"就主要是吕必松先生的贡献。"层层组合"符合系统论的基本思想，是所有语言系统的共同特点，但是发现从最小的声韵组合一直到句子乃至更大的单位都可以用二合来解释，这可能主要是汉语才有的特点。而这是符合中国自《易经》以来就已形成的哲学精神和思维方式的。"二合"使汉语的组织更显规律化、简易化，对分析、理解和教学都有重要的意义。"直接"则是以汉字为基本单位的汉语与以词为基本单位的拼音文字语言的更重要、更本质的区别之一，汉语的音节直接表义，汉语的字形也直接表义，汉语的各级单位都可直接组织，无须借助任何变形或添补零挂件的手段，这是造成汉语之为汉语的本质动因之一。吕先生更据此而提出了"组合型语言"与"变换型语言"两种语言类型的对立。这一主张更具有普通语言学的意义，是中国学者对普通语言学的丰富和补充。从根本上来说，"组合型语言"也许不过是西方学者提出的"孤立语"的另一种说法，但两者视点不同。"孤立语"的说法只强调基本构成成分的孤立性和静止状态，而"组合型"的说法更强调基本粒子组合的过程和动态，因而更能反映语言的本来面貌，比孤立型的说法更好。"变换型"则包含了西方语言类型学里的屈折型与黏着型，我觉得也可说成"变合型"，因为其共同特点是要通过各种变换(词语变形或添加零挂件)再进行组合。吕先生的两分法显然比原来的三分法更简洁，也更能体现世界两大语言类型(汉语与非汉语)间的最大区别。这个区别划清楚了，非汉语语言之间的区别就可以在别的标准基础上进一步划分。

第三是提出了语言语体和语用语体的区分。作者主张"口语"和"书面语"是语言语体的概念，而"口头语言"和"书面语言"是语用语体的概念。口头交际一般使用"口语"，但是也可能使用"书面语"。例如讲课、作学术报告、进行专业性谈话等虽然都是口头表达，但是也使用书面语或书面语成分。书面交际一般使用"书面语"，但是也可能使用"口语"。例如，给亲人和好友的信函、小说和剧本中的对话等。这一区分是个意义可大可小的发现。往小里说，这只是对于语言学理论中习见的"口语"体和"书面语"体区分的进一步补充和发挥，使之更符合实际语言使用的复杂情况。往大里说，这却从根本上解决了字作为语言基本单位的又一个实际问题。在字本位理论发展过程中，在难以否认字的重要性的情况下，有人会强调说"字"只是古代汉语的基本单位，或者至多只是现代汉语书面语的基本单位，对口语分析不适用。吕先生的发现却以客观语言的事实雄辩地证明了字也必须是现代汉语口头语言的基本单位。这对于字本位理论的实际意义是十分重要的。

第四是从对外汉语教学的角度对汉语拼音化提出了挑战。一百多年来，汉语改革的仁人志士把汉字看作中国落后挨打的罪恶渊薮，前仆后继地要"废除汉字"，走拼音化道路，即使在实践上已经一再碰壁，还坚持认为它在初等教学和对外国人的汉语教学上有无法取代的作用，是汉语教学必需的"拐棍"。而现在，在对外汉语教学领域浸润最久、最有发言权的吕必松先生却以他五十多年的亲身实践和理论反思告诉我们，此路非也，用汉语拼音的方法教汉语只会引起误导。为什么？吕先生从字本位理论和直接组合理论出发告诉我们，汉语是用音节直接表义的，不是通过音素的拼缀合成音节再表义的，用西方文字拼音的方法会带来汉语学习的许多问题，包括开始学习的困难和纠正发音的困难。因此，吕先生提出了对外汉语教学在开始阶段就直接用汉字教汉语语音的新主张，他为此还组织和进行过试验。对几十年来习惯"拼音领先"的对内对外汉语教学的人来说，这一主张不但离经叛道，而且简直匪夷所思。因而它必然产生振聋发聩的效果，将对国内儿童的母语教学和海内外对外汉语教学带来难以估量的影响。

第五是理论结合实际的精神。语言学界和语言教学界从名称上听起来应该息息相关，但实际上往往是互相割裂、互不往来的。搞理论的不大参加实践，搞实践的较少关注理论，这在国内外均是如此。拿字本位与词本位之争来说，主张词本位的几乎全是搞纯理论研究的，他们的教学"实践"对象主要是大学生和研究生，对中小学生则是作为"知识"强行灌注，而不关心其后果如何。字本位研究者中主要也是搞理论的。以我本人为例，虽说也担任了多年对外汉语专业的负责人，但并没有足够的第一线教学的实践经验。好在我们有几位长年在第一线实践的学者，例如戴汝潜先生多年来一直在主持和开展小学语文教学的实验，而吕必松先生更是对外汉语教学的理论家和实践家。因此本书的又一个特点是非常实用（作者本人也把它叫作"实用语法"），从第二章开始以后的诸章，几乎可以拿来直接指导编写教材用，这又是一般理论书所做不到的。本来，作者著此书，就有一个非常明确的实用目标,解决对外汉语教学中实际遇到的"学汉字难、学汉语难"问题。作者认为这双"难"的症结在于此前以他本人为代表的对外汉语教学法体系的本质是"简单问题复杂化",是人为造成的结果。其要害是无视汉字教学的意义,把汉字当作词汇的附属品和图画或单纯符号,从而由汉字教学无序导致汉语教学无序。解铃还须系铃人,他觉得由他自己以前一手造成的问题他有责任自己来纠正,因此发愤数十年,希望从根本上扭转这一不正确、不正常的"路子",而代之以更符合汉语实际和教学者使用的新"路子"。这才促使他在作了理论上的探索与阐述之后,还要不厌其烦以示例的方法,说明在新的思路下,汉语的教学语法应该是个什么样子。当然,由于篇幅限制,这几章的内容只能采取举例性质,而没有充分展开,这是因为考虑到如果太详细,会在一定程度上冲淡本书的理论探索意义。但这些"例解"提纲挈领,要言不烦,而且举例精当,为后人的补充发挥提供了充分的余地,可说是行其所当行,止其所当止。

当然,本书也有一些可商榷之处,例如"词"和"词法"的名称,虽然作者重新作了界定,但总觉得容易跟现行体系的"词"概念相混淆,会带来理解和使用上的不便。

总而言之,这是一部在哲学上有探索、在理论上有发明、在实用上有价值的一部好书,值得向汉语理论研究者、对内对外汉语教学的实践者推荐。

吕先生著书既成,来信嘱我为之作序。先生是我的师辈,我又曾是他领导的对外汉语教学界麾下的一名小卒,不敢推辞,因此写了上面这些话。但也不敢说是作序,只是写下我学习这本书的一些初步心得体会,供读者诸君参考而已。

2015 年 3 月 5 日,时值元宵佳节。

(原载吕必松《汉语语法新解》,北京:北京语言大学出版社,2015 年)

索绪尔研究的哲学语言学视角
——纪念索绪尔逝世 100 周年

今年 2 月 22 日是瑞士语言学家、哲学家索绪尔（1857 - 1913）逝世 100 周年，索绪尔是众所周知的"现代语言学之父"，又是 20 世纪重要哲学思潮结构主义的创始人，在哲学和语言学这两个领域都曾产生过重要的影响。但在今天某些人看来，他似乎已经"过时"了。不是吗？在语言学界，乔姆斯基革命宣告了结构主义语言学的终结，而现在又进入了"后乔姆斯基"时代，各种新语言理论正层出不穷；在哲学界，德里达的解构主义解的就是结构主义，而解构主义似乎也已过时，现在又提出了什么建构主义，正吸引着越来越多的人的目光。那么，今天再提索绪尔，纪念他，研究他，其意义和价值究竟何在呢？

我认为，索绪尔的真正价值，并不在于他是个一般的语言学家，更不在于他是个一般意义上的哲学家。事实上，无论从索绪尔的出身、经历、他所受的教育及一辈子从事的工作来看，他都与哲学和哲学家没有任何关系。索绪尔的真正价值，在于他是一个语言研究中的哲学家，或者说，是哲学语言学家。我们也许有过很多语言学家，很多哲学家，但没有几个真正的哲学语言学家。索绪尔的哲学语言学思想，是 20 世纪思想界的宝贵财富，不仅使他开创了他那个时代的语言研究，而且启发、引导了其后直到今天的语言研究。即使到将来，他也是一个绕不过去的人物。这就是索绪尔的历史定位。而这个定位，我们只有从哲学语言学，而不只是从一般的语言学着手，才能真正体会到和发掘出来。

哲学语言学与语言哲学是两个容易混淆的概念。多年前我曾撰文（潘文国 2004）专门区别过这两个概念。简言之，语言哲学从语言切入研究哲学，是属于哲学的一个分支学科。哲学语言学从哲学思考着手研究语言学，是属于语言学的一个分支学科，而且是最核心的学科。没有哲学语言学，语言学就得不到发展。语言哲学从语言出发研究哲学，语言是前提，哲学是归宿；哲学语言学从哲学出发研究语言，哲学是前提，语言学是归宿。一般来说，前提不需要质疑，要质疑和拷问的是研究对象中的核心概念和命题。比方说，语言哲学不会去问"语言是什么"的问题，而哲学语言学要问的第一个问题就是"语言是什么"。这就是语言哲学与哲学语言学的最明显和根本区别。

而从一般语言学角度与哲学语言学角度研究索绪尔的区别在哪里呢？一般的语言学角度会就索绪尔关于语言和语言研究的具体观点和概念进行探讨，例如什么是语言和言语？索绪尔自己对语言和言语的定义是否明确？为什么说任意性是语言学第一条原则？任意性与理据性关系如何？为什么说语言是线性的？语言有没有非线性成分？等等。这些当然也是有意义的，但不是哲学语言学特别关心的。哲学语言学更关心的是这些具体观点背后的东西，关心索绪尔的立论的依据和出发点，诸如他为什么要从这样的角度来研究语言？他心目中的语言学应该是什么样子？索绪尔的语言思想对后人有什么启示？等等。大体可以概括为以下三个方面：

（1）索绪尔语言思想的核心究竟是什么？为什么把他称为"现代语言学之父"？他的"现代性"体现在哪里？与"前现代性"的区别又在哪里？如果说索绪尔相对于之前的语言学（例如语文学和历史比较语言学）是一场哥白尼式的革命，则其"革命性"体现在哪里？

（2）索绪尔的思想是完全横空出世的吗？他对前人真的是一无依傍吗？如果有，他对前人的继承体现在哪里？发展又在哪里？

（3）索绪尔对后人的影响究竟在哪里？他的现代语言学之父的地位意味着什么？他的思想有多少被后人继承了？多少被忽视了？多少被曲解了？我们今天已经摆脱了索绪尔了吗？还是仍然生活在他的"阴影"中？索绪尔的历史价值究竟是什么？

这些问题的思考将使我们更深入、完整、全面地理解索绪尔，也更能看清我们如何沿着索绪尔开拓的道路继续前进。而这，都必须用哲学语言学的方法。由于这三个方面的问题都是非常大的问题，需要作很多考证和研究，这里只能谈一点粗浅的看法。

一、索绪尔语言思想的核心

索绪尔语言思想的核心是什么？或者说，他进行语言研究的方法论是什么？我认为从根本上去看，主要就是两个东西：（1）抽象。（2）系统。这两个思想决定了他的研究不同于前人，也是他自我定性为"科学"而且超越前人的地方。"现代语言学"的"现代"性指的就是索绪尔所定义的"科学"性。而我们理解和评价索绪尔理论的得失也要从这两条开始。

"抽象"是一种思维方法。索绪尔运用抽象方法可说贯穿始终,我们可以举三个例子来看。首先,我们可以从哲学语言学的根本之问开始:"什么是语言?"一般人解答这个问题大约会在"什么"上做文章,尝试给出各种的回答,而索绪尔不是,他首先从"语言"开始,一下子提出了三个概念:言语活动、语言、言语,其关系可以大体表述为"言语活动＝语言＋言语"。这就使人耳目一新。然后他对三者进行了分析,认为"言语活动"是一个混杂的总体,必须加以提炼,从中提炼出来的具有社会性的部分,叫作"语言";属于个人的部分,叫作"言语"。由于"言语活动"和"言语"都混杂且多变,不能成为科学研究的对象,语言学的研究的对象只能是"语言"。把常人说的"语言"一下子一分为三,而语言学不以所有语言为对象,而只以其中之一为对象,这是前无古人的。这个分类中就运用了"抽象"的思维方法。在他看来,人们平常使用的"语言"概念不清楚,没法直接进行研究,只有把其中具有同质的东西抽出来,才能建立一门科学,而这个东西就是"语言"。请注意,在索绪尔的三个概念里,"言语活动"和"言语"都具有具象的内容,是可以感知的,而"语言"纯粹是心理的,因而是抽象的结果。必须指出,索绪尔的这个区分并不很容易理解,而翻译更增添了理解的混乱。在法语中索绪尔用了三个词来表述这三个概念:langage ＝ langue ＋ parole,其间关系还算是清楚的。但在英语里却成了language ＝ language ＋ speech,汉语中勉强用了个"言语活动"翻译 langage,但这不像一个术语,因此更多的情况下还是跟着英语走,这样就成了"语言 ＝ 语言 ＋ 言语"。中国的语言研究者也许读了索绪尔的书能够知道有"语言的语言学"和"言语的语言学",但估计很多人搞不清他自己在研究的"语言学",是属于索绪尔讲的"语言的语言学"呢？还是"言语的语言学"？甚至还可能是"言语活动的语言学"？语言和言语的区分非常重要,因为"语言"经过索绪尔的定义,只是个抽象的系统,只具有心理的现实性,却不是人们实际使用的(实际使用的是"言语"),而"言语活动"更是个混杂物,既有抽象部分,又有具体部分。我们谁能保证明明在研究的对象是"言语活动",却又信誓旦旦地说自己搞的是索绪尔开创的"现代语言学"呢？范晓先生(2005)看到了这个问题,因而建议把这三个概念重新译成"言语 ＝ 语言 ＋ 话语",但他要用"言语学"来包括"语言学"和"话语学",从而打乱现有的术语体系,恐怕难以推广。

抽象的第二个例子是他对"语言"的定义,现在引用索绪尔学说的往往把这个定义简单说成是"音义结合的符号系统",其实这并不符合索绪尔的原意。对很多语言研究者来说,"音"和"义"都是实实在在、可以把握的东西。但这不是索绪尔理解的语言。在索绪尔的语言定义里,构成符号一方的不是"音",而是"音响形象";另一面的"义"也不是具体意义而只是"概念",是从事物中抽象出来的,甚至不是词本身。他并且强调,符号的这两个部分都是属于"心理"的。这样,在"音"的一方有两个概念:"音响形象"和"声音",在"义"的一方也有两个概念:"具体事物"和"概念"或"意义"。两者都是一虚一实,而索绪尔取的都是"虚"的即抽象的部分,把"实"的部分都给了"言语"。这与很多人通常的理解和处理又很不一样,在他之前的语言研究者中也是没有过的。这是索绪尔抽象思维方法的又一体现。

抽象的第三个例子是他的"共时语言学/历时语言学"或"静态语言学/演化语言学"的两分,其中"静态语言学"或"共时语言学"的概念又是他的全新发明,在前人那里是完全见不到的。为什么见不到?因为它根本就不存在,又是一个心理的产物。语言的使用瞬息万变,也许我们可以把一本书、一张报纸、一出戏剧里面使用的语言说成是"静态",但要把索绪尔定义的某个语言社团使用的全部心理语言,看作是在某个瞬间凝固成的一个"静态",并且作为研究的对象,那还是要有相当的想像力的。

总而言之,从索绪尔对语言的定义、它的基本单位及系统等来看,无一不是抽象思维的结果。相对于索绪尔之前的语言研究都针对实实在在、人们触处可见的语言(就是历史语言学的构拟,也是从实实在在的语料出发的),我们甚至可把索绪尔的语言学称作一种"虚语言学",以别于被他排斥的以"言语"为研究对象的"实语言学"。

索绪尔语言学的第二个核心概念是"系统"或"结构"。从索绪尔的语言学被后人称为"结构主义语言学"并且由之导致了结构主义思潮来看,其重要性和地位是不言而喻的。"系统"或"结构"这个词可能不是索绪尔最早使用的,但他的"系统"或"结构"有个最大的特点是别人所不具备的,就是"自足性",这使他的"结构主义"打上了鲜明的个人印记。索绪尔的"自足性"有几个表现:

(1)系统的"自足性"。索绪尔认为凡系统必须是自足的,不自足的就不能成为系统。他区分了"语言"和"言语",但只把"系统性"给了"语言",在他看来,"言语"是没有系统性可言的。而由于"语言"属于整个语言社团,不属于个人,因而个人也不可能拥有整个语言"系统"。

(2) 粒子的"自足性"。构成索绪尔"语言"系统的基本粒子是"符号",符号由所指和能指组成,但却像是一张纸的两面一样,不容切割。因此索绪尔断然否定对"所指"和"能指"的分别研究,认为那只属于心理学和语音学,却不是语言学的任务。今天所谓的"语音学""语义学",乃至"语法学""词汇学",在索绪尔语言学里都是没有地位的。

(3) 关系的"自足性"。关系指的是系统与构成它的分子间的关系。系统是自足的,每个分子就其构成来说也是自足的,但其在系统中的地位却是不自足的,它只依托系统而存在,只有在整个系统中才能体现其价值。用索绪尔爱用的下棋作比喻,每个棋子只是在下棋这个系统中才有意义,否则就只是某种材料做成的什么玩艺儿而已。

(4) 动态的"自足性"。索绪尔强调"语言"的共时性,只有"共时语言学"才能成为系统,所谓历时语言学只是无数共时语言系统的叠加,它本身并不构成系统。语言个别要素的演化在他看来都属于"言语"而不是"语言"。

索绪尔的"自足性"实际上是一种非常彻底的整体性。按照这种理论,整体与其所由组成的个体间关系极其紧密。一方面,个体的价值完全依在整体中的地位而定,比方说,一个词的意义和作用取决于其在整个语言系统中的地位;而另一方面,每个个体的变化必然会引起整体的变化,所谓"牵一发而动全局"。例如,增加了一个外来词,整个语言的词义系统和功能系统就会重新作出调整。因而索绪尔的系统从某种角度看又是一个动态的系统(或者说是"历时语言学"的不同阶段)。

除了"自足性"之外,索绪尔的"结构主义"还有一个重要的特点是其抽象性。按照一般想法,组成"结构"或"系统"的总应该是实体,例如在语言中的词类和句子成分等。但这不是索绪尔考虑问题的方法。构成索绪尔语言系统的基本粒子是抽象的"符号",而构成的方式是两种"关系":句段关系和联想关系[1]。语言中每个成分(如一个词)通过这两种关系与其他成分相联系,并确定自身在语言中的"价值"。也就是说,一个词的意义和功能不是由它自身决定的,而是由它在整个系统中的地位、与其他词的关系而确定的。这又是索绪尔一个与前人研究的绝不

---

[1] 这是高名凯的译法,但他认为,把 syntagmes 译成"句段关系"容易与"句法"(syntaxe)相混,而索绪尔并不喜欢"句法",因而有点不得已,不如译成"组合关系"。后人有把它译成"组合关系"的,但相应地,又把"联想关系"译成了"聚合关系"。我认为"聚合关系"的译法也不合索绪尔原意。

相同之处。

上面谈了索绪尔语言学思想的两个核心,抽象思维和系统思维。通过这两种思维索绪尔构建了他的别具一格的语言学理论。换句话说,在索绪尔看来,抽象性和系统性是建立"科学"的语言学的两个最基本条件。不管我们是否同意他所建立的语言学、那些概念、术语和体系,只要我们承认索绪尔的这种观点和态度,我们就得承认他的理论的现代性和超越性。

至于他的理论的革命性,甚至是"哥白尼式的革命",指的是他的理论完全颠覆了西方自柏拉图、亚里士多德以来对语言的认识,就像哥白尼之前人们都认为是太阳绕着地球转,而哥白尼却告诉人们是地球绕着太阳转一样。按照传统的观点,语言是受制于人的,只是人使用的用来认识世界和进行交际的工具,而索绪尔说:错了!人的言语活动包括语言和言语,语言是语言社团集体拥有的,个人完全不能左右。人日常使用的只是言语,而言语的使用必须服从"语言"的规则。换句话说,就个人而言,人反而是受制于语言的。这里甚至已有了后来沃尔夫"语言决定论"的味道。这不是一场确确实实的哥白尼式的颠覆性的"革命"吗?

二、索绪尔对前人语言思想的继承和扬弃

由于索绪尔语言思想的横空出世,改变了全世界对语言研究的看法,引起了一场语言学革命和"现代语言学"的建立,人们开始对索绪尔思想的渊源感起了兴趣,希望找到索绪尔思想的来源。这是十分正常的。然而由于索绪尔这一个案的特殊性,这个问题似不容易回答。索绪尔生前只发表过一篇论文,就是他的博士学位论文,写的是历史语言学方面的,这跟他的普通语言学思想几乎没有什么关系。其后 20 多年他没有发表任何东西,而我们看到的《普通语言学教程》,是他去世后经学生根据讲课笔记整理出版的,其中有人甚至怀疑并不是他的东西。这样而成的书当然不可能如现在写论文要求的那样,一一标明所引观点的出处(即使他在上课时有所提及,学生们也未必会记下来)。因此直接追溯索绪尔的哪些观点、哪些话出自什么人,简直是不可能的。但如果我们从哲学语言学的角度去看,从语言思想发展的脉络去看,却未必完全找不出一点头绪。就我的观察来看,索绪尔对前人的继承表现在两个方面。

一个方面是"负的继承",或者说扬弃。冯友兰先生曾经提出,哲学研究有"照着讲"和"接着讲"的不同,其实除此之外,还有第三种,那就是"对着讲",针对着讲,唱反调式地讲。如果我们承认索绪尔思想的革命性,必然会注意到他的许多观点与前人"针锋相对",甚至是唱对台戏的。"针锋相对"多了,就不得不使人怀疑他是故意为之,是一种有意的方法论原则。这使我们想到《老子》说的"反者道之动"这样的"道"的运动法则。我认为这是一种最容易激发新思想、最容易"创新"的研究方法。我们读索绪尔的《教程》,会感到他的很多观点是对着传统语言学,特别是历史比较语言学而发的。这就证明索绪尔在研究和思考过程中,是有意地采用了这一方法论原则。当然这一过程会很痛苦,因为要从习惯的思维中背叛出来而又要言之成理,必须经过长期而又深刻的思考。我想这也许是索绪尔数十年间不肯轻易发表文字,也不希望别人把他的想法整理成书的原因(他学生把他的讲课记录整理成书其实是违背他的意愿的)。索绪尔对到他为止西方两千年语言研究传统的背叛最明显地表现在他全面使用"抽象"的研究方法上,相对于前人的实体的意义、实体的形态变化、实体的词性词类、实体的发音及演变等等,索绪尔采用了彻底抽象的办法,并由此确立了建立"科学"语言学的基础,从此开辟了一个语言研究的新时代。

另一个方面是"正的继承",这是他从前人吸收的"正能量",从前人片言只语的观点或思考中受到启发,加以继承或补充发挥。19世纪在索绪尔之前重要的学者有语言哲学家洪堡特,语言学家保罗、辉特尼,社会学家涂尔干等。这些人都对他有过影响,而我个人认为对他影响最大的是洪堡特。从历史上看,洪堡特是索绪尔之前最重要的哲学语言学家,就好像乔姆斯基是索绪尔之后最重要的哲学语言学家一样。讲哲学语言学而跳过他们三个人是不可能的。尽管在索绪尔的书里由于上面说的原因我们看不到他对洪堡特的直接征引,但从思想渊源来看,其继承是明显的。不妨举几个例子。

(1)索绪尔把通常的"语言"一分为三:言语活动、语言、言语,当然是他的了不起的发明,使人耳目一新。但这种对"语言"本身进行分解的做法我们从洪堡特那里已经可以看到端倪。我们都知道洪堡特是普通语言学的创始人,而他创立普通语言学的基础之一就是对"语言"的两分,die Sprach 和 die Sprachen,前者是没有复数形式的"语言",指全人类的语言,后者是可以有复数形式的"语言",指各民族实际使用的语言,而普通语言学的对象只是 die Sprach。洪堡特甚而进一步说,全人类只有一种语言,每个人就有一种语言,这两句话是同样正确的[1]。洪堡特提出 die Sprach 和 die Sprachen 之分,从中提炼出一种只有单数形式的"语言",这当然也是抽象思维的结果。他甚至直截了当地说:语言的形式就是科学的抽象[2]。索绪尔继承的不正是这一思想吗?而洪堡特的两分法直接开了索绪尔三分法的先河。甚至"语言"与"言语"之分也可在洪堡特那里找到先河:"语言是通过言说构成的,而言说是思想或感情的表达"[3]。如果说两人有什么区别的话,那在于洪堡特研究的普通语言学其对象的"语言"是 die Sprach,而索绪尔作为三分基础的"语言"却是 die Sprachen,因为索绪尔的"语言"是严格"共时"的,其系统只能存在于某一个语言里而不可能是全人类语言。因此索绪尔的"普通语言学"与洪堡特的"普通语言学"其实不是一回事。当然,也是由于翻译的原因,die Sprach 和 die Sprachen 译成英语时都是 language,译成中文时也都是"语言",因此要真正理解洪堡特也是不容易的。由于洪堡特同时研究 die Sprach 和 die Sprachen,因此他特别关注语言的共性和个性,特别是差异性;而索绪尔特别强调"语言"的同质性,以区别于复杂多变的"言语"。这是为什么他们两人的著作从表面上看来极不相似的原因。

(2) 索绪尔的"静态"语言学或共时语言学是他的一大发明,在他之前确实没有人这样说过。但我认为他是从洪堡特那里得到了间接的启发。洪堡特特别强调语言不是一种产品,而是一种创造活动[4],语言处在永远的变动不居之中。而另一方面,他又指出,每一语言中都有一种不变的东西,这就是作为"语言要素精神统一体"的"形式",而这"形式"是语言得以代代相传的起综合作用的东西[5]。索绪尔从中得到了启发,对后者,他对"语言要素精神统一体"进行了分解,把"语言要

---

1 For in language the *individualization* within a *general conformity* is so wonderful, that we may say with equal correctness that the whole of mankind has but one language, and that every man has a language of his own. (Humboldt, 1836/1988: 53)
2 英文是 In this definition, form appears as an *abstraction* fashioned by science. (Humboldt, 1836/1988: 50)我们用的是姚小平据德语原文译出的译文。
3 Language is formed by speaking, and speaking is the expression of thought or feeling. (Humboldt, 1836/1988: 148)
4 *Language*, regarded in its real nature, is an enduring thing, and at every moment a *transitory* one..... In itself it is no product (*Ergon*), but an activity (*Energeia*). (Humboldt, 1836/1988: 49).
5 In its own nature it is itself an apprehension of particular *linguistic elements in mental unity* — such elements to be regarded as matter in contrasts to this form. For a form of this kind resides in every language, and by means of this comprehensive unity a nation makes the language bequeathed by its forebears into its own. (Humboldt, 1836/1988: 52)

素"处理为"言语",而把从中综合得出的"精神统一体"即"形式"处理为"语言";对前者,他从"创造活动"和"产品"的对立中发展出了"言语"和"语言"的对立,变动不居的是言语甚至是历时语言学,而"语言"正是"言语"发展到某一阶段的"产品",是存在于心理中的"共时语言学"。就这样,他把洪堡特的一些思考巧妙地化为自己的理论体系。我认为上面最后引用的那段话不但连接了洪堡特和索绪尔,还连接了乔姆斯基,是把这三位伟大哲学语言学家连在一起的重要一环。

(3) 索绪尔的"系统"思想看似前无古人,其实也来自于洪堡特。洪堡特说:"语言中没有什么彼此无关的东西,它的每一要素都仅仅表现为一个整体的组成部分"[1]。因此,要真正理解一个单词的前提是拥有整个完整的语言。甚至索绪尔最为人称道的"两项对立"法,如"语言/言语、共时/历时、内部/外部、任意性理据性、句段关系/联想关系"等等,正好也是洪堡特的喜好,他曾一口气提到"正/负、部分/整体、统一/多样、效果/原因、现实性/可能性和必要性、制约/受制、有条件/无条件、时空的此维/他维、感觉/邻近感觉"等两项对立[2]。不过当然,洪堡特谈的只是一般的对立统一原则,就像我们在中国的《老子》第二章里也看到过"美/恶、善/不善、有/无、难/易、长/短、高/下、音/声、前/后"等等一样。运用这个两项对立法成功构建语言研究理论体系的还是要完全归为索绪尔的功劳。

(4) 再有,索绪尔的"语言"决定"言语"的观点,其实就来自于洪堡特。洪堡特说:"面对语言的威力,个人的力量实在微不足道"[3],这就是索绪尔"语言决定言语"的来源。我们都知道洪堡特的思想影响了20世纪美国学者萨丕尔和沃尔夫,他们提出了后人称之为萨丕尔和沃尔夫的假说,并为之争论不休。萨丕尔-沃尔夫假说有两个内容,其一是"语言决定论",许多人视之若洪水猛兽,好像是语言学的大灾难似的,其实这不就是从洪堡特到索绪尔的"语言决定个人的言语行为"吗?如果我们接受索绪尔的"语言-言语"两分,则语言决定论就没有什么好奇怪,而且可说是必然的结论。沃尔夫假说的另一个内容是"语言相对论",这其实也很容易理解。因为"语言决定论"是就每一语言而言,而如果我们同意洪堡特说的

---

[1] There is nothing unrelated in language; each of its elements emerges only as a part of the whole. (Humboldt, 1820/1997: 10)
[2] Humboldt, 1820/1997: 3.
[3] It then becomes evident how small, in fact, is the *power of individual* compared to the might of language. (Humboldt, 1836/1988: 63)

"每一语言都包含着一种独特的世界观"[1],那么就不同的语言而言,"语言决定论"当然就只具有相对的意义,难道我们能指望,比方说,英语能决定中国人的说话方式吗?由于洪堡特和萨丕尔、沃尔夫等着眼的都是人类不同的语言,因此强调了语言世界观的两个内容,而索绪尔着眼的主要是某一民族语言,因此只表达了"语言决定论"而没有涉及"语言相对论"。在后人看来,似乎他就与沃尔夫们大相径庭了。其实,这是既不懂得沃尔夫,也不懂得索绪尔。

当然,找出索绪尔语言思想的来源,不是为了贬低索绪尔,而是为了更好地理清人类语言思想的发展,看清历史长河的流向,以便更加清楚地看清我们自己面临的形势和任务。

三、被误解的索绪尔 被误读的语言学

在理清了索绪尔语言学的哲学本质及其历史发展渊源以后,再来看索绪尔之后语言学的发展和现状,我们不得不发出这样的感叹:百年来索绪尔是被许多人误解了,而他开创的语言学也被很多人误读了。他的语言学思想并没有得到很好的继承与发展。似乎语言学界人人都在谈索绪尔,但谈的却是一个与索绪尔不相干的索绪尔。

对索绪尔的最大误解是把他看作一个单纯的语言学家。也许在索绪尔的早期,他确实是一个语言学家,更具体地说,是一个历史语言学家,但在他最初的论文发表之后的20多年,他更多地却不是继续研究语言学,更没有尝试建立语言学的什么体系,而是沉浸于语言问题的思考之中,实际上他已经转向成为一个语言学的思想家或哲学语言学家。他的开设普通语言学课程只是他的一种实验,尝试把他的想法表述出来而已。他始终是在思考的过程中,从没认为他的思想已到了成熟和可以发表的阶段,表现在他三轮讲座的内容并不完全一致。但他思考的敏锐度和深刻性想必非常惊人,震撼了他的学生,以致在老师去世后觉得不把老师的思想整理出来,会是思想界和学术界的一大损失,因此他们把索绪尔的思考碎片编成了一本看来首尾完整的书。不幸的是这本书取名为《普通语言学教程》,结果人们都以为这是一本普通语言学的教材。其实它既不是教材,更不是"普通语

---

1 There resides in every language a characteristic *world-view*. (Humboldt, 1836/1988:60)

言学",不管是洪堡特首创的"普通语言学",还是现代全世界各大学开设的"普通语言学",还甚至是索绪尔自己的"普通语言学"。

洪堡特的"普通语言学"(Allgemeinen Sprachwissenschaft)其实应该译成"总体语言学",它是以人类总体的语言(即只有单数形式的 die Sprache)为对象的,研究人类语言与人类精神发展的关系,其核心思想就是"语言世界观"的学说。索绪尔和萨丕尔、沃尔夫都是对他的继承。洪堡特最令人叹为观止的强项是他令人难以置信的博学,他所懂得的语言之多几乎令所有后来人望尘莫及(也许只有萨丕尔可勉强跟他比肩)。如果要研究"总体语言学"都要有像他那样的背景和条件的话,恐怕很少有人能够继续做。因此到了索绪尔的"普通语言学",范围就大大缩小了,他不再奢谈什么人类语言和总体语言(这也使他的"普通"大打了一个折扣),而是集中探讨在某一族语中"语言"与"言语"的关系,从而致力于建立研究"语言"的语言学。他发展了洪堡特关于"抽象"和"形式"的思考,并把它作为建立"科学"的语言学的基础。但是可惜,我们所看到的《普通语言学教程》并不是这样一本"语言"的语言学教材,因为其中三分之二的内容都不是在谈"语言",而是在谈"言语",诸如历史语言学、地理语言学及语音学(他称之为"音位学")等。因而这本书其性质实际如同洪堡特的书和论文一样,只是一本语言问题的沉思录。而且他们两人的思考还有一点极其相似,即两人都对他们时代语言研究的主流——传统语言学和历史语言学相当反感,甚至可说,他们设想中的语言研究与这两种研究格格不入。举例来说,他们都反对在词汇和语法之间划一条明确的界线,都主张语言的抽象"形式"比外在表现更重要,是语言学研究的真正对象,都主张系统的研究,认为零敲碎打的研究不是科学。在一些方面,索绪尔甚至比洪堡特走得更远,在《教程》里我们很少看到名词、动词、主语、谓语之类的术语,因为索绪尔根本就认为这样的划分没有什么意义。索绪尔还反对把语音学归入语言学(因为这也是属于"言语"的)。因而索绪尔的"语言的语言学"如果真的建立起一个体系,其面貌与我们现在看到的、世界各大学语言学专业开设的各种语言学教材会大不相同。现在我们所看到的语言学教材,传统的分为语音、语法、词汇、文字乃至文学等等"平面","现代"的则分为"音系学、语法学、语义学、语用学"等等"平面",其实都不合索绪尔的意图。前一种划分来自洪堡特和索绪尔都反对的传统语言学,后一种则是20世纪下半叶各种门派语言学研究的大杂烩。

在这种情况下,当我们赞颂索绪尔开创了"现代语言学"并以索绪尔继承人自居，或至少以为自己在研究的就是索绪尔开创的"现代语言学"时，我们可真的得好好想一想，我们真的是继承了他开创的道路吗？我们在从事的是真的"现代"的语言学吗？还只不过是旧语言学的改头换面？一句话，我们真的理解了索绪尔、理解了他的语言学吗？

从哲学的角度看，索绪尔提出的与其说是语言学理论，不如说是语言学思想，而且是崭新的语言学思想，不仅在 20 世纪初是崭新的，直到今天也未必已经过时。他的思想我们可以大致梳理出这么几条：

（1）语言研究必须建立在抽象思维的基础上，从古希腊起经过传统语言学直到历史比较语言学，乃至 20 世纪初的"词与物"学派等，他们无一例外地把语言研究建立在词和客观事物的直接对应上，在索绪尔看来，这不是语言研究，而只能叫"命名学"（nomenclature），他对之不屑一顾，认为他们根本就找错了对象。

（2）语言研究的基本单位不是词，也不是句子，而是概念和音响形象相结合的符号，这两者都是心理上的，是抽象的结果。两者密不可分，不能脱离开来单独进行研究，单独的声音研究和意义研究都不属于语言学。

（3）为了使语言学成为真正的科学，必须进行抽象。言语活动是个复杂的现象，不能全部作为研究对象，必须把其中属于语言社团心理上共同的东西抽出来，以区别于每个个人实际在使用的语言，前者叫作语言，后者叫作言语。语言不以人的意志为转移，并且决定言语的方式。只有语言才是语言学的对象。

（4）语言是个以符号为基本单位的自足的系统，这个系统有两个要点，"价值"和"关系"。价值讲整体与个体的关系，语言不是由一个个个体组装起来的，相反，每个个体只有在整体中才能体现其价值，脱离整体的个体（符号）不是语言学研究的对象。"关系"讲符号与符号之间的联系，有句段关系和联想关系两种，语言系统就是依靠这两种关系构建的。

（5）语言和语言学是以共时为基础的，语言学的结构性又使它只能以整体的面貌出现，因此一切以个体为特色的研究都不属于语言学。索绪尔用"外部"和"历时"这两个概念将它们驱逐出了语言学。

还可以举出一些，但这些是最基本的。正是这些主张导致了 20 世纪语言学研究的一场哥白尼式革命，所谓"现代"语言学就必须符合这些特征。我们可以不同意这些主张，但在提出新的主张以前必须驳倒这些主张，证明它的谬误之处。这就是索绪尔研究的现实意义，也就是说，他是个绕不过去的存在。否则，我们就不能说我们在研究"现代"语言学。

以索绪尔的这些主张来重新审视20世纪以来的"语言学"研究,我们定会有很多发现,有的还会相当有趣。例如,索绪尔之后打着结构主义旗号的三个语言学研究流派,其实都多多少少离开了索绪尔。比较起来,哥本哈根学派叶姆斯列夫接受了语言与言语之分,也肯定语言对言语的决定作用,并且继续对语言进行了很多哲学思考,是与他最接近的。他把索绪尔的联想关系(associative relation)修订为聚合关系(paradigmatic relation),与句段关系(syntagmatic relation)的对应更齐整了,但是否合索绪尔的原意值得怀疑;而且他由此认为语言是个开放的系统,而不是自主的,与索绪尔的距离就更大了。布拉格学派采取的是各取所需的办法,这一学派的两大贡献一是音位学,一是功能学说。音位学可说是索绪尔的抽象原则和系统原则的极好体现,而对功能的研究则与索绪尔的"价值"有了距离。美国描写主义特别是布龙菲尔德提到索绪尔的次数最多,但实际上除了"结构"二字他没有从那里继承了什么,相对来说是离开索绪尔最远的,特别是在哲学基础上,如果说索绪尔是出于心智主义(mentalism)的话,则美国描写主义是出于行为主义(behaviourism),其研究对象更是实实在在的"言语"[1]。而乔姆斯基批判美国描写语言学,强调心智主义,强调语言学要研究"理想的语言社团中理想的说话人",在"科学"的意义上反而是对索绪尔的回归。至于中国建立在《马氏文通》引进的拉丁传统语法基础上的所谓"现代"研究,除了时间上处于"现代"之外,在理论上几乎没有经过索绪尔思想的洗礼,因而在多数情况下,不管借用了多少现代语言学的术语,其实质只是在"现代"名义下进行的欧洲式传统语言研究,也就是说,只是索绪尔批评的"命名学"式研究而已。

参考文献

范晓,2005,"关于语言、言语及其相关问题的思考",李宇明等编《言语与语言学研究》,武汉:崇文书局,第1-24页。
洪堡特著、姚小平译,1997,《论人类语言结构的差异及其对人类精神发展的影响》,北京:商务印书馆。
潘文国,2004,"语言哲学与哲学语言学",《华东师范大学学报》2004年第3期。
索绪尔著、巴利与薛施蔼编、高名凯译,1980,《普通语言学教程》,北京:商务印书馆。

---

1 以上对三个结构主义流派的评价参见 Roy Harris, *Saussure and His Interpreters* 一书第4、5、6章有关内容。

Harris, Roy and Talbot J. Taylor, 1997, *Landmarks in Linguistic Thought*. (1). Second edition. London and New York: Routledge.

Harris, Roy, 2001, *Saussure and His Interpreters*. Edinburgh: Edinburgh University Press.

Humboldt, Wilhelm von, 1820/1997, *On the comparative study of language and itsrelation to the different periods of language development*. In T. Harden and D. Farrelly (eds.) *Essays on Language / Wilhelm von Humboldt*. Berlin: Frankfurt and Main, 1997, pp. 1–22.

Humboldt, Wilhelm von, 1836/1988, *On Language: The Diversity of Human Language-Structure and Its Influence on the Mental Development of Mankind*. Translated into English by Peter Heath. Cambridge: Cambridge University Press.

Saussure, F. de, 1916/1983, *Course in General Linguistics*. Edited by Charles Bally and Albert Sechehaye. 1916. Translated and annotated into English by Roy Harris. London: Duckworth, 1983.

（原载《杭州大学学报》2013年第6期，第81–87页。部分内容发表于《社会科学报》2013年6月13日第5版）

附录

漫谈语言与语言研究
——潘文国教授访谈录

纵横三大领域的心得体会

黄新炎(黄)：潘老师您好，作为华东师范大学终身教授，您无愧是翻译界、汉语界、外语界"三栖"的知名学者。对外文的理解和对中文的把握，在国内学术界首屈一指，能不能和我们分享一下你纵横三大领域的心得体会？

潘文国(潘)：说"无愧"，"首屈一指"，好像有点夸张。不过在外语界、在语言学界，我研究的领域涉及的范围相对可能是要广些。所谓"三大领域"，说穿了就是一个问题："中文"与"外文"的关系。从1980年以来，语言学界一直在谈"两张皮"的问题，只能说，我在这个问题上处理得算是比较好的，两边都没拉下。如果说我在这个问题上有什么心得体会的话，那就是：对于一个语言学者来说，不管你是搞中文的，搞外文的，更不要说搞对比与翻译的，消除"两张皮"太重要了，而且要付诸实现也太不容易了。这与我们的整个教育体制、培养体制有关。

我常常想，20世纪的学人的成就与以前的不同就在于对"中""外"关系的把握。20世纪以前的学人，所谓旧式读书人，可以以乾嘉学派为代表，从"戴段二王"一直到俞樾，他们的学问只有中国的一方，与世界基本是隔绝的。

20世纪的学人按照历史程序来说大概可以分成四拨，第一拨是20世纪初的章太炎、王国维、梁启超、鲁迅等人，包括稍后的陈寅恪，他们学问的特点可说是"中学为体，西学为用"，学问的基础是中国传统的，然后尽量吸收西方的新东西，用西方的新观点来解释旧学问。这批人里面还包括了严复和马建忠。

第二拨是胡适、林语堂、赵元任、王力、吕叔湘等，包括外语界、翻译界的许国璋、杨宪益，以及季羡林等。这批人做学问的特点可说是"西学为体，中学为用"，西方学术学得很好，以此来研究中国学问。他们有个共同特点，学的都是西方学问（胡适学的是西方哲学，林语堂是语言学，赵元任是物理学，王力也是语言学，吕叔湘是政治学），而做的都是中国研究。钱锺书也属于这一拨，他学的是外国文学，但由于家学渊源，他的中学根底特别好，因此在国学上的造诣比前面几人更大。许国璋最重要学术成就据我看不在于他编的教材,而在于他对《说文解字》和《马氏文通》的独特见解。上面提到的这两拨人我们现在都尊之为"大师"。我们可以看到,如果说19世纪以前,光精通国学就可成为"大师",到了20世纪,要成为"大师"非要中外兼通不可。

第三拨学人就是中华人民共和国成立后17年培养的大学生,延伸一点可以包括"文革"后77、78、79这三届大学生,因为他们中大多数在"文革"前接受了完整的中学教育。这一拨人的教育背景与政治气候大有关系,一是闭关锁国,二是厚今薄古。其结果是西学、中学两方面的教育都严重不足,"两张皮"就是从那时开始形成的。其实说"两张皮"还是客气的,其实各张皮本身也不行。学中文的能有传统私塾熏陶出来的那样的国学根底吗?学外语能有49年前圣约翰大学、清华大学、西南联大毕业生那样的水平吗?都没有。中文系学汉语的只有推广普通话、汉语拼音、汉语语法和简体字,外语系呢?由于没有与外国人接触的机会,"哑巴外语"由此形成。学外语还有另一个折腾,就是解放初一面倒,俄语压倒一切,学英语的纷纷改行。后来跟苏联交恶后又大砍俄语改学英语。陆谷孙大约就是复旦大学外文系重新强调英语后招收的第一届学生。由于教育中中学西学俱不足,因此这一拨人中注定出不了大师。曾经有个"钱学森之问",问中国为什么出不了大师?理工科我不敢说,文科就出在这种中西两失的教育上。这一拨人中出不了大师,但是有成就的还可能有一些,例如李泽厚、裘锡圭、陆谷孙等,但感觉上与前两拨还是有差距。另外还有个情况是,那时的教育还没有受到市场经济的冲击,教育更没有产业化,学习上没有那么多功利的考虑,书店里也买不到教辅书,想看的书除了《金瓶梅》等之外,也基本看得到。特别是这批人比较幸运,因为前两拨的大师不少还在世,这拨人还有幸受到老一辈学者的亲炙。我就是属于这一拨,属于两边基础都不扎实、天生成不了大师的那一拨。我的幸运是青少年时代在没有今天那样的干扰的情况下,因为爱好古典文学,无师自通地读了许多中国古书,而大学里专业读的却又是英文,两方面比许多人稍强些。而恰巧那时的复旦外文系又特别强调中文(现在已不可能有了)。而我这点运气就使我在"两张皮"上的问题不那么突出。

20世纪的第四拨学人就是80年代以后特别是近十来年培养的人,教育上急功近利,教育行政化、产业化,领导、老师、学生普遍的浮躁心理,不要说大师,能够老老实实读书、静下心来做学问,不弄虚作假、不沽名钓誉都很难得了。要能坚持在这样的环境下坚持做学问,非要有很强的操守不行。

久久思索之后方能豁然开朗

黄:您在汉语言和文化方面取得了令人瞩目的成就,发表了大量相关的著作和论文。您取得如此丰厚的学术成果,所走过的道路和经历是很多教师所感兴趣的。在您的研究生涯中有没有遇到困难之后久久思索,然后豁然开朗的那一刻?如果有的话,那是一种什么情况?这样的经历对于年轻学者会有很大的启迪和帮助。

潘:在回答这个问题之前,我先念我四五年前写的一首《沁园春》词:"卅载徜徉,弄语玩文,叠句累章。乃欧西负笈,穷探哲理;古今求索,频下雌黄。说让洪君,信尊严子,以字为魂膺赵王。人易老,算几番柳色,几度残阳。迩来世事堪伤。多少孽、争教仓圣扛?笑老儒饱学,不知有汉;童生骛远,唯晓崇洋。其论弥高,其文弥下,谁信诗邦属大唐?夏风起,看接天莲叶,别样风光。"词中有三句话是讲我自己认为我最重要的学术思想及其来源的,"说让洪君,信尊严子,以字为魂膺赵王",就是语言学和对比语言学研究中"语言世界观"思想,这来自于洪堡特。翻译学理论上对"信达雅"特别是"信"的重新解释,这来自于严复。汉语研究中的"字本位"思想,这来自于赵元任和王力。可以说,这三个学术思想,既是我的原创,但又不完全是原创,因为它都是有来历的,是对前人的继承和发扬。因此我认为做学问最重要的有两件事,一是继承,二才是创新。目前学术界片面强调创新,是有问题的,"新"是在"旧"的基础上产生的,你连"旧"的都不知道,怎么知道你创的是"新"的?那只能是瞎创,也许摸索了半天,自以为是新的,一查,别人十几年、几十年,甚至几百年前就说过了。因此创新的前提是继承,是学习,是老老实实地坐下来读书。现在社会上浮躁成风,什么都想速成,学生、老师都坐不下来读书。我们的考评机制也助长了这种浮躁风。但偏偏做学问是速成不了的。黄侃曾经说过,五十以前不著书。可惜他四十九岁就死了,因此我们现在看到的黄侃的书没有一本是他自著的,都是他的侄子黄焯教授根据他的读书笔记整理的。但就是这些读书笔记整理出来的材料,就已确立了他的国学大师的地位。范文澜说:"板凳要坐十年冷,文章不写一句空。"前一句讲的是读书,是继承,后一句是创新。要坐十年冷板凳,可见读书花的时间一定要有足够的量的支撑。所谓"厚积薄发",厚积才能薄发。这是我想强调的第一点。

第二点,在继承与创新之间、在厚积与薄发之间要有一个转捩点。读书多的人并不一定写得出创新的东西,"厚积"了的人也不一定能发出惊人的话语来。我们见到很多读了很多书的人依然写不出什么东西来。这种人,以前叫"两脚书橱",现在叫"书呆子"、"食古不化"。因为他缺少一个中间转换的环节。这个环节,我叫作"悟"。读了书以后,只有经过思考,真正悟出什么东西来,才能进行有价值的创新。这一节黄经理提出的问题是,"在您的研究生涯中有没有遇到困难之后久久思索,然后豁然开朗的那一刻?"当然有。从研究、写作的过程来看,差不多每写一篇文章、每写一本书,都会遇到这种情况。但就我的整个学术生涯来看,最重要的"悟"发生在90年代初,也就是在我五十岁前后。在那之前我也写文章,也写书,有的书写得也很快。但总有一种被动的感觉,是被材料拖着走。材料多,写得就顺;材料不够,写得就慢,比如我80年代末写汉英对比语法,写着写着就觉得写不下去了。主动找论文题目也还比较难,80年代初,因为有研究生学历的人不多,约我写稿的杂志也不少,但总觉得找不到能写出新意的题目。相信在座很多人都还处在这个阶段,就是想写,但不知怎么找题目。1993年、1994年之后,我实现了"顿悟"。从此以后豁然开朗,发现有写不完的文章、做不完的题目,各种新想法、新观点如潮水般源源涌来,只愁来不及写。有人可能注意到我那个时候开始担任院系主要领导,行政工作非常繁忙,但我发表论文、著作的数量却越来越多,好像不受影响。就是因为感到有做不完的题目,表不完的想法。我的三大主要学术观点都是在那以后提出来的。那么这个"悟"是什么呢?为什么这个"悟"会产生这么大的转折呢?请大家注意我的一篇文章:《换一种眼光何如?——关于汉英对比研究的宏观思考》,文章发表在《外语研究》1997年第一期,但实际写在1994年和1995年。这篇文章体现了我的研究思路的重大转折。也就是在中外对比问题上,我提出了从中国出发、从汉语出发这么一种新角度。大家也许一下子感受不到这一提法有多大价值:不就是一种看问题的角度嘛。但是如果大家想到,从20世纪20年代胡适提出"整理国故",也就是用西方的学术范式对中国传统学问进行改造之后,整个中国学术(不仅仅是语言学)走的始终是一条由外到中的道路。所有的理论、体系、方法,甚至学术争论中的议题、热点,几乎无一不来自西方,而且这一局面至今没有很大变化,我们的很多所谓学术研究,都是在西方范式下进行的,还美其名曰"跟国际接轨"。了解了这个背景,就知道要真正换一种眼光、换一种角度,从中国问题出发来看外国理论,会带来多深刻的变化了。由于角度变了,眼光变了,因此我眼中的学术图景跟多数人看到的就大不一样了。别人以为是成绩的,我以为是缺点;别人以为是小问题的,我却认为是至关重要的大问题。这一转身的直接后果便是 2000 年 1 月我发表在《语言研究》上的四万字长文《汉语研究:世纪之交的思考》,内中提出了 20 世纪汉语研究的四大失误。这篇文章惊动了学术界,几乎使我站到了整个汉语学界的对立面(当然现在理解我的人越来越多了)。如果这篇文章是从反面立论,紧接着我在 2002 年出版了《字本位与汉语研究》,就是从正面提出了我的新汉语语言学观。由于提出了新的理论、新的体系,各种细节都有待完善,题目当然就越来越做不完了。

学界的浮躁情结要不得

黄:当今社会面临诱惑太多,很多人功利思想太重,无法静下心来做研究,您认为青年教师想要快一点成长起来,可以在学术上独当一面,最需要的素质是什么?

潘:这个问题本身就反映了现在学界的浮躁情绪,既"静"不下来,又"想要快一点成长",那跟"又要马儿好,又要马儿不吃草"没什么区别。这种心情可以理解的,但却不能鼓励和认同。实际上,真正要成长,要"在学术上独当一面",最忌讳的就是这个"快"字,所谓"欲速则不达"。最需要的素质就是这个"静"字。关于"静",《大学》上有一段话说得非常精辟:"知止而后有定,定而后能静,静而后能安,安而后能虑,虑而后能得。"后三句告诉我们:"静而后能安,安而后能虑,虑而后能得",这容易理解。前两句话告诉我们怎么才能"静",那就是"知止而后有定,定而后能静"。什么叫"知止"? 就是要懂得自己追求的目标,有了目标才有定力,有了定力才能"静",有了"静"以后才有"安、虑、得"。"安、虑、得"的过程可以概括为一个"实"字,"安"就是老老实实地安心读书,"虑"就是切切实实地认真思考,"得"就是实实在在地学有所得。现在网络上、书店里到处都是励志性的书籍和格言,已经到了令人厌倦的地步。我们青少年时代也学习名人名言,那时传播的话不多,但印象非常深刻。我记得在学习上,引用最多的一句话是马克思说的,"在科学的道路上没有平坦的大道可走,只有那些在崎岖的小路上不畏艰险攀登的人,才有希望达到光辉的顶点。"

把"安、虑"理解为读书和思考,我们还可以多说几句。我的建议是一句话:"多读勤思"。"多读"是基础,"勤思"是从量变到质变的跳板,"创新"的起点。"读"要注意三点,第一要广泛的读,对于搞语言的来说,不能光读语言学的书,文、史、哲乃到社会学、心理学、文化学的东西都要读,知识面越宽,做学问的基础就越扎实。做学问最没出息的就是盯着一家的书读下去,钻得越深越跳不出来,深到了井里,结果成了"井底之蛙"。第二要读经典。书上的书浩然如烟海,读不胜读,那怎么读呢?只有读经典,经典是千百年、至少也有几十年沉淀下来的东西,其透出的智慧一般人终一辈子也未必能完全领会,而且经典总能常读常新,每次都会有不同的启发和感受。中外都有一些经典,各个学科也都有一些经典。拿中文和中国文化来说,《易经》、《老子》、《论语》和《文心雕龙》就是不可不读的经典;拿西方语言学来说,洪堡特的著作、萨丕尔的《语言论》、索绪尔的《教程》、叶斯柏森的《语法哲学》是经典。这些是从事者人人必读的。其他则各人依所从事研究的方向还有相应的经典要读。20世纪学校教育大发展,出现了两类最可怕、最容易误导的书,即概论和通史。这两类书作为教材是必要的、不得已的,但如果把它们当作知识、当作学问本身,那就会误人子弟。从来没有人因为读通了教材而成为大家的。这是应试教育的法宝,真实学问的阻路石。它们的真正功用是作为"导游图"、"敲门砖"、登山的拐杖。至于选本、碎片化的百科词典(特别是网络上的)不能代替真正的学问更是显而易见的。第三要做笔记。读书做笔记的事现在已不大有人提了,好像已经到了电脑时代还做笔记,那不是发傻吗?有人上课也不记笔记,听讲座只是不断用手机拍摄PPT上的碎片化的材料。好像一旦拍下来,知识就有了。其实正好相反。这里我就不说古人博闻强记的故事了,就说说当代大儒钱锺书吧,人家都说他是记忆天才,问他问题时可以随时报出答案,甚至会说出在某书架上第几本某书的第几页。其实他都是做笔记做来的。他很少买书藏书,笃信"书非借不能读也",是把书藏在图书馆和别人家里的。他做的读书笔记数量惊人,有读书扎记《容安馆札记》等手稿约2,000页,商务印书馆2003年分三册出版。有中文笔记30,000多页,商务分二十册于2011年出版。还有外文笔记(英、法、德、意、西、拉、希)约35,000页,共211个笔记本,是钱先生自30年代至90年代60余年间做的,涉及哲学、语言学、文学作品、文学批评、文艺理论、心理学、人类学等。商务将于今年起分四十八册陆续出版。这就是他成为不世通才的原因。拿我自己来说,虽与前辈不能比,也做过几十年的读书笔记。为写《汉语的构词法研究》，我在英国泡了两年图书馆，做了上千页的笔记。好记性不如烂笔头，这个话现在也许人们能够明白，但愿意做的人却少而又少。做了笔记一定要利用。钱锺书经常读他自己做的笔记。而我的体会是不但要做笔记，读笔记，还要做笔记的笔记。虽很费时间，但很有效。

"勤思"是勤思考。关于学习和思考的关系，孔子早就说得非常清楚了："学而不思则罔，思而不学则殆。"《中庸》里说的"博学之，审问之，慎思之，明辨之，笃行之"，就把这过程说得更详细了，包括了"学、思、行"三个阶段。所谓"在学术上独当一面"，关键在于要有自己的东西。这光有"学"是不够的，光有"学"最多只能做个传声筒。必须要通过思考建立自己的观点、体系。有人会说，谁不想自成一家啊？关键是怎么才能成。这就涉及"思"的方法论问题。我的体会是："从反面着手"。冯友兰先生曾经有过一个说法，说哲学研究有"照着说"和"接着说"的不同。我的方法可能与两者都不一样，是"对着说"。拿语言学研究来说，"照着说"就是照着外国的理论说，没有自己的东西，"接着说"是运用外国理论时结合中国的事实作一些补充，可能丰富了外国理论。两者的前提都是外国理论肯定是对的，是好的，是适合中国实际的。"对着说"却是反着来，先假定外国理论不一定适合中国实际，然后在外国理论中找碴子。这不是故意跟外国理论过不去，是有哲学依据的。这个依据就是老子说的，"反者道之动"，道的运动的根本规律是从相反方面着手。老是顺着看，是看不出问题来的。这才有了我上面说的："换一种眼光何如？"

中外打通，古今打通，语言与文学文化打通

黄：这么多年来，您最大的治学感悟是什么？

潘：最大的感悟是语言研究必须做到三个打通：中外打通，古今打通，语言与文学文化打通。这个意思我曾在多个场合说过。三个打通，中外打通最容易理解和接受，但真正做到并不容易，因为这实际上就是消除"两张皮"的问题，我们的教育体制和人才培养模式决定了要解决这个问题并不容易，目前主要只能靠个人的自觉和努力。第二个打通是为了强调语言研究的历史继承性，说白了，汉语研究光研究现代汉语不行，光研究所谓"现代汉语语言学"更不行，不了解古代汉语和古代的语言研究，汉语研究是深入不下去的，对汉语研究者是如此，对汉外比较及

普通语言学研究者来说也是如此。

第三个打通很多人不理解,认为是不是要语言学者去搞文学研究? 或者在文学刊物上发表语言学论文、抢文学研究者的饭碗? 不是的,其实我想强调的不是理论问题,不是想搞文学和语言学理论的打通,或者创立什么新的交叉学科如文学语言学或语言学文学之类,也不是要把语言学研究成果贴标签似地放到文学作品中,如同有人用结构主义或功能主义来分析文学作品那样。那样做的结果只会把文学作品搞得支离破碎、味同嚼蜡。我想强调的是实践,是语言研究中实践的重要性。我们常说文学是语言的艺术,是一个民族语言表达的精华,那么研究语言而不研究文学语言是说不过去的。而文学语言皇冠上的明珠是诗歌,诗歌是最难翻译的,往往是一个民族语言的特色和灵魂所在,因而研究语言而不关注诗歌语言也是不可原谅的。因此我讲的语言与文学打通(后来加上"文化"是因为语言和文学的背后都有文化),实际指的是语言研究者要懂文学,要有文学鉴赏和创作的能力和实践。跟所有学术研究一样,语言研究也是一个"实践—理论—实践"的过程。这一二十年,特别是20世纪以来,我有一种强烈的感觉,即理论研究有点上虚火,现在需要有猛药补救,这个药就是重新强调语言实践的重要性。当前这个理论的虚热,说到底还是外来的,很可能是从美国开始的。有位美国学者曾经有三句话概括过欧洲大陆、英国和美国学者研究的不同。欧洲人问的是:"Is it true?"它以追求真理为目标。英国人问的是:"Can it help?"它关注的是否实用。而美国人问的是:"Is it consistent?"它追逐的是自圆其说。如果学术研究的目标只是理论的自我完善,那各种各样的理论包括奇谈怪论层出不穷也就不奇怪了。这股风吹遍了世界,也刮到了中国,配合中国的学历热、考核热、研究生和博士生的扩招,结果造成理论的虚热,只求成果,不求结果;表面上论文数量大爆炸,实际上不解决实际问题,只是自娱自乐。至少就我所见的语言学、翻译学很多是如此。这种对理论的盲目追求体制化以后,会对年轻人产生误导,造成年轻学子不重视实践,根基不实,游谈无根。许多搞语言学的文章写不通,搞翻译的没有什么翻译作品或只有一些"攒书"实践。此时再想起黄侃的"五十以前不著书",更觉"于我心有戚戚焉"。这一理论虚热也使我重新回顾我自己的学术道路,我自己有些独创意义的理论是哪里来的? 我发现,归根到底是来自于实践。从理论到理论是演算不出什么深刻思想的。我的字本位理论,文章学翻译学理论,在写成文章的时候,看起来仿佛是思辨的结果,其实这些想法的提出根源来自我的语言实践。我的字本位理论,根本上来源于我的古诗文读写实践。我不知道大家是否读过启功先生的《汉语现象论丛》一书?启功先生反对《马氏文通》式的葛朗玛,就是源于他的诗文实践,他摆出了很多汉语现象,是西方式的语法解释不了的。郭绍虞先生写过一篇《骈文文法初探》,也是因为现代语法学研究中这是个禁区。我从中学开始写旧体诗,到现在五十多年了,我对现代汉语语法的反感也就是因为它只能解释它所选择的那部分材料,而于我的写作实践格格不入。正是以这份抵触为动力,才最终找到了字本位。所有这些现象,现行语法解决不了,但字本位理论可以解释。从历史上来追溯,现代汉语本来与反对旧诗文就是并行的。五四新文化运动,胡适倡白话,反文言,其实他的最大功绩或者说罪孽是反掉了旧体诗。"五四"九十周年时北大谢冕教授评论说,这是"中国人心中永远的痛"。胡适也是现代史上第一个提倡白话文法的(1920年,比黎锦熙的《新著国语文法》要早三年),可见西式汉语语法与中国传统诗文是根本对立的。现在没有人搞或很少人懂古诗文,因此现代语法大行其道。但只要你关注旧体诗文及其对现代汉语书面语无所不在的渗透,你就没法不承认字在汉语组织中的重要性及基本粒子地位。我提出的文章学翻译学理论也是如此,理论上虽然可说是重新研究严复及中国翻译史的结果,但实践上来自于我自己翻译实践的体会。我翻译过哲学文章、学术文章、公示语、古典诗词、小说、散文,发现对翻译来说,忠实原意是前提,而翻译水平的高低归根到底取决于写作水平的高低。忠实原文的形式等等是非常表层的问题。中国传统的文质之争在今天还是有意义的。理论只是对实践的解释,有没有用还要拿到实践来检验。当前的人才培养体制和考核体制过于强调创新、强调论文数量等是有问题的,这不仅是逼良为娼,而且是杀鸡取卵。是对文科学术的摧残。我们无法改变体制,但可以改变自己。因此我希望通过强调语言与文学打通,请有志于研究语言、研究翻译的人,千万千万要加强两种语言的基本功,提高文学的修养。搞对比研究强调要比较地道的英语和汉语,搞文学翻译强调译出的要既是翻译又是文学。地道的语言、文学的语言都有待于提高文学修养。而提高文学修养只有从阅读文学经典中来。我不知道在现在快阅读、浅阅读的时代氛围里,还有没有人看经典文学作品?还有人读《红楼梦》吗?还有人读狄更斯吗?如果没有,对于以语言文学为专业的人来说,那是很可怕的。顺便说一句,黄经理要我选一本书送给诸位,我选了我翻译、王宏印老师评点的《赫兹列散文精选》,也是为了强调语言实践和翻译实践的重要性。我在书里提出了一个"美文需美译"的原则,文学翻译既是翻译,又像文学创作,我希望能告诉大家,这两者是可以同时做到的。

危机下的中文

黄:您是著名语言学家,在英语和汉语方面都造诣颇深,您提过中文的危机,那么,我们如何从危机中寻找到机遇?对此您有哪些现实性的建议?

潘:如果大家对这个问题感兴趣,我强烈建议大家看一下我的那本书,《危机下的中文》(辽宁人民出版社,2008年)。"危机"包括"危"与"机",先要看到并承认"危",才能从中找到"机"。我那本书分三个部分,"危"与"机"都谈到了。上编是"中文危机种种"。我提到了四个方面的危机:存在的危机,包括英语热、信息化、文言文、方言、现代汉语、汉字等六个方面。发展的危机,包括外来语、网络语言、广告语言、翻译腔、庸俗化、一语两文、一字两体等七个方面。教学的危机,以及研究的危机。中编"危机从何而来",从历史学、社会学、政治学、文化学、翻译学、语言学、语言哲学等七个方面对危机产生的原因进行了分析。下编"危机前的对策"则从个人、政府、语言研究者、语言教育者的角度分别为提出了对策。对于在座的来说,除了政府的方面大家可能无所作为,但可以帮助推动,其他几个方面都可以作深入探讨,从中找到各人的机遇。我想建议的是,认识中文的真正价值和中文的美是解决危机问题的一个重要途径。而真正领略它的美不是一个理论问题,而是实践问题。更要放在世界语言的大背景下来认识。这样,不管是搞语言学的、语言教学的、搞翻译研究的,都能找到自己的用武之地。

母语能力是外语学习的天花板

黄:一直以来,外语学习者都在探讨母语的重要性以及母语和外语学习的相关性,您在这一方面的研究有什么新的发现?

潘:在前年的上海书市上,庄智象社长邀请我在外教社主场作一个公益讲座,可说就是回答这个问题的。我的题目是《母语能力是外语学习的天花板》。我的观点简单来说是一句话:"一个人外语学习的上限就是他母语能力的下限。"母语越好,外语能力就水涨船高母语不好,外语再怎么也上不去,到一定时候就会触及头上那块"天花板"。目前在翻译实际上遇到的问题,母语问题占的比例更大。这不是语言理论、翻译理论可以解决的。这是正相关,母语是学好外语的基础。当然学好外语可以加深对母语的理解。语言本来就是不同民族的世界图景,他山之石,可以攻玉。对比两种语言不同的表达法,可以促进对母语的理解。有时看到外语一个表达法十分细致精彩,会想到母语的疏放和欠精密;也可能见到外语表达的笨拙,会体会到母语的灵巧圆转。或者两种语言各有所长,别出机杼。这个时候,学习和运用语言简直是一种享受。

另外还有负相关。更早些年,我说过两句话,一句是:"一百年来,我们在用教外语的方法教母语",另一句是:"一百年来,我们在用学母语的方法学外语"。中国人几千年来教、学母语,自有一套方法,可惜在 1905 年废科举、兴学校的同时把这套行之有效的教学方法也当作八股文的附庸废除了,于是西方学校教语文的方法被引来填补了这个空白。轻视识字、语法教学、造句练习等便是外来的,50 年代后,更把汉语拼音、推广普通话当作学习语文的主要目标,造成语文水平不断下降。与此同时,很多人学外语用的是中文识字作文的办法,孤立地学单词,以为外语同中文一样,只要识了字,单凭字的碰撞就可以随意组字造句。为什么"中式英语"不肯绝迹、在公示语的翻译中还闹出许多"国际"笑话来?就是这种学习方法的结果。

从这两种相关我还得出了一个结论:语言不同,语言的教、学方法也必然有差异。学母语、教母语、学外语、教外语,方法都各不相同。不仅语言学上不要相信有什么普遍语法,可以一通百通,在语言教学上也没有万灵药,以为把西方新发明的,或流行的什么教学法引进来,中国的英语教学、母语教学、对外汉语教学的问题就解决了。国际化、与国际接轨的口号,至少在语言学上是需要慎重对待的。

钻得进去,跳得出来

黄:您是汉语言文字学专业、语言学与应用语言学专业、外国语言学与应用语言学专业的博士生导师,培养出了众多优秀学生,对于学生的指导与培养,您有什么好的建议?

潘:不能说我的建议一定是好的,只能说说我的主张和做法。我在培养学生时,最重要的强调两条。一是多读书、精读书、会读书。二是注意不要被外国理论牵着鼻子走,对于任何理论,要钻得进去,跳得出来,后者还更重要。今天我要加两句语:不能转化为能力的知识是空知识;不能经受实践检验的理论是伪理论。前些年我到柏林洪堡大学,发现大楼楼梯的墙上,镌刻着一条马克思的语录(当然是德文的):"从来的哲学家只是各种各样的方式解释世界,而重要的乃在于改造世界。"这至少证明,在马克思之前,西方的哲学家是知行脱节的。而中国自孔子起就是知行合一的。《论语》的第一句,"学而时习之",很多人解释得不对,说什么"学习了就要按时复习"尤其可笑,把孔子时代的学习看作是今天小学生上课一般。这句话的本质讲的就是要知行合一。"学"不一定在教室里,也不一定是课本,"习"也不是复习、练习、实习,而是"实践"。这是中西哲学的重大区别之一。毛泽东的《实践论》,提出"实践—理论—再实践",既发展了马克思主义哲学,也发展了中国传统哲学,是我们理论研究的指针。

我的座右铭

黄:读过您写的一本书《对比语言学:历史与哲学思考》,您是怎么想到要从历史与哲学的角度写对比语言学的呢?历史和哲学对于个人的发展有什么作用?

潘:不知道你是否注意到这本书扉页上我引的司马迁的一句话:"究天人之际,通古今之变,成一家之言。"这句话已成了我的座右铭,是我一辈子搞学术用心体验和实践后的感受。这三句话的第一句就是讲哲学,第二句就是讲历史,第三句是追求的目标和结果。这不仅仅是针对对比语言学的,也是针对所有人文学术的。天人之际是辽阔的宇宙与深邃的人心,古往今来是绵绵不断的恒流。所有的学术研究,或大或小,都是特定时空交叉的一个坐标上的产物。强调哲学是为了使我们了解自身研究的局限性,人永不可能穷尽真理,凡以此为目标的研究必然成为日后的笑柄。强调历史是为了强调任何研究都是在前人积累的基础上的,能够在前人基础上前进一小步,对于个人来讲,已经是了不起的成就。这一宏阔的时空背景会使人感到自己的渺小,只有把自己的位置放得很低,才能踏踏实实、兢兢业业,一步一个脚印,有所发现,有所前进。相反,如果一开始就怀一颗狂躁之心,以博士、教授、学术或学科带头人自居,动辄"创新了一个学科""填补了一项空白",以及什么"国际领先、国外一流"之类,我看十之八九是不可信的。

此外,在学术研究的方法论上,哲学和历史也是不可少的。哲学上胡适提倡的"在无疑处有疑"的方法是学术研究的第一步,而老子以来的辩证法更是观察问题的最有效的武器。历史学上的历史主义方法则是衡量前人成果的天平,也是自身研究的动力的来源。

(与上海外语教育出版社江苏发行公司总经理黄新炎的书面访谈,原载黄新炎编著《聆听:外语界前辈的声音》,上海:上海外语教育出版社,2016年)

潘文国先生访谈录

编辑部(编)：谢谢潘老师接受我们编辑部的采访。我们这次采访主要有两个目的，一个是让年轻一代通过前辈语言学家的治学经历，得到一些鼓励和启发，第二个呢，就是潘先生在各个方面都很有造诣很有研究，我们想请您就其中的某几项做一个简单介绍。

先请潘老师谈谈您是怎么会走上语言学研究这条路的。

潘文国教授(潘)：我走上语言学研究这条路是很偶然的。我年轻的时候兴趣一直是在文学上面，尤其喜欢古典文学。我从小就喜欢看古代的小说，小学就看完了四大名著，中学开始喜欢看诗歌，初中看唐诗，高中看宋词。我小时候看了很多古典的东西，对语言本身很感兴趣，也很喜欢英文。上中学的时候，中文和英文的成绩都比较好，后来高中毕业考大学的时候，要自己选志愿。我们当时要填24个志愿。我第一志愿、第三志愿、第五志愿、第七志愿全是中文，第二、四、六、八志愿都是外文。

编：真有意思。您报考的都是哪些大学？

潘：第一志愿是复旦大学中文系，第二志愿复旦大学外文系，第三是北京大学中文系，第四是北京大学西语系……全是中文系加上外文系。高考面试的时候英文口试考得好，结果复旦大学招我到了外文系，我就搞起外语专业来了。

复旦大学毕业之后，正好赶上下放。我一路下放到了农村：毕业时先到省里，由省到地区，由地区到县，由县到公社，最后在公社中学里当老师。在农村外语课根本开不了，只好教语文。因为是"文化大革命"期间，当时有一本全国各个省市成立革命委员会给毛主席的致敬电的汇编，我们就以这个汇编为教材。我也不知道这个课该怎么上，就以课文为线索，给同学们讲些成语、典故、故事来历等等，居然很受学生欢迎，觉得学到了东西。

几年之后恢复了外语教学，南昌下调令，我到南昌教了三年英语。1977年的时候，恢复研究生招生，我又面临了两种选择：考中文还是考外文？考虑再三，因为我熟悉古典诗词，有一点音韵知识，而据我了解中文系里懂音韵的也不多，于是我选择了一个考中较有把握的"冷门"：汉语音韵学。正好华东师大的史存直老先生招音韵学专业,我就考了史先生的音韵学,当时还有幸考了个全校第一名。

尽管我是第一名考进来的,以前还教过几年"语文",但我毕竟不是中文系的"科班"。好在当年我在复旦大学外文系读书的时候,除了外语之外,还上过一些中文方面的课:中国古代文学、中国现当代文学、文学概论、中文写作等等,有些课甚至是跟中文系的同学一起上的,也算接受了半个中文系教育。但那是不够的,我知道自己的不足。怎么办呢,我只好用笨办法进行补习,老老实实把《中国语文》杂志从创刊第一期起到78、79年为止,关于音韵学的文章一篇一篇全部看完,并做了笔记。有了一个总的了解之后,我又回过头去把民国时期,一直到清代的重要音韵学著作全部翻了一遍。这样一来就打下了一个比较稳扎的基础。我发现整个音韵学问题的核心在等韵,而等韵的关键在于对"等"的解释。我觉得这是音韵学里面最难的,也是最有挑战性的。我的毕业论文,就专门选了这个等韵问题,核心思想就是探索对"等"的合理解释。一篇硕士论文,一气写了17万字。不仅顺利通过答辩,上海古籍出版社编辑闻知后即刻与我联系,希望马上出版。可是我自己太认真,觉得这是生平第一本书,要精雕细琢,反复修改,结果改了六年。要最后递交给出版社的时候,正赶上出版不景气,就只好搁了下来。

编:当时学生中没有几个能出书的吧?

潘:对,后来那几届研究生中最早出版书的是许子东。如果当时这本书1981年出版了,我就是整个华师大研究生里第一个出书的人。不过那样的话我将会以音韵学出名,接下来恐怕会一直走音韵学道路,很难转到别的方向上去了。因为这本书没出,没有"专业"形象的禁锢,我得已涉及很多其他的领域。到了1985年,华东师大成立对外汉语专业的时候,系里面说了,你是学英语的,又是学中文的,你来搞对外汉语不是最合适嘛。这样我就搞对外汉语去了。我英语也搞,中文也搞,所以就结合起来搞对比。于是我开始了我的第二条道路——搞对比研究。1986年我着手写《汉英对比纲要》,一边上课一边写,一直写到到1988年。后来1988年系里派我出国进修,当时国外还没有搞对外汉语的,我就选了个相关专业,到英国学习英语的对外推广去了。

编:哦。那请您谈谈您在英国的那段经历。

潘:到了那边,有两件事对我影响比较大,一个是读了大量原著,因为当时国内图书馆里外文书相当少,大部分都是几十年前的老书,到那边可以看到很多新书。包括乔姆斯基啦,洪堡特啦,我接触了很多新的语言学理论方面的著作,对语言学产生了浓厚的兴趣。第二件事是他们中文系老师想和我合作搞研究,促使我对汉语研究的问题进行了认真的思考。我当时比较汉语和英语已经有了一些心得,感到最基础的问题是构词法问题。因为构词法是语言组织的细胞,如果把这个问题解决了,整个语言结构就会有一个比较清晰的面目。那边的合作导师指导我研究工作最好分两步走,第一步看前人在这问题上做过了什么,第二步在此基础上再系统提出自己的观点。结果我在英国待了三年,只完成了第一步工作——整理前人的。我跟当年学音韵学一样,老老实实地把从1898年的《马氏文通》出版后,直到1990年所有谈到构词法的书和重要文章,包括国内和国外,以及香港和台湾地区的,凡能找到的全部看了一遍。做了厚厚的笔记,进行了系统的整理。当时我采用了一个新的研究路子:三步笔记法。第一步按照年代顺序做详尽的笔记,包括原文摘录和自己即时的感想。第二步做"笔记的笔记",把厚厚的笔记进行压缩,整理出一份浓缩的笔记。第三步再按这浓缩的笔记归纳整理,列出大纲,再写成一部书。我用这方法写了《汉语的构词法研究:1898－1990》,这本书写了40万字,后来1993年在台湾出版了,在海外影响很大。十年后我才拿回大陆出版。

回国以后我就继续搞我的对比研究。1997年出版了《汉英语对比纲要》,这部书迄今重印了十多次。1999年我受国家汉办的委托,前往澳大利亚维多利亚州教育部做了两年的汉语顾问。大概是1999年底吧,国内的一个朋友告诉我,2001年要开一个全国的翻译学学科建设研讨会,希望利用我在国外的便利收集点资料,为会议介绍一下国外翻译学的研究情况。于是我花了4个月时间,跑遍了墨尔本的所有大学和州里的图书馆,把找得到的100多本论翻译的书以及重要论文全部看了一遍,写了篇近3万字的《当代西方翻译学研究》,总结这30年的西方翻译理论的发展。后来参加这个会时,《中国翻译》的主编就把这篇论文要去了,2002年1到3期上把这篇文章进行了连载,也算为建设翻译学科起到了些作用。

快到2000年的时候,要迎接21世纪了,我写了一篇《汉语研究——世纪之交的思考》。主要谈了20世纪汉语研究的四大失误。这个批评,其实是建立在我在英国研究构词法史过程中形成的新想法基础上的,因此话说得很尖锐、很直接。发表后引起了很大反响。接着,我出版了《字本位与汉语研究》。这本书是回国以后2002年在华师大出版社出版的。如果说前一篇论文是"破",则这一本书可说是"立",是提出了我自己的观点和体系,也是在英国没能完成的"第二步"结合新思考做出的表述。

还有一本是在中国和英国先后出版的《对比语言学：历史与哲学思考》。这是英国一家出版社向我约的稿。为赶进度，我跟一位新加坡的朋友合作，我写中文，她译写成英文，两人同时进行，先后完成。中文版早一步，2006年在国内出版，英文版是2007年在英国出版的。

编：听说您还主编了一套很实用的教材。

潘：对，上海外语教育出版社邀请我编写的《中文读写教程》。这是我找华师大对外汉语系和中文系的教授们共同编写的供翻译专业用的读写教程。这套书一套四册，可管两年四个学期，把中文系的最重要的课程——古代汉语、现代汉语、古代文学、现当代文学、中国传统文化、中文写作，全部放了进去。这是《大学语文》的"升级版"，它浓缩了中文系的基本课程。这套教材打破了上海外语教育出版社不出繁体字教材的惯例，第一第二册使用简体字，第三第四册的正文使用繁体字。我编这套教材，有一个整体思路叫作"读文写白"。在繁简字问题上有个建议叫"识繁写简"，我提出的学中文的路子叫"读文写白"。就是说，学习中文最好的方法是读文言、写白话。读文言可以夯实语言功底，写白话的时候才能得心应手。我按照这个思路来编教材。采用了一个"文选阅读""中文知识""语言实践"三结合的体系，其中选文的内容从浅入深。第一册全部是现当代文学，第二册是唐宋以来到明清的古文。第三册是先秦两汉的古文。第四册是诗词歌赋和骈文，最后到对联。这套教材还讲了古代应用文的内容，特别是古代的"尺牍"，这在现代也很有实用价值。比如与香港、台湾的知识界朋友通信的时候不会像我们这样说"老兄，你好"，它们有一套程式和用语，需要去学习。

最近我在主编一套介绍中国近世学术经典的丛书——《汉英对照近世经典与传统文化系列》主要介绍《资治通鉴》、《太平广记》《朱子全书》、《阳明全书》这类近世经典，中英对照，请一流专家来写中文，中外兼通的翻译家译成英文。估计今年可以完成。我们这些年的中国文化外译重点一个是先秦，一个是文学，这一块像我们这么做也是第一次。

此外，我还做过一些杂七杂八的工作。比如帮政府制定全国公示语英文翻译的规范等。现在这方面有些乱，我们从迎接上海世博会的时候开始就找了一批人，成立了一个专家委员会，2004年成立的，就在做这件事，根据国内外经验，制定标准，规范马路上的那些不当用法。先完成了个上海和长三角的地方标准，现在在搞全国的。我自己还专门主编过一本《公共场所英语标识语错译解析与规范》,起了些作用。这些年来马路上"干净"多了,进步有目共见,这是很让人感到宽慰的。我还担任了上海非物质文化遗产保护委员会的专家顾问,专门负责处理非遗项目英译过程中的一些疑难杂症问题,也希望从中找出些"中国"事物翻译的规律。

编: 潘老师的确阅历丰富,而且做了这么多实事和好事。接下来我们想请您谈谈您的一些学术观点。

潘: 搞学术研究,我认为一是要有比较宽的底子,二是要扎扎实实钻进去,三要有历史观,四要有哲学的眼光。我把司马迁的话作为我的座右铭:"究天人之际,通古今之变,成一家之言"。"究天人之际"是讲哲学,"通古今之变"是讲历史,在历史和哲学基础上才能"成一家之言"。我觉得做学问也得这么做。

从方法上来讲,首先要把握材料,其次要善于整理归纳。在构词法上我有一个说法:WF = WA + WB + WC + WD + WE。汉语的构词法是个五合一的体系,就是说汉语构词法要研究五个方面。WF("Word Formation")是由 ABCDE 五个方面组成的。WA:"Word Analysis"中文叫作"析词法"。大多数"构词法研究"其实做的都只是析词研究,讲词的结构,这个是主谓,这个是动宾,这个是偏正之类。WB:"Word Borrowing",借词研究。汉语的借词跟英语的借词非常不一样,跟日语的借词也不一样。外语特别是西方语言的词汇借到汉语里面来,花样非常多,研究起来是一门专门的学问。WC:"Word Coinage",就是造词法。不光要说明词的结构,还要研究怎么造出新的词来。WD:"Word Differentiation",叫分词法。因为汉语的词和短语分不清楚。这些界限怎么处理?也是一个广义的构词法研究内容。WE:"Word Employment",用词法。按郭绍虞的观点,汉语是有弹性的。一个词到了句子里面,不一定是这个长短,它要伸缩的。我们把构词法总结为 WF,WF 是个五合一的体系。ABCDE 说起来顺口,便于记忆。

再比方说关于字本位,我看到了这么一个问题,人们往往把字本位看做汉语独特的东西。而如果你对国际语言学界光讲汉语的特殊性,人家不一定愿意听。因此我想,无论怎么特殊,汉语研究一定要想法纳入普通语言学的轨道里面去。因此我在研究字本位的同时还在努力实现这件事。我的书讲的是字本位,但用了西方语言学的框架,就是让字本位和普通语言学对话。西方有语音学,我们这有音韵学,音韵学和语音学放到一起讲,可以看出其中的异同。同样,西方有语法学，我们这有语形学，二者也可以对应起来。我把汉字的下位分析分成两个部分，一个是分析到部件为止的，部件是有意义的，《说文解字》里面，所有的部件都是有意义的。部件往下，笔画是没有意义的。以往分析汉字两个东西搞一起去了，一分析汉字就分析到笔画，这是不对的。还有就是讲汉字的时候分析到部件，说这是最小的意义单位，讲语法的时候讲"语素"，说这是汉语有意义的最小的语法单位。没有想到这两个说法是矛盾的，这是两个不同的东西。我把字的下位分析分成两种，一种分析到笔画，只讲形体，不讲意义，这可以跟西方的文字学相对应。另一种从汉字分析到部件，讲形也讲意义，这个部分等于西方的"Word Formation"，是跟西方的"Morphology"对应起来的。西方的句法"syntax"跟我们的句法对应，西方的篇章语言学跟我们的篇章法对应。现在的汉语语法不讲篇章，几乎所有所谓科学的、精密的语法研究都是不讲篇章的，到句子为止。在我之前的字本位研究都是到句子为止，我认为这是不对的，为什么？字本位研究要跟传统接起来。在刘勰《文心雕龙》里讲得很清楚啊，"因字而生句，积句而成章，积章而成篇"嘛。因此为什么要讲字本位的方法论呢，因为它是用普通语言学的方法，来研究汉字作为汉语最基本组织单位的理论。这个方法不完全是传统的方法，也不完全是西方语言学的方法，而是两者的结合，加上对比语言学的方法。

我做了这么些研究，构词法也好，字本位也好，别的课题也好，有一点始终贯穿在里面，那就是我认为汉语的组织不仅仅是个僵硬的结构问题，而是个互动的过程。我提出了一个汉语组织的规律，叫"音义互动律"。我认为汉语组织过程中音跟义是互动的。从构词法方面来讲，词一进入实际使用，这个词肯定是活的。西方语言不是这样，一个词是固定的，单说是这样，进入句子也是这样。如果有缩写，缩写前后也是等量的。比如说感冒"influenza"，口语简称叫"flu"，进入句子要就是"influenza"，要就是"flu"，它不能用"in"，不能用"enza"，而要用"flu"。汉语呢，同样这个意思，单说时可能是两个字构成的一个词。但进入使用的时候可以用一个字，可以用两个字，甚至可以用四个字，可以扩展。具体使用几个字，一个是根据语境的需要，一个是根据意义的需要，然后用节奏的规律进行调控。它发生在汉语组织的每一个阶段，从构词到构语到构句直到整个语篇，始终贯穿着一个音义互动在里面。这是我研究构词法也好，字本位也好，想得出的一个统一的结论。理解了这一点，学汉语、用汉语就活了。汉语两个意义放在一起，要经过音律调节，比如说"石头"和"桌子"放在一起，"石头桌子"和"石桌"都能说，"石头桌"

也还可以,"石桌子"就不行了。两个形式放在一起需要调节,这个调节过程很重要。鲁迅在回答怎么写文章时曾讲过一条:"文章写完后至少看两遍,把可有可无的字、词、句去掉。"为什么可有可无?或者,什么是可有可无?主要是节奏问题。再比如说三个字的和两个字的组合,三个字的节奏怎么样,是2+1呢还是1+2,是有一种内在的自然的韵律在里面的。更长的短语也是这样,句子也是这样。

另外,汉语的书面语和口语,两者之间距离比其他任何一种语言都大。对外汉语教学这点非常重要。不要以为学了口语就会写,它跟西方语言不一样。汉语不能怎么说就怎么写,从口语到书面语,中间是有距离的。这个距离往往是韵律调节的。不掌握韵律特点,你无法把文章写好。我认为对外汉语教学里面这一点很重要。最近十多年,凡是讲到对外汉语教学,我总会提到对外汉语教学有两个瓶颈,一个是汉字教学,一个是书面语教学。汉字教学呢我们以前是随文识字,文章到哪里字就讲到哪里,没有规律,而且往往把一个字当做一个整体、一个图画来讲。我不赞成英文把汉字翻译成"character","character"是什么?"character"是个整体图像,说明当初使用这个词的人对汉字的认知就是个"character",是个整体图像,从而掩盖或者说取消了汉字的可分析性。我们如果把"character"这样的概念灌输给学生,学生就会把汉字看作图像,一个字一个字地去认记,负担就会很重。特别是一开始,像"再见"、"谢谢"这类汉字,在第一第二课就出现,学生会感觉难认难学,更不要说难写了。

那么怎么解决这个问题?我写过另外一本书,不全是学术的,叫作《危机下的中文》。因为当时有个说法叫"汉语的危机",但我说,汉语没有危机,在国内,普通话推广走向全国,现在是有的地方推广过头,要回过来重视一下方言保护了。国际上,像孔子学院已经走向全世界,孔子学院加上孔子课堂已经有1,200多所了,汉语怎么会有什么危机呢?汉语没有危机,有危机的是中文。我用汉语和中文来分指口语跟书面语。汉语口语不可能有危机,只要中华民族在就不会有危机,因为人们总要用汉语交流。但是中文确实有危机,而且危机很大。我的书从多个方面讲了一些现象,包括语言使用,包括文字问题。我们说的普通话和方言是一个问题,一语两字,一字两体,简体字和繁体字都是问题。书里还涉及了文言文跟白话文的文白问题、外来语的问题、翻译腔的问题、广告语言、网络语言的问题等,并从历史上,从政治学、历史学、哲学的角度,从语言学、文化学的角度进行了分析。

编:接下来请教潘老师一些具体问题。您刚才提到的字本位的问题。您说的

"本位",是什么体系中的"本位"？是汉语语法系统里的"本位",还是汉语教学法系统里的"本位"？

潘：我的想法是,汉字是汉语语言的本位。徐通锵先生讲,汉字是汉语语法的本位,我不讲字本位语法,我讲字本位的汉语研究。不光是语法问题,词汇问题、语音问题、修辞问题都是以字为基础的。

编：徐先生用字本位来否定语素,您的看法是怎样的？

潘：对。徐先生说汉语无语素。前不久在上外召开了第二届汉语独特性理论与教学国际研讨会。记得第一届研讨会的时候,陆俭明先生就跟我争论,他说如果你把"字"改成"语素",我们就接受了。而我却不能这么做。为此,第二届研讨会时我专门写了一篇文章,谈字跟语素的关系,分析为什么字不能叫语素。因为语素这个概念是从西方来的,它有特定含义,而在我的体系里我在别的地方需要语素这个概念,我把字下面的部件作为语素,就是英文的"morpheme",但我译成"形位"。如果把语素跟字放在一个平面,那部件该怎么办？

编：您主张的字本位的字的概念和文字的概念是不是同一个概念？

潘：我们耳朵里听到的是音义结合的一个个单位,写下来看到的是形义结合的一个个单位。讲字的时候,有的时候指的是听到的,"一个字一个字地说清楚"啊,讲的是音节问题；但是"一个字一个字地写清楚"吧,就是形体问题了。也就是说字有两种可能性,一个是音义结合,一个是音形义结合。文字也有这两种可能性。但文字还有第三种可能性,那就是没有音、义的纯形体,这是西方文字学里的概念,在中国传统中是没有的。字本位讲"字"不讲"文字",就是希望避免第三种可能性的干扰。

编：但是有这样一个疑问：语法先于文字,在没有文字之前就有了语法,那么这个时候的语法怎么解释呢？也就是说,两个单独的音义结合体按照一定的规则组合就产生了语法。那时候还没有文字,那么字本位怎么解释有文字之前的语法呢？

潘：没人会研究文字之前的语法。我们知道现在有很多语言没有文字,那么这些语言有没有语法？有。怎么研究？要以有文字的语言去研究。在研究它的时候,肯定会用已有文字的语言来强加给它。我曾经打过一个比方,如果当初调查印第安人语言的不是美国人而是中国人,中国人一定会用汉字去调查、记录、描写印第安人的语言,那么我们所了解的印第安的语言就一定不会是现在的这种情况了。印第安语现在所谓的语法都是强加给它的。如果印第安语言自己发展到一定程度自己用书面语记下来,自己进行研究的话,那肯定会跟现在的情况不一样。当然这些是非现在无法判断。我无法证明我的假设是对的,但同样,你也没法证明印第安人自生自长产生的语法会跟现在美国人描写的一个样。同理,我们也无法了解所谓文字产生之前的语言。我们只能解释有文字的语言,而且要用当地人,以当地专家研究的为准。包括汉语也一样,最早的汉语语法书是西班牙人写的,他对汉语的语法写法完全是按照西班牙语的语法来写的,形态复杂得不得了。到现在回过头去一看,三百年前写的东西,实在有点荒唐。因此我有一个观点,我们在研究汉语的时候,一定要重视传统的经验。汉语研究的历史,从《说文解字》算下来有两千多年,而不是要到西方的语言学进来后我们才知道怎么研究语言。教学也是。关于对外汉语教学,唐朝万国来朝,长安半数以上是外国人,比现在上海北京的外国人还多。他们到这里来学汉语,学了汉语以后都能作诗。当时没有汉语拼音,他们怎么学?他们的教材跟中国小孩的教材是一样的,使用《千字文》。先学写汉字,学到最后能达到作诗的水平。我有一个韩国学生也说过,他父亲那代人学汉语学到后来都能写诗,而他都念到博士了,连文章都写不通。相比之下目前的汉语教学还是大有改进的余地的。

编:确实该考虑如何使学术研究更好地指导教学。

潘:我说的所谓的形位学,即相当于英语里面的"morphology"构词法,在教学里面很实用。我觉得应该做定量研究。再比如讲语音,语音是先学声韵母,学了之后接下来是学拼法好呢,还是用别的方法好。我们知道汉语不是拼音拼出来的,"ba"不是把"b"和"a"两个音素拼起来的,而是把"ba"的音直接发出来的。吕必松先生曾提出,要用汉字来教语音。

编:我们也采访过吕先生。他根据字本位的理论编了汉语教材。我们在第一线搞教学的人,更关心的是教学系统里的字本位问题。因为在教学系统中这个问题不存在真伪的区别,只存在良莠的区别。到底以哪种理论为指导的好,教学效果会说明一切。

潘:对,存在着先教哪个后教哪个效果更好的问题。

编:因为教学是个工程,它追求尽可能好的效果。很有可能字本位教材效果更好,也有可能恰恰相反。吕先生长年搞对外汉语教学,现在把字本位放到教学里边来做,并检验教学效果,这种做法很值得称道。

潘：我没有吕先生那么多实践。以前的对外汉语教学体系是吕先生制定，也是由他推行的。现在已形成了惯性。他想使用新的字本位教学体系，在很多地方就推不动。他想了个"农村包围城市"的办法，先在新加坡等地方搞实验，回过来影响国内。其实在国外用字本位教学是有传统的，特别是东南亚。其他地方，甚至使用拼音文字的国家也很有市场。法国白乐桑先生是西方字本位教学的大本营。英国也是如此。英国国防部有个汉语教学中心，他们就用字本位来教汉语。在那里，汉语拼音一两个礼拜就教完了，因为汉语拼音没太多复杂的内容。当然把汉语分析到音素对西方人可能也有点用处，但是汉语不是拼出来的。我在《汉英语对比纲要》里谈到语音对比的时候，指出汉语跟英语有一个很重要的区别，在语音构造里面，汉语是"内紧外松"，一个音节之内非常紧，例如"狗"、"走"，听不出声和韵之间距离在哪里，而英语的音素很清晰，例如"ment"、"girl"，音素的滑动可以听得很清楚。汉语内部紧外部松，音节跟音节之间距离很大，甚至可以隔断说，例如"杯—子"，可以一个音节一个音节清晰地隔开。英语正好相反，"内松外紧"，音节内的拼合过程非常清楚（因此称为拼音语言），而外面很松，音节和音节之间，词跟词之间要连读的。例如"an apple"要连读，读成"a-napple"一类的形式。为什么汉语会产生以音节为单位的一个形体，也是源于此。汉语的音韵特点是造成汉字这样一种形式的重要因素。

编：您刚才说到研究语言的时候，一定要从哲学的高度、历史的角度去审视语言。

潘：对，我一直在追问：语言到底是什么？所谓哲学的眼光，哲学的思考，就是从本源上，从根本上追问语言是什么，语法是什么，语音是什么，就是对这些问题的追问。我搜集了60多种对语言的不同的定义，写了一篇文章，谈应该怎么看语言。比较了这么多语言的定义，我最终采用了洪堡特的观点。洪堡特指出，语言构造反映了一个民族的文化，一个民族的精神。因此语言之间各自有特点，当然语言具有共性，共性个性都有，但是更强调个性。

从这个问题出发，我们联系到教学。教学的最好办法，是用当地人的学法来学习这门语言，不要用别人的方法教。我曾经说过，一百年来，我们是在使用教外语的方法教汉语。以前学汉语的方法是不一样的，以前叫"三、百、千、千"（《三字经》、《百家姓》、《千字文》、《千家诗》），用这些来教汉语。而现在我们用的是西方的一套东西在教。有人会问，我们明明学的是汉语，小学又不学外文，解放前又不学拼音,那为什么说这一百年来是在用教外语的方法教汉语呢?一九三几年出的教材,小学课本第一册,"狗,大狗,小狗,大狗叫,小狗跳"。不讲内容,这内容对一个6岁小孩来讲太浅了,讲内容没什么意思。为什么教这个课文?"狗",一个名词;"大狗"、"小狗",加了两个形容词;"大狗叫,小狗跳",再加上两个动词,就造成句子了,主语谓语都有了。教材就是为适应这个语法编的。这不是西方的那套嘛。我们不知不觉地用西方的东西在教。而它的内容远远低于6岁儿童的认知水平。

因此我讲要注意学习古代的那些方法。刚才我讲到唐朝,对外汉语教学,唐朝人怎么学的,它就是外国人过来,不管你是什么人过来,你就得跟我中国小孩一样学,从《千字文》学起。因为当时没有《三字经》、《百家姓》,只有《千字文》。肯定是从《千字文》学起的。当时具体怎么教我们就不知道了,希望能进一步找到些资料。但到清朝教汉字就有办法了,清朝王筠写过《文字蒙求》,讲规律,识字的效率就高了。六书其实就是我们体系里的"形位学",整个跟西方的文字学不一样。识了字以后就要大量阅读,就会了。然后怎么造句呢,张志公总结过我们古代的教育经验,一个是要识字,通过"三、百、千"识字,然后是读写分开,就是认识的字跟学写的字不一样,读的课本是"三、百、千、千",写的课本呢,是"上大人孔乙己",就是按照笔画难易顺序来学的。学写文章呢,从对对子开始。对对子是不学语法的语法,里面有活用的音韵、活用的修辞。西方语法有形态讲形式,中文学习也讲形式,最好的形式就是对对子。一对就知道,我这个上句什么位置,你下句的这个位置应该也是跟它性质一样的东西。音韵相反,意义相近,词性相同。它不讲词性,但词性是相同的。那么有人问我,西方有名词动词形容词,我们有没有。我说看你怎么理解,西方为什么有动词名词形容词,为什么要对词进行分类?那是为了讲句法。因为词法和句法是有对勘关系的。名词可以做主语可以作宾语,动词作谓语,形容词作定语什么的。我们的词类是混搭的,我们的名词可以作主语谓语宾语,动词也能作主语谓语宾语,西方这种分类方式对我们来说没有太大意义。但是我们有没有类似的分类呢?我们也有,我们是把它综合在一个字里边,我们叫作汉字的"实德业"。"实"相当于名词,"德"相当于形容词,"业"相当于动词。它不叫"名动形",它是一个字本身就具有的三种性质,主要看它放在什么位置。放在我们认为的名词的位置,主语的位置,你可以把它叫作名词,放在谓语位置呢,就叫动词。于是,它不是说某个词只能是名词,只能是动词,它可能同时具有三种性质。那么这三种性质怎么体会呢,对对子。对对子就知道了,实词对实词,虚词对虚词。我们现在不教学生对对子了,虽然也有小学在实验,但这个方法的精神应该积极吸取。汉语的区分不在于形式,而在于意义。表示实体的意义呢,还是表示修饰的意义呢,还是动作的意义。因此,为什么当时在词类之争的时候到底是意义定词类啊,还是形态定词类啊,还是功能定词类啊,争论不休呢?语言不一样,即使要同样的分类,分类的着眼点也是不一样的。

编:那么您怎么看待语言类型学的研究方法?

潘:类型学最早就是洪堡特提出来的。类型学提出屈折语、孤立语、黏着语等概念。这对认识人类的语言是有用的,但是落实到具体搞语言的人,特别是咱们搞教学的,我想个性更重要。很多时候要借用个性来解释语言现象,共性有时候遇到汉语就不适用了。

编:类型学在解释共性的时候,基本上是通过比较的方法,是纯语言学的。而讲个性的时候,语言机制会受到文化因素以及其他因素的影响产生个性。

潘:是相互的,也是互动的。比如说诗歌中最早的《诗经》,《诗经》最大的特点就是四字句。就是造成后来中国人非常喜欢用四字格。那么是因为有《诗经》咱们才有的四字格呢,还是因为中国语言本来就是适合用四字格,才产生《诗经》这种形式?这是说不清楚的。因此这个可能是互动的结果。因为有《诗经》强化了这个格式,再加上咱们这个汉语的韵律里面比较适合四个字。但你又怎么解释四个字发展到五个字、五个字发展到七个字呢?四个字也蛮有意思的,诗歌,从四言的到五言的,到七言的,往上没有了。往上中国诗念起来就不舒服了。汉代以后,四言六言诗也成不了气候了,但是在南北朝的骈文里面,却主要是四言跟六言的。就是说,在中国人的感觉里,诗适合用单数,文章适合用双数,这是个很奇怪的现象。这只有把语义跟韵律结合起来去看。

当然,话说回来,我们立足于字本位,用字本位讲汉语,但我时时不忘在适当的时候把它纳入普通语言学的轨道里。不要感到汉语特殊到自立于世界语言之外,不能造成这个印象。我想这点也很重要。

刚才讲的是理论问题。除了理论,我还搞些翻译实践。我做翻译也有一个原则,叫"美文需美译"。中国人把英文翻译过来的东西中,诗歌翻译得比较多,戏曲翻译得比较多,小说翻译得比较多,散文翻译得比较少。我喜欢做散文翻译。因为散文在西方也叫美文,本身很漂亮,我认为漂亮的文章译成中文,一定要有很漂亮的翻译。怎么搞漂亮的汉语,我的体会是文言笔法。适当地用文言来翻译。中国传统的美文都是文言嘛,唐宋八大家的美文都是文言的。因此我曾经尝试过用纯文言来翻译西方的散文。

我前面说过做学问,一是古今要打通。现在很多人不重视传统。语言有传统,包括语言的传统,语言学的传统。二是要中外打通。不能光治中不治外,不关心国外的发展,包括语言学也好,翻译学也好,两边都要兼顾。第三个就是理论跟应用要打通。一定要有实践能力。很多做翻译的,光讲翻译理论,自己不会做翻译;做语言学的,自己写出来的文章疙疙瘩瘩。你的实践要能解释你的理论。我们现在很多都是分家的。我觉得在当前情况下,在国内,我特别主张不管你是做语言学研究的,还是做翻译学研究的,还是做其他研究的,你要老老实实先打好两种语言的基本功。这个语言基本功是从读写中来的,包括外语学习,不要过于偏重听说。我们曾经有过"哑巴英语",学了半天,见到外国人一句话都不会说。现在改过来了,"哑巴英语"没有了,现在在好多年轻人说外语说得非常溜,但是叫他一做翻译就错了,一写文章就错了。这是从一个极端走到另外一个极端,可以叫作"文盲英语"。光会听说不就是文盲嘛。英语热,那么多人在学英语,但真学到能写能读的不多。能读会写才是有文化的人啊。咱们要改变这种"文盲外语"的状态。

编: 这也是当务之急。对外汉语教学中也要做好书面语的教学工作。今天非常感谢潘老师,您讲的这些内容,对我们很有启发,很有帮助。谢谢您。

(2015年3月17日日本樱美林大学孔子学院《汉语与汉语教学研究》杂志编辑部的杨光俊先生到上海,在华东师范大学对外汉语学院的会议室对我作了一个采访,后来他们将录音整理成文经我审读后,发表在《汉语与汉语教学研究》2015年第6号,东京:东方书店,第104-113页)

潘文国部分论著目录

著作部分

一、专著

1. 《汉语音韵学引论》,上海:华东师范大学出版社,1992年(与汪寿明合作)
2. 《汉语的构词法研究:1898-1990》,台北:学生书局,1993年(与叶步青、韩洋合作)
3. 《实用命名艺术手册》,上海:华东师范大学出版社,1994年
4. 《汉英语对比纲要》,北京:北京语言文化大学出版社,1997年/2002年
5. 《韵图考》,上海:华东师范大学出版社,1997年
6. 《字本位与汉语研究》,上海:华东师范大学出版社,2002年
7. 《汉语的构词法研究》,上海:华东师范大学出版社,2004年(与叶步青、韩洋合作)
8. 《对比语言学:历史与哲学思考》,上海:上海教育出版社,2006年(与谭慧敏合作)
9. *Contrastive Linguistics: History, Philosophy and Methodology*, London: The Continuum, 2007
10. 《中外命名艺术》,北京:新世界出版社,2007年
11. 《危机下的中文》,沈阳:辽宁人民出版社,2008年
12. 《潘文国学术研究文集——汉英对比与翻译研究》,上海:上海外语教育出版社,2017年
13. 《中西对比语言学:历史与哲学思考》(双语修订版),上海:华东师范大学出版社,2018年(与谭慧敏合作)

二、译著

14. *Selected Masterpieces of Contemporary Chinese Calligraphers*(中国当代书

家法书选），Leeds：Household World Ltd.（与张永正合作），1995 年

15. *Philosophical Maxims of 2000 Years Ago*（两千年前的哲言），上海：上海古籍出版社（翻译，原书主编赵昌平），1998 年

16. 《赫兹列散文精选》（*Selected Essays of William Hazlitt*），北京：人民日报出版社，1999 年

17. 《朱熹的自然哲学》（*The Natural Philosophy of Chu Hsi*），上海：华东师范大学出版社，2003 年（翻译，韩国金永植原著）

18. 《汉语篇章语法》（*A Discourse Grammar of Mandarin Chinese*），北京：北京语言大学出版社，2006 年（翻译，原著屈承熹）

19. 《赫兹列散文精选》（翻译专业名著名译研读本），上海：上海外语教育出版社，2011 年

20. 《上海市非物质文化遗产名录图典》（上海市文化影视广播管理局编写，本人英译），上海：上海文化出版社，2011 年

21. 《〈朱子全书〉及其传承》（翻译，傅惠生原著），上海：上海外语教育出版社，2017 年

三、参著

22. 《大学语文指要》，上海：华东师范大学出版社，1986 年

23. 《新编大学语文指要》，上海：上海社会科学院出版社，1988 年

24. 《大学语文自学考试指南》，北京：中国社会科学出版社，1990 年

25. 《古代汉语精解》，上海：上海文艺出版社，1990 年

26. 《中学生百科》，杭州：浙江教育出版社，吴铎主编（本人任编委，负责语言、文学、音乐、美术、电影、戏剧、逻辑、美学等内容），1990 年

27. 《古代汉语自学指要》，上海：华东师范大学出版社，1990 年（主编之一）

28. 《中国古典文学精粹・文三百篇》，上海：华东师范大学出版社，1999 年（与邓乔彬、龚彬合作）

29. 《公共场所英文译写规范》，上海市地方标准（DB31/T 457.1～10），上海市质量技术监督局，2009 年 8 月 24 日、9 月 14 日发布

30. 《〈上海市公共场所外国文字使用规定〉释义》，上海：上海锦绣文章出版社，

2015 年

四、编著

31. 《英国校园散文小品精粹》(汉英对照),北京:中国国际广播出版社,叶步青主编,本人任编委,1993 年
32. 《大学活叶文库(第二辑)》,上海:华东师范大学出版社,1998 年
33. 《对外汉语教学的跨文化视角》(主编),上海:华东师范大学出版社,2004 年
34. 《英汉语比较与翻译》(5)(执行主编),上海:上海外语教育出版社,2004 年
35. 《对外汉语教研论丛》(第三辑)(主编),上海:华东师范大学出版社,2005 年
36. 《汉语国际推广论丛》(第一辑)(主编),北京:北京大学出版社,2006 年
37. Translation and Contrastive Studies《翻译与对比研究》(主编),上海:上海外语教育出版社,2005 年
38. 《汉语国际推广论丛》(第 2 辑)(主编),上海:华东师范大学出版社,2007 年
39. 《汉语国际推广论丛》(第 3 辑)(主编),上海:华东师范大学出版社,2008 年
40. 《共性·个性·视角:英汉对比的理论与方法研究》(主编),上海:上海外语教育出版社,2008 年
41. 《汉语国际教育丛书》(主编),上海:华东师范大学出版社,2008 年
42. 《汉语字本位研究丛书》(副主编),山东教育出版社,2008 年
43. 《汉语国际推广论丛》(第 4 辑)(主编),上海:华东师范大学出版社,2009 年
44. 《中文读写教程》(2)(主编),上海:上海外语教育出版社,2009 年
45. 《中文读写教程》(4)(主编),上海:上海外语教育出版社,2009 年
46. 《汉英语言对比概论》(主编),北京:商务印书馆,2010 年
47. 《公共场所英语标识语错译解析与规范》(主编),上海:上海外语教育出版社,2010 年
48. 《英汉语比较与翻译》(8)(主编),上海:上海外语教育出版社,2010 年
49. 《中文读写教程》(3)(主编),上海:上海外语教育出版社,2010 年
50. 《中文读写教程》(1)(主编),上海:上海外语教育出版社,2010 年
51. 《中文研究与国际传播》(1)(主编),上海:华东师范大学出版社,2011 年
52. 《英汉对比与翻译(2012)》(主编),上海:上海外语教育出版社,2012 年

53. 《英汉语比较与翻译》(9)(主编),上海:上海外语教育出版社,2012 年
54. 《中文研究与国际传播》(2)(主编),上海:华东师范大学出版社,2013 年
55. 《中文读写教程:教师手册》(1)(主编),上海:上海外语教育出版社,2013 年
56. 《中文读写教程:教师手册》(2)(主编),上海:上海外语教育出版社,2013 年
57. 《中文读写教程:教师手册》(3)(主编),上海:上海外语教育出版社,2013 年
58. 《中文读写教程:教师手册》(4)(主编),上海:上海外语教育出版社,2013 年
59. 《史存直学术文集》(编),上海:上海人民出版社,2013 年
60. 《英汉语比较与翻译》(10)(主编),上海:上海外语教育出版社,2014 年
61. 《英汉对比与翻译》(第二辑)(主编),上海:上海外语教育出版社,2014 年
62. 《英汉语比较与翻译》(11)(主编),上海:上海外语教育出版社,2016 年
63. 《汉英对照近世经典与传统文化系列》(主编),上海:上海外语教育出版社,2017 年

论文部分

一、语言学

1. 汉英构词法对比研究(原载华东师范大学中文系编《汉语论丛》,上海:华东师范大学出版社,1990,98 – 117)
2. 汉语文化语言学刍议(原载《汉语学习》1992,Vol. 3)
3. 八十年代我国语言与文化的研究(原载陈建民、谭志明主编《语言与文化多学科研究》,北京:北京语言学院出版社,1993 年,384 – 392)
4. 中国的语言与文化研究综观(原载 Journal of Macrolinguistics,1993,Vol. 3;又载 胡文仲主编《文化与交际》,北京:外语教学与研究出版社,1994 年,61 – 74)
5. 史存直和他的语言学研究(原载《华东师范大学学报》(哲学社会科学版)1994,Vol. 4,85 – 86,41)
6. 语言对比研究的哲学基础——语言世界观问题的重新考察(原载《华东师范大学学报》(哲学社会科学版)1995,Vol. 5)
7. 从一滴水看大潮——十年语言文化研究述评(原载《汉语学习》,1995,

Vol. 5)

8. 字本位和词本位——汉英语法基本结构单位的对比(原载耿龙明、何寅主编《中国文化与世界》第四辑,上海:上海外语教育出版社,1996年,357-373)

9. 比较汉英语语法研究史的启示(原载《语言教学与研究》,1996第2期112-125,第3期107-122);又题"汉英语语法研究史比较断想",载申小龙主编《走向新世纪的语言学》,台北:万卷楼图书有限公司,1998年,565-583)

10. 关于对比语言学理论建设和学科体系的几点意见(原载《青岛海洋大学学报》,1996,Vol. 3,82-84)

11. 换一种眼光何如?——关于汉英对比研究的宏观思考(原载《外语研究》,1997年,Vol. 1,1-11,15)

12. 《中外语言文化漫议》读后(原载《世界汉语教学》,1997,Vol. 2(与张晓路合作),101-103)

13. 文化语言学管见(原载《中外文化与文论》(5),成都:四川大学出版社,1998年,202-206)

14. 树式结构与竹式结构(原载华东师范大学中文系《语言文字学刊》第一辑,上海:华东师范大学出版社,1998年,165-177)

15. 汉英对比研究是一项综合工程(原载萧立明主编《英汉语比较研究》('97论文选辑),长沙:湖南人民出版社,1998年,12-15)

16. 语言的定义(原载戴昭铭、陆镜光主编《语言学问题集刊》,第一辑,长春:吉林人民出版社,2001年,17-40;又载《华东师范大学学报》(哲学社会科学版),2001年1期,97-108)

17. 论中国语言学的"落后"(原载上海市语文学会编《语文论丛》第七辑,上海:上海教育出版社,2001年,3-10)

18. 汉英命名方式差异的语言学考察(原载《暨南大学华文学院学报》,2001年1期,60-67)

19. "字"与WORD的对应性(原载《暨南大学华文学院学报》,2001年3期,42-51;4期,26-29)

20. "两张皮"现象的由来与对策(原载《外语与外语教学》2001年10期,34-35,37)

21. "两张皮":由来与对策(原载张后尘主编《来自中国首届外语教授沙龙的报

告》,北京：商务印书馆,2002年,176-188)

22. 汉英对比研究一百年(原载《世界汉语教学》,2002年1期,60-86)

23. 语言再定义：人类认知世界及进行表述的方式和过程(原载(香港)《中国语文通讯》,2002年2月,总第69期,33-36)

24. 从英汉语"嵌字诗"说起——谈文字游戏对语言对比研究的意义(原载《外国语言文学研究》2003年第4期)

25. 中西的语言与文化研究(原载《外国语言文学研究》,2003年1期;2期)

26. English-Chinese Contrastive Studies in China：A Century's Retrospect(原载Tham Wai Mun & Lim Buan Chay (eds.) *Translation and Contrastive Studies: Collected papers*, Singapore：Centre for Chinese Language & Culture, Nanyang Technological University,2003)

27. 语言哲学与哲学语言学(原载《华东师范大学学报》(哲学社会科学版)2004年第3期)

28. 重建西方对比语言学史——洪堡特和沃尔夫对开创对比语言学的贡献(原载《华东师范大学学报》(哲学社会科学版)2005年第6期,70-75〔与谭慧敏合作〕)

29. 谈语法研究的几个问题(原载《中国外语》2005年第1期,29-36)

30. 语言研究的一般性与特殊性(原载《佛山科学技术学院学报》2005年第3期,1-6)

31. 二十多年来的对比语言学(原载《中国外语》,2006年第1期,7)

32. 关于对比语言学的几点再思考(陈运香、潘文国)(原载《中国外语》2006年第1期,17-21)

33. Toward a Re-definition of Language(原载 Chiu Ling-yeong (ed.) *A Passion for China: Essays in Honour of Paolo Santangelo*, Leiden and Boston：Brill. 2006. 277-308)

34. 对比语言学的目标与范围(原载《外语与外语教学》2006年第1期,25-31)

35. 语言学是人学(原载《白城师范学院学报》2006年第1期,1-4)

36. 对比语言学的新发展(原载《中国外语》2006年第6期,14-19)

37. 哲学语言学——振兴中国语言学的首要之务,《华东师范大学学报》(哲学社会科学版)2006年第6期,111-117)

38. 中国语言学的发展方向——从发展中国戏曲谈起(原载《湖北大学学报》(哲学社会科学版)2007年第1期；又载 中国音韵学研究会编《中国音韵学》,南京：南京大学出版社,2008年,5-14)

39. 关于外国语言学研究的几点思考(原载《外语与外语教学》2007年第4期,1-3)

40. 100年来,我们用教外语的方式教母语(原载《南方周末》第1215期,2007年5月24日第27版)

41. 英汉语篇对比与中国的文章之学(原载《外语教学》2007年第5期,1-5)

42. 序(原载陈家旭著《隐喻认知对比研究》,上海：学林出版社,2007年)

43. 序(原载尚新著《英汉体范畴对比研究》,上海：上海人民出版社,2007年)

44. 序(原载郭富强著《意合形合的汉英对比研究》,青岛：中国海洋大学出版社,2007年)

45. 中国语言学的未来在哪里？(原载陈燕、耿振生主编《继往开来的语言学发展之路》,北京：语文出版社,2008年,45-64；又载《华东师范大学学报》(哲学社会科学版),2008年1期,96-102)

46. 从哲学研究的语言转向到语言研究的哲学转向,《外语学刊》,2008年2期,17-21)

47. 中国特色语言学的艰难探索(原载《中华读书报》2008年7月2日第14版)

48. 语言转向对文学研究的启示(原载《中国外语》2008年第2期,68-73)

49. 徐通锵的历史地位(原载徐通锵先生纪念文集编委会编《求索者》,北京：商务印书馆,2008年,51-57)

50. 纪念建设汉语本体语言学的旗手徐通锵先生(原载徐通锵先生纪念文集编委会编《求索者》,北京：商务印书馆,2008年,86-89〔本文以汉语字本位丛书编委会名义发表,本人执笔〕)

51. 勤勉守恒,行稳致远(原载杨元刚著《英汉词语文化语义对比研究》,武汉：武汉大学出版社,2008年,1-3)

52. 序(原载陈运香著《汉英数字文化内涵对比研究》,北京：外语教学与研究出版社,2008年,i-ii)

53. 英汉对比的理论与方法研究综述(原载潘文国、杨自俭编《共性·个性·视角：英汉对比的理论与方法研究》,上海：上海外语教育出版社,2008年,1-12)

54. 序(原载何南林著《汉英语言思维模式对比研究》,济南:齐鲁书社,2008年,1-4)
55. 新时期汉英对比的历史检阅——理论与方法上的突破(原载《外国语》2008年第6期,86-91)
56. 技而进乎道:中国对比语言学发展的历史轨迹(原载庄智象主编《中国外语教育发展战略论坛》,上海:上海外语教育出版社,2009年,563-570)
57. 反思:振兴中国语言学的必修之路(原载《汉字文化》2009年第6期,87-91)
58. 序一(原载朱晓军著《空间范畴的认知语义研究》,乌鲁木齐:新疆大学出版社,2010年,1-3)
59. 对比语言学研究方法论的思考(原载杨自俭主编《英汉语比较与翻译》(7),上海:上海外语教育出版社,2010年,38-43)
60. 序二(原载刘国辉著《汉代语言学理论与应用研究》,北京:中国社会科学出版社,2010年,1-3)
61. 界面研究的原则和意义(原载《外国语文》2012年5期,1-2)
62. 中国学者从事外国语言学研究的正道(原载《当代外语研究》2012年1期,8-10;又载熊学良主编《中国特色的语言学研究》,上海:复旦大学出版社,2012年,52-58)
63. 寻找自己家里的"竹夫人"——论中西语言学接轨的另一条路径兼谈文章学(原载《杭州师范大学学报》(社会科学版)2012年第3期,93-99)
64. 界面研究四论(原载《中国外语》2012年3期,1,110-111)
65. 高名凯在中国现代语言史上的地位——从词类问题大讨论谈起(原载北京大学《语言学论丛》第45辑,北京:商务印书馆,2012年,23-30)
66. 作为文化史的语言研究——英汉语的语言研究史对比(原载潘文国主编《英汉对比与翻译》(2012),上海:上海外语教育出版社,2012年,1-8)
67. 序(原载管春林著《汉英否定对比研究》,北京:光明日报出版社,2011年,1-2)
68. 本体论:语言学方法论背后的关注(原载《中国社会科学报》2011年8月9日第15版)
69. 索绪尔研究的哲学语言学视角——纪念索绪尔逝世100周年(原载《杭州师范大学学报》(社会科学版)2013年第6期,81-87)

70. 索绪尔：绕不过去的存在(原载《社会科学报》2013年6月13日第5版)
71. 论中学与西学：语言研究若干关系之一(原载《中国外语》2014年第4期)
72. 语言对比研究需要上天入地, in Zhiyan GUO and Binghan ZHENG (eds.) *Recent Developments of Chinese Teaching and Learning in Higher Education*. London: Sinolingua London Ltd. 2015. 1-7
73. 漫谈语言与语言研究——潘文国教授访谈录,黄新炎编著《聆听：外语界前辈的声音》,上海：上海外语教育出版社,2016年,93-106
74. 语言哲学三问,《外语教学》2016年第1期,1-3
75. 大变局下的语言与翻译研究,《外语界》2016年第1期,6-11
76. 文化自信与学术范式转型,《疯狂英语》(理论版)2016年2月,3-9
77. 序,李志强著《尔雅和读写术对比研究》,上海：学苑出版社,2016年,1-4
78. 序,丰国欣著《汉英词汇对比研究》,北京：清华大学出版社,2016年,i-ii
79. 外语教学的发展呼唤强化对比研究,《外语与外语教学》2017年第5期,1-8

二、汉语研究

80. 韵图排列的方式(原载《研究生论文选集》,南京：江苏古籍出版社,1985年)
81. 论总和体系——《切韵》性质的再探讨(原载《华东师范大学学报》(哲学社会科学版)1986,Vol. 4)
82. 评高本汉为《广韵》拟音的基础——四等洪细说(原载上海市语文学会编《语文论丛》第三辑,上海：上海教育出版社,1986年,66-75)
83. 韵图分等的关键(原载上海市语文学会编《语文论丛》第四辑,上海：上海教育出版社,1990年,100-103)
84. 广韵、集韵、音学辨微、四声切韵表等条目(原载载吴士余、刘凌主编《中国学术名著大词典》,上海：汉语大词典出版社,2000年)
85. 汉语文化语言学刍议(原载《汉语学习》1992,Vol. 3)
86. 中国的语言与文化研究综观(原载 *Journal of Macrolinguistics*,1993,Vol. 3；又载胡文仲主编《文化与交际》,北京：外语教学与研究出版社,1994年,61-74)
87. 汉语构词法研究的先驱(原载《中国语文》1993,Vol. 1(与叶步青、韩洋合作),

65-69)

88. 汉语构词法的历史研究(原载《华东师范大学学报》(哲学社会科学版)1993，Vol.5(与叶步青、韩洋合作),58-63)

89. 八十年代我国语言与文化的研究(原载陈建民、谭志明主编《语言与文化多学科研究》,北京：北京语言学院出版社,1993年,384-392)

90. 史存直和他的语言学研究(原载《华东师范大学学报》(哲学社会科学版)1994，Vol.4,85-86,41)

91. 汉语语法特点的再认识(原载戴昭铭主编《建设中国文化语言学》,哈尔滨：《北方论丛》杂志社,1994年,247-256)

92. 从一滴水看大潮——十年语言文化研究述评(原载《汉语学习》1995，Vol.5)

93. 汉字的音译义(原载胡明扬主编《第四届国际汉语教学讨论会论文选》,北京：北京语言学院出版社,1995年,429-437)

94. 文化语言学管见(原载《中外文化与文论》(5),成都：四川大学出版社,1998年,202-206)

95. 审慎地推行"千进制"(原载胡百华主编《汉语数词现代化讨论集》,香港：岭南学院文学与翻译研究中心,1998年,63-78)

96. 法律语言研究的新成果——读《法律语言学》(原载《修辞学习》1998，Vol.4〔与杨静合作〕)

97. 当前的汉语构词法研究(原载江蓝生、侯精一主编《汉语现状与历史的研究——首届汉语语言学国际研讨会文集》,北京：中国社会科学出版社,1999年,201-216)

98. 汉语研究：世纪之交的思考(原载《语言研究》2000，Vol.1,1-28)

99. 论中国语言学的"落后"(原载上海市语文学会编《语文论丛》第七辑,上海：上海教育出版社,2001年,3-10)

100. 语言的定义(原载《华东师范大学学报》(哲学社会科学版)2001年1期,97-108)

101. 汉语音韵研究难以避免的论争(原载《古汉语研究》2002年4期,2-12)

102. "本位研究"的方法论意义(原载《华东师范大学学报》(哲学社会科学版)2002，Vol.6)

103. 从"了"的英译看汉语的时体问题(原载《华东师范大学学报》(哲学社会科学

版)2003年4期)
104. 汉语特色的音韵学研究(原载中国音韵学研究会、石家庄师范专科学校编《音韵论丛》,济南:齐鲁书社,2004年)
105. 论音义互动(原载北京大学《语言学论丛》第二十九辑,北京:商务印书馆,2004年)
106. 《文言语法》序(原载史存直《文言语法》,北京:中华书局,2005年,1-4)
107. 谈语法研究的几个问题(原载《中国外语》2005年第1期,29-36)
108. 字本位理论的哲学思考(原载《语言教学与研究》2006年第3期,36-45)
109. 规范汉字和外国文字的使用问题(原载《语言文字周报》1161号,2006年5月24日第一版)
110. 序(原载周上之《汉语离合词研究》,上海:上海外语教育出版社,2006年)
111. 中国语言学的发展方向(原载《湖北大学学报》2007年第1期,1-4)
112. 100年来,我们用教外语的方式教母语(原载《南方周末》第1215期,2007年5月24日第27版)
113. 中国语言学的未来在哪里?(原载《华东师范大学学报》(哲学社会科学版)2008年1期,96-102)
114. 从语言学角度谈汉字规范研究(原载《语言文字应用》2008年1期,126-130)
115. 序(原载李杰著《现代汉语状语的多角度研究》,上海:上海三联书店,2008年,1-3)
116. 中国特色语言学的艰难探索(原载《中华读书报》2008年7月2日第14版)
117. 徐通锵的历史地位(原载徐通锵先生纪念文集编委会编《求索者》,北京:商务印书馆,2008年,51-57)
118. 纪念建设汉语本体语言学的旗手徐通锵先生(原载徐通锵先生纪念文集编委会编《求索者》,北京:商务印书馆,2008年,86-89〔本文以汉语字本位丛书编委会名义发表,本人执笔〕)
119. 序(原载叶军著《现代汉语节奏研究》,上海:上海世纪出版集团,2008年,1-5)
120. 外来语新论——关于外来语的哲学思考(原载《中国语言学》第一辑,济南:山东教育出版社,2008年,61-78)
121. 序(原载陈运香著《汉英数字文化内涵对比研究》,北京:外语教学与研究出

版社,2008 年,i-ii)

122. 汉字是汉语之魂——语言与文字关系的再思考(原载《华东师范大学学报》(哲学社会科学版)2009 年第 2 期,75-80)
123. 中文危机拷问语言学理论(原载《杭州师范大学学报》(社会科学版)2009 年第 3 期,28-34)
124. 对症下药医汉字(原载《社会科学报》2009 年 12 月 3 日第 5 版)
125. 反思:振兴中国语言学的必由之路(原载《汉字文化》2009 年第 6 期,87-91)
126. 变字体之争为字种之辨——跳出繁简之争,走汉字整理之路(原载《佛山科学技术学院学报》2010 年第 5 期,1-6)
127. "读文写白"是提高中文水平的根本途径(原载《中国外语》2010 年第 4 期)
128. 我们用教外语的方式教母语(原载《中学语文报》2011 年 1 月 26 日第 1 版)
129. "语文歧视"会引发汉语危机吗?(原载《解放日报》2011 年 2 月 7 日第 5 版)
130. 序(原载朱一凡著《翻译与现代汉语的变迁》(1905-1936),北京:外语教学与研究出版社,2011 年,i-ii)
131. 建设和谐和语言生活(笔谈)(原载上海市语委《语言政策研究 2011 年第 1 期,48-49)
132. 寻找自己家里的"竹夫人"——论中西语言学接轨的另一条路径兼谈文章学(原载《杭州师范大学学报》(社会科学版)2012 年第 3 期,93-99)
133. 高名凯在中国现代语言史上的地位——从词类问题大讨论谈起(原载北京大学《语言学论丛》第 45 辑,北京:商务印书馆,2012 年,23-30)
134. 汉语独特性理论的研究与汉语教学(原载周上之主编《世纪对话:汉语字本位与词本位的多角度研究》,北京:北京大学出版社,2013 年,1-9)
135. 我们为什么主张字本位?载周上之主编《世纪对话:汉语字本位与词本位的多角度研究》,北京:北京大学出版社,2013 年,10-14)
136. 母语能力是外语学习的天花板:在 2012 上海书市的演讲,载潘文国、陈勤建主编《中文研究与国际传播》,上海:华东师范大学出版社,2013 年,1-12;又载《语言教育》2013 年第 3 期,2-8)
137. 序(原载赵宏著《英汉词汇理据对比研究》,上海:上海外语教育出版社,2013 年,xiii-xiv)

138. 序(原载吕必松《汉语语法新解》,北京：北京语言大学出版社,2015年,I-VI)

139. 序(原载赵宏著《语言文化探索》,上海：华东理工大学出版社,2015年,1-4)

140. 字与语素及其他,周上之、张秋杭主编《汉语独特性研究与探索》,上海：学林出版社,2015年,1-10

141. 孔子是"教""育"家吗?《南大语言学》,北京：商务印书馆,2017年,241-260

142. 编辑现代《切韵》之构想,胡晓明主编《后五四时代中国思想学术之路——王元化逝世十周年纪念文集》,上海：华东师范大学出版社,2018年,701-716

三、翻译学

143. 英译中诗鉴赏论略(原载《文艺理论研究》1993年第3期,67-74)

144. 单数乎? 复数乎?——唐诗英译二十四品之一(原载刘重德主编《英汉语比较研究》,长沙：湖南科学技术出版社,1994年)

145. 诗歌翻译中的语言问题(原载华东修辞学会编《修辞学研究》第七辑,南京：南京大学出版社,1997年,209-227)

146. "原汁原味"说质疑(原载中外语言文化比较研究会编《中外语言文化比较研究》第二集,延边：延边大学出版社,1997年,202-208)

147. 古籍英译当求明白、通畅、简洁——纪念信达雅提出一百周年(原载杨自俭主编《英汉语比较与翻译》,上海：上海外语教育出版社,2000年,393-410)

148. 毛主席诗词英译中的典故处理(原载《外国语言文学研究》2001年2期,60-66)

149. 汉语音译词中的"义溢出"现象(原载(香港)《语文建设通讯》2001年6月,总第67期,35-46)

150. Singular or plural: A Case Study of the Difficulty and Charm in Rendering Chinese poems into English, *CTIS Occasional Papers*, Manchester: CTIS, UMIST,2002,9-70)

151. 当代西方的翻译学研究(原载《中国翻译》2002年第1期,31-34)

152. 当代西方的翻译学研究(原载《中国翻译》2002年第2期,34-37)

153. 当代西方的翻译学研究(原载《中国翻译》2002 年第 3 期,18 - 22)
154. 译入与译出:谈中国学者从事汉籍英译的意义(原载《中国翻译》2004 年第 2 期)
155. 严复及其翻译理论(原载杨自俭主编《英汉语比较与翻译》(5),上海:上海外语教育出版社,2004 年 10 月)
156. Yan Fu and His Translation Theory(原载 Pan Wenguo (ed.) Translation and Contrastive Studies (《翻译与对比研究》),上海:上海外语教育出版社,2005 年,46 - 68)
157. 翻译与对比语言学(原载《上海大学学报》(社会科学版)2007 年第 1 期,122 - 125)
158. 序(原载胡翠娥著《文学翻译与文化参与》,上海:上海外语教育出版社,2007 年,第 V - VII 页)
159. 中籍外译,此其时也——关于中译外问题的宏观思考(原载《杭州师范学院学报》(社会科学版)2007 第 6 期,30 - 36)
160. 从"文章正轨"看中西译论的不同传统(原载张柏然等主编《中国译学:传承与创新》,上海:上海外语教育出版社,2008 年,13 - 23)
161. 序,郦青著《李清照词英译对比研究》,上海:上海三联书店,2009 年,1 - 3)
162. 译学研究的哲学思考(原载《中国外语》2009 年第 5 期,98 - 105)
163. 序蒙娜·贝克《翻译与冲突》中文版(原载 Mona Baker 著、赵文静主译《翻译与冲突》,北京:北京大学出版社,2011 年,5 - 7)
164. 序(原载冯智强著《中国智慧的跨文化传播-林语堂英文著译研究》,青岛:中国海洋大学出版社,2011 年,1 - 2)
165. 《在第六届全国典籍英译研讨会开幕式上的讲话》(原载汪榕培、郭尚兴主编《英籍英译研究》(第五辑),北京:外语教学与研究出版社,2011 年,iii - iv)
166. 文章学翻译学刍议(原载汪榕培、郭尚兴主编《典籍英译研究》(第五辑),北京:外语教学与研究出版社,2011 年,2 - 10)
167. 意在字先的翻译方法(原载潘文国、陈勤建主编《中文研究与国际传播》第 1 辑,上海:华东师范大学出版社,2011 年,39 - 44)
168. 典籍英译心里要有读者:序吴国珍《论语最新英文全注全译本》(原载《吉林

师范大学学报》(人文社会科学版)2012 年 1 期,16-19)
169. 中国译论与中国话语(原载《外语教学理论与实践》2012 年第 1 期,1-7)
170. 翻译过程研究的重要成果——序郑冰寒《英译汉过程中选择行为的实证研究》(原载《山东外语教学》2012 年第 2 期,90-92)
171. "中国文化的对外传译"特约主持人语(原载《外语教学理论与实践》2012 年第 3 期,8)
172. 构建中国学派翻译理论:是否必要？有无可能？(原载《燕山大学学报》2013 年第 4 期,20-24)
173. 译文三合义体气:文章学视角下的翻译研究(原载《吉林师范大学学报》(人文社会科学版)2014 年第 5 期,1-7)
174. 翻译史三题:读陈寅恪《金明馆丛稿》札记(原载《外语与翻译》2015 年第 1 期,5-10)
175. 看山看水的启迪(原载《上海翻译》2015 年第 2 期)
176. 翻译研究的母语意识:序,载许希明《英汉翻译连续体研究:对比与变通》,北京:科学出版社,2015 年,v-vi
177. 新科技信息时代对翻译的定位与认知——潘文国教授访谈录,作者赵国月,载潘文国,许钧主编《翻译论坛》2017 年第 1 期,南京:南京大学出版社,2017 年,1-4
178. 翻译研究的"中国学派":现状、理据和践行——潘文国教授访谈录,作者赵国月、周领顺、潘文国,许钧主编《翻译论坛》2017 年第 2 期,南京:南京大学出版社,2017 年,9-15
179. 认清现状,树立中国本位的对外译介观——潘文国教授访谈录,作者赵国月、周领顺、潘文国,许钧主编《翻译论坛》2017 年第 3 期,南京:南京大学出版社,2017 年,4-8
180. 走进外语学习的新时代——重释"中国人学外语,学外语为中国",《疯狂英语》(理论版)2017 年 2 月,5-10
181. 序一,张德让《明清儒家士大夫翻译会通研究》,南京:南京大学出版社,2017 年,1-2
182. 从"格义"到"正名"——翻译传播中华文化的重要一环,《华东师范大学学报》(哲学社会科学版)2017 年第 5 期,141-147

183. "汉字"的翻译问题,许钧主编《翻译论坛》2017 年第 4 期,南京:南京大学出版社,2017 年,1-4

184. 文章学翻译学的可操作性研究,王宏印主编《典籍翻译研究》(第八辑),北京:外语教学与研究出版社,2017 年,16-39

185. 典籍翻译与中国的版本之学,罗选民主编《亚太跨学科翻译研究》(第五辑),北京:清华大学出版社,2017 年,1-13

186. 学鲜活外语 避中式表达,李宇明主编《语言规划学研究》2017 年 1 期,北京:北京语言大学出版社,43-47

187. "新全球化"语境下的中华文化术语外译,《中华思想文化术语学术论文集》(第一辑),北京:外语教学与研究出版社,2018 年,281-286

四、语言教学及其他

188. 英国的戏剧教学法(原载《语文学习》1990,Vol. 11)

189. 初期语文教学的五个弊病——英国中学语文教学(上)(原载《语文学习》1990,Vol. 10)

190. 革新派与传统派的对立——英国中学语文教学(中)(原载《语文学习》1990,Vol. 11)

191. 教学革新成果的巩固期——英国中学语文教学(下)(原载《语文学习》1990,Vol. 12)

192. 阅读与释义(Reading and Interpretation)(原载《文艺理论研究》1992 年第 2 期,86-96)

193. 对外汉语教师的知识结构与对外汉语专业的建设(原载中国对外汉语教学学会华东地区协作组编《面向世界的汉语教学》,上海:复旦大学出版社,1992 年,309-316)

194. 语言与文化参考篇目,陈建民、谭志明主编《语言与文化多学科研究》,北京:北京语言学院出版社,1993 年

195. "对外汉语"纵横谈——访华东师大对外汉语系主任潘文国,《上海教育报》1996/5/6

196. 语言研究与语言教学——兼论"汉语言文字学"专业设置的理论意义和实践

意义(原载《语言文字应用》1997 增刊,1998 年,58-64)

197. 解放思想,实事求是,持续发展对外汉语专业(原载陆炳炎主编《辉煌的历程,科学的理论》,上海:华东师范大学出版社,1998 年,313-318)
198. 建设对外汉语专业,走可持续发展之路(原载《中国对外汉语教学学会第六次学术讨论会论文选》,北京:华语教学出版社,1999 年,487-495)
199. 英国中学的语文课程与教学(原载倪文锦、欧阳汝颖主编《语文教育展望》,上海:华东师范大学出版社,2002 年,32-48)
200. 对比研究与对外汉语教学(原载《暨南大学华文学院学报》2003 年第 1 期)
201. 汉字在对外汉语教学中的意义(原载《纽约人文通讯》2003 年创刊号)
202. 防止考试对教学的异化——大学英语教学之我见(原载《大学英语》2003 年第 11 期(本期封面人物))
203. 语言教学的理论与实践(原载《纽约人文通讯》2005 年总第 3 期,43-47)
204. 论"对外汉语"的学科性(原载《世界汉语教学》2004 年第 1 期)
205. 从幼儿学外语谈起(上、下)(原载《语言文字周报》1130、1131 号;2005 年 10 月 19 日,10 月 26 日)
206. 序《视觉文化研究》(原载李鸿祥《视觉文化研究》,上海:东方出版中心,2005 年,1-4)
207. 论"对外汉语"的学科性(原载《世界汉语教学》2004 年第 1 期)
208. 语言对比·语言特点·语言教学(原载《对外汉语教学与研究》2006 年第 1 期,1-5)
209. 从"对外汉语教学"到"汉语国际推广":关于对外汉语专业建设的再思考(原载庄辉明主编《探索·创新·发展——华东师范大学教学改革研究论文集》,上册,上海:华东师范大学出版社,2006 年,133-137)
210. 华东师范大学终身教授潘文国(附照片)(原载《对外汉语教学与研究》2006 年第 2 期,封二)
211. 对当前社会"英语热"现象的思考(上)(下)(原载《语言文字周报》第 1209 号,2007 年 4 月 25 日;第 1210 号,2007 年 5 月 2 日)
212. 培养问题意识,促进外语教学——访华东师范大学教授潘文国(原载《疯狂英语教师版》2007 年 9 月,4-7(本期封面人物))
213. 对外汉语教学·对外汉语专业·对外汉语学科(原载《第八届国际汉语教学

讨论会论文选》,北京:高等教育出版社,2007 年,5-10)
214. 序(二)(原载丰国欣著《第二语言认知协同论》,北京:高等教育出版社,11-12)
215. 当代中国的"士大夫之学"(原载《外语教学》2009 年第 3 期,109-112;又载任东升编《杨自俭文存·学步集》上卷,青岛:中国海洋大学出版社,2010 年,6-11)
216. 《英语的起源与发展》(第 5 版)导读(原载 John Algeo, Thomas Pyles 著《英语的起源与发展》(第 5 版),北京:世界图书出版公司,2009 年)
217. 序(原载王骏《字本位与对外汉语教学》,上海:上海交通大学出版社,2009 年)
218. "道可道,非常道"新解,《中国外语》2010 年第 2 期,80-84;92
219. 新形势,新对策(原载潘文国主编《英汉语比较与翻译》(8),上海:上海外语教育出版社,2010 年,1-10)
220. 中国英汉语比较研究会第八次全国学术研讨会闭幕词(原载潘文国主编《英汉语比较与翻译》(8),上海:上海外语教育出版社,2010 年,11-15)
221. 汉语独特性理论的研究与汉语教学(原载张建民主编《汉语国际教育研究》(第 1 辑),北京:高等教育出版社,2011 年,29-33)
222. 关于中国文化传承与传播的思考(原载秦晓晴主编《外语教育》第 10 辑,武汉:华中科技大学出版社,2011 年,1-16)
223. "道可道,非常道"新解:关于治学方法论的思考,上海图书馆编《上图讲座·3》,上海:上海科学技术文献出版社,2012 年 7 辑,156-185)
224. 发扬优良学风 创新学术研究:中国英汉语比较研究会第九次全国学术研讨会暨英汉对比与翻译国际研讨会开幕词(原载潘文国主编《英汉语比较与翻译》(9),上海:上海外语教育出版社,2012 年,3-11)
225. 序(原载陶健敏著《汉英语作为第二语言的教学法体系对比研究》,长沙:湖南人民出版社,2012 年)
226. 我的"古今中外之路"(原载《当代外语研究》2013 年 2 期,1-5)
227. 序(原载(澳大利亚)周晓康著《晓康歌谣学汉语》,北京:北京大学出版社,2014 年,1-2)
228. Preface. (in *Dr. Zhou's Rhymes for Learning Chinese*. Beijing: Peking University Press. 2014. pp. 3-5)
229. 我在初中读语文的日子(原载《新校园阅读》2014 年第 5 期,1)

230. 反思与超越 传承与创新：中国英汉语比较研究会第十次全国学术研讨会暨 2012 英汉比较与国际学术研讨会开幕词（原载潘文国主编《英汉语比较与翻译》(10)，上海：上海外语教育出版社，2014 年，3 - 13）

231. 汉字：华文教育的重中之重（原载叶新田主编《2014 年世界华文教育论坛论文集》，吉隆坡：马来西亚新世纪学院，455 - 460）

232. 潘文国先生访谈录，《汉语与汉语教学研究》2015 年 7 号，东京：东方书店，104 - 113

233. 抓住机遇，创新研究，和谐发展（原载潘文国主编《英汉语比较与翻译》(11)，上海：上海外语教育出版社，2016 年，3 - 7）

234. 翻译专业组笔试总评(一)，《第 6 届"外教社杯"全国高校外语教学大赛总决赛获奖教师教学风采》，上海：上海外语教育出版社，2016 年，182 - 184

五、古代汉语及大学语文自学考试辅导

235. 难字难句例析(一)，《文科月刊》1983，Vol. 8
236. 怎样掌握词的本义，《文科月刊》1983，Vol. 9
237. 难字难句例析(二)，《文科月刊》1983，Vol. 9
238. 难字难句例析(三)，《文科月刊》1983，Vol. 10
239. 难字难句例析(四)，《文科月刊》1983，Vol. 11
240. 难字难句例析(五)，《文科月刊》1983，Vol. 12
241. 从模拟考试谈古汉语的复习与解题方法，《文科月刊》1983，Vol. 12
242. 谈谈古代汉语的词汇学习，《中文自学考试辅导》1984，Vol. 1
243. 难字难句例析(六)，《文科月刊》1984，Vol. 2
244. 难字难句例析(七)，《文科月刊》1984，Vol. 3
245. 通假字小辑，《文科月刊》1984，Vol. 4
246. 难字难句例析(八)，《文科月刊》1984，Vol. 4
247. 谈谈近体诗的格律，《文科月刊》1984，Vol. 5
248. 难字难句例析(九)，《文科月刊》1984，Vol. 5
249. 词和近体诗在格律上有什么不同？，《文科月刊》1984，Vol. 5
250. 难字难句例析(十)，《文科月刊》1984，Vol. 6
251. 切实地练好基本功，《中文自学指导》1985，Vol. 1

252. 怎样学习音韵学,《中文自修》1985,Vol. 4
253. 通假字及其辨认,《中文自学指导》1985,Vol. 8
254. 《大学语文》词语例析,《中文自学指导》1986,Vol. 1
255. 什么是古代汉语?,《中文自学指导》1986,Vol. 2
256. 怎样判别汉字的结构类型?,《中文自学指导》1986,Vol. 4
257. 词义的确定性的概括性,《中文自修》1986,Vol. 4
258. 识字要真 选义要切(古文今译例谈之一),《中文自学指导》1986,Vol. 5
259. 酒须醇正 瓶要更新(古文今译例谈之二),《中文自学指导》1986,Vol. 6
260. 对文在古文阅读中的作用,《中文自学指导》1986,Vol. 6
261. 意仍其旧 序作调整(古文今译例谈之三),《中文自学指导》1986,Vol. 7
262. 移情写真 更贵传神(古文今译例谈之四),《中文自学指导》1986,Vol. 8
263. 减其宜减 增其必增(古文今译例谈之五),《中文自学指导》1986,Vol. 9
264. 难读的古人名、古地名,《中文自学指导》1986,Vol. 10
265. 或述大意或径搬用(古文今译例谈之六),《中文自学指导》1986,Vol. 10
266. 音韵与文字训诂,《中文自学指导》1986,Vol. 11
267. 反切及其拼读,《中文自学指导》1986,Vol. 11
268. 谈谈等韵学,《中文自学指导》1986,Vol. 12
269. 上古韵部浅说,《中文自学指导》1986,Vol. 12
270. 上古的声母问题,《中文自学指导》1986,Vol. 12
271. 古文阅读中的似是而非现象,《中文自学指导》1987,Vol. 6
272. 通假与古音韵的关系,《中文自学指导》1987,Vol. 7
273. 诗韵入声字表,《中文自学指导》1987,Vol. 7
274. 常见异读字表,《中文自学指导》1987,Vol. 7
275. 互文与并提,《中文自修》1987,Vol. 9
276. 什么是双声、叠韵?,《中文自学指导》1987,Vol. 12
277. 《大学语文》通假字辑(上),《中文自学指导》1988,Vol. 2
278. 《大学语文》通假字辑(下),《中文自学指导》1988,Vol. 3
279. 谈谈古代汉语选择题和填空题应试技巧,《中文自学指导》1992,Vol. 2
280. 古书注解的学习与应考,《中文自学指导》1993,Vol. 5
281. 古汉语语音部分复习要点与方法,《中文自学指导》1993,Vol. 8
282. 三种古汉语自学考试教材的比较与应考问题,《中文自学指导》1993,Vol. 8